부동산 블랙박스 시리즈 07

★공인중개사의 필독서★

실전
부동산중개실무(Ⅰ)

-중개실무일반, 민법과 계약실무, 법조실무-

실무와 이론을 모두 담은 부동산 중개의 바이블!

김태건 저

도서출판 **애플북**

제2판 머리말

　공인중개사제도가 시행된 지도 어언 40여 년이 되었다. 강산이 몇 번이나 바뀌었다. 그동안 실업자 구제 차원의 부실한 정책으로 인하여 개업공인중개사의 숫자가 밤하늘의 별처럼 많다. 설상가상으로 아직도 시험제도와 연수교육의 부실로 인하여 업역 확장은 고사하고 기존의 업역마저도 외부로부터 침탈되고 있으며, 더더욱 대부분의 개업공인중개사들이 업무 처리능력과 실무능력 부족으로 인하여 기존의 업역마저도 위축되고 있는 실정이다.

　전문직 분야는 아는 만큼 보이고 아는 만큼 수익을 얻는다. 공인중개사제도는 40여 년의 세월이 흘러 장년으로 성장하였지만, 지금까지 중개사 업계에는 얄팍하고 단편적인 실무서만 있을 뿐 체계적이고 제대로 된 실무서는 아직 없다. 그래서 저자가 대학원에서 "법학과 부동산학"을 모두 전공하고, 통산 40년이 넘는 법조 실무경험과 부동산 실무경험을 종합하고 체계화하여 "실전 부동산중개실무시리즈(제1권~제4권)"를 완성하였다. 공인중개사 40년 역사에서 주택·상가·토지는 물론 공사법을 망라한 중개실무 시리즈 발간은 중개업 역사상 이번이 최초이다. 이 4권의 책에는 중개실무 일반적 사항, 민법과 계약 실무, 법조 실무를 활용한 중개실무, 상가중개실무(건물공법과 상가업종실무), 부동산세법실무, 특약실무, 부동산공법(토지공법)실무, 토지보상실무에 관한 내용을 담고 있다. 또한 이와 자매서로 임대차실무·민사집행 및 경매실무를 종합하여 "주택상가임대차실무"와 "부동산경매실무"를 동시에 발간하였다. 임대차의 대항력과 최우선변제 및 우선변제는 부동산경매의 권리분석과 배당표 작성 등에 지대한 영향을 미치기 때문에 이들은 반드시 동시에 공부하여야 한다. 중개실무시리즈(제1권~제4권), 임대차실무, 경매실무 등 이 6권의 책은 주택·상가·토지 등에 관한 종합 실무서이자 실무와 이론을 동시에 접목한 중개업계의 유일한 중개실무시리즈일 뿐만 아니라 40년 공인중개사 역사에서 부동산 중개·투자·개발·경매에 관한 명실상부한 바이블이다.

　오랜 기간의 자료수집과 준비를 거쳐 부동산 중개·투자·경매·토지공법과 손실보상(토지수용보상)에 이르기까지 부동산 전 종목의 실무와 관련한 10권의 "부동산 블랙박스 시리즈" 전질에 관한 집필을 완성하는 데에는 무려 10년의 세월이 걸렸다. 자료수집과 준비기간을 고려하면 강산이 두 번 변한 셈이다. 그동안 독자들의 성원에 힘입어 임대차실무·상가실무·경매실무는 제3판까지 출간되었다. 정말 내 인생에서 다시없는 인고(忍苦)의 노력을 하였다고 생각하니 만감이 교차한다. 그러나 탈고(脫稿)를 하면서도 아쉬운 점이 남는 것은 무슨 까닭인가? 부족한 점은 독자들의 질책을 겸허히 수용하여 훗날을 기약하기로 한다. 이 책이 나오기까지 진심 어린 관심을 가지고 응원을 해주신 분들이 많다. 이순(耳順)의 나이에 '백아와 종자기'의 '지음지교(知音之敎)의 고사'를 생각하면서 성원을 보내 주신 모든 분들께 머리 숙여 감사의 인사를 올린다.

연구실에서 저자 김태건

초판 머리말

공인중개사제도가 시행된 지도 어언 35여 년이 되었다. 강산이 몇 번이나 바뀌었는데, 아직도 공인중개사제도는 정착이 되지 않고 있다. 그 이유는 여러 가지이지만 제번하고 여기서는 제도적 관점과 공인중개사 스스로의 관점에서만 한번 겸허하게 반추해 보고자 한다.

1. 공인중개사 시험제도의 흠결과 공인중개사제도의 정착실패

저자는 검찰공무원을 비롯하여 오랫동안 법조계에 몸담고 있다가 십수 년 전에 중개업계로 업역(業域)을 바꾼 바가 있다. 법조계는 보수성이 강함에 비하여 중개업계는 마치 전국민이 부동산업자화한 것과 같다. 공인중개사의 과다 배출로 인한 『중개업소의 난립』, 시험과목과 실무 수습의 비현실성으로 인한 공인중개사의 『전문성 부족』, 실무경험 없는 창업으로 인한 『경영의 열악화』, 변호사·법무사·건축사·토목설계사·감정평가사·세무사 등 『이종(異種) 자격사들과의 업역(業域)의 중첩』, 네이버·금융기관·다방·직방·네모 등 『부동산 공룡들의 등장』과 『부동산 마케팅의 난맥』으로 인하여 중개업의 현실은 암담하다. 설상가상으로 시장경제를 외면한 정부의 잦은 규제정책으로 인하여 중개업계는 아사(餓死) 직전이다.

공인중개사의 업무는 한마디로 부동산의 매매와 임대차에 대한 알선과 중개이다. 일반인들의 눈에는 다른 자격사들의 업무에 비하여 아주 단순하게 보일 수도 있다. 다시 말해서 공인중개사의 업무는 얼핏 보면 계약서 한 장 작성하는 것처럼 아주 단순해 보일 수도 있다. 하지만 그 계약서는 처분문서로서 수많은 공사법적 판단이 응축된 것이기 때문에 전문화된 계약서를 작성하는 것은 매우 힘든 일일 뿐만 아니라 그 계약서가 완성되기까지는 수많은 사람을 통하여 숱한 노력과 난관을 극복하여야만 계약이 성사된다. 타 자격사의 업무에 비하면 마치 무에서 유를 창조하는 비정형적인 업무로써 겉으로 보기와는 달리 다른 사람들을 설득하여야 하는 중개업은 결코 쉽지 않은 업무이다. 또한 중개대상 물건은 주택(아파트·단독·빌라·전원주택)·공장·창고·토지(대지·임야·농지·산지), 특수물건 등 매우 다양하다. 종목에 따라서 적용법령도 모두 다르다. 공인중개사는 물건의 특성만 알면 되는 것이 아니라 이들 종목마다 수백 가지의 관련 법령을 알아야 하자 없는 거래를 완성할 수 있는 것이다.

그럼에도 불구하고 중개사 시험은 아직도 절대평가에다가 소개영업법 시절의 비현실적인 과목으로 치뤄지고 있다. 시험과목 중 민법과 민사특별법에는 채권법 총론과 채권법 각론의 일부, 상속법, 영리법인 등에 관한 내용이 빠졌고(이것들은 법인과 다수당사자의 관계 등 계약에 있어서 필수적인 과목이다), 부동산공법에는 상가 관련 법령(예컨대 식품위생법, 다중이용업소법, 학원법, 교육환경보호법, 주차장법, 하수도법 등)과 부동산공법 중 토지공법의 중요부분과 총론적 부분(예컨대 행정법 총론, 산지법, 도로 관련법 등)이 빠졌기 때문에 자격취득을 위한 공부만으로는 상가와 토지중개를 하기에는 어려움이 따를 수밖에 없다.

중개사 자격취득은 필수조건일 뿐 충분조건은 되지 못한다. 따라서 그 어떤 다른 국가자격사들보다도 업무적인 사고(이른바 중개사고)가 많고 거래를 완성하고도 극심한 불안과 스트레스에 시달리기도 한다.

2. 연수제도의 부실과 중개실무에 관한 전문서적의 부재

합격 후에도 다른 국가 전문자격사들과는 사뭇 다르다. 제대로 된 실무수습도 없이 사전교육만으로 개업을 할 수밖에 없다. 다른 자격사들에 비하여 실무수습이 턱없이 짧고 내용 또한 부실하기 때문이다. 연수교육이라고는 아이러니하게도 대부분의 강사가 중개사 자격도 없는 또는 중개실무 경험도 없는 이종(異種)자격사들이 중개실무교육을 하고 있다. 공인중개사가 교육을 한다고 하더라도 내용이 너무 피상적이다. 다른 자격사들의 실무수습교육에서는 해당 분야의 자격사가 아닌 자가 실무강의를 하는 것은 상상도 할 수 없다. 뿐만 아니라 대부분의 중개사 역시 실무에 필요한 공부를 게을리하는 경향이 있고, 사무실에는 실무에 필요한 전문서적이나 참고서적은 전무하다. 아무리 인터넷 세상이라지만 인터넷에 떠도는 모자이크식의 파편적인 정보로 어찌 전문업무를 처리한단 말인가? 전문서적이 아닌 인터넷 조회로 변론을 하는 변호사를 본적이 있는가?

또한 시중의 중개실무 관련 책자들은 문제에 대하여 문제로 답하는 형식의 피상적인 것들이다. 문제 제기만 하고 그에 대한 구체적인 설명이나 법조문·판례 등 근거를 제시하지 않은 책이 대부분이고, 그것도 모두가 200~400쪽 정도의 얄팍한 책이다. 이러한 피상적인 책이 어떻게 개별 과목이 아닌 종합서인 실무서로서의 역할을 제대로 할 수 있단 말인가? 법조계의 실무서적은 대부분 700~800쪽에서 수천 쪽인 것과는 너무 대조적이다. 저자가 이런 말을 하는 것은 중개업계를 폄하하려는 것이 아니라 우리 스스로가 자성을 하자는 것이다. 근거를 제시하지 않은 피상적인 설명으로 독자들이 그 내용에 대하여 확인을 하거나 깊이 있게 공부를 할 수가 없다. 이처럼 피상적인 책은 독자들이 읽어도 실무적 의문이 해소되지 않을 뿐만 아니라 막상 복잡하고 난해한 실무를 만나면 해결에 전혀 도움이 되지 않는다. 이와 같이 중개 실무의 속 내용은 모르고 겉만 건드리는 수박 겉핥기 식인 책은 중개업계의 발전과 전문화를 위해서도 중개업계에서 유통되어서는 아니 될 것이다.

3. 저자가 이 책을 쓰게 된 이유

공인중개사제도는 전두환 정권 당시 실업자 구제 내지는 직업창출 목적으로 아무런 연구도 평가도 없이 정치적 목적으로 급조 수입된 것이다. 그렇다 보니 위에서 본 바와 같이 시험과목에도 문제가 있지만, 부동산제도와 공인중개사제도가 정착되기도 전에 전 국민이 부동산업자화 되고 부동산 투기 광풍으로 인하여 역대 정부마다 중개업제도의 정착을 통한 부동산 시장의 안정보다는 규제 일변도로 나아가게 된 것이다. 또한 우리 중개업계 역시 아직도 열악한 시스템과 중개사제도 수입 당시의 정치적 왜곡에서 벗어나지 못하고 있으며, 다른 자격사들에 비하여 숫자적으로 월등함에도 불구하고 정계·학계·재계의 핵심적인 일원이 되지 못함은 물론 대국민 신뢰를 구축하지도 못하고 있다.

결국 공인중개사가 다른 국가전문자격사에 비하여 숫자적으로 우월함에도 불구하고 제도구축과 대국민 신뢰를 얻지 못하고 있는 이유는 공인중개사의 '비정형적인 업무의 특성'에 적합한 "시험제도의 정착실패"와 "전문성 부족" 때문이다. 전문성 향상을 위해서는 <u>첫째로 다른 자격사들처럼 공인중개사 시험도 "상대평가와 시험과목을 전문화·현실화"해야 한다.</u> 중개사의 전문화는 선발시험제도와 필연적인 관계에 있기 때문이다. 시험과목의 조정은 물론 선발방식에서도 옛날 사법시험처럼 1차 시험은 상대평가로, 2차 시험은 주관식과 과락(40점) 이상의 절대평가로 치루는 것이 바람직하다. <u>둘째로 공인중개사의 "업역(業域)을 넓혀야"</u> 한다. 주택을 제외한 건물관리, 개발, 분양 등 중개 이외의 부동산 관련 분야에 중개법인 또는 공인중개사를 활용하는 제도 정착이 필요하다. <u>셋째로 대국민 신뢰구축을 위해서는 공인중개사 선발방법과 실무수습제도의 개선 등을 통한 "공인중개사의 전문화"가 필수적이다.</u> 지금의 모자이크식의 시험과목과 객관식의 절대평가 선발방식으로는 전문성이 확보될 수 없다. 그런 연후에 연수제도를 제도적으로 보완하거나 전문적인 실무수습제도를 정착시키는 것이 옳다. 전문화는 가격이 높고 복잡한 거래에는 물론 대국민 또는 고객 신뢰에도 필수적이다. 따라서 저자는 법조계에서 중개업계로 업종을 바꾼 이후 전문성과 신뢰성 확보에 관하여 많은 고민을 하였다. 중개업은 다른 자격사의 업무에 비하여 협업(協業), 즉 공동중개가 중요하다. 다른 자격사들의 업무는 혼자서 처리하면 되지만 중개업은 타인과 타인간의 업무를 알선하는 것이다 보니 모든 중개사는 모든 중개사에게 경쟁자이자 거래파트너라는 사실이 매우 독특하고도 반드시 해결해야 할 난제이다. 위의 첫째와 둘째의 문제는 정부는 물론 협회와 전체 공인중개사가 법적·제도적으로 해결해야 할 문제이고, 공인중개사로서 저자가 개인적으로 할 수 있는 것은 여러 업계의 다양한 경험을 살려서 제대로 된 실무서적을 집필함으로써 공인중개사의 전문화에 일조를 할 수 있을 것이라고 생각하였다. 이것이 저자가 이 책을 저술하게 된 동기이자 이유이다.

4. 이 책의 특징

이 책은 저자의 법조실무와 중개실무 경험을 기반으로 방대한 자료를 통한 실무적 연구와 법리를 용해하여 얻은 결과물이다. 현재까지는 물론 앞으로도 당분간은 중개업에 관한 한 바이블이자 끝판왕이라고 감히 말씀드린다. 이 책의 특징은 다음과 같다.

제1편에서는 "현 중개업의 문제점과 수익극대화 방안을 제시"하고, 확인설명서 작성방법에서는 중개사고를 예방할 수 있도록 "실정법의 근거를 일일이 적시하여 정확하고 디테일하게 설명"하였으며, 제1편·제2편·제3편·제5편 등 계약서 작성분야와 관련해서는 단순히 중개업계의 차원을 넘어 서서 변호사업계에 내놓아도 손색이 없도록 민상법과 법원예규와 민사소송법의 원칙을 활용하여 처분문서인 "법률계약서 작성방법을 제시"하였다.

제2편에서는 중개사고 예방을 위하여 "대법원 판례, 법제처 유권해석, 국토부 해석과 실정법을 바탕"으로 "저자의 법조계와 중개업계의 근무 경력을 용해하여 직접 만든 서식을 통하여 방어적 중개비법을 설명"하였다. 중개업은 중개사고가 그 어떤 직업보다도 빈발하기 때문에 중개사고의 예방은 매우 중요하기 때문이다.

제3편은 자칫 시험과 이론으로만 끝나기 쉬운 민법실무의 새로운 접근방법으로 "가계약에서부터 계약의 성립에서 종료까지 계약의 일생(一生)을 통하여 민법 중에서도 부동산계약과 관련된 내용만을 엄선"하여 "부동산의 특정, 당사자의 특정, 법률행위의 확정"이라는 단계적 절차에 따라서 어렵고도 방대한 민법을 이론이 아니라 판례와 실무적 관점에서 해석·적용하여 필드에서 적용할 수 있도록 하였다. 계약서 작성을 업으로 하는 공인중개사는 특약사항과 함께 민법은 아무리 강조해도 지나치지 않기 때문이다. 그러나 자칫 시험과 이론으로만 끝나기 쉬운 것이 민법이기 때문에 중개사고 예방을 위해서는 이점을 더욱 경계하여야 한다. 또한 민법 지식이 빈약하면 미래 예측적이고 법리에 충실한 법률계약서를 작성하기 어렵다. 모든 종목의 계약서의 특약사항은 민법지식이 기본바탕임을 명심해야 한다.

제4편에서는 상가중개실무를 실었다. 상가중개는 토지중개와 함께 중개 종목 중에서 가장 어렵고 중개보수를 받기도 가장 까다롭다. 산학(産學)을 통틀어 행정법 분야 중 상가와 관련한 학과나 논문이 많지 않아서 지금까지 불모지대이다 보니 더욱 그렇다. 상가중개는 건축물의 용도에 따라서 상가업종의 입점 가부가 결정될 뿐만 아니라 용도변경에는 학원법, 교육환경보호법, 소방법, 주차장법, 하수도법(원인자부담금 포함)상의 행위제한이 따르고 영업자의 지위도 승계되는 업종이 있기 때문에 이들을 이해하고 용도와 업종을 연결시킬 줄 아는 것이 가장 기본적이고 중요하다. 따라서 이에 관하여는 그림과 사례 등을 통하여 자세히 설명하였다. 권리금 부분도 판례를 통하여 국내 어떤 책보다 자세히 설명하였다.

제5편은 특약사항에 관한 설명이다. 우리 중개업계에서는 법리적인 특약을 작성하는 것이 아니라 당사자가 원하면 무조건 집어넣는 경향이 있다. 특약에 대한 심각한 오해이다. 계약에서 특약이 중요함은 말할 나위 없지만 그렇다고 특약 만능사상은 위험하다. 오히려 특약에 넣으므로써 독소(毒素)가 되어 법리상 불리해질 수도 있다. 이 책에서는 종목별로 법리적 판단하에 분쟁예정사항과 특약사항을 예시하여 명시하였다. 시중의 일반적인 특약과는 달리 저자의 중개경험과 법원판례 및 법조실무경험에서 추출한 특약사항들로서 구체적 사건에서 변용하여 쓰면 매우 유용할 것이다.

제6편과 제7편에서는 중개사 실무에서는 필수임에도 불구하고 시험제도에서 누락된 부동산 공법 중 토지공법에 대한 총론적 설명과 각종 개발의 전제가 되는 건축허가와 개발행위허가, 농지와 산지의 전용과 건축행위에 관하여 실무적 관점에서 기술하였고, 토지의 동맥에 해당하는 도로와 하천·공유수면의 점용과 사용허가, 맹지탈출법과 토지성형방법에 관하여도 토지중개실무에 도움이 되도록 일목요연하게 설명하였다.

제8편에서는 국공유 재산의 매수(불하)와 대부를 통한 투자와 중개, 폐천부지·폐구거·폐도로 등의 매수 및 교환을 통한 투자와 중개에 관하여 기술하였다.

제9편에서는 부가세와 사업포괄양수도, 취득세, 양도소득세와 상속증여세에 관하여 자세히 기술하였다. 공인중개사의 업무에 날로 세테크의 중요성이 높아지고 있다. 상속증여세 부분은 민법 중에서도 상속과 증여 부분을 이해하지 못하면(이 부분은 중개사 시험에서 빠졌다) 이해가 어려울 수도 있기 때문에 상속증여에 관한 민법상의 핵심적인 설명을 부가하였다.

제10편에서는 중개실무에서 중개보수를 받지 못할 경우에 이에 대한 대처방법을 썼다. 중개사의 귀책사유 없이 중개가 중단된 경우의 중개보수청구문제, 우리가 일상적으로 대하면서도 실상은 잘 모르는 내용증명우편과 배달증명우편의 선기능과 역기능문제, 중개보수청구를 위한 지급명령신청과 소액심판청구방법, 임대차중개에서 제소전화해제도의 응용, 중개사고시 민사조정제도의 활용 등을 저자의 20년간의 법조실무 경험을 살려서 중개사가 나홀로 소송을 할 수 있을 정도로 자세히 적었다.

그리고 대부분의 공인중개사들은 의뢰인의 중개계약서는 잘 작성하면서도 중개사와 의뢰인간의 중개의뢰계약서나 중개보수지급확약서 등은 작성하지 않고 있는데, 이 책의 여러 특징 중의 백미는 특약사항의 정비와 함께 바로 저자가 사용하던 서식과 저자가 직접 계약하거나 작성한 계약서를 관계되는 곳에서 선보인 것이다. 이 서식과 계약서를 법리적으로 이해하고 활용한다면 부지불식간에 중개업의 정상에 오르게 될 것이다.

5. 저자의 바램

중개업계가 전문가집단으로 재탄생하려면 협회의 노력도 중요하지만 중개사 개개인의 자성과 노력이 없이는 안된다. 이 책은 부동산중개실무에 관하여 초보자에서부터 오랫동안 중개업을 하신 분들에게까지 바이블이 될 것이다. 한마디로 『중개업에 관한 바이블이자 끝판왕』이다. 총 10편에 걸쳐서 집필된 중개업에 관한 대서사시이다. 중개업에 활용하면 큰 도움이 될 것이다. 한편 부동산투자는 부동산중개와는 서로 떨어질 수 없는 자웅동체이다. 따라서 이 책은 부동산투자에도 결정적인 도움을 줄 것이다.

집필을 위하여 오래 전부터 방대한 양의 부동산중개와 행정법 및 부동산 관련 서적을 참고하였다. 필드에서 사용할 팩트(사실관계)와 관련된 "실무서"이기 때문에 추상적이고 현란한 문구로 독자를 현혹하지 않았고, 실무에서 구체적으로 참고와 응용을 할 수 있도록 하였으며, 얄팍한 분량으로 책을 팔기 위한 꼼수도 부리지 않았다. 비록 분량은 많지만 중개업 종목의 전 분야를 망라한 것이기 때문이며, 법조계와 중개업계의 기본 법리와 실무가 접목되어 내용적으로 폭과 깊이가 있어서 중개업무에 활용하면 많은 도움이 될 것이다. 저자의 블랙박스 시리즈인 『상가권리금과 상가·주택 임대차실무(제2판)』와 『상가창업과 상가중개실무(제2판, 총각론)』를 함께 책상에 두고 참고하면 실무서로서 손색이 없을 것이다. 저자의 신념을 믿고 활용하여 중개업에서 대성하기 바란다.

이 책은 현직 공인중개사는 물론 임대인과 임차인·부동산 투자자·개발업자·컨설턴트·기업의 부동산 개발팀에게도 도움이 될 것이다. 나아가 법무법인·변호사·법무사 사무실의 실무자, 기업의 임직원 등 부동산법률 실무자, 대학과 대학원의 부동산학과·경영학과·법학과 관련 교수와 학생들에게도 일조가 될 것이다. 정확한 법적 근거를 제시하고 백과사전식의 많은 정보를 담고 있으며, 투자의 근본을 제시한 "중개와 투자에 관한 바이블이자 끝판왕"이라는 점을 재차 강조한다. 믿고 선택하여 중개와 투자에 결정적인 도움을 받을 수 있는 기회를 잡기 바란다.

6. 맺으면서…

몇 년간의 자료수집과 준비를 거쳐서 2019년 봄에 집필을 시작하여 12월 무렵 10개월 만에 집필을 끝냈다. 정말 내 인생에서 다시 없는 노력을 하였다고 생각하니 만감이 교차한다. 그러나 탈고(脫稿)를 하면서도 아쉬운 점이 남는 것은 무슨 까닭인가? 부족한 점은 독자들의 질책을 겸허히 수용하여 훗날을 기약하기로 한다. 이 책이 나오기까지 진심 어린 관심을 가진 분들이 많다.

묵묵히 기다려 준 가족들, 늘 힘과 용기를 준 변호사 박종대 형님, 대학원 동문이자 막 정년퇴직을 한 선관위 권세명 동문, 옛 검찰 동료이자 법무사인 만고(萬古) 박종길 형, 한국공인중개사협회 평택지회 지회장 정지원 아우님, 김태건의 부동산투자클럽/부동산아카데미의 한희숙 회장님, 정수경 중개사님, LBA 김선우 소장님, 손선희 목사님, 이연주 사장님을 비롯한 몇몇 회원님들께 감사의 말씀을 드린다. 또한 늘 깊은 관심을 가져 주신 열린음악회 이수원 단장님도 잊혀지지 않는다. 끝으로 복잡한 시리즈 출판에 고생하신 부연사 사장님과 임실장님, 권주란님을 비롯한 편집부 직원들께도 고마운 마음을 전한다.

저자 김태건 씀

추천사

초로의 길목에 계시지만 학문과 배움에 대한 열정은 그 누구보다 깊고 강한 분이다. 강의실에서나 논문지도를 할 때나 김태건 박사의 성실하고 열정적이며 매사 최선을 다하는 모습에 깊이 감동받은 적이 많다. 박사과정 내내 단 한 번도 결석하거나 지각을 한 적도 없으며, 수업 준비와 논문작성에 소홀하거나 부족했던 적이 전혀 없다.

김태건 박사는 체계적 이론과 다양한 실무를 모두 겸비한 진정한 부동산 전문가이다. 대학과 대학원에서 법학, 부동산학을 전공하여 탄탄한 이론적 지식 기반을 갖추었을 뿐만 아니라, 법무부 및 검찰에서 공무원 생활을 거치고, 법무법인에서 소송 실무직을 수행하면서 부동산 이론들이 판례, 실무에 어떻게 적용되는지 직접 경험하며 지식의 깊이를 심화시켰다. 20여 년에 걸쳐 민사는 물론 형사, 가사, 행정소송 등의 업무를 모두 경험하면서, 본인의 실무적 지식과 경험을 학문적으로 확장시키는 동시에, 후진양성에 이바지하고자 고시학원에서 법원검찰직 공채반과 경찰관 승진시험반 등에서 형법, 형사소송법, 행정법 강의도 하였다.

부동산중개실무, 주택상가임대차실무, 부동산경매실무 등과 같이 부동산 실무 전문가만이 집필이 가능한 전문 서적들을 두루 집필하였다. 김태건 박사의 다양한 저서들은 독자들이 쉽게 이해할 수 있도록 이론을 체계적으로 정리하였을 뿐만 아니라, 실제 판례 및 실무를 접목하여 현업에서 어떻게 적용되는지도 잘 보여주고 있다. 그의 저서들은 공인중개사, 부동산 경매투자자, 법무 관련 실무 종사자들뿐만 아니라 부동산 투자에 관심이 있는 일반인들도 쉽게 접근할 수 있는 부동산학의 기본 필독서로서 큰 역할을 하고 있다.

김태건 박사를 보면, 그의 성실하고 묵묵히 도전하는 삶을 떠올리게 해주는 시가 있다. 롱펠로우(Henry Wadsworth Longfellow)의 인생 예찬(A psalm of life) 중의 일부이다.

위대한 사람들의 생애는 우리에게 깨달음을 주느니,	Lives of great men all remind us
우리도 장엄한 삶을 이룰 수 있고,	We can make our lives sublime,
떠나가면서 시간의 모래 위에	And, departing, leave behind us
발자취를 남길 수 있으니,	Footprints on the sands of time;
그 발자취는 후에 다른 이가,	Footprints, that perhaps another,
장엄한 인생의 바다를 건너다가	Sailing o'er life's solemn main,
난파되어 홀로 남겨진 형제가 보고	A forlorn and shipwrecked brother,
다시금 용기를 얻게 될 것이다.	Seeing shall take heart again

어쩌면 롱펠로우가 김태건 박사를 염두해 두고 쓴 글은 아닌지 생각 들기도 한다. 그의 삶과 그의 저서는 우리 모두에게 배움과 동시에 인생의 시련과 도전에 대해서 생각해 볼 수 있는 계기가 될 것이다.

평택대학교 국제도시부동산학과
교수 오세준

목 차

제1편 중개실무의 기본

제1장 현 부동산중개업, 무엇이 문제인가? ··· 22

제2장 중개업의 성공방안과 수익 극대화 방안 ································· 25

제3장 직원과 공동중개에 대한 인식의 전환 ····································· 28

【소속공인중개사(중개보조원) 채용 계약서】

제4장 확인설명서 작성 실무 ·· 33

 제1절 개업공인중개사의 확인·설명의무 ······································ 33
  1. 확인설명서는 중개사고시 무죄와 무과실을 입증할 블랙박스이다. ············· 33
  2. 공인중개사법 제25조 제1항 규정 ·· 33
  3. 개업공인중개사의 매도인에 대한 『양도소득세』에 관한 확인·설명의무 유무 ··········· 34

 제2절 공부분석을 통한 확인·설명서 작성 실무 ························ 35
  【부동산 중개 의뢰 및 접수장[종합]】 ·· 45

 제3절 확인설명서 작성 실무 일반 ·· 49
  1. 중개대상물의 조사·확인 실무 ·· 49
  2. 구체적인 중개대상물 확인·설명서 작성 실무 ··· 54

제5장 계약서 작성 실무 ·· 79

 제1절 중개사고의 유형 ·· 79
  1. 현실 중개에서 가장 빈발하는 중개사고의 유형 ··· 79
  2. 중개사고 발생원인 ·· 79

 제2절 중개의뢰계약의 체결과 중개계약서 작성 ·························· 80
  1. 중개의뢰계약 또는 중개계약의 체결 ·· 80
  2. 공인중개사법의 규정 ·· 81

제3절 계약서 작성 제한사항 ·· 86
  1. 구체적인 제한사항 ·· 86
    가. 공인중개사법 제26조에 의한 제한 ·· 86
    나. 공인중개사법 제33조 금지행위를 통한 제한 ·· 86
    다. 거래신고에 의한 제한 ··· 90
    라. 부동산등기특별조치법에 의한 제한 ··· 98
  2. 계약서 작성시 주의할 점 ··· 99
    가. 확인설명서는 행정처분과 손해배상의 블랙박스이다 ·· 99
    나. 계약서는 처분문서이다 ·· 99
    다. 법률계약서를 작성하자 ·· 99
    라. 거래조건확인서를 활용하라 ·· 100
    마. 열악한 매매계약서의 예시 ··· 100
    【열악한 매매계약서의 실제 예시】
    바. '현 시설상태에서의 계약임'이라는 특약의 문제점 ··· 102
    사. 서명·날인 또는 기명·날인의 주의 ··· 103
    아. 계약서 자구 수정법 ··· 104
    자. 계약서 간인과 계인의 방법과 법적 효력 ·· 104
    차. 거래당사자 본인 여부 확인 ··· 105
    카. 매도인이 재외국민과 외국인인 경우의 중개 방법 ·· 107
    【재외국민과 외국인의 부동산등기신청절차에 관한 예규】
    【재외국민 또는 외국인이 귀국하지 않고 국내 부동산을 처분하는 경우 필요서류】
    【확인서면】【처분위임장】
    타. 소유자가 교도소에 수감 중인 경우의 부동산매매 ·· 110
    파. 허가 또는 승인 등을 받아야 하는 경우의 부동산 중개 ····································· 111
    하. 기타 계약서 작성상 주의사항 ··· 112

제4절 당사자 표시상의 주의사항 ·· 114
  1. 홍길동 외 1인 ··· 114
  2. 건설사의 숨은 의도와 문제점 ··· 114
  3. 대처방안 ·· 114
  4. 대법원 판례 ··· 115
  5. 『홍길동 외 1인』에 관한 실제 매매계약 사례 ··· 115

제5절 물건의 표시(목적물의 특정)상의 주의사항 ··· 119

1. 목적물이 몇 필지이거나 몇 필지 위에 건물(또는 미등기 건물)이 있는 경우 계약서 작성 방법 ··· 119
2. 매매목록 표시 방법 예시 ·· 119

제6절 임차인 있는 건물이 제3자에게 매매된 경우의 계약서 작성 실무 ········· 120
1. 임차인이 보상조건으로 퇴거하는 경우 ·· 120
【임대차계약 해지 및 건물명도 합의서】
2. 임차인이 퇴거하지 않는 경우 ·· 121
【부동산 임대차 내역서】【소유자변경확인서(채무인수계약서)】【명도확인서】
3. 건물 매매 후 '잔금지급 전' '매수인'이 임대차계약을 체결하는 경우 ··············· 124
【임대인 지위(임차권)승계방식에 의한 매매계약서】【임대권리 부여 합의서 (견본임)】
【부동산 매매 위임장】

제7절 계약서 대서 또는 재작성에 따른 공인중개사의 책임 ······························ 129
1. 단순히 계약서 대서행위만 한 경우 ·· 129
2. 공인중개사가 자신의 중개로 전세계약이 체결되지 않았음에도 실제 계약당사자가 아닌 자에게 전세계약서 등을 작성·교부해 준 경우 ··· 129
3. 공인중개사가 자신이 중개한 거래에서 잔금시 계약서를 재작성한 경우 ········· 129
【실제 사건에 대한 사례연습】
4. 보증금 증액 계약서 작성과 책임 문제 ·· 130

제8절 중개업에서 입증방법상 녹취의 활용 ··· 131
1. 녹취의 목적 ··· 131
2. 통신비밀보호법의 규정 ·· 132
3. 녹취 방법의 적법성 여부 ·· 133
4. 동의 없는 녹취의 위법성과 증거능력 ·· 133
5. 녹음방법과 활용방법 ··· 134

제2편 중개사고 예방을 위한 중개 실무

제1장 다가구와 다세대의 중개실무 ·· 138

1. 의의 ·· 138
2. 다가구주택의 확인·설명의무의 범위 ·· 138
　가. 중개대상가구 이외의 다른 가구에 대한 확인·설명의무 ······················· 138
　나. 실무상 활용사례 ·· 140
　　【부동산 임대차 내역서】【임대차 정보제공 요청서(주택)】
　　【임대차 정보제공 요청서(상가)】【도면 제공 요청서】
　　【상가건물 임대차 현황서】【주민등록 전입세대 열람 신청서】
3. 다세대주택의 확인설명의무의 범위 ·· 154
　가. 다세대주택의 출입문 표시와 등기부의 표시가 다른 경우 ····················· 154
　　【부동산중개의뢰서[종합]】
　나. 주택의 권리분석상 주의할 점 ·· 156

제2장 상가건물 또는 상가주택의 중개 실무 ································ 158

1. 건축물대장상에는 하자가 없어도 위반건축 사실을 인지한 경우의 확인·설명의 범위 ······ 158
2. 위반건축물을 중개할 경우 확인·설명의 범위 ·· 158
　【임차보증금 및 월세 현황 조사서】【상가건물 임대차 현황서】
3. 상가주택(겸용주택)의 각종 세금의 과세표준과 중개보수의 기준 ············· 161

제3장 판례와 유권해석을 통한 중개사고의 예방 ··························· 164

제1절 판례를 통한 중개사고의 예방 ·· 164

1. 컨설팅용역과 중개행위의 관계 ·· 164
2. 분양대행과 중개행위의 관계 ·· 165
3. 변호사의 법률사무와 중개행위의 관계 ··· 165
4. 무상중개와 확인·설명의 필요성 ·· 166
5. 중개에 있어서 등기권리증 확인 여부 ··· 166
6. 확인·설명의무의 위반 유형 ·· 167
7. 확인·설명의 시점 ··· 169
8. 수 개의 구분점포를 일괄하여 단일한 임대차 관계가 성립한 경우, 우선변제권의 판단 기준 ··· 169
9. 다운(DOWN), 업(UP) 계약서 작성과 그 법적 효과 ································ 170
10. 공인중개사협회의 공제약관상 보증한도 ··· 171
11. 공인중개사협회의 공제계약에서의 공제사고의 발생 시기 ····················· 171

제2절 유권해석과 문리해석을 통한 중개사고의 예방 ··························· 171

1. 문리해석 ·· 171

2. 확인·설명서 작성에 관한 국토부 해석 ··· 173
3. 공인중개사법에 관한 법제처 유권해석 ··· 173

제3편 민법을 활용한 중개 실무

제1장 가계약 ·· 180

제1절 가계약의 유효성과 중개 실무상의 한계 ································· 180

1. 가계약의 의미와 문제 ··180
2. 가계약에 대한 판례 ··181
3. 계약금과 가계약의 관계 ··182
4. 가계약의 효력 ··183
5. 계약금 대신 현금보관증을 이용한 가계약서의 응용 ·································184
   【본계약의 효력이 없는 매매의 가계약서】 【본계약의 효력이 없는 임대차의 가계약서】
   【본계약의 효력이 있는 매매의 가계약서】 【현금 보관증】
   【본계약의 효력이 있는 임대차의 가계약서】

제2절 가계약 후 분쟁이 발생한 경우, 공인중개사에게 행정처분을 할 수 있는가?
··· 189

제2장 계약의 목적물(목적물의 특정) ··· 190

제1절 토 지 ··· 190

1. 공유수면의 빈지(濱地:바닷가)에 축조한 공작물이 독립한 소유권의 객체가 될 수 있는가?
··· 190
2. 포락지(浦落地) ·· 190

제2절 일반건물 ··· 191

1. 신축건물의 중개행위 ··191
   가. 신축건물의 소유권 귀속(원시취득)에 관한 법리 ····································191
   【신축건물의 소유권 귀속에 관한 사례연습(1)】
   【신축건물의 소유권 귀속에 관한 사례연습(2)】
   나. 신축건물의 소유권취득과 담보물권과의 관계 ··195
2. 종물의 중개행위 ··195
   가. 종물의 의의와 요건 ··195

나. '증축건물·신축건물'이 종물인지, 부합물인지, 독립물인지 여부에 관한 판례 ········· 196
　3. 부합물의 중개행위 ·················· 198
　　【부합에 관한 사례】【부합에 관한 판례】
　4. 증축건물의 중개행위 ·················· 202
　5. 미등기·무허가 건물의 중개행위 ·············· 203
　6. 건축 중인 건물의 소유권보존, 강제집행, 중개 방법 ········· 205
　【'완성된' 미등기건물, 미완성이지만 '독립된' 건물의 중개 방법(실제 중개사례)】

제3절　집합건물(구분소유건물) ··············· 211
　1. 들어가면서 ··················· 211
　2. 의 의 ···················· 211
　3. 구분소유권의 성립요건 ················ 213
　4. 구분건물에 관한 구체적 사례 ·············· 216

제4절　공동소유물 ·················· 218
　1. 얼개 ····················· 218
　2. 공유물 ···················· 218
　3. 합유물 ···················· 219
　4. 총유물 ···················· 221
　5. 공유, 합유, 총유의 비교 ··············· 223

제3장　계약당사자(당사자의 특정) ············ 224

제1절　제한능력자와 계약 ················ 224
　1. 제한능력자의 의의와 종류 ·············· 224
　2. 제한능력자의 법률행위의 효력 ············· 224

제2절　대리계약과 당사자의 확정 ·············· 225
　1. 대리의 구조(대리의 3면 관계)와 당사자의 확정 ········ 225
　2. 위임장과 임감증명은 반드시 첨부해야 하나? ········· 229
　　가. 대리제도는 사적 자치(私的 自治)의 확장이다. ········ 229
　　나. 대리계약에서 본인의 위임장과 임감증명서를 반드시 첨부하여야 하는가? ········· 230
　　【중개실무상 위임장의 대리권 유무 판단】【부동산 매매 위임장】
　　다. 무권대리행위의 추인제도를 이용하라 ··········· 231
　　【(무권대리행위 추인을 위한)현금 보관증】
　3. 대리계약 시에 본인의 도장을 찍으면 안 되나? ········· 232

【위임장을 지참하지 않은 무권대리인과의 계약 시 대처 방법】
【현금 보관증】
- 4. 표현대리(表現代理) ··· 234
  - 가. 표현대리의 유형과 법률효과 ·· 234
  - 나. 【판례】 대리권 수여표시에 위한 표현대리(수권대리) ············ 234
  - 다. 【판례】 권한을 넘은 표현대리(월권대리) ····························· 237
  - 라. 【판례】 대리권 소멸 후의 표현대리(멸권대리) ····················· 242
- 5. 무권대리(無權代理) ··· 243
  - 가. 무권대리의 의의, 요건, 효과 ·· 243
  - 나. 무권대리의 추인에 관한 판례 ··· 243
  - 다. 무권대리와 무권리자의 구별 ··· 244
  - 라. 무권대리인의 상대방에 대한 책임 ······································· 245

제3절 부부의 일상가사대리권 ·· 246

- 1. 얼개 ··· 246
- 2. 의의 및 범위 ·· 246
- 3. 일상가사대리권을 부정한 판례 ·· 247
- 4. 일상가사대리권을 긍정한 판례 ·· 247
- 5. 민법 제126조(권한을 넘을 표현대리)의 성립 여부 ·················· 247
- 6. 현실 중개에서의 주의사항 ··· 248

제4절 법인과의 계약 ·· 250

- 1. 법인의 표현(顯名主義) ··· 250
- 2. 법인의 법률행위의 제한 ··· 251
- 3. 법인의 대표가 아닌 자와의 계약 ··· 252
- 4. 법인 제도의 현실 ··· 253
- 5. 법인과 계약시 첨부서류 ··· 254

제4장 계약의 성립(계약서 작성, 법률행위의 확정) ································ 255

제1절 청약과 승낙의 합치 ··· 255

- 1. 청약과 승낙이 합치할 것 ··· 255
- 2. 가계약이 본계약이 되기 위한 의사의 합치 정도 ····················· 256
- 3. 목적물만 특정된 아파트 분양계약의 계약 성립 여부 ··············· 257
- 4. '분양 광고의 내용'이 '계약 내용'이 되는지 여부 ······················ 257

제2절 토지 현황이 지적 공부상의 경계와 다른 경우, 매매대상이 되는 토지 소유권의 범위 ·· 258

1. 공부상 경계의 원칙 ·· 258
2. 예외적으로 실제의 경계에 의하는 경우 ································· 258

제3절 계약서 작성과 해석 ·· 259
1. 낙성계약(諾成契約)이 원칙 ·· 259
2. 계약서는 처분문서이다 ·· 259
3. 계약서에 기재된 내용이 당사자의 합의와 다를 경우(오표시 무해의 원칙) ··· 260

제4절 매매 목적물과 대금의 특정 시기 ······························· 261
1. 매매 목적물과 대금의 특정시기 ·· 261
2. 매매 목적물의 불특정으로 매매계약이 성립되지 않은 경우 ····· 261
【계약당사자가 대금지급을 연기할 경우 실무상 대처 방법】
【매매대금 지급연기에 따른 이행각서】

제5장 계약의 하자(무효와 취소) ····································· 264

제1절 계약의 일생 ··· 264
1. 계약의 일생에 대한 도식화 ·· 264
2. 개념 구별 ··· 265
3. 무효 사유와 취소 사유 ·· 265

제2절 계약의 무효 ··· 266
1. 원시적 불능 ··· 266
2. 반사회질서의 법률행위 ·· 266
3. 불공정한 법률행위(폭리행위) ··· 269
4. 비진의 의사표시[심리유보(心裡留保)] ······································· 271
5. 통정허위표시(通情虛僞表示)[가장행위(假裝行爲)] ····················· 272
6. 효력규정의 위반 ··· 276
7. 일부 무효 ··· 278
8. 유동적 무효 ··· 280
9. 무효의 효과 ··· 284

제3절 계약의 취소사유 ·· 285
1. 무능력자의 행위 ··· 285
2. 착오(錯誤) ·· 286
3. 사기·강박 ·· 296

제6장 부동산 거래에 대한 제한 ·· 303

제1절 허가를 받아야 하는 경우 ·· 303
1. 학교법인의 재산처분 등 ·· 303
2. 의료법인의 재산처분 ·· 303
3. 재단법인의 기본재산처분 ·· 303
4. 전통사찰의 부동산 양도와 담보제공 ·· 304
5. 향교재산의 처분과 담보제공 ·· 304

제2절 허가 또는 신고를 하여야 하는 경우 ·· 304
1. 외국인 등의 토지취득 신고 ·· 304
2. 외국인 등의 토지취득 허가 ·· 304

제7장 계약금, 해약금, 위약금 등의 관계(구별) ·· 306

제1절 계약금과 해약금의 관계 ·· 306
1. 개념상의 구별 ·· 306
2. 계약금의 법적 성질 ·· 306
3. 매매계약과 계약금계약의 구별 ·· 307
4. 계약금에 의한 계약해제에 관한 판례 ·· 307
【판례가 인정한 현금보관증의 실무상 예시】
【(계약금의 일부 지급에 대한)현금보관증】
5. 해약금에 의한 해제권 행사의 요건 ·· 310
6. 해약금에 의한 계약해제의 효과 ·· 315

제2절 계약금, 해약금, 위약금 3자의 관계 ·· 316
1. 『계약금과 해약금』은 법적으로 밀접한 관련이 있다 ···························· 316
2. 『계약금과 위약금』은 법적으로 아무런 연관이 없다. ·························· 317
3. 결론 ·· 317

제3절 계약금, 해약금, 위약금 3자의 관계에 관한 사례 ···························· 318
【계약금, 해약금, 위약금 등을 잘 반영한 실제 토지매매계약서】

제4절 위약금·손해배상예정·위약벌의 구별 ·· 325
1. 3자의 개념 구분 ·· 325
2. 위약금이 『손해배상액의 예정』인 경우 ·· 326

3. 위약금이 『위약벌』의 성격인 경우 ·· 326
【계약금, 해약금, 위약금, 위약벌의 구별】

제8장 계약해제와 중개실무 ·· 328

제1절 계약해제의 의의와 구별개념 ·· 328
【해제계약(합의해제)을 유도할 필요성이 있는 경우 실무상 참고사항】
【부동산매매(임대차)계약 해제계약서】

제2절 법정해제권의 발생 ·· 333
1. 이행지체와 계약해제 ·· 333
2. 이행불능과 계약해제 ·· 345

제3절 해제권의 행사 ·· 346
1. 행사의 방법 ·· 346
2. 해제의 불가분성 ·· 346

제4절 계약해제의 효과 ·· 347
1. 계약의 구속으로부터의 해방 ·· 347
2. 원상회복의무 ·· 349
3. 손해배상 ·· 357

제9장 매도인의 담보책임 ·· 362

제1절 의의 및 법적 성질 ·· 362
【 매매에서 채무불이행책임과 담보책임의 일반적 차이 】

제2절 '권리 전부'가 타인에게 속하는 경우의 담보책임 ······························· 364

제3절 '권리 일부'가 타인에게 속하는 경우의 담보책임 ······························· 365

제4절 '수량 부족 또는 일부 멸실'의 경우의 담보책임 ·································· 366

제5절 '제한물권'이 있는 경우의 담보책임 ··· 368

제6절 '저당권 또는 전세권'의 행사와 담보책임 ·· 369

제7절 '특정물매매'에서 목적물에 하자가 있는 경우 ···································· 371

제4편 법조 실무를 활용한 중개 실무 확장

제1장 중개사의 귀책사유 없이 중개가 중단된 경우의 중개보수청구권 ·············· 376
    1. 중개보수청구권 발생요건 ··· 376
    2. 중개사가 배제된 경우 중개보수청구권 발생요건 ································ 377
    3. 결론 ·· 379

제2장 중개실무에 내용우편제도의 활용 ··· 381
    1. 증거확보방법 ·· 381
    2. 내용증명우편을 이용할 필요가 있는 경우 ··· 382
    3. 내용증명우편의 효력 ··· 383
    4. 내용증명우편에 대하여 회답할 필요가 있는지 여부 ···························· 384
    5. 내용증명문서의 작성방법 및 발송절차 ··· 385
    6. 이용범위 및 재증명 청구 ··· 386

제3장 중개보수청구에 지급명령과 소액심판제도의 활용 ································ 387
  제1절 지급명령신청 ·· 387
    1. 지급명령의 의의 ·· 387
    2. 지급명령 신청의 특장점 ··· 388
    【소가의 산정 방법】
    【소송인지액의 산정 방법】
    【지급명령(독촉절차)의 인지액 계산법】
    【인지액 납부 방법】
    【송달료 계산 방법】
    【송달료 납부 방법】
    3. 지급명령의 효과 ·· 392
    4. 구체적인 지급명령 신청사례 ··· 393

  제2절 소액심판청구 ·· 395
    1. 소액사건의 대상과 관할 ··· 395
    【소액사건과 중개실무에서의 주의사항】
    2. 이행권고제도 ·· 395
    3. 소액사건의 절차상의 특례 ··· 395

제4장 임대차중개에서 제소전화해제도의 응용 ·· 399

    1. 의의 및 구별개념 ·· 399
    2. 실무상의 문제점 ·· 399
    3. 신청요건 ·· 400
    4. 신청법원 ·· 400
    5. 신청절차 ·· 400
    6. 제소전화해조서의 효력 ·· 401
    7. 제소전화해의 실무상 응용 ·· 401
    【제소전화해신청서 작성 예시】

제5장 중개사고와 민사조정제도의 활용 ·· 405

    1. 의의와 실효성 ·· 405
    2. 소송절차와 조정절차 비교 ·· 405
    3. 민사조정절차의 장점 ·· 405
    4. 상임조정위원 제도 ·· 406
    5. 민사조정의 종류와 효과 ·· 406
    6. 민사조정절차의 흐름 ·· 407
    7. 신청방식 ·· 407
    8. 민사조정신청서의 작성 ·· 407
    【민사조정신청서 작성 예시】

제1편 중개실무의 기본

제1장 현 부동산중개업, 무엇이 문제인가?
제2장 중개업의 성공방안과 수익 극대화 방안
제3장 직원과 공동중개에 대한 인식의 전환
제4장 확인설명서 작성 실무
제5장 계약서 작성 실무

제1편

실전
부동산중개실무

제1장

현 부동산중개업, 무엇이 문제인가?

1. 부동산 중개업의 현실

(1) 공인중개사 과다배출과 "중개업소의 난립"

- 공인중개사협회에 따르면 현재 공인중개사 자격증 소지자 수는 약 50만에 이를 정도이고, 개업공인중개사는 2022년 상반기 기준으로 11만을 넘어설 정도라고 한다. 매년 2만면 정도가 개업을 하고 1만명 정도가 폐업을 한다고 한다. 공인중개사의 미래의 직업선호도가 나쁜 편은 아니며, 자격시험 또한 난이도는 높고 어렵지만 절대평가로 인하여 합격 자체는 아직 쉬운 편인 데다가 부동산 사무실 창업은 타 업종에 비하여 상대적으로 비용이 적게 들어가고 진입장벽이 낮다. 게다가 요즘은 평생직장이 없어지는 경향이 있어서 공무원 은퇴, 회사 퇴직, 전업과 중장년층 재취업의 수단으로 많은 사람들이 중개사무소를 개업하고 있다.

(2) 공인중개사 시험과목과 실무수습의 비현실성으로 인한 "중개업자의 전문성 부족"

- 중개업의 업무의 특성은 어떠한가? 창업이 쉽고 진입장벽이 낮은데 비하여 중개업의 업무의 특성은 경제, 금융, 투자, 법무, 세무, 평가, 개발, 건축 등 모든 영역에 걸쳐 있다. 중개사의 위상이 높아져 고객은 투자, 세금, 등기, 평가, 금융, 건축과 개발까지 필요한 모든 것을 듣기를 원하지만 중개사제도는 아직 그렇지 못하다. 그럴 때마다 고객에게 "세무는 세무사와, 법무는 변호사·법무사와 상담하세요", "건축과 개발은 토목설계사·건축사에게 물어보세요"라고만 한다면 고객은 투자에 관한 의사결정을 하기 어려울 것이다.

- 타 자격사에 비하여 업무가 여러 영역에 걸쳐 있어서 무에서 유를 창조해야 하는 비정형적인 업무의 특성과는 달리, 중개사 시험은 아직도 객관식과 절대평가로 치뤄지고 있으며, 시험과목 중 민법과 민사특별법에는 채권법 총론과 채권법 각론의 일부, 상속법, 영리법인 등에 관한 내용이 빠졌고(이것들은 법인과 다수당사자의 관계 등 계약에 있어서 필수적인 과목이다), 부동산공법에는 건물공법 또는 상가 관련 법령(예컨대 식품위생법, 다중이용업소법, 학원법, 교육환경보호법, 주차장법, 하수도법 등)과 부동산공법 중 토지공법의 중요부분과 총론적 부분(예컨대 행정법 총론, 산지법, 도로 관련법 등)이 빠졌기 때문에 자격취득을 위한 공부만으로는 개발은 말할 것도 없고 상가와 토지중개를 하기에도 어려움이 따를 수밖에 없다. 중개실무 수습과정 역시 너무 형식적이고 연수교육 역시 중개업에 경험이 없는 중개사가 아닌 다른 자격사가 주로 교육을 하고 있으니 문제에 대한 해결책이 되지 못한다. 그렇다고 주택전문중개사, 상가전문중개사, 토지전문중개사 등으로 세분하여 시험과목을 달리하여 치뤄진다면 훨씬 전문성이 제고되겠지만, 어쨌든 중개업무의 종합성과 고객의 높은 기대치에 비하여 현재의 자격시험과 수습·연수 등 실무교육제도가 열악하기 그지없다. 바로 이점 때문에 저자가 이 책을 쓴 이유이기도 하다.

(3) 중개제도 정착 실패와 실무경험 없는 창업으로 인한 "경영의 열악화"

- 국가의 중개업제도 정착 실패와 협회 등 중개제도의 울타리가 열악하여 각 중개사가 알아서 자력갱생하여야 한다. 이로 인하여 중개업소의 난립, 소형화, 실무경험 없는 창업으로 인한 경영의 열악화를 초래하고 있다.

(4) 이종 자격사들의 "업역(業域)의 중첩"

- 공인중개사의 업역과 변호사, 법무사, 건축사, 세무사, 토목설계사, 감정평가사 등 이종자격사들의 업역의 중첩으로 인하여 갈수록 중개업자가 이들 이종자격사들로부터 업무를 잠식당하는 현상이 발생하고, 중개사의 과다 배출로 중개업자들 간의 제살 뜯어 먹기식이 되고 있다. 이들 이종자격사들은 자신의 업무를 빙자하여 사실상 중개업무를 하는 경우가 비일비재하며, 심지어 상인·동네이장·새마을지도자·아파트 관리인·분양업자 등 전국민이 중개업자화할 정도로 중개시장의 난맥상은 심각하다.

(5) 부동산 "중개 마케팅의 난맥"

- 공인중개사의 업무는 한마디로 '법과 마케팅'이다. 법적 지식과 영업력 또는 마케팅 능력에 따라서 그 어느 자격사보다도 수입의 격차가 크다. 그런데 영업 또는 마케팅과 관련하여 중개업소의 난립과 함께 네이버·금융기관 등 부동산 공룡들의 등장, 다방·직방·네모·각 중개업소의 블로그와 카페, 밴드와 유튜브 등 마케팅이 지나치게 난립하여 광고비 대비 마케팅의 실효성이 반감되고 있다.

2. 개업공인중개사의 실태

- 위와 같은 제도적·외부적 환경의 어려움과 더불어 공인중개사들의 지속적인 실무지식 습득 소홀, 부동산 관련 법률 공부 부족과 무관심, 실무경험 부족으로 인한 계약서 작성 부실, 직원관리·고객관리 미숙과 상담능력 결여 등으로 경영의 열악화를 면치 못하고 개업과 폐업을 반복하고 있는 실정이다.

제 2 장

중개업의 성공방안과 수익 극대화 방안

1. 중개업의 경영 개선

가. 소수의 준비 없는 창업 지양

(1) 다양한 부동산 관련 법률 지식 습득

- 공인중개사는 부동산전문가이자 공사법을 두루 섭렵하여야 하는 전천후 법률가이다. 변호사, 법무사, 감정평가사, 세무사, 건축사, 토목설계사 등의 업무 중에서 부동산과 관련된 분야는 모두 공부를 하여야 한다. 현재의 공인중개사 시험과목은 소개영업법 시절에 만들어진 것으로써 현재의 공인중개사 시장이 요구하는 전문 업무를 처리하기에는 절대 역부족이다. 결국 공인중개사 시험의 합격은 필요조건일 뿐 충분조건은 절대 아니다. 따라서 개업공인중개사는 다양한 실무 관련 공부를 하여 전문화를 하지 않으면 살아남을 수 없다. 현재의 공인중개사 시험은 실무에 필요한 부분이 상당수 빠졌고,[1] 불필요한 부분도 많다.[2] 그래서 초보자들은 상가중개와 토지중개를 두려워하고 실제 수준 높은 중개를 하지 못하고 있는 것이다. 따라서 적어도 이 책에서 언급하고 있는 부분 정도는 기본적으로 숙지하고 이런 실무용 책자를 늘 사무실에 꽂아두고 업무에 참고하는 자세가 필요하다.

(2) 직업적 프로정신과 인내심·초심 유지

- 전문성을 바탕으로 직업적 프로정신과 적극적 사고로 일을 즐기는 마인드가 필요하고, 인내심과 초심

---

[1] 시험과목 중 민법과 민사특별법에는 채권법 총론, 채권각론의 일부, 상속법, 상법 총론(영리법인과 상인에 관하여는 상법이 우선 적용되기 때문) 등이 빠졌고, 부동산 공법에는 건물공법 내지는 상가 또는 상업 관련 법령(예컨대 다중이용업소법·학원법·교육환경보호법·식품위생법·주차장법·하수도법 등)과 토지공법의 중요부분과 총론적 부분(예컨대 인허가 등 최소한의 행정법 총론, 산지법, 도로 관련법 등) 등이 빠졌다. 그리고 전문성 재고를 위해서는 1차시험은 상대평가로, 2차시험은 주관식과 절대평가로 치루는 것이 옳다고 본다.
[2] 부동산공법 중 도시개발법·도시 및 주거환경정비법은 빠져도 무관한 과목이다. 중개사는 개발 관련 사업자가 아니기 때문이다.

을 잃지 않아야 한다. 뭐니 뭐니해도 초심을 잃지 않고 오랫동안 사무실을 운영하는 것보다 더 좋은 마케팅은 없다. 그러나 위와 같은 프로정신과 초심은 마음만 먹는다고 되는 것이 아니라 그것을 잃지 않고 유지하기 위해서는 기본매출(중개의 효자종목)이 있어야 하고, 무엇보다도 중개업무의 다양성과 종합성으로 인하여 관련 분야에 전문성을 갖추고 자신과의 싸움에서 이기지 않으면 시간이 지남에 따라 스스로 지치고 타성에 젖어서 초심을 잃게 된다.

- 공인중개사의 업무는 한마디로 부동산의 매매와 임대차에 대한 알선과 중개이다. 일반인들의 눈에는 다른 자격사들의 업무에 비하여 아주 단순하게 보일 수도 있다. 다시 말해서 공인중개사의 업무는 얼핏 보면 계약서 한 장 작성하는 것처럼 아주 단순해 보일 수도 있다. 하지만 그 계약서는 처분문서로서 수많은 공사법적 판단이 응축된 것이기 때문에 전문화된 계약서를 작성하는 것은 매우 힘든 일일 뿐만 아니라 그 계약서가 완성되기까지는 수많은 사람을 통하여 숱한 노력과 난관을 극복하여야만 계약이 성사된다. 타 자격사의 업무에 비하면 마치 무에서 유를 창조하는 비정형적인 업무로써 겉으로 보기와는 달리 다른 사람들을 설득하여야 하는 중개업은 결코 쉽지 않은 업무이다.

- 그러나 한편 중개사의 업무가 비정형적이다 보니, 적어도 중개업의 내막을 모르는 외부인들이 볼 때에는 중개업은 다른 자격사의 업무에 비하여 구렁이 담 넘어가듯 대충해도 그만, 철저히 해도 그만이라는 업무의 특성, 즉 결과물이라고는 계약서를 작성하는 것 외에는 그 노력이 외부로 나타나지 않는 비정형적인 업무의 특성을 가지고 있다. 그래서 프로정신으로 초지일관 초심을 잃지 않기가 쉽지 않다.

나. 관행적 중개기법의 지양 및 차별화된 중개기법과 경영

- 관행적 중개기법을 지양하고 차별화된 중개기법을 통한 경영을 하기 위해서는 전문화, 종합화(원스톱서비스화)가 절대적으로 필요하다. 전문화, 종합화(원스톱서비스화)는 인적·물적 전문화·종합화와 마케팅의 시너지화가 필수적이다. 이와 같이 전문화, 종합화(원스톱서비스화)가 이루어지면 취급 종목의 전문화·다양화를 통하여 부동산의 부동성과 국지성을 극복하고 수익의 극대화를 추구할 수가 있게 된다. 또한 기업이나 이종 자격사들의 업역 침범이나 탈취를 어느 정도는 방지할 수 있다.

2. 마케팅 방법의 시너지화

- 위에서 저자는 공인중개사의 업무를 한마디로 표현하여 '법과 마케팅'이라고 하였다. 부동산 관련 법령에 관한 내공과 함께 마케팅은 중개업을 위해서는 필수 불가결하다. 그러나 마케팅의 난맥으로 인하여 단편적인 광고와 마케팅은 가성비가 매우 낮다. 따라서 마케팅 방법의 시너지화가 필요한데, 이를 위해서는 다양한 마케팅 방법들이 유기적으로 연결되어야 한다. 이와 같은 다양한 방법의 마케팅을 소화하기 위해서는 반드시 전문화와 종합화가 필수적이다. 즉, 빅데이타 분석 및 AR·VR을 이용한 중개실무 활용, 블로그·카페·유튜브·기타 SNS·신문광고의 활용, 교육·강좌·스터디·투자 설

명회・세미나 등을 활용한 매물과 투자자 확보, 중개업소 클러스터를 통한 공동중개 활성화, 직접 마케팅과 상담을 통한 물건과 고객 확보, 모임과 친목을 통한 마케팅, 이종(異種) 자격사의 협업(協業)을 통한 업무 확장 등이 필요하다.

- 그렇다면 이와 같은 다양한 방식의 마케팅을 옛날의 복덕방식 방식으로 또는 한두 명의 인원으로는 실현하기는 어렵다. 따라서 앞으로의 중개업은 인적·물적 전문화・종합화와 마케팅의 시너지화를 가져오는 여러 명의 인원에 의한 "전문화, 종합화(원스톱서비스화)"가 필수적이다. 그렇지 않으면 부동산의 국지성과 부동성을 극복할 수 없을 뿐만 아니라 부동산 공룡들의 앵벌이 신세를 면치 못하며 이들의 먹잇감이 될 뿐이다.

제3장

직원과 공동중개에 대한 인식의 전환

1. 소속공인중개사와 중개보조원

가. 소송공인중개사와 중개보조원의 지위

- 공인중개사 업무의 특성상 소속공인중개사와 중개보조원은 단순한 피용인이 아니다. 이들과의 고용계약은 월급제가 아니라 능력급이 대부분이기 때문이다. 이들도 모두 전문화·종합화에 대한 교육과 공부는 물론 중개보조원도 역시 가급적 자격이 있는 직원을 채용하는 것이 바람직하다. 전문화·종합화가 된 사무실의 소공(소속공인중개사)은 이직이 많지 않고, 또한 이들에게 물건 및 고객 자료와 지역 정보 등을 제공하여 최대한 이들의 수입이 증가할 수 있도록 하여야 한다.
- 구두 채용과 구두 수익배분은 절대 금물이며, 아래와 같은 고용계약서와 초빙 또는 위촉계약서를 작성하는 것이 좋다.

소속공인중개사(중개보조원) 채용 계약서

_____공인중개사 대표 _____(이하 甲이라 함)은 _____(이하 乙이라 함)를 소속공인중개사(중개보조원)으로 채용함에 있어 쌍방은 다음과 같이 계약을 체결한다.

제1조 (채용목적)
　　乙은 甲의 중개사무소에 소속되어 중개대상물에 대한 현장 안내 및 일반 상담과 서무 등 개업공인중개사의 중개 업무와 관련된 업무를 보조하는데 그 목적이 있다.

제2조 (乙의 제공의무와 효력 발생)
　　① 乙은 甲에게 계약체결일로부터 3일 이내 최근 발행 주민등록등본 및 乙명의 금융통장 사본 1부와 주민등록증 사본 1부를 제출한다. 만약 기간 내 제출이 없으면 본 계약은 무효로 한다.
　　② 본 계약의 효력은 甲이 乙을 관할 시군구청에 소속공인중개사(중개보조원)으로 등록

한 날로부터 발생한다.

제3조 (甲의 제공)
① 乙에게 _____을 제공한다.
② 乙에게 월 광고비로 金 _____을 지원한다.
③ 乙에게 일반전화 1대를 지원한다. 단, 전화요금은 乙이 부담한다.
④ 乙에게 업무 진행비로 매월 金_____만원을 지원하며, 지급 시기는 본문 7조에 따른다.

제4조 (乙의 업무 시간)
① 乙의 주중(법정 공유일 포함) 근무일정은 __:__ ~ __:__까지로 한다. 단, 주말은 __:__ 까지로 한다.
② 乙의 휴무일은 매월 _____ 요일을 한다.

제5조 (乙의 업무 내용)
① 근무기간 동안에 甲의 동의없이 甲 사무실 이외의 장소에서 일체의 중개 행위를 할 수 없다.
② 계약서 작성업무 보조와 대금 지급 업무는 반드시 甲의 사무실에서 甲의 지시와 통제하에서만 수행하여야 한다.
③ 중개 후 의뢰인으로부터 대금을 수령한 경우, 지체없이 甲에게 입금하여야 한다. 만약 이를 위반한 경우, 乙은 이로 인한 모든 피해를 전액 손해배상 하여야 한다.

甲의 금융 계좌	은행		예금주	

제6조 (수익금 배분)
甲과 乙은 아래 각 항에 따라 중개보수에 대한 수익금을 배분한다. 단, 중개보수에 대한 부가가치세와 사업소득세 및 중개와 관련되어 발생 될 수 있는 등기 관련, 금융대출 보조금, 기타 甲乙 간에 합의한 사무실 업무 관련 비용 등은 수익금에서 제외한다.
① 乙이 직접 매물 또는 의뢰인을 유입하여 중개를 완성하였을 경우,
　가) 공동주택(분양권, 입주권 포함)을 중개완성한 경우 : 중개보수의 _____%
　나) 일반주택(다가구 주택, 상가 겸용주택)을 중개완성 한 경우 : 중개보수의 _____%
　다) 상가건물, 상가 영업권을 중개완성한 경우 : 중개보수의 _____%
　라) 토지, 임야, 택지 분양권, 공장을 중개완성한 경우 : 중개보수의 _____%
② 乙이 甲사무소가 보유하고 있는 매물 또는 의뢰인을 가지고 중개를 완성하였을 경우,
　가) 공동주택(분양권, 입주권 포함)을 중개완성한 경우 : 중개보수의 _____%
　나) 일반주택(다가구 주택, 상가 겸용주택)을 중개완성한 경우 : 중개보수의 _____%
　다) 상가 건물, 상가 영업권을 중개완성한 경우 : 중개보수의 _____%
　라) 토지, 임야, 택지 분양권, 공장을 중개완성한 경우 : 중개보수의 _____%

제7조 (수익금 지급시기 및 지급 방법)
① 甲은 해당 수익금이 전액 입금된 경우, 세액 공제 후 3일 내 乙에게 지급한다.
② 甲은 해당 수익금을 乙명의 금융계좌로 입금한다. 또한 乙이 본문 제6조 1항 또는 2항에 의거 중개완성 후 퇴사했을 경우에 본조 1항에 의해 지급한다. 단, 지급일이 공휴일인 경우 도래하는 영업일에 지급키로 한다.

乙의 금융계좌	은행		예금주	

제8조 (乙 수익금에 대한 세액 공제) 乙은 수령하는 수익금 즉 개인 소득분에 대한 세액 공

제 적용은 아래 ①②항 중 ___항에 따른다.
① 甲은 乙에게 지급하는 수익금 즉 개인 사업소득에 대해 소득세법에 의한 원천징수(수익금액의 3.3%) 후 절차법에 따라 甲이 관할 세무서에 이를 납부한다.
② 乙은 수령하는 수익금에 대해 개인 사업 소득 신고를 포기하는 대신, 이로 인하여 증가되는 甲의 종합소득세, 의료보험 등 상승분에 대한 부담 비용으로 수익금의 10%를 甲에게 지급한다.

제9조 (乙 의무사항)
① 근무 기간 중은 물론이고 계약해지 후 甲의 사무소에서 알게 된 영업비밀과 고객관련 정보를 제3자에게 임의 누설 또는 공개하거나 乙의 개인 목적으로 사용하여서는 아니 된다.
② 甲의 사전 허락 없이 甲 소유의 지적 재산권을 무단으로 사용해서는 안 된다.
③ 제1항 또는 2항 사항을 위반한 경우, 乙은 이로 인한 피해를 배상한다.
④ 乙은 甲의 사무소에서 퇴사할 경우, 甲의 동의 없이 퇴사일로부터 ___개월간은 甲 사무소가 속한 행정구역상 같은 洞 및 인접 洞에서 일체의 중개 업무(개업, 소속 공인중개사 또는 중개보조원 등의 취업)를 할 수가 없다.
⑤ 만약 위 ①~④항을 위반할시에는 을은 위약벌로써 甲에게 금____만원을 지급키로 한다.

제10조 (관할법원) 본 채용계약서 또는 계약서 이외의 당사자 간의 문제로 소송 사건이 발생할 경우에 관할법원은 甲의 사무소 소재지 관할법원으로 한다.

이 계약을 증명하기 위하여 계약서 2통을 작성하여 甲과 乙이 서명 날인 후 각 1통씩 보관한다.

20   년   월   일

【甲】
상   호 :   공인중개사사무소   대표공인중개사 :   (인)
주   소 :

【乙】
성   명 :   (인)   생년월일 :
주   소 :   연락처 :

(1) 공인중개사법상 고용인으로서의 책임

■ 개업공인중개사는 소속공인중개사 또는 중개보조원을 고용하거나 고용관계가 종료된 때에는 국토교통부령으로 정하는 바에 따라 등록관청에 신고하여야 한다. 소속공인중개사 또는 중개보조원의 업무상 행위는 그를 고용한 개업공인중개사의 행위로 본다. 개업공인중개사의 행위로 본다고 하여 소속공

인중개사나 중개보조원이 책임을 면하는 것은 아니다(공인중개사법 제15조 제2항).[3] 따라서 개업공인중개사는 이들에게 구상권을 행사할 수 있다.

(2) 민법상의 사용자 책임

- 개업공인중개사는 소송공인중개사와 중개보조원에 대한 관리를 철저히 하여야 한다. 이들을 채용할 경우에는 관할 지자체에 고용신고를 하여야 하며, 이들의 행위에 대하여는 중개사법상은 물론 민법상으로도 사용자 책임을 져야 한다(민법 제756조).

(3) 개업공인중개사의 허위광고 금지와 소속공인중개사와 중개보조원 명의의 광고 금지

- 소속공인중개사와 중개보조원은 자신의 명의로 광고를 할 수 없다.〈시행 2020. 8. 21.〉 개업공인중개사는 존재하지 않는 중개대상물의 광고, 허위광고, 과장광고, 그 밖에 표시·광고의 내용이 부동산거래질서를 해치거나 중개의뢰인에게 피해를 줄 우려가 있는 것으로서 대통령령으로 정하는 내용의 표시·광고를 할 수 없다(법 제18조의2). 이를 감시하기 위하여 국토부 장관은 '인터넷 표시·광고 모니터링'를 할 수 있고, '부동산거래질서교란행위 신고센터'를 설치·운영할 수 있도록 하였다(법 제18조의3, 법 제47조의2)

2. 공동중개의 필요성과 인식의 전환

가. 공동중개의 필요성과 중요성

- 최근에 와서 직원 못지않게 공동중개의 중요성이 부각 되고 있다. 중개업의 난립으로 인하여 단독중개는 이제 그만큼 어려워졌기 때문이다. 공동중개를 위해서 상대방 중개사의 사무실을 자주 방문하거나 자주 접촉할 필요성이 있거나 중개사들 간의 모임에서 실질적인 활동을 할 필요가 있고, 공동중개시 상대방 중개사 또는 그 직원과의 관계를 잘 유지하고 험담이나 비난을 하는 일이 없도록 하여야 한다. 또한 공동중개 성사시에는 분배에 인색하지 말 것이며, 식사 대접과 선물로 감사의 표시를 하는 등 친밀한 관계를 유지하여야 한다.
- 한편 중개업의 비전문성, 공인중개사 간의 신뢰 부족, 공동중개기법의 원시성 등으로 인하여 공동중개의 성사율이 매우 저조하다. 특히 기본적인 법령과 업무의 전문성도 모르는 채 어깨 너머로 배운 복덕방식 중개 방법으로 공동중개를 하려는 사람들이 있다. 공동중개는 잘못되면 양 중개사가 모두 법적 책임을 져야 하는데, 이런 마인드와 복덕방식 실력을 가진 중개사와는 공동중개 자체가 스트레스가 될 수 있다. 따라서 개개의 공인중개사가 중개업의 전문화와 함께 신뢰를 전제로 한 전문화·종합화를 전제로 한 공동중개의 클러스터를 구축하여 공동중개의 어려움을 극복하여야 한다. 그렇지 않으면 공동중개에서 도태될 수밖에 없다.

---

[3] 대법원 2012.2.23. 선고 2011다77870 판결, 대법원 2012. 2. 9. 선고 2011다78279 판결

나. 공동중개의 인식 전환

(1) 형식적·편면적 공동중개

- 전통적인 공동중개는 물건을 제공하는 쪽 중개사는 물건을 오픈하는데 비하여, 고객 쪽 중개사는 고객을 오픈하지 않는 것이 관례였다(편면적 오픈 관례). 고객이 물건 쪽 중개사에게 명함도 주지 않는 것이 통례였다. 이와 같은 형식적·편면적 공동중개는 상대방 중개사의 신뢰에 손상을 줄 뿐만 아니라 업무의 원활에 지장을 초래하여 결국 공동중개의 성사에 방해가 될 수 있다. 또한 이와 같은 방식은 복덕방식 공동중개 방식으로써 지양되어야 한다. 공동중개는 잘못되면 양 중개사가 모두 법적 책임을 져야 한다는 점을 고려하면 하루 속히 버려야 한다.

(2) 실질적 공동중개

- 따라서 이제는 이러한 잘못된 공동중개는 지양되어야 한다. 중개란 중개대상물에 대하여 거래당사자 간의 매매·교환·임대차 그 밖의 권리의 득실변경에 관한 행위를 알선하는 것을 말한다. 공동중개는 단독중개의 연장선상의 중개행위이다. 공동중개란 물건 쪽 중개사와 고객 쪽 중개사가 중개대상물에 대하여 '공동으로' 거래당사자 간의 매매·교환·임대차 그 밖의 권리의 득실변경에 관한 행위를 알선하는 것이다. 따라서 공동으로 중개행위에 대한 중개보수 청구권이 발생하고, 중개사고가 발생할 경우에는 그 책임도 '공동으로' 지는 것이다.

- 따라서 양측 중개사는 '당해 건에 관한 한' 물건과 고객에 관한 모든 것을 오픈하고 공동으로 거래를 성사시켜야 한다. 간혹 고객을 모시고 온 중개사가 그 고객과의 거래는 '당해 물건'에 대한 거래는 물론 '다른 물건'에 대한 거래도 반드시 자신과 공동중개를 하여야 한다고 생각하는 경향이 있으나, 고객 또한 거래의 자유와 계약의 자유가 있기 때문에 당해 거래가 성사되거나 또는 성사되지 않고 종료된 이상 새로운 거래에 있어서까지 자신과 공동중개를 하도록 구속할 수 있는 권한은 우리 법체계 어디에도 존재하지 않는다. 중개와 공동중개에 관한 법리를 오해한 것으로서 위 두가지 점은 시정되어야 한다. 우리의 중개업이 폐쇄성을 극복하지 못하고 있는 사유 중의 하나이다.

제4장

확인설명서 작성 실무

제1절 개업공인중개사의 확인·설명의무

1. 확인설명서는 중개사고 시 무죄와 무과실을 입증할 블랙박스이다.

- 중개대상물 확인설명서는 중개시 개업공인중개사가 확인설명 하여야 할 사항과 그에 대한 주의의무에 관하여 압축적으로 표로 정리한 것이다. 따라서 이미 과거에 이루어진 중개에 대한 확인설명서상의 기재는 구체적인 소송에서 개업공인중개사가 중개상 주의의무를 모두 이행하였는지 여부를 판단하는 데 결정적인 증거자료가 된다. "제대로 기재되지 아니한 경우"에는 개업공인중개사의 과실을 인정하는 근거로 기능하지만, 반대로 "제대로 기재된 경우"에는 개업공인중개사가 중개상의 주의의무를 다 하였음을 인정받을 수 있는 무죄를 입증할 유일한 블랙박스(증거)임을 명심하여야 한다.

2. 공인중개사법 제25조 제1항 규정

- 개업공인중개사는 중개를 의뢰받은 경우에는 중개가 완성되기 전에 당해 중개대상물의 상태·입지 및 권리관계, 법령의 규정에 의한 거래 또는 이용제한사항, 그 밖에 다음의 사항을 확인하여 이를 당해 중개대상물에 관한 "권리를 취득하고자 하는 중개의뢰인"에게 성실·정확하게 설명하고, 토지대장 등본 또는 부동산종합증명서, 등기사항증명서 등 설명의 근거자료를 제시하여야 한다.

[영 제21조 1항]
1. 중개대상물의 종류·소재지·지번·지목·면적·용도·구조 및 건축 연도 등 중개대상물에 관한 기본적인 사항
   (목적물의 특정)
2. 소유권·전세권·저당권·지상권 및 임차권 등 중개대상물의 권리 관계에 관한 사항
3. 거래예정금액·중개보수 및 실비의 금액과 그 산출 내역
4. 토지이용계획, 공법상의 거래규제 및 이용제한에 관한 사항
   (이상 권리관계 특정)
5. 수도·전기·가스·소방·열공급·승강기 및 배수 등 시설물의 상태
6. 벽면 및 도배의 상태
7. 일조·소음·진동 등 환경조건
   (이상 하자 관계)
8. 도로 및 대중교통수단과의 연계성, 시장·학교와의 근접성 등 입지 조건
   (입지 조건)
9. 중개대상물에 대한 권리를 취득함에 따라 부담하여야 할 조세의 종류 및 세율
   (취득세 관계)

3. 개업공인중개사의 매도인에 대한 『양도소득세』에 관한 확인·설명의무 유무

(1) 공인중개사법 제25조 및 동시행령 제21조 제9호

- "중개대상물에 대한 『권리를 취득』함에 따라 부담하여야 할 조세의 종류 및 세율"이라고 규정하고 있다.

(2) 중개대상물확인설명서

- 중개대상물확인설명서 "⑧번 취득시 부담할 조세의 종류 및 세율"에서도 그 세부사항으로 취득세, 농어촌특별세, 지방교육세만 기재하고 있을 뿐 양도소득세에 대하여는 전혀 기재하고 있지 않다.

(3) 대법원판례

- 개업공인중개사의 매도인에 대한 민사상 고지의무에 대한 대법원판례(대법원 2015.1.29.선고 2012다74342 판결)에 의하면 "공인중개사는 중개대상물의 권리관계를 조사 확인하여 이를 설명할 의무가 있다"라고만 하고 있어서, 대법원의 견해에 의하더라도 민사상 고지의무로 개업공인중개사가 양도소득세에 관하여 확인 설명할 의무가 있다고 보기 어렵다.

(4) 소득세법의 해석상

- 소득세법상으로 양도소득세는 매도인이 양도소득세 과세대상 기간 안에 몇 개의 부동산을 매도했는지, 그 매도 가액이 얼마인지 여부에 따라 세율이 달라지므로(초과누진세율) 개업공인중개사가 양도소득세가 부과되는지, 부과된다면 그 세율이 얼마인지를 설명하기란 곤란하다. 따라서 소득세법 해석상으로도 확인설명의무가 없다고 봄이 옳다.

(5) 결론

- 따라서 위와 같은 논리와 관점에서 개업공인중개사는 매도인에 대한 양도소득세에 관한 확인설명의무가 없다고 해석함이 옳다. 그러나 매매에 대한 중개에서는 양도소득세를 알아야 의뢰인의 매도를 설득할 수가 있게 되므로 전문화된 중개를 위해서는 반드시 양도소득세를 알아야 한다. 양도소득세 등 부동산세법에 관하여는 졸저 "실전 부동산중개실무" 제2권을 참고하기 바란다.

제2절 공부 분석을 통한 확인·설명서 작성 실무

1. 토지대장, 임야대장

가. 토지대장, 임야대장 기재사항

(1) 토지대장, 임야대장은 지적공부의 일종

- 『지적공부』란 토지대장, 임야대장, 공유지연명부, 대지권등록부, 지적도, 임야도 및 경계점좌표등록부 등 지적측량 등을 통하여 조사된 토지의 표시와 해당 토지의 소유자 등을 기록한 대장 및 도면(정보처리시스템을 통하여 기록·저장된 것을 포함)을 말한다.

(2) 토지대장, 임야대장 기재사항

- 『토지대장과 임야대장』에는 토지의 소재, 지번, 지목, 면적, 소유자의 성명 또는 명칭, 주소 및 주민등록번호[4], 토지의 고유번호[5], 지적도 또는 임야도의 번호와 필지별 토지대장 또는 임야대장의 장번호 및 축척, 토지의 이동[6]사유, 토지소유자가 변경된 날과 그 원인, 토지등급 또는 기준수확량등급과 그 설정·수정 연월일, 개별공시지가와 그 기준일, 그 밖에 국토교통부장관이 정하는 사항을 등록한다[공간정보의 구축 및 관리 등에 관한 법률(이하 줄여서 '공간정보법'이라 한다) 제71조 1항, 동 규칙 제68조 2항)].

---

[4] 국가, 지자체, 법인, 법인 아닌 사단이나 재단 및 외국인의 경우에는 부동산등기법 제49조에 따라 부여된 등록번호를 말한다.
[5] 각 필지를 서로 구별하기 위하여 필지마다 붙이는 고유한 번호를 말한다
[6] "토지의 이동(異動)"이란 토지의 표시를 새로 정하거나 변경 또는 말소하는 것을 말한다.

나. 소유자가 둘 이상인 경우

(1) 공유지연명부 등록

- 소유자가 둘 이상이면 『공유지연명부』에 토지의 소재, 지번, 소유권 지분, 소유자의 성명 또는 명칭, 주소 및 주민등록번호, 토지의 고유번호, 필지별 공유지연명부의 장번호, 토지소유자가 변경된 날과 그 원인을 등록한다(공간정보법 제71조 2항, 동 규칙 제68조 3항).

(2) 대지권 등기가 된 토지

- 토지대장이나 임야대장에 등록하는 토지가 부동산등기법에 따라 대지권 등기가 된 토지는 『대지권등록부』에 토지의 소재, 지번, 대지권 비율, 소유자의 성명 또는 명칭, 주소 및 주민등록번호, 토지의 고유번호, 전유부분의 건물표시, 건물의 명칭, 집합건물별 대지권등록부의 장번호, 토지소유자가 변경된 날과 그 원인, 소유권 지분을 등록한다(공간정보법 제71조 3항, 동 규칙 제68조 4항).

2. 지적도, 임야도

가. 지적공부의 일종

(1) 기재사항

- 『지적도 및 임야도』(이하 지적도라고만 한다)에는 토지의 소재, 지번, 지목, 경계, 지적도면의 색인도,[7] 지적도면의 제명 및 축척, 도곽선(圖廓線)과 그 수치, 좌표에 의하여 계산된 경계점 간의 거리(경계점좌표등록부를 갖춰 두는 지역으로 한정한다), 삼각점 및 지적기준점의 위치, 건축물 및 구조물 등의 위치, 그 밖에 국토부장관이 정하는 사항을 등록한다(공간정보법 제72조, 동 규칙 제69조 2항). 지적도면, 즉 지적도와 임야도는 지적공부의 일종이다.

(2) 『구도심 또는 비도시지역』에서의 부동산 거래 시 주의사항

① **현장답사 필수**
- 비도시지역이나 도시지역의 구도심 내의 부동산 거래 시에는 계약서 작성 전에 반드시 매수자와 중개사가 매매 부동산의 현장을 답사하여야 한다. 토지의 현황이 지적공부상의 경계와 다를 경우, 심각한 분쟁이 발생할 수 있기 때문이다.

② **개발행위가 목적인 토지거래의 경우**
- 매수인이 '투자목적'으로 토지를 매수하는 경우에도 문제이지만, 특히 "개발행위를 목적"으로 토지를 매수하는 경우에는 지적 불일치, 경계침범, 도로 관계 등으로 분쟁이 발생할 소지가 많다.

---

7) 인접도면의 연결 순서를 표시하기 위하여 기재한 도표와 번호를 말한다.

(3) 특약으로 보완 필요

- 『특약』으로 토지의 현황이 지적공부상의 경계 또는 면적과 서로 다를 경우에는 『지적공부를 중심으로 매수한다』는 특약을 하거나, 사실상의 면적을 중심으로 할 경우에는 『일정한 면적 이상의 오차가 발생할 경우에는 ㎡당 얼마의 금액을 보상한다』는 특약으로 계약을 체결하는 것이 안전하다【자세한 것은 이 책 특약사항을 통한 중개실무 참조하기 바란다】.

(4) 지목 표기 부호

- 지목을 지적도 및 임야도(지적도면)에 등록하는 때에는 다음의 부호로 표기하여야 한다.

지목	부호	지목	부호
전	전	철도용지	철
답	답	제 방	제
과 수 원	과	하 천	천
목장용지	목	구 거	구
임 야	임	유 지	유
광 천 지	광	양 어 장	양
염 전	염	수도용지	수
대	대	공 원	공
공장용지	장	체육용지	체
학교용지	학	유 원 지	원
주 차 장	차	종교용지	종
주유소용지	주	사 적 지	사
창고용지	창	묘 지	묘
도 로	도	잡 종 지	잡

나. 토지의 현황이 지적공부상의 경계와 다르게 표시된 경우, 매매대상이 되는 토지 소유권의 범위(= 지적공부상의 토지)에 관한 판례

- 어떤 토지가 지적공부에 1필지의 토지로 등록되면 그 토지의 소재, 지번, 지목, 지적 및 경계는 다른 특별한 사정이 없는 한 지적공부의 등록으로서 특정되고, 그 "소유권의 범위는 현실의 경계와 관계없이 공부상의 경계에 의하여 확정"되는 것이어서, 토지에 대한 매매는 매매당사자가 지적공부에 의하여 소유권의 범위가 확정된 토지를 매매할 의사가 아니고 사실상의 경계대로의 토지를 매매할 의사를 가지고 매매한 사실이 인정되는 등 특별한 사정이 없으면, 현실의 경계와 관계없이 지적공부상의 경계와 지적에 의하여 확정된 토지를 매매의 대상으로 하는 것으로 보아야 하고, 또한 매매당사자가 그 토지의 실제의 경계가 지적공부상의 경계와 상이한 것을 모르는 상태에서 실제의 경계를 대지의 경계로 알고 매매하였다고 해서 매매 당사자들이 현실의 경계에 따라 매매한 것이라고 볼 수는 없다.[8]

---

[8] 대법원 1993.5.11. 선고 92다48918(본소), 48925(반소) 판결[건물철거등·소유권이전등기], 대법원 1993.11.9. 선고 93다22845 판결[분할등록사항정정절차이행], 대법원 1997.2.28. 선고 96다49339,49346 판결[대지인도등·소유권이전등기말소], 대법원

■ 이 점 토지거래와 토지중개에서 주의해야 한다. 매매당사자가 지적공부에 의하여 소유권의 범위가 확정된 토지를 매매할 의사가 아니고 사실상의 경계대로의 토지를 매매할 의사를 가지고 매매한 사실이 인정되는 등 특별한 사정이 있는 경우에는 특약사항으로 분명하게 하여야 한다. 자세한 것은 이 책 뒤편 '특약사항을 통한 중개실무' 참조하기 바란다.

다. 지적도 축척변경 활용

(1) 지적도면의 축척

■ 지적도면의 축척은 다음 각 호의 구분에 따른다(공간정보법 규칙 제69조 6항).

> 1. 지적도(소축척과 대축척) : 1/500, 1/600, 1/1000, 1/1200, 1/2400, 1/3000, 1/6000
> 2. 임야도(대축척 위주) : 1/3000, 1/6000

(2) 소규모 토지 또는 맹지 여부 확인

① 실무상 문제점

■ 실무에서 토지이용계획확인원으로 토지의 모양·경계 등을 확인하고자 할 때, 가끔씩 도로에 접한 토지, 도로와 토지 사이에 구거가 있거나 소규모 토지(자투리 토지)인 경우 대축척으로 볼 때에는 이들이 보이지 않아서 맹지로 오해할 수도 있다.

② 해결방법

■ 이럴 때는 소축척으로 확대(1/500, 1/200 등, 소축척은 실제 도면은 크게 보인다)해서 보면 이들이 드러나는 경우가 많다.

(3) 지적도(임야도)의 축척을 활용한 면적산정 방법

① 축척을 보고 실제 토지의 모양과 면적을 가늠할 수 있다.

■ 실무에서 지적도를 보면서 토지의 현황과 비교할 수 있어야 한다.

② 축척을 이용한 토지의 면적, 모양, 경계 등 확인 방법

■ 만약에 축척이 1/1200인 지적도상의 1㎝는 현장의 실제 길이는 12m이다. 지적도상의 가로길이가 7㎝이고 세로길이가 9㎝의 직사각형의 어떤 토지가 있다면, 실제 토지는 가로길이가 84m(7×12)이고, 세로길이가 108m이다. 면적을 환산하면 9,072㎡(2,744평, 84×108)가 된다. 다양한 축척을 이와 같은 방식으로 토지의 면적, 모양, 경계 등을 개괄적으로 확인할 수 있다.

③ 특히 농지와 산지 거래에서 기본적이고도 중요한 역할을 한다.

2005.3.24. 선고 2004다71522,71539 판결[건물철거등·소유권이전등기], 대법원 2015.5.28. 선고 2015다5514 판결[손해배상(기)] 등 참조

- 토지의 면적 등에 관하여 위와 같은 개괄적인 작업이 필요한 이유는 농지나, 임야 등의 매매에서 황당한 일이 종종 있기 때문이다. 즉 농지나 임야가 주변 농지의 경계를 침범하거나 또는 경사 때문에 바로 위(옆) 임야의 흙이 밀려 내려와 산이 농지를 먹어버리는 현상(경계침범)으로 농지나 임야의 면적이 상당히 줄어드는 경우가 있다. 물론 이런 경우에는 농지의 경우 인근 농지의 소유자에게 고의가 있다면 형사상 경계침범죄가 성립될 수도 있지만 대부분 양 토지 소유자가 침범사실을 모르는 경우가 대부분으로 이런 경우에는 민사적으로 취득시효 또는 경계침범을 이유로 한 토지명도소송을 하여야 하고, 부동산 중개에서 이런 사실을 모르고 또 이와 같은 상황을 예측하지 못하면 계약서 작성에서 이를 반영하지 못하여 잔금 시에 중개보수를 제대로 받지 못하거나 나중에 중개사고로까지 이어질 수 있다.

④ 특약으로 방어조치
- 이와 같이 공부상의 도면과 축척을 현장에서 비교할 줄 모르거나 주위토지 또는 임야가 이웃 토지 또는 임야를 먹어 들어오는 경계침범 사실을 모른다면 공인중개사가 애초에 문제인식이 없으므로 방어적인 계약서를 작성할 수가 없지 않겠는가? 따라서 공부만 맹신하지 말고 현장에서 개괄적인 면적환산과 경계를 예측함으로써 이와 같은 예상을 계약서에 반영하여야 중개사고를 미연에 방지할 수 있는 것이다.

3. 토지이용계획확인서

가. 용어의 정의

(1) 토지이용계획확인서란

- 개발행위 제한, 토지이용 및 보전에 관한 제한사항을 적은 공부를 말한다. 이것은 부동산 거래에서 대단히 중요한 서류이다. 그러나 매우 중요한 서류이지만 그 내용의 법적 의미와 제한사항을 모른다면 아무 의미가 없다. 토지이용계획확인서에 표시하고 있는 내용과 관련한 공법상의 행위제한을 이해할 수 있다면 상당한 실력자라고 할 수 있다. 이 공부(公簿)를 보는 순간 각각의 지역 및 구역에 대한 제한사항과 법적 의미가 주마등처럼 머리에 스치고 지나가야 한다. 그렇게 되기 위해서는 공인중개사 시험을 볼 때의 부동산공법 수준으로는 어림도 없으며, 별도의 토지공법과 실무에 관한 깊이 있는 공부가 필요하다. 토지공부(公簿)와 관련한 토지공법상의 행위제한 등에 관하여는 졸저 "실전 부동산중개실무" 제3권 부동산공법실무 편에서 수험서가 아니라 실무 위주로 자세히 쓰고자 한다. 참고하기 바란다.
- 또한 주의할 사항은 토지이용계획확인서에도 나타나지 않는 내용이 있다는 점을 기억하기 바란다. 부동산 관련 공부(公簿)는 공신력이 없기 때문에 누락에 관한 책임을 행정청에 물을 수 없다.

(2) 지역·지구 등이란

- 지역·지구·구역, 권역, 단지, 도시·군계획시설 등 명칭에 관계없이 개발행위를 제한하거나 토지이용과 관련된 인가·허가 등을 받도록 하는 등 토지의 이용 및 보전에 관한 제한을 하는 일단(一團)의 토지[9]를 말한다.
- 별표에 규정된 지역·지구 등, 다른 법률의 위임에 따라 대통령령에 규정된 지역·지구 등, 다른 법령의 위임에 따라 총리령, 부령 및 자치법규에 규정된 지역·지구 등으로서 국토부 장관이 관보에 고시하는 지역·지구 등에 규정된 것을 말한다(토지이용규제법 제2조, 영제5조).

(3) 규제안내서란

- 국민이 주택·공장·아파트·관광숙박시설·창고·골프장·스키장·그 밖에 국민경제활동과 밀접한 관련을 갖는 시설로서 국토부령으로 정하는 시설을 설치하기 위하여 관계 법령 또는 자치법규에 따라 받아야 하는 인가·허가 등의 기준, 절차, 구비서류 등을 적은 안내서를 말한다(토지이용규제법 제2조).

나. 지역·지구 등의 종류

(1) 지역·지구 등의 신설 제한

- 지역·지구 등은 별표[10]에 규정된 지역·지구 등, 다른 법률의 위임에 따라 대통령령에 규정된 지역·지구 등, 다른 법령의 위임에 따라 총리령, 부령 및 자치법규에 규정된 지역·지구 등으로서 국토부 장관이 관보에 고시하는 지역·지구 등에 규정된 것 외에는 신설[11]할 수 없다(토지이용규제기본법 제5조 제2호, 영 제3조).

(2) 대통령령에 규정된 지역·지구 등

[별표 1] 토지이용규제를 하는 지역·지구 등(영 제3조 관련)

연번	근거 법률	지역·지구등 명칭
1	「국토계획법 시행령」 제30조제1호가목	전용주거지역
1의2	「국토계획법 시행령」 제30조제1호가목(1)	제1종전용주거지역
1의3	「국토계획법 시행령」 제30조제1호가목(2)	제2종전용주거지역
2	「국토계획법 시행령」 제30조제1호나목	일반주거지역
2의2	「국토계획법 시행령」 제30조제1호나목(1)	제1종일반주거지역
2의3	「국토계획법 시행령」 제30조제1호나목(2)	제2종일반주거지역
2의4	「국토계획법 시행령」 제30조제1호나목(3)	제3종일반주거지역
3	「국토계획법 시행령」 제30조제1호다목	준주거지역
4	「국토계획법 시행령」 제30조제2호가목	중심상업지역
5	「국토계획법 시행령」 제30조제2호나목	일반상업지역

---

9) 토지와 연접한 해수면으로서 토지와 같이 제한되는 경우에는 그 해수면을 포함한다
10) 토지이용규제기본법 제5조 별표 참조
11) 지역·지구 등을 세분하거나 변경하는 것을 포함한다.

6	「국토계획법 시행령」 제30조제2호다목	근린상업지역
7	「국토계획법 시행령」 제30조제2호라목	유통상업지역
8	「국토계획법 시행령」 제30조제3호가목	전용공업지역
9	「국토계획법 시행령」 제30조제3호나목	일반공업지역
10	「국토계획법 시행령」 제30조제3호다목	준공업지역
11	「국토계획법 시행령」 제30조제4호가목	보전녹지지역
12	「국토계획법 시행령」 제30조제4호나목	생산녹지지역
13	「국토계획법 시행령」 제30조제4호다목	자연녹지지역
14	「국토계획법 시행령」 제31조제2항제1호가목	자연경관지구
15	「국토계획법 시행령」 제31조제2항제1호나목	시가지경관지구
16	「국토계획법 시행령」 제31조제2항제1호다목	특화경관지구
17	「국토계획법 시행령」 제31조제2항제4호가목	시가지방재지구
18	「국토계획법 시행령」 제31조제2항제4호나목	자연방재지구
19	「국토계획법 시행령」 제31조제2항제5호가목	역사문화환경보호지구
20	「국토계획법 시행령」 제31조제2항제5호나목	중요시설물보호지구
21	「국토계획법 시행령」 제31조제2항제5호다목	생태계보호지구
22	「국토계획법 시행령」 제31조제2항제7호가목	자연취락지구
23	「국토계획법 시행령」 제31조제2항제7호나목	집단취락지구
24	「국토계획법 시행령」 제31조제2항제8호가목	주거개발진흥지구
25	「국토계획법 시행령」 제31조제2항제8호나목	산업·유통개발진흥지구
26	「국토계획법 시행령」 제31조제2항제8호라목	관광·휴양개발진흥지구
27	「국토계획법 시행령」 제31조제2항제8호마목	복합개발진흥지구
28	「국토계획법 시행령」 제31조제2항제8호바목	특정개발진흥지구
29	「농어촌정비법 시행령」 제29조	공장 등 설립 제한 지역
30	「수도법 시행령」 제14조의2	공장설립 제한지역
31	「수도법 시행령」 제14조의3	공장설립 승인지역
32	「연구개발특구의 육성에 관한 특별법 시행령」 제29조	전용주거구역
33	「연구개발특구의 육성에 관한 특별법 시행령」 제29조	일반주거구역
34	「연구개발특구의 육성에 관한 특별법 시행령」 제29조	준주거구역

(3) 사업지구에서의 행위 제한

① 행위 제한

- 개발사업시행 지역·지구 등으로서『사업지구』를 규정하는 법령 또는 자치법규는 해당 사업지구에서 건축물의 건축, 공작물의 설치, 토지의 형질변경, 토석의 채취, 토지분할, 물건을 쌓아놓는 행위, 그 밖에 제1호부터 제6호까지의 행위와 유사한 행위로서 개발사업에 지장을 초래할 수 있는 행위는 관계 행정기관의 장의『허가 또는 변경허가』를 받아야 한다(토지이용규제기본법 제7조 1항, 영제5조의4).

② 사업지구의 종류

■ 사업지구의 종류(영제5조의4)

[별표 2] 사업지구에 해당하는 지역·지구 등(영 제5조의4 관련)

연번	근거 법률	지역·지구등 명칭
1	「2018 평창 동계올림픽대회 및 동계패럴림픽대회 지원 등에 관한 특별법」 제40조	동계올림픽 특별구역
2	「간척지의 농어업적 이용 및 관리에 관한 법률」 제8조	간척지활용사업구역
3	「경제자유구역의 지정 및 운영에 관한 특별법」 제4조	경제자유구역
4	「공공주택 특별법」 제6조	공공주택지구
5	「공항시설법」 제2조제6호	공항·비행장개발예정지역
6	「관광진흥법」 제52조	관광지
7	「관광진흥법」 제52조	관광단지
8	「기업도시개발 특별법」 제5조	기업도시개발구역
9	「농어촌마을 주거환경 개선 및 리모델링 촉진을 위한 특별법」 제6조	정비구역
10	「농어촌정비법」 제9조	농업생산기반 정비사업지역
11	「농어촌정비법」 제82조	농어촌 관광휴양단지
12	「농어촌정비법」 제101조	마을정비구역
13	「농업생산기반시설 및 주변지역 활용에 관한 특별법」 제7조	농업생산기반시설 및 주변지역 활용구역
14	「도시개발법」 제3조	도시개발구역
15	「도시 및 주거환경정비법」 제8조	정비구역
16	「도시재정비 촉진을 위한 특별법」 제5조	재정비촉진지구
17	「도청이전을 위한 도시건설 및 지원에 관한 특별법」 제6조	도청이전신도시 개발예정지구
18	「동·서·남해안 및 내륙권 발전 특별법」 제7조	해안권 및 내륙권 개발구역
19	「물류시설의 개발 및 운영에 관한 법률」 제22조	일반물류단지
20	「민간임대주택에 관한 특별법」 제22조	기업형임대주택 공급촉진지구
21	「산업입지 및 개발에 관한 법률」 제6조	국가산업단지
22	「산업입지 및 개발에 관한 법률」 제7조	일반산업단지
23	「산업입지 및 개발에 관한 법률」 제7조의2	도시첨단산업단지
24	「산업입지 및 개발에 관한 법률」 제8조	농공단지
25	「산업입지 및 개발에 관한 법률」 제8조의3	준산업단지
26	「산업입지 및 개발에 관한 법률」 제39조	특수지역
27	「산업입지 및 개발에 관한 법률」 제40조의2	공장입지 유도지구
28	「새만금사업 추진 및 지원에 관한 특별법」 제2조제1호	새만금사업지역
29	「신항만건설 촉진법」 제5조	신항만건설 예정지역
30	「신행정수도 후속대책을 위한 연기·공주지역 행정중심복합도시 건설을 위한 특별법」 제11조	예정지역
31	「역세권의 개발 및 이용에 관한 법률」 제4조	역세권개발구역
32	「연구개발특구의 육성에 관한 특별법」 제4조	연구개발특구
33	「재해위험 개선사업 및 이주대책에 관한 특별법」 제6조	재해위험 개선사업지구
34	「저수지·댐의 안전관리 및 재해예방에 관한 법률」 제12조	위험저수지·댐 정비지구
35	「전원개발촉진법」 제5조	전원개발사업구역

36	「전원개발촉진법」 제11조	전원개발사업 예정구역
37	「전통시장 및 상점가 육성을 위한 특별법」 제37조	시장정비구역
38	「지역 개발 및 지원에 관한 법률」 제11조	지역개발사업구역
39	「친수구역 활용에 관한 특별법」 제4조	친수구역
40	「택지개발촉진법」 제3조	택지개발지구
41	「항만법」 제42조	항만배후단지
42	「항만법」 제56조	항만재개발사업구역
43	「해양산업클러스터의 지정 및 육성 등에 관한 특별법」 제9조	해양산업클러스터
44	「혁신도시 조성 및 발전에 관한 특별법」 제6조	혁신도시개발예정지구

다. 국토계획법에 따른 행위제한

(1) 용도지역·지구·구역 안에서의 행위제한

■ 『용도지역』에서의 건축물이나 그 밖의 시설의 용도·종류·규모 등의 제한에 관한 사항은 『대통령령』으로 정한다(국토계획법 제76조 1항, 영제71조).

(2) 조례에 의한 행위제한

■ 『용도지구』에서의 건축물이나 그 밖의 시설의 용도·종류 및 규모 등의 제한에 관한 사항은 이 법 또는 다른 법률에 특별한 규정이 있는 경우 외에는 대통령령으로 정하는 기준에 따라 특·광·특자시·특자도·시 또는 군의 『조례』로 정할 수 있다(국토계획법 제76조 2항, 영제72~79조).

4. 건축물관리대장

가. 준공년도(신축년도)의 기준

(1) 개념과 대장생성 과정

■ 건축물관리대장이란 건축물의 표시 및 소유자 현황에 관한 사항을 등록하여 건물의 상황을 명확하게 하는 장부를 말한다(건축물대장의 기재 및 관리 등에 관한 규칙 참조). 건물신축 → 사용승인(준공) → 건축물대장 생성 → 건물보존등기 신청이 일반적이다. 간혹 건물이 없는데 건축물대장이 있는 경우가 있다. 이 경우는 건물을 멸실하고도 멸실신고를 하지 않은 경우이다. 토지거래 시 매도인의 멸실신고를 특약사항에 기재하여야 한다.

(2) 보존등기를 사용승인(준공) 후 나중에 하는 경우

■ 건물주가 등기비용 등의 문제로 보존등기를 사용승인(준공) 후 세월이 흐른 뒤 나중에 할 수도 있다. 이 경우에는 계약서와 확인설명서에 준공년도(신축년도)를 반드시 '건축물대장'의 "사용승인(준공) 일자"를 기재하여야 하며, '등기사항증명서'상의 소유권보존등기 일자를 적으면 안된다.

나. 토지면적, 대지면적, 건축면적의 구분

(1) 토지면적

- 『토지면적』은 '건축에 관계 없이' 지적상 하나의 필지로 구획된 부분의 전체 면적을 말한다.

(2) 대지면적

- 『대지면적』은 건축법 제46조 1항에 따른 "건축선 후퇴 부분 또는 도시계획시설로 결정된 부분을 제외"한 건폐율 산정을 위한 순수한 면적만을 말한다.

(3) 건축면적

- 『건축면적』은 대지에서 '건축물이 차지하고 있는 면적'을 말한다.

(4) 크기순

- 결국 크기가 <u>토지면적 > 대지면적 > 건축면적</u> 순으로 다를 수 있다.

다. 불법건축물 확인을 위한 건축물현황도(평면도) 발급

(1) 불법건축물의 미공시권리 확인을 위하여

- 공인중개사가 작성하는 확인설명서에는 『실제권리관계 또는 공시되지 않은 물건의 권리 사항』을 기재하는 난이 있는데, 불법건축물의 미공시권리 확인을 위하여 『건축물현황도 중 평면도 및 단위세대별 평면도』를 발급받을 필요가 있다. 그러나 중개현장에서 대부분의 중개사들은 소유자가 아니면 평면도를 발급받을 수 없고 소유자로부터 위임장을 받아서 발급받아야 한다고 알고 있지만 그렇지 않다.

(2) 공인중개사가 평면도 발급·열람을 신청할 수 있는 근거 규정

① 건축물대장의 기재 및 관리 등에 관한 규칙

- 공인중개사가 직접 평면도 발급을 신청할 수 있는 근거 규정이 있다. 건축물대장의 기재 및 관리 등에 관한 규칙 제11조 3항이 그것이다.

② 동 규칙 제4호에 의하면

- <u>『건축물 소유자의 필요에 의하여 건축물의 감정평가, 설계·시공 또는 "중개 등을 의뢰한 증빙서류"가 있는 경우에는 발급하거나 열람하게 할 수 있다』</u>고 규정하고 있다.

③ 그 외 발급·열람 신청권자

- 그 외 건축물 소유자의 배우자와 직계 존·비속 및 그 배우자, 해당 건축물에 거주하는 임차인 등도 건축물현황도 중 평면도 및 단위세대별 평면도의 발급 또는 열람을 신청할 수 있다.

(3) 중개 등을 의뢰한 증빙서류

부동산 중개 의뢰 및 접수장 [종합]

Ⅰ. 매도[ ], 임대[ ], 기타[ ]

접수형태	방문접수(2020. . . 시경) 전화접수(휴대전화: 기타:)		
중개 대상물	건물	소재지: 상호: 면적: ㎡(평)	
		용도: 층수: 주차대수: 건축연도: 구조:	
	토지	소재지: 면적: ㎡(평)	
		지목: 현황: 지역·지구등:	
의뢰금액	매매금액: 원, 임대료: 보 만원, 월 만원, 전세: 만원		
	권리금: 원, 관리비: 원, 부가세: 포함[ ], 불포함[ ], 기타:		
융 자	은행: 채권최고액: 원, 남은금액: 원		

권리관계 및 공법상 제한:

소유자가 아닌 경우 소유자와의 관계:

기타 특이사항:

Ⅱ. 매수[ ], 임차[ ], 기타[ ]

접수형태	방문접수(2020. . . 시경) 전화접수(휴대전화: 기타:)	
희망 대상물	건물	용도: 상가[ ], 상가주택[ ], 주택[ ], 원룸(도생주택, 오피스)[ ], 기타[ ]
		면적: 층수: 가맹여부:[프랜차이즈명:]
	토지	투자목적: 개발[개발종목:], 시세차익[ ], 희망지역: 면적:
		지역·지구등:
희망가격 등	희망 매매가: 원, 희망보증금, 월세 : 보 원 이하, 월 원 이하	
	희망 권리금: 원 이하, 희망관리비: 원 이하	

희망지역, 기타 특이사항:

임장한 부동산 : 주소 및 상호 / 면적 / 보증금 및 월세 / 권리금 / 건물용도 및 업종제한 / 기타

1.
2.

3.

Ⅲ. 중개보수 지급확약
1. 의뢰인은 임장한 부동산에 관하여 자세한 설명을 듣고 직접 확인하였다.
2. 임장한 부동산에 관하여 본계약을 체결할 경우에는 중개사가 요구하는 때 즉시 중개보수 지급계약서를 쓰기로 한다. 1부 서명날인 후 복사하여 줌, 확인자   (서명·날인)

Ⅳ. 계약당사자

중개의뢰인	성 명	(서명·날인)	주 소	
	전화번호			
공인중개사	명 칭	평택박사공인중개사사무소	대표성명	공인중개사 김태건 (서명·날인)
	등록번호		주 소	
	전화번호		팩 스	

① 현 실무상의 문제점

■ 건축물의 감정평가, 설계·시공 또는 "중개 등을 의뢰한 증빙서류"가 있는 경우에는 중개사가 직접 평면도를 포함한 현황도면을 발급하거나 열람할 수 있다. 여기서 중개 등을 의뢰한 증빙서류는 『중개의뢰계약서』를 말하는데, 중개를 의뢰한 물건에 대한 "중개보수청구"는 물론 "평면도의 발급·열람"을 위해서도 의뢰인과의 "중개의뢰계약서는 필수적"이다. 그러나 대부분의 중개사가 중개의뢰계약서를 작성하지 않는다는 점이 문제이다.

② 문제점에 대한 대안

■ 중개의뢰계약서에 대한 별도의 형식을 갖추지 못한 중개사는 '중개 등을 의뢰한 증빙서류'로 공인중개사법 시행규칙상의 『일반중개계약서(별지 제14호서식)』 또는 『전속중개계약서(별지 제15호서식)』를 활용하면 된다. 그러나 이 서식들은 법정서식으로서 중개사가 이 서식을 사용할 경우 형식이나 내용을 변경하여 사용할 수 없으며, 이 서식은 지나치게 공인중개사에게 의무행위를 부여하고 있는 등의 규제중심의 법정서식이다. 따라서 이 서식은 거의 사용되지 않고 있으며, 계약서의 형식이나 법정서식이 아니더라도 계약의 문구가 들어가 있는 한 중개의뢰계약서와 유사한 형식인 "중개의뢰접수장"도 가능하다고 생각된다. 저자는 오래전부터 위 법정서식이 아닌 중개의뢰접수장을 중개의뢰계약서의 대용으로 사용해 왔다. 중개의뢰접수장의 예시를 제시하였다. 앞의 중개의뢰 및 접수장 참조하기 바란다. 네이버 카페 "김태건의 부동산투자클럽"을 가입·방문하면 디지털 형태로 바로 다운받아 사용할 수 있도록 위 중개의뢰접수장을 포함한 각종 서식을 공개하였다.

5. 부동산종합증명서

가. 용어의 정의

- 『부동산종합공부 또는 부동산종합증명서』란 토지의 표시와 소유자, 건축물의 표시와 소유자, 토지의 이용 및 규제, 부동산의 가격 등 부동산에 관한 종합정보를 정보관리체계를 통하여 기록·저장한 것을 말한다(공간정보법 제2조 19의3호).

나. 부동산종합증명서로 부동산공부를 한 눈에 보자

- 국토교통부가 2014.1.18.부터 토지대장, 건축물대장, 개별공시지가, 주택가격, 토지이용계획확인서, 지적도, 등기사항전부증명서 등의 부동산공부 18종을 하나로 통합한 증명서이다. 다음은 부동산종합증명서 체계이다. 이 부동산증명서를 발급 또는 열람하기 위해서는 국토교통부 일사편리 홈페이지 (https://kras.go.kr:444/cmmmain/goMainPage.do)를 이용하면 된다.

분야	부동산증명서	관련법	소관기관	운영기관
지적(7종)	토지대장	공간정보의 구축 및 관리 등에 관한 법률	국토교통부	시도/시군구
	임야대장			
	지적도			
	임야도			
	공유지연명부			
	대지권등록부			
	경계점좌표등록부			
건축물(4종)	일반건축물대장	건축법		
	집합건축물대장(표제부)			
	집합건축물대장(전유부)			
	건축물대장 총괄표제부			
토지(1종)	토지이용계획확인서	토지이용규제기본법		
가격(3종)	개별공시지가확인서	부동산가격공시에 관한 법률		
	개별주택가격확인서			
	공동주택가격확인서			
등기(3종)	토지등기부	부동산등기법	대법원 (법원행정처)	등기소
	건물등기부			
	구분건물등기부			

다. 실례

- 각자가 직접 발급받아 보기 바란다.

6. 등기사항증명서

(1) 집합건물이 아닌 대지 매매 시 토지+건물 등기부 모두 발급

① 토지 위에 건물이 없더라도 모두 발급
- 집합건물이 아닌 대지를 매매할 경우에는 토지 위에 건물이 없더라도 토지와 건물등기부를 각각 발급받는 것이 좋다. 토지와 건물은 별개의 부동산이기 때문이다(민법 제99조).

② 건물이 없는데도 건물등기부가 살아 있는 경우
- 간혹 건물이 멸실되고 없는데도 등기부가 남아 있는 경우가 있다. 현장 사진을 찍어서 건축물관리대장을 말소시킨 후 건물멸실등기를 하여야 한다.

③ 특약사항에도 명시할 것
- 이런 부동산을 거래할 경우에는 특약사항에 "매도인이 건축물관리대장을 말소시킨 후 건물멸실등기를 한다"고 반드시 명시하여야 한다.

(2) 토지에 별도 등기가 있는 경우

① 토지등기부 반드시 확인
- 토지등기부를 반드시 확인하여야 하며, 별도 등기가 담보물권인 경우에는 금융기관에 말소 또는 인수 여부를 확인하고, 그 금액도 확인하여 적절한 조치를 하여야 한다.

② 매수인 인수조건인 경우
- 매수인과 협의하고 매매대금 감액 등의 조치사항을 특약에 명시하면 된다.

③ 피담보채무가 없는 형식적인 담보등기인 경우
- 채무가 모두 변제된 형식적인 담보권 등기인 경우에는 단순히 말소절차만 거치면 되지만, 가처분 등의 특별한 권리가 있을 경우에는 매매에 신중을 기해야 한다.

(3) 기타 유의사항

① 등기사항증명서는 발급으로 신청할 것
- 부동산 중개거래에서 거래에 첨부할 등기사항증명서는 반드시 발급으로 확인하는 것이 좋다. 중개사고가 발생하면 열람은 법적 효력(증명력)이 발생하지 않아서 공부를 제공하지 않은 것으로 될 수 있다. 몇 백원의 돈 때문에 유사시에 자칫 곤혹을 치를 수 있다.

② 등기사항증명서는 소유자의 주민등록번호가 나타나도록 발급할 것
- 공부상의 소유자와 자칭 소유자라고 하는 자의 동일성 판단을 위하여 주민등록번호가 나타나도록 발급하는 것이 좋다.

③ 말소사항 포함으로 발급
- 계약 시에 첨부할 등기사항증명서는 말소사항까지 포함된 것으로 발급을 하는 것이 좋다. 권리변동

의 연속성을 확인하기 위한 것이다. 일반적으로 열람을 위한 등기사항증명서와는 계약시에는 달리하는 것이 좋다.

④ 공동담보도 나타나도록 발급

- 공동담보에 대한 말소와 승계 등에 관한 정보를 판단하여야 한다. 그래서 계약 시에는 공동담보도 나타나도록 발급하는 것이 안전하다.

⑤ 신탁부동산은 신탁원부도 발급

- 신탁부동산에 관한 거래는 반드시 신탁원부도 발급하여 소유권이전신탁, 담보신탁, 관리신탁 등의 권리관계를 확인하여야 한다. 신탁원부는 등기부의 일부이고 신탁의 종류를 확인하기 위해서이다. 신탁원부는 인터넷발급이 되지 않으므로 등기소나 등기과에 가서 발급을 하여야 한다.

제3절 확인설명서 작성 실무 일반

1. 중개대상물의 조사·확인 실무

(1) 의의

(가) 공인중개사법 규정

- 확인설명서는 개업공인중개사의 손해배상책임에 대한 근거이자 무과실을 입증할 블랙박스이다. 공인중개사법상 공인중개사의 업무 중 가장 중요한 업무이므로 절대로 소홀히 해서는 안 된다(공인중개사법 제25조, 제30조, 영 제21조, 영 제24조).

(나) 판례

① <u>그릇된 정보를 제공한 경우의 손해배상책임</u>

- 개업공인중개사가 의뢰인에게 계약체결 여부를 결정하는 데 중요한 자료가 되는 사항에 관하여 그릇된 정보를 제공한 경우, 의뢰인에 대하여 손해배상책임을 부담한다.[12]

② <u>무상(無償)의 중개행위에 의한 경우의 손해배상책임</u>

---

12) 대법원 1999.5.14. 선고 98다30667 판결[손해배상(기)], 대법원 2008.9.25. 선고 2008다42836 판결[손해배상(기)]등, 대구지법 2004.10.19. 선고 2004가단23537 판결[손해배상(기)] 확정 : 중개대상물에 대한 권리관계와 시세에 관한 확인·설명의무를 소홀히 한 부동산중개업자에게 손해배상책임을 인정하되, 중개업자의 설명만을 믿고 섣불리 임대차계약을 체결한 임차인의 과실을 참작하여 손해배상책임의 범위를 40%로 제한한 사례.
서울남부지법 2008.5.21. 선고 2008가단2993 판결 [손해배상] 확정 : 공인중개사가 임차 목적 부동산에 경료된 소유권이전청구권가등기가 담보가등기라는 임대인의 말을 진실인 것처럼 의뢰인에게 그대로 전달하여 의뢰인이 그 말을 믿고 임대차계약을 체결하였으나 가등기권자가 소유권이전등기를 하고 건물인도집행을 한 사안에서, 공인중개사의 설명의무 위반으로 인한 손해배상책임을 인정한 사례.

- 개업공인중개사의 확인·설명의무와 이에 위반한 경우의 손해배상의무가 무상(無償)의 중개행위에도 적용된다는 사실을 잊지 말기 바란다. [13] 따라서 중개보수를 받지 않는 무상의 중개 시에도 확인설명의무가 면제되지 않는다는 점 특히 주의해야 한다.

③ 중개대상물이 아닌 물건이나 권리 또는 지위를 중개하는 경우의 손해배상책임

- 개업공인중개사가 공인중개사법에서 정한 중개대상물의 범위 외의 물건이나 권리 또는 지위를 중개하는 경우에도 손해배상책임이 인정된다. [14] 이점 또한 특히 유의해야 한다. 그 이유는 중개행위는 민법상 『위임 유사의 관계』이므로 중개사는 『선량한 관리자의 주의』로 확인·설명을 할 의무가 있기 때문이다.
- 이 점은 중개대상물이 아닌 물건이나 권리 또는 지위를 중개하였을 경우에는 중개사법상의 법정 중개보수가 적용되지 않는 점과는 구분해야 한다. 따라서 공인중개사법상의 중개대상물이 아닌 물건·권리·지위를 중개한 경우에는 법정 중개보수 이상의 보수를 받을 수 있고, 확인·설명의무를 다하지 않으면 중개사법상의 행정처분의 대상은 아니지만 "공인중개사법 제30조 및 민법 제390조 내지 제750조에 따른" 손해배상책임은 발생한다는 사실을 특히 주의해야 한다.

(2) 조사·확인사항과 방법

(가) 의뢰인을 통한 조사·확인

- 의뢰인을 통하여 조사·확인을 해야 한다. 당해 물건에 대하여는 의뢰인이 가장 잘 알고 있다. 따라서 임차인 현황, 미공시된 권리 등에 관하여 의뢰인에게 요구하여야 한다. 만약 의뢰인이 이를 거부할 경우에는 이 사실을 확인설명서에 명시하여야 중개사고를 막을 수 있다. 이때 단순히 의뢰인이 거부한 사실을 확인설명서에 적시하는 것만으로는 부족하고, 이와 같이 확인설명서에 명시와 동시에 "임차인 현황, 미공시된 권리 등에 관한 서류를 제시"하고 의뢰인이 거부할 때 이 서류에 의뢰인으로부터 거부 사실에 관한 내용과 서명날인을 받아서 보관하고 있어야 중개사고 시에는 완벽한 입증이 된다는 사실도 기억하기 바란다.

(나) 공부를 통한 조사·확인

① 공부에 대한 법적 근거와 공부 고유의 성격에 따라서 조사·확인

- 공부를 통한 조사·확인은 『공부에 대한 법적 근거와 공부 고유의 성격에 따라서』 조사·확인을 하여야 한다. 즉, 『토지의 면적·지목 등』은 토지대장, 『건축물의 현황』은 건축물대장』, 『권리에 관한 사항』은 등기사항증명서를 기초로 확인하여야 한다. 『소유자 확인』은 "등기사항증명서와 등기권리증"에 의하여 확정하여야 한다. 건축물대장이나 토지대장으로 확인해서는 안된다. 이것이 바로 공부 고유의 법적 성격에 따른 조사이다.

---

[13] 대법원 2002.2.5. 선고 2001다71484 판결[손해배상(기)]
[14] 대법원 2015.1.29. 선고 2012다74342 판결[손해배상(기)]

② 확인·설명을 위한 각종 공부의 조사·확인 사항

공부 종류	주요기재사항	확인사항	소관기관
• 토지·건물의 등기 사항증명서	• 부동산의 표시사항 • 소유권과 제한사항 • 제한물권과 제한사항	• 권리의 우선순위 확인 • 대장과 일치 여부 확인	등기소
• 부동산종합증명서	• 지적7종, 건축물4종, 토지1종, 가격3종, 등기3종	• 부동산공부 18종을 하나로 통합 확인	국토부
• 토지대장 • 임야대장	• 소재지, 지목, 면적	• 토지소재, 지목, 면적 등 확인	시군구
• 지적도 • 임야도	• 토지의 위치, 지목, 경계 • 방향, 접변도로 • 하천 등 지형지물과의 거리	• 토지의 위치, 지형, 경계 확인 • 지적도, 임야도와 실제 현황의 일치 여부 확인	시군구
• 건축물대장 • 건축물현황도	• 소재지, 면적(전용면적, 연면적, 건축면적) • 구조, 용도, 건축년도 • 층별, 높이, 주구조, 지붕구조, • 부속건축물, 용적율, 건폐율등	• 무허가, 미등기 여부 확인 • 층별 허가건축면적 확인 • 용도의 일치 여부 확인 • 부속 건축물의 동수, 면적 확인	시군구
• 토지이용계획확인서	• 공법상 이용제한 • 거래규제의 기본사항	• 용도지역·지구·구역 확인	시군구
• 환지예정지증명원	• 환지예정지 지번, 위치, 지목, 환지면적, 권리면적 등 기재	• 환지예정지 지번, 위치, 지목, 환지면적, 권리면적 등 확인	시군구
• 개별공시지가확인원	• 공시지가 기재 • 토지대장상으로도 확인가능	• 토지의 공시지가 확인 • 거래예정가격 확인	시군구
• 제세공과등납입확인원	• 체납조세 등 기재	• 체납조세등 확인 • 관리비, 전기, 수도요금 체납 확인	시군구 세무서
• 가족관계증명서 • 기본증명서	• 가족관계사항 기재	• 법정대리인, 친권자, 후견인, 상속관계 등 확인 • 거래계약 체결능력 확인	시군구
• (피성년, 피한정)후견 등기사항부존재증명서	• (피성년, 피한정)후견사항 기재	• 행위무능력 확인 • 거래계약 체결능력 확인	법원
• 주민등록전입세대 열람서	• 임차인의 전입일자(동거인 포함)	• 주택임차인의 대항력 구비 여부 확인	시군구
• 상가건물임대차현황서	• 사업자등록 신청일 • 위치, 면적, 임대차기간 • 보증금, 차임	• 상가임차인의 대항력 구비 여부 확인	세무서

③ 확인·설명을 위한 각종 공부의 발급·열람·조회 방법

홈페이지	공부종류	소관기관	유형	본인인증

사이트	서류	발급처	발급·열람	공인인증
대법원인터넷등기소 www.iros.go.kr	토지·건물 등기사항증명서	대법원	발급·열람	불필요
민원24 http://www.minwon.go.kr 정부24 http://www.gov.kr	토지대장, 임야대장	국토교통부	발급·열람	불필요
	지적도, 임야도	국토교통부	발급	불필요
	건축물대장	국토교통부	발급·열람	불필요
	토지이용계획확인서	국토교통부	발급	불필요
	개별공시지가확인원	국토교통부	발급·열람	불필요
	주민등록등·초본	행정안전부	발급	필요
	지방세납세증명	행정안전부	발급	필요
	납세증명서(국세완납증명)	국세청	발급	필요
	농지원부	농축식품부	발급·열람	필요
씨리얼(구, 온나라) https://seereal.lh.or.kr	토지이용계획확인서	국토교통부	열람	불필요
	개별공시지가	국토교통부	열람	불필요
	개별주택공시가격	국토교통부	조회	불필요
	공동주택공시가격	국토교통부	조회	불필요
정부24 http://www.gov.kr	토지거래허가신청 개발부담금신청 부동산중개·개발업정보	국토교통부	조회	불필요
일사편리 https://kras.go.kr:444	부동산종합증명서 개별공시지가 개별주택가격	국토교통부	발급·열람	필요
세움터 https://www.eais.go.kr	주택건축인허가착공신고·사용승인·대수선·용도변경, 건축물통계·인허가통계	국토교통부	발급	불필요
	건축물대장발급·진위여부확인	국토교통부	조회	불필요
국세청 홈택스 www.hometax.go.kr	상업용건물·오피스텔 기준시가	국세청	조회	불필요
	납세증명서(국세완납증명)	국세청	발급	필요

(다) 현장답사를 통한 조사·확인

① 공부와 현황의 일치 여부 확인

- 공부에 나타난 사항과 현장의 상황은 다를 수 있다. 우리 민법상 등기에는 공신력이 인정되지 않기 때문에 공인중개사는 반드시 현장을 답사하여 공부와 대조하여 조사·확인하여야 한다.

② 공부상 확인되지 않는 주요사항

- 토지 - 지형(地形)[땅의 모양, 형세], 지세(地勢)[땅의 고저, 경사, 기복(起伏)], 지반(地盤)(땅의 표면, 고르기), 경계, 토질, 도로상황 등
- 건물 - 건물의 부대시설, 방향, 건물의 외관상 구조와 특징, 기능상의 문제점, 벽면 상태, 편익시설 상태 등

- 공장재단·광업재단 – 재단목록상의 내용과 실제의 현황을 대조하여 일치 여부 확인
- 입목 – 입목의 생육상태, 수종, 수령, 본수 등
- 이용제한과 거래규제의 확인 – 토지이용계획확인서에 나타나지 않는 공법상의 이용제한과 거래규제에 관한 사항 확인
- 위에서 적시한 사항들은 공인중개사의 확인설명의무 중 "실제의 권리 관계와 미공시 물건의 확인"에서 자칫 놓치기 쉬운 매우 중요한 사항이다. 이와 같은 사항들은 확인설명서의 "실제의 권리 관계와 미공시 물건의 확인"란에 반드시 명시해야 하는 사항들이다. 중개사고시 최악의 경우 이들 때문에 코너에 몰리는 일이 종종 있음을 인지하기 바란다.

(라) 관계 법령을 통한 조사·확인

- 중개실무에서 "관계 법령을 통한 조사·확인"이 가장 어렵고 많은 공부와 시간을 요하는 분야이다. 하지만 중개업을 하려면 피할 수 없는 부분이다. 공인중개사 시험은 필요조건에 불과할 뿐이고, 국가의 모든 법령은 국가전문자격사로서의 공인중개사가 업무에 관계된 모든 법령을 알고 있다는 전제하에서 규율하고 있다. 따라서 중개사고가 발생하면 시험 범위에 포함되지 않은 사항이라거나 자신은 법을 몰랐다고 항변할 수 없다. 시험 범위 밖의 관계 법령은 별도로 공부를 하여 보충하여야 한다는 점을 잊지 말기 바란다.
- 이에 관하여는 분량이 너무 많아서 단편적으로 설명할 수 없다. 따라서 실전 부동산중개실무 제2권(상가중개실무와 부동산세법실무)과 실전 부동산중개실무 제3권(부동산공법)을 모두 공부하고 나면 관계 법령을 통한 조사·확인을 할 수 있는 능력이 배양될 것이다.

(마) 주민등록증 진위확인

- 정부24(https://www.gov.kr)홈페이지 → 민원서비스 → 확인서비스 → 주민등록증 진위확인/잠김해제
- 자동응답전화 : 국번 없이 1382

(바) 운전면허증 진위확인

- 도로교통공단(http://www.koroad.or.kr) → '안전운전' 통합민원 홈페이지

(3) 목적물 현황 조사분석서 작성

- 물건을 의뢰받으면, 목적물의 현황, 시설물의 상태, 임대차 현황, 주변 환경, 상권분석 등을 조사·확인하여 물건조사분석서(목적물현황 조사분석서)를 작성하여야 한다. 이를 이용하여 필요한 공적 장부를 발급하고 확인설명서 작성을 함은 물론, 이로써 목적물이 특정되어 부동산의 표시와 매매 또는 임대차의 대상을 확실하게 특정할 수 있게 된다.
- 물건의 현황을 점검할 시에는 "사진과 동영상 등도 활용"하여야 하며, 기타 확인설명을 위한 자료를 수집 조사하고, 매도인 또는 임대인에게 "대상물건의 상태에 관한 자료 요구서" 및 "부동산임대차내역서

(임차인현황서)"를 통하여 미공시권리, 고지의무사항, 임차인 현황 등의 자료요구도 하여야 한다.
- 물건조사분석서를 통하여 확인설명을 하였을 때, 의뢰인으로부터 공인중개사가 열심히 일을 한 사실을 각인시키고 전문성과 신뢰를 얻을 수가 있어서 중개보수를 잘 받을 수가 있게 되고, 나아가 중개사고를 예방할 수 있게 된다. 이 서류는 확인설명서 뒤에 첨부하여 의뢰인에게 제공함이 좋다.

2. 구체적인 중개대상물 확인·설명서 작성 실무

(1) 주거용 건축물

- 『비주거용 건축물과 토지』는 주거용 건축물의 작성방법을 준용한다. 따라서 "비주거용 건축물과 토지"는 아래의 "주거용 건축물"을 설명하면서 함께 자세히 설명한다. 따라서 이 책에서는 "비주거용 건축물과 토지"에 대한 설명은 별도로 하지 않는다.

제4장 확인설명서 작성 실무 | 55

■ 공인중개사법 시행규칙 [별지 제20호서식] 〈개정 2021. 12. 31.〉 (4쪽 중 제1쪽)

중개대상물 확인·설명서[Ⅰ] (주거용 건축물) 15) 16)
([ ]단독주택 [ ]공동주택 [ ]매매·교환 [ ]임대 17))

확인·설명 자료	확인·설명 근거자료 등 18)	[ ]등기권리증 [ ]등기사항증명서 [ ]토지대장 [ ]건축물대장 [ ]지적도 [ ]임야도 [ ]토지이용계획확인서 [ ]그 밖의 자료( )
	대상물건의 상태에 관한 자료요구 사항 19)	20)

유의사항

개업공인중개사의 확인·설명 의무	개업공인중개사는 중개대상물에 관한 권리를 취득하려는 중개의뢰인에게 성실·정확하게 설명하고, 토지대장 등본, 등기사항증명서 등 설명의 근거자료를 제시해야 합니다.
실제 거래가격 신고	「부동산 거래신고 등에 관한 법률」 제3조 및 같은 법 시행령 별표 1 제1호마목에 따른 실제 거래가격은 매수인이 매수한 부동산을 양도하는 경우 「소득세법」 제97조제1항 및 제7항과 같은 법 시행령 제163조제11항제2호에 따라 취득 당시의 실제 거래가액으로 보아 양도차익이 계산될 수 있음을 유의하시기 바랍니다.

Ⅰ. 개업공인중개사 기본 확인사항 21)

① 대상물건의 표시 22)	토지	소재지			
		면적(㎡)		지목 23)	공부상 지목
					실제 이용 상태
	건축물	전용면적(㎡)		대지지분(㎡)	
		준공년도 24) (증개축년도)		용도	건축물대장상 용도
					실제 용도
		구조		방향	(기준:)
		내진설계 적용여부	25)	내진능력	26)
		건축물대장상 위반건축물 여부 27)	[ ]위반 [ ]적법	위반내용	

② 권리관계	등기부 기재사항	소유권에 관한 사항 28) 29)		소유권 외의 권리사항 30)	
		토지		토지	
		건축물		건축물	
	민간임대등록여부	등록	[ ] 장기일반민간임대주택 [ ] 공공지원민간임대주택 [ ] 그 밖의 유형( )		
			임대의무기간		임대개시일
		미등록	[ ] 해당사항 없음		
	계약갱신요구권 행사 여부		[ ] 확인(확인서류 첨부) [ ] 미확인 [ ] 해당 없음		
	다가구주택 확인서류 제출여부		[ ] 제출(확인서류 첨부) [ ] 미제출 [ ] 해당 없음		

③ 토지이용계획, 공법상 이용제한 및 거래규제에 관한 사항 (토지) 31)	지역·지구 32)	용도지역		건폐율 상한	용적률 상한
		용도지구		% 33)	% 34)
		용도구역			
	도시·군계획 시설 35)		허가·신고 구역 여부 36)	[ ]토지거래허가구역	
			투기지역 여부 37)	[ ]토지투기지역 [ ]주택투기지역 [ ]투기과열지구	
	지구단위계획구역, 그 밖의 도시·군관리계획 38)		그 밖의 이용제한 및 거래규제사항	39) 40)	

210mm×297mm[백상지(80g/㎡) 또는 중질지(80g/㎡)]

---

15) 『비주거용 건축물과 토지』는 주거용 건축물의 작성방법을 준용한다.
16) 가계약 체결시에도 확인설명의무가 있는지에 대한 법령해석례
  부산광역시 남구청 – 중개업자가 중개대상물의 권리관계 등에 대해 설명해야 하는 시점(「공인중개사의 업무 및 부동산 거래신고에 관한 법률」 제25조 제1항 관련) [법제처 10-0149, 2010.6.4.]
  【질의요지】 중개업자가 거래계약서를 작성하기 전에 가계약(假契約)을 체결하는 경우, 그 가계약을 체결하기 전에 같은 법 제25

조 제1항 각 호의 사항에 대하여 중개의뢰인에게 성실·정확하게 설명하고 그 설명의 근거자료를 제시하지 아니한 경우 같은 법 제39조제1항제5호에 따른 행정처분의 대상이 되는지?
【회답】 중개업자가 가계약을 체결하기 전에 같은 법 제25조 제1항 각 호의 사항에 대하여 중개의뢰인에게 성실·정확하게 설명하고 그 설명의 근거자료를 제시하지 아니하였다는 이유만으로 같은 법 제39조 제1항 제5호에 따른 행정처분의 대상이 되지 않는다.

17) 이하 세부항목 작성 시 작성란에 모두 작성할 수 없는 경우에는 별지로 작성하여 첨부하고, 해당란에는 "별지 참고"라고 적는다.
18) 1. 이 란에는 개업공인중개사가 확인·설명 과정에서 제시한 자료를 적는다.
   2. 계약 체결시 각종 공부는 반드시 발급하여 의뢰인에게 제공하고 현장 확인결과와 공부를 토대로 확인설명하여야 한다. 공부를 제공하지 않으면 업무정지처분을 받을 수도 있다.
19) 1. 이 란에는 매도(임대)의뢰인에게 자료 제출을 요구한 사항 및 그 관련 자료의 제출 여부와 ⑨ 실제 권리 관계 또는 공시되지 않은 물건의 권리 사항부터 ⑫ 환경조건까지의 항목을 확인하기 위한 자료의 요구 및 그 불응 여부를 적는다. 즉, 등기권리증, 위임장 및 인감증명서, 부동산임대차내역서, 대상물건의 상태에 관한 자료 요구서 등 불응 또는 미제출시 기재한다. (예) "개업공인중개사가 '등기권리증' 또는 '중개대상물 상태에 관한 자료'를 매도인(임대인)에게 요구하였으나 불응함"이라고 적는다.
   2. 분양권 중개시에는 이 란에 "건축 공정율 00% 정도로 현장 확인이 불가하여 물건 내부 확인을 생략함"이라고 적는다.
20) 1. 의뢰인이 등기권리증을 소지하고 있지 않은 경우에는 이 란에 "등기권리증 없음"이라고 기재하여야 한다.
   2. 대법원 1993.5.11. 선고 92다55350 판결[손해배상(기)] 부동산중개업자는 매도의뢰인이 모르는 사람인 경우 등기권리증의 소지 여부나 그 내용을 확인조사할 주의의무가 있는지 여부에 관하여 긍정하고 있다.
21) ① 대상물건의 표시부터 ⑧ 취득시 부담할 조세의 종류 및 세율까지는 개업공인중개사가 확인한 사항을 적어야 한다.
22) ① 대상물건의 표시는 토지대장·건축물대장 등을 확인하여 적고, 건축물의 방향은 주택의 경우 '거실이나 안방' 등 주실(主室)의 방향을, 그 밖의 건축물은 '주된 출입구'의 방향을 기준으로 남향, 북향 등 방향을 적고, 방향의 기준이 불분명한 경우 기준을 표시(예: 남동향 - 거실앞 발코니 기준)하여 적는다.
23) 1. 토지(임야)거래시에는 현장을 방문하여 공부상 지목과 현황지목이 다를 경우에는 '현황상의 지목을 동시에 표시'하여야 한다.
   2. 지목이 전, 답, 과수원과 같은 농지의 경우 현황이 농지가 아닌 타 용도로의 전용이 된 경우 원상복구를 하지 않으면 농취증이 발급되지 않을 수도 있으므로 중개거래에 주의를 하여야 한다. 이때 공부상의 지목만 기재하면 안되고, 현황이 농지가 아닌 타 용도로의 전용이 된 경우에도 농지법상 농취증 발급 대상이므로 『원상복구와 농취증 발급까지 충분한 기간을 두고 잔금일을 정하는 등』 중개사고를 예방하기 위하여 거래에 만전을 기하여야 한다.
   3. 환지예정지 면적과 지목은 '환지예정지를 기준'으로 기재한다.
24) 1. 소유자가 건물을 신축하여 준공(이때 건축물대장이 작성됨)을 하고도 매도의사가 없거나 등기비용 부족 등 어떤 이유에서든 소유권보존등기를 하지 않고 있다(보존등기 없이도 소유권을 취득함, 민법 제187조 전단 참조)가 나중에 매도를 위하여 소유권보존등기를 하는 경우가 있다(이를 처분하기 위해서는 보존등기가 필요함, 민법 제187조 후단 참조).
   2. 이 경우 준공연도는 '등기사항증명서상의 소유권보존등기 접수일자'를 적으면 안 되고, 『건축물대장상의 '사용승인일과 준공일자 중 빠른 일자'를 기재』하여야 한다. 증개축된 건물은 증개축 년도도 함께 기재한다.
25) 건축물대장을 확인하여 적는다. 적용이 없을 때에는 '해당없음'이라고 적는다.
26) 건축물의 구조기준 등에 관한 규칙 [별표13] 내진능력 산정 기준(제60조의2 관련)에 따라서 건축물의 수정 메르칼리 진도 등급(MMI 등급)을 적는다. 12등급으로 나누어지며, 높은 숫자일수록 내진능력이 높다.

최대지반가속도(g)	내진능력(MMI 등급)		내진능력(MMI 등급)
0.002 이상 0.004 미만	I	0.133 이상 0.264 미만	VII
0.004 이상 0.008 미만	II	0.264 이상 0.528 미만	VIII
0.008 이상 0.017 미만	III	0.528 이상 1.050 미만	IX
0.017 이상 0.033 미만	IV	1.050 이상 2.100 미만	X
0.033 이상 0.066 미만	V	2.100 이상 4.191 미만	XI
0.066 이상 0.133 미만	VI	4.191 이상	XII

27) 건축물대장 첫 번째 장에 "위반건축물"이라는 표시가 있는 경우에만 기재하면 된다.
건축물대장의 기재 및 관리 등에 관한 규칙 제11조(건축물대장 등본·초본의 발급 및 열람) 제3항 : 제1항에 따라 발급하거나 열람하게 하는 건축물현황도 중 평면도 및 단위세대별 평면도는 건축물 소유자의 동의를 얻거나 다음 각 호의 어느 하나에 해당하는 자가 신청하는 경우에 한하여 발급하거나 열람할 수 있다.
1. 건축물 소유자의 배우자와 직계 존·비속 및 그 배우자
2. 국가 또는 지방자치단체
3. 경매·공매 중이거나 법원의 감정 촉탁이 있는 경우 또는 공공사업을 위한 보상 등을 위한 감정평가를 하는 경우
4. 건축물 소유자의 필요에 의하여 건축물의 감정평가, 설계·시공 또는 "중개 등을 의뢰한 증빙서류가 있는 경우"
5. 해당 건축물에 거주하는 임차인(賃借人)

④ 입지조건	도로와의 관계 41)	(m × m)도로에 접함 [ ] 포장 [ ] 비포장	접근성	[ ] 용이함 [ ] 불편함

28) ① 등기사항증명서를 확인하여 적는다. 소유자 성명·생년월일·주소 기재, 소유권 제한사항(가압류, 압류, 가처분, 가등기, 경매개시결정등기 등) 기재, ② 주민등록번호는 같으나 개명으로 성명이 주민등록등과 다른 경우 개명원인증명서면(주민등록초본) 징구하여 기재, ③ 등기사항증명서와 주민등록증상의 주소가 다른 경우 주민등록초본으로 주소변경 확인, ④ 등기사항증명서는 공신력이 없으므로 현장확인으로 실질관계를 확인함이 필요.

29) (1) 서울중앙지법 2008.11.20. 선고 2008가합50528 판결[손해배상(기)] 항소 : 부동산중개업자가 부동산의 소유자라고 칭하는 사람으로부터 부동산의 매도의뢰를 받는 경우에 부담하는 주의의무의 내용 및 범위
부동산중개업무에 종사하는 사람은 서류 등에 형식적인 불비가 없다는 점이나 사칭자의 언동에 현혹되어서는 아니 되므로 부동산중개업자가 부동산의 소유자라고 칭하는 사람으로부터 부동산의 매도의뢰를 받는 경우에 자칭 소유자와 전혀 면식이 없는 때에는 자칭 소유자라는 사람의 주민등록증 등의 서류를 조사하거나 확인하는 것만으로는 충분하지 않고, 소유권의 귀속에 관해 의문을 품을 여지가 없는 특별한 사정이 없는 한 "등기권리증을 확인"하거나 "소유자의 주거지나 근무지 등에 연락하거나 그곳에 가서 확인하는 등으로 소유권의 유무를 조사하고 확인"하여야 한다. 따라서 이러한 주의의무를 다하지 않아 그 결과 위탁자에게 손해를 입게 한 때에는 불법행위로서 그 손해를 배상할 책임이 있다.
(2) 서울고등법원 2014.6.25. 선고 2013나79810 판결 : 확정 [손해배상(기)] 대리권에 관한 조사·확인의무를 다하지 아니하여 공인중개사에게 손해배상책임을 인정한 사례
甲이 공인중개사 乙의 중개로 공동임대인 丙과 丁의 대리인이라고 주장하는 戊와 아파트 임대차계약을 체결하였는데, 임대차계약 종료 후 甲이 丙과 丁을 상대로 제기한 임대보증금 반환소송에서 임대차계약 당시 戊에게 丁을 대리하여 임대차계약을 체결할 대리권이 있었다고 할 수 없다는 이유로 패소판결을 받은 후 乙 등을 상대로 손해배상을 구한 사안에서, 乙은 공인중개사로서 대리인의 대리권에 관한 조사·확인의무를 다하지 아니한 채 甲으로 하여금 임대차계약을 체결하도록 중개하였으므로 甲이 戊와 임대차계약을 체결함으로써 입은 손해를 배상할 의무가 있다고 한 사례.
(3) 대법원 2007.11.15. 선고 2007다44156 판결[손해배상(기)등] 부동산을 처분하려는 자가 진정한 권리자인지 여부에 관한 부동산중개업자의 조사·확인의무의 내용과 정도(확인·설명의무 위반이 없다고 본 사례)

30) 등기사항증명서 을구에 기재된 소유권 이외의 모든 권리를 기재한다. 각종 제한물권의 기간, 채권최고액 등의 권리의 내용 기재하고 권리의 종류와 내용이 많을 경우 별지로 작성해야 한다.
【대법원 2008.9.25. 선고 2008다42836 판결 [손해배상(기)등]】 부동산중개업자는 비록 그가 조사·확인하여 의뢰인에게 설명할 의무를 부담하지 않는 사항이더라도 의뢰인이 계약체결 여부를 결정하는 데 중요한 자료가 되는 사항에 관하여 그릇된 정보를 제공하여서는 안되고, 그릇된 정보를 제대로 확인하지도 않은 채 마치 그것이 진실인 것처럼 의뢰인에게 그대로 전달하여 의뢰인이 그 정보를 믿고 상대방과 계약에 이르게 되었다면, 부동산중개업자의 그러한 행위는 선량한 관리자의 주의로 신의를 지켜 성실하게 중개행위를 하여야 할 중개업자의 의무에 위반된다(대법원 1999.5.14. 선고 98다30667 판결 참조).

31) 1. 토지이용계획, 공법상 이용제한 및 거래규제에 관한 사항(토지)의 "건폐율 상한 및 용적률 상한"은 시·군의 조례에 따라 기재하고, "도시·군계획시설", "지구단위계획구역, 그 밖의 도시·군관리계획"은 개업공인중개사가 확인하여 적으며, "도시·군계획시설"에서 "도로저촉"이라고 나오면 지자체의 해당부서에 그 내용을 반드시 확인하여야 한다. 그 밖의 사항은 토지이용계획확인서의 내용을 확인하고, 공부에서 확인할 수 없는 사항은 부동산종합정보망 등에서 확인하여 적는다(임대차의 경우에는 생략할 수 있다).
 2. "그 밖의 이용제한 및 거래규제사항"란에는 농지는 "농취증서", 토지는 "토지거래허가증명서"라고 기재한다.

32) 1. 국토이용계획 : 용도지역, 용도지구, 용도구역 2. 도시·군계획: 용도지역, 용도지구, 도시군계획시설, 도시개발사업구역 등
 3.군사시설 : 군사기지 및 군사시설보호구역, 비행안전구역 4. 농지 : 농업진흥구역, 농업보호구역 5. 산지 : 보전산지(임업용산지, 공익용산지), 준보전산지 6. 자연공원 : 국립공원·도립공원·군립공원(郡立公園) 및 지질공원 등 7. 수도 : 상수원보호구역, 수질보전특별대책지역, 수변구역, 공장설립제한지역 8. 하천 : 하천구역, 하천예정지, 댐건설예정지역 9. 문화재 : 문화재보호구역, 역사문화환경보존지역 10. 전원개발 : 전원개발사업구역, 전원개발사업예정구역 등

33) 도시·군조례에서 정하는 상한을 기재

34) 도시·군조례에서 정하는 상한을 기재

35) 국토계획법 제2조 6,7호, 영제2조1,2항의 기반시설 중 "도시·군관리계획으로 결정된 시설"을 기재한다.
 1. 교통시설 : 도로·철도·항만·공항·주차장·자동차정류장·궤도·자동차 및 건설기계검사시설
 2. 공간시설 : 광장·공원·녹지·유원지·공공공지
 3. 유통·공급시설 : 유통업무설비, 수도·전기·가스·열공급설비, 방송·통신시설, 공동구·시장, 유류저장 및 송유설비

	대중교통	버스	( ) 정류장, 소요시간: ([ ] 도보 [ ] 차량) 약 분
		지하철	( ) 역, 소요시간: ([ ] 도보 [ ] 차량) 약 분
	주차장 42)	[ ] 없음 [ ] 전용주차시설 [ ] 공동주차시설 [ ] 그 밖의 주차시설 ( )	
	교육시설	초등학교	( ) 학교, 소요시간: ([ ] 도보 [ ] 차량) 약 분
		중학교	( ) 학교, 소요시간: ([ ] 도보 [ ] 차량) 약 분
		고등학교	( ) 학교, 소요시간: ([ ] 도보 [ ] 차량) 약 분
	판매 및 의료시설	백화점 및 할인매장	( ), 소요시간: ([ ] 도보 [ ] 차량) 약 분
		종합의료시설	( ), 소요시간: ([ ] 도보 [ ] 차량) 약 분

⑤ 관리에 관한사항	경비실	[ ] 있음 [ ] 없음	관리주체	[ ] 위탁관리 [ ] 자체관리 [ ] 그 밖의 유형

⑥ 비선호시설(1km이내) 43)	[ ] 없음 [ ] 있음 (종류 및 위치:)

⑦ 거래예정금액 등 44)	거래예정금액	
	개별공시지가(㎡당)		건물(주택)공시가격	45)

⑧ 취득 시 부담할 조세의 종류 및 세율 46)	취득세	47) %	농어촌특별세	%	지방교육세	%
※ 재산세와 종합부동산세는 6월 1일 기준 대상물건 소유자가 납세의무를 부담 48)						

Ⅱ. 개업공인중개사 세부 확인사항

⑨ 실제 권리관계 또는 공시되지 않은 물건의 권리 사항 49) 50)

⑩ 내부·외부 시설물의 상태 (건축물) 51)	수도	파손 여부	[ ] 없음 [ ] 있음 (위치:)
		용수량	[ ] 정상 [ ] 부족함 (위치:)
	전기	공급상태	[ ] 정상 [ ] 교체 필요 (교체할 부분:)
	가스(취사용)	공급방식	[ ] 도시가스 [ ] 그 밖의 방식 ( )
	소방	단독경보형 감지기	[ ] 없음 [ ] 있음(수량: 개) ※「화재예방, 소방시설 설치·유지 및 안전관리에 관한 법률」 제8조 및 같은 법 시행령 제13조에 따른 주택용 소방시설로서 아파트(주택으로 사용하는 층수가 5개층 이상인 주택을 말한다)를 제외한 주택의 경우만 작성합니다.
	난방방식 및 연료공급	공급방식	[ ] 중앙공급 [ ] 개별공급 시설작동 [ ] 정상 [ ] 수선 필요 ( ) ※개별 공급인 경우 사용연한 ( ) [ ] 확인불가
		종류	[ ] 도시가스 [ ] 기름 [ ] 프로판가스 [ ] 연탄 [ ] 그 밖의 종류 ( )
	승강기	[ ] 있음 ([ ] 양호 [ ] 불량) [ ] 없음	
	배수	[ ] 정상 [ ] 수선 필요 ( )	
	그 밖의 시설물		

---

4. 공공·문화체육시설 : 학교·공공청사·문화시설·공공필요성이 인정되는 체육시설·연구시설·사회복지시설·공공직업훈련시설·청소년수련시설
5. 방재시설 : 하천·유수지·저수지·방화설비·방풍설비·방수설비·사방설비·방조설비
6. 보건위생시설 : 장사시설·도축장·종합의료시설
7. 환경기초시설 : 하수도·폐기물처리 및 재활용시설·빗물저장 및 이용시설·수질오염방지시설·폐차장

> 1. 도로
> 가. 일반도로 나. 자동차전용도로 다. 보행자전용도로 라. 보행자우선도로 마. 자전거전용도로 바. 고가도로
> 사. 지하도로
> 2. 자동차정류장
> 가. 여객자동차터미널 나. 화물터미널 다. 공영차고지 라. 공동차고지 마. 화물자동차 휴게소 바. 복합환승센터
> 3. 광장
> 가. 교통광장 나. 일반광장 다. 경관광장 라. 지하광장 마. 건축물부설광장

36) 한국토지주택공사에서 운영하는 부동산정보 포털서비스 씨:리얼(https://seereal.lh.or.kr)에서 검색하여 기재
37) 투기지역, 투기과열지구, 조정대상지역의 지정현황 및 지정효과에 관하여는 졸저 "실전 부동산중개실무(Ⅱ)-상가중개실무, 부동산세법실무-"을 참조하기 바란다.
38) 토지이용계획확인서와 시·군·구 도시계획과에서 확인하여 도시·군관리계획을 적는다. 그 외 도시·군관리계획에 관하여는 졸저 제2권 토지공법을 참조하기 바란다.
   국토계획법 제2조 4호, 지구단위계획구역 지정 가능 지역 규정 : 국토계획법 제51조(지구단위계획구역의 지정 등)

> 국토계획법 제2조 4호 "도시·군관리계획"이란
> 가. 용도지역·용도지구의 지정 또는 변경에 관한 계획
> 나. 개발제한구역, 도시자연공원구역, 시가화조정구역, 수산자원보호구역의 지정 또는 변경에 관한 계획
> 다. 기반시설의 설치·정비 또는 개량에 관한 계획
> 라. 도시개발사업이나 정비사업에 관한 계획
> 마. 지구단위계획구역의 지정 또는 변경에 관한 계획과 지구단위계획
> 바. 입지규제최소구역의 지정 또는 변경에 관한 계획과 입지규제최소구역계획

39) 그 밖의 이용제한사항의 예 : 건축법상의 건축선, 일조권, 가로구역의 도로사선·높이 제한 등, 개별개발계획에 따른 건폐율, 용적률, 용도, 공유관계, 공동건축, 방실제한 등
40) 그 밖의 거래규제사항의 예 : 농취증(시·구·읍·면장), 전통사찰 부동산의 양도(문체부장관 허가), 향교재단의 부동산(시·도지사의 허가), 사립학교 기본재산(시·도교육감 및 교육부장관 허가), 사회복지법인과 의료법인의 기본재산(시·도지사의 허가), 자유무역지역의 토지 또는 공장(기획재정부장관 및 관리기관의 허가), 산업단지 내 산업용지 및 공장(관리기관과 입주계약), 외국인의 토지취득 등

> 외국인 등 토지취득(부동산거래신고 등에 관한 법률)
> 1. 상호주의 원칙
> 2. 계약에 의한 취득 : 계약체결일로부터 60일 이내 시군구청장에게 신고
> 3. 상속·경매, 그 밖에 계약 외의 원인으로 대한민국 안의 부동산 등 취득 : 부동산 등을 취득한 날부터 6개월 이내에 시군구청장에게 신고
> 4. 허가대상인 토지(군사기지 및 군사시설 보호구역, 지정문화재와 이를 위한 보호물 또는 보호구역, 생태·경관보전지역, 야생생물 특별보호구역 등 대통령령으로 지정하는 토지)는 토지취득계약을 체결하기 전에 대통령령으로 정하는 바에 따라 신고관청으로부터 토지취득의 허가를 받아야 한다.

> 도시 및 주거환경정비법 제122조(토지등 소유자의 설명의무)
> ① 토지등 소유자는 자신이 소유하는 정비구역 내 토지 또는 건축물에 대하여 매매·전세·임대차 또는 지상권 설정 등 부동산 거래를 위한 계약을 체결하는 경우 다음 각 호의 사항을 거래 상대방에게 설명·고지하고, 거래 계약서에 기재 후 서명·날인하여야 한다.
> 1. 해당 정비사업의 추진단계
> 2. 퇴거예정시기(건축물의 경우 철거예정시기를 포함한다)
> 3. 제19조에 따른 행위제한
> 4. 제39조에 따른 조합원의 자격
> 5. 제70조제5항에 따른 계약기간
> 6. 제77조에 따른 주택 등 건축물을 분양받을 권리의 산정 기준일
> 7. 그 밖에 거래 상대방의 권리·의무에 중대한 영향을 미치는 사항으로서 대통령령으로 정하는 사항
> ② 제1항 각 호의 사항은 「공인중개사법」 제25조 제1항 제2호의 "법령의 규정에 의한 거래 또는 이용제한사항"으로 본다.

41) 중개대상물과 접한 도로를 표시함, 도시·군계획시설의 결정·구조 및 설치기준에 관한 규칙 제9조 도로의 구분
   1. 사용 및 형태별 구분
   가. 일반도로 : 폭 4미터 이상의 도로로서 통상의 교통소통을 위하여 설치되는 도로

(4쪽 중 제3쪽)

⑪ 벽면·바닥면 및 도배 상태 52)	벽면	균열	[ ] 없음	[ ] 있음 (위치:)		
		누수	[ ] 없음	[ ] 있음 (위치:)		
	바닥면	[ ] 깨끗함	[ ] 보통임	[ ] 수리 필요 (위치:)		
	도배	[ ] 깨끗함	[ ] 보통임	[ ] 도배 필요		

⑫ 환경 조건	일조량	[ ] 풍부함	[ ] 보통임	[ ] 불충분 (이유:)
	소음	[ ] 아주 작음 [ ] 보통임 [ ] 심한 편임	진동	[ ] 아주 작음 [ ] 보통임 [ ] 심한 편임

Ⅲ. 중개보수 등에 관한 사항

⑬ 중개보수 및 실비의 금액과 산출내역 53)	중개보수	54)	<산출내역> 55) 중개보수: 실 비: 56) ※ 중개보수는 시·도 조례로 정한 요율한도에서 중개의뢰인과 개업공인중개사가 서로 협의하여 결정하며 부가가치세는 별도로 부과될 수 있습니다. 57)
	실비		
	계		
	지급시기		

「공인중개사법」 제25조제3항 및 제30조제5항에 따라 거래당사자는 개업공인중개사로부터 위 중개대상물에 관한 확인·설명 및 손해배상책임의 보장에 관한 설명을 듣고, 같은 법 시행령 제21조제3항에 따른 본 확인·설명서와 같은 법 시행령 제24조제2항에 따른 손해배상책임 보장 증명서류(사본 또는 전자문서)를 수령합니다. 58)

년 월 일

매도인 (임대인)	주소		성명		(서명 또는 날인)
	생년월일		전화번호		
매수인 (임차인)	주소		성명		(서명 또는 날인)
	생년월일		전화번호		
개업 공인중개사	등록번호		성명 (대표자)	59)	(서명 및 날인)
	사무소 명칭		소속 공인중개사		(서명 및 날인)
	사무소 소재지		전화번호		
개업 공인중개사	등록번호		성명 (대표자)		(서명 및 날인)
	사무소 명칭		소속 공인중개사		(서명 및 날인)
	사무소 소재지		전화번호		

나. 자동차전용도로 : 특·광·특자시·시 또는 군 내 주요지역간이나 시·군 상호간에 발생하는 대량교통량을 처리하기 위한 도로로서 자동차만 통행할 수 있도록 하기 위하여 설치하는 도로
다. 보행자전용도로 : 폭 1.5미터 이상의 도로로서 보행자의 안전하고 편리한 통행을 위하여 설치하는 도로
라. 보행자우선도로: 폭 10미터 미만의 도로로서 보행자와 차량이 혼합하여 이용하되 보행자의 안전과 편의를 우선적으로 고려하여 설치하는 도로
마. 자전거전용도로 : 하나의 차로를 기준으로 폭 1.5미터(지역 상황 등에 따라 부득이하다고 인정되는 경우에는 1.2미터) 이상의 도로로서 자전거의 통행을 위하여 설치하는 도로
바. 고가도로 : 시·군내 주요지역을 연결하거나 시·군 상호간을 연결하는 도로로서 지상교통의 원활한 소통을 위하여 공중에 설치하는 도로
사. 지하도로 : 시·군내 주요지역을 연결하거나 시·군 상호간을 연결하는 도로로서 지상교통의 원활한 소통을 위하여 지하에 설치하는 도로(도로·광장 등의 지하에 설치된 지하공공보도시설을 포함한다). 다만, 입체교차를 목적으로 지하에 도로를 설치하는 경우를 제외한다.
2. 규모별 구분
가. 광로
(1) 1류 : 폭 70미터 이상인 도로, (2) 2류 : 폭 50미터 이상 70미터 미만인 도로, (3) 3류 : 폭 40미터 이상 50미터 미만인

도로
　나. 대로
　(1) 1류 : 폭 35미터 이상 40미터 미만인 도로, (2) 2류 : 폭 30미터 이상 35미터 미만인 도로, (3) 3류 : 폭 25미터 이상 30미터 미만인 도로
　다. 중로
　(1) 1류 : 폭 20미터 이상 25미터 미만인 도로, (2) 2류 : 폭 15미터 이상 20미터 미만인 도로, (3) 3류 : 폭 12미터 이상 15미터 미만인 도로
　라. 소로
　(1) 1류 : 폭 10미터 이상 12미터 미만인 도로, (2) 2류 : 폭 8미터 이상 10미터 미만인 도로, (3) 3류 : 폭 8미터 미만인 도로
　3. 기능별 구분
　가. 주간선도로 : 시·군내 주요지역을 연결하거나 시·군 상호간을 연결하여 대량통과교통을 처리하는 도로로서 시·군의 골격을 형성하는 도로
　나. 보조간선도로 : 주간선도로를 집산도로 또는 주요 교통발생원과 연결하여 시·군 교통의 집산기능을 하는 도로로서 근린주거구역의 외곽을 형성하는 도로
　다. 집산도로 : 근린주거구역의 교통을 보조간선도로에 연결하여 근린주거구역내 교통의 집산기능을 하는 도로로서 근린주거구역의 내부를 구획하는 도로
　라. 국지도로 : 가구(街區 : 도로로 둘러싸인 일단의 지역을 말한다)를 구획하는 도로
　마. 특수도로 : 보행자전용도로·자전거전용도로 등 자동차 외의 교통에 전용되는 도로
42) 노상주차장, 노외주차장, 시립·구립 공용주차장, 유료주차장 등
43) 쓰레기소각장, 쓰레기처리장, 쓰레기매립장, 분뇨처리장, 오폐수처리장, 하수종말처리장, 격리병원, 정신병원, 화장터, 납골당, 공동묘지, 사창가, 축사, 분묘, 공해공장 등을 말한다. 문제는 비선호시설은 그 개념이 모호하기 때문에 보는 관점이나 가치관 또는 문화적 차이에 따라서 선호와 비선호는 달라질 수 있다. 예컨대 고물상, 종교시설, 공원묘지, 고압선로, 가스저장소, 고속도로나 자동차전용도로, 소음진동시설 등은 웬만하면 "있음"이라고 적는 것이 훗날 만약을 대비하여 안전하다[이른바 님비(NIMBY-Not in my backyard)현상 대비].
44) 1. 거래예정금액 등의 "거래예정금액"은 중개가 완성되기 전 거래예정금액을 적는다.
　2. 매매의 경우는 빠짐없이 적어야 한다. 단, 임대차계약의 경우에는 "개별공시지가" 및 "건물(주택)공시가격"을 생략할 수 있다. 거래예정금액은 적어야 한다.
45) 1. "개별공시지가" 및 "건물(주택)공시가격"은 중개가 완성되기 전 공시된 개별공시지가 및 건물공시가격을 적는다. 토지는 개별공시지가를, 단독주택은 시군구청의 부동산가격알리미에서 개별주택가격을 기재한다. 상가겸용주택의 경우 주택은 개별주택가격을, 토지는 개별공시지가를, 상가는 위택스에서 지방세 산정기준인 시가표준액을 기재한다. 국세의 경우에는 국세청 홈택스에서 기준시가를 확인하여 기재하면 된다.
　2. 해당 주택 등이 ㎡당 가격을 적기 곤란한 경우에는 전체 가격을 기재해도 된다. 신축주택 등 아직 주택가격이 공시되지 않은 주택은 "공시가격 없음"이라고 기재하면 된다(국토교통부 2015. 12. 24.).
46) 취득시 부담할 조세의 종류 및 세율은 중개가 완성되기 전 「지방세법」의 내용을 확인하여 적는다(임대차의 경우에는 제외한다). 상가겸용주택의 경우에는 상가와 주거를 구별하여 기재하는 것이 좋다. 그러나 현행 양식이 분리기재가 어려운 것이 문제이다.
47) 취득세 등 조견표(지방세법 제11조 1항)

구 분			취득세	농특세	지방교육세	합계
주택	6억 이하	85㎡ 이하	1.0%	비과세	0.1%	1.1%
		85㎡ 초과	1.0%	0.2%	0.1%	1.3%
	6억~9억 이하	85㎡ 이하	1.0%~3.0%	비과세	1.0%~3.0%	1.1%~3.5%
		85㎡ 초과		0.2%		
	9억 초과	85㎡ 이하	3.0%	비과세	0.3%	3.3%
		85㎡ 초과	3.0%	0.2%	0.3%	3.5%
농지	매매	신규	3.0%	0.2%	0.2%	3.4%
		2년 이상 자경	1.5%	비과세	0.1%	1.6%
	상속		2.3%	0.2%	0.06%	2.56%
농지 외 상속			2.8%	0.2%	0.16%	3.16%
증여			3.5%	0.2%	0.3%	4.0%
원시취득(신축)			2.8%	0.2%	0.16%	3.16%
주택·농지 외 매매 일반 (토지,상가,공장,임야 등)			4.0%	0.2%	0.4%	4.6%

48) 6월 1일 이전 부동산을 거래(매매잔금 지급 기준)한 경우에는 "매수인"이 납부하고, 6월 2일 이후 부동산을 거래(매매잔금 지급 기준)한 경우에는 "매도인"이 재산세를 납부한다.
49) 1. 실제 권리 관계 또는 공시되지 아니한 물건의 권리에 관한 사항은 중개사가 직접 조사하거나 관리사무소 등에 확인하여 기재하거나 매도(임대)의뢰인이 고지한 사항(법정지상권, 유치권, 주임법에 따른 임차인, 토지에 부착된 조각물 및 정원수, 근저당권의 채권최고액, 임대차보증금채권에 대한 가압류, 임차권 양도에 대한 통지 등)을 적는다.
2. 건축법 시행령 [별표1] 제2호에 따른 공동주택(기숙사는 제외)중 분양을 목적으로 건축되었으나 분양이 되지 않아 보존등기만 마쳐진 상태인 공동주택에 대하여 임대차계약을 알선하는 경우에는 이를 임차인에게 설명하여야 한다.
3. 주임법에 따른 임차인이 있는 경우 임대보증금, 월 단위의 차임액, 계약기간, 장기수선충당금의 처리 등을 확인하고 적는다. 특히 다가구주택 임대차 계약시에 란이 부족하면 ⑨항에는 "별지기재와 같음"이라고 기재한 다음, [별지기재] 양식의 의하여 "부동산 임대차 내역서"를 작성하여 첨부하여야 한다. 만약 이를 하지 않은 경우 임대인의 부도로 임차인이 보증금을 전액 배당받지 못하게 되면 개업공인중개사가 손해를 배상해야 한다(대판 2011다63857 참조).
【대법원 2012.1.26. 선고 2011다63857 판결 [손해배상(기)]】
중개업자 甲이 다가구주택 일부에 관하여 임대의뢰인 乙과 임차의뢰인 丙의 임대차계약을 중개하면서 丙에게 부동산등기부에 기재된 근저당권의 채권최고액을 고지하고 임대차계약서의 특약사항에 이를 기재하였으나, 다가구주택에 거주하던 다른 임차인의 임대차보증금 액수, 임대차계약의 시기와 종기 등에 관한 사항을 확인하여 설명하지 않았고 근거자료를 제시하지도 않았으며, 중개대상물 확인·설명서의 '실제 권리관계 또는 공시되지 아니한 물건의 권리 사항'란에도 이를 기재하지 않았는데, 그 후 위 다가구주택에 관하여 개시된 경매절차에서 다가구주택의 다른 소액임차인 등은 배당을 받았으나 丙은 이들보다 후순위에 있어 임대차보증금 반환채권을 배당받지 못하였고 乙에게서도 임대차보증금을 반환받지 못한 사안에서, 공인중개사법 제30조에 의하여 甲 및 甲과 공제계약을 체결한 한국공인중개사협회의 손해배상책임을 인정한 사례. 즉, 임대의뢰인이 다른 세입자의 보증금, 임대차의 시기와 종기 등에 관한 자료요구에 불응한 경우에는 개업공인중개사는 그 내용을 중개대상물확인설명서에 기재하여야 할 의무가 있다 【실무에서 다음의 『부동산 임대차 내역서』를 활용하기 바란다】.
4. 근저당 등이 설정된 경우 채권최고액을 확인하여 적는다.
5. 건축물대장의 기재 및 관리 등에 관한 규칙 제5조 4항에 의하면 건축물대장에는 건축물현황도도 포함된다. 그리고 동 규칙에 의하여 개업공인중개사는 '중계의뢰사실을 증빙하는 자료(중계의뢰계약서 또는 중개의뢰접수장)'로 건축물현황도(평면도)를 열람신청을 할 수 있다. 따라서 '중개의뢰사실을 증빙하는 자료'를 구비하여 건축물현황도(평면도)를 확인할 필요가 있다. 건축물대장이 존재하지 않는 건물의 경우에는 건축물대장이 존재하지 않음을 표시하여야 한다.
6. 그 밖에 경매 및 공매 등의 특이사항이 있는 경우 이를 확인하여 적는다.
50) 중개대상물확인·설명서 작성요령 ⑨항은 실제 권리 관계 또는 공시되지 아니한 물권의 권리에 관한 사항은 매도(임대)의뢰인이 고지한 사항으로 기재한다. 따라서 매도(임대)의뢰인이 고지하지 아니한 것을 누락했다하여 중개업자가 중개대상물 확인·

설명의무를 게을리했다고 보기는 어렵다(국토해양부 민원마당 2010. 12. 1.)
그러나 공인중개사의 과실책임을 자꾸만 확대해가고 있는 법원의 경향을 감안하면, 이 경우에 과연 법원이 매도(임대)의뢰인이 고지하지 아니한 것을 누락했다하여 중개업자가 중개대상물 확인·설명의무를 다했다고 볼 것인지는 매우 의문스럽다. 따라서 이 부분에 관하여 개업공인중개사는 아래에 제시한 "중개대상물 상태에 관한 자료요구서"를 작성하여 이 난에 기재하고 첨부하는 것이 바람직하다.

51) 1. ⑩ 내부·외부의 시설물 상태(건축물), ⑪ 벽면 및 도배상태, ⑫ 환경조건까지는 중개대상물에 대하여 개업공인중개사가 매도(임대)의뢰인에게 자료를 요구하여 확인한 사항을 적고, ⑩ 내부·외부의 시설물 상태(건축물)의 "그 밖의 시설물"은 가정자동화시설(Home Automation 등 IT 관련 시설)의 설치 여부를 적는다.
  2. 실무상 시설작동 여부가 자주 문제된다. 특히 여름철과 겨울철 보일러 작동 여부가 문제된다.
  3. 연료공급의 종류, 난방작동상태도 적어야 한다.
52) 벽면의 균열 및 누수 상태는 낡은 건물의 경우에는 실무상 종종 문제가 된다. 이에 관하여도 꼼꼼히 적고 확인·설명하여야 한다. 누수와 균열은 작은 것도 "있음"으로 적는 것이 방어적 중개에 도움이 된다. 도배도 왠만하면 "필요"로 적는 것이 좋다.
53) 중개보수 및 실비는 개업공인중개사와 중개의뢰인이 협의하여 결정한 금액을 적되 "중개보수"는 거래예정금액을 기준으로 계산하고, "산출내역"은 거래예정금액[(임대차의 경우에는 임대보증금+월 단위의 차임액×100)×중개보수 요율]을 적는다.
54) 분양권과 입주권 거래가액 산정방법
   분양권 = 기납입금액+프리미엄, 입주권 = 권리가액+납부할 추가부담금+프리미엄
55) 산출내역도 반드시 기재하여야 한다. 이를 기재하지 않아도 업무정지 대상이다.
56) 실비는 영수증을 첨부하여 중개의뢰인 일방에게만 청구할 수 있다.
57) 부가세는 별도로 받아도 된다. 항간에서는 간이과세자는 세금계산서를 발행하지 못하므로 부가세를 받을 수 없다고 알고 있으나 절대 그렇지 않다. 간이과세자는 부가가치율에 따라서 부가세를 받을 수 있다. 부동산중개업의 부가가치율은 30%이다. 따라서 일반과세자는 10%의 부가세를 받을 수 있지만 간이과세자도 부가가치율에 따라서 3%의 부가세를 받을 수 있다(부가세법 시행령 제111조 2항 참조). 즉, 간이과세자인 개업공인중개사가 법정보수와 별도로 부가세를 받아도 부가세를 제외한 금액이 법정 중개보수를 초과하지 않는 한 중개사법상의 초과보수 수령에 해당하지 않는다는 것이 법제처[2016.1.18.자 법제처 안건번호 15-0523 질의회신 참조]와 국토부[질의회신 안건번호 2006-0211 참조]의 유권해석이다.
[법제처 06-0211, 2006.9.25., 건설교통부]
【질의요지】「공인중개사의 업무 및 부동산 거래신고에 관한 법률」제33조제3호에서 부동산 중개업자는 사례·증여 그 밖의 어떠한 명목으로도 동법 제32조제3항에서 규정하는 수수료를 초과하여 수령하는 것을 금지하고 있는바, 공인중개사가 이러한 법정수수료를 초과하여 부가가치세를 수령하는 것이 「공인중개사의 업무 및 부동산 거래신고에 관한 법률」제33조제3호의 규정에 위반되는지 여부
【회답】「공인중개사의 업무 및 부동산 거래신고에 관한 법률」제32조제3항에서 규정하고 있는 법정수수료에는 부가가치세가 포함되지 아니하므로 공인중개사가 법정수수료를 초과하여 부가가치세를 수령하는 것은 동법 제33조제3호의 규정에 위반되지 않습니다.
58) 『확인설명서의 서식』은 기록내용, 쪽수, 규격까지 정해진 법정서식을 사용하여야 하고 임의적으로 변경하여 사용할 수 없다. 임의적으로 변경하여 사용할 경우에는 공인중개사법 제39조 제1항 제14호의 규정에 따라서 1개월의 업무정지처분을 받을 수 있음을 주의해야 한다(국토교통부 부동산산업과 2015.12.22.).
59) 공동중개시 참여한 개업공인중개사(소속공인중개사 포함)는 모두 서명·날인 하여야 하며, 2명 이상인 경우에는 별지로 작성하여 첨부한다. 서명·날인 또는 기명·날인에 관하여는 이 책 뒤의 계약서 작성실무에서 민사소송법의 내용과 함께 자세히 설명하겠다.

작성방법(주거용 건축물)

<작성일반>

1. "[ ]"있는 항목은 해당하는 "[ ]"안에 √로 표시합니다.

2. 세부항목 작성 시 해당 내용을 작성란에 모두 작성할 수 없는 경우에는 별지로 작성하여 첨부하고, 해당란에는 "별지 참고"라고 적습니다.

<세부항목>

1. 「확인·설명자료」 항목의 "확인·설명 근거자료 등"에는 개업공인중개사가 확인·설명 과정에서 제시한 자료를 적으며, "대상물건의 상태에 관한 자료요구 사항"에는 매도(임대)의뢰인에게 요구한 사항 및 그 관련 자료의 제출 여부와 ⑨ 실제 권리관계 또는 공시되지 않은 물건의 권리사항부터 ⑫ 환경조건까지의 항목을 확인하기 위한 자료의 요구 및 그 불응 여부를 적습니다.

2. ① 대상물건의 표시부터 ⑧ 취득 시 부담할 조세의 종류 및 세율까지는 개업공인중개사가 확인한 사항을 적어야 합니다.

3. ① 대상물건의 표시는 토지대장 및 건축물대장 등을 확인하여 적고, 건축물의 방향은 주택의 경우 거실이나 안방 등 주실(主室)의 방향을, 그 밖의 건축물은 주된 출입구의 방향을 기준으로 남향, 북향 등 방향을 적고 방향의 기준이 불분명한 경우 기준(예: 남동향 - 거실 앞 발코니 기준)을 표시하여 적습니다.

4. ② 권리관계의 "등기부 기재사항"은 등기사항증명서를 확인하여 적습니다.

5. ② 권리관계의 "민간임대 등록여부"는 대상물건이 「민간임대주택에 관한 특별법」에 따라 등록된 민간임대주택인지 여부를 같은 법 제60조에 따른 임대주택정보체계에 접속하여 확인하거나 임대인에게 확인하여 "[ ]"안에 √로 표시하고, 민간임대주택인 경우 「민간임대주택에 관한 특별법」에 따른 권리·의무사항을 임차인에게 설명해야 합니다.

> * 민간임대주택은 「민간임대주택에 관한 특별법」 제5조에 따른 임대사업자가 등록한 주택으로서, 임대인과 임차인 간 임대차 계약(재계약 포함)시 다음과 같은 사항이 적용됩니다.
>   ① 같은 법 제44조에 따라 임대의무기간 중 임대료 증액청구는 5퍼센트의 범위에서 주거비 물가지수, 인근 지역의 임대료 변동률 등을 고려하여 같은 법 시행령으로 정하는 증액비율을 초과하여 청구할 수 없으며, 임대차계약 또는 임대료 증액이 있은 후 1년 이내에는 그 임대료를 증액할 수 없습니다.
>   ② 같은 법 제45조에 따라 임대사업자는 임차인이 의무를 위반하거나 임대차를 계속하기 어려운 경우 등에 해당하지 않으면 임대의무기간 동안 임차인과의 계약을 해제·해지하거나 재계약을 거절할 수 없습니다.

6. ② 권리관계의 "계약갱신요구권 행사여부" 및 "다가구주택 확인서류 제출여부"는 다음 각 목의 구분에 따라 적습니다.
   가. "계약갱신요구권 행사여부"는 대상물건이 「주택임대차보호법」의 적용을 받는 주택으로서 임차인이 있는 경우 매도인(임대인)으로부터 계약갱신요구권 행사 여부에 관한 사항을 확인할 수 있는 서류를 받으면 "확인"에 √로 표시하여 해당 서류를 첨부하고, 서류를 받지 못한 경우 "미확인"에 √로 표시하며, 임차인이 없는 경우에는 "해당 없음"에 √로 표시합니다. 이 경우 개업공인중개사는 「주택임대차보호법」에 따른 임대인과 임차인의 권리·의무사항을 매수인에게 설명해야 합니다.
   나. "다가구주택 확인서류 제출여부"는 대상물건이 다가구주택인 경우로서 매도인(임대인) 또는 개업공인중개사가 주민센터 등에서 발급받은 다가구주택 확정일자 부여현황(임대차기간, 보증금 및 차임)이 적힌 서류를 제출하면 "제출"에 √로 표시하고, 제출하지 않은 경우에는 "미제출"에 √로 표시하며, 다가구주택이 아닌 경우에는 "해당 없음"에 √로 표시하고 그 사실을 중개의뢰인에게 설명해야 합니다.

7. ③ 토지이용계획, 공법상 이용제한 및 거래규제에 관한 사항(토지)의 "건폐율 상한 및 용적률 상한"은 시·군의 조례에 따라 적고, "도시·군계획시설", "지구단위계획구역, 그 밖의 도시·군관리계획"은 개업공인중개사가 확인하여 적으며, "그 밖의 이용제한 및 거래규제사항"은 토지이용계획확인서의 내용을 확인하고, 공부에서 확인할 수 없는 사항은 부동산종합공부시스템 등에서 확인하여 적습니다(임대차의 경우에는 생략할 수 있습니다).

8. ⑥ 비선호시설(1km이내)의 "종류 및 위치"는 대상물건으로부터 1km 이내에 사회통념상 기피 시설인 화장장·납골당·공동묘지·쓰레기처리장·쓰레기소각장·분뇨처리장·하수종말처리장 등의 시설이 있는 경우, 그 시설의 종류 및 위치를 적습니다.

9. ⑦ 거래예정금액 등의 "거래예정금액"은 중개가 완성되기 전 거래예정금액을, "개별공시지가(㎡당)" 및 "건물(주택)공시가격"은 중개가 완성되기 전 공시된 공시지가 또는 공시가격을 적습니다[임대차의 경우에는 "개별공시지가(㎡당)" 및 "건물(주택)공시가격"을 생략할 수 있습니다].

10. ⑧ 취득 시 부담할 조세의 종류 및 세율은 중개가 완성되기 전 「지방세법」의 내용을 확인하여 적습니다(임대차의 경우에는 제외합니다).

11. ⑨ 실제 권리관계 또는 공시되지 않은 물건의 권리 사항은 매도(임대)의뢰인이 고지한 사항(법정지상권, 유치권, 「주택임대차보호법」에 따른 임대차, 토지에 부착된 조각물 및 정원수, 계약 전 소유권 변동 여부, 도로의 점용허가 여부 및 권리·의무 승계 대상 여부 등)을 적습니다. 「건축법 시행령」 별표 1 제2호에 따른 공동주택(기숙사는 제외합니다) 중 분양을 목적으로 건축되었으나 분양되지 않아 보존등기만 마쳐진 상태인 공동주택에 대해 임대차계약을 알선하는 경우에는 이를 임차인에게 설명해야 합니다.
   ※ 임대차계약의 경우 임대보증금, 월 단위의 차임액, 계약기간, 장기수선충당금의 처리 등을 확인하고, 근저당 등이 설정된 경우 채권최고액을 확인하여 적습니다. 그 밖에 경매 및 공매 등의 특이사항이 있는 경우 이를 확인하여 적습니다.

12. ⑩ 내부·외부 시설물의 상태(건축물), ⑪ 벽면·바닥면 및 도배 상태와 ⑫ 환경조건은 중개대상물에 대해 개업공인중개사가 매도(임대)의뢰인에게 자료를 요구하여 확인한 사항을 적고, ⑩ 내부·외부 시설물의 상태(건축물)의 "그 밖의 시설물"은 가정자동화 시설(Home Automation 등 IT 관련 시설)의 설치 여부를 적습니다.

13. ⑬ 중개보수 및 실비는 개업공인중개사와 중개의뢰인이 협의하여 결정한 금액을 적되 "중개보수"는 거래예정금액을 기준으로 계산하고, "산출내역(중개보수)"은 "거래예정금액(임대차의 경우에는 임대보증금 + 월 단위의 차임액 × 100) × 중개보수 요율"과 같이 적습니다. 다만, 임대차로서 거래예정금액이 5천만원 미만인 경우에는 "임대보증금 + 월 단위의 차임액 × 70"을 거래예정금액으로 합니다.

14. 공동중개 시 참여한 개업공인중개사(소속공인중개사를 포함합니다)는 모두 서명·날인해야 하며, 2명을 넘는 경우에는 별지로 작성하여 첨부합니다.

부동산 임대차 내역서
(임차인 현황서)

부동산의 표시 : 평택시

호수	전월세 구분	보증금	월세	관리비	임대차 기간
호	□전세□월세				20 . . . ~ 20 . . .
호	□전세□월세				20 . . . ~ 20 . . .
호	□전세□월세				20 . . . ~ 20 . . .
호	□전세□월세				20 . . . ~ 20 . . .
호	□전세□월세				20 . . . ~ 20 . . .
호	□전세□월세				20 . . . ~ 20 . . .
호	□전세□월세				20 . . . ~ 20 . . .
호	□전세□월세				20 . . . ~ 20 . . .
호	□전세□월세				20 . . . ~ 20 . . .
		합계:	합계:	합계:	

매매 계약일 현재 매도인(임대인)은 □ 매도인 구술 또는 □ 계약서에 의하여 위 부동산에 존재하는 임대차 현황이 상기와 같음을 확인합니다.

20 년 월 일

매도인 : _____ (인)   평택박사공인중개사사무소 귀중

대상물건의 상태에 관한 자료 요구서(주거용 건축물)
([ ] 단독주택   [ ] 공동주택   [ ] 매매, 교환   [ ] 임대)

매도(임대)의뢰인은 공인중개사법 제25조 제2항에 의거하여 다음의 대상물건의 상태에 관한 자료 요구서를 작성하신 다음, 계약서 작성 전까지 1.등기권리증, 2.위임장 및 인감증명서(필요시만), 3.부동산임대차내역서(필요시만)와 함께 개업공인중개사에게 제출해 주시기 바랍니다.

대상물건의 상태에 관한 자료 요구서[매도(임대)의뢰인 확인사항]			
해당되는 곳의 [ ]에 √표를 해주세요.			
대상물건의 표시 : 소재지 :			
⑨ 실제권리관계 또는 공시되지 않은 물건의 권리 사항	법정지상권	없음[ ] 있음(대상)	
	유치권	없음[ ] 있음(대상)	
	토지에 부착된 조각물 및 정원수	없음[ ] 있음(종류 본수)	
	미분양주택 여부	해당없음[ ] 해당함[ ] ※공동주택 중 분양목적주택에 한함	
	임차인 현황	별지 부동산임대차내역서를 사용하여 기재해 주세요.	
	임대차보증금 가압류	없음[ ] 있음(가압류권자 금액)	
	보증금채권 양도사실	없음[ ] 있음(양도인 금액)	
	근저당권 등	없음[ ] 있음(총 건, 채권최고액 금 원)	
	국세·지방세 체납 여부	없음[ ] 있음(총 건, 체납액 금 원)	
	경계침범 여부	없음[ ] 있음(내용)	
	위반건축물	없음[ ] 있음(내용)	
	경공매등 기타 특이사항	없음[ ] 있음(내용)	
⑩ 내부·외부 시설물의 상태(건축물)	수도	파손 여부	[ ] 없음 [ ] 있음(위치:)
		용수량	[ ] 정상 [ ] 부족함(위치:)
	전기	공급상태	[ ] 정상 [ ] 교체 필요(교체할 부분:)
	가스(취사용)	공급방식	[ ] 도시가스 [ ] 그 밖의 방식( )
	소방	단독경보형 감지기	[ ] 없음 [ ] 있음(수량: 개)	※「화재예방, 소방시설 설치·유지 및 안전관리에 관한 법률」제8조 및 같은 법 시행령 제13조에 따른 주택용 소방시설로서 아파트(주택으로 사용하는 층수가 5개층 이상인 주택을 말한다)를 제외한 주택의 경우만 작성합니다.
	난방방식 및 연료공급	공급방식	[ ] 중앙공급 [ ] 개별공급 시설작동 [ ] 정상 [ ] 수선 필요( )
		종류	[ ] 도시가스 [ ] 기름 [ ] 프로판가스 [ ] 연탄 [ ] 그 밖의 종류( )
	승강기	[ ] 있음 ([ ] 양호 [ ] 불량) [ ] 없음	
	배수	[ ] 정상 [ ] 수선 필요( )	
	그 밖의 시설물		
⑪ 벽면, 도배상태	벽면	균열	[ ] 없음 [ ] 있음(위치:)
		누수	[ ] 없음 [ ] 있음(위치:)
	도배	[ ] 깨끗함 [ ] 보통임 [ ] 도배 필요	
⑫ 환경조건	일조량	[ ] 풍부함 [ ] 보통임 [ ] 불충분(이유:)	
	소음	[ ] 미미함 [ ] 보통임 [ ] 심한 편임	진동	[ ] 미미함 [ ] 보통임 [ ] 심한 편임

공인중개사법 제25조 제2항에 따라 상기와 같이 조사·제출하며, 상기 사항은 틀림없음을 확인합니다.

매도(임대) 의뢰인	주 소		성명	서명·날인
	생년월일		전화	
개업 공인중개사	등록번호		성명	서명·날인
	사무소 명칭		소공	서명·날인
	사무소 소재지		전번	

(2) 비주거용 건축물

■ 공인중개사법 시행규칙 [별지 제20호의2서식] <개정 2021. 12. 31.> (4쪽 중 제1쪽)

중개대상물 확인·설명서[Ⅱ] (비주거용 건축물)
([ ]업무용 [ ]상업용 [ ]공업용 [ ]매매·교환 [ ]임대 [ ]그 밖의 경우)

확인·설명 자료	확인·설명 근거자료 등	[ ]등기권리증 [ ]등기사항증명서 [ ]토지대장 [ ]건축물대장 [ ]지적도 [ ]임야도 [ ]토지이용계획확인서 [ ]그 밖의 자료( )
	대상물건의 상태에 관한 자료요구 사항	

유의사항

개업공인중개사의 확인·설명 의무	개업공인중개사는 중개대상물에 관한 권리를 취득하려는 중개의뢰인에게 성실·정확하게 설명하고, 토지대장 등본, 등기사항증명서 등 설명의 근거자료를 제시해야 합니다.
실제 거래가격 신고	「부동산 거래신고 등에 관한 법률」 제3조 및 같은 법 시행령 별표 1 제1호마목에 따른 실제 거래가격은 매수인이 매수한 부동산을 양도하는 경우 「소득세법」 제97조제1항 및 제7항과 같은 법 시행령 제163조제11항제2호에 따라 취득 당시의 실제 거래가액으로 보아 양도차익이 계산될 수 있음을 유의하시기 바랍니다.

Ⅰ. 개업공인중개사 기본 확인사항

① 대상물건의 표시	토지	소재지				
		면적(㎡)		지목	공부상 지목	
					실제이용 상태	
	건축물	전용면적(㎡)			대지지분(㎡)	
		준공년도 (증개축년도)		용도	건축물대장상 용도	
					실제 용도	
		구조		방향		(기준 :)
		내진설계 적용여부		내진능력		
		건축물대장상 위반건축물 여부	[ ]위반 [ ]적법	위반내용		

② 권리관계	등기부 기재사항	소유권에 관한 사항		소유권 외의 권리사항	
		토지		토지	
		건축물		건축물	
	민간임대등록여부	등록	[ ] 장기일반민간임대주택 [ ] 공공지원민간임대주택 [ ] 그 밖의 유형( )		
			임대의무기간		임대개시일
		미등록	[ ] 해당사항 없음		
	계약갱신요구권 행사여부	[ ] 확인(확인서류 첨부)		[ ] 미확인	[ ] 해당 없음

③ 토지이용계획, 공법상 이용제한 및 거래규제에 관한 사항(토지)	지역·지구	용도지역		건폐율 상한	용적률 상한
		용도지구		%	%
		용도구역			
	도시·군계획시설	허가·신고 구역 여부	[ ]토지거래허가구역		
		투기지역 여부	[ ]토지투기지역 [ ]주택투기지역 [ ]투기과열지구		
	지구단위계획구역, 그 밖의 도시·군관리계획		그 밖의 이용제한 및 거래규제사항		

210mm×297mm[백상지(80g/㎡) 또는 중질지(80g/㎡)]

(4쪽 중 제2쪽)

④ 입지조건	도로와의 관계	(m × m)도로에 접함 [ ] 포장 [ ] 비포장			접근성	[ ] 용이함 [ ] 불편함	
	대중교통	버스	(분) 정류장,		소요시간: ([ ] 도보 [ ] 차량) 약		
		지하철	(분) 역,		소요시간: ([ ] 도보 [ ] 차량) 약		
	주차장	[ ] 없음 [ ] 전용주차시설 [ ] 공동주차시설 [ ] 그 밖의 주차시설 ( )					

⑤ 관리에 관한사항	경비실	[ ] 있음 [ ] 없음	관리주체	[ ] 위탁관리 [ ] 자체관리 [ ] 그 밖의 유형

⑥ 거래예정금액 등	거래예정금액	
	개별공시지가(㎡당)	건물(주택)공시가격

⑦ 취득 시 부담할 조세의 종류 및 세율	취득세	%	농어촌특별세	%	지방교육세	%
	※ 재산세와 종합부동산세는 6월 1일 기준 대상물건 소유자가 납세의무를 부담					

II. 개업공인중개사 세부 확인사항

⑧ 실제 권리관계 또는 공시되지 않은 물건의 권리 사항

⑨ 내부·외부 시설물의 상태 (건축물)	수도	파손 여부	[ ] 없음 [ ] 있음(위치:)		
		용수량	[ ] 정상 [ ] 부족함(위치:)		
	전기	공급상태	[ ] 정상 [ ] 교체 필요(교체할 부분:)		
	가스(취사용)	공급방식	[ ] 도시가스 [ ] 그 밖의 방식( )		
	소방	소화전	[ ] 없음 [ ] 있음(위치:)		
		비상벨	[ ] 없음 [ ] 있음(위치:)		
	난방방식 및 연료공급	공급방식	[ ] 중앙공급 [ ] 개별공급	시설작동	[ ] 정상 [ ] 수선 필요 ( ) ※개별공급인 경우 사용연한 ( ) [ ] 확인불가
		종류	[ ] 도시가스 [ ] 기름 [ ] 프로판가스 [ ] 연탄 [ ] 그 밖의 종류( )		
	승강기	[ ] 있음 ([ ] 양호 [ ] 불량) [ ] 없음			
	배수	[ ] 정상 [ ] 수선 필요( )			
	그 밖의 시설물				

⑩ 벽면 및 바닥면	벽면	균열	[ ] 없음 [ ] 있음(위치:)
		누수	[ ] 없음 [ ] 있음(위치:)
	바닥면	[ ] 깨끗함 [ ] 보통임 [ ] 수리 필요 (위치:)	

(4쪽 중 제3쪽)

III. 중개보수 등에 관한 사항

⑪ 중개보수 및 실비의금액과 산출내역	중개보수		<산출내역> 중개보수: 실 비:
	실비		
	계		
	지급시기		

「공인중개사법」 제25조제3항 및 제30조제5항에 따라 거래당사자는 개업공인중개사로부터 위 중개대상물에 관한 확인·설명 및 손해배상책임의 보장에 관한 설명을 듣고, 같은 법 시행령 제21조제3항에 따른 본 확인·설명서와 같은 법 시행령 제24조제2항에 따른 손해배상책임 보장 증명서류(사본 또는 전자문서)를 수령합니다.

년   월   일

매도인 (임대인)	주소		성명	(서명 또는 날인)
	생년월일		전화번호	
매수인 (임차인)	주소		성명	(서명 또는 날인)
	생년월일		전화번호	
개업 공인중개사	등록번호		성명 (대표자)	(서명 및 날인)
	사무소 명칭		소속 공인중개사	(서명 및 날인)
	사무소 소재지		전화번호	
개업 공인중개사	등록번호		성명 (대표자)	(서명 및 날인)
	사무소 명칭		소속 공인중개사	(서명 및 날인)
	사무소 소재지		전화번호	

작성방법(비주거용 건축물)

<작성일반>
1. "[ ]" 있는 항목은 해당하는 "[ ]" 안에 √로 표시합니다.
2. 세부항목 작성 시 해당 내용을 작성란에 모두 작성할 수 없는 경우에는 별지로 작성하여 첨부하고, 해당란에는 "별지 참고"라고 적습니다.

<세부항목>
1. 「확인·설명자료」 항목의 "확인·설명 근거자료 등"에는 개업공인중개사가 확인·설명 과정에서 제시한 자료를 적으며, "대상물건의 상태에 관한 자료요구 사항"에는 매도(임대)의뢰인에게 요구한 사항 및 그 관련 자료의 제출 여부와 ⑧ 실제 권리관계 또는 공시되지 않은 물건의 권리 사항부터 ⑩ 벽면까지의 항목을 확인하기 위한 자료의 요구 및 그 불응 여부를 적습니다.

2. ① 대상물건의 표시부터 ⑦ 취득 시 부담할 조세의 종류 및 세율까지는 개업공인중개사가 확인한 사항을 적어야 합니다.

3. ① 대상물건의 표시는 토지대장 및 건축물대장 등을 확인하여 적습니다.

4. ② 권리관계의 "등기부 기재사항"은 등기사항증명서를 확인하여 적습니다.

5. ② 권리관계의 "민간임대 등록여부"는 대상물건이 「민간임대주택에 관한 특별법」에 따라 등록된 민간임대주택인지 여부를 같은 법 제60조에 따른 임대주택정보체계에 접속하여 확인하거나 임대인에게 확인하여 "[ ]" 안에 √로 표시하고, 민간임대주택인 경우 「민간임대주택에 관한 특별법」에 따른 권리·의무사항을 임차인에게 설명해야 합니다.

> * 민간임대주택은 「민간임대주택에 관한 특별법」 제5조에 따른 임대사업자가 등록한 주택으로서, 임대인과 임차인간 임대차 계약(재계약 포함)시 다음과 같은 사항이 적용됩니다.
> ① 같은 법 제44조에 따라 임대의무기간 중 임대료 증액청구는 5퍼센트의 범위에서 주거비 물가지수, 인근 지역의 임대료 변동률 등을 고려하여 같은 법 시행령으로 정하는 증액비율을 초과하여 청구할 수 없으며, 임대차계약 또는 임대료 증액이 있은 후 1년 이내에는 그 임대료를 증액할 수 없습니다.
> ② 같은 법 제45조에 따라 임대사업자는 임차인이 의무를 위반하거나 임대차를 계속하기 어려운 경우 등에 해당하지 않으면 임대의무기간 동안 임차인과의 계약을 해제·해지하거나 재계약을 거절할 수 없습니다.

6. ② 권리관계의 "계약갱신요구권 행사여부"는 대상물건이 「주택임대차보호법」 및 「상가건물 임대차보호법」의 적용을 받는 임차인이 있는 경우 매도인(임대인)으로부터 계약갱신요구권 행사 여부에 관한 사항을 확인할 수 있는 서류를 받으면 "확인"에 √로 표시하여 해당 서류를 첨부하고, 서류를 받지 못한 경우 "미확인"에 √로 표시합니다. 이 경우 「주택임대차보호법」 및 「상가건물 임대차보호법」에 따른 임대인과 임차인의 권리·의무사항을 매수인에게 설명해야 합니다.

7. ③ 토지이용계획, 공법상 이용제한 및 거래규제에 관한 사항(토지)의 "건폐율 상한 및 용적률 상한"은 시·군의 조례에 따라 적고, "도시·군계획시설", "지구단위계획구역, 그 밖의 도시·군관리계획"은 개업공인중개사가 확인하여 적으며, "그 밖의 이용제한 및 거래규제사항"은 토지이용계획확인서의 내용을 확인하고, 공부에서 확인할 수 없는 사항은 부동산종합공부시스템 등에서 확인하여 적습니다(임대차의 경우에는 생략할 수 있습니다).

8. ⑥ 거래예정금액 등의 "거래예정금액"은 중개가 완성되기 전 거래예정금액을, "개별공시지가(㎡당)" 및 "건물(주택)공시가격"은 중개가 완성되기 전 공시된 공시지가 또는 공시가격을 적습니다[임대차의 경우에는 "개별공시지가(㎡당)" 및 "건물(주택)공시가격"을 생략할 수 있습니다].

9. ⑦ 취득 시 부담할 조세의 종류 및 세율은 중개가 완성되기 전 「지방세법」의 내용을 확인하여 적습니다(임대차의 경우에는 제외합니다).

10. ⑧ 실제 권리관계 또는 공시되지 않은 물건의 권리 사항은 매도(임대)의뢰인이 고지한 사항(법정지상권, 유치권, 「상가건물 임대차보호법」에 따른 임대차, 토지에 부착된 조각물 및 정원수, 계약 전 소유권 변동여부, 도로의 점용허가 여부 및 권리·의무 승계 대상여부 등)을 적습니다. 「건축법 시행령」 별표 1 제2호에 따른 공동주택(기숙사는 제외합니다) 중 분양을 목적으로 건축되었으나 분양되지 않아 보존등기만 마쳐진 상태인 공동주택에 대해 임대차계약을 알선하는 경우에는 이를 임차인에게 설명해야 합니다.
    ※ 임대차계약의 경우 임대보증금, 월 단위의 차임액, 계약기간, 장기수선충당금의 처리 등을 확인하고, 근저당 등이 설정된 경우 채권최고액을 확인하여 적습니다. 그 밖에 경매 및 공매 등의 특이사항이 있는 경우 이를 확인하여 적습니다.

11. ⑨ 내부·외부 시설물의 상태(건축물) 및 ⑩ 벽면 및 바닥면은 중개대상물에 대하여 개업공인중개사가 매도(임대)의뢰인에게 자료를 요구하여 확인한 사항을 적고, ⑨ 내부·외부 시설물의 상태(건축물)의 "그 밖의 시설물"에는 건축물이 상업용인 경우에는 오수정화시설용량, 공업용인 경우에는 전기용량, 오수정화시설용량 및 용수시설의 내용에 대하여 개업공인중개사가 매도(임대)의뢰인에게 자료를 요구하여 확인한 사항을 적습니다.

12. ⑪ 중개보수 및 실비의 금액과 산출내역은 개업공인중개사와 중개의뢰인이 협의하여 결정한 금액을 적되 "중개보수"는 거래예정금액을 기준으로 계산하고, "산출내역(중개보수)"은 "거래예정금액(임대차의 경우에는 임대보증금 + 월 단위의 차임액 × 100) × 중개보수 요율"과 같이 적습니다. 다만, 임대차로서 거래예정금액이 5천만원 미만인 경우에는 "임대보증금 + 월 단위의 차임액 × 70"을 거래예정금액으로 합니다.

13. 공동중개 시 참여한 개업공인중개사(소속공인중개사를 포함합니다)는 모두 서명·날인해야 하며, 2명을 넘는 경우에는 별지로 작성하여 첨부합니다.

대상물건의 상태에 관한 자료 요구서(비주거용 건축물)
([ ] 단독주택   [ ] 공동주택   [ ] 매매, 교환   [ ] 임대)

매도(임대)의뢰인은 공인중개사법 제25조 제2항에 의거하여 다음의 대상물건의 상태에 관한 자료 요구서를 작성하신 다음, 계약서 작성 전까지 1.등기권리증, 2.위임장 및 인감증명서(필요시만), 3.부동산임대차내역서(필요시만)와 함께 개업공인중개사에게 제출해 주시기 바랍니다.

대상물건의 상태에 관한 자료 요구서[매도(임대)의뢰인 확인사항]

해당되는 곳의 [ ]에 √표를 해주세요.
대상물건의 표시 : 소재지 :

⑧ 실제권리관계 또는 공시되지 않은 물건의 권리 사항	법정지상권	없음[ ] 있음(대상)	
	유치권	없음[ ] 있음(대상)	
	토지에 부착된 조각물 및 정원수	없음[ ] 있음(종류 본수)	
	미분양주택 여부	해당없음[ ] 해당함[ ] ※공동주택 중 분양목적주택에 한함	
	임차인 현황	별지 부동산임대차내역서를 사용하여 기재해 주세요.	
	임대차보증금 가압류	없음[ ] 있음(가압류권자 금액)	
	보증금채권 양도사실	없음[ ] 있음(양도인 금액)	
	근저당권 등	없음[ ] 있음(총 건, 채권최고액 금 원)	
	국세·지방세체납 여부	없음[ ] 있음(총 건, 체납액 금 원)	
	경계침범 여부	없음[ ] 있음(내용)	
	위반건축물	없음[ ] 있음(내용)	
	경공매등 기타 특이사항	없음[ ] 있음(내용)	
	(동일)업종제한 여부	없음[ ] 있음(제한업종)	
	행정처분, 행정처분 승계, 진행 여부	없음[ ] 있음(처분업종)	
⑨ 내부·외부 시설물의 상태(건축물)	수도	파손 여부	[ ] 없음 [ ] 있음(위치:)
		용수량	[ ] 정상 [ ] 부족함(위치:)
	전기	공급상태	[ ] 정상 [ ] 교체 필요(교체할 부분:)
	가스(취사용)	공급방식	[ ] 도시가스 [ ] 그 밖의 방식
	소방	단독경보형 감지기	[ ] 없음 [ ] 있음(수량: 개) ※「화재예방, 소방시설 설치·유지 및 안전관리에 관한 법률」 제8조 및 같은 법 시행령 제13조에 따른 주택용 소방시설로서 아파트(주택으로 사용하는 층수가 5개층 이상인 주택을 말한다)를 제외한 주택의 경우만 작성.
	난방방식 및 연료공급	공급방식	[ ] 중앙공급 [ ] 개별공급 시설작동 [ ] 정상 [ ] 수선 필요( )
		종류	[ ] 도시가스 [ ] 기름 [ ] 프로판가스 [ ] 연탄 [ ] 그 밖의 종류( )
	승강기		[ ] 있음 ([ ] 양호 [ ] 불량) [ ] 없음
	배수		[ ] 정상 [ ] 수선 필요( )
	그 밖의 시설물	상업용	오수정화시설용량
		상업·공업용	전기용량
		상업·공업용	주차대수
		공업용	용수시설 용량
⑩ 벽면, 도배상태	벽면	균열	[ ] 없음 [ ] 있음(위치:)
		누수	[ ] 없음 [ ] 있음(위치:)
	도배	[ ] 깨끗함 [ ] 보통임 [ ] 도배 필요	
⑪ 환경조건	일조량	[ ] 풍부함 [ ] 보통임 [ ] 불충분(이유:)	
	소음	[ ] 미미함 [ ] 보통임 [ ] 심한 편임	진동 [ ] 미미함 [ ] 보통임 [ ] 심한 편임

공인중개사법 제25조 제2항에 따라 상기와 같이 조사·제출하며, 상기 사항은 틀림없음을 확인합니다.

매도(임대) 의뢰인	주 소		성명	서명·날인
	생년월일		전화	
개업 공인중개사	등록번호		성명	서명·날인
	사무소 명칭		소공	서명·날인
	사무소 소재지		전번	

(3) 토지 중개대상물 확인·설명서

■ 공인중개사법 시행규칙 [별지 제20호의3서식] <개정 2020. 10. 27.> (3쪽 중 제1쪽)

중개대상물 확인·설명서[Ⅲ] (토지)
([ ] 매매·교환   [ ] 임대)

확인·설명 자료	확인·설명 근거자료 등	[ ] 등기권리증 [ ] 등기사항증명서 [ ] 토지대장 [ ] 건축물대장 [ ] 지적도 [ ] 임야도 [ ] 토지이용계획확인서 [ ] 그 밖의 자료(60))
	대상물건의 상태에 관한 자료요구 사항	61)

유의사항	
개업공인중개사의 확인·설명 의무	개업공인중개사는 중개대상물에 관한 권리를 취득하려는 중개의뢰인에게 성실·정확하게 설명하고, 토지대장등본, 등기사항증명서 등 설명의 근거자료를 제시해야 합니다.
실제 거래가격 신고	「부동산 거래신고 등에 관한 법률」 제3조 및 같은 법 시행령 별표 1 제1호마목에 따른 실제 거래가격은 매수인이 매수한 부동산을 양도하는 경우 「소득세법」 제97조제1항 및 제7항과 같은 법 시행령 제163조제11항제2호에 따라 취득 당시의 실제 거래가액으로 보아 양도차익이 계산될 수 있음을 유의하시기 바랍니다.

Ⅰ. 개업공인중개사 기본 확인사항

① 대상물건의 표시	토지	소재지			
		면적(㎡)		지목	공부상 지목
					실제이용 상태

② 권리관계	등기부 기재사항	소유권에 관한 사항	소유권 외의 권리사항
		토지	토지

③ 토지이용계획, 공법상 이용 제한 및 거래규제에 관한 사항 (토지)	지역·지구	용도지역		건폐율 상한	용적률 상한
		용도지구		%	%
		용도구역			
	도시·군계획시설	허가·신고 구역 여부	[ ] 토지거래허가구역		
		투기지역 여부	[ ] 토지투기지역 [ ] 주택투기지역 [ ] 투기과열지구		
	지구단위계획구역, 그 밖의 도시·군관리계획		그 밖의 이용제한 및 거래규제사항		

④ 입지조건	도로와의 관계	(m × m)도로에 접함 [ ] 포장 [ ] 비포장	접근성	[ ] 용이함 [ ] 불편함
	대중교통	버스	( )정류장, 소요시간: ([ ] 도보, [ ] 차량) 약 (분)	
		지하철	( )역, 소요시간: ([ ] 도보, [ ] 차량) 약 (분)	

⑤ 비 선호시설(1km이내)	[ ] 없음	[ ] 있음(종류 및 위치:)

⑥ 거래예정금액 등	거래예정금액	
	개별공시지가(㎡당)	건물(주택)공시가격

⑦ 취득 시 부담할 조세의 종류 및 세율	취득세	%	농어촌특별세	%	지방교육세	%
※ 재산세는 6월 1일 기준 대상물건 소유자가 납세의무를 부담						

210mm×297mm[백상지(80g/㎡) 또는 중질지(80g/㎡)]

---

60) 주민등록증 진위확인 서비스, 위임장 및 본인인감증명서(대리인의 경우), 부동산종합증명서, 신탁원부 등 기재
61) 등기권리증, 위임장 및 인감증명서(대리계약의 경우), 부동산임대차 내역서, 대상물건의 상태에 관한 자료 요구서 등 불응 또는 미제출시 기재

(3쪽 중 제2쪽)

Ⅱ. 개업공인중개사 세부 확인사항

⑧ 실제 권리관계 또는 공시되지 않은 물건의 권리 사항	

Ⅲ. 중개보수 등에 관한 사항

⑨ 중개보수 및 실비의 금액과 산출내역	중개보수		<산출내역> 중개보수:
	실비		실　　비:
	계		※ 중개보수는 거래금액의 1천분의 9 이내에서 중개의뢰인과 개업공인중개사가 서로 협의하여 결정하며, 부가가치세는 별도로 부과될 수 있습니다.
	지급시기		

「공인중개사법」 제25조제3항 및 제30조제5항에 따라 거래당사자는 개업공인중개사로부터 위 중개대상물에 관한 확인·설명 및 손해배상책임의 보장에 관한 설명을 듣고, 같은 법 시행령 제21조제3항에 따른 본 확인·설명서와 같은 법 시행령 제24조제2항에 따른 손해배상책임 보장 증명서류(사본 또는 전자문서)를 수령합니다.

년　　월　　일

매도인 (임대인)	주소		성명	(서명 또는 날인)
	생년월일		전화번호	
매수인 (임차인)	주소		성명	(서명 또는 날인)
	생년월일		전화번호	
개업 공인중개사	등록번호		성명 (대표자)	(서명 및 날인)
	사무소 명칭		소속 공인중개사	(서명 및 날인)
	사무소 소재지		전화번호	
개업 공인중개사	등록번호		성명 (대표자)	(서명 및 날인)
	사무소 명칭		소속 공인중개사	(서명 및 날인)
	사무소 소재지		전화번호	

(3쪽 중 제3쪽)

작성방법(토지)

<작성일반>
1. "[ ]"있는 항목은 해당하는 "[ ]"안에 √로 표시합니다.

2. 세부항목 작성 시 해당 내용을 작성란에 모두 작성할 수 없는 경우에는 별지로 작성하여 첨부하고, 해당란에는 "별지 참고"라고 적습니다.

<세부항목>
1. 「확인·설명 자료」 항목의 "확인·설명 근거자료 등"에는 개업공인중개사가 확인·설명 과정에서 제시한 자료를 적으며, "대상물건의 상태에 관한 자료요구 사항"에는 매도(임대)의뢰인에게 요구한 사항 및 그 관련 자료의 제출 여부와 ⑧ 실제 권리관계 또는 공시되지 않은 물건의 권리 사항의 항목을 확인하기 위한 자료요구 및 그 불응 여부를 적습니다.

2. ① 대상물건의 표시부터 ⑦ 취득 시 부담할 조세의 종류 및 세율까지는 개업공인중개사가 확인한 사항을 적어야 합니다.

3. ① 대상물건의 표시는 토지대장 등을 확인하여 적습니다.

4. ② 권리관계의 "등기부 기재사항"은 등기사항증명서를 확인하여 적습니다.

5. ③ 토지이용계획, 공법상 이용제한 및 거래규제에 관한 사항(토지)의 "건폐율 상한" 및 "용적률 상한"은 시·군의 조례에 따라 적고, "도시·군계획시설", "지구단위계획구역, 그 밖의 도시·군관리계획"은 개업공인중개사가 확인하여 적으며, 그 밖의 사항은 토지이용계획확인서의 내용을 확인하고, 공부에서 확인할 수 없는 사항은 부동산종합공부시스템 등에서 확인하여 적습니다(임대차의 경우에는 생략할 수 있습니다).

6. ⑥ 거래예정금액 등의 "거래예정금액"은 중개가 완성되기 전 거래예정금액을, "개별공시지가"는 중개가 완성되기 전 공시가격을 적습니다(임대차의 경우에는 "개별공시지가"를 생략할 수 있습니다).

7. ⑦ 취득 시 부담할 조세의 종류 및 세율은 중개가 완성되기 전 「지방세법」의 내용을 확인하여 적습니다(임대차의 경우에는 제외합니다).

8. ⑧ 실제 권리관계 또는 공시되지 않은 물건의 권리 사항은 매도(임대)의뢰인이 고지한 사항(임대차, 지상에 점유권 행사여부, 구축물, 적치물, 진입로, 경작물, 계약 전 소유권 변동여부 등)을 적습니다.
   ※ 임대차계약이 있는 경우 임대보증금, 월 단위의 차임액, 계약기간 등을 확인하고, 근저당 등이 설정된 경우 채권최고액을 확인하여 적습니다. 그 밖에 경매 및 공매 등의 특이사항이 있는 경우 이를 확인하여 적습니다.

9. ⑨ 중개보수 및 실비의 금액과 산출내역의 "중개보수"는 거래예정금액을 기준으로 계산하고, "산출내역(중개보수)"은 "거래예정금액(임대차의 경우에는 임대보증금 + 월 단위의 차임액 × 100) × 중개보수 요율"과 같이 적습니다. 다만, 임대차로서 거래예정금액이 5천만원 미만인 경우에는 "임대보증금 + 월 단위의 차임액 × 70"을 거래예정금액으로 합니다.

10. 공동중개 시 참여한 개업공인중개사(소속공인중개사를 포함합니다)는 모두 서명·날인해야 하며, 2명을 넘는 경우에는 별지로 작성하여 첨부합니다.

대상물건의 상태에 관한 자료 요구서(토지)
([ ] 매매, 교환   [ ] 임대)

매도(임대)의뢰인은 공인중개사법 제25조 제2항에 의거하여 다음의 대상물건의 상태에 관한 자료 요구서를 작성하신 다음, 계약서 작성 전까지 1.등기권리증, 2.위임장 및 인감증명서(필요시만), 3.부동산임대차내역서(필요시만)와 함께 개업공인중개사에게 제출해 주시기 바랍니다.

대상물건의 상태에 관한 자료 요구서[매도(임대)의뢰인 확인사항]		
해당되는 곳의 [ ]에 √표를 해주세요.		
대상물건의 표시 : 소재지 :		
⑧ 실제권리관계 또는 공시되지 않은 물건의 권리 사항	법정지상권	없음[ ] 있음(대상)
	(특수)특수지역	없음[ ] 있음(내용)
	구축물	없음[ ] 있음(내용)
	적치물	없음[ ] 있음(내용)
	유치권	없음[ ] 있음(대상)
	토지에 부착된 조각물 및 정원수	없음[ ] 있음(종류 본수)
	분묘기지권 등 지상권	없음[ ] 있음[ ]
	임차인 현황	별지 부동산임대차내역서를 사용하여 기재해
	임대차보증금 가압류 보증금채권 양도사실	없음[ ] 있음(가압류권자 금액) 없음[ ] 있음(양도인 금액)
	근저당권 등	없음[ ] 있음(총 건, 채권최고액 금 원)
	국세·지방세체납 여부	없음[ ] 있음(총 건, 체납액 금 원)
	경계침범 여부	없음[ ] 있음(내용)
	불법형질변경 여부	없음[ ] 있음(내용)
	경공매등 기타 특이사항	없음[ ] 있음(내용)
	진입로	없음[ ] 있음(내용)
	경작물	없음[ ] 있음(내용)

공인중개사법 제25조 제2항에 따라 상기와 같이 조사·제출하며, 상기 사항은 틀림없음을 확인합니다.

매도(임대) 의뢰인	주 소		성명		서명·날인
	생년월일		전화		
개업 공인중개사	등록번호		성명		서명·날인
	사무소 명칭		소공		서명·날인
	사무소 소재지		전번		

(4) 입목·광업재단·공장재단

■ 공인중개사법 시행규칙 [별지 제20호의4서식] <개정 2020. 10. 27.>   (3쪽 중 제1쪽)

중개대상물 확인·설명서[Ⅳ](입목·광업재단·공장재단)
([ ] 매매·교환   [ ] 임대)

확인·설명 자료 62)	확인·설명 근거자료 등	[ ] 등기권리증 [ ] 등기사항증명서 [ ] 토지대장 [ ] 건축물대장 [ ] 지적도 [ ] 임야도 [ ] 토지이용계획확인서 [ ] 그 밖의 자료( )
	대상물건의 상태에 관한 자료요구 사항	

유의사항	
개업공인중개사의 확인·설명 의무	개업공인중개사는 중개대상물에 관한 권리를 취득하려는 중개의뢰인에게 성실·정확하게 설명하고, 토지대장등본, 등기사항증명서 등 설명의 근거자료를 제시해야 합니다.
실제 거래가격 신고	「부동산 거래신고 등에 관한 법률」 제3조 및 같은 법 시행령 별표 1 제1호마목에 따른 실제 거래가격은 매수인이 매수한 부동산을 양도하는 경우 「소득세법」 제97조제1항 및 제7항과 같은 법 시행령 제163조제11항제2호에 따라 취득 당시의 실제 거래가액으로 보아 양도차익이 계산될 수 있음을 유의하시기 바랍니다.

Ⅰ. 개업공인중개사 기본 확인사항

① 대상물건의 표시 63)	토지	대상물 종별	[ ] 입목 [ ] 광업재단 [ ] 공장재단
		소재지 (등기·등록지)	

② 권리관계	등기부 기재사항	소유권에 관한 사항	성명	
			주소	
		소유권 외의 권리사항		

③ 재단목록 또는 입목의 생육상태 64)	
④ 그 밖의 참고사항	
⑤ 거래예정금액 등 65)	거래예정금액	
	개별공시지가(㎡당)	건물(주택)공시가격

210mm×297mm[백상지(80g/㎡) 또는 중질지(80g/㎡)]]

---

62) 「확인·설명자료」 항목의 "확인·설명 근거자료 등"에는 개업공인중개사가 확인·설명 과정에서 제시한 자료를 적으며, "대상물건의 상태에 관한 자료요구 사항"에는 매도(임대)의뢰인에게 요구한 사항 및 그 관련 자료의 제출 여부와 ⑦ 실제 권리 관계 또는 공시되지 않은 물건의 권리 사항의 항목을 확인하기 위한 자료요구 및 그 불응 여부를 적는다.

63) ① 대상물건의 표시부터 ⑥ 취득 시 부담할 조세의 종류 및 세율까지는 개업공인중개사가 확인한 사항을 적어야 한다.
① 대상물건의 표시는 대상물건별 등기사항증명서 등을 확인하여 적는다.

64) ③ 재단목록 또는 입목의 생육상태는 공장재단에 있어서는 공장재단목록과 공장재단 등기사항증명서를, 광업재단에 있어서는 광업재단목록과 광업재단 등기사항증명서를, 입목에 있어서는 입목등록원부와 입목 등기사항증명서를 각각 확인하여 적는다.

65) ⑤ 거래예정금액 등의 "거래예정금액"은 중개가 완성되기 전의 거래예정금액을 적으며, "개별공시지가" 및 "건물(주택)공시가격"은 해당하는 경우에 중개가 완성되기 전 공시된 공시지가 또는 공시가격을 적는다[임대차계약의 경우에는 "개별공시지가" 및 "건물(주택)공시가격"을 생략할 수 있다].

(3쪽 중 제2쪽)

⑥ 취득 시 부담할 조세의 종류 및 세율	취득세		%	농어촌특별세		%	지방교육세		%
	※ 재산세는 6월 1일 기준 대상물건 소유자가 납세의무를 부담								

Ⅱ. 개업공인중개사 세부 확인사항

⑦ 실제 권리관계 또는 공시되지 않은 물건의 권리 사항 66)	

Ⅲ. 중개보수 등에 관한 사항

⑧ 중개보수 및 실비의 금액과 산출내역 67)	중개보수		<산출내역> 중개보수: 실　비:
	실비		
	계		※ 중개보수는 거래금액의 1천분의 9 이내에서 중개의뢰인과 개업공인중개사가 서로 협의하여 결정하며 부가가치세는 별도로 부과될 수 있습니다.
	지급시기		

「공인중개사법」 제25조제3항 및 제30조제5항에 따라 거래당사자는 개업공인중개사로부터 위 중개대상물에 관한 확인·설명 및 손해배상책임의 보장에 관한 설명을 듣고, 같은 법 시행령 제21조제3항에 따른 본 확인·설명서와 같은 법 시행령 제24조제2항에 따른 손해배상책임 보장 증명서류(사본 또는 전자문서)를 수령합니다.

　　　　　　　　　　　　　　　　　　　　　　　　　　년　　　월　　　일

매도인 (임대인)	주소		성명		(서명 또는 날인)
	생년월일		전화번호		
매수인 (임차인)	주소		성명		(서명 또는 날인)
	생년월일		전화번호		
개업 공인중개사 68)	등록번호		성명 (대표자)		(서명 및 날인)
	사무소 명칭		소속공인중개사		(서명 및 날인)
	사무소 소재지		전화번호		
개업 공인중개사	등록번호		성명 (대표자)		(서명 및 날인)
	사무소 명칭		소속공인중개사		(서명 및 날인)
	사무소 소재지		전화번호		

---

66) ⑦ 실제 권리 관계 또는 공시되지 않은 물건의 권리에 관한 사항은 매도(임대)의뢰인이 고지한 사항(임대차, 법정지상권, 법정저당권, 유치권 등)을 적는다.
　※ 임대차계약이 있는 경우 임대보증금, 월 단위의 차임액, 계약기간 등을 확인하고, 근저당 등이 설정된 경우 채권최고액을 확인하여 적는다. 그 밖에 경매 및 공매 등의 특이사항이 있는 경우 이를 확인하여 적는다.
67) ⑧ 중개보수 및 실비의 금액과 산출내역의 "중개보수"는 거래예정금액을 기준으로 계산하고, "산출내역"은 "거래예정금액(임대차의 경우에는 임대보증금+월 단위의 차임액×100)×중개보수 요율"과 같이 적는다.
68) 공동중개시 참여한 개업공인중개사(소속공인중개사 포함)는 모두 서명·날인하여야 하며, 2명을 넘는 경우에는 별지로 작성하여 첨부한다.

(3쪽 중 제3쪽)

작성방법(입목·광업재단·공장재단)

<작성일반>

1. " [ ] "있는 항목은 해당하는 " [ ] "안에 √로 표시합니다.

2. 세부항목 작성 시 해당 내용을 직성란에 모두 작성할 수 없는 경우에는 별시로 작성하여 첨부하고, 해당란에는 "별지 참고"라고 적습니다.

<세부항목>

1. 「확인·설명 자료」 항목의 "확인·설명 근거자료 등"에는 개업공인중개사가 확인·설명 과정에서 제시한 자료를 적으며, "대상물건의 상태에 관한 자료요구 사항"에는 매도(임대)의뢰인에게 요구한 사항 및 그 관련 자료의 제출 여부와 ⑦ 실제 권리관계 또는 공시되지 않은 물건의 권리 사항의 항목을 확인하기 위한 자료요구 및 그 불응 여부를 적습니다.

2. ① 대상물건의 표시부터 ⑥ 취득 시 부담할 조세의 종류 및 세율까지는 개업공인중개사가 확인한 사항을 적어야 합니다.

3. ① 대상물건의 표시는 대상물건별 등기사항증명서 등을 확인하여 적습니다.

4. ② 권리관계의"등기부 기재사항"은 등기사항증명서를 확인하여 적습니다.

5. ③ 재단목록 또는 입목의 생육상태는 공장재단의 경우에는 공장재단 목록과 공장재단 등기사항증명서를, 광업재단의 경우에는 광업재단 목록과 광업재단 등기사항증명서를, 입목의 경우에는 입목등록원부와 입목 등기사항증명서를 확인하여 적습니다.

6. ⑤ 거래예정금액 등의 "거래예정금액"은 중개가 완성되기 전의 거래예정금액을 적으며, "개별공시지가" 및 "건물(주택)공시가격"은 해당하는 경우에 중개가 완성되기 전 공시된 공시지가 또는 공시가격을 적습니다[임대차계약의 경우에는 "개별공시지가" 및 "건물(주택)공시가격"을 생략할 수 있습니다].

7. ⑥ 취득 시 부담할 조세의 종류 및 세율은 중개가 완성되기 전 「지방세법」의 내용을 확인하여 적습니다(임대차의 경우에는 제외합니다).

8. ⑦ 실제 권리관계 또는 공시되지 않은 물건의 권리 사항은 매도(임대)의뢰인이 고지한 사항(임대차, 법정지상권, 법정저당권, 유치권, 계약 전 소유권 변동여부 등)을 적습니다.
   ※ 임대차계약이 있는 경우 임대보증금, 월 단위의 차임액, 계약기간 등을 확인하고, 근저당 등이 설정된 경우 채권최고액을 확인하여 적습니다. 그 밖에 경매 및 공매 등의 특이사항이 있는 경우 이를 확인하여 적습니다.

9. ⑧ 중개보수 및 실비의 금액과 산출내역의 "중개보수"는 거래예정금액을 기준으로 계산하고, "산출내역(중개보수)"은 "거래예정금액(임대차의 경우에는 임대보증금 + 월 단위의 차임액 × 100) × 중개보수 요율"과 같이 적습니다. 다만, 임대차로서 거래예정금액이 5천만원 미만인 경우에는 "임대보증금 + 월 단위의 차임액 × 70"을 거래예정금액으로 합니다.

10. 공동중개 시 참여한 개업공인중개사(소속공인중개사를 포함합니다)는 모두 서명·날인해야 하며, 2명을 넘는 경우에는 별지로 작성하여 첨부합니다.

계약서 작성 실무

제1절 중개사고의 유형

1. 현실 중개에서 가장 빈발하는 중개사고의 유형

(1) 계약금, 중도금, 잔금지급시『등기사항증명서 미확인』으로 인한 사고
(2) 『중개대상물 확인설명서 미비』(미작성, 작성미비, 설명 누락)로 인한 사고
(3) 『대리권 미확인과 증거 서류 미비』로 인한 사고
(4) 계약내용 외『(만약 …하면 중개사가 책임지겠다는)책임특약』으로 인한 사고
(5) 『거래대금을 당사자 이외의 타계좌 입금』으로 인한 사고
(6) 『소속공인중개사, 중개보조원의 관리 소홀』로 인한 사고
(7) 『신분증 위조』로 인한 사고
(8) 『상가임대차에서 용도변경과 업종 부조화』로 인한 사고
(9) 『타인이 중개사무소를 이용』하여 사고가 발생한 경우의 사고
(10) 그 이외에는 대부분이 중개실무와 법률지식 부족으로 인한 사고이다.

2. 중개사고 발생원인

(1) 물건 분석 능력과 공부 분석 능력 부족
(2) 계약서 작성 경험 부족과 속전속결의 계약서 작성
(3) 부동산 지식과 법률정보에 대한 무관심으로 인한『중개실무 능력 부족』

제2절 중개의뢰계약의 체결과 중개계약서 작성

1. 중개의뢰계약 또는 중개계약[69]의 체결

(1) 작성의 필요성과 이유

- 중개의뢰인이 중개사사무실에 찾아와서 물건의 매매 또는 임대를 의뢰할 경우, 중개사는 반드시 중개대상물의 위치 및 규모, 거래예정가격, 거래예정가격에 대한 중개보수, 그 밖에 개업공인중개사와 중개의뢰인이 준수하여야 할 사항을 내용으로 하는 중개의뢰계약서를 작성하는 것이 좋다.
- 작성의 이유는 현재의 중개보수체계가 0.9%의 범위 내에서 의뢰인과 협의하여 정하도록 되어 있는데, 초기에 중개계약으로 중개보수에 관한 협의를 하지 않은 상태에서 매매 또는 임대차의 본계약이 성립되면 의뢰인은 최고한도의 중개보수를 주려고 하지 않기 때문이다.
- 또한 '다가구나 다세대주택' 등의 중개실무에서는 매도 또는 임대의뢰인으로부터 임대차정보제공요청, 도면제공요청, 주민등록 전입세대 열람신청 등의 정보를 제공받아야 하는데, 중개의뢰계약서에 이에 관한 제공의무를 약정해 두면 매우 유익하다. 그리고 중개보수의 지급시기와 지급지연 등에 관한 약정이 되어 있으면 현재의 중개업의 척박한 터전이 상당히 개선될 수 있을 것이다. 또한 중개계약의 탈취행위[70]를 막을 수도 있다. 따라서 중개의뢰계약서 작성의 정착은 중개사의 전문성과 함께 공인중개사업계의 사활이 걸린 대단히 중차대한 양대과제이다.

(2) 현재의 실무관례

- 그러나 현재 공인중개사 실무는 의뢰인이 반대하거나 응하지 않는다는 등의 이유로 거의 대부분의 개업공인중개사가 중개의뢰계약서를 작성하지 않고 있다. 전문자격사의 업무처리방식으로는 대단히

---

[69] 중개실무상 통상 본계약(매매계약 또는 임대차계약)을 중개계약이라고 칭하는 경우도 종종 있으므로 중개사가 의뢰인으로부터 처음 중개의뢰를 받는 경우의 계약을 중개의뢰계약이라고 하면 개념상 혼란이 적다. 그러나 공인중개사법 제22조와 제23조에서 중개의뢰계약서를 "중개계약서"라고 하고 있다. 속히 시정되어야 한다. 혼란을 방지 하기 위하여 이하에서는 통일적으로 중개의뢰계약이라고 한다.

[70] 중개계약 탈취행위의 유형
 의뢰인 등이 공인중개사를 통하여 물건을 보고 확인설명을 받은 다음 중개사를 배제하고 직거래를 하는 경우는 다음과 같이 실무상 상당히 많다. 이와 같은 탈취행위는 중개제도가 제대로 정착되지 못한 데에도 원인이 있지만 중개실무 시스템이 정착되지 못한 데에도 기인한다. 탈취행위의 유형에는 아래와 같다.
 - 의뢰인 쌍방이 직접 계약을 체결하는 경우
 - 제3의 공인중개사를 통하여 계약을 체결하는 경우
 - 가족 또는 타인 명의로 계약을 체결하는 경우
 - 프리랜서 또는 프랜차이즈 점포개발업무자가 중개사와 가계약을 체결하였다가 해지하고 자신의 고객과 계약을 체결시키는 경우
 - 제3의 공인중개사가 다른 중개사와 의뢰인의 계약 진행 상황을 알면서 의뢰인을 빼내어 낮은 중개보수로 자신과 중개계약을 체결하는 경우
 - 전속중개계약을 체결한 후 의뢰인이 나타나면 전속중개계약을 취소하고 의뢰인과 쌍방계약을 체결하는 경우
 - 공인중개사의 업무상 과실을 트집 잡아 민원 또는 고소 등을 수단으로 중개보수 지급을 면탈하는 경우

문제가 많다.
- 물론 의뢰인이 거부 또는 반대하는 등의 원인이 있긴 하지만, 의뢰인이 거부 또는 반대를 하는 이유는 애초부터 어느 중개사사무실에서도 중개의뢰계약서를 작성하지 않기 때문에 오는 현상이다. 결국 중개사가 자승자박하는 형국이다. 절대다수의 중개사사무실에서 중개의뢰계약서를 작성한다면 의뢰인들의 이러한 거부반응은 없어질 것이다. 같은 의뢰인이 변호사사무실에 가면 당연히 사건의뢰계약서를 작성한다. 같은 사람인데 왜 이런 현상이 발생하는가? 중개사사무실에서와 같은 거부가 없는 것은 변호사사무실은 애초부터 사건의뢰계약서를 작성해 왔기 때문이다. 결국 중개실무의 시스템이 정착되지 않은 점과 함께 개개의 중개사 스스로가 이러한 환경을 만든 꼴이다. 이 기회에 우리는 반성해야 한다. 그리고 변호사 사무실과 같이 우리의 독자적인 업무 시스템을 구축하고 정착시켜야 한다.
- 의뢰 당시에 체결하는 것이 어려우면 "거래가 성사될 즈음에 또는 성사되기 직전에" 중개의뢰계약서를 작성하면 의뢰인의 입장에서는 거래의 성사를 바라는 마음에 좀 더 쉽게 작성해 주는 경향이 있다. 저자의 경우는 원룸 임대와 같은 작은 거래를 제외하고는 이런 방법으로 오래전부터 중개의뢰계약서를 작성하고 있다. 그러면 업무는 물론 중개보수 수령이 상당히 쉬워진다.

2. 공인중개사법의 규정

(1) 일반중개계약서
- 중개의뢰인은 중개의뢰내용을 명확하게 하기 위하여 필요한 경우에는 개업공인중개사에게 중개대상물의 위치 및 규모, 거래예정가격, 거래예정가격에 대하여 법제32조의 규정에 의하여 정한 중개보수, 그 밖에 개업공인중개사와 중개의뢰인이 준수하여야 할 사항을 기재한 일반중개계약서(저자가 말하는 중개의뢰계약서를 말한다)의 작성을 요청할 수 있다고 규정하고 있다(법제22조).

(2) 전속중개계약서
- 중개의뢰인은 중개대상물의 중개를 의뢰함에 있어서 특정한 개업공인중개사를 정하여 그 개업공인중개사에 한하여 당해 중개대상물을 중개하도록 하는 "전속중개계약"을 체결할 수 있다(법제23조 제1항)고 하면서, <u>전속중개계약은 국토교통부령이 정하는 계약서에 의하여야 하며, 전속중개계약을 체결한 때에는 당해 계약서를 국토교통부령이 정하는 기간 동안 보존하도록 규제하고 있다</u>(제2항).
- <u>전속중개계약의 유효기간은 3월로 한다. 다만 당사자간에 다른 약정이 있는 경우에는 그 약정에 따른다</u>(영제20조).
- 개업공인중개사는 전속중개계약을 체결한 때에는 중개의뢰인이 비공개를 요청한 경우 외에는 부동산거래정보망 또는 일간신문에 당해 중개대상물에 관한 정보를 공개하도록 하는 등(제3항) 지나치게 통제된 내용으로 되어 있다 보니(특히 전속중개에서), 중개실무에서 활용되지 않고 있는 실정이다.

(3) 실무서식

■ 아래에 게시한 것은 공인중개사법에서 규정하고 있는 일반중개계약서와 전속중개계약서이다. 이들 법정서식을 사용하기 곤란하거나 사용하기 싫은 경우에는 저자가 앞에서 사적으로 중개의뢰계약서 "대용"으로 사용하고 있던 "부동산중개의뢰 및 접수장"을 활용하면 의뢰인들의 거부반응이 적을 것이다.

공인중개사법 시행규칙 [별지 제14호서식] <개정 2014.7.29> (앞쪽)

일 반 중 개 계 약 서

([ ]매도 [ ]매수 [ ]임대 [ ]임차 [ ] 그 밖의 계약( ))

※ 해당하는 곳의 [ ]란에 v표를 하시기 바랍니다.

중개의뢰인(갑)은 이 계약서에 의하여 뒤쪽에 표시한 중개대상물의 중개를 개업공인중개사(을)에게 의뢰하고 을은 이를 승낙한다.

1. 을의 의무사항
   을은 중개대상물의 거래가 조속히 이루어지도록 성실히 노력하여야 한다.
2. 갑의 권리·의무 사항
   1) 갑은 이 계약에도 불구하고 중개대상물의 거래에 관한 중개를 다른 개업공인중개사에게도 의뢰할 수 있다.
   2) 갑은 을이 「공인중개사법」(이하 "법"이라 한다) 제25조에 따른 중개대상물의 확인·설명의무를 이행하는데 협조하여야 한다.
3. 유효기간
   이 계약의 유효기간은   년   월   일까지로 한다.
   ※ 유효기간은 3개월을 원칙으로 하되, 갑과 을이 합의하여 별도로 정한 경우에는 그 기간에 따른다.
4. 중개보수
   중개대상물에 대한 거래계약이 성립한 경우 갑은 거래가액의 (   )%(또는   원)을 중개보수로 을에게 지급한다.
   ※ 뒤쪽 별표의 요율을 넘지 않아야 하며, 실비는 별도로 지급한다.
5. 을의 손해배상 책임
   을이 다음의 행위를 한 경우에는 갑에게 그 손해를 배상하여야 한다.
   1) 중개보수 또는 실비의 과다수령: 차액 환급
   2) 중개대상물의 확인·설명을 소홀히 하여 재산상의 피해를 발생하게 한 경우: 손해액 배상
6. 그 밖의 사항
   이 계약에 정하지 않은 사항에 대하여는 갑과 을이 합의하여 별도로 정할 수 있다.

이 계약을 확인하기 위하여 계약서 2통을 작성하여 계약 당사자 간에 이의가 없음을 확인하고 각자 서명 또는 날인한 후 쌍방이 1통씩 보관한다.

년   월   일

계약자

중개의뢰인 (갑)	주소(체류지)		성명	(서명 또는 인)
	생년월일		전화번호	
개업 공인중개사 (을)	주소(체류지)		성명 (대표자)	(서명 또는 인)
	상호(명칭)		등록번호	
	생년월일		전화번호	

210mm×297mm[일반용지 60g/㎡(재활용품)]

(뒤쪽)

※ 중개대상물의 거래내용이 권리를 이전(매도·임대 등)하려는 경우에는 「Ⅰ. 권리이전용(매도·임대 등)」에 적고, 권리를 취득(매수·임차 등)하려는 경우에는 「Ⅱ. 권리취득용(매수·임차 등)」에 적습니다.

Ⅰ. 권리이전용(매도·임대 등)

구분	[ ] 매도 [ ] 임대 [ ] 그 밖의 사항 ( )			
소유자 및 등기명의인	성명		생년월일	
	주소			
중개대상물의 표시	건축물	소재지		건축연도
		면적 ㎡	구조	용도
	토지	소재지		지목
		면적 ㎡	지역·지구 등	현재 용도
	은행융자·권리금·제세공과금 등(또는 월임대료·보증금·관리비 등)			
권리관계				
거래규제 및 공법상 제한사항				
중개의뢰 금액				
그 밖의 사항				

Ⅱ. 권리취득용(매수·임차 등)

구분	[ ] 매수 [ ] 임차 [ ] 그 밖의 사항 ( )	
항목	내용	세부 내용
희망물건의 종류		
취득 희망가격		
희망 지역		
그 밖의 희망조건		

첨부서류	중개보수 요율표(「공인중개사법」 제32조제4항 및 같은 법 시행규칙 제20조에 따른 요율표를 수록합니다) ※ 해당 내용을 요약하여 수록하거나, 별지로 첨부합니다.

유의사항

[개업공인중개사 위법행위 신고안내]
개업공인중개사가 중개보수 과다수령 등 위법행위 시 시·군·구 부동산중개업 담당 부서에 신고할 수 있으며, 시·군·구에서는 신고사실을 조사한 후 적정한 조치를 취하게 됩니다.

■ 공인중개사법 시행규칙 [별지 제15호서식] <개정 2021. 8. 27.>

전 속 중 개 계 약 서
([ ] 매도 [ ] 매수 [ ] 임대 [ ] 임차 [ ] 그 밖의 계약(   ))

※ 해당하는 곳의 [ ]란에 ∨표를 하시기 바랍니다.   (앞쪽)

중개의뢰인(갑)은 이 계약서에 의하여 뒤쪽에 표시한 중개대상물의 중개를 개업공인중개사(을)에게 의뢰하고 을은 이를 승낙한다.

1. 을의 의무사항
 ① 을은 갑에게 계약체결 후 2주일에 1회 이상 중개업무 처리상황을 문서로 통지하여야 한다.
 ② 을은 이 전속중개계약 체결 후 7일 이내 「공인중개사법」(이하 "법"이라 한다) 제24조에 따른 부동산거래 정보망 또는 일간신문에 중개대상물에 관한 정보를 공개하여야 하며, 중개대상물을 공개한 때에는 지체 없이 갑에게 그 내용을 문서로 통지하여야 한다. 다만, 갑이 비공개를 요청한 경우에는 이를 공개하지 아니한다. (공개 또는 비공개 여부:)
 ③ 법 제25조 및 같은 법 시행령 제21조에 따라 중개대상물에 관한 확인·설명의무를 성실하게 이행하여야 한다.

2. 갑의 권리·의무 사항
 ① 다음 각 호의 어느 하나에 해당하는 경우에는 갑은 그가 지급해야 할 중개보수에 해당하는 금액을 을에게 위약금으로 지급해야 한다. 다만, 제3호의 경우에는 중개보수의 50퍼센트에 해당하는 금액의 범위에서 을이 중개행위를 할 때 소요된 비용(사회통념에 비추어 상당하다고 인정되는 비용을 말한다)을 지급한다.
  1. 전속중개계약의 유효기간 내에 을 외의 다른 개업공인중개사에게 중개를 의뢰하여 거래한 경우
  2. 전속중개계약의 유효기간 내에 을의 소개에 의하여 알게 된 상대방과 을을 배제하고 거래당사자 간에 직접 거래한 경우
  3. 전속중개계약의 유효기간 내에 갑이 스스로 발견한 상대방과 거래한 경우
 ② 갑은 을이 법 제25조에 따른 중개대상물 확인·설명의무를 이행하는데 협조하여야 한다.

3. 유효기간
  이 계약의 유효기간은   년   월   일까지로 한다.
  ※ 유효기간은 3개월을 원칙으로 하되, 갑과 을이 합의하여 별도로 정한 경우에는 그 기간에 따른다.

4. 중개보수
  중개대상물에 대한 거래계약이 성립한 경우 갑은 거래가액의 (   )%(또는   원)을 중개보수로 을에게 지급한다.
  ※ 뒤쪽 별표의 요율을 넘지 않아야 하며, 실비는 별도로 지급한다.

5. 을의 손해배상 책임
  을이 다음의 행위를 한 경우에는 갑에게 그 손해를 배상하여야 한다.
  1) 중개보수 또는 실비의 과다수령: 차액 환급
  2) 중개대상물의 확인·설명을 소홀히 하여 재산상의 피해를 발생하게 한 경우: 손해액 배상

6. 그 밖의 사항
  이 계약에 정하지 않은 사항에 대하여는 갑과 을이 합의하여 별도로 정할 수 있다.

 이 계약을 확인하기 위하여 계약서 2통을 작성하여 계약 당사자 간에 이의가 없음을 확인하고 각자 서명 또는 날인한 후 쌍방이 1통씩 보관한다.

                                                         년   월   일

계약자

중개의뢰인 (갑)	주소(체류지)		성명	(서명 또는 인)
	생년월일		전화번호	
개업 공인중개사 (을)	주소(체류지)		성명 (대표자)	(서명 또는 인)
	상호(명칭)		등록번호	
	생년월일		전화번호	

210mm×297mm[일반용지 60g/㎡(재활용품)]

(뒤쪽)

※ 중개대상물의 거래내용이 권리를 이전(매도·임대 등)하려는 경우에는 「Ⅰ. 권리이전용(매도·임대 등)」에 적고, 권리를 취득(매수·임차 등)하려는 경우에는 「Ⅱ. 권리취득용(매수·임차 등)」에 적습니다.

Ⅰ. 권리이전용(매도·임대 등)

구분	[ ] 매도 [ ] 임대 [ ] 그 밖의 사항( )		
소유자 및 등기명의인	성명		생년월일
	주소		
중개대상물의 표시	건축물	소재지		건축연도
		면적 ㎡	구조	용도
	토지	소재지		지목
		면적 ㎡	지역·지구 등	현재 용도
	은행융자·권리금·제세공과금 등(또는 월임대료·보증금·관리비 등)			
권리관계				
거래규제 및 공법상 제한사항				
중개의뢰 금액	원			
그 밖의 사항				

Ⅱ. 권리취득용(매수·임차 등)

구분	[ ] 매수 [ ] 임차 [ ] 그 밖의 사항( )	
항목	내용	세부내용
희망물건의 종류		
취득 희망가격		
희망 지역		
그 밖의 희망조건		

첨부서류	중개보수 요율표(「공인중개사법」 제32조제4항 및 같은 법 시행규칙 제20조에 따른 요율표를 수록합니다) ※ 해당 내용을 요약하여 수록하거나, 별지로 첨부합니다.

유의사항

[개업공인중개사 위법행위 신고안내]
개업공인중개사가 중개보수 과다수령 등 위법행위 시 시·군·구 부동산중개업 담당 부서에 신고할 수 있으며, 시·군·구에서는 신고사실을 조사한 후 적정한 조치를 취하게 됩니다.

제3절 계약서 작성 제한사항

1. 구체적인 제한사항 [71]

가. 공인중개사법 제26조에 의한 제한

(1) 거래계약서 작성·교부·보존

- 개업공인중개사는 중개대상물에 관하여 중개가 완성된 때에는 아래와 같이 대통령령이 정하는 바에 따라 거래계약서를 작성하여 거래당사자에게 교부하고, 5년 동안 그 원본, 사본 또는 전자문서를 보존하여야 한다. 확인설명서 보존기간은 3년이다. 다만 거래계약서가 공인전자문서센터에 보관된 경우에는 그러하지 아니하다.

> 영 제22조(거래계약서 등에 기재하여야 할 사항)
> 1. 거래당사자의 인적 사항
> 2. 물건의 표시
> 3. 계약일
> 4. 거래금액·계약금액 및 그 지급일자 등 지급에 관한 사항
> 5. 물건의 인도일시
> 6. 권리 이전의 내용
> 7. 계약의 조건이나 기한이 있는 경우에는 그 조건 또는 기한
> 8. 중개대상물확인·설명서 교부 일자
> 9. 그 밖의 약정내용

(2) 개업공인중개사와 소속공인중개사의 서명·날인

- 법제25조 제4항의 규정(개업공인중개사와 소속공인중개사의 중개대상물확인·설명서의 서명·날인)은 제1항의 규정에 의한 거래계약서의 작성에 관하여 이를 준용한다(제2항).

(3) 거래내용 허위기재 금지

- 개업공인중개사는 법 제26조 제1항에 의하여 거래계약서를 작성하는 때에는 거래금액 등 거래내용을 거짓으로 기재하거나 서로 다른 2 이상의 거래계약서를 작성하여서는 아니 된다(제3항).

나. 공인중개사법 제33조 금지행위를 통한 제한

---

[71] 계약서 작성은 민법상으로는 내용과 형식 등의 자유가 인정된다. 그러나 국가 전문자격사에 대하여 공인중개사와 협회 스스로가 아니라 위와 같이 공인중개사법 시행령에서 거래계약서 기재사항까지 구체적으로 명시하여 규제를 하고 있다. 계약서 기재사항까지 규제하는 것은 공인중개사가 국가전문사가 맞는지에 대하여 의구심이 들 정도이다. 규제 만능주의라고 하지 않을 수 없다.

(1) 매매를 업으로 하는 행위의 금지

- 공인중개사법 제33조 제1항 1호는 중개대상물(토지, 건축물 그 밖의 토지의 정착물, 그 밖에 대통령령으로 정하는 재산권 및 물건)의 "매매를 업으로 하는 행위를 금지"하고 있으며, 제5호는 관계 법령에서 양도·알선 등이 금지된 부동산의 분양·임대 등과 관련 있는 증서 등의 매매·교환 등을 중개하거나 그 매매를 업으로 하는 행위를 금지하고 있다. 따라서 이들 행위를 대상으로 계약서를 작성해서는 아니 된다(법 제33조 제1항 제1호 제5호).

(2) 직접거래(자기거래)와 쌍방대리 금지

① 직접거래(자기거래)금지

- 공인중개사법 제33조 1항 6호 전단은 중개의뢰인과 직접거래를 금지하고 있다. 직접거래는 자기거래 또는 자기계약과 같은 용어이다. 민법 제124조도 자기거래와 쌍방대리를 금지하고 있다. 직접거래를 금지하는 취지는 이를 허용할 경우 거래상 알게 된 정보 등을 자신의 이익을 꾀하는데 이용하기 때문이다. 중개의뢰인의 이익을 해하는 일이 없도록 중개의뢰인을 보호하고자 함에 있음은 두말할 필요가 없다. [72]

- 대법원은 공인중개사법 제33조 1항 6호는 중개인이 중개의뢰인과 직접거래를 하는 행위를 금지하고 있는바, 중개인에 대하여 이 규정을 적용하기 위해서는 "먼저 중개인이 중개의뢰인으로부터 중개의뢰를 받았다는 점이 전제되어야"만 하고, '직접거래'란 중개인이 중개의뢰인으로부터 의뢰받은 매매·교환·임대차 등과 같은 권리의 득실·변경에 관한 행위의 직접 상대방이 되는 경우를 의미한다.' 라고 판시하고 있다. 공인중개사가 그 거래행위의 직접 상대방이 되면 직접거래에 해당하기 때문에 공인중개사가 그 거래로 인하여 중개보수를 받았는가 여부는 문제가 되지 않는다.

- 나아가 중개사가 토지 소유자와 사이에 중개사 자신의 비용으로 토지를 택지로 조성하여 분할한 다음 토지 중 일부를 중개사가 임의로 정한 매매대금으로 타에 매도하되, 토지의 소유자에게는 그 매매대금의 수액에 관계없이 확정적인 금원을 지급하고 그로 인한 손익은 중개사에게 귀속시키기로 하는 약정을 한 경우, 이는 단순한 중개의뢰약정이 아니라 "위임 및 도급의 복합적인 성격을 가지는 약정"으로서, 중개사가 토지 소유자로부터 토지에 관한 중개의뢰를 받았다고 할 수 없으며, 토지에 대한 권리의 득실·변경에 관한 행위의 직접 상대방이 되었다고 보기도 어렵다고 한다. [73]

- 직접거래는 공인중개사가 중개의뢰인으로부터 중개의뢰를 받았다는 점이 전제되어야만 하는데, 여기서 중개의뢰인에는 중개대상물의 소유자뿐만 아니라 그 소유자로부터 거래에 관한 대리권을 수여받은 대리인이나 거래에 관한 사무의 처리를 위탁받은 수임인 등도 포함된다. [74]

- 중개보조원은 공인중개사가 아닌 자로서 개업공인중개사에 소속되어 "중개대상물에 대한 현장 안내 및 일반 서무 등 개업공인중개사의 중개업무와 관련된 단순한 업무를 보조하는 자"이지만 직접거래

---

72) 대법원 1990. 11. 9. 선고 90도1872 판결 참조
73) 대법원 2005. 10. 14. 선고 2005도4494 판결, 대전지방법원 2016. 10. 7. 선고 2015나104495 판결 [계약금반환]
74) 대법원 1990. 11. 9. 선고 90도1872 판결 참조

를 금지하는 취지는 공인중개사와 동일하다고 보아야 하고, 공인중개사의 가족(특히 부인의 명의로 된 부동산을 남편인 공인중개사가 계약을 체결하는 경우)은 직접거래를 금지하는 제도의 취지상 공인중개사와 달리 해석할 수 없을 것이다. 따라서 부인의 명의로 된 부동산을 남편인 공인중개사가 계약을 체결하는 경우 직접거래 또는 자기거래에 해당된다는 시비에 휘말릴 수 있으니 주의를 요한다. 중개보조원의 행위는 모두 공인중개사의 행위로 되는 것이 아니라 공인중개사법상의 중개보조원의 업무에 해당하는 경우에 비로소 개업공인중개사의 행위로 된다고 보아야 한다.

- 항간의 중개실무에서는 직적거래 또는 자기계약에 관하여 개념적으로 설와설래가 많다. 판례의 사례를 통하여 직접거래의 개념을 정확히 익혀 보자.

[직접거래 사례]
- A의 중개보조원 소유 W아파트 매매에 대한 "직접 거래"가 문제된 사건(서울행정법원 2020구합54982 업무정지처분취소 판결)

[관계인]
- X 공인중개사사무소 – A 개업공인중개사, C 중개보조원
- Y 공인중개사사무소 – B 개업공인중개사, D 중개의뢰인

[사실관계]
- X사무소의 A공인중개사와 Y사무소의 B공인중개사가 C소유의 W아파트에 대한 매매계약을 체결하였다. 이에 대하여 감독기관은 공인중개사법 제33조 제6호 직접거래금지 규정을 위반하였다는 이유로 A공인중개사에게 업무정지 처분을 하였고, A공인중개사는 업무정지취소를 구하는 행정소송을 제기하였다.

[결론 및 판단]
- 공인중개사법 제33조 제6호 직접거래에 해당하려면 먼저 중개인이 중개의뢰인으로부터 중개의뢰를 받았다는 점이 전제되어야 한다. 직접거래란 중개사가 중개의뢰인으로부터 의뢰받은 매매·교환·임대차 등과 같은 권리의 득실·변경에 관한 행위의 직접 상대방이 되는 경우를 의미한다(대법원 2005. 10. 14. 선고 2005 도4494 판결 등 참조). 공인중개사법 제33조 제6호의 규정 취지는 개업공인중개사 등이 거래상 알게 된 정보 등을 자신의 이익을 꾀하는데 이용하여 중개의뢰인의 이익을 해하는 경우가 있게 될 것이므로 이를 방지하여 중개의뢰인을 보호하고자 함에 있다(대법원 2017. 2. 3. 선고 2016다259677 판결 등 참조).
- 따라서 C로부터 이 사건 아파트의 매도 중개의뢰를 받아 매수인의 중개사와 함께 이 사건 아파트의 매매를 중개하였다지만, 이 사건 아파트의 매수인인 D는 Y사무소의 B에게 중개의뢰를 하였고, A공인중개사나 그 중개보조원인 C는 매수인 D로부터 이 사건 아파트의 매수에 관한 중개의뢰를 받은 바 없다. 따라서 위 매수인 D는 A의 중개의뢰인에 해당하지 아니하므로, A가 C로부터 중개의뢰를 받아 공인중개사 B와 함께 이 사건 아파트의 매매를 공동으로 중개하였다는 사정만으로 거래상 알게 된 정보 등을 자신의 이익을 꾀하는데 이용하여 중개의뢰인의 이익을 해할 우려가 있는 경우에 해당한다고 보기 어렵다.
- 한편 공인중개사법 제15조 제2항은 '중개보조원의 업무상 행위는 그를 고용한 개업공인중개사의 행위로 본다.'라고 규정하고 있으나, C의 이 사건 아파트 매매가 '중개보조원의 업무상 행위'에 해당한다고 할 수 없으므로 A가 이 사건 아파트의 매매당사자로서 위 매수인과 직접 거래하였다고 볼 수 없다.
- 따라서 감독청의 업무정지처분은 취소되었다.

② 쌍방대리금지
- 공인중개사법 제33조 1항 6호 후단은 거래당사자의 쌍방을 대리하는 행위를 금지하고 있다. 민법 제124조도 '대리인은 본인의 허락이 없으면 본인을 위하여 자기와 법률행위를 하거나 동일한 법률행위에 관하여 당사자 쌍방을 대리하지 못한다. 그러나 채무의 이행은 할 수 있다.' 라고 규정하여 이를 제한하고 있다.
- '쌍방대리'란 『중개의뢰인 '쌍방으로부터 거래계약 체결의 대리권을 수여 받아' 당사자 모두를 대리하여 '중개업자 혼자서' 계약을 체결하는 것』을 말한다. 다시 말해서 '쌍방대리'는 예컨대 중개업자인 甲이 乙을 대리하고 또한 丙도 대리하여(乙과 丙을 각각 대리하여 = 쌍방을 대리하여) '중개업자 甲이 혼자서' 계약을 체결하는 것을 말한다.
- 무릇 "중개"라 함은 공인중개사법 제3조의 규정에 의한 중개대상물에 대하여 거래당사자 간의 매매·교환·임대차 그 밖의 권리의 득실 변경에 관한 행위를 '알선'하는 것을 말한다(공인중개사법 제2조 1호 참조). 중개는 법률행위의 대리가 아니라 중개대상물에 대한 '알선 내지 사실행위'이다. 따라서 쌍방을 대리(법률행위의 대리가 아니므로 정확하게는 대행)할 수 있다. 이것을 중개업계에서는 혼자서 양쪽을 중개한다고 하여 이른바 '단타 또는 단독중개'라고 하기도 한다. 정확하게는 이른바 '단타 또는 단독중개'는 '쌍방중개'를 지칭하는 것으로써 '쌍방대리'와는 다른 것이다.
- 결국 동법 제33조 제6호에서 금지하고 있는 '쌍방대리'는 중개사법 제3조의 중개대상물에 대하여 거래당사자 간의 매매·교환·임대차 그 밖의 권리의 득실·변경에 관한 행위를 '알선'하는 것(거래당사자의 '쌍방중개', 즉 공인중개사법 제2조 1호의 중개)와는 다른 것이다. 따라서 '단독중개'('쌍방중개 또는 쌍방에 대한 중개')와 동법 제33조 제6호에서 금지하고 있는 '쌍방대리'를 법리적으로 혼동해서는 아니 된다.

(3) 기타 금지행위
- 공인중개사법 제33조는 그 외에 중개사무소의 개설등록을 하지 아니하고 중개업을 영위하는 자인 사실을 알면서 그를 통하여 중개를 의뢰받거나 그에게 자기의 명의를 이용하게 하는 행위(소위 뜸방들과 거래를 하는 행위가 이에 해당한다), 보수 또는 실비를 초과하여 금품을 받는 행위, 해당 중개대상물의 거래상의 중요사항에 관하여 거짓된 언행 그 밖의 방법으로 중개의뢰인의 판단을 그르치게 하는 행위, 관계 법령에서 양도·알선 등이 금지된 부동산의 분양·임대 등과 관련 있는 증서 등의 매매·교환 등을 중개하거나 그 매매를 업으로 하는 행위, 소유권보존등기 또는 이전등기를 하지 아니한 부동산이나 전매 등 권리의 변동이 제한된 부동산의 매매를 중개하는 등 부동산투기를 조장하는 행위, 부당한 이익을 얻거나 제3자에게 부당한 이익을 얻게 할 목적으로 거짓으로 거래가 완료된 것처럼 꾸미는 등 중개대상물의 시세에 부당한 영향을 주거나 줄 우려가 있는 행위, 단체를 구성하여 특정 중개대상물에 대하여 중개를 제한하거나 단체 구성원 이외의 자와 공동중개를 제한하는 행위(이른바 사적인 프로그램을 이용하여 이에 가입한 중개사들만이 중개거래를 하는 경우 등이 이

- 에 해당한다. 중개업계에는 아직도 이와 같은 단체가 있는 것으로 안다)
- 그 외에도 공인중개사법은 이중등록 또는 다른 개업공인중개사의 소속공인중개사·중개보조원 또는 개업공인중개사인 법인의 사원·임원으로서의 이중소속, 인장등록을 하지 아니하거나 등록하지 아니한 인장 사용, 중개대상물의 확인·설명을 하지 아니하거나 설명의 근거자료를 제시하지 아니한 경우, 거래계약서와 중개대상물확인설명서에 서명 및 날인을 하지 아니한 경우(소속공인중개사 포함), 거래계약서에 거래금액 등 거래내용을 거짓으로 기재하거나 서로 다른 둘 이상의 거래계약서를 작성, 다른 사람에게 자기의 성명을 사용하여 중개업무를 하게 하거나 자기의 공인중개사자격증을 양도 또는 대여 등을 금지하고 있다.
- 위와 같은 금지규정을 위반한 경우에는 과태료 처분은 물론 자격정지, 자격취소, 등록취소, 업무정지, 형사처벌까지 받을 수 있다.

다. 거래 신고에 의한 제한

(1) 부동산 거래의 신고

① 공동 신고

- 거래당사자 등은 <u>아래의 계약을 체결한 경우</u>에는 그 실제 거래가격 등 대통령령으로 정하는 사항을 거래계약의 체결일부터 30일 이내에 그 권리의 대상인 부동산 등(권리에 관한 계약의 경우에는 그 권리의 대상인 부동산을 말한다)의 소재지를 관할하는 시장(구가 설치되지 아니한 시의 시장 및 특별자치시장과 특별자치도 행정시의 시장을 말한다)·군수 또는 구청장에게 공동으로 신고하여야 한다(부동산 거래신고 등에 관한 법률 제3조 1항).

> 1. 부동산의 매매계약
> 2. 「택지개발촉진법」, 「주택법」, 「건축물의 분양에 관한 법률」, 「공공주택 특별법」, 「도시개발법」, 「도시 및 주거환경정비법」, 「빈집 및 소규모주택 정비에 관한 특례법」, 「산업입지 및 개발에 관한 법률」에 따른 부동산에 대한 공급계약
> 3. 다음 각 목의 어느 하나에 해당하는 지위의 매매계약
> 가. 제2호에 따른 계약을 통하여 부동산을 공급받는 자로 선정된 지위
> 나. 「도시 및 주거환경정비법」 제74조에 따른 관리처분계획의 인가 및 「빈집 및 소규모주택 정비에 관한 특례법」 제29조에 따른 사업시행계획인가로 취득한 입주자로 선정된 지위

- 거래당사자는 별지 제1호서식의 "부동산거래계약 신고서"에 공동으로 서명 또는 날인하여 신고관청에 제출하여야 한다. 부동산 거래계약을 신고하려는 개업공인중개사는 부동산거래계약 신고서에 공동으로 서명 또는 날인하여 신고관청에 제출하여야 한다.

② 검인 의제

- 부동산 등의 매수인은 신고인이 신고필증을 발급받은 때에 부동산등기 특별조치법에 따른 검인을 받은 것으로 본다(법 제3조 제6항).

③ 부동산거래신고 내용 조사

- 국토부 장관은 신고받은 내용, 「부동산 가격공시 및 감정평가에 관한 법률」에 따라 공시된 토지 및 주택의 가액, 그 밖의 부동산 가격정보를 활용하여 부동산거래가격 검증체계를 구축하여 부동산거래신고 내용에 대한 조사를 하고 있다.[75]

(2) 신고대상

① "부동산 매매계약" 및 해당 "거래계약이 해제, 무효 또는 취소"된 경우(2019.8.20. 신설) [76] [77]
② 택지개발촉진법, 주택법 등 "부동산에 대한 공급계약"
③ 제2호에 따른 "부동산을 공급받는 자로 선정된 지위의 매매계약"
④ 도시 및 주거환경정비법, 빈집 및 소규모주택 정비에 관한 특례법에 따른 "입주자로 선정된 지위의 매매계약"
⑤ 주택 임대차 계약의 신고 〈신설 2020.8.18. 시행 2021.6.1.〉

(3) 신고당사자

① 거래당사자

② 개업공인중개사

- 개업공인중개사가 거래계약서를 작성·교부한 경우에는 제1항에도 불구하고 해당 개업공인중개사가 같은 항에 따른 신고를 하여야 한다.[78] 이 경우 공동으로 중개를 한 경우에는 해당 개업공인중개

---

75) 자세한 것은 부동산거래가격 검증체계 운영 및 신고내용 조사 규정[시행 2018.7.10.] [국토교통부훈령 제1045호, 2018.7.10., 일부개정] 참조
76) ① 법 제3조의2 제1항 본문 또는 같은 조 제2항 본문에 따라 부동산 거래계약의 해제, 무효 또는 취소(이하 "해제등"이라 한다)를 신고하려는 거래당사자 또는 개업공인중개사는 별지 제4호서식의 "부동산거래계약 해제등 신고서"에 공동으로 서명 또는 날인하여 신고관청에 제출해야 한다. 이 경우 거래당사자 중 일방이 국가등인 경우 국가등이 단독으로 서명 또는 날인하여 신고관청에 제출할 수 있다(규칙 제4조 제1항).
② 법 제3조의2 제1항 단서 또는 같은 조 제2항 단서에 따라 단독으로 부동산 거래계약의 해제등을 신고하려는 자는 부동산거래계약 해제등 신고서에 단독으로 서명 또는 날인한 후 다음 각 호의 서류를 첨부하여 신고관청에 제출해야 한다. 이 경우 신고관청은 단독신고사유에 해당하는지 여부를 확인해야 한다. 〈신설 2020. 2. 27.〉
1. 확정된 법원의 판결문 등 해제등이 확정된 사실을 입증할 수 있는 서류
2. 단독신고사유서
③ 제1항 및 제2항의 신고를 받은 신고관청은 그 내용을 확인한 후 별지 제5호서식의 부동산거래계약 해제등 확인서를 신고인에게 지체없이 발급해야 한다. 〈개정 2020. 2. 27.〉
④ 부동산거래계약시스템을 통하여 부동산 거래계약 해제등을 한 경우에는 부동산 거래계약 해제등이 이루어진 때에 제1항의 부동산거래계약 해제등 신고서를 제출한 것으로 본다.
77) 제3조 제1항 각 호의 어느 하나에 해당하는 계약을 체결하지 아니하였음에도 불구하고 거짓으로 같은 조에 따른 신고를 하는 행위와 제3조에 따른 신고 후 해당 계약이 해제 등이 되지 아니하였음에도 불구하고 거짓으로 제3조의2에 따른 신고를 하는 행위를 금지하고(법 제4조 제5호), 이를 위반한 경우에는 3천만원 이하의 과태료를 부과하도록 하였다(법 제28조).
78) 공인중개사에게 부동산거래신고의무와 책임을 부과한 것은 매우 잘못된 입법이다. 공인중개사는 행정법상으로는 사회질서 유지를 위하여 시험을 통하여 허가를 받은 자일 뿐이요, 사법(상법)상으로는 상인(자영업자)일 뿐 공직자가 아니다. 거래당사자가 스스로 신고를 하고 미이행시 당사자가 처벌을 받는 것은 '행위자 책임 원칙'에 부합하는 것으로서 근대법 이래의 대원칙이다. 그런데 당사자가 있음에도 불구하고 당사자가 아닌 공인중개사에게 의무를 부과하고 처벌까지 하는 것은 '자기 책임 내지 행위자 책임의 원칙'에 반할 뿐만 아니라 매우 미개한 행정편의적인 입법이다. 이것은 책임전가이자 구헌법상의 연좌제와 같은

사가 공동으로 신고하여야 한다.

③ 단독 신고
- 거래당사자 중 일방 또는 개업공인중개사 중 일방이 신고를 거부하는 경우에는 부동산 거래계약서 사본, 단독신고사유서를 첨부하여 단독으로 신고할 수 있다(법 제3조 제2항 제4항, 규칙 제2조 제2항).

(4) 신고사항

① 공통의 신고사항(법 제3조 제1항).

> 1. 거래당사자의 인적사항
> 2. 계약 체결일, 중도금 지급일 및 잔금 지급일
> 3. 거래대상 부동산 등(부동산을 취득할 수 있는 권리에 관한 계약의 경우에는 그 '권리의 대상인 부동산'을 말한다)의 소재지·지번·지목 및 면적
> 4. 거래대상 부동산등의 종류(부동산을 취득할 수 있는 권리에 관한 계약의 경우에는 그 '권리의 종류')
> 5. 실제 거래가격
> 5의2. 거래대상 주택의 취득에 필요한 자금의 조달계획
> 5의3. 거래대상 주택에 매수자 본인이 입주할지 여부와 입주 예정 시기
>   다만, 제5호의2 및 제5호의3은 주택법에 따라 지정된 '투기과열지구'에 소재하는 주택(주택법 제2조제1호의 주택을 말한다)으로서 실제 거래가격이 3억원 이상인 주택의 거래계약을 체결한 경우(거래당사자 중 매수인이 법 제3조제1항 단서에 따른 국가등인 경우는 제외)에만 적용한다.
> 6. 계약의 조건이나 기한이 있는 경우에는 그 조건 또는 기한
> 7. 개업공인중개사가 거래계약서를 작성·교부한 경우에는 개업공인중개사의 인적사항, 개설등록한 중개사무소의 상호·전화번호 및 소재지

② 법인이 주택의 거래계약을 체결하는 경우(영 제3조 제1항, 영 [별표1], 규칙 제2조 제5항~제9항 참조)

> 가. 법인의 등기 현황, 법인과 거래상대방 간의 관계가 거래상대방이 개인인 경우에는 그 개인이 해당 법인의 임원이거나 법인의 임원과 친족관계가 있는지 여부, 거래상대방이 법인인 경우에는 거래당사자인 매도법인과 매수법인의 임원 중 같은 사람이 있거나 거래당사자인 매도법인과 매수법인의 임원 간 친족관계가 있는지 여부(거래당사자 중 국가등이 포함되어 있거나 거래계약이 법 제3조 제1항 제2호 또는 같은 항 제3호 가목에 해당하는 경우는 제외한다)
> 나. 주택취득 목적 및 취득자금 등에 관한 다음의 사항(법인이 주택의 매수자인 경우만 해당한다)
> 1) 거래대상인 주택의 취득목적
> 2) 거래대상 주택의 취득에 필요한 자금의 조달계획 및 지급방식. 이 경우 투기과열지구에 소재하는 주택의 거래계약을 체결한 경우에는 자금의 조달계획을 증명하는 서류로서 국토교통부령으로 정하는 서류를 첨부해야 한다.
> 3) 임대 등 거래대상 주택의 이용계획

것이다. 이것은 바로 비민주 국가의 행정편의주의요 '입법을 통한 횡포'이다. 당사자에게 의무를 부과하는 것만으로도 행정 목적을 충분히 달성할 수 있음에도 불구하고 의무 없는 자에게 의무를 부과하는 것은 '자기 책임 내지 행위자 책임의 원칙'에도 반함은 물론 국가가 참새를 보고 대포를 쏘는 격이다. 즉, 비례의 원칙, 형평의 원칙, 자기책임의 원칙에 반한다는 것이다. 성문법 만능주의 또는 행정편의주의 극치라고 하지 않을 수 없다. 차제에 신고의무와 처벌은 당사자에게 부과하고, 다만 공인중개사는 거래신고를 대행할 수 있으며, 신고대행자는 허위의 신고를 하는 등의 위법행위가 있는 경우에만 처벌하도록 개정되어야 마땅하다.

③ 법인 외의 자가 실제 거래가격이 6억원 이상인 주택을 매수하거나 투기과열지구 또는 조정대상지역에 소재하는 주택을 매수하는 경우(매수인 중 국가등이 포함되어 있는 경우는 제외)

- 거래대상 주택의 취득에 필요한 자금의 조달계획 및 지급방식. 이 경우 투기과열지구에 소재하는 주택의 거래계약을 체결한 경우 매수자는 자금의 조달계획을 증명하는 서류로서 국토교통부령으로 정하는 서류를 첨부해야 한다.
- 거래대상 주택에 매수자 본인이 입주할지 여부, 입주 예정 시기 등 거래대상 주택의 이용계획을 신고하여야 한다.

④ 실제 거래가격이 수도권등에 소재하는 토지의 경우 1억원, 수도권등 외의 지역에 소재하는 토지의 경우 6억원 이상인 토지를 매수(지분으로 매수하는 경우는 제외한다)하는 경우와 수도권등에 소재하는 토지, 수도권등 외의 지역에 소재하는 토지로서 실제 거래가격이 6억원 이상인 토지를 지분으로 매수하는 경우

- 거래대상 토지의 취득에 필요한 자금의 조달계획, 거래대상 토지의 이용계획 신고

⑤ 계약에 조건이나 기한이 있는 경우 주의

- 공통의 신고사항 제6호에서 "계약에 조건이나 기한이 있는 경우"에는 반드시 부동산거래신고에 명시하는 것이 좋다. 실무상 조건이 성취되거나 기한이 도래한 경우에는 부동산거래계약 신고내용의 "정정 또는 변경신고"를 할 수 있다. 만약 조건이나 기한을 신고하지 않은 상태에서 계약 후 분쟁이 발생하면 당사자의 협조를 얻지 못할 경우에는 개업공인중개사에게 책임이 전가되어 허위의 부동산거래신고에 대한 시비에 휘말릴 수 있다. 이점 중개실무에서 특히 주의해야 한다. 그 이유는 아래에서 볼 정정 및 변경신고에서 보기로 하자.

(5) 부동산거래계약 신고서 등의 제출 대행

① 거래당사자 또는 매수인의 위임을 받은 사람

- 신고서의 제출을 위임한 거래당사자의 자필서명(법인의 경우에는 법인인감을 말한다)이 있는 '위임장'과 신고서의 제출을 위임한 거래당사자의 '신분증명서 사본'을 첨부하여 부동산거래계약 신고서의 제출을 대행할 수 있다(규칙 제5조 1항).

② 소속공인중개사

- 소속공인중개사도 개업공인중개사의 위임을 받아 부동산거래계약 신고서의 제출을 대행할 수 있다.

(6) 거래계약 해제 등의 신고

- 부동산거래계약신고서를 제출한 후 해당 부동산 거래계약이 무효, 취소 또는 해제된 경우 거래당사자 또는 개업공인중개사는 부동산거래계약 해제등 신고서(별지 제4호서식)에 서명 또는 날인하여 신고관청에 제출할 수 있다(규칙 제4조 1항). 단독으로 부동산 거래계약의 해제등을 신고하려는 자는 부동산

거래계약 해제 등 신고서에 단독으로 서명 또는 날인한 후 확정된 법원의 판결문 등 해제 등이 확정된 사실을 입증할 수 있는 서류, 단독신고사유서를 첨부하여 신고관청에 제출해야 한다. 이 경우 신고관청은 단독신고사유에 해당하는지 여부를 확인한다(제2항). 신고관청은 그 내용을 확인한 후 별지 제5호서식의 부동산거래계약 해제등 확인서를 신고인에게 지체 없이 발급해야 한다(제3항).

- 부동산거래계약시스템을 통하여 부동산거래계약 해제 등을 한 경우에는 부동산 거래계약 해제 등이 이루어진 때에 제1항의 부동산거래계약 해제 등 신고서를 제출한 것으로 본다(제4항).

(7) 부동산 거래계약 신고내용의 정정 및 변경 신고

① 부동산거래신고 정정신고

- 다음 각 호의 어느 하나에 해당하는 사항이 잘못 기재된 경우에는 신고관청에 신고내용의 정정을 신청할 수 있다(규칙 제3조 1항). 정정사항은 주로 당사자 및 목적물에 대한 착오에 관한 것이다.

> 1. 거래당사자의 주소·전화번호 또는 휴대전화번호
> 2. 거래의 지분비율
> 3. 개업공인중개사의 전화번호·상호 또는 사무소 소재지
> 4. 거래대상 건축물의 종류
> 5. 거래대상 부동산등(부동산을 취득할 수 있는 권리에 관한 계약의 경우에는 그 권리의 대상인 부동산을 말한다)의 지목, 면적, 거래 지분 및 대지권 비율

- 정정신청을 하려는 거래당사자 또는 개업공인중개사는 발급받은 신고필증에 정정 사항을 표시하고 해당 정정 부분에 서명 또는 날인을 하여 신고관청에 제출하여야 한다. 다만, 거래당사자의 주소·전화번호 또는 휴대전화번호를 정정하는 경우에는 해당 거래당사자 일방이 단독으로 서명 또는 날인하여 정정을 신청할 수 있다(규칙 제3조 제2항).

② 부동산거래신고 변경신고

- 다음 각 호의 어느 하나에 해당하는 사항이 변경된 경우에는 부동산등기법에 따른 부동산에 관한 등기신청 전에 신고관청에 신고내용의 변경을 신고할 수 있다(규칙 제3조 제3항). 변경사항은 거래 또는 법률행위와 관련한 중요한 사항으로써 매우 제한적임을 알 수 있다.

> 1. 거래지분비율
> 2. 거래지분
> 3. 거래대상 부동산 등의 면적(부동산등의 면적 변경이 없는 상태에서 거래가격이 변경된 경우에는 거래계약서 사본 등 그 사실을 증명할 수 있는 서류를 첨부해야 한다)(규칙 제3조 제4항).
> 4. 계약의 조건 또는 기한
> 5. 거래가격
> 6. 중도금·잔금 및 지급일
> 7. 공동매수의 경우 일부 매수인의 변경("매수인 중 일부가 제외되는 경우만" 해당한다)
> 8. 거래대상 부동산 등이 다수인 경우 일부 부동산 등의 변경(거래대상 "부동산등 중 일부가 제외되는 경우만" 해당한다)

- 변경신고를 하는 거래당사자 또는 개업공인중개사는 별지 제3호서식의 부동산거래계약 변경 신고서에 서명 또는 날인하여 신고관청에 제출하여야 한다. 다만, 부동산 등의 면적 변경이 없는 상태에서 거래가격이 변경된 경우에는 거래계약서 사본 등 그 사실을 증명할 수 있는 서류를 첨부하여야 한다(규칙 제3조 제4항).

③ 중개 실무상 주의사항
- 위 공통의 신고사항 제6호 '조건이나 기한과 관련하여' 중개실무상 주의해야 하는 점이 있다고 강조를 한 바 있다. 위에서 본 변경사항은 매우 제한적으로써 위 변경신고사항 이외의 사항은 원칙적으로 계약해제 및 해제신고절차를 거친 후 다시 계약을 체결하고 새로 신고를 하는 수 밖에 없다는 결론에 이르게 된다. 여기서 위 규칙 제3조 제3항 제7호와 관련하여, <u>실무상 중개계약 당시에 당사자의 표시를 '홍길동 외 1인'으로 하였다가 추후에 당사자 1인을 추가하거나 변경하는 경우가 있다. 이때 'OOO'이 특정되지 않은 상태의 계약에서 위 3항 7호가 적용되는지 여부는 불분명하며, 'OOO'이 특정되었다 하더라도 '외 1인'이 불특정된 상태에서 계약을 한 후 '외 1인'이 특정된 상태에서는 현행 법규상으로는 변경신청을 할 수 있는 길이 없다. 매수인의 변경은 "매수인 중 '일부가 제외'되는 경우에만" 변경신청이 가능하기 때문이다. 따라서 "당사자 중 일부가 변경되거나 추가되는 경우"에는 기존에 신고한 계약을 해제하고 새로운 계약으로 다시 신고를 하는 수 밖에 없다는 결론에 이르게 된다.</u> 당사자 중 일부가 변경되거나 추가되는 것은 이미 동일한 계약이 아니라 서로 다른 계약이 되기 때문이다. 이처럼 계약은 '목적물의 특정'과 '당사자의 특정'이 중요함을 새삼 깨달아야 한다. 나아가 위와 같은 계약은 당사자의 마음이 변하거나 목적물의 가격이 급등하는 등의 거래상황이 변경되면 공인중개사에게 진정 또는 고발 등에 따른 과태료 처분 등의 매우 곤란한 상황이 초래될 수 있다. 위 규정은 민법의 계약자유와의 관계에서 분명 문제가 심각한 조항임에 틀림이 없지만 어쨌든 공법과 사법의 괴리현상, 규제만능주의의 행정법, 행정공무원들의 사법에 대한 지식 부족 등으로 인하여 위 규정과 관련하여 개업공인중개사는 난관에 봉착할 수 있음을 명심해야 한다. 이와 같은 고차원의 계약을 체결할 때에는 공사법적 지식이 능통하여야 한다. 위 문제와 관련하여 다음 절에서 저자의 경험과 더불어 더 심도있는 설명을 하고자 한다.
- 위와 같은 케이스는 예컨대 매매계약을 할 때에는 부인 명의로 계약을 하고 잔금시에 남편 명의로 명의자를 바꾸기로 한 경우에도 마찬가지이다. 일단 기존계약서를 가지고 부인 명의로 30일 이내에 부동산거래신고를 먼저한 후, 잔금시에 계약서 날짜를 계약일 겸 잔금일로 하는 남편 명의의 새로운 계약서로 작성하고, 그 전계약서는 회수하여 파기와 함께 부동산거래신고를 다시 하되, "그 전 거래신고는 계약해제신고"를 반드시 하여야 한다. 해제사유에는 '계약 명의자 변경'이라고 하면 된다.

(8) 외국인 등의 부동산 취득·보유 신고

① 외국인 등의 부동산 등 취득·계속보유 신고
- 외국인 등이 대한민국 안의 부동산 등을 취득하는 계약(제3조 제1항 각 호에 따른 계약은 제외한다)을

체결하였을 때에는 계약체결일부터 60일 이내에 별지 제6호서식의 외국인 부동산등 취득·계속보유 신고서에 서명 또는 날인한 후 다음의 서류[79]를 첨부하여 신고관청에 신고하여야 한다(법 제8조, 영 제5조).

② 상속, 경매, 환매, 판결, 합병, 신·증·개·재축에 의한 취득의 경우의 신고

- 외국인 등이 상속·경매, 「공익사업을 위한 토지 등의 취득 및 보상에 관한 법률」 및 그 밖의 법률에 따른 환매권의 행사, 법원의 확정판결, 법인의 합병, 건축물의 신축·증축·개축·재축을 원인으로 대한민국 안의 부동산 등을 취득한 때에는 부동산등을 취득한 날부터 6개월 이내에 대통령령으로 정하는 바에 따라 신고관청에 신고하여야 한다.

③ 대한민국 국민, 법인 또는 단체가 외국인 등으로 변경된 경우의 신고

- 대한민국 안의 부동산 등을 가지고 있는 대한민국 국민이나 대한민국의 법령에 따라 설립된 법인 또는 단체가 외국인 등으로 변경된 경우, 그 외국인 등이 해당 부동산 등을 계속 보유하려는 경우에는 외국인 등으로 변경된 날부터 6개월 이내에 신고관청에 신고하여야 한다.

④ 외국인 등의 위임을 받은 사람의 신고 대행

- 외국인 등의 위임을 받은 사람은 외국인 부동산 등 취득·계속 보유 신고서 작성 및 제출을 대행할 수 있다. 이 경우 신고서 제출을 위임한 외국인 등의 서명 또는 날인이 있는 위임장, 위임한 외국인 등의 신분증명서 사본을 함께 제출하여야 한다(규칙 제7조 4항).
- 신고·신청을 하려는 사람 또는 신고·신청을 대행하려는 사람은 본인의 신분증명서를 신고관청에 보여주어야 한다(규칙 제7조 5항).

⑤ 외국인 등의 토지거래허가

- 외국인등이 취득하려는 토지가 군사기지 및 군사시설 보호구역, 지정문화재와 이를 위한 보호물 또는 보호구역, 생태·경관보전지역, 야생생물 특별보호구역·지역 등에 있으면 토지취득계약을 체결하기 전에 대통령령으로 정하는 바에 따라 신고관청으로부터 토지취득의 허가를 받아야 한다. 다만 법 제11조에 따라 토지거래계약에 관한 허가를 받은 경우에는 그러하지 아니하다.

(9) 주택 임대차 계약의 신고

① 주택 임대차 계약의 신고

---

[79] 1. 부동산등 취득 신고를 하는 경우: 취득 원인에 따른 다음 각 목의 서류
  가. 증여의 경우: 증여계약서
  나. 상속의 경우: 상속인임을 증명할 수 있는 서류
  다. 경매의 경우: 경락결정서
  라. 환매권 행사의 경우: 환매임을 증명할 수 있는 서류
  마. 법원의 확정판결의 경우: 확정판결문
  바. 법인의 합병의 경우: 합병사실을 증명할 수 있는 서류
2. 부동산등 계속보유 신고를 하는 경우: 대한민국국민이나 대한민국의 법령에 따라 설립된 법인 또는 단체가 외국등으로 변경되었음을 증명할 수 있는 서류
3. 토지 취득 허가를 신청하는 경우: 토지 거래계약 당사자 간의 합의서

- 임대차계약 당사자는 주택(주임법 제2조에 따른 주택을 말하며, 주택을 취득할 수 있는 권리를 포함한다)에 대하여 보증금이 6천만원을 초과하거나 월 차임이 30만원을 초과하는 주택 임대차 계약(계약을 갱신하는 경우로서 보증금 및 차임의 증감 없이 임대차 기간만 연장하는 계약은 제외한다)을 체결한 경우 임대차계약당사자의 인적사항, 임대차 목적물(주택을 취득할 수 있는 권리에 관한 계약인 경우에는 그 권리의 대상인 주택을 말한다)의 소재지, 종류, 임대 면적 등 임대차 목적물 현황, 보증금 또는 월 차임, 계약체결일 및 계약기간, 「주택임대차보호법」 제6조의3에 따른 계약갱신요구권의 행사 여부(계약을 갱신한 경우만 해당한다)를 임대차계약의 체결일부터 30일 이내에 주택 소재지를 관할하는 신고관청에 공동으로 신고하여야 한다(법 제6조의2 제1항, 영 제4조의3). 임대차계약 당사자 중 일방이 신고를 거부하는 경우에는 단독으로 신고할 수 있다.
- 주택 임대차 계약의 신고는 임차가구 현황 등을 고려하여 특별자치시·특별자치도·시·군(광역시 및 경기도의 관할구역에 있는 군으로 한정)·구(자치구를 말한다) 지역에 적용한다. 신고관청은 제1항부터 제4항까지의 규정에 따른 사무에 대한 해당 권한의 일부를 그 지방자치단체의 조례로 정하는 바에 따라 읍·면·동장 또는 출장소장에게 위임할 수 있다.

② 주택 임대차 계약의 변경 및 해제 신고, 신고 내용의 정정
- 임대차계약 당사자는 신고한 후 해당 주택 임대차 계약의 보증금, 차임 등 임대차 가격이 변경되거나 임대차계약이 해제된 때에는 변경 또는 해제가 확정된 날부터 30일 이내에 해당 신고관청에 공동으로 신고하여야 한다(법제6조의3 제1항).
- 임대차계약당사자는 제6조의2제1항 각 호의 신고 사항 또는 제6조의3에 따른 주택 임대차 계약 변경 신고의 내용이 잘못 적힌 경우에는 신고관청에 신고 내용의 정정을 신청할 수 있다(규칙 제6조의4).

③ 주택 임대차 계약 신고서 등의 제출 대행
- 임대차계약당사자의 위임을 받은 사람은 임대차 신고서, 임대차 변경 신고서 및 임대차 해제 신고서의 작성·제출 및 정정신청을 대행할 수 있다. 이 경우 임대차신고서등의 작성·제출 및 정정신청을 위임한 임대차계약 당사자가 서명 또는 날인한 위임장(임대차계약 당사자가 법인인 경우에는 법인인감을 날인한 위임장)과 신분증명서 사본을 함께 제출해야 한다(규칙 제6조의5).

④ 주택 임대차 계약 신고에 대한 준용 규정
- 주택 임대차 계약 신고의 금지행위에 관하여는 제4조를, 주택 임대차 계약 신고 내용의 검증에 관하여는 제5조를, 주택 임대차 계약 신고 내용의 조사 등에 관하여는 제6조를 각 준용한다(법제 6조의4).

⑤ 다른 법률에 따른 신고 등의 의제
- 임차인이 주민등록법에 따라 전입신고를 하는 경우 이 법에 따른 주택 임대차 계약의 신고를 한 것으로 본다.
- 공공주택 특별법에 따른 공공주택사업자 및 민간임대주택에 관한 특별법에 따른 임대사업자는 관련 법령에 따른 주택 임대차 계약의 신고 또는 변경 신고를 하는 경우, 이 법에 따른 주택 임대차 계약의 신고 또는 변경 신고를 한 것으로 본다.

- 신고의 접수를 완료한 때에는 주임법 제3조의6 제1항에 따른 확정일자를 부여한 것으로 본다(임대차계약서가 제출된 경우로 한정한다). 이 경우 신고관청은 주임법 제3조의6 제2항에 따라 확정일자부를 작성하거나 주임법 제3조의6의 확정일자부여기관에 신고 사실을 통보하여야 한다(법제6조의5).

라. 부동산등기특별조치법에 의한 제한

- '계약을 원인'으로 '소유권이전등기를 신청'할 때에는 다음 각호의 사항이 기재된 계약서에 검인신청인을 표시하여 부동산의 소재지를 관할하는 시장·군수 또는 그 권한의 위임을 받은 자의 검인을 받아 관할등기소에 이를 제출하여야 한다(법 제3조 1항).

> 1. 당사자
> 2. 목적부동산
> 3. 계약연월일
> 4. 대금 및 그 지급일자등 지급에 관한 사항 또는 평가액 및 그 차액의 정산에 관한 사항
> 5. 부동산중개업자가 있을 때에는 부동산중개업자
> 6. 계약의 조건이나 기한이 있을 때에는 그 조건 또는 기한

- 등기원인을 증명하는 서면이 집행력 있는 판결서 또는 판결과 같은 효력을 갖는 조서 등인 때에는 판결서 등에 검인을 받아 제출하여야 한다. 시장 등 또는 그 권한의 위임을 받은 자가 검인을 한 때에는 그 계약서 또는 판결서 등의 사본 2통을 작성하여 1통은 보관하고 1통은 부동산의 소재지를 관할하는 세무서장에게 송부하여야 한다.

- 검인은 계약을 체결한 당사자 중 1인이나 그 위임을 받은 자, 계약서를 작성한 변호사, 법무사, 공인중개사가 신청할 수 있다.[80] 계약서등의 검인에 관하여 필요한 사항은 대법원규칙으로 정한다.

---

80) "부동산거래신고에 관한 법률"에 대비하여 "부동산등기특별조치법"에 의하면, '계약을 원인'으로 '소유권이전등기를 신청'할 때에는 일정한 사항이 기재된 계약서에 부동산의 소재지를 관할하는 시장 군수 등으로부터 검인을 받아 관할등기소에 이를 제출하도록(부동산등기특별조치법 제3조 1항 참조) 규정하고 있고, 동 법의 위임을 받은 "대법원 규칙" 제1조에 의하면 "부동산등기특별조치법 제3조의 규정에 의한 검인은 계약을 체결한 당사자중 1인이나 그 위임을 받은 자, 계약서를 작성한 변호사와 법무사 및 중개업자가 신청할 수 있다"고 규정하고 있다. 즉, 부동산거래신고에 관한 법률은 당사자를 배제하고 개업공인중개사에게 의무적으로 신고하도록 하고, 불이행시에는 과태료를 부과하도록 규정하고 있는 반면에, 부동산등기특별조치법과 대법원 규칙은 위에서 본 바와 같이 "검인은...계약서를 작성한 변호사, 법무사, 공인중개사가 신청할 '수' 있다"라고 임의적 규정을 두고, 이에 관한 변호사, 법무사, 공인중개사의 불이행에 대하여 어떠한 처벌도 부과하지 않고, 다만 당사자인 "등기권리자"가 상당한 사유없이 "등기신청"을 해태한 경우에만 과태료를 부과하도록 규정하고 있다. 사실 심오한 헌법적 또는 행법법적 법리를 들이대지 않고도 위와 같이 두 법을 단순히 비교해 보더라도 바로 알수 있다.
그런데 국토부가 주로 행정입법하는 공인중개사에 관련된 법(공인중개사법, 부동산거래에 관한 법률 등)들은 왜 이렇게 법체계와 행정법의 대원칙을 무시하고 성문법 만능에 빠져 있는지 답답할 노릇이다. 또한 부동산거래에 관한 법률 때문에 전국의 얼마나 많은 중개사들이 "불필요한 스트레스"와 "중개사고 아닌 중개사고"로 골몰을 앓을까를 생각하니 한심한 생각이 든다.
차제에 부동산거래신고도 검인신고와 같이 신고의무와 처벌은 매도인과 매수인 등 "당사자"에게 부과하고, 다만 공인중개사는 거래신고를 대행할 수 있으며, 허위의 신고 등 위법행위가 있는 경우에만 처벌하도록 개정되어야 마땅할 것이다. 다시 말해서 "계약서를 작성한 공인중개사도 신고할 '수' 있다"로 개정되어야 마땅하다. 그리고 거래신고에 있어서 공인중개사에 대한 일반적인 처벌규정은 삭제하고, 거래신고에서 위법행위가 있을 경우에만 처벌 받도록 개정하는 것이 옳다. 법은 도덕의 최소한이고, 공인중개사는 국가 자격시험을 거친 상인(자영업자)일 뿐이므로, 매도인과 매수인, 임대인과 임차인 등 당사자 본인이 버젓이 존재하는 거래에서 공인중개사는 임의적 규정에 따라서 부수적으로 신고를 대행하는 것으로서 공인중개사의 의무는 충분하기 때문이다.

2. 계약서 작성 시 주의할 점

가. 확인설명서는 행정처분과 손해배상의 블랙박스이다

- 확인설명서는 행정규제가 목적이기 때문에 확인설명서는 손해배상의 블랙박스이다. 다시 말해서 확인설명서를 잘 작성하면 행정처분과 손해배상 책임이 돌아오지 않지만, 확인설명서에 공란을 남겨두거나 허위 작성 또는 물건의 실체와 다르게 작성하면 행정처분과 손해배상 책임을 면치 못한다. 따라서 확인설명서는 행정처분과 손해배상의 블랙박스이다. 나아가 "확인설명서와 계약서는 자웅동체"이다. 따라서 확인설명서를 잘 작성하면 계약서의 내용을 보완해 주며, 종국에는 중개사고를 예방할 수 있게 해 준다.

나. 계약서는 처분문서이다

- 사법인 계약법에 있어서는 계약서 내용이 곧 법이다(계약 자유의 원칙). 계약서는 민사소송법상 처분문서이므로 민사재판은 계약서로 판결한다. 따라서 계약서는 법률요건에 맞도록 잘 작성하여야 한다. 이것이 바로 소위 '법률계약서'이다.

다. 법률계약서를 작성하자

- 법률계약서는 특약사항이 요체이다. 따라서 특약사항은 법률요건을 따져서 작성해야 한다. 즉 특약사항은 법률용어를 정확히 구사하여 다의적(多義的)으로 해석되면 아니 되고, 일의적(一義的)으로 해석되도록 작성하여야 한다.
- 그렇다고 '특약만능사고'에 빠져서는 않된다. 특약은 "임의규정이나 일반사항과 달리하거나 당사자가 특별히 약속한 사항"을 기재하여야 하고, 임의규정이나 일반사항과 중복된 규정으로 당사자의 의사가 불분명해져서는 아니된다. 특약사항에 관하여는 편을 달리하여 자세히 쓰기로 한다.
- 처분문서인 계약서의 문언상의 객관적인 의미가 명확하다면 법원도 특별한 사정이 없는 한 문언대로의 의사표시의 존재와 내용을 인정한다. 그러나 처분문서상 문언의 객관적인 의미가 명확하게 드러나지 않는 경우에는 당사자의 의도와는 다른 결론에 도달할 수도 있게 된다. 중개거래에서 그런 일이 발생하면 상당히 골치가 아파질 수 있다. 처분문서상 문언의 객관적인 의미가 명확하게 드러나지 않는 경우 계약 내용의 해석방법에 관하여는 아래의 대법원 판례를 참조하기 바란다. [81]

---

81) 대법원 2007.10.25. 선고 2007다40765 판결[매매약정 해제에 의한 약정금 반환등]
계약당사자 사이에 어떠한 계약내용을 처분문서인 서면으로 작성한 경우에 문언의 객관적인 의미가 명확하다면, 특별한 사정이 없는 한 문언대로의 의사표시의 존재와 내용을 인정하여야 하지만, 그 문언의 객관적인 의미가 명확하게 드러나지 않는 경우에는 그 문언의 내용과 계약이 이루어지게 된 동기 및 경위, 당사자가 계약에 의하여 달성하려고 하는 목적과 진정한 의사, 거래의 관행 등을 종합적으로 고찰하여 사회정의와 형평의 이념에 맞도록 논리와 경험의 법칙, 그리고 사회일반의 상식과 거래의 통념에 따라 계약내용을 합리적으로 해석하여야 하고, 특히 당사자 일방이 주장하는 계약의 내용이 상대방에게

라. 거래조건확인서를 활용하라.

- 이처럼 계약서는 처분문서이기 때문에 일의적으로 해석될 수 있는 법률계약서를 잘 작성하기 위해서는 물건을 의뢰받고 공적 장부 발급과 임장(臨場)을 통하여 작성한 '<u>목적물현황분석조사서(물건조사분석서)</u>'와 당사자의 요구·주장을 일목요연하게 정리하고 당사자의 의사를 확정한 '<u>거래조건확인서</u>'를 이용하여 특약사항이나 계약서를 작성하는 것이 좋다.
- 그렇지 않으면 계약서에 관련된 많은 문서를 발급하고 작성하는데 시간에 쫓겨 당사자의 요구·주장을 빠트리거나 잘못 전달하게 되면 중개사고가 발생할 가능성이 높아진다. 그리고 이것은 <u>계약서의 일부로서 계약서에 첨부</u>하면 매우 수준 높은 중개가 될 것이다.
- '거래조건확인서'를 작성하고 이를 통하여 계약서를 작성한 경우에는 나중에 <u>의뢰인이 중개사를 배제하고 직거래를 하는</u> 경우에도 거래조건확인서가 <u>중개의뢰계약이 체결된 사실에 대한 입증자료</u>가 될 수도 있으며, 이를 이유로 중개사는 의뢰인을 상대로 중개보수청구 또는 손해배상청구의 소송자료로 삼을 수도 있게 되고, 이와 같은 입증자료로 인하여 승소판결을 받을 확률이 높아지게 된다.

마. 열악한 매매계약서의 예시

- 아래에 제시한 협회의 부동산매매계약서는 매우 법적으로 열악한 계약서이다. 따라서 이 계약서를 이용하여 매매계약서를 작성하려면 '종목에 따라서 특약사항을 철저히 보완한다는 전제하'에서 사용하여야 한다. 여기서는 이 계약서를 계약서 작성에 있어서 실무상 유의해야 할 점들을 설명하기 위하여 편의상 견본으로 제시한다.

매도인과 매수인 쌍방은 아래 표시 부동산에 관하여 다음 계약 내용과 같이 매매계약을 체결한다.
1. 부동산의 표시

소 재 지										
토 지	지 목		(대지권의 목적인 토지의) 면적		㎡	대지권 종 류		대지권 비 율		분의
건 물	구조·용도				면 적					㎡

2. 계약내용
제 1 조 (목적) 위 부동산의 매매에 대하여 매도인과 매수인은 합의에 의하여 매매대금을 아래와 같이 지불하기로 한다.

매매대금	금				원정(₩	)
계 약 금	금		원정은 계약시에 지불하고 영수함.	영수자(	㊞)	
융 자 금	금	원정(	은행)을 승계키로 한다.	임대보증금	총	원정 을 승계키로 한다.
중 도 금	금			원정은	년 월	일에 지불하며
	금			원정은	년 월	일에 지불한다.
잔 금	금			원정은	년 월	일에 지불한다.

중대한 책임을 부과하게 되는 경우에는 그 문언의 내용을 더욱 엄격하게 해석하여야 한다.

제2조 (소유권 이전 등) 매도인은 매매대금의 잔금 수령과 동시에 매수인에게 소유권이전등기에 필요한 모든 서류를 교부하고 등기절차에 협력하며, 위 부동산의 인도일은   년   월   일로 한다.

제3조 (제한물권 등의 소멸) 매도인은 위의 부동산에 설정된 저당권, 지상권, 임차권 등 소유권의 행사를 제한하는 사유가 있거나, 제세공과 기타 부담금의 미납금 등이 있을 때에는 잔금 수수일까지 그 권리의 하자 및 부담 등을 제거하여 완전한 소유권을 매수인에게 이전한다. 다만, 승계하기로 합의하는 권리 및 금액은 그러하지 아니하다.

제4조 (지방세 등) 위 부동산에 관하여 발생한 수익의 귀속과 제세공과금 등의 부담은 위 부동산의 인도일을 기준으로 하되, 지방세의 납부의무 및 납부책임은 지방세법의 규정에 의한다.

제5조 (계약의 해제) 매수인이 매도인에게 중도금(중도금이 없을때에는 잔금)을 지불하기 전까지 매도인은 계약금의 배액을 상환하고, 매수인은 계약금을 포기하고 본 계약을 해제할 수 있다.

제6조 (채무불이행과 손해배상) 매도인 또는 매수인이 본 계약상의 내용에 대하여 불이행이 있을 경우 그 상대방은 불이행한자에 대하여 서면으로 최고하고 계약을 해제할 수 있다. 그리고 계약당사자는 계약해제에 따른 손해배상을 각각 상대방에게 청구할 수 있으며, 손해배상에 대하여 별도의 약정이 없는 한 계약금을 손해배상의 기준으로 본다.

제7조 (중개보수) 개업공인중개사는 매도인 또는 매수인의 본 계약 불이행에 대하여 책임을 지지 않는다. 또한, 중개보수는 본 계약체결과 동시에 계약 당사자 쌍방이 각각 지불하며, 개업공인중개사의 고의나 과실없이 본 계약이 무효·취소 또는 해제되어도 중개보수는 지급한다. 공동 중개인 경우에 매도인과 매수인은 자신이 중개 의뢰한 개업공인중개사에게 각각 중개보수를 지급한다.(중개보수는 거래가액의   %로 한다.)

제8조 (중개보수 외) 매도인 또는 매수인이 본 계약 이외의 업무를 의뢰한 경우 이에 관한 보수는 중개보수와는 별도로 지급하며 그 금액은 합의에 의한다.

제9조 (중개대상물확인·설명서 교부 등) 개업공인중개사는 중개대상물 확인·설명서를 작성하고 업무보증관계증서(공제증서 등) 사본을 첨부하여 계약체결과 동시에 거래당사자 쌍방에게 교부한다.

    특약사항 1. 현 시설 상태에서의 매매계약이다. **(주의1)**
              2. 잔금 시까지의 각종 공과금은 매도자 부담으로 한다.
              3. 본 특약사항에 기재되지 않은 사항은 민법상 계약에 관한 규정과 부동산매매 일반 관례에 따른다.

본 계약을 증명하기 위하여 계약 당사자가 이의 없음을 확인하고 각각 서명·날인 후 매도인, 매수인 및 개업공인중개사는 매장마다 간인하여야 하며, 각각 1통씩 보관한다.

                                                               년   월   일

매도인	주 소						(서명 또는 날인) (주의2)
	주민등록번호		전 화		성 명		
	대 리 인	주 소		주민등록번호		성 명	
매수인	주 소						(서명 또는 날인) (주의3)
	주민등록번호		전 화		성 명		
	대 리 인	주 소		주민등록번호		성 명	
개업공인중개사	사무소소재지			사무소소재지			
	사무소명칭			사무소명칭			
	대 표	서명및날인	㉑	대 표	서명및날인		㉑
	등 록 번 호		전화	등 록 번 호		전화	
	소속공인중개사	서명및날인	㉑	소속공인중개사	서명및날인		㉑

바. '현 시설상태에서의 계약임'이라는 특약의 문제점(위 견본계약서의 주의1 참조)

(1) 중개업계의 현황

- 현 중개업계에서는 부동산 매매계약 시에 계약 후 매수인 또는 임차인의 담보책임의 추궁을 방지하기 위하여 '현 시설상태에서의 매매임'이라는 특약사항을 넣는 것이 보편화되어 있다. [82]

(2) 특약 문구가 너무 추상적이고 비법률적인 표현이다

- 우리는 위에서 특약사항은 법률용어를 정확히 구사하여 다의적(多義的)으로 해석되면 아니 되고 일의적(一義的)으로 해석되도록 작성하여야 한다는 점과 그에 관한 대법원 판례도 이미 보았다.
- 그런데 위 '현 시설상태에서의 계약임'이란 특약은 표현상 상당히 다의적이고 부적절하며 핵심이 없는 것이라는 점을 알아야 한다. 또한 "담보책임 포기에 관한 문구"로서는 너무 추상적이고 비법률적인 표현이다. [83]

(3) 여기서 위 특약사항의 정확한 의미와 개선점을 짚어보도록 하자

① 위 특약의 "숨은 의사"를 해석해 보면,

- '현 시설상태에서의 계약임'이라는 특약사항의 숨은 의사는 '현 시설상태'에서의 매매이므로 현 시설상태에 관하여는 담보책임을 추궁하지 못한다는 의미로 보여지고, '현 시설상태'의 기준시점은 특별한 정함이 없다면 '계약 성립시'라고 보아야 할 것이다. 결국 "계약 당시에 존재하는 상태대로의 매매이므로 계약 성립 당시에 존재하는 하자에 대하여는 담보책임을 추궁하지 않겠다"는 "담보책임의 포기에 관한 표현"이라고 보여진다. 그렇다면 계약서나 확인설명서에 '구체적으로 하자를 적시한 경우'에는 별론으로 하고, '계약 성립 시점'에서 하자가 '구체적으로 특정되지 않은 상태'에서 담보책임을 포기한다는 것은 '하자도 모르면서 미리 권리를 포기한다'는 본말(本末)이 전도된 것으로 아무런 의미가 없으며, 결국 담보책임을 추궁하지 못한다는 의미로서는 무효이다.

② 민사소송법상 입증책임과 관련해서 보면,

- '계약성립시점'에서 하자가 '구체적으로 특정'되지 않았기 때문에 적어도 추후에 발견된 하자가 '계약 성립 당시에 존재했던' 하자인지, '계약 성립 이후에 발생된 하자인지' 여부조차도 불분명하므로 분쟁의 여지는 여전히 남는다.

---

[82] 물론 계약서에 위와 같은 특약의 삽입 차체는 대단히 주효(奏效)하다. 왜냐하면 담보책임 추궁을 한방에 날려버린다는 것은 로마법 이래로 계약법에 있어서 최고의 공적(?)이기 때문이다. 위와 같은 특약사항 삽입이 보편화된 데에는 아마도 중개사협회에서 매수인에 대한 담보책임의 추궁을 실효시키기 위함과 한 장짜리 샘플 계약서를 만들면서 최대한 글자 수를 줄이기 위함이었을 것이다. 어쩌면 담보책임에 관하여 문외한인 매수인들의 피곤한 질문을 피함과 동시에 쉽게 계약을 성사시키기 위하여 매우 함축적인 표현으로써 담보책임에 관한 사후의 추궁을 실효시키려는 고도의 테크닉(?)이 들어 있는지도 모른다.

[83] 더욱 기막힌 일은 실무상 대부분의 매수인은 위 특약이 법적으로 무엇을 의미하는지도 모르면서 계약을 체결하고 있으며, 절대 다수의 중개사들이 계약서를 작성하면서 왜 위와 같은 특약을 넣는지도…특약의 근거가 무엇인지도 모르면서…관례대로 특약사항의 제1번으로 위의 표현을 대부분 넣고 있다는 사실이다.

(4) 결 론

- 계약서의 문구는 '법률적으로 일의적이고 명확하게 표현'하여야 한다. 그러나 위 특약은 비록 목적이나 취지에 있어서는 주효(奏效)하다 하더라도 표현의 불명확성으로 인하여 분쟁의 소지는 여전히 존재하며, 비록 담보책임은 당사자가 포기할 수 있지만 담보책임의 포기에 관한 특약으로 보기에는 의사해석상 많은 문제점을 내포하고 있다.[84]
- 따라서 계약서 작성자인 중개사는 특약사항을 위와 같이 '현 시설상태에서의 계약임'이라고 표현하려면 적어도 계약서나 확인설명서에 "하자를 반드시 구체적으로 적시해 주거나", 하자를 구체적으로 적시하는 것이 싫으면, 특약사항으로 "담보책임에 관하여는 민법의 규정에 따른다" 또는 "매수인은 담보책임을 묻지 않기로 한다"라고 적시하면 된다. 그러면 중개사는 특약을 통하여 담보책임에 관한 중개사고를 막을 수 있음은 물론, 최소한 계약서 작성자로서 애매모호한 표현으로 인하여 또 다른 분쟁을 초래하는 우(愚)를 범하지는 않을 것이다. 그럼에도 불구하고 부동산에 관한 전문 자격사가 위와 같은 불명확하고 다의적인 특약사항을 적시함으로써 또 다른 분쟁을 불러오게 된다. 결론적으로 이와 같은 특약사항은 절대로 사용해서는 아니 된다.

사. 서명·날인 또는 기명·날인의 주의

(1) 서명과 기명의 차이

- 『기명』은 성명을 '인쇄'로 하는 것이고, 『서명』은 '자필로' 자기의 성명을 쓰는 것을 말한다(행정 효율과 협업 촉진에 관한 규정 제3조 5호 참조). 개업공인중개사는 『서명 '및' 날인』을 하여야 한다. 즉 서명과 날인이 필수적이다. 물론 계약 당사자는 『서명 '또는' 날인』을 선택적으로 할 수 있다. 그러나 실무상 계약당사자도 공인중개사처럼 '서명 및 날인'을 하도록 하는 것이 좋다. 서명 및 날인으로 훗날 허위 주장을 방지하기 위함이다. 이것이 입증책임까지 생각하는 민사소송법상의 고도의 테크닉을 함축하고 있는 실무방법이다.

(2) 민사소송상 주의할 점

① 『자필 또는 무인』이 있는 경우
- 첫째로, "서명+인장 또는 무인"의 경우와 "기명+서명 또는 무인"에는 『자필과 무인』이 있으므로 필적조회와 지문조회로 사실관계를 밝힐 수 있으므로 민사소송법의 입증책임론상 문제가 없다.

② 『자필도 무인』도 없는 경우
- 둘째로, 문제는 "기명+인장"의 경우에는 악의의 당사자가 모른다고 하면 기명도 인장도 정확한 입증을 하기 곤란하다. 그렇게 되면 인증(人證)을 통하여 입증할 수 있는 방법이 없는 한 중개사는 난관에

---

[84] 위 대법원 2007.10.25. 선고 2007다40765 판결[매매약정 해제에 의한 약정금 반환등] 참조

봉착할 수도 있다.

(3) 실무상 대처방법

- 실무상으로 악의의 당사자의 허위 주장을 막기 위해서는 당사자의 성명이 인쇄로 기명되어 있더라도 그 여백에 반드시 "자필로 성명을 쓰도록 하고 인장 또는 무인을 찍도록" 하는 것이 좋다. 꼭 명심하기 바란다. 만약에 중개사고로 당사자의 행위에 대하여 입증책임을 지는 사람은 천당과 지옥을 오갈 수도 있다.

아. 계약서 자구 수정법

(1) 의의

- 계약서 작성 중 오자(誤字), 탈자(脫字) 등이 있는 경우 자구(字句)의 삭제, 추가, 정정 등의 수정을 말한다.

(2) 수정방법

- 오탈자 등 해당 부분에 대한 '원안(原案)의 글자'를 알 수 있도록 해당 글자의 중앙에 가로로 두 선을 그어 삭제하거나 수정하고, 삭제하거나 수정한 사람이 그 곳에 서명이나 날인을 한다(행정 효율과 협업 촉진에 관한 규정 제17조, 동규정 시행규칙 제14조 참조). 오탈자 등 해당 부분이 있는 좌우 여백에 삭○자, 가(첨)○자, 정정○자(삭제와 추가의 자수가 동일한 때) 등으로 표시한다.

【예시】

	지번 263을 264로 오기한 경우
부동산 소재지	263 (서명 또는 날인) 평택시 평택로 ~~264~~ 평택박사공인중개사 (정정 3자)

(3) 전자문서, 전자이미지서명 또는 전자문자서명

- 현재는 계약서를 수기가 아닌 전자문서로 작성하거나 서명도 전자이미지서명(전자문서상에 전자적인 이미지 형태로 된 자기의 성명을 표시하는 것) 또는 전자문자서명(전자문서상에 자동 생성된 자기의 성명을 전자적인 문자 형태로 표시하는 것)의 방법으로 작성하는 경우가 많다. 이들은 훗날 분쟁방지를 위하여 바람직하다.

자. 계약서 간인과 계인의 방법과 법적 효력

(1) 의의 및 근거 규정

① 간인(間印)

- 『간인』이란 하나의 문서가 2장 이상으로 구성되어 있을 경우, 위조나 바꿔치기 등을 방지하고, 하나의 문서라는 점(문서의 동일성)을 확인하기 위하여 앞장을 접어 뒷장과 연계되는 부분에 찍는 것을 말한다.

② 계인(契印)
- 『계인』도 문서가 서로 관련된 것(문서의 동일성)임을 증명하기 위하여 문서를 나란히 놓고 양 문서에 걸쳐서 찍는 것을 말하는데, 간인과 유사한 역할을 한다.

③ 근거 규정
- 문서에 간인을 하도록 규정하고 있는 근거 규정은 행정 효율과 협업 촉진에 관한 규정(대통령령), 등기규칙(대법원규칙) 등이 있다.

(2) 공인중개사의 간인 의무 여부
- 공인중개사는 공인중개사법상으로는 간인을 할 의무가 없다. 그러나 문서가 여러 장일 경우 문서의 탈장을 방지하고 문서의 동일성을 입증하기 위하여 처분문서인 계약서에 간인을 하는 것이 좋으며, 특히 임대차계약에 있어서 확정일자를 부여받기 위해서는 간인을 하는 것이 좋다.[85]

(3) 간인 대상 문서
- 간인대상문서는 문서의 순서 또는 연결 관계를 명백히 할 필요가 있는 문서, 사실관계나 법률관계의 증명에 관계되는 문서, 허가·인가·등록 등에 관계되는 문서 등이다.

(4) 간인 방법

① 전자문서의 경우
- 행안부령으로 정하는 바에 따라 전자적 방법으로 쪽 번호 또는 발급번호를 표시한다.

② 종이문서의 경우
- 관리자가 관인을 이용하여 간인하는 전통적인 방식이 있고, 간인에 갈음하여 천공(穿孔)방식으로 표시할 수 있으며(행정 효율과 협업 촉진에 관한 규정 제19조, 부동산등기규칙 제56조 2항), 계약서 전체에 쪽번호(3-1, 3-2, 3-3 등)를 적는 방식으로도 할 수 있다.

(5) 법률적 효력
- 간인 여부는 입증상의 문제와 관계 있을 뿐 계약의 효력에는 영향이 없다.

차. 거래당사자 본인 여부 확인

---

[85] 주택임대차계약증서상의 확정일자 부여 및 임대차 정보제공에 관한 규칙(법무부령) 3조 5호 참조, 다만 대법원 규칙인 주택임대차계약증서의 확정일자 부여 및 정보제공에 관한 규칙에는 간인에 관한 규정이 없다.

(1) 거래 현실

- 부동산계약에서 매도인 또는 임대인 확인은 필수이다. 특히 오피스텔이나 원룸 등 작은 금액으로 거래되는 경우 소유자가 아닌 자가 매도 또는 임대하고 매매대금 또는 임대보증금을 횡령하고 도주하는 사건이 종종 발생하고 있다. 이러한 사건들은 매도인이나 임대인을 확인함으로써 막을 수 있다.

(2) 확인방법

① 신분증, 등기권리증 등으로 확인

- 『신분증,[86] 등기권리증, 제세공과금 납입 영수증, 주거지나 근무지 등에 대한 탐문 등 임장 활동』으로 거래당사자 본인 여부를 확인하여야 한다.

② 대리계약의 경우

- 『대리계약』에서는 『본인의 인감증명서상의 인영과 동일한 인영이 날인되어 있고, 위임의 범위가 명확하게 기재되어 있는 '인감증명서가 첨부된 위임장'』을 징구(徵求)하여야 하고, 부부 또는 친인척 등의 신분관계를 믿고 계약을 체결하여서는 절대 안된다.[87]

③ 미성년자가 당사자인 경우

- 『미성년자와 계약체결』시는 '법정대리인의 동의 또는 대리'로 계약을 체결하되, 법정대리인의 동의에 의하여 계약을 체결하는 경우에는 '가족관계증명서 등을 징구'하여야 함은 물론 '동의서'를 받아서 계약서에 첨부하여야 한다.
- 대리에 의하여 계약을 체결하는 경우에는 계약서 거래당사자란에 미성년자의 성명, 주소, 주민등록번호를 쓴 다음에 반드시 『부모 공동대리의 형식』으로 체결하여야 한다. 즉, 미성년자 OOO, 주소, 주민등록번호를 기재한 후, 『위 법정대리인 친권자 부 OOO (인), 주소, 주민등록번호, 모 OOO (인), 주소, 주민등록번호』형식으로 기재하고 서명·날인을 하여야 한다. 공동대리원칙이므로 부모 중 어느 한 사람만 서명·날인해서는 안된다.

④ 신분증 위조 여부 확인방법

- 매도인이나 임대인의 신분증 확인, 전화 1382번 자동응답시스템(ARS) 또는 민원24시 인터넷으로 신분 확인하기, 등기권리증 확인하기 등의 방법이 있고, 이러한 방법들은 단계적으로 모두 확인하는

---

[86] 공인중개사법 제25조의2(소유자 등의 확인) 개업공인중개사는 중개업무의 수행을 위하여 필요한 경우에는 중개의뢰인에게 주민등록증 등 신분을 확인할 수 있는 증표를 제시할 것을 요구할 수 있다.

[87] 대법원 2008.3.13. 선고 2007다73611 판결[손해배상(기)]
부동산중개업자는 당해 중개대상물의 권리관계 등을 확인하여 중개의뢰인에게 설명할 의무가 있고, 한편 직접적인 위탁 관계가 없다고 하더라도 부동산중개업자의 개입을 신뢰하여 거래를 하기에 이른 거래 상대방에 대하여도 부동산중개업자는 신의성실의 원칙상 목적부동산의 하자, 권리자의 진위, 대리관계의 적법성 등에 대하여 각별한 주의를 기울여야 할 업무상의 일반적인 주의의무를 부담한다고 하면서, 부동산 소유자의 인척으로부터 중개를 의뢰받고 적법한 대리권 유무를 조사·확인하지 않은 채 중개행위를 한 부동산중개업자의 부동산 매수인에 대한 손해배상책임을 인정한 사례(이 사건에서 본인은 러시아에 체류 중이고 잠잘 시간이라는 이유로 난색을 표하는 바람에 본인의 의사를 확인하지 못한 채 매매계약서를 작성하면서 계약서 비고란에 "장모님이 매도인을 일방 대리함"이라고 기재한 사건임)

것이 좋다. 특히 현재 대법원 판결은 "등기권리증 확인"을 필수적으로 요구하고 있다는 점을 잊지 말기 바란다.

카. 매도인이 재외국민과 외국인인 경우의 중개 방법

- 매도인이 재외국민과 외국인인 경우에는 다음과 같이 등기에 필요한 서류를 확보하여야 하나, 변호사 또는 법무사와 사전에 연계하여 서류를 확보하는 것이 좋다. 【재외국민과 외국인의 부동산등기신청 절차에 관한 예규】[등기예규 제1665호, 개정 2018.12.18. 시행 2019.1.1.] 참고

【재외국민 또는 외국인이 귀국하지 않고 국내 부동산을 처분하는 경우 필요서류】

구 분	재외국민·외국인
처분위임장(대리인이 처분시)	처분위임장+인감증명서 또는 공증
인감증명서	인감증명서 첨부 또는 공증
주소증명정보	주소증명정보 첨부 또는 공증
등기필정보(권리증)	첨부(분실시 확인서면 작성)
부동산등기용등록번호	첨부
외국발행공문서(번역문)	해당 국가의 권한기관 또는 해당 국가에 주재하는 대한민국 공증담당영사의 확인+번역문 첨부
외국인등록증, 외국인등록사실증명서, 본인서명사실확인서	외국인의 경우

【등기의무자가 등기권리증을 분실한 경우에 필요한 확인서면】

확 인 서 면 (자연인)				
등기할 부동산의 표시					
등 기 의 무 자	성 명		등기의 목적	
	주 소			
	주민등록번호			
본인확인 정 보	주민등록증, 외국인등록증, 국내거소신고증, 여권, 운전면허증, 기타( )			
특기사항				
필적기재	본인은 위 등기의무자와 동일인임을 확인합니다.		성 명	
우 무 인				

위 본인확인정보에 따라 등기의무자등 본인임을 확인하고 「부동산등기규칙」 제111조제3항의 규정에 따라 이 서면을 작성하였습니다.

년   월   일

변호사 · 법무사   (인)

확 인 서 면 (법인)

등기할 부동산의 표시			
등 기 의 무 자	상 호 (명 칭)		등기의 목적
	등 록 번 호		
	대표자격 및 성명		
	주 민 등 록 번 호		
	주 소		
본인확인 정 보	주민등록증, 외국인등록증, 국내거소신고증, 여권, 운전면허증, 기타( )		
특기사항			
필적기재	본인은 위 등기의무자와 동일인임을 확인합니다		성 명
우 무 인			

위 본인확인정보에 따라 등기의무자의 대표자임을 확인하고 「부동산등기규칙」 제111조제3항의 규정에 따라 이 서면을 작성하였습니다.

년 월 일

변호사 · 법무사   (인)

```
┌─────────────────────────────────────────────────────────────┐
│                      처 분 위 임 장 (예시)                      │
│                                                             │
│                                                             │
│  1. 처분 할 부동산의 표시                                        │
│                                                             │
│                                                             │
│  2. 위임인의 표시                                               │
│      성 명 :            주민등록번호:        -                  │
│      주 소 :                                                 │
│                                                             │
│                                                             │
│  3. 수임인의 표시                                               │
│      성 명 :            주민등록번호:        -                  │
│      주 소 :                                                 │
│                                                             │
│                                                             │
│  4. 처분권한 표시                                               │
│   위 표시 부동산을 처분함에 있어 처분에 따른 매수인의 지정과 매매계약서의 작성,│
│  매매대금의 수령 및 처분에 대한 일체의 권한을 위임한다.               │
│                                                             │
│                           20  년  월    일                    │
│                       위임인        (서명 또는 날인)              │
│                                                             │
│     00년 00월 00일 공증인 면전에서 선서하고 서명하다.                │
│      위임번호 :         공증인                                  │
│      위임 만기일    00년   00월   00일                          │
│      번역자 :                                                │
└─────────────────────────────────────────────────────────────┘
```

① 수용증명서 발급
- 수용자의 가족(본인 신분증과 가족관계증명서 지참)이 거주지 인근 또는 수용된 해당 교도소 민원실에서 발급

② 위임장 작성·수감확인
- 교도소에 면회를 가서 미리 준비해간 처분위임장에 '위임인의 자필과 우무인을 날인' + '위임장에 교도소장의 수감확인 도장'을 받는다.
- 수용된 경우이기 때문에 처분위임장의 '대리권의 범위'는 "부동산 매매에 따른 일체의 행위"(계약체결, 계약금·중도금·잔금수령, 각종 공과금 정산, 소유권등기이전 등)로 하여야 매 행위때마다 위임장을 받는 번거로움이 없다.

③ 대리인 계약 체결시
- 수감자 신분증과 인감도장을 지참하여 주민센타에서 일반인감증명서+가족관계증명서 발급하여 공인중개사에게 제출한다.

④ 대리인 잔금(소유권이전)시
- 수감자 신분증과 인감도장 지참하여 주민센타에서 부동산매도용인감증명서를 발급받아 등기권리증, 주민등록초본, 인감도장 등을 공인중개사에게 제출한다.

파. 허가 또는 승인 등을 받아야 하는 경우의 부동산 중개

① 학교법인의 기본재산 취득과 처분
- 학교법인 '이사회의 심의·의결서'와 '관할청(시·도교육감 및 교육부장관)의 허가서' 필요

② 향교재단·사회복지법인·의료법인의 기본재산 처분
- 시도지사의 허가서 필요

③ 재단법인의 기본재산처분
- 주무장관의 허가서 필요, 재단법인이 교회의 OO유지재단인 경우에는 '시도지사의 승인서' 필요

④ 교회·사찰·종중·마을·어촌계 등 비사단법인의 경우
- 비사단법인(권리능력 없는 사단)의 '정관이나 규약, 처분결의서' 필요
- 전통사찰의 부동산 양도에는 문화체육부 장관의 허가 필요

⑤ 외국인 등의 토지취득허가
- 외국인 등이 부동산을 취득하는 경우에는 계약체결일로부터 60일 이내 신고관청에 신고.
- 외국인 등이 군사시설, 문화재, 생태, 야생동물보호 구역(지역)에서의 '신고관청의 토지거래허가서' 필요

⑥ 자유무역지역의 토지, 공장 처분
- 산업통상자원부 및 관리기관의 허가

하. 기타 계약서 작성상 주의사항

(1) 계약서 작성 주체

- 『계약서 작성 주체』는 개업공인중개사이고, 소송공인중개사나 중개보조원은 될 수 없다.
- 단, 소속공인중개사는 계약서에 개업공인중개사와 함께 서명·날인하여야 한다(공인중개사법 제26조 제1항 제2항, 동법 제25조 4항).

(2) 거래금액의 표시

- 『거래금액』은 위조를 방지하기 위하여 "한문 또는 한글과 아라비아 숫자"와 나란히 적되, 여백을 두지 말고 금(金)자 옆에 붙여서 적는 것이 좋다. 가령 "금삼억(금3억)원"과 같이 적는다.

(3) 공란의 처리

- 일시불로 하거나 중도금이 없는 등 『공란』이 있는 경우, 그 공란은 '사선이나 직선으로 긋'거나 또는 '해당사항 없음'이라고 표시한다.

(4) 거래계약서의 재작성

- 분실 등의 사유로 인한 『거래계약서의 재작성 업무』도 '공인중개사의 수임 범위'에 포함된다. [88]

(5) 신탁등기가 있는 경우

- 등기사항증명서에 신탁등기가 되어 있는 경우에는 등기사항증명서의 부속서류인 『신탁원부를 확인』하여야 한다. 신탁원부는 등기의 일부이다(부동산등기법 제81조 제1항, 제3항).
- 신탁등기는 대외적으로 수탁자의 소유이다. 신탁원부에 표시된 대로 계약하여야 한다.

(6) 기타 확인사항

- 미등기 건물의 경우 '계약일로부터 60일 이내 보존등기'를 완료 후 양도하여야 한다. 그 외 업무용 건물 중개시 '건물분 부가세' 처리문제, 각종 부담금·분담금·재산세 중과대상 여부 등은 각 관계되는 곳에서 자세히 보기로 하자.

---

[88] 서울지방법원동부지원 1999.12.10. 선고 99가합3332 판결 : 항소 [손해배상]

제5장 계약서 작성 실무 | 113

부동산 거래시 주의할 것 중 가장 우선되는 것은 매도자가 본인인지 신분을 확인하는 일이다. 매도자 확인 실수로 사기를 당하는 경우가 종종 있기 때문이다. 공인중개사도 사기를 당하는 세상이니 일반인은 더 말할 나위가 없다. 사소한 실수로 매수한 부동산을 날려버리지 않으려면 두 눈 부릅뜨고 매도자 확인하는 방법 3단계를 명심하자.

Step 1   매도인 신분증 확인

가장 기본이 되는 것은 주민등록증 확인이다. 육안으로 신분증을 확인했다면 다음 단계로 넘어가자.

Step 2   자동응답시스템(ARS) 또는 인터넷으로 신분 확인하기

전화 1382(안전행정부 주민등록증 음성확인서비스)를 누른다. 매도자의 주민등록번호와 발급일자를 누른다. 일치합니다라는 멘트가 나오면 신분증은 진짜. 일치하지 않는다거나 일치하나 분실신분증이다라는 안내가 나오면 계약을 하면 안된다.

인터넷 민원24시(www.minwon.go.kr) 확인서비스에서 주민등록증 진위확인 메뉴를 클릭한다. 주민번호와 발급일자를 입력하면 전화 1382의 경우와 같은 방식으로 조회할 수 있다.

만일 매도자의 신분증을 잘 아는 사기꾼을 만난다면 이 방법도 무용지물.
그럴 땐 세 번째 단계로 넘어간다.

Step 3   등기권리증 확인하기

등기권리증은 등기필증, 권리증서라고도 한다. 집문서, 땅문서라고도 말한다.
등기권리증은 '등기필' 빨간색 도장이 찍혀진 매매계약서. 주의할 것은 법원 등기소의 등기필 직인이 찍혀있어야 유효하다는 것이다.

제4절 당사자 표시(당사자의 특정)상의 주의사항

1. 홍길동 외 1인

- 앞에서 우리는 "홍길동 외 1인"이라는 불특정의 당사자 표시에서 부동산거래신고와 관련하여 주의해야 한다는 점을 적시한 바 있다. 이와 같은 당사자의 불특정은 실무상 주로 건설회사에서 사용하는 수법인데, 법인 설립을 추진 중이라고 하거나 기존의 법인 외에 새로운 법인을 설립하여 그 법인 명의로 부동산을 매수하겠다고 하면서 새로운 법인을 설립하는데 시간이 필요하니 우선 매매계약서상의 매수인으로 자연인『홍길동 외 1인』으로 하고, 법인이 설립되면 매수인 홍길동 외 1인 중의 '외 1인'을 특정하여 다시 계약서를 작성하기로 하는 경우가 있다.

2. 건설사의 숨은 의도와 문제점

(1) 미등기전매의 경우

- ① 잔금일을 길게 잡아 잔금 전에 미등기전매를 하여 차익을 챙기거나 ② 잔금일을 길게 잡아 그동안 타사업장에서 자금을 활용하려는 것이다. ②의 경우에는 큰 문제가 없으나 ①의 경우에는 미등기전매로 인하여 상대방의 태도에 따라서는 중개사가 사건 사고에 휘말리게 될 수도 있다.

(2) 부동산거래신고와 관련하여

- 부동산거래신고와 관련하여(당사자가 특정되지 않으므로써 거래신고를 할 수 없는 점을 생각해 보라) 계약이 장기화됨으로써 그동안의 부동산 가격상승으로 인하여 매도인이 행정관청에 진정을 하거나 계약서 재작성에 협조하지 않을 때에는 중개사가 고생을 할 수 있다.

3. 대처방안

(1) 가급적 매수인의 요구에 응하지 않는 것이 좋다

- 계약이란 당사자 간의 청약과 승낙이 일치할 때에 성립되므로 당사자의 불특정으로 인하여 계약의 확정이 장기화 되고 이로 인하여 분쟁이 발생할 수도 있으므로, 가급적 매수인의 요구에 응하지 않는 것이 좋다.
- 이때 대법원은 특별한 사정이 없는 한 '실제 계약을 체결한 행위자만으로 계약의 효력은 발생한다'고 하고 있다. 그러나 현실은 분쟁발생 여지가 높아지게 되고 이로 인하여 중개사는 고생을 할 수도 있다.

(2) 계약을 체결하는 경우의 대처방법

- 그러나 단가가 높은 계약으로서 계약을 깨지 않고 성사시키고 싶다면 반드시 다음과 같이 하도록 하자.

① 1인으로 계약과 거래신고를 한 후, 나중에 계약을 해제하고 2인으로 다시 작성하여 거래신고하는 방법
- 처음에 1인을 특정할 수 없으면, 원래의 1인(홍길동)의 명의로 계약을 체결하고 일단 1인의 명의로 부동산 거래신고를 한 후, 나중에 1인이 특정되어 당사자가 2명이 되면 처음의 계약을 해제하고 당사자가 2명인 계약서를 새로 작성한 후 거래신고를 한다(규칙 제4조 1항 참조).

② 2인으로 계약하고, 나중에 1인을 빼고 거래신고 하는 방법
- 계약의 성립 당시에 당사자가 특정되지 않으면 계약의 성립이 불완전하다는 점을 들어, 홍길동 외 1인으로 계약서를 작성하지 말고 홍길동 외의 "1인"도 "일단 당사자를 특정 짓고, 추후 1인의 당사자가 필요 없게 되면 1인을 빼고나서 거래신고를 하는 방법이다(부동산거래신고 등에 관한 법률 시행규칙 제3조 3항 7호 참조).

③ "홍길동 외 1인"으로 계약을 체결하였다면
- 이때 만약에 어쩔 수 없이 "홍길동 외 1인"으로 계약을 체결하였다면 '일단' 특정된 당사자로(즉, 홍길동으로) 계약체결일로부터 30일 이내에 일단 거래신고를 하여야 한다. 당사자가 변경될 때까지 기다리다가 법정 신고 기간(계약일로부터 30일 내)을 도과하면 중개사는 과태료 또는 행정처분을 받을 수도 있다.

4. 대법원판례

【대법원 2008.3.13. 선고 2007다76603 판결[계약금반환등]】(매매계약서상의 매수인을 '○○○ 외 ○인'으로 표시한 경우, 계약상 매수인의 지위가 인정되는 범위)
- 실제 매매계약을 체결한 행위자가 자신의 이름은 특정하여 기재하되 불특정인을 추가하는 방식으로 매매계약서상의 매수인을 표시한 경우(즉, 실제 계약체결자의 이름에 '○○○ 외 ○인'을 부가하는 형태)에 있어서는, 비록 실제 계약을 체결한 행위자가 당시 계약금 마련 과정에서 일부 자금을 출연한 사람이나 장래 중도금 및 잔금의 지급과정에서 예상되는 제3자의 투자자 등을 '○○○ 외 ○인'에 해당하는 공동매수인으로 추가시키려는 내심의 의사를 가지고 있었다고 하더라도, 계약체결시나 그 이후 합의해제 시점까지 매도인에게 "○○○ 외 ○인"에 해당하는 '매수인 명의'를 특정하여 고지한 바가 없고 매도인의 입장에서 이를 특정 내지 확정할 수 있는 다른 객관적 사정도 존재하지 않는다면, 그러한 계약의 매수인 지위는 매도인과 명확하게 의사합치가 이루어진 부분으로서 "실제 계약을 체결한 행위자에게만" 인정된다고 보아야 할 것이다.

5. 『홍길동 외 1인』에 관한 실제 매매계약 사례

상가 매매 계약서

중개사

No 1

본 상가에 대하여 매도인과 매수인은 합의에 의하여 다음과 같이 매매계약을 체결한다.

1. 부동산의 표시

소 재 지	경기도 평택시			
토 지	지목	대	대지권비율	
건 물	구조	브럭조,경량철골	용 도	근린생활시설

2. 계약내용

제1조) [목 적] 위 부동산의 매매에 있어 매수인은 매매대금을 아래와 같이 지불하기로 한다

매매대금	金 일십구억오천오백만	원정 (₩1,955,000,000)			
계 약 금	金 팔천만	원정은계약시 지불하고 영수함.	영수인		印
중 도 금	金 이천만	원정은 2015년 10월 13일에 지불하며,			
	金	원정은 년 월 일에 지불하며,			
잔 금	金 일십팔억오천오백만	원정은 2016년 03월 22일에 지불한다.			
융 자 금	金	원정은 ( ) 하기로 한다.			

제2조) [소유권이전 등] 매도인은 매매대금의 잔금을 수령과 동시에 매수인에게 소유권이전등기에 필요한 모든 서류를 교부하고 등기절차에 협력하며, 위 부동산의 인도일은 2016년 03월 22일 인도한다.
제3조) [제한물권 등의 소멸] 매도인은 위 부동산에 설정된 저당권, 지상권, 임차권 등 소유권의 행사를 제한하는 사유가 있거나 제세공과 기타 부담금의 미납금 등이 있을때에는 잔금 수수일까지 그 권리의 하자 및 부담 등을 제거하여 완전한 소유권을 매수인에게 이전한다. 다만, 승계하기로 합의하는 권리 및 금액은 그러하지 아니하다.
제4조) [지방세 등] 위 부동산에 관하여 발생한 수익의 귀속과 제세공과금 등의 부담은 위 부동산의 인도일을 기준으로 하되 지방세의 납부의무 및 납부책임은 지방세법의 규정에 의한다.
제5조) [계약의 해제] 매수인이 매도인에게 중도금(중도금이 없을때에는 잔금)을 지불하기 전까지 매도인은 계약금의 배액을 상환하고, 매수인은 계약금을 포기하고 본 계약을 해제할 수있다.
제6조) [채무불이행과 손해배상]매도자 또는 매수자가 본 계약상의 내용에 대하여 불이행이 있을 경우 그 상대방은 불이행한 자에 대하여 서면으로 최고하고 계약을 해제할 수 있다. 그리고 계약 당사자는 계약해제에 따른 손해배상을 각각 상대방에게 청구할 수 있으며, 손해 배상에 대하여 별도의 약정이없는 한 계약금을 손해배상의 기준으로 본다.
제7조) [중개보수] 개업공인중개사는 매도인 또는 매수인의 본 계약 불이행에 대하여 책임을 지지 않는다. 또한 중개보수는 본 계약 체결과 동시에 계약 당사자 쌍방이 각각 지불하며,개업공인중개사의 고의나 과실없이 본계약이 무효, 취소 또는 해지 되어도 중개보수는 지급한다. 공동 중개인 경우에 매도인과 매수인은 자신이 중개 의뢰한 개업공인중개사에게 각각 중개보수를 지급한다.
제8조) [중개보수 외] 매도인 또는 매수인이 본 계약 이외의 업무를 의뢰한 경우 이에 관한 보수는 중개보수와는 별도로 지급하며 그 금액은 합의에 의한다.
제9조) [중개대상물확인설명서교부등] 개업공인중개사는 중개대상물확인설명서를 작성하고 업무보증관계증서(공제증서등)사본을 첨부하여 2015년 10월 13일 거래당사자 쌍방에게 교부한다.

특약사항 :
-----별지첨부-----

본 계약에 대하여 계약 당사자는 이의없음을 확인하고 각자 서명 · 날인후 매도인,매수인,개업공인중개사가 각각1통씩 보관한다.

2015년 10월 13일

매도인	주 소	경기도 평택시					
	주민등록번호		전화번호		성 명		
	대리인	주 소					
		주민등록번호		전화번호		성 명	
매수인	주 소	경기도 평택시					
	주민등록번호		전화번호		성 명		외2명
	대리인	주 소					
		주민등록번호		전화번호		성 명	
개업공인중개사	사무소소재지	경기도 평택시					
	사무소명칭				대표자		
	등록번호		전화번호		소속공인중개사		

매도인과 매수인 및 개업공인중개사는 매장마다 간인하여야 하며 각 1통씩 보관한다.

상가 매매 계약서

No.2

계약일자	2015년 10월 13일					
소 재 지	경기도 평택시					
토 지	지목	대	대지권비율		면적	
건 물	구조	브럭조,경량철골	용 도	근린생활시설	면적	

특약사항

1. 매매계약일 현재 상태에서의 매매계약이며, 철거와 신축을 전제로 한 매매이다. 따라서 매수인은 본인의 부담으로 철거를 하며, 물건의 하자에 관한 담보책임을 묻지 않는다. 매매대금에는 본건 부동산 위에 존재하는 종물 또는 부속물을 모두 포함한다.

2. 본건은 공부(대장)상의 면적을 기준으로 한 매매이며, 권리의 하자에 관한 담보책임을 묻지 않는다. 매도인은 이건 대지를 3필지로 분필하여 매도한다. 필지분할비용은 매수인의 부담으로 한다. 매도인은 분할에 관하여 적극 협조한다.

3. 매도인은 매매잔금 지급시까지 원칙적으로 이건 부동산상의 임대차 계약을 해지 및 정산하고 임차인들을 모두 퇴거시킨 후 이건 부동산을 매수인에게 명도하기로 한다. 다만, 사정에 따라서 매수인은 매도인의 명도에 필요한 기간을 상당한 정도로 허여하며 매도인과 매수인은 명도에 대하여 서로 협조한다.

4. 매매대금 19억5500만원은 대부분 토지대금이며, 매매잔금 지급기일까지의 임대료는 매도인이 수령한다.

5. 매도인은 잔금지급과 동시에 압류 및 근저당권말소등기를 이행하여야 한다. 이를 위하여 매도인은 잔금지급기일 전에 근저당권자인 주식회사 그린조이와 근저당권등기의 말소시기와 방법 등에 관하여 구체적인 협의를 하고 필요한 조치를 사전에 취하여 매수인으로부터 잔금 수령시에 근저당권말소등기 이행에 차질이 없도록 하여야 한다.

6. 매수인의 잔금지급과 매도인의 소유권이전등기에 필요한 서류의 양도는 동시이행관계이다. 따라서 매도인은 매수인 명의로의 소유권이전등기에 적극 협조하고 필요한 서류 일체를 교부한다.

7. 본 토지에 대한 건축허가 등 인허가 관련사항과 관계 법률의 규제사항 및 토지상의 지장물처리 등 본 건 토지상에 건물신축과 관련한 법적, 물리적인 제문제는 매수인의 책임으로 진행한다.

8. 매수인은 계약 당시 ○○○ 외 2인으로 계약을 체결하고, 필요시 적절한 시기에 매수인 ○○○ 이외의 자의 명의로 계약명의를 변경할 수 있다. 새로운 사람 명의의 계약서 작성 등이 필요할 시에는 매도인은 이에 적극 협력하기로 한다.

9. 매도인은 매수인이 매도인 명의로 건축허가신청을 하는 것을 허용하고, 매수인에게 건축허가신청과 관련한 매도인의 인감증명서 등의 서류를 발급해 주기로 한다. 또한 만약 매수인의 요구시에는 건축허가명의를 매수인 또는 매수인이 지정하는 사람의 명의로 변경해 주기로 한다.

10. 각종 조세 및 공과금은 매도인이 잔금일을 기준으로 정산한다.

11. 본 계약에 명시되지 않은 것은 민법 기타 거래관행에 따른다. 또한 본 계약에 명시된 사항도 장래에 있어서 사정변화에 따라 필요할시에는 매도인과 매수인이 협의하여 새로운 변화에 맞추어 다르게 다시 정할 수 있다. 매수인의 건축사정 등을 감안하여 잔금지급시기를 변경할 수 있다.

12. 매도인계좌번호 : 농협 ○○○○○○○

13. 매도인과 매수인은 본 계약의 성립시에 개업공인중개사에게 확인설명서에 명시된 중개보수를 지급하기로 한다.

14. 첨부서류 : ① 중개대상물 확인설명서   1통   ② 등기사항증명서(토지,건물)   각1통
              ③ 건축물대장   1통   ④ 토지대장   1통
              ⑤ 지적도   1통   ⑥ 토지이용계획확인서   1통
              ⑦ 임대차계약서 사본   2통   ⑧ 매도인, 매수인 신분증사본   각1통
              ⑨ 매도인의 건축허가용 인감증명서 1통. -끝-
              ———— 이 하 여 백 ————

6. 위 중개계약 사례에 대한 해설

- 위 계약은 저자가 직접 중개했던 사례이다. 이 건 지상에는 낡은 상가가 있었지만, 매수인은 철거 후 3필지로 분필 후 3필지로 개발할 예정이었기 때문에 매수인은 담보책임을 포기하였고(특약 제2조), 상가 명도는 매도인이 책임으로 이행하고 압류와 근저당권도 해제하기로 하였다(특약 제3조 제5조). 그리고 계약서 앞장과 같이 애초에 매수인이 '홍길동 외 2인'으로 계약을 체결하고, 필요시(매수인 중 외 2인이 특정되면) 계약서를 변경하기로 하였다(특약 제8조 및 당사자 표시 참조).
- 그러나 매도인은 기존의 상가임차인들을 내보내는 명도소송이 1~2년 지연되면서, 그 사이 이 사건 부동산가격이 급등하자 이런저런 핑계를 대거나 전화도 받지 않는 등 매매계약을 해제하였고, 당사자끼리 싸우다가 해결되지 않자 개업공인중개사를 상대로 3회에 걸친 진정과 3회에 걸친 형사고소를 하는 등 본인의 이익을 위하여 악행을 자행하였다.
- 그런데 문제는 계약서에는 당사자가 '홍길동 외 2인'으로 되어 있는데, 매도인이 매매계약을 해제하고 매수인의 특정에 따른 계약서 재작성 또는 변경에 협조하지 않음으로써 저자는 어쩔 수 없이 매수인을 홍길동으로 하는 부동산거래신고를 할 수밖에 없었다. 그러나 행정기관은 저자에게 부동산거래신고에 관한 법률 위반을 이유로 과태료 3,200만원을 부과하였다. 행정기관은 형식적으로 계약서에는 '홍길동 외 2인'으로 되어 있는데 홍길동으로 신고한 것에 대하여 허위신고를 이유로 행정처분을 한 것이다. 물론 위와 같이 신고를 할 수밖에 없었던 것은 매도인의 계약 불이행 때문에 빚어진 일이지만 행정공무원은 민법이나 계약법은 모르쇠이고 오직 형식상 부동산거래신고법을 위반하였다는 이유만으로 과태료 부과처분을 한 것이다. 물론 저자는 20년 이상의 각종 소송 경험이 있던 터라 형사소송(고소사건)에서 무혐의 처분을 받았고, 중개보수청구소송에서 승소를 하였고, 나아가 과태료 처분에 대한 행정소송 사건도 승소하여 과태료 처분이 취소되었지만, 애초의 계약일로부터 이 사건이 종료되는 데는 5년의 세월이 걸렸다. 아마도 각종 소송 경험이 없는 중개사였더라면 변호사 선임료 등으로 경제적으로 많은 비용 지출과 함께 정신적으로도 훨씬 더 많은 스트레스를 겪어야 했을 것이다.
- 무릇 계약이란 민법 또는 계약법이 중심이 되어야 한다. 그런데 앞에서 보았듯이 부동산거래신고에 관한 규칙이 거래계약 신고내용의 변경에 관하여, 공동 매수의 경우 '매수인 중 일부가 제외되는 경우'와 거래대상 부동산이 다수인 경우 '거래대상 부동산 중 일부가 제외되는 경우'만 변경할 수 있다고 규정함으로써, 절차법에 불과한 부동산거래신고 등에 관한 법이 민법에 우선 적용되는 결과가 되어 실체법인 민법의 계약자유의 대원칙이 훼손되는 결과를 초래하였고, 잘못된 법으로 인하여 본말이 전도된 결과를 초래함을 알 수가 있다. 즉, 매도인의 계약불이행으로 인하여 발생한 사건에서 행정공무원이 민원인의 진정에 굴복하여 부당한 과태료 처분을 함으로써 애꿎은 중개사가 이들에게 5년 동안 시달려야 하는 부당한 결과를 초래한 것이다. 이는 곧 행정공무원은 국가배상법상 손해배상의 대상이며 공무원법상 징계대상임은 말할 나위 없지만, 만약에 개업공인중개사가 계약서를 잘못 작성하는 날에는 위와 같은 악의의 당사자를 만나면 정말 중개업계를 떠나고 싶을 만큼 악몽이 될 수 있다. 따라서 개업공인중개사로서 우리는 실무적 내공을 탄탄히 쌓음으로써 그 어떤 어려운 계약도 법리에 따라 계약서를 작성하면 결국은 승소하여 업무적 성취를 얻을 수 있다는 점을 명심하고 가자.

제5절 물건의 표시(목적물의 특정)상의 주의사항

1. 목적물이 몇 필지이거나 몇 필지 위에 건물(또는 미등기 건물)이 있는 경우 계약서 작성 방법

(1) 목적물이 몇 필지 또는 몇 필지 위에 건물이 있는 경우

- 위와 같은 경우에 계약서를 따로따로 작성해야 하나? 아니면 일괄 매매 시 매매목록을 작성해서 첨부해야 하나? 매매목록을 작성해서 첨부한다면 어떤 방식으로 작성하는지? 이에 관하여 초보 중개사들은 혼란스러워하고 있다. 그 이유는 이들을 동시에 1건으로 처리하느냐 2건 또는 3건으로 처리하느냐(1장의 계약서로 처리하느냐 2장 또는 3장의 계약서로 처리하느냐)에 따라서 등기 방법, 세금 등에 차이가 있다고 생각하기 때문이다.
- 계약서는 원칙으로 물건별로 작성할 수 있으나, 소유자가 동일인인 경우 따로따로 계약을 하면 별개의 계약서로 작성을 하고, 한꺼번에 계약을 하면 하나의 계약서로 작성하면 된다. 한 장의 계약서이냐 두 장의 계약서이냐의 방식 때문에 양도세나 취득세가 달라지는 것은 아니다. 그러나 1건으로 계약서로 작성한 때에도 등기는 필지별로 하여야 하고 첨부서류도 별도로 첨부하여야 하므로, 계약서에는 필지별 매매가격이 구분되어 표시되어야 한다. 그래야 등록세 세금계산과 등기에 편리하기 때문이다.

(2) 미등기 건물이 있는 경우

- 미등기 건물이 있는 경우 중개를 해야 하는지에 관하여 의문을 가지고 있는 중개사들이 많다. 미등기 건물도 재산이고 중개를 해도 아무런 문제가 없다. 다만 중개사는 우선 미등기 건물의 진정한 소유자와 토지 소유자와의 관계, 미등기의 원인 등을 파악하여 매수인에게 설명함으로서 매수인이 매수 여부와 매수 후 대처방법에 대한 결정을 할 수 있도록 하여야 할 것이다. 즉 공인중개사법상의 확인설명의무만 다하면 미등기 건물 자체에 대한 책임은 없다.
- 매수인이 계약을 하기로 결정한 경우에는 계약서에 '미등기 건물에 대한 확인설명을 정확하게 하고, 매수인이 이를 인지한 후에 매매하였다'는 내용을 명시하여야 한다.

2. 매매목록 표시 방법 예시

```
【일반적인 경우】   1. 서울특별시 강남구 대치동 000 대 200㎡
                 2. 서울특별시 강남구 대치동 000
                    철근콘크리트조 슬래브지붕 2층 주택
                       1층 94㎡
                       2층 82㎡   끝
```

【미등기 건물의 경우】
1. 평택시 비전동 1234번지 대 000㎡
2. 위 지상 미등기 평가건(平家建) 목조 슬래트지붕 00㎡
3. 평택시 비전동 1234-1번지 대 000㎡
4. 평택시 비전동 1234-2번지 대 000㎡ 끝

제6절 임차인 있는 건물이 제3자에게 매매된 경우의 계약서 작성 실무

1. 임차인이 보상조건으로 퇴거하는 경우

■ 이 경우에는 임차인과 임대차계약 해지 및 건물명도 합의서를 작성하고 임차인을 내보내면 된다.

(제3자에게 건물이 매매되어 임차인이 보상조건으로 퇴거할 경우)

임대차계약 해지 및 건물명도 합의서

부동산의 표시	

위 표시 부동산이 제3자에게 매매됨에 따라 임대인(이하 갑)과 임차인(이하 을)은 아래와 같이 합의한다.

- 아 래 -

제1조 (합의 내용)
"갑"과 "을"은 양당사자 간의 현재의 임대차 계약을 합의에 의하여 해지한다.

제2조 (보상금 지급과 건물명도 합의)
"갑"은 "을"에게 이사비용 금___원, 중개보수 금___원, 기타의 명목으로 금___원, 합계 금___원을 보상금으로 지급하고, 을은 임대차에 관한 기한의 이익을 포기하고 점유하고 있는 건물(시설물 포함)을 갑에게 명도하기로 한다.

제3조 (동시이행)
갑 과 "을"은 동시이행으로 20   년   월   일까지 갑은 "을"에게 보상금을 지급하고, 을은 "갑"에게 점유하고 있는 건물(시설물)을 명도하기로 한다.

제4조 (채무불이행과 손해배상)
"갑"이 보상금 지급을 지체하면 "을"에게 지체일 수에 따른 월 2%의 지체보상금을 지급하고, 을이 건물명도를 불이행 또는 지연하면 갑에게 제3자와의 건물 매매계약에 따라 발생한 일체의 손해를 배상한다.

20   년 월 일

【갑】 임대인
성   명: 나가라   (인)
생년월일:
전화번호:

【을】 임차인
성   명: 나갈래   (인)
생년월일:
전화번호:

2. 임차인이 퇴거하지 않는 경우

(1) 공인중개사가 매도인의 말만 믿고 보증금과 월차임을 확인하지 않고 매매계약을 체결하였는데, 보증금과 월차임이 처음과 다를 경우

- 이 경우에는 통상 '매수인'은 중개사가 매도인과 짜고 매매를 한 것으로 몰아세운다. 따라서 이를 방지하기 위해서는 아래의 "임대차 보증금 및 월세 현황 확인서"를 작성하여 매매계약서에 첨부하여야 한다. 그렇지 않으면 중개사고 발생시 개업중개사에게 손해배상책임이 돌아온다(大判).

부동산 임대차 내역서
(임차인 현황서)

부동산의 표시 : 평택시 _____

호수	전월세 구분	보증금	월세	관리비	임대차 기간
호	☐전세 ☐월세				20 . . ~ 20 . .
호	☐전세 ☐월세				20 . . ~ 20 . .
호	☐전세 ☐월세				20 . . ~ 20 . .
호	☐전세 ☐월세				20 . . ~ 20 . .
호	☐전세 ☐월세				20 . . ~ 20 . .
호	☐전세 ☐월세				20 . . ~ 20 . .
호	☐전세 ☐월세				20 . . ~ 20 . .
호	☐전세 ☐월세				20 . . ~ 20 . .
호	☐전세 ☐월세				20 . . ~ 20 . .
		합계:	합계:	합계:	

매매 계약일 현재 매도인(임대인)은 ☐ 매도인 구술 또는 ☐ 계약서에 의하여 위 부동산에 존재하는 임대차 현황이 상기와 같음을 확인합니다.

20 년 월 일

매도인 : _____(인) 평택박사공인중개사사무소 귀중

(2) 상가 매매(주택 포함)에서 임차인이 매수인의 임대인지위승계를 원하지 않는 경우와 매도인이 매매를 위하여 위장임차인을 내세워 수익률을 조작한 경우

① 임차건물의 양수인(매수인)이 임대인의 지위 승계 의제
- 상가(주택 포함)가 매매되면 임차건물의 양수인(매수인)은 임대인의 지위를 승계한 것으로 본다(주임법 제3조 4항, 상임법 제3조 2항).

② 면책적 채무인수 또는 이행인수
- 결국 '면책적 채무인수'가 되어 매도인은 채무를 면하게 되고 "매수인만"이 임차인에 대한 보증금반환채무를 지게 된다. 판례는 특별한 사정이 없는 이상 면책적 채무인수가 아니라 "이행인수"로 보아야 하고, "면책적 채무인수"로 보기 위해서는 이에 대한 채권자 즉 '임차인의 승낙'이 있어야 한다고 하기도 한다. [89]

③ 임차인이 매수인의 임대인지위승계를 원하지 않는 경우
- 이때 임차인은 양도사실을 안 때로부터 상당한 기간 내에 이의를 제기할 수 있고, 이의를 제기하면 매수인에게 임대인의 지위가 승계되지 않고 양도인의 임차인에 대한 보증금반환채무는 소멸하지 않는다는 것이 판례이다. [90]

④ 매수인이 임차인을 인수하는 경우 '채무인수계약서' 작성 필요
- 여기서 주의할 점이 있다. 매수인 명의로 소유권이전등기가 된 후에 임차인이 매수인의 자력이나 판례를 이유로 매수인의 임대인지위 승계를 거부하는 경우에는, 임차인에 대한 보증금을 매수인이 아니라 매도인이 반환하여야 하기 때문에 매수인이 매수 당시 매매대금에서 공제하였던 임대차 보증금 상당액을 매도인에게 지급하여야 하는 사태가 발생될 수 있다. 이 경우에는 중개사고로 이어질 수 있다. 이러한 사태를 방지하기 위해서는 매매계약 체결 후 매수인이 임차인들에게 매수사실을 알리기 위하여 임차인들을 미팅할 때 아래와 같은 '채무인수계약'을 체결하는 것이 좋다.
- 이때 채무인수계약서 작성에서 주의할 점은 제목을 '채무인수계약서'라고 작성하면 기존의 임차인들이 승낙을 해주지 않을 수도 있다. 따라서 내용은 채무인수에 대한 승낙이지만, 외관상 제목은 '소유자변경확인서'로 하고 내용은 신소유자의 채무인수를 임차인이 승낙하는 형태로 작성하면, 대부분의 임차인들은 거부반응 없이 승낙을 한다.
- 계약서상에 "향후 임대료를 새로운 소유자에게 지급하고, 계약 종료 시 새로운 소유자로부터 임대차 보증금을 받아 나가도록 하겠다"는 것이 바로 임차인이 '신소유자가 구소유자의 임차인들에 대한 보증금반환채무를 인수하는 것'을 승낙하는 것이 된다. 다음은 저자가 실무 시에 사용하던 소유자변경확인서(채무인수계약서)이다. 실무에 참조하기 바란다.

---

89) 대법원 2015.5.29. 선고 2012다84370 판결 [임대차보증금반환], 대법원 2008.9.11. 선고 2008다39663 판결 [임대차보증금]
90) 대판 2002.9.4. 2001다64615 판결 [임대차보증금], 대법원 1998.9.2. 자 98마100 결정 [경매개시이의신청기각], 대법원 2015.5.29. 선고 2012다84370 판결 [임대차보증금반환]

소유자변경확인서
(매수인이 임차인을 인수하는 경우)

부동산표시 : 평택시 **로 **번길 *(평택동 ***-**) 대지 145.1㎡
　　　　　　지상건물 라멘조 및 세멘벽돌조 근린생활시설 123.6㎡ 중 3층 주택
전소유자 : 김*자, 옥*빈
　　　　　　경기도 용인시 수지구 동천동 913 동문6차한빛스위티 아파트 ***-****
변경될 소유자 : 김*희, 이*자, 김*웅
　　　　　　서울특별시 서초구 반포대로 10길 35 ***동 ***호(서초동 서초지웰)

1. 위 부동산에 관하여 20 . . . 신구 부동산 소유자 사이에 매매계약이 체결되어 20 . . . 소유자가 변경된 사실을 확인한다.
2. 향후 임대료는 새로운 소유자와의 협의 하에 새로운 소유자에게 지급하고, 계약 종료시 새로운 소유자로부터 임대차보증금을 반환받기로 한다.
3. 확인서는 2부 작성하여 각 1부씩 소지한다.

　　　　　　　　　　　20 . . .

확인자 : 3층 주택 임차인 　김*석(******-*******)　　(인)

　　주소 : 충남 천안시 서북구 성환읍 **** **-**
　　전화 : 010-****-****

⑤ 매수인이 임차인을 인수하지 아니하는 경우에는 아래와 같이 "명도확인서"를 수령해야 한다.

명도확인서
(매수인이 임차인을 인수하지 아니하는 경우)

부동산표시 : 평택시 **로 **번길 *(평택동 ***-**) 대지 145.1㎡
　　　　　　지상건물 라멘조 및 세멘벽돌조 근린생활시설 123.6㎡ 중 3층 주택
전소유자 : 김*자, 옥*빈
　　　　　　경기도 용인시 수지구 동천동 913 동문6차한빛스위티 아파트 ***-****
변경될 소유자 : 김*희, 이*자, 김*웅
　　　　　　서울특별시 서초구 반포대로 10길 35 ***동 ***호(서초동 서초지웰)

1. 위 부동산에 관하여 20 . . . 신구 부동산 소유자 사이에 매매계약이 체결되어

> 　20 ． ． ．소유자가 변경된 사실을 확인한다.
> 2. 임차인은 임대차 만기 20 ． ． .까지의 기한의 이익을 포기하고, 임대인은 20 ． ． . 임차인에게 임대차계약 중도 합의 해지에 따라 보증금 000 중 일부 금000원을 미리 반환하기로 한다. 임대인은 임차인에게 이사비용으로 금000원을 지급하고, 중개보수 금000원도 부담한다.　【계좌번호:　, 은행:　, 예금주:　】
> 3. 임차인은 20 ． ． .까지 건물을 명도하기로 한다. 임차인은 당일 건물 명도 후 임대인에게 건물 출입문 열쇠를 반환함과 동시에 나머지 보증금액을 수령한다.
> 4. 임차인은 위 금원을 수령하는 시점부터 본 부동산의 매수인에게 대항력 등 임차인으로서의 권리를 주장하지 않으며, 위 확약의 불이행 또는 지연으로 인하여 임대인에게 발생한 손해를 배상한다.
> 5. 확인서는 2부 작성하여 각 1부씩 소지한다.
>
> 　　　　　　　　　　　　　20 ． ． ．
>
> 　확인자 : 3층 주택 임차인　 김**(******-*******)　　　　　　(인)
> 　　　　주소 : 충남 천안시 서북구 성환읍 **** **-**
> 　　　　전화 : 010-****-****

3. 건물 매매 후 '잔금 지급 전' "매수인"이 임대차계약을 체결하는 경우 (매수인이 그 임대차 보증금으로 매매 잔금을 대체하는 경우)

(1) 매수인이 임대한 후 매도인이 "매매계약을 해제한 경우"
　　(주임법, 상임법이 적용되는 경우)

① 임차인은 매도인에게 대항 가능, 매도인은 임대인 지위 승계

- 일반적으로 소유자가 임대차 등의 용익물권을 설정한다. 그러나 일정한 경우에는 소유자가 아니어도 임대차계약을 체결할 수 있는 경우가 있다. 명의신탁자 또는 매수인이 잔금 전 매도인으로부터 임대에 관한 권한을 부여받아 임대차계약을 체결하는 경우가 그 예이다. 대법원도 소유자 아닌 자의 임대차계약의 체결을 허용하고 있다.[91]

- <u>매매계약 후 잔금과 등기 전에 매수인이 매도인으로부터 임대권한을 부여받아(임대권한 부여 합의)</u>

---

[91] 【대법원】 2012.7.26. 선고 2012다45689
　　【판결요지】 주택임대차보호법이 적용되는 임대차는 반드시 임차인과 주택 소유자인 임대인 사이에 임대차계약이 체결된 경우에 한정되는 것은 아니고, 주택 소유자는 아니더라도 주택에 관하여 적법하게 임대차계약을 체결할 수 있는 권한을 가진 임대인과 임대차계약이 체결된 경우도 포함된다.

매수건물을 임대한 후 매도인이 매매계약을 해제한 경우, 임차인은 "민법 제548조 1항 단서의 제3자에 해당"되어 매매계약이 해제되어도 매도인에게 대항 가능하며, 계약해제로 매도인은 다시 임대차보호법상 양수인이 되어 임대인의 지위를 승계한 것으로 간주된다(주임법 제3조 4항, 상임법 제3조 2항).

```
(사례 도해)     甲(매도인)  ─(1)매매(잔금전,등기전)─  乙(매수인 겸 임대인)
                            (3)甲 계약해제

           ⇒  ─(2)乙이 丙에게 임대, 丙 대항요건＋확정일자 구비─  丙(임차인)
              (4)丙 甲에게 대항가능, 甲 임대인 지위승계
```

② 임대인 지위(임차권) 승계방식 또는 대리권 수여방식이 좋다

- 그러나 아래에서 보는 '임대권리부여합의서'에 따른 계약은 자칫하면 아래의 (2)의 사례와 같이 <u>해제조건부계약으로 해석될 경우</u>에는 중개사고로 이어질 수 있어서 피하는 것이 좋다. 이 경우에는 임대인 지위(임차권) 승계방식을 취하는 것이 안전하다. 임대인 지위(임차권) 승계방식에 관한 계약서는 그 다음에 적시하였다.

(2) 주택 또는 상가건물의 '해제조건부' 매매에서 매수인이 임대한 경우

　(주임법과 상임법이 적용되지 않는 경우)

```
(사례 도해)     甲(매도인)  ─(1) 해제조건부 매매─  乙(매수인 겸 임대인)
                            (3)조건성취

           ⇒  ─(2)乙이 丙에게 임대, 丙 대항요건＋확정일자 구비─  丙(임차인)
              (4)丙은 甲에게 대항불가
```

① 매매계약이 해제된 경우와 해제조건부 계약의 차이점

- 매수인은 소유자가 아니기 때문에 원칙적으로 처분행위를 할 수 없다. 대법원이 유효하게 성립한 계약이 해제된 경우에도 임차인이 매도인에게 대항할 수 있다고 본 사안은 임차인이 <u>민법 제548조 1항 단서의 제3자에 해당</u>되어 보호를 받을 수 있기 때문이며, 해제조건부 계약에서 해제조건의 성취로 계약이 소멸되는 경우에는 해제조건의 소급효로 인하여 임차인은 보호를 받을 수 없게 된다.

② 임대인 지위(임차권)승계방식 또는 대리권 수여방식으로 할 것

- 따라서 시중의 '임대권리부여합의서'는 전자의 경우에는 주효하지만, 후자의 경우에는 매우 위험하게 된다. 따라서 후자의 경우에는 임대인 지위(임차권) 승계방식 또는 대리권수여방식에 의하여야 한다. 그렇지 않으면 자칫 '임대권리부여합의서'에 의한 계약이 해제조건부 계약으로 해석되면(특히 소송에서 법원에서 그렇게 해석하게 되면) 해제조건의 소급효로 인하여 임차인은 매도인에게 대항할 수 없게 되므로 중개사는 중개사고로 고생하게 된다.

임대권리 부여 합의서 (견본임)

부동산표시						
계약 원인	매매	계약일	20 년 월 일	잔금일	20 년 월 일

매도인(이하 갑)과 매수자(이하 을)은 위 표시 부동산에 대해 상기 계약 원인과 계약일에 부동산 매매계약을 체결하여, 매매에 따른 소유권이전절차가 진행 중인 바, 소유권이전 전까지 표시 부동산의 신규 영입 임차인에 대해 다음과 같이 처리하기로 합의한다.

1. 갑은 을에게 계약일 이후 소유권이전등기 전까지, 을의 잔금 충족 등을 사유로 상기표시 부동산에 대한 신규 임차인 영입시, 을이 갑의 임대인 권리를 위임받아 임대인 명의를 을명의로 하여 임대차에 따른 일체의 권리를 행사하는 것에 동의한다.
1. 을은 신규 임차인으로부터 받는 임대차 계약에 따른 금원 일체는 수령 즉시 갑에게 지급한다.

갑명의 금융계좌【   은행】   계좌번호:

1. 갑은 을의 잔금 지불과 을에게 소유권이전등기 경료 전까지 신규 임차인이 을과 행한 임대차 계약에 따른 보증금 및 차임, 기간을 보장해 준다.
1. 상기 계약 원인에 대해 당사자 중 어느 일방에 의해 계약해제가 발생할 시, 계약해제가 확정되는 즉시 갑은 을이 행사한 신규 임차인과의 임대차 계약을 승계·인수하기로 한다.
1. 본 증서의 효력은 상기 계약 원인에 따른 을의 잔금지급과 갑의 소유권이전등기가 동시 이행되는 즉시 상실한다.

갑과 을은 위와 같이 합의하며, 이에 각각 자필서명 한다.

20 년 월 일

【갑】매도인
성   명: (인)
생년월일:
주   소:

【을】매수인
성   명: (인)
생년월일:
주   소:

【임대인 지위(임차권) 승계방식에 의하는 경우】

부동산매매계약서

부동산표시						
계약 원인	매매	계약일	20 년 월 일	잔금일	20 년 월 일

매도인(이하 갑)과 매수자(이하 을)은 위 표시 부동산에 대해 상기 계약 원인과 계약일에 부동산 매매계약을 체결한다.

1. <u>매매계약내용 기재</u>
2. _____ " _____
3. _____ " _____
4. _____ " _____
5. _____ " _____
6. <u>위 매매계약에 따라서 신규임차인과의 임대차계약은 매수인이 매도인의 대리인의 자격으로 체결한다(매도인 명의의 임대차계약서 별도 작성 요).</u>
7. <u>위 매매계약에 따라서 매수인이 신규임차인과의 임대차계약 체결에 따른 법적 효력은 주임법 제3조 4항(상임법 제3조 2항)에 따라서 매도인이 매매계약을 해제한 경우에도 임차인은 민법 제548조 1항 단서의 제3자에 해당되어 매도인에게 대항 가능하며, 매매계약이 해제되어도 매도인은 임대인의 지위를 승계한 것으로 본다.</u>
8. 갑과 을은 위와 같이 합의하며, 이에 각각 자필·서명하고 각각 1부씩 소지한다.

20 년 월 일

【갑】매도인 　　　　　　　　　　　　【을】매수인
성　　명: 　다판다　 (인) 　　　　　성　　명: 　다산다　 (인)
생년월일: 　　　　　　　　　　　　　생년월일:
주　　소: 　　　　　　　　　　　　　주　　소:

【대리권수여방식에 의할 경우에는 위임장이 첨부된 매도인 명의의 별도의 임대차계약서 작성 필요】

- 이 경우는 아래의 '매도인의 위임장'을 첨부하고, 매수인이 '매도인의 대리인'으로서 임차인과 임대차계약을 체결하면 된다. 그러면 매수인이 매도인의 대리인으로서 한 임대차계약 체결행위의 법적 효

과는 매도인에게 귀속된다.

부동산 매매 위임장

1. 부동산 표시

2. 위임인 및 수임인 인적사항

	위임인(소유자)	수임자(대리인)
성 명 (상호및대표이사)		
주민등록번호 (법인등록번호)	-	-
주 소 (사업장소재지)		
연락처		

3. 위임인과 수임인 관계 및 위임사유

관계		위임사유	

4. 위임 업무(대리권의 범위)

위임인은 수임인에게 상기 위임업무에 대해 대리권을 위임한다.

20   년   월   일

위 위임인 :   (인감인)

※ 첨부 : 위임인(소유자) 인감증명서 1부

제7절 계약서 대서 또는 재작성에 따른 공인중개사의 책임

1. 단순히 계약서 대서행위만 한 경우

- 공인중개사가 중개대상물 확인설명서 및 거래계약서를 작성하지 않는 등 단순히 대서행위만 하였다면 공인중개사법상 중개행위가 있었다고 볼 수 없다. 따라서 공인중개사는 중개보수 지급청구권이 없다고 할 것이므로 공인중개사법령을 적용할 수 없다(국토부 주택토지실 토지정책관 부동산산업과 2012.07.02.22: 14:50)

2. 공인중개사가 자신의 중개로 전세계약이 체결되지 않았음에도 실제 계약당사자가 아닌 자에게 전세계약서 등을 작성·교부해 준 경우

- 공인중개사가 자신의 중개로 전세계약이 체결되지 않았음에도 실제 계약당사자가 아닌 자에게 전세계약서와 중개대상물 확인설명서 등을 작성·교부해 줌으로써 이를 담보로 금전을 대여한 대부업자가 대여금을 회수하지 못하는 손해를 입은 사안에서, 중개업자로서는 일반 제3자가 그 전세계약서에 대하여 중개업자를 통해 그 내용과 같은 전세계약이 체결되었음을 증명하는 것으로 인식하고 이를 전제로 그 전세계약서를 담보로 제공하여 금전을 차용하는 등의 거래 관계에 들어갈 것임을 인식할 수 있었다고 보아, 중개업자의 주의의무 위반에 따른 손해배상책임이 인정된다. [92]
- 위 사건의 경우에는 공인중개사는 형법 제231조의 사문서 위조 및 동행사죄의 공범으로 처벌 받을 수도 있다.

3. 공인중개사가 자신이 중개한 거래에서 잔금시 계약서를 재작성한 경우

【실제 사건에 대한 사례연습】

【사실관계】

가. 이 사건 계약의 체결

(1) 원고(중개의뢰인, 임차인)는 1997.4.5. 서울 소재 부동산중개업자인 피고의 중개로, 소외 임대인 소유의 아파트를 임차보증금 52,000,000원, 임차 기간은 24개월로 임차하기로 하고, 보증금 중 계약금 3,000,000원은 계약 당일에, 잔금 49,000,000원은 같은 해 5.5.에 각 지급하기로 약정하였다.

(2) 당시 이 사건 아파트에는 한국주택은행 명의로 채권최고액 금 32,500,000원의, 주식회사 국민은행 명의로 채권최고액 금 12,000,000원의, 주식회사 조흥은행 명의로 채권최고액 금 11,700,000원의,

---

[92] 대법원 2010.5.13. 선고 2009다78863,78870 판결 [손해배상(기)]

소외 황정자 명의의 채권최고액 금 5,000만 원의 각 근저당권설정등기와 주식회사 평화은행의 청구금액 11,305,190원의 가압류등기가 경료되어 있었고 이를 모두 말소하기로 하였다.

나. 근저당권 등의 변동상황

- 임대인은 이 사건 아파트에 경료되어 있던 근저당권설정등기와 가압류등기는 같은 해 5.1. 모두 말소하였지만, 말소와 함께 같은 해 5.1. 소외 의정부농업협동조합 명의의 금 7,000만원의 근저당권을 다시 설정하고, 이 사실을 원고와 중개사에게는 알리지 않았다.

다. 계약서의 재작성 등

- 원고는 그 잔금지급기일인 같은 해 5.5. 피고의 중개사무소에서 임대인에게 잔금 49,000,000원을 지급하였으며, 원고가 계약 당시에 작성한 전세계약서를 분실하여, 피고에게 잔금지급 기일에 계약서를 재작성해줄 것을 부탁하여, 피고는 새로운 전세계약서를 작성하여 원고와 임대인에게 교부하였다. 이때 피고는 원고에게 이 사건 아파트에 경료되어 있던 각 근저당권설정등기는 모두 말소되었다고 말하였을 뿐, 그 시점에서 다시 조사를 하지 않은 나머지, 임대인이 소외 의정부농협 명의로 다시 설정한 금7,000만원의 근저당권에 대한 설명은 하지 않았다.

라. 이 사건 아파트에 대한 경매

- 그 후 의정부농협은 이 사건 아파트에 대한 임의경매를 신청하여 제3자에게 경락되었으며, 그에 따른 배당 절차에서 원고는 위 임차보증금을 전혀 회수하지 못하였다.

【원심과 대법원의 판단】

- 부동산 중개인이 중개의뢰인의 요구에 따라 잔금 지급일에 거래계약서를 재작성함에 있어 중개의뢰인의 확인 요청에 따라 그 시점에서의 제한물권 상황을 다시 기재하게 되었으면 중개대상물의 권리 관계를 다시 확인하여 보거나 적어도 중개의뢰인에게 이를 확인하여 본 후 잔금을 지급하라고 주의를 환기시킬 의무가 있다고 하면서 중개사에게 손해배상책임을 인정하였다. [93]

4. 보증금 증액 계약서 작성과 책임 문제

(1) 보증금이 증액된 경우의 확정일자 취득 문제

- 증액청구 또는 재계약에 따라 차임이나 보증금을 올려 준 경우에는 대항력이나 우선변제권 취득을 위해서는 그 '증액된 부분'을 위한 임대차계약서를 작성하고 그 "증액부분의 임대차계약서"에 확정일자를 받아 두어야 한다. 대항력을 갖춘 임차인이 저당권설정등기 이후에 임대인과의 합의에 의하여 보증금을 증액한 경우에는 보증금 중 증액부분에 관해서는 저당권에 기하여 건물을 매수한 자에게 대항할 수 없게 되기 때문이다.[94] 또한 차임이나 보증금을 증액하는 경우에는 부동산등기부를 확인

---

[93] 서울지법 동부지원 1999.12.10. 선고 99가합3332 판결 [손해배상](제1심): 항소, 서울고법 2000.7.21. 선고 2000나4557 판결 [손해배상](원심판결): 상고, 대법원 2002.8.27. 선고 2000다44904 판결 [손해배상]

하여 임차주택에 저당권 등 담보물권이 새롭게 설정되어 있지 않는지를 확인한 후 증액 여부를 결정하는 것이 안전하다.
- 여기서 실무상 주의할 점이 있다. 즉, 차임이나 보증금이 증액된 경우, 전 계약서를 찢어버리고 증액된 부분이 아닌 새로운 계약서를 작성하고 그 새로운 계약서에 새로 확정일자를 받아둔 경우에는 우선변제권의 순위 변동으로 경매가 청구된 경우에는 손실을 볼 수 있으므로 주의하여야 한다. 확정일자를 받은 구계약서와 신계약서를 동시에 보관하고 있어야 한다.

(2) 증액계약서 작성 시의 실무상 핵심
- 보증금증액계약서 작성의 포인트는 보증금액의 문제뿐만 아니고 증액계약서 작성 시점에 먼저 어떤 권리변동이 있었는지와 종전계약서 확정일자 부여 여부이다. 그에 따라 어떤 내용의 특약을 넣어야 될지, 특약 없이 재작성해도 될지, 계약서를 증액분만으로 할 것인지 아니면 총액으로 해도 될지를 판단하여야 한다. 따라서 종전 계약 시점에서 보증금 증액 시점까지 기간 중에 "권리변동이 없다면", 종전계약서를 파기하고 별다른 특약없이 증액된 금액으로 재작성하고 확정일자를 받아도 된다. 그러나 종전 계약 시점에서 보증금 증액 시점까지 기간 중에 "권리변동이 있다면" 종전계약서는 그대로 보관하고, 증액분에 대한 별도의 계약서를 작성하고 이에 관하여 확정일자를 받아서 양자를 같이 보관하여야 한다. 이 경우에 이를 무시하고 새로운 계약서로 작성하면 권리변동에 따라 최악의 경우는 최신계약서를 작성해 준 마지막 중개사가 책임을 질 수도 있게 된다.
- 문제는 종전계약서에 "확정일자"를 받지 않았는데 권리변동이 있었던 경우이다. 이때는 총액계약서로 쓰면 안되고 특약에도 "권리변동내용"을 꼭 기재해 놓아야 한다. 그래야 증액계약서로 말미암아 향후 분쟁에 휘말리지 않는다. 즉, "최초 계약 이후 근저당 00만원 설정된 상태에서 5천만원 증액하는 계약임"이라고 특약을 쓰고 확정일자를 받도록 하여야 한다. 그래야 보증금증액계약서를 작성한 중개사가 증액계약서 작성 시점에 권리변동된 내용에 대한 책임을 지지 않게 된다.

제8절 중개업에서 입증방법상 녹취의 활용

1. 녹취의 목적

(1) 중개업무의 특성상 거짓과 꼼수 빈발
- 공인중개사의 업무가 '거래금액이 높은 물건을 대상'으로 '제3자 사이'의 알선·중개를 하는 것이다 보니 업무의 특성상 다른 어떤 업종보다도 거짓과 꼼수가 많다.

---
94) 대판 1990.8.14. 90다카11377

(2) 계약의 장기화로 인한 변수와 구두 약속이 많다.

- 미래에 일어날 일들을 모두 계약서에 구체적으로 기재할 수만 있다면 녹취의 필요성이 없을 것이나, 계약서란 '계약 당시의 상황'을 문서화하는 것일 뿐 '계약 이후의 변수'에 대한 것은 주로 구두로 약속을 하게 된다.
- 그런데 계약 이후의 변수에 대한 구두 약속이 계약서에 기재되지 못하다 보니 이해관계 있는 당사자는 자신이 한 말을 손바닥 뒤집듯 거짓말을 하는 경우가 많다.

(3) 장래의 분쟁 대비 목적

- 이와 같은 상황에서 공인중개사는 장래에 있어서의 분쟁을 대비하여 녹음을 해뒀다가 필요시에는 녹취사 등의 전문기관에 녹취를 하여 증거로 활용할 수 있어야 한다.

2. 통신비밀보호법의 규정

(1) 용어의 정의

1. "통신"이라 함은 '우편물 및 전기통신'을 말한다.
2. "우편물"이라 함은 우편법에 의한 통상우편물과 소포우편물을 말한다.
3. "전기통신"이라 함은 전화·전자우편·회원제정보서비스·모사전송·무선호출 등과 같이 유선·무선·광선 및 기타의 전자적 방식에 의하여 모든 종류의 음향·문언·부호 또는 영상을 송신하거나 수신하는 것을 말한다.
4. "당사자"라 함은 우편물의 '발송인과 수취인', 전기통신의 '송신인과 수신인'을 말한다.
5. "내국인"이라 함은 대한민국의 통치권이 사실상 행사되고 있는 지역에 주소 또는 거소를 두고 있는 대한민국 국민을 말한다.
6. "검열"라 함은 우편물에 대하여 당사자의 동의 없이 이를 개봉하거나 기타의 방법으로 그 내용을 지득 또는 채록하거나 유치하는 것을 말한다.

(2) 통신 및 대화비밀의 보호

① 검열·감청·녹음·청취 금지

- 누구든지 이 법과 형사소송법 또는 군사법원법의 규정에 의하지 아니하고는 우편물의 검열·전기통신의 감청 또는 통신사실 확인자료의 제공을 하거나 공개되지 아니한 타인 간의 대화를 녹음 또는 청취하지 못한다(제3조).

② '불법 취득한' 전기통신내용의 증거사용 금지

- '불법검열'에 의하여 취득한 우편물이나 그 내용 및 '불법감청'에 의하여 지득 또는 채록된 전기통신

의 내용은 재판 또는 징계절차에서 증거로 사용할 수 없다(제4조).

③ 타인 간의 대화 비밀 침해금지
- 누구든지 공개되지 아니한 타인 간의 대화를 녹음하거나 전자장치 또는 기계적 수단을 이용하여 청취할 수 없다(제14조).

3. 녹취 방법의 적법성 여부

(1) '타인 간의 대화'에서 '제3자'가 녹음하는 경우(불법)
- 제3자가 『전화통화자 중 일방만의 동의를 얻어』 통화내용을 녹음한 경우, 통신비밀보호법 제3조 제1항 소정의 '전기통신감청'에 해당한다. [95)] [96)]

(2) '3인 간의 대화'에서 '그중 한 사람'이 녹음하는 경우(적법)
- 타인 간의 대화를 녹음 또는 청취하는 것이 금지되는 것은 『원래부터 대화에 참여하지 않은』 제3자가 타인들 간의 대화를 녹음 또는 청취하는 것이 금지되는 것이다.

- 따라서 『3인 간의 대화』에서 『그중 한 사람』이 그 대화를 녹음 또는 청취하는 경우에는 다른 두 사람의 발언은 그 녹음자 또는 청취자에 대한 관계에서 '타인 간의 대화'라고 할 수 없으므로, 이러한 녹음 또는 청취행위 및 그 내용을 공개하거나 누설하는 행위는 처벌대상에 해당하지 않는다. [97)]

(3) '당사자 간의 대화'에서 '당사자 일방'이 녹음하는 경우(적법)
- 피고인이 피해자에게 전화를 하여 피해자가 그 전화내용을 녹음한 경우, 그 녹음테이프가 피고인 모르게 녹음된 것이라 하여 이를 위법하게 수집된 증거라고 할 수 없다. [98)]

4. 동의 없는 녹취의 위법성과 증거능력

(1) 동의 없는 녹취의 형사소송법상 증거능력

---

95) 대법원 2002.10.8. 선고 2002도123 판결 [통신비밀보호법위반], 대법원 2010.10.14. 선고 2010도9016 판결 [마약류관리에관한법률위반(향정)], 대법원 2008.10.23. 선고 2008도1237 판결 [통신비밀보호법위반]
96) 수사기관이 갑으로부터 피고인의 마약류관리에 관한 법률 위반(향정) 범행에 대한 진술을 듣고 추가적인 증거를 확보할 목적으로, 구속수감되어 있던 갑에게 그의 압수된 휴대전화를 제공하여 피고인과 통화하고 위 범행에 관한 통화 내용을 녹음하게 한 행위는 불법감청에 해당하므로, 그 녹음 자체는 물론 이를 근거로 작성된 녹취록 첨부 수사보고는 피고인의 증거에 대한 동의에 상관없이 그 증거능력이 없다.
97) 대법원 2006.10.12. 선고 2006도4981 판결 [통신비밀보호법위반], 대법원 2014.5.16. 선고 2013도16404 판결 [통신비밀보호법위반], 대법원 2016.5.12. 선고 2013도15616 판결 [통신비밀보호법위반]
98) 대법원 1997.3.28. 선고 97도240 판결 [강간치상(인정된 죄명 : 강간)], 대법원 2005.12.23. 선고 2005도2945 판결 [공갈미수]

- 피고인이 피해자에게 전화를 하여 피해자가 그 전화내용을 녹음한 경우(당사자 간의 대화에서 당사자 일방이 녹음하는 경우), 그 녹음테이프가 피고인 모르게 녹음된 것이라 하여 이를 위법하게 수집된 증거라고 할 수 없다. 99)

(2) 동의 없는 녹취의 민사소송법상 증거능력

- 자유심증주의를 채택하고 있는 우리 민사소송법 하에서 상대방 부지 중 비밀리에 상대방과의 대화를 녹음하였다는 이유만으로 그 녹음테이프나 녹취록이 증거능력이 없다고 단정할 수 없고, 그 채증 여부는 사실심 법원의 재량에 속하는 것이다(증거능력 문제가 아니라 증명력 문제).
- 당사자가 모른다고 다투는 서증에 관하여 거증자가 특히 그 성립을 증명하지 아니한 경우라도 법원은 다른 증거에 의하지 아니하고 변론 전체의 취지를 참작하여 자유심증으로써 그 성립을 인정할 수도 있다. 100)

5. 녹음 방법과 그 활용 방법

(1) 녹음 방법

① 녹음장치
- 휴대폰, MP3, 녹음기, 유무선 등 녹음이 가능한 장치로 녹음을 하면 된다.

② 당사자의 신분과 내용이 구체적으로 드러나도록 녹음해야 한다.
- 녹취는 훗날 증거방법으로 활용하는데 목적이 있으므로, 녹음을 할 때에는 증거로 활용할 수 있도록 "당사자의 신분과 내용이 구체적으로 드러나도록" 녹음을 하여, 제3자가 들어서 누가 어떤 내용의 대화를 주고 받은 것인지를 명확하게 알 수 있어야 한다.
- 다시 말해서 사건의 내막을 잘 알고 있는 당사자 간에 이야기 하듯이 몸통은 빼고 거두절미식으로 이야기하는 것을 녹음해서는 증명력이 떨어진다. 따라서 녹음에 본인과 상대방 등의 이름·신분·주소·전화번호 등이 특정되도록 녹음을 하여야 한다.
- 예컨대 그 사람이, 그 사장님이 등의 대명사를 사용해서는 안 되며, 주어와 목적을 생략하고 하는 "거두절미식의 통화", 즉 (누가를 생략하고) …라고 말했죠? (무엇을 생략하고) 주기로 했지 않느냐? 등의 이른바 "거시기식의 대화"는 안 된다.

③ 위반사실 또는 입증하고자 하는 사실을 구체적으로 녹음해야 한다.
- 위반사실 또는 입증하고자 하는 사실 등이 드러나도록 구체적으로 하여야 한다.

---

99) 대법원 1997.3.28. 선고 97도240 판결 [강간치상(인정된 죄명 : 강간)], 대법원 2012.9.13. 선고 2012도7461 판결 [특정경제범죄가중처벌등에관한법률위반(공갈)], 대법원 2015.1.22. 선고 2014도10978 전원합의체 판결 [내란음모·국가보안법위반(찬양·고무등)·내란선동] 〈내란음모에 관한 사건〉 [공2015상,357]
100) 대법원 2009.9.10. 선고 2009다37138,37145 판결 [채무부존재확인·손해배상(자)], 대법원 1993.4.13. 선고 92다12070 판결 [소유권이전청구권보전의가등기에기한본등기]), 대법원 2014.7.10. 선고 2011다102462 판결 [소유권보존등기말소등]

- 예컨대 어떠한 약속사실, 어떤 내용의 계약위반사실, 어떤 내용의 채무불이행 또는 계약불이행 사실, 날짜·시간 등이 구체적으로 현출되도록 가급적 육하원칙에 따라서 녹음을 하여야 한다.

(2) 활용방법

- 위와 같이 녹음을 한 것은 유사시에 녹음장치를 법원 또는 검찰청에 제출하는 것이 아니라, 속기사, 녹취사 등 공인된 전문자격사가 녹취록을 작성하고 서명·날인하여 그 '녹취록을 서증으로 제출'하고, 서증의 보강증거로써 '녹음장치를 증거방법으로 제출'하여야 한다. 그러면 법원은 '증거조사방법으로 검증절차'를 거치게 된다.
- 이러한 절차를 거쳐야 형사소송법상 증거능력과 증명력이 인정될 수 있다.

제2편
중개사고 예방을 위한 중개 실무

제1장 다가구와 다세대의 중개 실무
제2장 상가건물 또는 상가주택의 중개 실무
제3장 판례와 유권해석을 통한 중개사고의 예방

실전
부동산중개실무

제1장

다가구와 다세대의 중개 실무

1. 의의

(1) 다가구와 다세대의 구별

- 예를 들어 각 층이 101호, 102호, 103호로 구분된 4층 건물이 있다면, ① 각 호실을 4층 짜리 건물의 일부분으로 보고 '건물 전체를 한 개의 건물로 보는 것'이 『다가구』이고, ② 각 호실을 '각각 독립된 건물로 보고' 전체 건물은 각각 독립된 호실이 모인 집합건물로 보는 것이 『다세대』이다. 즉, 전자는 각 호수 별로 구분등기가 되어 있지 않고, 후자는 각 호수 별로 구분등기가 된 경우이다. 따라서 다가구는 '단독주택'이고, 다세대는 '집합건물'로서 집합건물에 관한 법률이 적용된다.

(2) 건축법상의 구별

- 건축법상 "다가구주택"은 주택으로 쓰는 층수(지하층은 제외)가 '3개 층 이하'이고, 주택으로 쓰이는 1개 동의 바닥면적(부설 주차장 면적은 제외)의 합계가 '660㎡ 이하'이며, '19세대 이하'가 거주할 수 있는 주택으로서 용도별 건축물의 종류로는 '단독주택'에 해당한다.
- "다세대주택"은 주택으로 쓰는 1개 동의 바닥면적 합계가 660㎡ 이하이고, 층수가 '4개 층 이하'인 주택으로서 용도별 건축물의 종류로는 '공동주택'에 해당한다.

2. 다가구주택의 확인설명의무의 범위

가. 중개대상가구 이외의 다른 가구에 대한 확인설명의무

(1) 대법원판결

- 중개업자 甲이 다가구주택 일부에 관하여 임대의뢰인 乙과 임차의뢰인 丙의 임대차계약을 중개하였

다.
- 甲은 丙에게 부동산 등기부에 기재된 근저당권의 채권최고액을 고지하고 임대차계약서의 특약사항에 이를 기재하였으나, 다가구주택에 거주하던 다른 임차인의 임대차보증금 액수, 임대차계약의 시기와 종기 등에 관한 사항을 확인하여 설명하지 않았고 근거자료를 제시하지도 않았으며, 중개대상물 확인설명서의 '실제 권리 관계 또는 공시되지 아니한 물건의 권리 사항'란에도 이를 기재하지 않았는데, 그 후 위 다가구주택에 관하여 개시된 경매절차에서 다가구주택의 다른 소액임차인 등은 배당을 받았으나 丙은 이들보다 후순위에 있어 임대차보증금 반환채권을 배당받지 못하였고 乙에게서도 임대차보증금을 반환받지 못한 사안에서,
- 대법원은 공인중개사법 제30조에 의하여 甲 및 甲과 공제계약을 체결한 한국공인중개사협회의 손해배상책임을 인정하였다. [1]

(2) 공인중개사의 확인·설명의무의 범위

① 다가구주택의 권리관계 등에 관한 자료제공의무
- 판례에 의하면, 개업공인중개사는 다가구주택 일부에 관한 임대차계약을 중개하면서 임차의뢰인이 임대차계약이 종료된 후에 임대차보증금을 제대로 반환받을 수 있는지 판단하는 데 필요한 "다가구주택의 권리관계 등에 관한 자료"를 제공하여야 한다.

② 임대차보증금, 임대차의 시기와 종기 등에 관한 자료를 제시하고 확인·설명할 의무
- 임차의뢰인에게 부동산 등기부상에 표시된 중개대상물의 권리관계 등을 확인·설명하는 데 그쳐서는 아니 되고, 임대의뢰인에게 다가구주택 내에 거주하는 다른 임차인의 임대차보증금, 임대차의 시기와 종기 등에 관한 부분의 자료를 요구하여 이를 확인한 다음 임차의뢰인에게 설명하고 자료를 제시하여야 하며,

③ 중개대상물 확인·설명서에 기재·교부할 의무
- 중개대상물 확인·설명서의 "실제 권리관계 또는 공시되지 아니한 물건의 권리 사항란"에 그 내용을 기재하여 교부하여야 할 의무가 있고, 만일 임대의뢰인이 다른 세입자의 임대차보증금, 임대차의 시기와 종기 등에 관한 자료요구에 '불응한 경우'에는 그 내용을 중개대상물 확인·설명서에 기재하여야 할 의무가 있다.

(3) 위반 시 손배책임 발생

- 중개업자가 고의나 과실로 이러한 의무를 위반하여 임차의뢰인에게 재산상의 손해를 발생하게 한 때에는 공인중개사법 제30조에 의하여 이를 배상할 책임이 있다.

---

1) 대법원 2012.1.26. 선고 2011다63857 판결[손해배상(기)]

나. 실무상 활용사례

(1) '부동산임대차내역서' 요구

■ 대법원의 위와 같은 판시 이후 하급심에서는 공인중개사에게 확인·설명의무 위반을 이유로 30%~60% 정도의 손해배상금을 물리고 있는 실정이다. 따라서 실무상 임대인에게 다음의 "부동산임대차내역서"를 작성해 줄 것을 요구하여 이를 중개대상물 확인·설명서의 "실제 권리관계 또는 공시되지 아니한 물건의 권리 사항"란에 기재하고 확인설명서에 첨부하여야 한다.

【부동산 임대차 내역서 예시】

부동산 임대차 내역서 (임차인 현황서)

부동산의 표시 : 평택시 _____

호수	전월세 구분	보증금	월세	관리비	임대차 기간
호	□전세 □월세				20 . . . ~ 20 . . .
호	□전세 □월세				20 . . . ~ 20 . . .
호	□전세 □월세				20 . . . ~ 20 . . .
호	□전세 □월세				20 . . . ~ 20 . . .
호	□전세 □월세				20 . . . ~ 20 . . .
호	□전세 □월세				20 . . . ~ 20 . . .
호	□전세 □월세				20 . . . ~ 20 . . .
호	□전세 □월세				20 . . . ~ 20 . . .
호	□전세 □월세				20 . . . ~ 20 . . .
		합계:	합계:	합계:	

매매 계약일 현재 매도인(임대인)은 □ 매도인 구술 또는 □ 계약서에 의하여
위 부동산에 존재하는 임대차 현황이 상기와 같음을 확인합니다.

20 년 월 일

매도인 : _____(인)   평택박사공인중개사사무소 귀중

(2) 주택에 대한 임대차정보제공요청서 요구

① 임대차에 이해관계가 있는 자의 청구
- 임대인에게 위 "부동산임대차내역서"를 작성해 줄 것을 요구하는 것이 여의치 않을 경우에는 주택의 임대차에 이해관계가 있는 자는 확정일자부여기관에 해당 주택의 확정일자 부여일, 차임 및 보증금 등 정보의 제공을 요청할 수 있다. 이 경우 요청을 받은 확정일자부여기관은 정당한 사유 없이 이를 거부할 수 없다(주임법 제3조의6 제3항).

② 임대차계약을 체결하려는 자(임차인)의 청구
- 『임대차계약을 체결하려는 자(임차인)』는 '임대인의 동의를 받아' 확정일자부여기관에 제3항에 따른 정보제공을 요청할 수 있다(동법 제4항).

③ 다세대 주택의 경우
- 이상은 다가구에 관한 설명이나, 다세대 주택의 경우에도 채권적 전세권의 승계 등의 경우에도 적용될 수 있을 것이다.

④ 필요한 사항은 대통령령 또는 대법원규칙으로 규정
- 확정일자부에 기재하여야 할 사항, 주택의 임대차에 이해관계가 있는 자의 범위, 확정일자부여기관에 요청할 수 있는 정보의 범위 및 수수료, 그 밖에 확정일자부여 사무와 정보제공 등에 필요한 사항은 대통령령 또는 대법원규칙으로 정한다(동법 제6항).

영 제5조(주택의 임대차에 이해관계가 있는 자의 범위) 법 제3조의6 제3항에 따라 정보제공을 요청할 수 있는 주택의 임대차에 이해관계가 있는 자는 다음 각 호의 어느 하나에 해당하는 자로 한다.
1. 해당 주택의 임대인·임차인
2. 해당 주택의 소유자
3. 해당 주택 또는 그 대지의 '등기기록에 기록된 권리자' 중 법무부령으로 정하는 자
4. 법 제3조의2 제7항에 따라 우선변제권을 승계한 금융기관
5. 제1호부터 제4호까지에 준하는 지위 또는 권리를 가지는 자로서 법무부령으로 정하는 자

영 제6조(등기기록에 기록된 이해관계인의 범위) 영 제5조 제3호에서 "법무부령으로 정하는 자"란 환매권자, 지상권자, 전세권자, 질권자, 저당권자·근저당권자, 임차권자, 신탁등기의 수탁자, 가등기권리자, 압류채권자 및 경매개시결정의 채권자를 말한다.

규칙 제7조(임대차 정보제공 요청방법) ① 주택의 임대차에 이해관계가 있는 자가 임대차 정보제공을 요청하는 경우에는 별지 제3호서식의 임대차 정보제공 요청서에 다음 각 호의 서류를 첨부하여 제출하여야 한다.
1. 영 제5조제1호의 경우 계약증서 등 해당 주택의 계약당사자임을 증명하는 서류
2. 영 제5조제2호의 경우 해당 주택의 등기사항증명서 등 소유자임을 증명하는 서류
3. 영 제5조제3호의 경우 해당 주택 또는 그 대지의 등기사항증명서 등 권리자임을 증명하는 서류
4. 영 제5조제4호의 경우 채권양도증서 등 우선변제권을 승계하였음을 증명하는 서류

② 『임대차계약을 체결하려는 자』가 임대차 정보제공을 요청하는 경우에는 다음 각 호의 서류를 제출하여야 한다.
1. 별지 제3호서식의 임대차 정보제공 요청서
2. "임대인의 동의서"
3. 인감증명서, 본인서명사실확인서 또는 신분증명서 사본 등 임대인의 동의를 받았음을 증명할 수 있는 서류

주택임대차계약증서상의 확정일자 부여 및 임대차 정보제공에 관한 규칙[별지 제3호서식] <개정 2020. 9. 29.>

임대차 정보제공 요청서

(앞쪽)

접수번호	접수일자	발급일	처리기간	즉시

요청인	성명(법인명)		주민등록번호(법인등록번호)	
	주소(본점 소재지)		휴대전화번호:	
			주소지 전화번호:	
	[ ] 이해관계인(해당사유:) 1. 해당 주택의 임대인·임차인 2. 해당 주택의 소유자 3. 해당 주택 또는 그 대지의 등기기록에 기록된 권리자 4. 「주택임대차보호법」 제3조의2제7항에 따라 우선변제권을 승계한 금융기관 5. 「주택임대차보호법」 제6조의3제1항제8호의 사유로 계약의 갱신이 거절된 임대차계약의 임차인이었던 자			
	[ ] 임대차계약을 체결하려는 자			

요청내용	주택소재지·임대차목적물(건물명, 동, 열, 층, 호수까지 구체적으로 기재합니다)
	요청기간 ____년 __월 __일 ~ ____년 __월 __일
	요청정보

	[ ] 확정일자 부여현황(일반)
	 [ ] 확정일자 부여현황(임차인 특정)
	   (임차인 성명: _____)
	 [ ] 확정일자 부여현황(임대인·임차인용)
	   (임차인 성명: _____)
	 [ ] 확정일자 부여현황(계약 갱신이 거절된 임대차계약의 임차인용)

	구분 1. 열람 ( ) 2. 출력물 교부 ( )

「주택임대차보호법」 제3조의6에 따라 위 주택의 임대차 정보제공을 요청합니다.

년 월 일

신청인 성명: 주민등록번호: (서명 또는 인)

읍·면·동장 또는 시·군·구
출장소의 장 / 공증인 ㅇㅇㅇ   귀하

210mm×297mm[백상지 80g/㎡]

(뒤쪽)

신청인은 아래 위임받은 자에게 「주택임대차보호법」 제3조의6에 따른 임대차 정보제공 요청 및 출력물 수령에 관한 일체의 권리와 의무를 위임합니다.

년 월 일

위임자 (서명 또는 인)

위임 받은 자	성명	주민등록번호
	신청인과의 관계	전화번호

비고
1. "확정일자 부여현황"이란 임대차목적물, 임대인·임차인의 인적사항(요청인에 따라 요청할 수 있는 범위가 다릅니다), 확정일자 부여일, 차임·보증금 및 임대차기간을 말합니다.
2. "확정일자 부여현황(임차인 특정)"은 특정한 임차인의 확정일자 부여현황을 요청하는 것으로서, 반드시 임차인 성명을 적어야 합니다.
3. "확정일자 부여현황(임대인·임차인용)"은 임대인·임차인의 인적사항을 포함한 확정일자 부여현황을 요청하는 것으로서, 임대차계약서상의 계약당사자(임대인·임차인)만 요청할 수 있으며, 반드시 임차인 성명을 적어야 합니다.
4. "확정일자 부여현황(계약 갱신이 거절된 임대차계약의 임차인용)"은 「주택임대차보호법」 제6조의3제1항제8호의 사유로 계약의 갱신이 거절된 임대차계약의 임차인이었던 자가 그 갱신요구가 거절되지 않았더라면 갱신되었을 기간 중 해당 주택에 존속하는 임대차계약의 확정일자 부여현황을 요청하는 것으로서, 인적사항은 임대인·임차인의 성명, 법인명 또는 단체명만 요청할 수 있습니다.

첨부서류		
신청인의 신분증 제출서류	1. 신청인의 신분을 확인할 수 있는 서류 1부(주민등록증 등 신분증의 제시로 갈음할 수 있습니다) 2. 요청인의 대리인이 요청하는 경우에는 대리인의 신분을 확인할 수 있는 서류 1부(주민등록증 등 신분증의 제시로 갈음할 수 있습니다) 3. 이해관계인임을 입증할 수 있는 서류	
이해관계인	1. 임대인 또는 임차인의 경우 임대차계약증서 등 해당 주택의 계약당사자임을 증명하는 서류 2. 주택 소유자의 경우 등기사항증명서 등 소유자임을 증명하는 서류 3. 해당 주택 또는 그 대지의 등기기록에 기재된 권리자의 경우 등기사항증명서 등 권리자임을 증명하는 서류 4. 우선변제권을 승계한 금융기관의 경우 채권양도증서 등 우선변제권을 승계하였음을 증명하는 서류 5. 「주택임대차보호법」 제6조의3제1항제8호의 사유로 계약의 갱신이 거절된 임대차계약의 임차인이었던 자의 경우 임대차계약증서 등 해당 주택의 임차인이었던 자임을 증명하는 서류	수수료 600원
임대차계약을 체결하려는 자	1. 임대인의 동의서 2. 인감증명서, 본인서명사실 확인서 또는 신분증명서 사본	

유의사항
임대차 정보제공은 「주택임대차보호법」 제3조의6에 따라 신청자가 임대차계약을 체결하고자 하는 자로서 임대인의 동의를 받은 경우이거나 이해관계인인 경우에만 허용됩니다.

(3) 상가건물의 경우

① 임대차에 이해관계가 있는 자의 청구

- 상가건물의 임대차에 이해관계가 있는 자는 관할 세무서장에게 해당 상가건물의 확정일자 부여일, 차임 및 보증금 등 정보의 제공을 요청할 수 있고, 관할 세무서장은 정당한 사유 없이 이를 거부할 수 없다(상임법 제4조 3항).
- 임대차 정보의 제공은 관할 세무서장이 별지 제6호서식의 "상가건물임대차현황서를 열람하도록 하거나 교부하는 방법"으로 하고 있다. 도면의 경우에는 임차인이 제출한 "도면을 열람하게 하거나 사본을 내주는 방법"으로 하고 있다

② 임대차계약을 체결하려는 자의 청구

- 『임대차계약을 체결하려는 자』는 '임대인의 동의'를 받아 관할 세무서장에게 제3항에 따른 정보제공을 요청할 수 있다(제4항). 확정일자부에 기재하여야 할 사항, 상가건물의 임대차에 이해관계가 있는 자의 범위, 관할 세무서장에게 요청할 수 있는 정보의 범위 및 그 밖에 확정일자 부여사무와 정보제공 등에 필요한 사항은 대통령령으로 정한다(5항).

영 제3조의2(이해관계인의 범위) 법 제4조 제3항에 따라 정보의 제공을 요청할 수 있는 상가건물의 임대차에 이해관계가 있는 자는 다음 각 호의 어느 하나에 해당하는 자로 한다.
1. 해당 상가건물 임대차계약의 임대인·임차인
2. 해당 상가건물의 소유자
3. 해당 상가건물 또는 그 대지의 '등기부에 기록된 권리자' 중 법무부령으로 정하는 자
4. 법 제5조제7항에 따라 우선변제권을 승계한 금융기관 등
5. 제1호부터 제4호까지에서 규정한 자에 준하는 지위 또는 권리를 가지는 자로서 임대차 정보의 제공에 관하여 법원의 판결을 받은 자

영 제3조의3(이해관계인 등이 요청할 수 있는 정보의 범위) ① 제3조의2 제1호에 따른 임대차계약의 당사자는 관할 세무서장에게 다음 각 호의 사항이 기재된 서면의 열람 또는 교부를 요청할 수 있다.
1. 임대인·임차인의 인적사항(제3조 제4항 제3호에 따른 정보를 말한다. 다만, 주민등록번호 및 외국인등록번호의 경우에는 앞 6자리에 한정한다)
2. 상가건물의 소재지, 임대차 목적물 및 면적
3. 사업자등록 신청일
4. 보증금·차임 및 임대차기간
5. 확정일자 부여일
6. 임대차계약이 변경되거나 갱신된 경우에는 변경·갱신된 날짜, 새로운 확정일자 부여일, 변경된 보증금·차임 및 임대차기간
7. 그 밖에 법무부령으로 정하는 사항

규칙 제4조(이해관계인의 범위 등) ① 영 제3조의2제3호에서 "법무부령으로 정하는 자"란 해당 상가건물 또는 대지의 등기부에 기록되어 있는 환매권자, 지상권자, 전세권자, 질권자, 저당권자·근저당권자, 임차권자, 신탁등기의 수탁자, 가등기권리자, 압류채권자 및 경매개시결정의 채권자를 말한다.
② 영 제3조의3제1항제7호에서 "법무부령으로 정하는 사항"이란 임대차의 목적이 상가건물의 일부분인 경우 그 부분의 도면을 말한다.

②『임대차계약의 당사자가 아닌 이해관계인 또는 임대차계약을 체결하려는 자』는 관할 세무서장에게 다음 각 호의 사항이 기재된 서면의 열람 또는 교부를 요청할 수 있다.
1. 상가건물의 소재지, 임대차 목적물 및 면적
2. 사업자등록 신청일
3. 보증금 및 차임, 임대차기간
4. 확정일자 부여일
5. 임대차계약이 변경되거나 갱신된 경우에는 변경·갱신된 날짜, 새로운 확정일자 부여일, 변경된 보증금·차임 및 임대차기간
6. 그 밖에 법무부령으로 정하는 사항
③ 제1항 및 제2항에서 규정한 사항 외에 임대차 정보의 제공 등에 필요한 사항은 법무부령으로 정한다.

규칙 제5조(임대차 정보제공 요청방법) ① 영 제3조의2에 따른 이해관계인과 임대차계약을 체결하려는 자가 영 제3조의3에 따라 임대차 정보의 제공을 요청하는 경우 관할 세무서장에게 별지 제4호서식의 '임대차 정보제공 요청서'를 작성하여 제출하여야 한다. 다만, 제4조 제2항에 따른 상가건물 도면을 요청하는 경우에는 별지 제5호서식에 따른 '도면 제공 요청서'를 작성하여 제출하여야 한다.
② 제1항의 요청인은 주민등록증, 운전면허증, 여권 또는 외국인등록증 등 본인을 확인할 수 있는 서류를 제시하여야 한다.
③ 이해관계인이 임대차 정보의 제공을 요청하는 경우에는 관할 세무서장에게 제1항에 따른 요청서에 다음 각 호의 서류를 첨부하여 제출하여야 한다.
1. 영 제3조의2제1호의 경우: 계약서 등 해당 상가건물의 계약당사자임을 증명하는 서류
2. 영 제3조의2제2호의 경우: 해당 상가건물의 등기사항증명서 등 소유자임을 증명하는 서류
3. 영 제3조의2제3호의 경우: 해당 상가건물 또는 그 대지의 등기사항증명서 등 권리자임을 증명하는 서류
4. 영 제3조의2제4호의 경우: 채권양도증서 등 우선변제권을 승계하였음을 증명하는 서류
5. 영 제3조의2제5호의 경우: 법원의 판결문
④『임대차계약을 체결하려는 자』가 임대차 정보의 제공을 요청하는 경우에는 제1항에 따른 요청서에 다음 각 호의 서류를 첨부하여 제출하여야 한다.
1. 임대인의 동의서
2. 임대인의 신분증명서 사본, 인감증명서, 본인서명사실 확인서 등 임대인의 동의를 받았음을 증명할 수 있는 서류

규칙 제6조(임대차 정보제공 방법) ① 임대차 정보의 제공은 관할 세무서장이 별지 제6호서식의 상가건물 임대차현황서를 열람하도록 하거나 교부하는 방법으로 한다. 다만, 도면의 경우에는 임차인이 제출한 도면을 열람하게 하거나 사본을 내주는 방법으로 한다.
② 제1항에 따른 상가건물 임대차 현황서의 열람 또는 제공은 전자적 방법으로 할 수 있다.

상가건물 임대차계약서상의 확정일자 부여 및 임대차 정보제공에 관한 규칙 [별지 제4호서식]

임대차 정보제공 요청서

※ 색상이 어두운 난은 신청인이 적지 않습니다.

(앞쪽)

접수번호	접수일자	발급일	처리기간	즉시

요청인	성명(법인명)		주민(법인)등록번호	사업자등록번호	
	주소 또는 본점(주사무소) 소재지			휴대전화번호: 주소지 전화번호: 사업장 전화번호	
	☐ 이해관계인(해당 번호에 체크) 1. 해당 상가건물의 임대인, 2. 해당 상가건물의 임차인, 3. 해당 상가건물의 소유자 4. 해당 상가건물 또는 그 대지의 등기부에 기록된 권리자 　(환매권자, 지상권자, 전세권자, 질권자, 저당권자, 근저당권자, 임차권자, 신탁등기의 수탁자, 가등기권리자, 압류채권자 및 경매개시결정의 채권자 중 기재) 5. 「상가건물 임대차보호법」 제5조제7항에 따라 우선변제권을 승계한 금융기관 6. 임대차 정보의 제공에 관하여 법원의 판결을 받은 자				
	☐ 임대차계약을 체결하려는 자				
정보제공 대상	상가건물 소재지(임대차 목적물)				
	상가건물명, 동, 호수 등 임대차계약의 대상이 되는 상가의 범위를 구체적으로 기재합니다.				
	상가건물 중 해당 임대차 대상 부분을 특정할 수 있는 표지				
	'출입문에서 오른쪽 ○㎡' 등 임대차 대상을 특정할 수 있도록 구체적으로 기재합니다.				
	등기 기록상 소유자		주민(법인)등록번호		
			사업자등록번호		
제공방법	1. 열람 (　　　)　　　2. 출력물 교부 (　　　　)				

「상가건물 임대차보호법」 제4조에 따라 위 건물 임대차에 대한 정보제공을 요청합니다.

년　　월　　일

요청인 성명　 (서명 또는 인)

○○○ 세무서의 장　귀하

210mm×297mm[백상지 80g/㎡]

(뒤쪽)

아래 난은 대리인에게 임대차 정보제공 요청을 위임하는 경우 적습니다.

요청인은 아래 위임받은 자에게 「상가건물 임대차보호법」 제4조에 따른 임대차 정보제공 요청 및 열람, 출력물 수령에 관한 일체의 권리와 의무를 위임합니다.

년 월 일

위임자 (서명 또는 인)

위임 받은 자	성명	주민등록번호
	신청인과의 관계	전화번호

아래 난은 '임대차 계약을 체결하려는 자'가 임대차 정보제공을 요청할 경우 임대인이 동의를 해 주었음을 확인하는 난입니다 (별도 서식으로도 가능합니다).

임대인은 아래 임대차계약을 체결하려는 자의 「상가건물 임대차보호법」 제4조에 따른 임대차 정보제공 요청 및 열람, 출력물 수령에 관하여 동의합니다.

년 월 일

임대인 (서명 또는 인)

임대인	성명	주민(법인)등록번호
		전화번호
임대차계약을 체결하려는 자	성명	주민(법인)등록번호
		전화번호

- 첨부서류

1. 주민등록증, 운전면허증, 여권 또는 외국인등록증 등 요청인(대리인 포함)의 신분을 확인할 수 있는 서류
2. 이해관계인임을 증명할 수 있는 서류
3. 임대차계약을 체결하려는 자의 경우 임대인의 동의서 및 임대인의 신분을 확인할 수 있는 신분증 사본 등

유의사항

1. 임대차 정보제공은 「상가건물 임대차보호법」 제4조에 따라 요청자가 이해관계인이거나 임대차계약을 체결하려는 자로서 임대인의 동의를 받은 경우에만 허용됩니다.
2. 관할 세무서 아닌 세무서에 임대차 정보제공 요청서를 제출하더라도 관할 세무서장으로부터 임대차정보를 제공받을 수 있습니다.
3. 정보제공 요청은 「상가건물 임대차보호법」 제2조제1항 단서에 따른 보증금액을 초과하지 않는 임대차의 경우에 가능합니다.

상가건물 임대차계약서상의 확정일자 부여 및 임대차 정보제공에 관한 규칙 [별지 제5호서식]

도면 제공 요청서

※ 색상이 어두운 난은 신청인이 적지 않습니다.

(앞쪽)

접수번호	접수일자	발급일	처리기간	3일

요청인	성명(법인명)		주민등록번호(법인등록번호)		사업자등록번호
	주소 또는 본점(주사무소) 소재지			휴대전화번호: 주소지 전화번호: 사업장 전화번호	
	□ 이해관계인(해당 번호 체크) 1. 해당 상가건물의 임대인, 2. 해당 상가건물의 임차인, 3. 해당 상가건물의 소유자 4. 해당 상가건물 또는 그 대지의 등기부에 기록된 권리자 　(환매권자, 지상권자, 전세권자, 질권자, 저당권자, 근저당권자, 임차권자, 신탁등기의 수탁자, 가등기권리자, 압류채권자 　및 경매개시결정의 채권자 중 기재) 5.「상가건물 임대차보호법」제5조제7항에 따라 우선변제권을 승계한 금융기관 6. 임대차 정보의 제공에 관하여 법원의 판결을 받은 자					
	□ 임대차계약을 체결하려는 자				

정보제공 대상	상가건물소재지 상가건물명, 동, 호수 등 임대차 계약의 대상이 되는 상가의 범위를 구체적으로 적습니다.		
	상가건물 중 해당 임대차 대상 부분을 특정할 수 있는 표지 '출입문에서 오른쪽 ○㎡' 등 임대차 대상을 특정할 수 있도록 구체적으로 적습니다.		
	등기 기록상 소유자	주민(법인)등록번호	
		사업자등록번호	

제공방법	1. 열람 (　　　)　　　2. 사본 교부 (　　　)

「상가건물 임대차보호법」제4조에 따라 상가건물 임대차의 대상이 된 상가건물의 도면 제공을 요청합니다.

년　　월　　일

요청인 성명　　(서명 또는 인)

○○○ 세무서의 장　귀하

210mm×297mm[백상지 80g/㎡]

(뒤쪽)

아래 난은 대리인에게 임대차 정보제공 요청을 위임하는 경우 적습니다.

요청인은 아래 위임받은 자에게 「상가건물 임대차보호법」 제4조에 따른 임대차 정보제공 요청 및 열람, 사본 수령에 관한 일체의 권리와 의무를 위임합니다.

년 월 일

위임자   (서명 또는 인)

위임 받은 자	성명	주민등록번호
	신청인과의 관계	전화번호

아래 난은 '임대차 계약을 체결하려는 자'가 임대차 정보제공을 요청할 경우 임대인이 동의를 해 주었음을 확인하는 난입니다(별도 서식으로도 가능합니다).

임대인은 아래 임대차계약을 체결하려는 자의 「상가건물 임대차보호법」 제4조에 따른 임대차 정보제공 요청 및 열람, 사본 수령에 관하여 동의합니다.

년 월 일

임대인   (서명 또는 인)

임대인	성명	주민(법인)등록번호
		전화번호
임대차계약을 체결하려는 자	성명	주민(법인)등록번호
		전화번호

첨부서류

1. 주민등록증, 운전면허증, 여권 또는 외국인등록증 등 요청인(대리인 포함)의 신분을 확인할 수 있는 서류
2. 이해관계인임을 증명할 수 있는 서류
3. 임대차계약을 체결하려는 자의 경우 임대인의 동의서 및 임대인의 신분을 확인할 수 있는 신분증 사본 등

유의사항

1. 임대차 대상이 된 상가건물 도면의 제공 요청은 상가건물 일부 임대차의 경우에만 가능합니다.
2. 도면의 제공 요청은 임차인이 제출한 도면이 보관되어 있는 세무서에서만 가능합니다.
3. 임대차 정보제공은 「상가건물 임대차보호법」 제4조에 따라 요청자가 이해관계인이거나 임대차계약을 체결하려는 자로서 임대인의 동의를 받은 경우에만 허용됩니다.
4. 정보제공 요청은 「상가건물 임대차보호법」 제2조제1항 단서에 따른 보증금액을 초과하지 않는 임대차의 경우에 가능합니다.

상가건물 임대차계약서상의 확정일자부여 및 임대차 정보제공에 관한 규칙 [별지 제6호서식]

상가건물 임대차 현황서 (임차인 현황서)

발급번호		처리기간 즉시	
대상	상가건물 소재지(임대차목적물)		
임대인	성명		주민등록번호(앞부분 6자리)
	※ 법인(법인 아닌 단체)의 경우		
	법인명(단체명) 대표자		법인등록번호(사업자등록번호 또는 고유번호)

임차인별 현황 (□ 전부 □ 일부)

구분	인적사항 : 성명(법인명), 주민등록번호(법인등록번호), 법인 등의 대표자 ※ 주민등록번호는 앞부분 6자리만 제공				
	사업자등록 신청일 (정정신고일)	위치 (건물명, 층·열·호수)	면적(㎡)	임대차기간	보증금
					차임
	확정일자 부여일 ※ 새로운 확정일자 부여일이 있는 경우 차례대로 적습니다.				
1					
2					
3					

「상가건물 임대차보호법」 제4조에 따라 요청한 상가건물 임대차의 현황은 위와 같습니다.

※ 「상가건물임대차보호법」 제2조제1항 단서에 따른 보증금액을 초과하지 않는 임대차의 현황을 의미합니다.

년 월 일

OOO 세무서의 장 [인]

210mm×297mm(백상지80g/㎡)

(4) 중개 실무상 주의사항

■ 공인중개사는 중개의뢰인으로부터 매물정보를 받을 때 또는 거래계약을 진행할 때, 의뢰인으로부터 "임대차정보제공요청서"를 작성하고 개업공인중개사가 수임인(별지뒷면 활용)이 되어 해당 정보를 주민센터로부터 출력물로 교부받을 필요성이 있다.

(5) 소송, 비송사건, 경매목적 수행상 필요한 경우

■ 이 경우에는 『주민등록 전입세대 열람신청』도 가능하다. 중개실무에 참고하기 바란다.

주민등록법 시행규칙 [별지 제15호서식] 〈개정 2017.5.29.〉

주민등록 전입세대 열람 신청서

※ 뒤쪽의 유의 사항을 읽고 작성하기 바랍니다. (앞쪽)

접수번호		접수일자		처리기간	즉시
신청인 (위임받은 사람)	성명		(서명 또는 인)	주민등록번호	
	주소 (시·도)	(시·군·구)		연락처	
법인 신청인	기관명			사업자등록번호	
	대표자		(서명 또는 인)	연락처	
	소재지				
	방문자 성명		주민등록번호	연락처	

열람 대상 물건 소재지	
용도 및 목적	증명 자료

「주민등록법」 제29조제1항 및 같은 법 시행규칙 제14조제1항에 따라 주민등록 전입세대 열람을 신청합니다.

년 월 일

시장·군수·구청장 또는 읍·면·동장 및 출장소장 귀하

위임장

「주민등록법」 제29조제1항 및 같은 법 시행규칙 제14조제1항에 따라 주민등록 전입세대 열람 신청을 위와 같이 위임합니다.

년 월 일

개인 신청인 (위임한 사람)	성명	(서명 또는 인)	주민등록번호
	주소		연락처
법인 신청인 (위임 법인)	기관명		사업자등록번호
	대표자	(서명 또는 인)	연락처
	소재지		

첨부 서류	1. 위임한 사람의 주민등록증 등 신분증명서(담당 공무원이 위임장의 진위 여부 확인을 위해 요청하는 경우) 2. 신청 자격 증명 자료(행정정보 공동이용을 통해 확인이 불가능한 경우)	수수료 1건 1회 300원

[ ] 행정정보 공동이용 동의서(소유자) [ ] 전·월세 거래 정보 시스템 이용 동의서(2014.1.1. 이후 임차인)

본인은 이 건의 업무 처리를 위해 담당 공무원이 「전자정부법」 제36조제1항에 따른 행정정보의 공동이용을 통해 관할 행정청이 등기부 등본 등으로 본인 소유 여부 등을 확인하거나 「주택임대차보호법」 제3조의6제2항에 따른 전·월세 거래 정보 시스템의 확정일자 부여 사실로 임차인 여부 등을 확인하는 것에 동의합니다.
* 동의하지 않는 경우에는 신청인이 직접 관련 서류를 제출해야 합니다.

신청인(위임한 사람)   (서명 또는 인)

210mm×297mm[백상지(80g/㎡) 또는 중질지(80g/㎡)]

(뒤쪽)

전입세대 열람 대상자 개인 정보 표시 동의서
본인은 신청인이 전입세대 열람 신청을 할 때 본인의 성명을 열람하는 것에 동의합니다. 　　　　동의자 성명　　　　　　　　생년월일　　　　　　　　　　(서명 또는 인)
유의 사항
1. 주민등록전입세대의 열람 신청인은 주민등록증 등 신분증명서를 제시해야 하며, 법인 방문자인 경우에는 방문자의 신분증명서와 사원증(또는 재직 증명서)을 제시해야 합니다. 2. 열람 사항을 출력해 드릴 수는 있으나 증명·날인해 드릴 수는 없습니다. 3. 경매 참가자는 경매 일시와 해당 물건 소재지가 나타나 있는 (신문)공고문을, 신용정보업자는 신용 조사 의뢰서를, 감정평가업자는 감정 평가 의뢰서를, 금융기관은 담보 주택 근저당 설정 관계 서류(해당 물건 소재지가 나타나 있는 근저당 설정 계약서, 대출 약정서 등)를 첨부해야 합니다. 이 경우 증명 자료는 사본을 포함합니다. 4. 물건 소유자가 담당 공무원의 행정정보의 공동이용 동의를 신청하거나 임차인이 전·월세 거래 정보 시스템 이용 동의를 신청한 경우 증명 자료 제출을 생략할 수 있습니다. 5. 주민등록 전입세대 열람 권한은 해당 물건의 소유자·임차인·임대차 계약자·매매 계약자 본인만 다른 사람에게 위임할 수 있습니다. 6. 위임장에 따라 주민등록 전입세대 열람을 신청하는 경우에는 위임한 사람의 성명, 주민등록번호, 주소를 정확히 작성해야 하며, 작성 사항이 정확하지 않을 경우 보완을 요청할 수 있습니다. 7. 위임한 사람은 '서명 또는 인' 칸에 서명을 하거나 도장을 찍어야 하며 지문은 사용할 수 없습니다. 서명을 하실 경우에는 자필 성명(한글)을 써야 하고, 통상적인 사인(외국어, 특수문자 등)이나 한문 등은 사용할 수 없습니다. 8. 담당 공무원이 위임장의 진위를 확인하기 위해 위임한 사람의 주민등록증 등 신분증명서(사본 포함)를 요청할 경우에는 제시해야 합니다. 9. 다른 사람의 서명 또는 도장 등을 위조하거나 부정하게 사용하는 등의 방법으로 위임장을 거짓으로 작성하는 경우에는 「형법」에 따라 처벌을 받게 됩니다. 10. 법인의 경우에는 '대표자 성명' 칸에 대표자가 서명하거나 법인 인감(사용 인감 포함)을 찍고, 방문자는 사원증(또는 재직 증명서)과 주민등록증 등 신분증명서를 함께 제시해야 합니다. 11. 한 명의 신청자가 하나의 증명 자료를 가지고 같은 목적으로 여러 물건지에 대한 전입세대 열람을 신청하는 경우에는 별지 제15호서식과 별지 제16호서식을 함께 사용할 수 있으며, 이 경우 별지 제15호서식과 별지 제16호서식 사이에는 신청인의 확인(간인)이 있어야 합니다. 12. 경매 참가자, 신용정보업자, 감정평가업자, 영 별표 2 제3호에 해당하는 금융회사 등이 신청하는 경우에는 열람 내역 중 성명이 제한적으로 표시되며, 열람 대상자의 동의가 있는 경우에만 성명 전체를 표시합니다. 13. 전입세대 열람 대상자가 여러 명인 경우에는 동의서에 세로로 동의자의 성명과 생년월일을 적고 서명 또는 날인을 해야 합니다. 14. 전입세대 열람을 신청할 때 전월세 거래 정보 시스템을 활용하려면 2014년 1월 1일 이후 확정일자를 부여받은 임차인이 주택 소재지의 읍·면 사무소 또는 동 주민센터에 신청해야만 합니다.

(6) 주택·상가건물 임대인의 미납 국세·지방세 열람신청도 가능

- 임차인은 임대인의 동의를 얻어 주택·상가건물 임대인의 미납 국세·지방세 열람신청도 가능하다(국세징수법 6조의2, 영제7조의2, 지방세징수법 제6조, 영제8조 각 참조).
- 임대인의 신분증 사본과 건축물대장 1통이 필요하고 임대인의 서명·날인이 필요하다. 중개실무에 참고하기 바란다.

3. 다세대주택의 확인설명의무의 범위

가. 다세대주택의 출입문 표시와 등기부의 표시가 다른 경우

- 예를 들어 다세대주택으로써 '출입문에 101호'라고 표시되어 있으나 '등기부상으로는 102호'에 해당하는 경우, 만약에 이 주택에 경매신청이 들어온 경우에는 임차인은 101호에 대한 임대차계약서를 가지고 권리신고 및 배당요구신청을 할 것이고, 집행법원은 임차호실이 다르다는 이유로 배당에서 배제될 가능성이 높다.

(1) 건축물 현황도면으로 확인설명 하여야 한다.

- 위와 같은 경우에는 개업공인중개사는 "건축물 현황도면"으로 확인설명을 하여야 한다.

(2) 건축물 현황도면 발급 이유

- 이 경우 개업공인중개사는 '등기부등본'과 '건축물대장' 뿐만 아니라 『건축물 현황도면』 까지 발급하여야 하는 이유는 <u>도면의 내용과 중개하려는 호실의 현황이 일치하는 사실을 확인하여 출입문에 호실 표시가 잘못된 것으로 인한 위험을 회피하기 위함</u>이다.

(3) 현황도면(평면도) 발급·열람 신청권자

① 발급·열람 권한자
- 건축물 현황도 중 '평면도와 단위세대별 평면도'는 소유자의 동의를 얻거나 소유자의 배우자와 직계존비속 및 그 배우자, 해당 건축물에 거주하는 임차인이 발급받을 수 있다(건축물 대장의 기재 및 관리 등에 관한 규칙 제11조 3항 1호, 5호).

② 개업공인중개사가 발급을 신청하는 경우
- 공인중개사가 직접 평면도를 발급을 신청할 수 있다. 그 근거 규정은 "건축물대장의 기재 및 관리 등에 관한 규칙 제11조 3항"이다. 동 규칙 제11조 3항 제4호에 의하면 『건축물 소유자의 필요에 의하여 건축물의 감정평가, 설계·시공 또는 "중개 등을 의뢰한 증빙서류"가 있는 경우에는 발급하거나 열람하게 할 수 있다』고 규정하고 있다.

(4) 중개 등을 의뢰한 증빙서류 작성

① 부동산 중개에서 중개계약서는 필수이다
- '중개 등을 의뢰한 증빙서류'는 "중개계약서"를 말하는데, 중개계약서는 실무상 "중개의뢰한 물건에 대한 평면도의 발급·열람"은 물론 "중개보수청구"를 위해서도 필수적이지만 아쉽게도 우리 중개업

계의 현실은 전혀 이러한 제도를 활용하지 못하고 있으며, 아직 소개영업법 당시의 복덕방 수준을 면치 못하고 있는 실정이다.

② 중개계약서 양식

- 중개의뢰계약서에 대한 별도의 형식을 구비하지 못한 중개사는 '중개 등을 의뢰한 증빙서류'로 공인중개사법 시행규칙상의 『일반중개계약서(별지14호서식)』 또는 『전속중개계약서(별지15호서식)』를 활용할 수도 있을 것이다. 그러나 그 규제가 심하여 중개실무에서 활용되지 않고 있으며, 컨서팅계약으로 중개계약을 대체하는 중개사도 많으나 중개와 컨설팅은 그 의미가 다르기 때문에 컨설팅계약서를 작성하였다고 하더라도 중개행위를 하고 컨설팅을 적용하려고 하면 중개사고가 발생될 수 있음을 유의해야 한다. 따라서 그마저도 여의치 않을 경우에는 다음의 부동산중개의뢰서를 활용하기 바란다.

부동산중개의뢰서[종합]

Ⅰ. 매도[ ], 임대[ ], 기타[ ]

접수 형태	방문접수(2020. . . 시경) 전화접수(휴대전화: 기타:)			
중개 대상물	건물	소재지: 상호: 면적: ㎡(평)		
		용도: 층수: 주차대수: 건축연도: 구조:		
	토지	소재지: 면적: ㎡(평)		
		지목: 현황: 지역·지구등:		
의뢰 금액	매매금액: 원, 임대료: 보 만원, 월 만원, 전세: 만원			
	권리금: 원, 관리비: 원, 부가세: 포함[ ], 불포함[ ], 기타:			
융 자	은행: 채권최고액: 원, 남은금액: 원			
권리관계 및 공법상 제한:				
소유자가 아닌 경우 소유자와의 관계:				
기타 특이사항:				

Ⅱ. 매수[ ], 임차[ ], 기타[ ]

접수형태	방문접수(2020. . . 시경) 전화접수(휴대전화: 　　　　기타: 　　　)		
희망 대상물	건물	용도: 상가[ ], 상가주택[ ], 주택[ ], 원룸(도생주택, 오피스)[ ], 　　　기타[ ] 면적:　　층수:　　　가맹여부:[프랜차이즈명:　　　　　　　　]	
	토지	투자목적:개발[개발종목:　　], 시세차익[ ], 희망지역:　　면적: 지역·지구등:	
희망가격 등	희망 매매가:　　　원, 희망보증금, 월세 : 보　　원 이하, 월　　원 이하		
	희망 권리금:　　　　　원 이하, 희망관리비:　　　　　원 이하		

희망지역, 기타 특이사항:
1. 임장한 부동산 :
　주소 및 상호:
　면적:　　　보증금 및 월세:　　　권리금:
　건물용도:　　업종제한 등
2. 의뢰인은 중개사가 요구하는 중개행위에 필요한 각종 자료를 제공한다.
3. 의뢰인은 중개사의 잘못이 없는 사항으로 본계약이 성사되지 않은 경우에도 중개보수를 지급한다.

Ⅲ. 중개보수 지급확약
1. 의뢰인은 임장한 부동산에 관하여 자세한 설명을 듣고 직접 확인하였다.
2. 임장한 부동산에 관하여 본계약을 체결할 경우에는 중개사가 요구하는 때 즉시 중개보수지급계약서를 쓰기로 확약한다. 1부 서명날인 후 복사하여 줌, 확인자　　　(서명·날인)

Ⅳ. 중개의뢰계약당사자

매도(임대) 중개의뢰인	성　　명	(서명·날인)	주　　소	
	전화번호			
매수(임차) 중개의뢰인	성　　명	(서명·날인)	주　　소	
	전화번호			
공인 중개사	명　　칭	평택박사공인중개사사무소	성　　명	공인중개사: (서명·날인)
	등록번호		주　　소	
	전화번호		팩　　스	

나. 주택의 권리분석상 주의할 점

(1) 주택임차인의 우선변제권과 임차보증금의 관계

① 문제 제기

■ 주택에 대한 임대차계약을 체결하면, 통상 보증금 잔금을 지급한 후에 '인도·전입신고·확정일자'

를 받아서 대항력과 우선변제권을 확보하는 것이 일반적이다.
- 그런데 보증금 잔금을 지급하지 않은 상태에서 '인도·전입신고·확정일자'를 받고, 그 후에 잔금을 지급하였는데 '잔금지급 전'에 제3의 이해관계인(근저당권자, 후순위 임차인, 전세권자)이 발생한 경우
- 즉 ① 인도·전입신고·확정일자 구비, ② 제3의 이해관계인(근저당권자, 후순위 임차인, 전세권자)이 발생, ③ 잔금지급 순일 경우, 임차인의 우선변제권의 발생시기가 문제된다.

② 사안의 쟁점
- 위의 경우 『잔금지급기일』에 우선변제권이 발생한다고 볼 것인가, 아니면 『확정일자일』에 우선변제권이 있다고 볼 것인가가 쟁점이다.

(2) 판례

- 임차인이 임대인에게 임차보증금의 일부만을 지급하고 주임법 제3조 제1항에서 정한 대항요건과 확정일자를 갖춘 다음 나머지 보증금을 나중에 지급한 경우, 『대항요건과 확정일자를 갖춘 때를 기준』으로 임차보증금 『전액』에 대해서 우선변제권이 있다고 한다. [2]
- 결국 대법원의 견해에 의하면, 대항력과 확정일자의 효력은 잔금지급과는 관계없이 대항력과 확정일자의 요건을 갖춘 때에 그 효력이 인정된다는 것이다. 대법원의 판단이 법리상 옳다.

(3) 중개실무상 주의할 점

- 위 판례가 나오기 전에는 보증금 전액을 지급하기 전에 비록 대항요건과 확정일자를 갖추었다 하더라도 실질주의적 관점에서 '보증금 전액을 지급하였을 때 비로소' 우선변제권이 발생한다고 생각하고 있었다.
- 그러나 최근 위에서 본 획기적인 판결이 나와서 개업공인중개사는 업무에 어려움이 가중되게 되었다.
- 따라서 위와 같은 상황에서 "후순위 이해관계인에 대한 중개를 할 경우"에는, "임대차정보제공요청서"를 최대한 활용하여 "선순위자의 대항력과 확정일자 취득여부를 확인"하여야 하고, 단순히 보증금이 전액 지급되지 않았다고 만연히 중개를 해서는 아니될 것이다.

---

[2] 대법원 2017. 8. 29. 선고 2017다212194 판결 [배당이의]
　　주택임대차보호법은 임차인에게 우선변제권이 인정되기 위하여 대항요건과 임대차계약증서상의 확정일자를 갖추는 것 외에 계약 당시 임차보증금이 전액 지급되어 있을 것을 요구하지는 않는다. 따라서 임차인이 임대인에게 임차보증금의 일부만을 지급하고 주택임대차보호법 제3조 제1항에서 정한 대항요건과 임대차계약증서상의 확정일자를 갖춘 다음 나머지 보증금을 나중에 지급하였다고 하더라도 특별한 사정이 없는 한 대항요건과 확정일자를 갖춘 때를 기준으로 임차보증금 전액에 대해서 후순위권리자나 그 밖의 채권자보다 우선하여 변제를 받을 권리를 갖는다고 보아야 한다.

제 2 장
상가건물 또는 상가주택(겸용주택)의 중개 실무

1. 건축물대장상에는 하자가 없어도 위반건축 사실을 인지한 경우의 확인·설명의 범위

【사례】
- 甲중개사의 중개로 A는 B로부터 상가건물을 매수하여 등기까지 마쳤다.
- 그런데 이 건물은 B가 면적을 2배 이상 무단증축을 한 사실이 있고, 매도인 B와 甲중개사는 중개시에 이를 알고 있었지만, 면적에 대한 A의 질문에 대하여 甲중개사는 "주위에는 확장된 집들이 많다"라고 하거나, 관할관청이나 법률전문가에게 문의하거나 관련 서적 등을 통하여 확인함이 없이 단지 인터넷 정보나 주변 중개업소를 통하여 들은 것을 토대로 "이행강제금을 어느 정도 내면 한시적으로 양성화된 사례가 있다"고만 답하였다.
- 그 후 이건 상가건물에 대하여 건축법 위반 사실이 등재되고, 3년에 걸쳐서 수천만 원의 이행강제금이 부과되었다. 甲중개사는 손해배상책임이 인정되었다.

2. 위반건축물을 중개할 경우 확인·설명의 범위 3)

(1) 확인·설명의 범위

① 건축물의 '현황도면'을 통하여 무단증축, 불법용도변경 등 위반건축물인지 여부 확인·설명해야 한다.
② 건축물대장의 용도와 현실 용도가 다른 경우 '중개대상물 확인설명서의 실제용도란'에 "현황"을 기재'하고 확인·설명을 해야 한다.
③ 위반건축물에 대하여 부과될 수 있는 '철거명령, 이행강제금 등'에 대한 확인·설명도 해야 한다.

---
3) 서울고법 2013.3.28.선고 2012나44596 판결 참조

(2) 손해배상책임 발생

- 위와 같은 범위 확인·설명의무를 다하지 않을 경우에는 공인중개사에게 손배책임이 발생한다.

(3) 서류중심 또는 근거중심의 중개 요망

- 현 중개업에 많은 시사점과 과제를 안겨준 사건이다. 현재 대법원도 같은 내용으로 판결을 하고 있다. 따라서 다음의 상가건물임대차현황서를 최대한 활용하여 복덕방식 또는 주먹구구식의 중개가 아니라 서류중심 또는 근거중심의 중개를 하여야 할 것이다.

임차보증금 및 월세 현황 조사서

부동산의 표시 : 평택시 _____

호수	구분	보증금, 월세, 관리비	임대차 기간	상호, 성명	전화	임차인 거주/퇴거
호	□전세 □월세	만원 만원 만원	20 . . . ~ 20 . . .			거주( ) 퇴거(잔금 전 후)
호	□전세 □월세	만원 만원 만원	20 . . . ~ 20 . . .			거주( ) 퇴거(잔금 전 후)
호	□전세 □월세	만원 만원 만원	20 . . . ~ 20 . . .			거주( ) 퇴거(잔금 전 후)
호	□전세 □월세	만원 만원 만원	20 . . . ~ 20 . . .			거주( ) 퇴거(잔금 전 후)
호	□전세 □월세	만원 만원 만원	20 . . . ~ 20 . . .			거주( ) 퇴거(잔금 전 후)
호	□전세 □월세	만원 만원 만원	20 . . . ~ 20 . . .			거주( ) 퇴거(잔금 전 후)
	보증금 합계:		환불보증금 합계:	인수보증금 합계:	조사일시 20 . . . ~ . .	

매매 계약일 현재 위 부동산에 존재하는 임대차 현황이 상기와 같음을 확인합니다.

20 년 월 일

평택박사공인중개사 0 0 0 (인)

■ 상가건물 임대차계약서상의 확정일자부여 및 임대차 정보제공에 관한 규칙 [별지 제6호서식]

상가건물 임대차 현황서

발급번호			처리기간	즉시	
대상	상가건물 소재지(임대차목적물)				
임대인	성명		주민등록번호(앞부분 6자리)		
	※ 법인(법인 아닌 단체)의 경우				
	법인명(단체명) 대표자		법인등록번호(사업자등록번호 또는 고유번호)		

임차인별 현황 (□ 전부 □ 일부)

구분	인적사항 : 성명(법인명), 주민등록번호(법인등록번호), 법인 등의 대표자 ※ 주민등록번호는 앞부분 6자리만 제공				
	사업자등록 신청일 (정정신고일)	위치 (건물명, 층·열·호수)	면적(㎡)	임대차기간	보증금
					차임
	확정일자 부여일 ※ 새로운 확정일자 부여일이 있는 경우 차례대로 적습니다.				
1					
2					
3					

「상가건물 임대차보호법」 제4조에 따라 요청한 상가건물 임대차의 현황은 위와 같습니다.

※ 「상가건물임대차보호법」 제2조제1항 단서에 따른 보증금액을 초과하지 않는 임대차의 현황을 의미합니다.

년 월 일

○○○ 세무서의 장 [인]

210㎜×297㎜(백상지80g/㎡)

3. 상가주택(겸용주택)의 각종 세금의 과세표준과 중개보수의 기준

(1) 양도소득세

- 수도권 도시지역 중 주거·상업·공업 지역의 "주택부수토지"는 '주택정착면적의 3배, 수도권도시지역 중 녹지지역과 수도권 이외 지역은 5배('22.1.1. 이후 양도분부터 적용)(도시지역 외 10배)를 한도'로 한다(영 제154조 7항). 아래 표와 같다.

도시지역			도시지역 밖
수도권		수도권 밖	
주거·상업·공업지역	녹지지역		
3배	5배		10배

【사례】 3년 이상 보유한 단층 주택과 부수토지를 2022. 1. 1. 이후에 양도한 경우, 비과세 요건인 1주택의 범위는? 조정대상지역은 아니다.
예컨대 주택면적 200㎡이고, 주택부수토지 1,500㎡인 주택이 도시지역 중 녹지지역에 있다면
- 주택 200㎡와 부수토지의 5배인 1,000㎡ → 비과세
- 토지 500㎡는 1주택의 범위에 벗어나므로 → 과세

【겸용주택과 그 부수 토지의 주택의 범위 계산】

요 건	건 물	부수토지
1. 주택의 연면적 > 주택 이외의 연면적	'전부'주택	'전부'주택의 부수토지
2. 주택의 연면적 ≤ 주택 이외의 연면적	'주택만' 주택	건물연면적으로 '안분계산'

- 주택의 연면적이 주택 외의 연면적보다 '크면' "전부를 주택"으로 본다. 이때 토지는 "전부"가 주택의 부수토지이다.
- 주택의 연면적이 주택 외의 연면적보다 '적거나 같으면' "주택부분만 주택으로 보고, 주택 외의 부분은 주택으로 보지 아니한다". 이때 주택에 딸린 토지는 '전체 토지면적'에 '주택의 연면적이 건물의 연면적에서 차지하는 비율을 곱하여' 안분계산한다(영제154조 3,4항).
- 전체를 주택으로 보는 경우, 고가 겸용주택은 '전체의 매매가액을 기준'으로 판정하여 12억 이하이면 전체를 비과세하고, 12억을 초과하면 주택 부분만 비과세한다.

【사례】 겸용주택을 양도한 경우, 주택의 범위는?
예컨대 주택면적 50㎡, 점포면적 80㎡, 주택부수토지 400㎡, 겸용주택이 도시지역에 있다면
- 주택의 연면적이 점포의 연면적보다 작으므로 주택 50㎡만 주택임
- 주택의 부수토지 : 400㎡ × $\frac{50}{130}$ = 154㎡ (계산상으로는 약 154㎡이나 주택부수토지는 주택정착면적의 3배 한도이므로, 150㎡가 주택의 부수토지가 된다)

【사례】
- 서울에 있는 아파트와 상가주택 1채(1, 2층 상가 합 300㎡, 3층 주택 150㎡)를 가지고 있는데, 아파트를 처분하

> 고 상가주택으로 들어가려고 할 경우 양도소득세가 부과되는가?
> - 건물이 주거와 주거 외의 부분으로 사용되는 겸용주택의 경우, 주거부분이 50%를 초과하면 전체를 주택으로 보며(토지도 전부 주택의 부수토지로 본다), 50% 이하이면 주거부분만을 주택으로 본다(이때 토지는 건물 연면적으로 '안분계산'한다).
> - 따라서 사례의 경우 상가건물의 150㎡만 주택으로 보므로, 일시적 2주택의 요건에 해당하지 않는 한, 아파트 매도시 양도소득세가 부과된다. 그 반대로 먼저 상가건물을 매도하는 경우에도 마찬가지이다.
> - 이와 같이 <u>2주택에 해당하는 경우에는 양도차익이 적은 것을 먼저 팔고, 양도차익이 많은 주택을 나중에 팔아서 1세대 1주택으로 비과세를 받는 것이 현명하다</u>

(2) 부가가치세

■ 주택과 이에 부수되는 토지의 임대용역

1) 전용주택의 면세되는 부수토지의 범위

<u>①주택의 연면적 4) ②주택정착면적×5배(도시지역 밖은 10배)의 면적 중 넓은 면적을 초과하지 않는 부분은 면세되고, 이를 초과하는 부분의 임대는 과세된다.</u>

	【사례】전용주택 임대 : 주택 50㎡, 토지 400㎡	
	도시지역	도시지역 밖
면세	건물:50㎡ 토지:[400, 50×5=250]중 Min 250㎡	건물:50㎡ 토지:[400, 50×10=400]중 Min 400㎡
과세	토지:150㎡	토지:과세 없음

2) 겸용주택 5)

① <u>주택면적 〉 상가면적</u>

■ '<u>건물부분</u>'은 겸용주택 전체를 주택으로 보아 면세함
■ '<u>토지부분</u>'은 전체를 주택의 부수토지로 보되, 건물정착면적의 5배(도시지역 밖은 10배) 이내의 면적은 면세함

	【사례】겸용주택 임대 : 주택 30㎡ 〉 상가 20㎡, 토지 400㎡	
	도시지역	도시지역 밖
면세	건물: 50㎡(주택+상가 전체 면세) 토지: [400, 50×5=250]중 Min 250㎡	건물: 50㎡(주택+상가 전체 면세) 토지: [400, 50×10=400]중 Min 400㎡
과세	토지: 400㎡ 중 150㎡	토지:과세 없음

② <u>상가면적 ≧ 주택면적</u>

---
4) 지하층 면적, 지상층 주차장, 주민공동시설 면적은 제외
5) 1. 임대인이 2인 이상의 임차인에게 임대를 하는 경우에는 '임차인별로 각각 면세 여부를 판단'한다.
   2. 겸용주택의 임대를 포함하여 순수한 토지의 임대와 주택의 임대시 주택의 부수토지를 초과하는 부분의 임대는 과세된다.
   3. 주택을 제외한 건물의 임대는 과세된다.

- 건물부분 : 주택 면세, 상가 과세
- 토지부분 : '토지면적×주택면적/총건물면적'으로 안분계산한 주택의 부수토지와 도시지역은 주택정착면적의 5배(도시지역 밖은 10배) 이내의 부수토지 중 적은 면적은 면세

	【사례】겸용주택 임대 : 상가 30㎡ > 주택 20㎡, 토지 400㎡	
	도시지역	도시지역 밖
면세	주택: 20㎡ 토지: [400×$\frac{20}{50}$=160, 20×5=100]중 Min 100㎡	주택: 20㎡ 토지: [400×$\frac{20}{50}$=160, 20×10=200]중 Min 160㎡
과세	상가: 30㎡, 토지: 300㎡ 과세	상가: 30㎡, 토지: 240㎡ 과세

(3) 중개보수 산정기준

- 주택 ≧ 주택 이외 : 전부 '주택'으로 간주
- 주택 < 주택 이외 : 전부 '주택 이외'로 간주

제3장

판례와 유권해석을 활용한 중개사고의 예방

제1절 판례를 통한 중개사고의 예방

1. 컨설팅용역과 중개행위의 관계

(1) 양자의 관계

- 부동산 중개행위가 부동산 컨설팅행위에 부수하여 이루어졌다고 하여 이를 구 부동산중개업법(현 공인중개사법) 제2조 제2호 소정의 중개업에 해당하지 않는다고 볼 것은 아니다.[6]
- 부동산에 관하여 무등록으로 중개행위를 업으로 하는 부동산컨설팅업자가 그에 더하여 이른바 부동산 컨설팅 등의 용역을 제공한다고 하여 공인중개사법의 규율대상인 부동산 중개행위가 아니라고 볼 수 없다.[7]

(2) 컨설팅용역이 중개행위에 해당하지 않는 경우

- 중개행위란 중개대상물에 관하여 거래당사자 간의 매매·교환·임대차 기타 권리의 득실·변경에 관한 행위를 알선하는 업무를 말하며, 어떠한 행위가 중개행위에 해당하는지 여부는 거래당사자의 보호에 목적을 둔 법 규정의 취지에 비추어 중개업자의 행위를 객관적으로 보아 사회통념상 거래의 알선, 중개를 위한 행위라고 인정되는지 여부에 의하여 결정하여야 할 것이다.[8]
- 이 사건 약정은 피고인이 자신의 비용으로 과수원인 이 사건 토지를 택지로 조성하여 분할한 다음 이 사건 토지 중 일부를 피고인이 임의로 정한 매매대금으로 타에 매도하되, 이 사건 토지의 소유자에

---

[6] 대법원 2007.1.11. 선고 2006도7594 판결 [부동산중개업법위반]
[7] 대법원 2011.11.10. 선고 2009다4572 판결 [부동산중개업법위반]
[8] 대법원 2017.10.26. 선고 2017도11528 판결 [공인중개사의업무및부동산거래신고에관한법률위반]

게는 그 매매대금의 액수에 관계없이 확정적으로 3억 원을 지급하고 그로 인한 손익은 피고인에게 귀속시키기로 하는 약정(위임 및 도급의 복합적 성격을 가지는 약정)이라 할 것인바, 피고인의 위 각 행위는 피고인이 이 사건 약정에 따라 이 사건 토지를 분할하고 택지로 조성하여 그 중 일부를 타에 매도하면서 어느 정도의 위험부담(지적분할, 지상물 철거, 도로개설, 하수관설치, 중개보수, 접대비, 여비, 공과 비용, 기타 잡비 등을 비롯한 일체의 비용부담)과 함께 이득을 취하는 일련의 행위로서 부동산중개업법 소정의 중개행위에 해당하지 않는다.
- 따라서 위 각 행위와 관련하여 피고인이 취득한 판시 금원 또한 부동산중개업법 제15조 제2호에 의하여 초과수수가 금지되는 중개업자의 수수료 등 금품에는 해당하지 않는다.[9]

(3) 중개행위와 컨설팅의 구별

- 중개행위는 "위임계약"임에 비하여 컨설팅용역은 일종의 "도급계약"에 해당한다. 따라서 중개사가 사실상 중개행위에 해당하는 행위를 하면서 컨설팅계약을 체결하고 컨설팅용역을 제공한다고 생각하였다고 하여 중개행위가 컨설팅용역이 되는 것이 아니다.
- 양자는 모두 노무공급계약의 일종이라는 점에서는 동일하지만, 위임에 해당하는 중개행위는 중개대상물에 관하여 거래당사자 간의 매매·교환·임대차 기타 권리의 득실·변경에 관한 행위를 알선하는 업무로서 사무처리라는 통일된 노무를 목적으로 하고, 위임인과의 사이에 신임관계에 따라서 수임인은 위임인에게 선관주의의무를 지는 '수단채무적 성격'이 강한 채무이다. 이에 대하여 도급계약의 일종인 컨설팅용역은 어느 정도 수급인 자신의 위험부담하에 자신의 능력과 재량으로 일의 완성을 목적으로 하는 '결과채무적 성격'이 강한 계약이다.
- 따라서 비록 중개보수와는 별도로 컨설팅용역으로서의 대가를 수수하기로 약정하였다거나 컨설팅용역보고서를 작성해주었다 하더라도 중개행위를 넘는 다른 용역제공이 없는 이상 컨설팅용역계약에 해당하지 않는다.

2. 분양대행과 중개행위의 관계

- 이른바 '분양대행'과 관련하여 교부받은 금원은 부동산중개업법 제15조 제2호에 의하여 초과 수수가 금지되는 금원이 아니다.[10]

3. 변호사의 법률사무와 중개행위의 관계

- 중개행위는 중개대상물에 대하여 거래당사자 간의 매매·교환·임대차 기타 권리의 득실·변경에 관한 행위를 알선하는 것이라고 규정하고 있다. 따라서 중개행위는 당사자 사이에 매매 등 법률행위가

---

9) 대법원 2004.11.12. 선고 2004도5271 판결 [부동산중개업법위반]
10) 대법원 1999.7.23. 선고 98도1914 판결 [부동산중개업법위반]

용이하게 성립할 수 있도록 조력하고 주선하는 '사실행위'라 할 것이다.
- 따라서 변호사법 제3조에서 규정한 '법률사무'는 거래당사자의 행위를 사실상 보조하는 업무를 수행하는 중개행위와는 구별되는 것이고, 일반의 법률사무에 중개행위가 당연히 포함되는 것이라고 해석할 수 없다. 따라서 변호사업 등록으로 중개행위를 할 수 없다.
- 변호사의 직무에 부동산중개행위가 당연히 포함된다고 해석할 수도 없고, 변호사는 구 부동산중개업법에 규정된 중개사무소개설등록의 기준을 적용받지 않는다고 할 수는 없다.[11]

4. 무상중개와 확인·설명의 필요성

- 부동산중개계약에 따른 중개업자의 확인·설명의무와 이에 위반한 경우의 손해배상의무는, 이와 성질이 유사한 민법상 위임계약에 있어서 무상위임의 경우에도 수임인이 수임사무의 처리에 관하여 선량한 관리자의 주의를 기울일 의무가 면제되지 않는 점과 부동산중개업법이 위 조항의 적용 범위를 특별히 제한하지 않고 있는 점 등에 비추어 볼 때, 중개의뢰인이 중개업자에게 소정의 수수료를 지급하지 아니하였다고 해서 확인·설명의무가 당연히 소멸되는 것이 아니다.[12]
- 즉, 무상중개의 경우에도 중개업자의 확인·설명의무와 이에 위반한 경우의 손해배상의무는 면제되지 않는다는 점 주의를 요한다. 원심은 중개업자의 확인·설명의무와 손해배상의무는 '유료중개인 경우에만' 적용된다고 보았는데, 대법원에서 무상중개의 경우에도 적용된다고 하면서 파기환송한 사건이다. 중개행위는 위임의 일종인데, 민법상 위임은 무상이 원칙이고 무상이어도 선관주의무를 지기 때문이다.

5. 중개에 있어서 등기권리증 확인 여부

- 등기권리증은 소유권이전등기 단계에서 뿐 아니라 그 이전의 거래에 있어서도 당사자 본인의 증명이나 처분권한의 유무의 확인 등을 위하여 중요한 자료가 되는 것이므로, 중개업자로서는 매도의뢰인이 알지 못하는 사람인 경우 필요할 때에는 등기권리증의 소지 여부나 그 내용을 확인·조사하여 보아야 할 주의의무가 있다.[13]
- 즉, 자칭 소유자와 전혀 면식이 없는 때에는 자칭 소유자라는 사람의 주민등록증 등의 서류를 조사하거나 확인하는 것만으로는 충분하지 않고, 소유권의 귀속에 관해 의문을 품을 여지가 없는 특별한 사정이 없는 한 등기권리증을 확인하거나 소유자의 주거지나 근무지 등에 연락하거나 그곳에 가서 확인하는 등으로 소유권의 유무를 조사·확인하여야 한다.

---

11) 대법원 2006.5.11. 선고 2003두14888 판결 [부동산중개사무소개설등록신청반려처분취소]
12) 대법원 2002.2.5. 선고 2001다71484 판결 [손해배상(기)]
13) 대법원 1993.5.11. 선고 92다55350 판결 [손해배상(기)], 서울중앙지법 2008.11.20. 선고 2008가합50528 판결 [손해배상(기)] 항소

6. 확인·설명의무의 위반 유형

(1) 다가구주택에 이미 거주하는 다른 임차인의 보증금 등에 대한 자료를 제출하지 않은 경우

- 중개업자는 임대의뢰인에게 다가구주택 내에 이미 거주해서 살고 있는 다른 임차인의 임대차계약내역 중 개인정보에 관한 부분을 제외하고 임대차보증금, 임대차의 시기와 종기 등에 관한 부분의 자료를 요구하여 이를 확인한 다음 임차의뢰인에게 설명하고 자료를 제시하여야 하며, 공인중개사법 시행규칙 제16조에서 정한 서식에 따른 중개대상물 확인·설명서의 중개목적물에 대한 '실제 권리 관계 또는 공시되지 아니한 물건의 권리 사항'란에 그 내용을 기재하여 교부하여야 할 의무가 있고, 만일 임대의뢰인이 다른 세입자의 임대차보증금, 임대차의 시기와 종기 등에 관한 자료요구에 불응한 경우에는 그 내용을 중개대상물 확인·설명서에 기재하여야 할 의무가 있다.[14]

(2) 위반내용을 확인·설명서에 기재하지 않은 경우

- 건축물대장에 '위반내용(근생, 불법증축, 판넬)'이라고 기재되어 있음에도 확인·설명서의 '위반건축물 여부를 표시하는 란'에 아무런 표시도 하지 않은 채, 위반건축물임이 표시된 건축물대장을 교부하고 임의로 증축된 부분을 설명하였다는 사실만으로 주의의무를 다하였다고 볼 수 없다.[15]

(3) 불법건축물에 대한 행정상 불이익처분을 확인·설명하지 않은 경우

- 의뢰인(원고)들이 이 사건 각 부동산에 무단 증축된 부분이 있다는 점을 인식할 수 있었다 하더라도, 중개업자로서는 이 사건 각 부동산의 매수에 따라 장차 원고들에게 부과될 수 있는 행정상 불이익처분(예컨대 철거명령이나 이행강제금 부과 여부, 이행강제금의 액수와 부과기간 등) 등에 관하여 관할관청이나 법률전문가에게 문의하는 등으로 정확한 정보를 수집한 후 이를 원고들에게 고지할 업무상 주의의무가 있음에도 설명의무를 다하지 못한 과실이 있다.[16]

(4) 구체적인 확인·설명을 하지 않은 경우

- 공인중개사가 사용승인 면적의 2배를 넘는 면적으로 건축된 다세대주택 매매를 중개하면서 '무단증축된 부분이 있다는 정도의 설명만'을 한 사안에서, 공인중개사에게 50%의 손해배상책임을 부담시켰다.[17]

(5) 소유권보전가등기를 담보가등기로 확인·설명한 경우

- 이 경우에도 설명의무 위반으로 공인중개사에게 손해배상책임을 인정하였다.[18]

---

14) 대법원 2012.1.26. 선고 2011다63857 판결 [손해배상(기)]
15) 서울북부지방법원 2014.12.16. 선고 2014나527 판결 참조
16) 서울고등법원 2013.3.28. 선고 2012나44596 판결 참조
17) 서울중앙지방법원 2012.3.16. 선고 2010가합60252 판결 참조
18) 서울남부지방법원 2008.5.21. 선고 2008가단2993 판결 참조

(6) "토지 별도등기 있음"에 대한 확인·설명을 하지 않은 경우

- 이 사건에서는 공인중개사에게 무려 70%의 책임비율(과실상계)을 물었다.[19]

(7) 취득세 감면대상이 아님에도 잘못 설명한 경우

- 공인중개사에게 70%의 책임을 물은 사례이다.[20]
- 취득세 중과에 대한 설명을 잘못한 경우에도 공인중개사에게 책임을 묻고 있다.[21] 양도소득세와는 달리 취득세는 공인중개사법상 확인·설명의 범위에 들어가기 때문에 주의해야 한다.

(8) 중개업자가 그릇된 정보를 제공한 경우

- 부동산중개업자는 비록 그가 조사·확인하여 의뢰인에게 설명할 의무를 부담하지 않는 사항이더라도 의뢰인이 계약체결 여부를 결정하는 데 중요한 자료가 되는 사항에 관하여 그릇된 정보를 제공하여서는 아니 되고, 그릇된 정보를 제대로 확인하지도 않은 채 마치 그것이 진실인 것처럼 의뢰인에게 그대로 전달하여 의뢰인이 그 정보를 믿고 상대방과 계약에 이르게 되었다면, 선량한 관리자의 주의로 신의를 지켜 성실하게 중개행위를 하여야 할 중개업자의 의무에 위반된다.
- 중개업자가 이 사건 임대차계약을 중개함에 있어 목적부동산에 관한 피담보채무의 이자액 및 주차장 부지의 임대차 상황에 관하여 제대로 확인하지 않은 채 원고에게 그릇된 정보를 제공하여 이를 믿은 원고로 하여금 임대차계약을 체결한 경우[22]
- 소유자로부터 중개대상물인 이 사건 부동산에 채권최고액 금 20,000,000원의 근저당권이 설정되어 있으나 일부 변제되어 피담보채무액은 금 12,000,000원 정도 남아 있을 뿐이라는 말을 듣고 이를 제대로 확인하지 아니한 채 원고에게 그와 같이 설명하면서 아무 염려 없으니 소유자와 임대차계약을 체결하라고 권고하여 손해를 입은 경우[23]
- 중개대상물에 대한 권리 관계와 시세에 관한 확인·설명의무를 소홀히 한 부동산중개업자에게 손해배상책임을 인정하되, 중개업자의 설명만을 믿고 섣불리 임대차계약을 체결한 임차인의 과실을 참작하여 손해배상책임의 범위를 40%로 제한한 사례[24]

(9) 부동산의 경계를 확인·설명하지 않은 경우

- 이 경우에 50%의 손배책임을 지웠다.[25]

---

19) 서울동부지방법원 2010.6.18. 선고 2010나198 판결 참조
20) 서울동부지방법원 2013.10.23. 선고 2013나2988 판결 참조
21) 서울중앙지방법원 2016.7.18. 선고 2015가단34104 판결 참조
22) 대법원 2008.9.25. 선고 2008다42836 판결 [손해배상(기)등]
23) 대법원 1999.5.14. 선고 98다30667 판결 [손해배상(기)]
24) 대구지방법원 2004.10.19. 선고 2004가단23537 판결: 확정 [손해배상(기)]
25) 부산지방법원 2013.4.18. 선고 2011가합24138 판결 참조

(10) 체납처분에 대한 확인·설명을 하지 않은 경우[26]

(11) 지구단위계획구역에 대한 확인·설명을 하지 않은 경우
- 중개대상물 확인설명서에 지구단위계획구역으로 기재하였다 하더라도, 거래당사자에게 이를 확인·설명하고 그 관련 자료를 제시하여야 할 의무를 이행하지 아니한 경우에는 손해배상책임이 있다.[27]

(12) 불법 용도변경된 주차장에 대한 설명의무
- 임대차계약서 특약사항에 '증축 및 용도변경에 따른 이행강제금은 임차인이 부담한다'고 기재하였으나, 주차장 부분이 용도상 주차장으로 되어 있으나 음식점 홀로 사용하고 있다는 사실을 알고 있었음에도 확인설명서에는 '주차장 없음'이라고 기재한 채, 원고가 이를 이용함에 있어서 주차장법에 의한 제한이 있음을 설명하거나 기재하지 않은 것은 주차장 부분의 용도변경을 조사·확인하고 설명할 의무를 충실히 이행하지 못한 과실이 있다고 한다.[28]

7. 확인·설명의 시점

- 확인설명은 '매매계약체결 당시'의 권리 관계 등에 한정되고, 매매계약을 체결한 후 당사자가 그 계약을 성실히 이행할 것인지 여부 등에 관한 사항까지 확대되는 것은 아니다.
- 원고는 원심에서 위 피고들이 이 사건 부동산에 관하여 제3자가 처분금지가처분을 한 사실을 원고에게 알려주지 않은 잘못도 있다고 주장하였으나, 위 가처분은 이 사건 '매매계약이 체결된 후'에 발령되었다는 것이므로 위 피고들이 이 사건 매매계약이 체결된 이후에도 계속 계약당사자의 계약상 의무의 실현에 실제로 관여하거나 그러한 관여 내지는 주선이 예정되어 있었다고 볼 사정이 없는 이상, 위 피고들에게 그에 관해 확인·설명할 의무가 있다고 보기도 어렵다.[29]

8. 수 개의 구분점포를 일괄하여 단일한 임대차 관계가 성립한 경우, 우선변제권의 판단 기준

【사실관계와 쟁점】
- 임차인은 32개 구분점포를 임차하여 벽체 등에 의한 구분 없이 헬스장을 운영하였다. <u>그 중 27개는 한사람 소유이고 5개는 또 다른 사람의 소유였는데</u>, 임차인은(27개 구분점포는 하나의 계약서로 작성되었지만) 이들 "5개 구분점포에 관하여 각각의 임대차계약서를 작성"하였다. 이 사건에서의 쟁점은

---
[26] 부산고등법원 2014. 3. 25. 선고 2013나3750 판결 참조
[27] 서울동부지방법원 2015. 1. 15. 선고 2013가단52500 판결 참조
[28] 부산고등법원 2014. 11. 25. 선고 2013나9574 판결 참조
[29] 대법원 2007. 11. 15. 선고 2007다44156 판결 [손해배상(기)등]

상임법상 우선변제권 적용에 있어서 5개 구분점포 각각에 관하여 별도의 임대차 관계가 성립한 것으로 볼 것이냐 아니면 일괄하여 단일한 임대차 관계가 성립한 것으로 볼 것이냐이다.[30]

【대법원의 판단】

- 임차인이 수 개의 구분점포를 동일한 임대인으로부터 임차하여 하나의 사업장으로 사용하면서 단일한 영업을 하는 경우와 같이, 임차인과 임대인 사이에 구분점포 각각에 대하여 별도의 임대차 관계가 성립한 것이 아니라 일괄하여 단일한 임대차관계가 성립한 것으로 볼 수 있는 때에는, 비록 구분점포 각각에 대하여 별개의 임대차계약서가 작성되어 있더라도 "구분점포 전부에 관하여" 상임법 제2조 제2항의 규정에 따라 환산한 보증금액의 합산액을 기준으로 상임법 제14조에 의하여 우선변제를 받을 임차인의 범위를 판단하여야 한다.[31]

- 따라서 5개 구분점포 전부에 관하여 상임법 제2조 제2항의 규정에 따라 환산한 보증금액의 합산액이 구 상임법 시행령 제6조 제1호가 정한 금액을 초과하는 이상, 피고는 이 사건 쟁점 부동산에 관하여도 구 상임법 제14조에 의하여 우선변제를 받을 임차인에 해당하지 아니한다.

9. 다운(DOWN), 업(UP) 계약서 작성과 그 법적 효과

(1) 소득세법상 무효인지 여부(소극)

- 양도소득세의 일부를 회피할 목적으로 매매계약서에 실제로 거래한 가액을 매매대금으로 기재하지 아니하고 그보다 낮은 금액을 매매대금으로 기재하였다 하여, 그것만으로 그 매매계약이 사회질서에 반하는 법률행위로서 무효로 된다고 할 수는 없다.[32]

(2) 계약해제 가능 여부(소극)

- "다운계약서 작성의무"는 그 불이행이 있으면 이 사건 매매계약의 목적을 달성할 수 없는 필요불가결한 채무라고 볼 수 없어 이 사건 매매계약의 주된 채무가 아닌 "부수적 채무"에 불과하므로, 그 부수적 채무를 이행하지 아니하였다고 하여 피고가 이를 들어 그의 주된 채무의 이행을 거절할 수는 없고, 다만 계약해제 등의 경우 손해배상액을 산정할 때에 이러한 사정을 참작할 여지가 있을 뿐이다.[33]

---

30) 원심이 인용한 제1심판결 이유 및 이 사건 기록에 의하면 ① 피고는 서울 중구 소재 상가건물의 지하 1층 구분점포 중 32개 구분점포를 임차하여 벽체 등에 의한 구분 없이 하나의 사업장으로 사용하면서 그곳에서 헬스장을 운영하여 온 사실, ② 피고가 임차한 32개 구분점포 중 5개 구분점포는 소외인의 소유였는데, 피고는 소외인으로부터 위 5개 구분점포를 임차하면서 구분점포 각각에 관하여 별개의 임대차계약서를 작성한 사실, ③ 피고와 소외인 사이에 작성된 임대차계약서 5건은 모두 같은 날인 2009.12.20. 작성되었고, 동일한 계약서 양식을 사용하였으며, 보증금 및 월 차임의 기재를 제외한 나머지 계약 내용이 모두 동일한 사실, ④ 구분점포별로 보증금 및 월 차임에 차이가 있기는 하나, 이는 구분점포의 계약서상 면적이 달라 그에 비례하여 보증금 및 월 차임을 정하였기 때문으로 보이고, 계약서상 면적이 동일한 구분점포(이 사건 쟁점 부동산, 69호) 사이에서는 보증금 및 월 차임도 동일한 사실, ⑤ 이 사건 쟁점 부동산에 관하여 상임법 제2조 제2항의 규정에 따라 환산한 보증금액은 3,110만원으로서 구 상임법 제14조 및 구 상임법 시행령 제6조 제1호가 정한 기준금액인 5,000만 원을 초과하지 아니하나, 피고가 소외인으로부터 임차한 5개 구분점포 전부에 관하여 상임법 제2조 제2항의 규정에 따라 환산한 보증금액의 합산액은 1억 1,790만원으로서 위 5,000만원을 초과하는 사실 등을 알 수 있다.

31) 대법원 2015.10.29. 선고 2013다27152 판결 [배당이의]

32) 대법원 2007.6.14. 선고 2007다3285 판결 [분양권권리승계절차이행]

(3) 공인중개사법 등과의 관계

- 다운(DOWN), 업(UP) 계약서 작성이 사법상 또는 소극세법상으로 무효가 아니고 또한 주된 채무가 아니어서 그 불이행을 이유로 계약을 해제할 수도 없지만, 그 행위가 공법인 공인중개사법과 부동산거래신고에 관한 법률상으로는 "행정처분의 대상"이므로 주의해야 한다.

10. 공인중개사협회의 공제약관상 보증의 한도

- 약관의 해석은, 신의성실의 원칙에 따라 당해 약관의 목적과 취지를 고려하여 공정하고 합리적으로 해석하되, 개개 계약 당사자가 기도한 목적이나 의사를 참작함이 없이 평균적 고객의 이해가능성을 기준으로 보험단체 전체의 이해관계를 고려하여 객관적·획일적으로 해석하여야 하며, 위와 같은 해석을 거친 후에도 약관 조항이 객관적으로 다의적으로 해석되고 그 각각의 해석이 합리성이 있는 등 당해 약관의 뜻이 명백하지 아니한 경우에는 고객에게 유리하게 해석하여야 한다(대법원 2009.5.28. 선고 2008다81633 판결, 대법원 2010.12.9. 선고 2009다60305 판결 등 참조).
- 이러한 약관해석의 원칙에 의하면 "피고 한국공인중개사협회(이하 '피고 협회'라 한다)가 보상하는 금액은 공제가입금액을 한도로 합니다."라고 규정하고 있는 피고 협회의 공제약관 제2조 제1항은 이를 '공제사고 1건당 보상한도'를 정한 것으로 해석함이 상당하다(대법원 2012. 8.17. 선고 2010다93035 판결 등 참조).34)

11. 공인중개사협회의 공제계약에서의 공제사고의 발생 시기

- 중개업자와 한국공인중개사협회 사이에 체결된 공제계약은 기본적으로 보험계약으로서의 본질을 가지고 있으므로, 적어도 공제계약이 유효하게 성립하기 위하여는 공제계약 당시에 공제사고의 발생 여부가 확정되어 있지 않아야 한다.35)

제2절 유권해석과 문리해석을 통한 중개사고의 예방

1. 문리해석

(1) 도로명주소와 지번주소의 구분 표시

---

33) 대법원 2015.5.28. 선고 2014다236410 판결 [손해배상청구(기)]
34) 대법원 2012.9.13. 선고 2012다30281 판결 [임대보증금반환등], 대법원 2012.8.17. 선고 2010다93035 판결 [공제금], 대법원 2012.9.13. 선고 2010다92407 판결[공제금], 대법원 2012.9.27. 선고 2010다101776 판결 [공제금]
35) 대법원 2014. 10. 27. 선고 2014다212926 판결 [공제금지급청구]

- 계약서 작성시 부동산 소재지는 "지번주소"로 하고, 거래당사자와 공인중개사의 주소는 "도로명주소"로 한다.

(2) 상가건물의 면적표시

- 구분상가가 아닌 일반상가의 중개의 경우 면적표시에 주의해야 한다. 전용면적과 공용면적을 명확하게 구분되도록 기재하여야 한다. 공용면적의 경우에는 예컨대 반드시 100㎡(공용 포함)과 같이 기재하여야 한다. 그렇지 않으면 전용면적만을 생각한 의뢰인과의 사이에 분쟁이 발생할 수 있다.

(3) 주거용 또는 비주거용의 용도가 불분명한 경우 확인·설명서 작성방법

- 건물의 면적 비율 등이 "주거용 또는 비주거용 여부가 불분명한 경우"에는 주거용 건물의 확인·설명서를 이용하여 작성·교부함이 옳다. 주거용 건물의 확인·설명서에는 비주거용 건물의 확인·설명서의 내용을 모두 포함함과 동시에 다른 여러 가지 사항을 추가로 포함하고 있기 때문이다.
- 당해 건축물 중 주거용 면적이 1/2 이상인 경우에는 "주거용 확인·설명서"를, 비주거용 면적이 1/2 이상인 경우에는 "비주거용 확인·설명서"를 각 작성하면 된다(국토교통부 2010. 11. 23.)

(4) 공동중개에 있어서 손해배상 책임의 당사자

- 공동중개에 있어서 공인중개사는 해당 중개사의 중개의뢰인 뿐만 아니라 다른 중개사의 중개의뢰인 거래당사자에게도 손해배상책임을 진다. 이때 공동중개를 한 공인중개사는 공동책임을 부담한다.

(5) 공인중개사의 겸업 가능 여부

- 개인인 개업공인중개사는 제한 규정이 없으므로 겸업이 가능하다.
- 그러나 법인인 개업공인중개사는 다른 법률에 규정된 경우를 제외하고는 중개업 및 제14조 각 호에 규정된 업무와 경공매 권리분석 및 취득의 알선과 매수신청 또는 입찰신청의 대리 외에 다른 업무를 함께 할 수 없다(공중개사법 제14조).

(6) 조합원 입주권에 대한 중개보수요율 적용은 토지 또는 주택 중 어느 것인가?

- "관리처분인가일~동호수 추첨일 전까지"는 "토지에 대한 중개보수요율"을 적용하고, "동호수 추첨일 이후"에는 "주택에 대한 중개보수요율"을 적용한다(국토교통부 민원콜센터 1599-0111 참조)

(7) 대리계약시 위임장과 인감증명서 원본 소지자는?

- 공인중개사가 아니라 "대리계약의 상대방 당사자"에게 위임장과 인감증명서 원본을 교부함이 옳다. 공인중개사는 계약당사자가 아니기 때문이다.

2. 확인·설명서 작성에 관한 국토부 해석

(1) 신축 중인 건물과 신축건물 중개시

- 신축 중인 건물도 건물에 포함되므로, 중개에 의한 거래계약서 작성시 건축허가 등의 목적에 따른 건축물의 용도에 맞는 중개대상물의 확인설명서 서식을 선택하여 작성·교부하여야 한다(국토교통부 2011.5.11.). 그러나 신축 중이므로 확인설명서 작성이 불완전할 것이다.
- 신축건물의 경우에는 정부와 지자체의 공시가격이 없다. 따라서 확인·설명서 중 "⑨거래예정금액 등 항목"에는 "공시가격 없음"이라고 기재하면 된다(국토교통부 2015.12.24.).

(2) 분양권 중개시 확인·설명의무

- 분양권 중개시에도 권리 관계 등 확인이 가능한 범위 내의 사항을 확인·설명하고 확인·설명서를 작성하여야 한다(국토교통부 2011.10.23.).
- 분양권 중개시 중개보수의 산정기준은 거래당사자 간의 수수금액(계약금+납부중도금+프리미엄)이며, <u>건물이 준공되었음을 이유로 수분양자가 납부하지 않은 잔금 등을 거래가액에 포함하여 중개보수를 산정하여서는 아니된다.</u>

(3) 소송공인중개사의 확인·설명서 등 작성

- 소송공인중개사도 거래계약서 및 확인·설명서를 작성할 수 있고, 이 경우에는 거래계약서 및 확인·설명서에 공인중개사와 함께 서명·날인 하여야 한다(국토교통부 2010.12.1.).

3. 공인중개사법에 관한 법제처 유권해석

(1) 초과 중개보수 수령 후 1년 뒤에 적발된 경우 징계 가능 여부

- 개업공인중개사가 소정의 보수를 초과하여 중개보수를 받았으나 중개보수를 받은 날부터 1년이 경과하여 적발된 경우, "위반행위를 한 날"을 기준으로 역산하여 과거 1년 이내에 동일한 위반행위가 없는 경우에는 시군구청장은 「공인중개사법 시행규칙」[별표 2] 제12호(공인중개사법 제38조제2항 각 호의 어느 하나를 최근 1년 이내에 1회 위반한 경우에는 업무정지 6개월을 명하도록 규정하고 있다)에 따라 개업공인중개사에 대해 업무정지를 명할 수 있다(법제처 안건번호 18-0044, 회신일자 2018.04.20. 경기도 용인시).
- 같은 법 시행규칙 별표 2 제12호에서는 "법 제38조제2항 각 호의 어느 하나를 최근 1년 이내에 1회 위반한 경우"라고만 규정하고 있어 "위반행위에 대하여 처분을 한 날"을 기준으로 최근 1년 이내 여부를 판단할 수 없으므로, 해당 규정의 "법 제38조제2항 각 호의 어느 하나를 최근 1년 이내에 1회 위반한 경우"는 "위반행위를 한 날"을 기준으로 역산하여 과거 1년 이내에 동일한 위반행위가 없는 경우를

의미한다

(2) 동·호수 추첨 전의 아파트 입주권이 중개대상물인지 여부(「공인중개사법」 제3조제2호 등 관련)

- 주택재건축사업의 조합원이 도시정비법 제48조에 따른 관리처분계획의 인가 후, 아파트 동·호수 추첨 전에 입주권에 대한 매매계약을 체결하는 경우, 그 입주권은 중개대상물에 해당하지 않는다(안건번호 17-0353, 회신일자 2017.08.10. 민원인).

(3) 제재 처분의 일반기준이 없는 경우, 둘 이상의 위반행위에 대한 업무정지처분의 기준

(「공인중개사법 시행규칙」 제25조 등 관련)

- 「공인중개사법」 제39조제1항 각 호에 따른 위반행위의 종류를 달리하여 둘 이상의 위반행위를 한 개업공인중개사에 대하여 업무정지처분을 할 경우, 같은 법 시행규칙 별표 2에 따른 각각의 위반행위 종류별 업무정지 기준에 따라 각각의 업무정지처분을 할 수 있으나, 각 위반행위의 동기·결과 및 횟수 등을 고려하여 등록관청의 재량의 범위에서 각 위반행위의 업무정지기간을 합산하여 하나의 업무정지처분의 형식으로 처분하는 것까지 금지되는 것은 아니다 (법제처 안건번호 16-0642, 회신일자 2017.3.15., 광주광역시 서구).

(4) 간이과세자인 공인중개사가 법정 중개보수와 별도로 부가가치세를 받을 수 있는지

(「공인중개사법」 제33조제3호 등 관련)

- 「부가가치세법」 제61조제1항에 따른 간이과세자에 해당하는 개업공인중개사가 「공인중개사법」 제32조제4항에 따라 정해진 주택의 중개에 대한 보수와는 별도로 부가가치세를 수령하여 그 둘을 합산한 금액이 법정 중개보수를 초과하더라도, 그 부가가치세를 제외한 금액이 법정 중개보수를 초과하지 않는 경우에는 「공인중개사법」 제33조제3호에 위반되지 않는다(법제처 안건번호 15-0523, 회신일자 2016.01.18 민원인).

(5) 사무소 이전신고 후 수리 전 중개업무 수행

- 「공인중개사법」 제20조제1항에 따라 중개사무소의 이전신고를 한 개업공인중개사는 그 신고가 수리되기 전이라도 중개업무를 수행할 수 있다(법제처 안건번호 15-0122, 회신일자 2015.04.02. 국토교통부).

(6) 업무정지기간이 지나기 전 폐업신고를 하고 결격사유기간이 경과한 경우, 남은 기간 승계 여부

- 개업공인중개사가 「공인중개사법」 제39조제1항 각 호의 위반행위로 인하여 업무정지명령의 행정처분을 받고 그 이행을 마치기 전에 같은 법 제21조에 따라 폐업신고를 하고, 같은 법 제10조제1항제9호에 따른 중개사무소의 개설등록 결격사유기간이 경과되어 같은 법 제9조에 따른 중개사무소의 재개설등록을 하였으나 업무정지명령 처분일로부터 1년이 지나지 아니한 경우, 남은 업무정지기간이 승계되는

것은 아니다(법제처 안건번호 14-0469, 회신일자 2014.10.10. 국토교통부).
- 이 사안의 경우에는 업무정지기간이 모두 경과하였기 때문에 재등록중개업자에게 승계될 남은 업무정지기간이란 것은 없다. 또한 업무정지명령 행정처분의 주된 목적은 업무종사자로 하여금 해당 업무에 종사하지 못하게 함으로써 영업이익을 얻을 수 없게 하는 데에 있는데, 개업공인중개사는 폐업신고를 함으로써 더 이상 영업이익을 얻을 수 없게 되었으므로 등록관청의 업무정지처분은 그 행정목적을 달성하였기 때문이다.

(7) 건축물에 중개사무소를 개설등록한 후 해당 중개사무소 외의 부분에 대한 「건축법」 상 위반행위로 인해 위반건축물이 된 경우가 「공인중개사법」에 따른 중개사무소 개설등록 취소사유에 해당하는지 여부(구 「공인중개사의 업무 및 부동산거래 신고에 관한 법률」 제38조 제2항 등 관련)

- 질의배경
  중개사무소가 위치하지 않는 부분에 대한 「건축법」 상 위반행위에 따라 위반건축물이 된 경우 기존 중개사무소의 개설등록 취소에 대한 민원 발생에 따라 지방자치단체에서 국토교통부에 질의하였고, 국토교통부 내부 이견이 있어 이를 일반건축물과 집합건축물의 경우로 각각 구분하여 이 건 법령해석을 요청함.
- 일반건축물의 일부에 중개사무소를 개설등록한 후 해당 중개사무소 외의 부분에 「건축법」 상 위반행위가 발생하여 건축물대장에 "위반건축물"이라는 표시가 기재된 경우는 구 「공인중개사의 업무 및 부동산거래 신고에 관한 법률」 제38조제2항제1호에 따른 중개사무소 개설등록 취소사유에 해당한다.
- 집합건축물의 전유부분 중 일부에 중개사무소를 개설등록한 후 해당 중개사무소 외의 전유부분에 「건축법」 상 위반행위가 발생하여 건축물대장에 "위반건축물"이라는 표시가 기재된 경우는 구 「공인중개사의 업무 및 부동산거래 신고에 관한 법률」 제38조제2항제1호에 따른 중개사무소 개설등록 취소사유에 해당하지 않는다고 할 것이지만, 해당 집합건축물의 공용부분에 「건축법」 상 위반행위가 발생하여 건축물대장에 "위반건축물"이라는 표시가 기재된 경우는 구 「공인중개사의 업무 및 부동산거래 신고에 관한 법률」 제38조제2항제1호에 따른 중개사무소 개설등록 취소사유에 해당한다(법제처 안건번호 14-0333, 2014.7.10., 국토교통부]

(8) 대물변제계약이 부동산 거래신고를 하여야 하는 매매계약에 해당되는지?

- 부동산 거래신고를 하여야 하는 매매계약에 해당되지 않는다(법제처 안건번호 13-0599, 회신일자 2014.04.02). 대물변제는 민법상 변제일 뿐이다.

(9) 중개사법의 적용에서 중개업자인 법인과 해당 법인의 대표자였던 공인중개사의 관계

- 공인중개사법 제38조(제1항제2호 및 제4호부터 제8호까지, 제2항제2호부터 제10호까지)에 따라 중개업자인 법인의 중개사무소 개설등록이 취소된 경우, 해당 법인의 대표자였던 공인중개사는 같은 법 제10조제1항제8호에 따른 중개사무소 개설등록의 결격사유에 해당하지 않는다.

- 중개업자인 법인이 공인중개사법 제39조제1항 각 호 등의 위반행위로 인하여 업무정지명령 또는 과태료부과의 행정처분을 받고 그 이행을 마치기 전에 같은 법 제21조에 따라 폐업신고를 한 후, 위반행위 당시 해당 법인의 대표자였던 공인중개사가 같은 법 제9조에 따른 중개사무소의 개설등록을 하더라도 같은 법 제40조제2항에 따라 중개업자인 법인에 대한 행정처분의 효과가 승계되는 것은 아니다(법제처 안건번호 13-0610, 회신일자 2013.12.31. 국토교통부).

(10) 공동중개에서 공제증서 사본의 교부 대상

- 매도인과 매수인이 서로 다른 공인중개사에게 중개를 의뢰하여 양측의 공인중개사가 중개대상물의 매매를 공동으로 중개한 경우, 각 중개사는 '자신의 의뢰인' 뿐만 아니라 '다른 중개사의 의뢰인'에게도(매도인과 매수인 모두에게) 공제증서 사본을 교부하여야 한다(법제처 안건번호 13-0208, 회신일자 2013.06.24. 국토교통부).

(11) 공인중개사의 금지행위의 범위(「공인중개사법」 제33조 등 관련)

- 건설 및 주택사업과 부동산 매매 및 임대사업을 주목적으로 설립된 법인의 이사가 공인중개사로서 중개사무소의 개설등록을 하여 해당 법인의 부동산 매매에 대한 중개행위를 하는 것은, 이사의 행위를 법인의 행위로 보아야 할 특별한 사정이 없는 한, 「공인중개사법」 제33조제1호에 따른 금지행위에 해당하지 않는다(법제처 안건번호 12-0478, 회신일자 2012.09.12. 국토해양부).

(12) 「공인중개사의 업무 및 부동산 거래신고에 관한 법률」에 따른 이중등록의 판단 기준일

　　(「공인중개사의 업무 및 부동산 거래신고에 관한 법률」 제12조 등 관련)

- 중개사무소 개설등록일 이전에 해고된 소속공인중개사의 해고신고 및 그 수리가 중개사무소 개설등록일 이후에 이루어졌다면, 중개사무소 개설등록일부터 해고신고·수리일까지의 기간은 이중등록에 해당하지 않는다(법제처 안건번호 11-0087, 2011.4.28., 국토해양부).

(13) 임대차 계약기간이 만료되기 전에 임차인이 다시 중개를 의뢰하는 경우, 중개수수료를 부담하는 중개의뢰인에 해당하는지?

- 임차인이 임대차계약 기간이 만료되기 전에 공인중개사에게 새로운 임대차계약에 대한 중개를 의뢰하는 경우, 그 임차인은 「공인중개사법」 제32조제1항에 따른 중개보수를 부담하는 중개의뢰인에 해당하지 않는다(법제처 안건번호 09-0384, 회신일자 2009. 12. 24. 국토해양부).
- 임대차계약 기간이 만료되기 전에 전 임차인이 계약을 해지하고자 중개사에게 종전의 임대차계약과 동일한 중개대상물에 대하여 새로운 임대차계약에 대한 중개를 의뢰하는 경우에도, 전임차인은 위 중개대상물을 계속 임대할 것인지, 임대보증금과 차임은 얼마로 할 것인지, 임대기간은 얼마로 할 것인지 등에 대한 임대조건을 제시할 수 있는 권한이 없다 할 것이고, 새로운 임대차계약에 대한 중개의뢰는 새로운 임대차계약에 대한 임대조건을 결정할 수 있는 임대인에 의하여 확정적으로 이루어진다

할 것이며, 설사 전임차인이 중개사에게 종전의 임대차계약과 동일한 중개대상물에 대하여 새로운 임대차계약에 대한 중개를 의뢰하였다고 하더라도 이는 새로운 임대차계약의 중개의뢰에 관한 정보를 중개사에게 알리는 행위라고 할 것이기 때문이다.

(14) 가계약과 관련한 행정처분(공인중개사의 확인·설명의무 시점)

- 공인중개사가 중개를 함에 있어서 「공인중개사법」 제25조제3항에 따른 거래계약서를 작성하기 전에 가계약(假契約)을 체결하는 경우, 그 가계약을 체결하기 전에 같은 법 제25조제1항 각 호의 사항에 대하여 중개의뢰인에게 성실·정확하게 설명하고 그 설명의 근거자료를 제시하지 아니하였다는 이유만으로 같은 법 제39조제1항제5호에 따른 행정처분의 대상이 되지 않는다(법제처 안건번호 10-0149, 회신일자 2010.06.04. 부산광역시 남구).

(15) 「공인중개사법」 제33조 제3호의 금지행위

- 중개사가 법정수수료 등을 초과하여 금품을 약속·요구하거나 나아가 민사소송까지 제기하였다고 하더라도, 실제로 이를 받은 사실이 없다면 「공인중개사법」 제33조제3호를 위반한 것이라고 할 수 없다(법제처 안건번호 07-0200, 회신일자 2007.07.06. 서울 중랑구).

(16) 부동산 중개보수의 범위

- 「공인중개사법」 제32조제3항에서 규정하고 있는 법정보수에는 부가가치세가 포함되지 아니하므로 공인중개사가 법정보수를 초과하여 부가가치세를 수령하는 것은 동법 제33조제3호의 규정에 위반되지 않는다(법제처 안건번호 06-0211, 회신일자 2006.09.25. 건설교통부).

(17) 중개사무소 개설등록의 기준

- 중개사무소로 확보한 건물이 "건축법령상 용도에 맞지 않거나 건축법에 위반된 건축물"인 경우에는 건축물대장에 기재된 건물이더라도, 「공인중개사법 시행령」 제13조제1호나목의 기준을 충족하지 못한다(안건번호 06-0055, 회신일자 2006.06.09. 서울특별시).

제3편 민법을 활용한 중개 실무

제1장 가계약

제2장 계약의 목적물(목적물의 특정)

제3장 계약의 당사자(당사자의 특정)

제4장 계약의 성립(법률행위의 확정, 계약서 작성)

제5장 계약의 하자(무효와 취소)

제6장 부동산 거래에 대한 제한

제7장 계약금·해약금·위약금 등의 관계

제8장 계약해제와 중개 실무

제9장 매도인의 담보책임

실전
부동산중개실무

제1장

가계약

제1절 가계약의 유효성과 중개 실무상의 한계

1. 가계약의 의미와 문제

(1) 가계약의 의미

- 가계약은 '假'자는 '임시, 일시'의 의미를 가지고 있다. 따라서 한자적으로 해석하면 '임시계약'이라고 할 수 있다. 그러나 계약법적으로 가계약은 그렇지 않다는 것이 문제이다. 예컨대 아파트 계약을 하면서 ① 한사람은 내일 다시 와서 정식으로 계약을 체결하기로 하면서 우선 100만원을 가계약금으로 지급하고 갔고, ② 또 한 사람은 아파트를 2억원에 사기로 하되, 오늘은 가진 돈이 부족하니 계약금 2,000만원 중 그 일부인 100만원을 우선 지급하고 내일 오전 중으로 나머지 계약금 1,900만원을 송금하기로 하였다면, 어느 것이 가계약인가? 어느 것이 본계약의 효력이 발생되는가?

(2) 『가계약에서 중요한 것』은 "가계약이 본계약의 역할을 하는 경우"이다.

① 가계약만으로도 계약은 성립될 수 있다.

- 일반적으로 계약은 사적 자치의 영역이 지배되므로 계약서를 작성하지 않고도 계약은 성립되며, 가계약서만으로도 계약은 성립될 수 있다. 계약은 청약과 승낙에 의하여 성립된다. 그런데 이 청약과 승낙은 '계약의 중요조건이 포함되어' 계약이 성립되었다고 볼 수 있을 만큼 구체적이어야 한다. 따라서 이런 정도에 이르지 못한 가계약은 이름 그대로 가계약이다. 가계약 상태에서는 원칙적으로 본계약으로서의 효력이 없다.

② 가계약으로 본계약이 성립되는 경우가 있다.

- 그러나 문제는 가계약만으로도 '계약의 중요조건이 포함되는 등 구체적인 합의에 이른 경우'에는 가계약이 본계약의 역할을 하는 경우가 있다는 점이다. 계약자유의 원칙상 계약의 구체적인 조건이 합의되면 당연한 법리이다.

③ 계약실무에서 "순수한 가계약"과 "본계약의로서의 효력이 있는 가계약"을 구별하라
- 따라서 중개실무에서 가계약을 활용할 경우에 "순수한 가계약"과 "본계약의로서의 효력이 있는 가계약"을 구별하여야 한다. 그렇다면 가계약이 어떤 요건을 갖추었을 때 본계약으로서의 역할을 하는가? 가계약의 효력에서 보도록 하자.

2. 가계약에 대한 판례

【가계약과 계약금의 관계에 관한 판례】 대법원 2008.3.13. 선고 2007다73611 판결[손해배상(기)]
【판례의 사실관계】
① 丁(공인중개사)은 乙(매도인의 무권대리인)로부터 이 사건 아파트의 중개를 의뢰받았다.
② 丁(공인중개사)은 매매계약 체결 당시 乙(매도인의 무권대리인)이 甲(매도인)의 위임장이나 인감도장을 소지하지 아니하고 있어 甲의 의사를 확인하고자 하였지만, 乙이 甲은 러시아에 체류 중이고 시차 때문에 잠잘 시간이라는 이유로 난색을 표하는 바람에 본인의 의사를 확인하지 못한 채 매도인 본인의 인장을 날인하지 못한 채 매매계약서를 작성하면서, 계약서에 "장모님 乙이 매도인을 일방 대리함"이라고 기재하였다.
③ 계약서에 계약금 6,000만 원 중 300만원은 계약 당일 丁(공인중개사)의 계좌로 넣고, 나머지 5,700만 원은 그 다음날 甲(매도인)의 계좌로 송금하기로 약정하였다.
④ 그런데 乙(무권대리인)이 위 계약을 체결한 당일 밤 甲(매도인)이 이 사건 아파트를 처분할 의사가 없다는 것을 확인하고, 그 다음날 丙(매수인)이 계약금을 입금하기 전에 丁(공인중개사)을 통하여 丙에게 이 사건 매매계약을 파기하였다.

【사실관계의 도해】

$$\frac{甲(매도인, 러시아 거주)}{乙(무권대리인)} \Leftrightarrow \frac{가계약 당일 계약금 6,000만원 중 300만원 지급}{나머지 5,700만원 다음날 입금 약속} \rightarrow 丙(매수인)$$

↑
丁공인중개사 중개

【원심의 판단】
① 원심은 계약금이 지급되기 전에 매도인측에 의하여 적법하게 해제되었음을 전제로 丙(매수인)은 乙(무권대리인)에 대하여 손해배상책임을 물을 수 없다고 하여 丙(매수인)의 乙(무권대리인)에 대한 청구를 기각하였다.
② 丁(공인중개사)도 과실이 없고, 가사 과실이 있다고 하더라도 이 사건 매매계약이 적법하게 해제되었으므로, 丁(공인중개사)에 대한 丙(매수인)의 청구를 기각하였다.

【대법원의 판단】

① 위 원심 판단에는 『계약금계약의 법리를 오해』하여 판결 결과에 영향을 미친 위법이 있다(계약금계약의 법리: 아래의 계약금과 가계약의 관계 참조).

② 丁(공인중개사)은 거래상대방인 丙(매수인)에 대하여 신의성실의 원칙상 乙(대리인)이 甲(매도인)의 적법한 대리인인지 여부를 위임장, 인감증명서 등의 방법으로 조사·확인할 의무가 있음에도, 이를 게을리 한 과실이 있다고 할 것이므로, 丁은 그로 인하여 丙(매수인)이 입은 손해를 배상할 책임이 있다. 따라서 위 원심 판단에는 중개인의 책임에 관한 법리를 오해하여 판결에 영향을 미친 위법이 있다.

3. 계약금과 가계약의 관계

(1) 『계약금의 '지급약정만'한 단계』에서는 계약해제권이 발생하지 않는다.

- 계약금계약은 금전 기타 유가물의 교부를 요건으로 하므로(계약금계약의 요물계약성) 『단지 계약금을 지급하기로 약정만 한 단계』에서는 계약해제를 할 수 없다(법 제565조 제1항).

(2) 당사자가 계약금의 일부만을 먼저 지급하고 잔액은 나중에 지급하기로 하거나 계약금 전부를 나중에 지급하기로 하고, 계약금의 잔금이나 전부를 약정대로 지급하지 않는 경우 [1]

① 원칙적으로 '계약금 계약만' 해제 가능, 주계약은 해제 불가

- 상대방은 '계약금' 지급의무의 이행을 청구하거나 채무불이행을 이유로 『계약금계약만』해제 할 수 있다. 교부자가 계약금의 잔금 또는 전부를 지급하지 아니하는 한 계약금계약은 성립하지 아니하므로(요물계약), 당사자가 임의로 주계약을 해제할 수는 없다.

② 예외적으로 계약금계약을 이유로 주계약 해제 가능

- 『위 약정이 없었더라면 주계약을 체결하지 않았을 것이라는 사정이 인정된다면』 계약금계약을 이유로 주계약을 해제할 수 있다.

(3) 해약금의 기준이 되는 금액은?(계약금 '일부만' 지급된 경우, 매도인이 '지급 받은' 금원의 배액을 상환하고 매매계약을 해제할 수 있는가?)

① 약정 계약금의 전부

- 계약금 '일부만' 지급된 경우, 해약금의 기준이 되는 금원은 '실제 교부받은 계약금'이 아니라 '약정 계약금의 전부'이다. 따라서 매도인이 계약금의 일부로서 '지급 받은' 금원의 배액을 상환하는 것으로는 매매계약을 해제할 수 없다. [2]

---

[1] 대법원 2008.3.13. 선고 2007다73611 판결 [손해배상(기)]
[2] 대법원 2015.4.23. 선고 2014다231378 판결 [손해배상(기)]

② 위 판례에서
- 甲은 300만원의 배액인 600만원이 아니라 6,000만원의 배액인 1억 2,000만원을 지급하여야 해제할 수 있다.

4. 가계약의 효력

(1) 가계약만으로도 계약의 성립으로 볼 수 있는 경우가 있다.
- 가계약은 『가계약의 조건에 따라서』 본계약으로서의 효력이 있는 것이 있고, 본계약으로서의 효력이 없는 것이 있음은 위에서 보았다. 그러면 청약과 승낙이 어느 정도의 구체적인 조건을 구비했을 때 가계약을 본계약으로 보게 되는가가 바로 아킬레스이다.

(2) 계약의 성립을 위한 당사자 사이의 '의사의 합치'의 정도

① '본질적 사항'이나 '중요 사항'에 관한 구체적인 의사의 합치
- 계약이 성립하기 위한 당사자 사이의 의사의 합치는 당해 계약의 내용을 이루는 모든 사항에 관하여 있어야 하는 것은 아니나, <u>그 본질적 사항이나 중요 사항에 관하여는 구체적으로 의사의 합치가 있거나 적어도 장래 구체적으로 특정할 수 있는 기준과 방법 등에 관한 합의는 있어야 한다</u>. 부동산 매매에 관한 <u>가계약서 작성 당시 "매매목적물과 매매대금 등이 특정되고 중도금 지급방법에 관한 합의가 있었다면"</u> 그 가계약서에 잔금 지급시기가 기재되지 않았고 후에 정식계약서가 작성되지 않았다 하더라도 매매계약은 성립하였다. 3)

② 당사자가 의사의 합치가 이루어져야 한다고 표시한 사항
- 당사자가 의사의 합치가 이루어져야 한다고 표시한 사항에 대하여 합의가 이루어지지 않은 경우에는 특별한 사정이 없는 한 계약은 성립하지 않은 것으로 보는 것이 타당하다. 아파트 등에 대한 분양계약이 성립하기 위해서는 분양 목적물 외에 분양대금의 액수, 목적물의 인도와 소유권이전등기 시기 등 계약의 중요 사항이 정해져 있거나 장래 구체적으로 특정할 수 있는 기준과 방법 등에 관한 합의가 있어야 한다. 아파트의 동·호수만을 지정하는 계약에 목적물만 특정되어 있을 뿐 그 밖에 분양대금의 액수, 목적물의 인도 시기 등 계약의 중요 사항이 정해져 있지 않고 나아가 장래에 이를 특정할 수 있는 기준과 방법 등에 관하여 합의가 있다고 보기 어려운 경우에는 위 계약을 분양계약이라고 할 수는 없고, 나중에 분양계약을 체결한 경우 동·호수만을 확보하는 의미가 있을 뿐이다. 4)

③ 현금보관증이 계약금 역할을 하는 경우
- 매매계약을 맺을 때 "매수인의 사정으로 실제로는 그 다음날 계약금을 지급하기로 하면서"도 "형식상

---
3) 대법원 2006.11.24. 선고 2005다39594 판결 [소유권이전등기], 대법원 2017.10.26. 선고 2017다242867 판결 [손해배상(기)]
4) 대법원 2017.5.30. 선고 2015다34437 판결 [분양대금반환등]

매도인이 계약금을 받아서 이를 다시 매수인에게 보관한 것으로 하여 매수인이 매도인에게 현금보관증을 작성 교부"하였다면, 위 "계약금은 해약금의 성질을 갖는다" 할 것이고, "당사자 사이에는 적어도 그 다음 날까지는 계약금이 현실로 지급된 것과 마찬가지의 구속력을 갖게 된 것"이라고 할 것이어서, 당사자는 약정된 계약금의 배액상환 또는 포기 등에 의하지 아니하는 한 계약을 해제할 수 없다. 5)

- 매매계약에 있어서 매수인이 당시 계약금을 미처 준비하지 못하였던 관계로 일단 계약금을 지급하였다가 되돌려 받아 보관하고 있는 것으로 처리하기로 하여 계약금 상당액의 현금보관증을 작성하여 매도인에게 교부한 경우, 매도인과 매수인 사이에는 계약금 상당액의 위약금 약정이 있었다고 볼 것이므로, 매수인이 계약을 위반하였다면 실제로 계약금을 지급하지 않았다 하더라도 약정한 위약금을 지급할 의무가 있다. 6)

5. 계약금 대신 현금보관증을 이용한 가계약서의 응용(견본)

(1) 본계약의 효력이 『없는』 『매매』의 가계약서

부동산 매매 가계약서

"갑(매수예정자)"과 "을(수임공인중개사)"은 다음 표시 부동산에 대하여 아래와 같이 합의한다.
부동산 표시 : _____

제1조 가계약 조건
본 증서는 "갑"과 "을"의 사정에 의해 작성하며, 가계약금은 계약금의 성격이 아니다.

| ① 매매 금액 : 금   원 (₩   원) |
| ② 가계약금 : 금   원 (₩   원) |
| ③ 가계약일 :   ④ 본계약일 : |

제2조 가계약금의 지급
가계약금은 "을"에게 직접 또는 "을"명의 계좌로 입금한다.

| "을"명의계좌 :   은행, 계좌번호 |

제3조 본계약의 체결 여부에 대한 의사표시
"갑"이 "을"에게 본계약일까지 본계약을 하지 않겠다는 의사표시를 할 경우, "을"은 가계약금을 배상 없이 즉시 "갑"의 계좌로 반환한다.

| "갑"명의계좌 :   은행, 계좌번호 |

제4조 가계약금의 반환
표시 부동산의 소유자가 본계약 전에 매매의사를 철회하여 "을"이 본계약을 체결하지 못 할 경우, "을"은 즉시 가계약금을 위 갑의 계좌로 반환한다.

제5조 본계약일 경과로 인한 가계약금 포기
"갑"은 본계약일까지 "을"에게 본계약 체결 또는 본계약을 포기한다는 의사표시를 하여야 하

---

5) 대법원 1991.5.28. 선고 91다9251 판결 [소유권이전등기]
6) 대법원 1999.10.26. 선고 99다48160 판결 [보관금]

며, 그렇지 않고 본계약일이 경과된 경우에는 가계약금은 매도인에 대하여 본계약일까지의 기간 동안 매매의 기회를 참탈한 대가로 "갑"은 가계약금을 포기하기로 한다. 이때 가계약금은 위약금으로 본다.
제6조 가계약서의 보관
본 가계약서의 원본은 "을"이 보관하며, "갑"은 그 사본을 가지기로 한다.
20 년   월   일

【갑】매수예정자	【을】수임중개사
성 명 : (인)	대표공인중개사: 김태건 (인)
생년월일 :	상 호 : 평택박사공인중개사
주 소 :	주 소 : 평택시 평택로 263(세교동)
전화번호 :	등록번호 : 전화 : 031)655-1555

(2) 본계약의 효력이 『없는』『임대차』의 가계약서

부동산 임대차 가계약서

"갑(임차예정자)"과 "을(수임공인중개사)"은 다음 표시 부동산에 대해 가계약을 체결한다.
　부동산의 표시 : _____
제1조 가계약의 조건
본 증서는 "갑"과 "을"의 사정에 의해 작성하며, 가계약금은 계약금의 성격이 아니다.

① 임대보증금 : 금   원 (₩   원)
② 가계약금 : 금   원 (₩   원)
③ 가계약일 :   ④ 본계약일 :

제2조 가계약금의 지급
가계약금은 "을"에게 직접 또는 "을"명의 금융계좌로 입금한다.

을 명의계좌 :   은행, 계좌번호

제3조 본계약의 체결 여부에 대한 의사표시
"갑"이 "을"에게 본계약일까지 본계약을 하지 않겠다는 의사표시를 할 경우, "을"은 가계약금을 배상 없이 즉시 "갑"의 계좌로 반환한다.

갑 명의계좌 :   은행, 계좌번호

제4조 가계약금의 반환
임대인이 "갑"의 본계약 체결 전에 임대차 의사를 철회하여 "을"이 본계약을 체결하지 못 할 경우, "을"은 즉시 가계약금을 위 "갑"명의 계좌로 반환한다.
제5조 본계약일 경과로 인한 가계약금의 포기
"갑"은 본계약일까지 "을"에게 본계약 체결 또는 본계약을 포기한다는 의사표시를 하여야 하며, 그렇지 않고 본계약일이 경과된 경우 가계약금은 표시 부동산에 대하여 본계약일까지의 기간 동안 임대기회를 참탈한 대가로 "갑"은 이를 포기한다. 이때 가계약금은 위약금으로 본다.
제6조 가계약서의 보관
가계약서의 원본은 "을"이 보관하며, "갑"은 그 사본을 가지기로 한다.
20 년   월   일

【갑】임차예정자	【을】수임공인중개사
성 명 : (인)	대 표 자 : (인)
생년월일 :	상 호 :
주 소 :	주 소 :
전화번호 :	등록번호 :

(3) 본계약의 효력이 『있는』 매매의 가계약서

부동산 매매 가계약서

매도인(이하 "갑")와 매수인(이하 "을")는 다음의 표시 부동산에 대하여 아래와 같이 가계약을 체결한다.

부동산표시 : _____

제1조 가계약 조건

① 매매금액 : 금   원 (₩   원)
② 가계약금 : 금   원 (₩   원)
③ 가계약일 :   ④ 본계약일 :
⑤ 중도금 : 금   원 (₩   원)

제2조 가계약금의 효력
"갑"과 "을"간에 체결된 가계약이 본계약일까지 "갑"의 귀책사유로 본계약을 체결하지 못할 경우에는 "갑"은 "을"에게 가계약금의 2배를 지급하고, "을"의 귀책사유로 본계약을 체결하지 못할 경우에는 "을"은 "갑"에게 지급한 가계약금을 포기하기로 한다. 이때 가계약금은 위약금으로 본다.

제3조 본계약의 내용
제1조 이외의 사항들은 본계약 체결시에 쌍방의 합의로 정한다.

제4조 가계약금의 지급
가계약금은 "갑"에게 직접 또는 "갑" 명의 계좌로 입금한다.

"갑"명의계좌,   은행, 계좌번호:

제5조 가계약금의 일부에 대한 현금보관증 작성
가계약금 금   원 중 나머지 일부(금   원)는 익일 00시까지 "을"이 "갑"명의 계좌로 입금하기로 하고, 가계약일 당일 "갑"은 계약금 전액을 수령하였다가 "을"에게 보관한 것으로 하는 현금보관증을 작성해 주기로 한다.

제6조 가계약서의 보관
가계약서의 원본은 수임중개사가 보관하며, "갑"과 "을"은 그 사본을 소지한다.

20   년   월   일

【갑】매도인	【을】매수인
성 명 : (인)	성 명 : (인)
생년월일 :	생년월일 :
주 소 :	주 소 :
전 화 :	전 화 :

【수임중개사】	
상 호 : 평택박사공인중개사	등록번호 :
주 소 :	전화번호 :
대표 공인중개사 : 김태건 (인)	

현금 보관증

부동산 표시 : _____

매매금액 : 금   원(₩   원), 계약일 : 20   년 월   일 매매(임대차) 계약

계 약 금 : 금   원(₩   원) (이 금액 중 금   원은 계약당일 현실 지급함)

보관금액 : 금   원(원)

반 환 일 : 20   년 월 일

위 부동산에 관하여 매도인(임대인)과 매수인(임차인)은 매매(임대차)계약을 체결함에 있어서 다음과 같이 약정한 계약금을 지급하고 현금보관증을 작성하기로 한다.

1. 매수인(임차인)이 보관하는 상기 금원은 매수인(임차인)의 사정으로 실제로는 그 다음 날 계약금을 지급하기로 하면서도 형식상 매도인(임대인)이 계약금을 받아서 이를 다시 매수인에게 보관한 것으로 하여 매수인(임차인)이 매도인(임대인)에게 '현금보관증'을 작성·교부하였다.

1. 매수인(임차인)이 보관금 반환기일 전에 계약해제를 원할 경우에는 보관금 전액을 매도인(임대인)에게 반환함으로써 계약을 해제할 수 있고, 매도인(임대인)이 계약해제를 원할 경우에는 약정 계약금의 배액을 매수인(임차인)에게 배상하여야 한다.

1. 본 증서의 효력은 갑이 을에게 보관금을 전액 반환 즉시 상실된다.

20   년   월   일

【갑】매수인(임차인) :   (서명.인)

【을】매도인(임대인) : _____ 귀하

(4) 본계약의 효력이 『있는』 『임대차』의 가계약서

부동산 임대차 가계약서

임대인(이하 "갑")과 임차인(이하 "을")은 아래 표시 부동산에 대해 가계약을 체결하며 아래의 조건에 따르기로 합의한다.

부동산 표시 : _____

제1조 가계약 조건

① 보증금 : 금 원 ② 월차임 : 금   원
③ 가계약금 : 금 원 ④ 가계약일 :   ⑤ 본계약일 :
⑥ 중도금 : 금   원 (₩   원)

제2조 가계약금의 효력
"갑"과 "을"간에 체결된 가계약이 본계약일까지 "갑"의 귀책사유로 본 계약을 체결하지 못할 경우에는 "갑"은 "을"에게 가계약금의 2배를 지급하고, "을"의 귀책사유로 본 계약을 체결하지 못할 경우에는 "을"은 "갑"에게 지급한 가계약금을 포기한다. 이때 가계약금은 위약금으로 본다.

제3조 본계약의 내용
보증금과 차임 외의 사항들은 본계약 체결시 쌍방 합의하여 정하기로 한다.

제4조 가계약금의 지급
가계약금은 "갑"에게 직접 또는 "갑"명의 계좌로 입금한다.

갑명의 금융계좌 【   은행】 계좌번호:

제5조 가계약금의 일부에 대한 현금보관증 작성
가계약금 원 중 일부(금 원)는 익일 00시까지 "을"이 "갑"명의 계좌로 입금하기로 하고, 가계약일 당일 "갑"은 계약금 전액을 수령하였다가 "을"에게 보관한 것으로 하는 현금보관증을 작성해 주기로 한다.

제6조 가계약서의 보관
가계약서의 원본은 수임중개사가 보관하며, "갑"과 "을"은 그 사본을 가진다.

20 년 월 일

【갑】임대인	【을】임차인
성 명 : (인)	성 명 : (인)
생년월일 :	생년월일 :
주 소 :	주 소 :

【수임중개사】	
상 호 :	등록번호 :
주 소 :	
대표공인중개사 : (인)	전화번호 :

제2절 가계약 후 분쟁이 발생한 경우, 공인중개사에게 행정처분을 할 수 있는가?

(부산 남구청 질의, 안건번호 10-0149, 회신일자 2010.06.04.)

1. 질의요지

- 개업공인중개사가 중개를 의뢰받아 중개를 함에 있어서 거래계약서를 작성하기 전에 가계약을 체결하는 경우에, 그 가계약을 체결하기 전에 같은 법 제25조 제1항 각호의 사항에 대하여 중개의뢰인에게 성실·정확하게 설정하고 그 설명의 근거자료를 제시하지 아니한 경우 같은 법 제39조 제1항 제5호에 따른 행정처분의 대상이 되는지?

2. 회답

- 가계약을 체결하기 전에 같은 법 제25조 제1항 각호의 사항에 대하여 중개의뢰인에게 성실·정확하게 설정하고 그 설명의 근거자료를 제시하지 아니하였다는 이유만으로 같은 법 제39조 제1항 제5호에 따른 행정처분의 대상이 되지 않는다.

3. 이유

- 공인중개사법 제25조 제3항에 의하면 "중개가 완성되어 거래계약서를 작성하는 때"에는 같은 조 제1항에 따른 확인·설명사항을 서면으로 작성하여 거래당사자에게 교부하고 일정 기간 동안 그 사본을 보존하여야 한다.
- 위 조항의 불이행에 따른 행정처분은 '침해적 행정처분'이므로 문언 그대로 엄격하게 해석하여야 할 것이고 이를 확장해석할 수 없다.
- 따라서 개업공인중개사가 같은 법 제25조 제1항, 제3항에 규정된 시점보다 이른 시점, 즉 중개가 완성되어 거래계약서를 작성하는 시점보다 이른 시점인 '가계약의 체결시'에 같은 항 각호의 사항을 설명하고 그 설명의 근거를 제시하지 아니하였다는 이유만으로 6월 이내의 영업정지 등의 행정처분을 할 수 없다.

제 2 장

계약의 목적물(목적물의 특정)

제1절 토지

1. 공유수면인 빈지(濱地 : 바닷가 땅)에 축조한 공작물이 독립한 소유권의 객체로 될 수 있는지 여부(소극)

■ 공유수면의 빈지에 파일을 박고 대석과 콘크리트 등으로 옹벽을 쌓은 후 토사 등을 다져 넣어 축조된 공작물이 사실상 매립지와 같은 형태를 가지게 된 경우, 위『공작물은 공유수면의 빈지의 구성부분으로서의 일부가 되었다(부합)』할 것이므로 독립한 소유권의 객체가 될 수 없다. 7)

2. 포락지(浦落地) 8)

① 포락지의 성토화와 소유권 부활 여부(소극)9)

■ 토지가 포락되어 하천부지화하여 항시 그 위로 물이 흐르고 있어 그 복구가 어려워 토지로서의 효용을 상실하였을 때에는 그 토지에 관한 사권은 포락으로 인하여 영구히 소멸된 것이고, 그후 다시 성토화되었다고 할지라도 종전의 사권이 다시 되살아 날 수는 없다.

■ 이 경우에는 자신의 땅이었지만 하천부지화되어 사권이 소멸되었기 때문에 "하천점용허가"를 받아야 한다.

② 토지소유권의 상실 원인이 되는 포락의 의미와 그 인정요건인 원상회복의 불가능 여부의 판단기준(주석의 판례 참조) 10)

---

7) 대법원 1994.4.12. 선고 93다53801 판결 [공작물소유권확인등]
8) 바닷가나 하천구역이 파도나 홍수로 인하여 공유수면 아래로 잠겨서 사회통념상 원상복구가 불가능하게 된 땅
9) 대법원 1983.12.27. 선고 83다카1561 판결 [토지인도], 대법원 2002.6.14. 선고 2002두1823 판결 [공유수면매립면허무효확인]

제2절 일반건물

1. 신축건물의 중개행위

가. 신축건물의 소유권 귀속(원시취득)에 관한 법리

(1) 『건축주』가 소유권 원시취득

- 건물을 신축하면 소유권보존등기를 하지 않더라도 원칙적으로 건축주가 소유권을 원시취득한다.
- 여기서 건축주란 반드시 '토지소유자'나 '건축허가 명의자'를 의미하는 것이 아니라 『자기의 비용과 노력으로 건물을 신축한 자』를 의미함을 주의해야 한다.

(2) 『건축허가가 타인의 명의로 된 여부에 관계 없이』, 건축주가 소유권 원시취득

① 건축허가의 법적 성격
- 『건축허가의 법적 성격』은 일반적으로 행정관청의 허가 없이는 건축행위를 해서는 안된다는 '상대적 금지'를 관계 법규에 적합한 일정한 경우에는 '해제'하여 일정한 건축행위를 하여도 좋다는 자유를 회복시켜 주는 행정처분일 뿐 수허가자에게 어떤 권리나 능력을 부여하는 것이 아니고, 건축허가서는 허가된 건물에 관한 실체적 권리의 득실변경에 관한 공시방법이 아니며 추정력도 없다.

② 자기 비용과 노력으로 건물을 신축한 자는 토지소유권이나 허가명의와 관계없이 건물소유권 원시취득
- 『자기 비용과 노력으로 건물을 신축한 자』는 특별한 사정이 없는 한 『그 건축허가가 타인의 명의로 된 여부에 관계 없이 그 소유권을 원시취득』하고, 『건축허가서에 건축주로 기재된 자가 건물의 소유권을 취득하는 것이 아니다』.

---

10) 대법원 2002.6.14. 선고 2002두1823 판결 [공유수면매립면허무효확인]
 [1] 토지소유권의 상실 원인이 되는 포락이라 함은 토지가 바닷물이나 적용하천의 물에 개먹어 무너져 바다나 적용하천에 떨어져 그 원상복구가 불가능한 상태에 이르렀을 때를 말하고, 그 원상복구의 불가능 여부는 '포락 당시를 기준'으로 하여 물리적으로 회복이 가능한지 여부를 밝혀야 함은 물론, 원상회복에 소요될 비용, 그 토지의 회복으로 인한 경제적 가치 등을 비교 검토하여 사회통념상 회복이 불가능한지 여부를 기준으로 하여야 하는 것으로서, 복구 후 토지가액보다 복구공사비가 더 많이 들게 되는 것과 같은 경우에는 특별한 사정이 없는 한 사회통념상 그 원상복구가 불가능하게 되었다고 볼 것이며, 또한 원상복구가 가능한지 여부는 "포락 당시를 기준"으로 판단하여야 하므로 그 이후의 사정은 특별한 사정이 없는 한 이를 참작할 여지가 없다.
 [2] 하천에 포락되었다가 공유수면매립으로 성토화된 토지의 소유자가 공유수면매립면허 및 매립공사 준공인가처분 당시 위 토지가 공유수면이 아니었음을 이유로 위 각 처분의 무효확인을 구한 경우, 위 토지가 1964. 6. 1. 건설부 고시 제897호 당시 하천의 성상을 가지고 있어 국유로 귀속됨으로써 종전의 사권이 소멸되었고, 위 각 처분의 무효확인판결을 받아도 종전의 소유권이 원상 회복되는 것이 아니라는 이유로 확인의 이익이 없다.
 대법원 1992.6.9. 선고 91다43640 판결 [소유권확인등] 포락으로 인하여 토지 소유권이 소멸되기 위한 사정과 이와 같은 사정에 대한 입증책임의 소재(=사권 소멸의 주장자)

(3) 타인이 『건축공사가 중단된 미완성의 건물』을 인도받아 완공한 경우

① 사례
- 예컨대 건축허가서상에 "토지 소유자 甲의 명의로 허가"가 나고, "乙의 '비용'으로 건물을 건축" 도중 乙의 사정으로 건축공사가 중단된 미완성의 건물을 "丙이 인도받아 나머지 공사를 마친" 경우, 건물의 소유권 취득자는 누구인가?

② 사례 해답
- 토지 소유자(甲)나 공사를 완성한 자(丙)가 소유권을 취득하는 것이 아니라, 『공사가 중단된 시점에서 기둥, 지붕, 주벽을 갖춘 경우』에는 『원래의 건축주(토지 소유자 甲의 명의로 자신의 비용으로 건물을 건축한 "乙")가 그 건물의 소유권을 원시취득』한다.

【신축건물의 소유권 귀속에 관한 사례연습(1)】

(대법원 2005.7.15. 선고 2005다19415 판결 [건물명도등])

【원심이 인정한 사실관계】

(1) 甲은 乙에게 자신의 소유인 3필지(이하 '이 사건 토지'라 한다) 지상에 건물 2동을 신축하여 식당을 운영하도록 하는 내용으로 임대하였다.

(2) 그 후 乙이 보증금 지급의무 등을 제대로 이행하지 못하자, 甲과 乙은 위 임대차계약을 합의해지하고, 乙이 그 때까지 신축 중이던 【1층 공사 완성, 2층 전체의 골조와 지붕공사가 완료된 상태】 건물에 대한 모든 권리를 포기하는 대신, 丙이 乙의 甲에 대한 위 임대차계약상의 모든 권리의무를 인수하기로 하였다(이때 甲은 乙이 포기의 대가로 그 동안 乙이 투입한 공사비 명목으로 1,000만원을 인정해주는 대신 乙이 사용한 수도·전기요금 350만원을 공제하기로 하였다).

(3) 그에 따라 甲은 丙에게 이 사건 토지에 관하여, 丙은 잔여공사【1층 주차장과 2층 마무리, 3층 신축】를 진행하여 건물을 완공한 후, 4년 동안 사용한 후 건물을 甲에게 명도한다는 내용으로 임대(이하 '이 사건 임대차계약'이라 한다)하였다.

(4) 丙은 원심판결 별지 기재와 같이 건물(이하 '이 사건 건물'이라 한다)을 "2층까지만 완공"한 후, 관할 행정청의 사용승인을 받아 '고려가든'이라는 상호로 식당을 운영하였다.

(5) 그 후 甲은 丙에게 이 사건 임대차계약에 따른 보증금 잔액 2,350만원 및 위 계약일 이후의 임료를 4개월 이상 지급하지 아니하였다는 이유로 이 사건 소장의 송달로써 위 임대차계약을 해지하였다.

【사실관계 도해】

甲 토지소유자 / 건물 임대인 ↔ 乙이 '甲 명의로' 건물 신축 중(1층 완성, 2층 전체 골조와 지붕공사 완성) 부도 / 건물 임차인

→ 丙이 甲에 대한 乙의 권리 인수, 2층까지 건물 완성 / 건물 임차인

【원심의 판단】

甲이 당초에 이 사건 토지 위에 건물신축허가를 받았고, 乙과 丙이 甲을 건축주로 하여 자기의 노력과 재료를 들여 이 사건 건물을 신축한 사실은 인정되나, 신축건물의 등기 및 취득에 소요되는 비용은 원고(甲)가 부담하기로 한 점, 乙이 이 사건 건물에 대한 모든 권리를 포기한 점, 임차기간이 종료되면 건물을 甲에게 명도하기로 한 점 등에 비추어 보면, 甲과 乙, 丙 사이에 완성된 건물의 소유권을 甲에게 귀속시키기로 합의한 것으로 봄이 상당하고【원심은 甲이 이 사건 건물을 원시취득한 것으로 봄: 저자 註】, 그에 따라 甲은 이 사건 건물의 소유권을 원시적으로 취득하였다.

【대법원의 판단】

(1) 건축허가는 행정관청이 건축행정상 목적을 수행하기 위하여 수허가자에게 일반적으로 행정관청의 허가 없이는 건축행위를 하여서는 안된다는 '상대적 금지'를 관계 법규에 적합한 일정한 경우에 '해제' 하여 줌으로써 일정한 건축행위를 하여도 좋다는 자유를 회복시켜 주는 행정처분일 뿐 수허가자에게 어떤 새로운 권리나 능력을 부여하는 것이 아니므로, 『자기의 비용과 노력으로 건물을 신축한 자는 특별한 사정이 없는 한 그 건축허가가 타인의 명의로 된 여부에 관계없이(허가명의는 소유권 귀속에 영향이 없다는 의미: 저자 註) 그 소유권을 원시취득』하고, 한편 건축주의 사정으로 건축공사가 중단되었던 미완성의 건물을 인도받아 나머지 공사를 마치고 완공한 경우, 그 건물이 공사가 중단된 시점에서 이미 사회통념상 독립한 건물이라고 볼 수 있는 형태와 구조를 갖추고 있었다면『원래의 건축주가 그 건물의 소유권을 원시취득』하며, 최소한의 기둥과 지붕 그리고 주벽이 이루어지면 독립한 부동산으로서의 건물의 요건을 갖춘 것이라고 보아야 한다(대법원 2002.4.26. 선고 2000다16350 판결 등 참조). 그런데 원심판결의 이유와 기록에 의하면, 乙이 甲명의로 건축허가를 받아 자신의 비용과 노력으로 이 사건 건물을 건축하다가 자금사정으로 공사를 중단하였고, 그 후 丙이 위 공사를 인도받아 잔여공사를 마쳐 이 사건 건물을 완공하였는데, 乙이 공사를 중단할 당시 이미 이 사건 건물의 2층 전체의 골조와 지붕공사가 완료된 상태였던 사실을 인정할 수 있어, 乙이 위 공사를 중단할 시점에서 이미 이 사건 건물은 사회통념상 독립한 건물이라고 볼 수 있는 형태와 구조를 갖추었다고 할 것이므로, 특별한 사정이 없는 한『원래의 건축주인 乙이 이 사건 건물의 소유권을 원시취득하였다』할 것이고, 甲이 이 사건 토지의 임대차계약상의 약정에 기하여 乙로부터 이 사건 건물을 승계취득한 것으로 보더라도 甲이 그에 관한 등기를 경료하지 아니하는 한 그 소유권을 취득할 수 없다. 따라서 '甲이 이 사건 건물의 소유권을 취득하였음을 전제로 하는' 이 사건 건물명도청구는 받아들일 수 없는 것임이 명백함에도 불구하고, 원심이 甲이 이 사건 건물을 원시취득한 것으로 보아 이 사건 건물명도청구를 인용하고 말았으니, 원심판결에는 『신축건물의 소유권 귀속에 관한 법리』를 오해하여 판결에 영향을 미친 위법이 있다.

(4) 건축업자가 타인의 '대지를 매수'하고 그 '대금을 지급하지 아니'한 채, 자기의 노력과 비용으로 건물을 건축하면서 건축허가 명의를 '대지 소유자'로 한 경우 [11]

---

[11] 대법원 1990.4.24. 선고 89다카18884 판결, 1997.5.30. 선고 97다8601 판결, 2001.3.13. 선고 2000다48517, 48524, 48531

■ 이 경우 건축명의를 '대지 소유자'로 하는 목적이 '대지대금채무를 담보'하기 위한 경우가 일반적이므로(대법원 1997.4.11. 선고 97다1976 판결 참조), <u>완성된 건물의 소유권은 일단 『이를 건축한 채무자(매수인)가 원시취득』</u>한 후 채권자(매도인) 명의로 소유권보존등기를 마침으로써 『담보목적의 범위 내에서』 채권자에게 그 소유권이 이전된다.

【신축건물의 소유권 귀속에 관한 사례연습(2)】

(대법원 2002.4.26. 선고 2000다16350 판결 [소유권보존등기등말소])

【사실관계 圖解】

| 甲등 토지 공유자 | ↔ | 乙이 '甲등과 공동명의'로 '乙의 비용'으로 건물신축 | → |
| 공유자들 지분 일부를 乙에게 이전하는 교환계약 체결 | | 乙이 건축한 1층건물부분을 甲등공유자에게 이전하는 교환계약 체결 | |

乙단독명의로 건축주 명의변경
구분건물의 요건을 갖추지 못한 건물을 乙명의의
구분건물의 소보등기 후 丙등 명의의 소이등기

【원심의 판단】

원심은, 당초 이 사건 교환계약상으로는 乙이 이 사건 건물의 소유권을 원시취득하는 것으로 예정되어 있었다 하더라도, 乙이 甲등과의 공동명의로 건축허가가 있은 이후 이를 용인하였고, <u>甲등도 그들의 노력과 비용을 들여 이 사건 건물 건축공사의 완성에 일부 협력한 이상, 적어도 이 사건 건물 1층의 소유권은 공동건축주인 甲등에게 원시적으로 귀속되었다</u> 할 것이고, 乙이 구분소유권보존등기를 경료한 이 사건 건물 1층의 46개 각 점포 중 알루미늄 섀시 기둥과 유리로 칸막이가 되어 있는 전면의 4개 점포와 후면의 1개 점포를 제외한 나머지 점포는 구조상 및 이용상의 독립성을 갖추지 못한 건물의 일부에 불과하다 할 것이어서 그에 관한 구분소유권보존등기는 무효라고 할 것이며, 따라서 위 무효의 구분소유권보존등기에 터잡은 丙등의 각 해당 소유권이전등기 역시 모두 무효로 돌아간다 할 것이므로, 이 사건 건물 1층의 <u>공유자인 甲등은 그 공유물의 보존행위로서 원인무효인 각 구분소유권보존등기와 이에 터잡은 위 각 소유권이전등기 등의 말소를 청구할 권리가 있다</u>고 판단하였다.

【대법원의 판단】

<u>건축업자가 타인의 대지를 매수하여 그 대금을 지급하지 아니한 채 그 위에 자기의 노력과 재료를 들여 건물을 건축하면서 건축허가 명의를 대지소유자로 한 경우</u>에는, 부동산등기법 제131조의 규정에 의하여 특별한 사정이 없는 한 건축허가명의인 앞으로 소유권보존등기를 할 수밖에 없는 점에 비추어 볼 때, <u>그 목적이 대지대금 채무를 담보하기 위한 경우가 일반적이라 할 것이고</u>(대법원 1997.4.11. 선고 97다1976 판결 참조), 이 경우 <u>완성된 건물의 소유권은 일단 『이를 건축한 채무자(대지 매수인)가 원시적으로 취득』</u>한 후 채권자(대지 매도인) 명의로 소유권보존등기를 마침으로써 『담보 목적의 범위 내에서 위 채권자에게 그 소유권이 이전』된다.

판결, 2001.6.26. 선고 99다47501 판결 등 참조

따라서 乙이 도급인이 되어 모든 공사를 시행하였음이 기록상 명백한 이 사건에 있어서, 乙이 건축허가 명의를 자신과 甲등의 공동명의로 한 것을 사후에 용인하였다고 하더라도 그것을 가지고 乙이 甲등이 이 사건 건물 1층의 소유권을 대내외적으로 원시취득하는 것을 용인하였다고 볼 수는 없고, "건축허가 명의를 공동명의로 한 것을 乙이 사후에 용인한 것"은 乙단독의 건축주 명의로 해 두면 甲등의 권익이 침해될 수 있으므로 이를 막기 위한 "담보 목적에 불과"하며, 甲등이 이 사건 건물 1층 부분의 소유권을 원시취득 하였다고 인정하기 위해서는 이 사건 건물 1층 부분의 건축을 위하여 "甲등이 비용과 노력을 들인 사실이 인정되어야만" 된다.

그런데 기록에 의하면, 건축주의 사정으로 건축공사가 중단되었던 미완성의 건물을 인도받아 나머지 공사를 마치고 완공한 경우, 그 건물이 공사가 중단된 시점에서 이미 사회통념상 독립한 건물이라고 볼 수 있는 형태와 구조를 갖추고 있었다면 원래의 건축주(乙)가 그 건물의 소유권을 원시취득하고, 최소한의 기둥과 지붕 그리고 주벽이 이루어지면 독립한 부동산으로서의 건물의 요건을 갖춘 것이라고 보아야 할 것이므로, 비록 甲등이 이 사건 건물 건축을 위하여 비용과 노력을 들인 적이 있다 할지라도, "甲등이 비용을 들이기 이전에 이 사건 건물이 사회통념상 독립한 건물이라고 볼 수 있는 형태와 구조를 갖추고 있었다면" 乙이 단독으로 이 사건 건물에 관한 소유권을 원시취득하고, 甲등이 그 소유권을 원시취득할 수는 없다.

그런데도 불구하고 원심은 만연히 甲등이 이 사건 건물 중 1층 부분의 소유권을 원시취득 하였다고 판단하고, 이를 전제로 하여 공유물에 관한 보존행위로서 이 사건 건물 1층에 관하여 무효인 보존등기의 말소를 구할 수 있다고 판단한 것은 '건물의 원시취득에 관한 법리'를 오해한 위법이 있다.

나. 신축건물의 소유권취득과 담보물권과의 관계

- 건축업자가 대지를 매수하고 그 대금의 담보를 위하여 '대지소유자 명의로 건축허가'를 받아 건물을 완성하여 타에 분양한 후 '대지소유자 명의로 건물에 대한 소유권보존등기가 경료'된 경우, 이는 『완성될 건물을 '대지 매매대금의 담보'로 제공키로 하는 합의』로서 『법률행위에 의한 담보물권의 설정』이므로, 건축업자가 담보물을 타에 분양하고 그 분양대금 중 일부로 대지소유자에게 매매대금으로 지급하기로 하는 등 "건축업자가 건물을 타에 분양하는 것을 대지소유자가 허용한 경우가 아닌 한", 건축업자로부터 건물을 분양받은 자는 "대지소유자에 대하여" 분양을 이유로 한 소유권이전등기를 구할 수 없다. [12]

2. 종물의 중개행위

가. 종물의 의의와 요건

---

12) 대법원 2002.7.12. 선고 2002다19254 판결 [소유권이전등기]

(1) 의의

- 물건의 소유자가 그 '물건의 상용에 이바지'하기 위하여 '자기 소유의 다른 물건을 부속'시킨 경우, 주물에 부속된 물건을 종물(從物)이라고 한다.

(2) 요건

① '주물의 상용(常用)'에 이바지(供)할 것
- 주물이 아니라 '소유자와 이용자의 상용'에 이바지하는 것은 종물이 아니다.

② '독립한 물건'일 것
- 주물의 구성부분이어서는 안 된다.

③ 주물과 종물 모두 '동일한 소유자'에 속할 것

④ 종물이론의 확장
- '종된 권리'로서 권리 상호 간에도 유추 적용된다(판례).

(3) 효과

- 종물은 주물의 처분에 따른다(민법 제100조 2항). 즉 종물은 주물과 법률적 운명을 같이 한다. 종물은 바늘과 실처럼 주물과 운명을 같이 한다.

나. '증축건물·신축건물'이 종물인지, 부합물인지, 독립물인지 여부에 관한 판례

(1) 대법원 1988.2.23. 선고 87다카600 판결 [부동산소유권이전등기] (소극)

① 사안
- 피고는 같은 대지 위에 기존 건물에 인접하여 이 사건 건물을 건립하고 양 건물을 각각 따로이 소유권보존등기를 하였다. 두 건물은 ⓐ '밖으로 통하기 위한 대문을 공동으로 사용'하고, ⓑ 1층 지붕 일부씩(2층 베란다 부분) 서로 연결되어 있고, ⓒ 2층에 출입하기 위한 '층계를 공동으로 사용'하고 있다.
- 그러나 ⓐ 1, 2층 모두 몸체들이 별도의 벽으로 이루어져 상당한 간격(원심 검증결과에 의하면 1.25미터의 간격임)을 두고 서로 떨어져 있고, ⓑ 기존의 건물은 '그곳 일부에 방과 부엌이 설치'되어 있고 나머지 대부분이 물치장으로 되어 있는 반면, ⓒ 이 사건 건물은 '대부분이 방과 마루 및 부엌'으로 되어 있어 그 자체만으로도 주거용으로 쓰일 수 있는 구조를 갖추고 있다.

② 판결
- 건물이 증축된 경우에 『증축 부분의 기존 건물에 "부합" 여부』는 증축 부분이 기존 건물에 부착된 "물리적 구조" 뿐만 아니라 그 "용도와 기능의 면"에서 기존 건물과 '독립한 경제적 효용'을 가지고

'거래상 별개의 소유권의 객체가 될 수 있는지'의 여부 및 증축하여 이를 "소유하는 자의 의사" 등을 종합하여 판단하여야 하고,

- 어느 건물이 『주된 건물의 "종물"이기 위하여는』 주된 건물의 경제적 효용을 보조하기 위하여 계속적으로 이바지 하는 관계가 있어야 하는 바, 이 사건 건물은 기존 건물의 상용에 공하기 위하여 부속된 "종물"이라거나 기존 건물에 "부합"된 부속건물이라고 할 수 없다(즉, 종물도 부합물도 아닌 독립된 건물이다).
- 따라서 경매법원이 기존건물의 종물이라거나 부합된 부속건물이라고 볼 수 없는 건물에 대하여 경매 신청된 것을 기존건물의 부합물이나 종물로 보고서 경매를 진행하여 매각허가를 하였다 하더라도 그 독립된 건물에 대한 매각은 당연 무효이고 따라서 그 매수인은 독립된 건물에 대한 소유권을 취득할 수 없다.

(2) 대법원 1991.5.14. 선고 91다2779 판결 [건물명도] (적극)

- "낡은 가재도구 등의 보관장소로 사용되고 있는 방과 연탄창고 및 공동변소"가 본채와 독립된 효용을 가진 건물이라고 보기보다는 본채를 점유하고 있는 자들의 필요에 따라 '주된 건물의 경제적 효용을 보조하기 위하여 계속적으로 이바지하는 종물'이라고 함이 합리적이다.

(3) 대법원 1994. 6. 10. 선고 94다11606 판결 [배당이의](적극)

【사실관계 및 원심의 판단】

원심은 그 거시증거에 의하여, 천일산업이 제1,2건물에서 목할저(木割箸, 나무젓가락)생산업과 피혁(皮革, 가죽)가공업을 함께 하다가 제1,2건물 및 공장기계일부에 관하여 피고 앞으로 공장저당법 제7조에 의한 근저당권을 설정하여 피혁가공업으로 업종을 단일화하고 규모를 확장하면서 부족한 공정을 보충할 수 있는 기계를 설치하려고 별도의 독립된 건물이기는 하나 보일러 배관이 제1건물과 연결된 제3건물을 신축하여 제1건물의 부속건물로 등기를 한 다음 제1 내지 3건물 및 기계 일부에 관하여 원고 앞으로 공장저당법 제7조에 의한 근저당권을 설정하였으며, 제3건물의 일부에 위 피혁가공공정의 일부로 늘림기, 면고르기의 기계를 설치하였으며 나머지 부분에는 남녀탈의장 2칸, 남녀샤워실 2칸, 기숙사 및 화장실 2칸이 있는 사실 및 각 건물들의 감정가격은 그 판시와 같은 사실을 인정한 다음, 이에 의하면 비록 제3건물이 제1건물과 크기가 비슷하고 감정가격이 더 높다 하더라도 제1건물에는 제2,4,5건물이 부합되어 있고, 위 제3건물의 탈의장, 샤워시설등이 제1,2,4,5건물의 경제적 효용을 다하는 데 도움이 되며 같은 대지 안에 생산공정의 일체화를 위하여 건축되어 하나의 공장으로 사용되고 있는 점에 비추어 제3건물을 제1건물의 종물로 봄이 상당하므로 제1, 2건물에 설정된 피고의 근저당권의 효력은 제3건물에도 미친다고 판시하고 있다.

【대법원의 판단】

그러나 저당권의 효력이 미치는 "저당부동산의 종물"이라 함은 민법 제100조가 규정하는 종물과 같은 의미로서 어느 건물이 주된 건물의 종물이기 위하여는 주물의 상용에 이바지 되어야 하는 관계가 있어야 하는바, 여기에서 주물의 상용에 이바지한다 함은 "주물 그 자체"의 경제적 효용을 다하게 하는 것을 말하는 것으로서 주물의 '소유자나 이용자의 상용'에 공여되고 있더라도 주물 그 자체의 효용과는 직접 관계 없는 물건은 종물이 아니며, 또한 경매목적물과 동일 지번상에 건립되어 있다는 것만으로 그의 종물이거나 부속건물이라 할 수 없고, 가옥대장 등 공부상에 경매목적물의 부속건물이라 기재되어 있다 하여 곧 그 건물에 부합되었다거나 종물로서 저당권의 효력이 미치는 건물이라고 단정할 수 없다.

기록에 의하면, "제3건물" 그 자체의 면적이 480평방미터나 되는 독립된 건물로서, 그 안에 일부 탈의실, 샤워실, 화장실이 있기는 하나 공장으로 쓰이는 부분이 1/2을 넘는 것으로 보여지고, 제3건물의 감정가격도 5동의 전체 건물가액 1/3을 초과하는 등 『그 자체만으로도 독립된 공장의 구조를 갖추고 있다』고 볼 여지가 있어, 『제3건물이 제1건물과 보일러배관이 연결되어 있고 '제1건물의 부속건물로 등기'가 되어 있으며 '제1,2,4,5건물과 하나의 공장으로 사용되고 있다'는 사정만으로 제3건물을 제1,2,4,5건물의 종물로 단정할 수는 없다』.

따라서 원심으로서는 제3건물 자체가 독립된 공장으로서의 경제적 효용을 갖추고 있는지 여부를 판단하여야 함에도 이에 이르지 아니한 채 만연히 제3건물이 제1,2,4,5건물의 종물로 보아 제1,2건물에 관한 피고의 근저당권의 효력이 제3건물에 미친다고 본 조치에는 종물에 관한 법리를 오해한 위법이 있다.

3. 부합물(附合物)의 중개행위

(1) 의의

- 소유자를 '달리하는' 수개의 물건이 결합하여 '사회통념상 분리가 불가능하거나 극히 곤란한 경우'를 부합(附合)이라고 한다. 부동산 중 건물은 부합과 부속의 개념이 매우 중요하다.

(2) 요건

① 부동산에의 부합일 것
- '부합되는 물건'(부합의 주물)은 부동산이다. '부합하는 물건'은 동산, 부동산을 불문한다.

② 부합의 정도(부합과 부속의 구별-중요)

- 분리나 복구가 '불가능'하거나 '극히 곤란'하여야 한다. 즉 분리하면 경제적 가치가 없는 경우는 부합이고, 분리가 가능하고 분리하여 경제적 가치가 있으면 부속이 된다. 부합은 부합되는 부동산의 소유자가 부합의 경우에는 부합하는 물건의 소유권을 취득한다는 점이 부속과는 다른 점이다. 부합하는 물건의 소유자는 비용상환청구권을 가지나 부속의 경우에는 부속하는 물건의 소유자는 부속물매수청구권을 가진다.

③ 부합의 원인
- 인위적이든 자연적이든 불문한다.

(3) 효과

① (원칙)민법 제256조 본문 적용
- 부합되는 부동산의 소유자가 부합하는 물건의 소유권을 취득한다. 동산이 부합한 경우 동산의 가격이 부동산의 가격을 초과하더라도 마찬가지이다. 물론 부동산 소유자는 부당이득의 규정에 따라서 동산 소유자에게 보상의무를 진다(민법 제261조 참조).

【부합에 관한 사례】

(대법원 2009.5.14. 선고 2008다49202 판결 [토지인도등])

【원심이 인정한 사실관계와 판단】
이 사건 석축과 법면이 甲(원고)토지 내에 있는 사실, 乙(피고)토지의 전 소유자인 丙, 丁이 이 사건 석축과 법면을 설치한 후에 乙에게 토지를 매도한 사실을 인정한 다음, 甲토지 내에 있는 이 사건 석축과 법면은 甲토지에 정착된 공작물로서, 이를 甲토지로부터 분리할 경우 과다한 비용이 소요될 뿐만 아니라 토사의 붕괴로 인하여 甲토지의 경제적 가치가 현저히 손상될 것이므로 이 사건 석축과 법면은 甲(원고) 토지에 부합된 것으로 보았다.

【사실관계 도해】

이웃 토지의 소유자인 丙,丁이 甲의 토지 안에 법면과 석축 설치 →
甲의 토지 안에 법면과 석축 존재

丙,丁이 乙에게 법면과 석축이 설치된 토지 매도
甲 토지

【대법원의 판단】
어떠한 물건이 부동산에 부합된 것으로 인정되기 위해서는 ① 그 『물리적 구조』, 즉 그 물건을 훼손하거나 과다한 비용을 지출하지 않고서는 분리할 수 없을 정도로 부착·합체되었는지 여부, ② 『용도와 기능면』에서 기존 부동산과는 '독립한 경제적 효용'을 가지고 '거래상 별개의 소유권의 객체'가 될 수 있는지 여부 등을 종합하여 판단하면 되고(대법원 2003.5.16. 선고 2003다14959, 14966 판결, 대법원 2007.7.27. 선고 2006다39270, 39278 판결 등 참조), 반드시 그 부동산의 경제적 효용이나 가치 증대를 위한다는 의사를 필요로 하는 것도 아니다.

따라서 甲(원고)토지 내에 있는 이 사건 석축과 법면은 甲토지에 정착된 공작물로서, 이를 甲토지로부터 분리할 경우 과다한 비용이 소요될 뿐만 아니라 토사의 붕괴로 인하여 甲토지의 경제적 가치가 현저히 손상될 것이므로 이 사건 석축과 법면은 "甲토지에 부합"되었다. 또 乙(피고)은 이 사건 석축과 법면이 설치된 후 토지를 승계 취득하였을 뿐이므로 乙(피고)에게 위 석축과 법면에 대하여 방해배제의무가 있다고 보기도 어렵다.

② 타인의 권원에 의한 "부속인 경우"에는 타인이 소유권 취득 - (예외) 민법 제256조 단서 적용

- 타인의 권원에 의하여 『부속』된 것은 그 타인이 소유권을 가진다. 권원은 지상권, 임차권 등이다. 여기서 타인의 권원에 의하여 부속된 것은 "분리가 가능하고, 분리하여 경제적 가치가 있어야 한다". 분리하여 경제적 가치가 없는 것은 민법 제256조 본문이 적용되어 부합되는 부동산의 소유자가 부합하는 물건의 소유권을 취득한다. 13) 따라서 단서에서 타인에게 소유권이 귀속되는 것은 '타인의 권원' 때문이 아니라 '부합'이 아닌 '부속'이기 때문이다.

③ 권원에 의한 부속이어도 분리하여 경제적 가치가 없는 경우("부합의 경우") - 다시 민법 제256조 본문 적용(예외의 예외)

- 민법 제256조 단서는 『타인이 그 권원에 의하여 부속시킨 물건이 "분리하여 경제적 가치가 있는 경우에 한하여" 그 권원자의 소유로 된다』는 것이고, "독립성을 잃고 일체로서 그 부동산의 구성부분이 된 경우(즉, 부합의 경우)에는 타인의 권원에 기한 경우라도" 그 물건의 소유권은 "부동산의 소유자에게 귀속"된다. 14) 따라서 '부합'의 경우에는 부속시킨 자는 '비용상환청구'를 할 수 있을 뿐이고, '부속물매수청구'는 인정되지 않는다.

---

13) 대법원 2007.7.27. 선고 2006다39270,39287 판결 [엘피지집단공급시설소유권확인·가스공급시설의철거청구]
부합물에 관한 소유권 귀속의 예외를 규정한 민법 제256조 단서의 규정은 타인이 그 권원에 의하여 부속시킨 물건이라 할지라도 그 부속된 물건이 분리하여 경제적 가치가 있는 경우에 한하여 부속시킨 타인이 그 소유권을 가진다는 취지이지 분리하여도 경제적 가치가 없는 경우에는 원래의 부동산 소유자의 소유에 귀속되는 것이라고 하면서, 가스공급업자가 아파트에 설치한 가스공급시설은 이 사건 아파트에 설치되었을 때 그 대지와 일체를 이루는 구성부분으로 부합됨으로써 그 대지에 대한 지분권을 양수한 이 사건 아파트 구분소유자들의 소유로 되었다고 하였다(따라서 가스공급업자는 아파트 입주자대표회의를 상대로 민법 제261조에 기하여 부당이득반환청구를 할 수 있다).

14) 대법원 2008.5.8. 선고 2007다36933,36940 판결 [건물명도·부당이득금반환], 대법원 2009.8.20. 선고 2008두8727 판결 [무상사용권확인] 부동산에 부합된 물건이 사실상 분리복구가 불가능하여 거래상 독립된 권리의 객체성을 상실하고 그 부동산과 일체를 이루는 부동산의 구성 부분이 된 경우에는 타인의 권원에 의하여 이를 부합시킨 경우에도 그 물건의 소유권은 부동산의 소유자에게 귀속된다. 그러나 지상에 별개의 부동산인 건축물이 건축된 경우, 토지의 지하에 시공된 시설이 토지에 부합되었는지 아니면 지상 건축물의 일부분이 되었는지 여부는, 그 시설과 토지 및 건축물 사이의 각 결합 정도나 그 물리적 구조, 당해 시설의 객관적·사회경제적 기능과 용도, 일반 거래관념, 토지의 당초 조성상태, 건축물의 종류와 규모 등 제반 사정을 종합하여 합리적으로 판단하여야 한다.
그 부지와는 별개의 부동산인 지상 싸이로시설을 지지하기 위하여 지하에 항타(지반침하를 방지하기 위하여 천공을 하고 말뚝을 박는 것)·매립된 콘크리트 파일은 토지 외에 싸이로시설과도 상당한 수준으로 결합되어 있고 싸이로시설의 가치를 증대시키는 데에 기여하고 있어 토지에 부합된 것이 아니라 싸이로시설의 기초를 구성하는 시설로서 싸이로시설의 일부가 되었으므로, 싸이로시설을 국가에 귀속되지 않는 항만시설로 규정하고 있는 구 항만법 시행령에 따라 싸이로시설과 마찬가지로 국가에 귀속되지 않는다.

④ 토지 위에 건물이 신축된 경우

- 건물은 토지와 별개의 독립한 부동산이므로, 토지에 부합되지 않는다.

(4) 부합에 관한 판례

(가) 부합을 인정한 판례

① 대법원 2002.10.25. 선고 2000다63110 판결 [건물명도] (적극)

【원심이 인정한 사실관계】

甲은 지하 1층, 지상 7층의 주상복합건물을 신축하면서 불법으로 7층의 '복층'을 건축하였다. 망 乙은 甲에 대한 대여금 채권을 담보하기 위하여 위 건물 '7층 부분'에 대하여 근저당권설정등기를 경료 받고, 이에 대하여 임의경매를 신청하여 '건물 7층 부분을 낙찰 받아' 乙명의로 소유권이전등기를 하였고, 乙이 사망하자 그의 처인 丙(원고)가 협의분할에 의하여 건물 7층 부분을 단독으로 상속받아 소유권이전등기를 하였다. 丙이 7층 복층의 소유권을 취득하는가?

【사실관계 도해】

```
                  망 乙이 7층에 근저당권 설정
甲지하 1층, 지상 7층 주상복합건물 신축 + 불법으로 7층 복층 건축   →

망乙 7층 경매신청 + 낙찰   →     丙 7층 단독상속
                                丙 7층 복층 소유권 취득여부?
```

【원심이 인정한 건물의 물리적 구조와 상태】

이 사건 건물은 상·하층 복층 구조로서 상층은 독립된 외부 통로가 없이 하층 내부에 설치된 계단을 통해서만 출입이 가능하고, 별도의 주방시설도 없이 방과 거실로만 이루어져 있으며, 상·하층 전체가 단일한 목적물로 임대되어 사용되던 중, 甲은 乙이 7층 부분을 낙찰 받은 이후 이 사건 건물의 상층(복층) 부분의 출입을 위해 사용하던 그 하층 내부 계단설치 부분을 임의로 막고, 무단으로 이 사건 건물 외벽 쪽으로 철제통로 및 상층 부분의 독립된 출입문을 축조하였다.

【대법원의 판단】

이 사건 건물 중 상층의 축조경위, 구조 및 사용관계 등에 비추어 보면, 이 사건 건물의 상층(7층의 복층)은 축조 당시 이 사건 건물 하층의 구성 부분에 불과하여 이 사건 건물 하층과 분리하여서는 경제상 독립물로서의 효용을 갖지 못하여 독립하여 소유권의 객체가 될 수 없는 것으로서 그 상층(7층의 복층) 부분은 하층(7층)에 부합되어 근저당권의 목적물에 포함된다 할 것(민법 제358조)이고, 기존 건물에 대한 경매절차에서 경매목적물로 평가되지 아니하였다고 할지라도 매수인은 부합된 증축 부분(7층의 복층)의 소유권을 취득한다.

(나) 부합을 부정한 판례

① 대법원 2002.5.10. 선고 99다24256 판결 [건물명도] (소극)

【원심이 인정한 사실관계】

- 망 甲이 제1대지 및 그 지상에 4층 건물(기존건물)을 소유하던 중, 장남인 乙명의로 제1대지에 인접한 甲소유의 같은 동 제2대지상에 3층 국민주택에 대한 건축허가를 받아 실제로는 4층 건물(신축건물)을 기존건물의 옆면에 붙여서 신축하였다(허가면적 초과로 미등기 상태).
- 장남인 乙은 기존건물과 신축건물 사이의 1층부터 4층까지 경계벽을 철거하여 두 건물을 서로 연결하고, 1층 전체에는 77개의 소규모 점포를 설치하여 임대하고, 2층 및 3층 전체에서는 주택으로 임대하였다. 기존건물과 신축건물은 외관상으로 1개의 건물로 보이고, 건물 전체가 'OO종합상가'라고 호칭되고 있다.

【대법원의 판단】

위 인정 사실에 의하면, 기존건물과 신축건물이 별개의 건축허가에 의하여 서로 다른 시기에 다른 대지 위에 건축되었고, 신축건물은 불법건축물이자 별개의 출입구와 계단을 가지고 있는 연면적 760㎡ 이상의 대형건물이고, 두 건물을 원래의 경계대로 복원하여 분리하는 데 과다한 비용이 필요하다거나 분리로 인하여 두 건물의 경제적 가치가 심하게 훼손되지 않을 뿐만 아니라, 丙등이 기존건물의 공유지분을 매수한 공매절차에서는 물론이고 그 후 다른 강제경매절차에서도 신축건물은 기존건물과는 별개 소유권의 목적물로 취급되었고, 丁 또한 신축건물에 대한 戊의 공유지분을 별도로 매수한 점에 비추어 볼 때, 신축건물은 기존건물과는 별개의 건물로 보아야 하고, 신축건물이 기존건물에 부합되어 하나의 건물이 되었다고 볼 수 없다.

② 대법원 2009.1.15. 선고 2008도9427 판결 [공인중개사법 위반]

- 법률상 독립된 부동산으로서의 건물이라고 하려면 최소한의 기둥과 지붕 그리고 주벽이 이루어져야 할 것인 바, 이 사건 각 '세차장구조물'은 콘크리트 지반 위에 볼트조립방식 등을 사용하여 철제 파이프 또는 철골의 기둥을 세우고 그 상부에 철골 트러스트 또는 샌드위치 판넬 지붕을 덮었으며, 기둥과 기둥 사이에 차량이 드나드는 쪽을 제외한 나머지 2면 또는 3면에 천막이나 유리 등으로 된 구조물로서 주벽이라고 할 만한 것이 없고, 볼트만 해체하면 쉽게 토지로부터 분리·철거가 가능하므로 이를 토지의 정착물이라 볼 수는 없다(즉, 부합물이 아닌 부속물이라는 의미임).
- 그렇다면 피고인이 그 매매를 중개한 이 사건 각 세차장구조물 및 세차장 관련 설비 일체는 중개대상물이 될 수 없음에도 불구하고, 위 세차장구조물 등이 중개대상물에 해당한다고 판단하여 피고인을 유죄로 인정한 원심은 구 부동산중개업법과 공인중개사의 업무 및 부동산 거래신고에 관한 법률 제3조의 "중개대상물에 관한 법리를 오해"한 위법이 있다.

4. 증축건물의 중개행위

(1) 독립된 부동산으로 보기 위한 최소요건

- 독립된 부동산으로서의 건물이라고 하기 위해서는 최소한 '기둥, 지붕, 주벽'이 이루어져야 한다(대법원 2001.1.16. 선고 2000다51872 판결).

- 판례는 "신축 중인 건물이 매각대금 납부 당시 이미 지하 1층부터 지하 3층까지 기둥·주벽·천장 슬라브 공사가 완료된 상태이었을 뿐만 아니라 지하 1층의 일부 점포가 일반에 분양되기까지 한 경우, 피고 등이 매각을 원인으로 토지의 소유권을 취득할 당시 '지하층 부분만'으로도 사회통념상 독립된 건물로서의 요건을 갖추었다"고 보았고, "지하 1층 지상 2층 건물공사에서 지상 1층 일부와 2층 벽 및 지붕 공정 등이 완성되지 않은 미완성건물"이지만 사회통념상 독립한 건물이라고 보았다.

(2) 증축된 건물의 독립된 부동산 여부의 판단기준

- 증축된 부분이 '독립된 부동산'인지 '기존건물의 부합물'인지 여부는
ⓐ 증축부분이 기존건물에 부착된 『물리적 구조』
ⓑ 그 『용도와 기능』에서 기존건물과 '독립한 경제적 효용'을 가지고 '거래상 별개의 소유권의 객체'가 될 수 있는지 여부
ⓒ 증축한 『당사자의 의사(구분행위)』 등을 종합하여 판단하여야 한다. 15)

5. 미등기·무허가 건물의 중개행위

(1) 협회 '중개실무나눔'의 질문

- 건축물대장이 없는 미등기·무허가 건물의 매매계약 시 주의할 점은 뭐가 있나요? <u>토지매매계약서만 작성하면 되나요?</u> 특약사항에 "<u>미등기 건물이 있는 바 미등기건물을 포함한다. 매수자는 매매토지 위에 미등기건물이 있음을 알고 계약한다</u>" 정도만 넣으면 되나요?

(2) 어느 저명한 중개사의 답변

- 미등기와 무허가는 다릅니다. 미등기는 건축물대장이 있는데 등기를 안한 것이고, 무허가는 건축물대장이 없는 건물입니다. 건축물대장이 없다면, 시군구청 민원실 세무과에 "무허가건물과세대장"이 있는지 여부를 확인 후 당사자 간에 "무허가건물과세대장 명의변경신고"를 해야 합니다. 이 경우 당연히 매매계약서에 무허가건물현황(구조, 면적 등)이 기재되어야 하고, 특약사항에는 토지가액과 무허가건물가액을 구분기재해 주어야 합니다.
- <u>무허가건물과세대장도 없다면, 별도로 무허가건물 양도양수서를 작성해서 양도인 인감증명서 첨부하고, 매매계약서에는 토지만 기재하고,</u> <u>특약사항에 "매매토지상의 모든 수목과 지상물은 물론 종물, 부합물은 매매대금에 포함한다"</u> 라고 기재하면 됩니다.

(3) 저자의 답변과 논평

① 공부(公簿) 만능주의를 지양하고 '민법의 법리'를 따를 것

---

15) 대법원 1996.6.14. 선고 94다53006 판결 [가건물철거등]

- 위 어느 중개사의 답변은 얼핏 보아 매우 타당한 답변 같으나 중대한 오류를 범하고 있습니다. 위 답변에서 보듯이, 미등기 무허가건물에 대하여 중개업계에는 건축물대장 유무, 등기 유무 등으로만 판단하는 경향이 있습니다. 중개업계의 중대한 실수 또는 오류 중의 하나입니다. 공부(公簿)만능주의의 사고이지요.
- 미등기·무허가 건물에 대한 매매계약 시 꼭 기억해야 할 중요한 점은 건축물대장이나 무허가건물과세대장 등의 공부가 있느냐 여부가 중요한 것이 아니라 "민법상의 건물의 법리"에 따라야 합니다. 무허가·미등기 건물에 관한 법리상의 핵심은 무허가·미등기 건물이 "독립된 건물(부동산)인지 여부"입니다. 토지와 달리 독립성 여부는 등기에 의하는 것이 아니라 거래관념에 의하여 판단하여야 합니다. 16)

② '건축허가 여부'는 권리의 득실변경과는 무관하다.

- 또한 미등기·무허가 건물의 매매계약에서 '건축허가 여부'는 허가된 건물에 관한 실체적 권리의 득실변경의 공시방법이 아니며 추정력도 없으므로, 건축허가 여부에 의하여 재산법상의 법리가 달라질 수는 없습니다. 과태료와 형사처벌 여부는 공법상의 별개의 문제일 뿐입니다. 판례도 재산법상의 소유권 취득과 건축허가의 관계에 관하여 저자와 같은 견해입니다. 17)

③ 건물의 '성립요건'이 건물인지 여부의 요체이다.

- 나아가 건물의 성립요건에 관하여 판례는 "신축건물이 경락대금 납부 당시 이미 지하 1층부터 지하 3층까지 기둥, 주벽 및 천장 슬라브 공사가 완료된 상태이었을 뿐만 아니라 지하 1층의 일부 점포가 일반에 분양되기까지 하였다면, 비록 토지가 경락될 당시 신축건물의 지상층 부분이 골조 공사만 이루어진 채 벽·지붕 등이 설치된 바가 없다 하더라도, 지하층 부분만으로도 구분소유권의 대상이 될 수 있는 구조라는 점에서 신축건물은 경락 당시 미완성 상태이기는 하지만 '독립된 건물'로서의 요건을 갖추었다"라고 하고 있습니다. 18)
- 무허가건물과세대장은 단지 미등기·무허가 건물도 "재산이라는 전제"하에서 재산세를 거두기 위한 것일 뿐이고, 미등기·무허가 건물도 어디까지나 민법적으로는 엄연히 재산이자 '독립한 부동산'입니다. 따라서 소유권이전등기를 못할 뿐 "정상적인 중개거래의 대상"입니다. 또한 무허가·미등기 건물도 독립물인 이상 종물 또는 부합물과는 법리가 전혀 다르므로 위 답변자처럼 종물 또는 부합물로 취급해서는 안됩니다.
- 물론 이들 무허가·미등기 건물도 공법상의 관련 규정에 따라서(간간히 시행하는 정부의 무허가 건물의 양성화 조치 등) 양성화 되거나 또는 허가는 득하였지만 미등기 상태인 건물의 경우에는 미등기건물의 양수인은 "건축허가명의변경과 소유권보존등기방법"이 인정됩니다.

④ 무허가·미등기 건물, 종물, 부합물, 증축된 건물도 유효한 부동산이고 중개대상물이다.

---

16) 대법원 2001. 1. 16. 선고 2000다51872 판결 [소유권확인], 대법원 2005. 7. 15. 선고 2005다19415 판결 [건물명도등]
17) 대법원 2002. 4. 26. 선고 2000다16350 판결 [소유권보존등기말소]
18) 대법원 2003. 5. 30. 선고 2002다21592,21608 판결 [지상권설정등기절차이행·임료등]

- 위의 답변 중 매매계약서에는 토지만 기재하고, 특약사항에 "매매 토지상의 모든 수목과 지상물은 물론 종물, 부합물은 매매대금에 포함한다"는 것도 잘못된 것입니다. 왜냐하면 미등기·무허가 건물이 종물 또는 부합물일 수도 있지만, 독립한 건물로서의 형상을 갖추고 있을 경우에는 독립물이기 때문에, 비록 무허가·미등기일지라도 별개의 독립한 부동산으로서 거래의 객체가 되는 것이므로 매매계약서에 토지만을 기재할 것이 아니라 무허가·미등기건물도 기재하여 매매계약서를 작성하여야 합니다. 다만 위 답변에서 매매계약서에 무허가건물현황(구조, 면적 등)이 기재되어야 하고, 특약사항에는 토지가액과 무허가건물가액을 구분기재해 주어야 한다는 답변은 타당합니다.
- 이처럼 중개업계에는 신축 중인 건물·종물·부합물·증축건물 또는 증축 중인 건물·무허가건물·미등기건물 등에 관하여 실무가 정착되지 않은 것 같습니다. 이 법리는 경매실무는 물론 중개실무상 반드시 알고 있어야 합니다. 그런데 그에 관한 자료는 전무할 뿐만 아니라 위와 같이 와전되어서 전전 유통되고 있음을 볼 수 있습니다. 아는 만큼 중개대상물이 달라지고 수익이 달라집니다. 위 어느 중개사의 답변은 건물의 법리에 잘못된 답변이므로 이에 따르면 중개사고로 이어질 수 있습니다.

6. '건축 중인 건물'의 소유권보존, 강제집행, 중개 방법

(1) 『'완성된' 미등기건물』, 『미완성이지만 '독립된' 건물』의 중개 방법

① 부동산으로 본다
- 대법원 판례는 『부동산 집행의 대상』 임을 분명히 하였다. 19)
- 건물로서의 형태와 효용을 갖춘 이상 완성 전이라도 등기적격이 있으며, 아직 등기를 하지 못하고 있는 경우라고 하더라도 유체동산집행의 대상이 될 수는 없기 때문이다.

② 【『'완성된' 미등기건물』, 『미완성이지만 '독립된' 건물』의 중개 방법(실제 중개사례)】

부동산임대차계약서

☐ 전세 ■ 월세

---

19) 대판 1994. 4. 12. 93마1933, 한때 경매실무상 '건축 중인 미등기 건물'을 등기할 수 없는 토지의 정착물로서 독립하여 거래의 객체가 될 수 있는 것은 유체동산으로 보아(법 제189조 2항 1호) '유체동산에 준하여' 강제집행을 하였다.

임대인과 임차인 쌍방은 아래 표시 부동산에 관하여 다음 계약내용과 같이 임대차계약을 체결한다.				
1. 부동산의 표시				
소 재 지	경기도 평택시 평택동 ***-****			
토 지	지 목	대	면 적	144.2㎡
건 물	구조·용도	중개대상물확인설명서와 같다	면 적	좌동 ㎡
임대할부분	위 건물 1, 2층 전부 약 200㎡ - 면적 등 구체적인 사항은 중개대상물확인설명서와 같다.		면 적	좌동 ㎡
2. 계약내용				
제1조 (목적) 위 부동산의 임대차에 한하여 임대인과 임차인은 합의에 의하여 임차보증금 및 차임을 아래와 같이 지불하기로 한다.				
보 증 금	금 칠천만원정 (₩70,000,000원)			
계 약 금	금 칠백만원정(\7,000,000원)은 계약시에 지불하고 영수함. (영수자 ㊞)			
중 도 금	금 일천삼백만원정(\13,000,000원)은 2012년 4월 25일에 지불하며 (영수자 ㊞)			
잔 금	금 오천만원정(\50,000,000원)은 임차인을 근저당권자로 하는 근저당권설정등기와 동시에 지불한다.			
차 임	금 삼백칠십만원정(\3,700,000원)은 매월 선불로 지불한다. (일자는 추후 협의) (부가세별도)			

제2조 (존속기간) 임대인은 위 부동산을 임대차 목적대로 사용·수익할 수 있는 상태로 본 상가건물에 대한 사용승인일 익일까지 임차인에게 인도하며, 임대차 기간은 임차인을 근저당권자로 하는 근저당권설정등기 완료일 15일 후부터 2년간으로 한다.

제3조 (전대, 구조 및 용도의 변경, 양도 등의 금지) 임차인은 임대인의 동의 없이 위 부동산의 용도나 구조를 변경하거나 전대·임차권 양도 또는 담보로 제공하지 못하며 임대차 목적 이외의 용도로 사용할 수 없다. 간판설치 등 외형변경도 같다.

제4조 (계약의 해지) ① 임대인은 임차인이 월임대료(제1조)를 2회 이상 연체할 때(반드시 연속적인 연체가 아니라도 해당된다)는 이 계약을 해지할 수 있으며, 임차인은 모든 기한의 이익을 상실한다.
② 임대인 또는 임차인이 이 계약에서 정한 의무를 이행하지 아니하는 경우 그 상대방은 이 계약을 해지할 수 있다.

제5조 (업종의 지정, 인허가) ① 임차인은 임대차부동산을 일반음식점(한식-매운갈비찜) 업종의 영업을 하는 용도로 사용하여야 하며 다른 용도로 사용하거나 임대인의 동의 없이 위 지정된 업종을 변경할 수 없다.
② 임차인이 위 부동산에서 영업하는데 필요한 인허가 등 행정절차는 임차인의 책임으로 해결하며, 인·허가 등의 문제로 영업하지 못하는 경우라도 이로 인한 불이익은 임차인이 부담하며 임대인에게 그 책임을 묻지 아니한다. 다만 임대인은 이에 필요한 협조를 하여야 한다.
③ 프랜차이즈 본사와의 가맹계약, 가맹조건 등 본사와의 문제에 관하여는 전적으로 임차인의 책임으로 한다.

제6조 (계약의 자동연장) ① 임대인 또는 임차인이 이 계약에서 정한 임대차기간이 끝나기 전 6월에서 1월까지 사이에 상대방에게 '임대차계약을 더 이상 연장하지 아니 하겠다' 또는 '계약조건을 변경하는 조건으로 다시 임대차계약을 체결하겠다'는 뜻을 통지하지 아니할 때에는 이 계약과 동일한 조건으로 다시 임대차한 것으로 본다.
② 위 ①의 경우 임차인은 언제든지 임대인에 대하여 계약해지를 통지할 수 있고, 그 계약해지의 효력은 임대인이 그 통지를 받은 날부터 3월이 경과함으로써 발생한다.

제7조 (계약의 종료) 임대차계약이 종료된 경우에 임차인은 위 부동산을 원상회복하여 임대인에게 반환한다. 이 경우 임대인은 보증금을 임차인에게 반환하고, 연체 임대료 또는 손해배상금이 있을 때는 이들을 제하고 그 잔액을 반환한다.

제8조 (계약의 해제) 임차인이 임대인에게 중도금(중도금이 없을 때는 잔금)을 지불하기 전까지, 임대인은 계약금의 배액을 상환하고, 임차인은 계약금을 포기하고 이 계약을 해제할 수 있다.

제9조 (채무불이행과 손해배상) 임대인 또는 임차인이 본 계약상의 내용에 대하여 불이행이 있을 경우 그 상대방은 불이행한 자에 대하여 서면으로 최고하고 계약을 해제할 수 있다. 그리고 계약 당사자는 계약해제에 따른 손해배상을 각각 상대방에 대하여 청구할 수 있다. 손해배상과 위약벌 등에 관하여는 특약으로 정한다.

제10조 (권리금) 임차인은 임차부동산에 대하여 어떠한 명목으로도 권리금 또는 시설에 대한 프리미엄 등을 임대인에게 요구할 수 없으며, 임대인은 일체의 책임을 지지 아니한다.

제11조 (행정처분) 임차인의 영업행위로 인하여 임대인에게 행정처분 등의 불이익이 발생할 경우에는 임차인은 그로 인한 손해를 배상하여야 한다. 영업허가에 관하여는 임차인의 책임으로 한다. 주차장(설계상 1대)부분에 관하여 타용도 전환 등으로 인하여 이행강제금, 과태료 등의 문제는 임대인은 책임지지 않는다.

제12조 (화재 등) 화재, 도난, 천재지변, 지진 등으로 인하여 임대인의 과실없이 임차인에게 손해가 발생한 경우 임대인은 책임을 지지 아니한다. 화재 등이 임차인의 과실 또는 임차인의 영역에서 발생하여 제3자에게 손해가 발생한 경우에는 임차인이 책임을 지며, 임차인은 화재보험에 가입하도록 노력한다.

제13조 (중개수수료) 부동산중개업자는 임대인과 임차인이 본 계약을 불이행함으로 인한 책임을 지지 않는다. 중개수수료는 계약성립과 동시에 계약 당사자 쌍방이 각각 지불하며, 본 계약이 계약 당사자의 사유로 인하여 무효·취소 또는 해제되는 경우에도 중개수수료는 지급한다.

제14조 (중개대상물확인·설명서 교부 등) 중개업자는 중개대상물 확인·설명서를 작성하고 업무보증관계증서(공제증서등) 사본을 첨부하여 사용승인이 나고 일반건축물관리대장이 작성되는 즉시 거래 당사자 쌍방에게 교부한다.

특약사항	별지 기재와 같다.
	- 이하 여백 -

본 계약을 증명하기 위하여 계약 당사자가 이의 없음을 확인하고 각각 서명·날인 후 임대인, 임차인 및 중개업자가 매장마다 간인하여 각각 1통씩 보관한다.

201* 년 4 월 25일

【특 약 사 항】
1. 본 계약은 위 상가건물의 주벽과 기둥, 1·2층 천장, 계단 등이 완성된 후에 체결되었다.
2. 임대인은 늦어도 2012.6.5.까지는 사용승인을 받고, 일반건축물관리대장을 만들어 주기로 하고, 사용승인이 난 후 근저당권설정등기 말소와 임차인을 근저당권자로 하는 근저당권설정등기 완료일 이후 15일 후부터 2년간을 임대차 계약기간으로 한다.
3. 임대인은 본 상가건물의 외장공사 부분을 임차인과 상의하여 결정하고 시공한다.
4. 본 상가건물은 2층 형태의 복층구조이며, 내부에서 2층으로 올라가는 계단이 있고, 임차인은 본 상가건물의 설계도와 건축허가서를 열람하였다.
5. 화장실은 2층에 여자 화장실 1실, 1층에 계단 아래 남자 화장실 1실을 설치한다. 단, 1층 화장실은 필요시 배관을 만들어 주는 것으로 한다.

6. 본 상가건물의 구조, 용도, 면적 등에 관한 계약상의 구체적인 사항에 관한 특정은 준공 후 일반건축물관리대장이 작성된 다음에 중개확인설명서를 통하여 구체적으로 특정한다. 중개업자는 일반건축물대장이 작성된 후 이에 따라서 중개대상물확인설명서를 작성·교부 한다.
7. 임대인은 하수도법과 평택시 조례에 따라서 임차인이 하고자 하는 업종(한식-매운갈비찜)에 충분한 정화조 용량을 확보해 준다(임대인은 계약일 현재 정화조용량이 80인용이라고 함).
8. 임대인은 본 상가건물에 대한 사용승인(준공검사) 후 영업일 7일 이내에 평택시 평택동 287-** 45.7㎡, 같은 동 287-** 53.5㎡, 같은 동 287-** 45.0㎡ 합계 144.2㎡(43.6평)에 설정된 근저당권 및 지상권설정등기 중
    가) 평택시 평택동 287-** 대 45.7㎡ 접수 제19607호로 설정된 채권최고액 금14,000,000원 근저당권자 평택중앙새마을금고, 위 같은 번지 접수 제37236호로 설정된 지상권설정등기 지상권자 평택중앙새마을금고,
    나) 위 같은 동 287-** 대 53.5㎡ 접수 제16670호로 설정된 채권최고액 21,000,000원의 근저당권등기 근저당권자 평택중앙새마을금고, 위 같은 번지 접수 제16671호로 설정된 지상권설정등기 지상권자 평택중앙새마을금고,
    다) 위 같은 동 287-** 대 45.0㎡ 접수 제9567호로 설정된 채권최고액 금28,000,000원의 근저당권등기 근저당권자 평택중앙새마을금고, 위 같은 번지 접수 제9568호로 설정된 지상권설정등기 지상권자 평택중앙새마을금고,
    라) 위 같은 동 3필지상에 공동담보로 설정된 접수 제1842호 채권최고액 금32,200,000원의 근저당권등기 근저당권자 평택중앙새마을금고, 접수 제61972호 채권최고액 금135,800,000원의 근저당권등기 근저당권자 평택중앙새마을금고, 접수 제22185호 채권최고액 금84,000,000원의 근저당권등기 근저당권자 평택중앙새마을금고, 접수 제35874호 채권최고액 금150,000,000원의 근저당권등기 근저당권자 송*자, 접수 제23575호 채권최고액 금150,000,000원의 근저당권등기 근저당권자 송*자, 접수 제20799호 채권최고액 금230,000,000원의 근저당권등기 근저당권자 송*자를[위 (가)~(라) 합계 채권최고액 금845,000,000원] 변제하고 각 등기를 말소한다.
9. 임대인은 본 상가건물에 대한 사용승인(준공검사) 후 영업일 7일 이내에 평택시 평택동 287-** 45.7㎡, 같은 동 287-** 53.5㎡, 같은 동 287-** 45.0㎡ 합계 144.2㎡(43.6평) 및 지상 상가건물 연면적 약200㎡(구조, 면적 등 추후특정)를 공동담보로 하여 채권최고액 금455,000,000원(실대출금액 350,000,000원)을 피보전권리로 하고 평택새마을금고를 제1순위로 하는 근저당권을 설정하고, 그 다음 순위로 임차인의 임대차 보증금 금70,000,000원을 피담보채권으로 하고 임차인을 근저당권자로 하는 근저당권설정등기를 설정해 주기로 한다.
10. 임대인이 위 근저당권 해지 및 근저당권설정등기에 관한 약정을 이행하지 아니할 경우에는 임차인이 본 상가건물에 투여한 인테리어 비용(임차인이 인테리어업자와 계약을 체결한 계약서상의 총 공사금액) 전액 금2억 5천만원을 배상한다.
11. 임대인은 위 대지 및 상가건물에 관하여 잔금지급일까지 가압류, 가처분, 기타 제한물권을 설정하지 않으며, 제3자가 위와 같은 가압류, 가처분 등의 처분을 하지 않도록 하여야 한다.
12. 임대인은 본 상가건물 신축공사비 채무를 완제하여 제3자가 유치권 등을 주장하여 임차인이 영업상 지장을 받지 않도록 하여야 한다.
13. 계약의 당사자는 위 사항들을 반드시 준수하여야 하며, 이를 위반하는 사람은 그 상대방에게 위약벌로서 금4천만원을 지급키로 한다. 그 외 손해가 발생한 경우 계약금의 3배액을 손해배상금으로 한다.
14. 위 사항들 이외의 구체적인 변수에 관하여는 상호 협의하여 정하기로 하고, 기타의 점에 관하여는

민・상법 기타 일반 상관례와 상거래질서에 따라서 처리한다.
15. 임차인은 매월 차임을 임대인의 계좌로 입금하기로 하며, 중도금과 잔금을 지급 또는 계좌로 입금할 때에는 반드시 평택박사공인중개사가 지득하고 동의한 후에 입금하기로 한다.
계좌번호: 468-04-243*** (신한은행 예금주 최**) -끝-

------------------------------이하 여백------------------------------

임대인	주 소	평택시 세교동 ***-2 ****아파트 ***-***						
	주민등록번호	******-1******		전 화	010-****-****	성 명	최**	㊞
	대 리 인	주소		주민등록번호		성 명		
임차인	주 소	평택시 동삭동 **아파트 ***-****						
	주민등록번호	******-1******		전 화	010-****-****	성 명	이**	㊞
	대 리 인	주소		주민등록번호		성 명		

중개업자	사무소소재지	경기도 평택시 평택동 285-10		사무소소재지			
	사무소명칭	평택박사공인중개사사무소		사무소명칭			
	대 표	서명 및 날인	공인중개사 ㊞	대 표	서명 및 날인		㊞
	등 록 번 호		전화 031-655-1555	등 록 번 호		전화	
	소속공인중개사	서명 및 날인	공인중개사 ㊞	소속공인중개사	서명 및 날인		㊞

(2) 『'미완성'이고 독립된 건물로 볼 수 '없는' 경우』의 경매신청 방법

① 부동산 집행의 대상도 동산 집행의 대상도 될 수 없다.[20]

② '토지의 부합물'로서 일괄매각신청

- 그렇다면 결론적으로 건축 중인 미완성의 독립된 건물로 볼 수 없는 건물은 '토지의 부합물(정착물)'로 보며 독립적인 거래의 대상이 될 수 없다. 따라서 토지의 부합물로서 민법 제365조에 따라서 토지와 함께 일괄경매를 신청하여야 한다. 위 판례도 같은 견해이다.[21] 이때 경매신청자는 지상건물이 채무자 또는 저당권설정자의 소유임을 증명하는 서류를 첨부하여야 한다.[22]

(3) '미등기 건물 양수인'의 건축허가명의 변경과 소유권보존등기 방법

---

[20] 위에서 본『완성된 미등기건물이나 미완성이지만 독립된 건물』과는 달리,『미완성이고 독립된 건물로 볼 수 없는 건물』은 건축물대장에 등재할 수 없고 소유권보존등기가 불가능하여 부동산 집행의 대상으로 할 수도 없고, 유체동산 집행의 대상이 될 수도 없다(대결 1995.11.27. 95마820, 대판 2003.9.26. 2001다52773). '유체동산 집행의 대상인지'에 관하여, 판례는 "법 제189조 2항 1호 소정의 유체동산 집행의 대상이 되는 '등기할 수 없는 토지의 정착물'은 토지에의 정착성은 있으나 환가한 후 토지로부터 분리하는 것을 전제로 하여 거래의 대상으로서의 가치를 가지는 것"이라고 하면서, "9층까지 골조공사가 되어 있는 미완성의 철근콘크리트조 아파트 건물이 유체동산 집행의 대상이 될 수 없다'고 하고 있다
[21] 홍용표 강제집행소송기술 908 참조
[22] 대결 1992.12.28. 92그32, 대결 1995.12.11. 95마1262

```
甲  건물(미등기)   (1) 매매   乙  건물(미등기, 甲소유, 乙매수인)
    토지(등기)       →           토지(등기, 乙소유)

    (2) 경매    丙  건물(미등기, 甲소유, 丙매수인)
       →             토지(丙소유)
```

① 미등기 건물의 양수인은 소유권은 없지만 처분권은 있다

- 미등기 건물을 그 대지와 함께 양수한 사람이 그 대지에 관하여서만 소유권이전등기를 넘겨받고 건물에 대하여는 그 등기를 이전받지 못하고 있는 상태에서 그 대지가 경매되어 소유자가 달라지게 된 경우에는 미등기 건물의 양수인은 미등기 건물에 대한 소유권은 없지만 이에 대한 '처분권'은 있다. 23)

② 건축허가명의 변경과 소유권보존등기 방법

- 이 경우 매수인은 미등기건물의 양수인으로서 ⓐ 매각허가결정등본, 매각대금영수증을 첨부하여 시군구청장에게 '건축주 허가명의 변경 신청'을 한 다음에, ⓑ 매수인이 나머지 공사를 마무리하여 '준공검사'를 받은 후 ⓒ '건축물대장을 작성'하고 ⓓ '소유권보존등기'를 하면 된다. 24)
- 대법원 판례도, 지자체의 조례가 무허가건물대장에 등재된 건물에 대하여 공익사업에 따른 철거시 '철거보상금을 지급'하도록 규정하고 있고, 관할 동사무소가 무허가건물에 관하여 무허가건물대장상의 건물주 명의의 말소를 명하는 확정판결에 따라 업무를 처리한 경우, 무허가건물대장상의 건물주 명의 말소를 구하는 청구가 소의 이익이 있다고 한다. 25)

(4) 건물이 『인접한 다른 건물과 '합동'으로 인하여』 건물로서의 독립성을 상실하게 된 경우의 경매신청 방법

① 채권자의 저당권은 경매대상 건물이 차지하는 비율에 상응하는 "공유지분" 위에 존속

- 이 경우에는 경매대상 건물만을 독립하여 양도하거나 경매의 대상으로 삼을 수는 없고, 경매대상 건물에 대한 채권자의 저당권은 합동으로 인하여 생겨난 '새로운 건물' 중에서 『경매대상 건물이 차지하는 비율에 상응하는 "공유지분" 위에 존속』한다.

② 근저당권자는 '공유지분'에 관하여 경매신청

- 따라서 근저당권자로서는 경매대상 건물 대신 위 '공유지분'에 관하여 경매신청을 할 수밖에 없다. 26)

---

23) 대판 1998.4.24. 98다4798
24) 사법논집 27집 안영진 판사 논문 375 참조
25) 대판 1998.6.26. 97다48937
26) 대결 2010.3.22. 2009마1385, 대결 2011.9.5. 2011마605, 대법원 2010.1.14. 선고 2009다66150 판결 [건물철거및토지인도]
  따라서 저당권자로서는 그 저당권을 합체로 생긴 새로운 건물 중에서 경매대상 구분건물이 차지하는 비율에 상응하는 공유지분에 관한 것으로 등기부의 기재를 고쳐 이에 관하여 경매를 신청하여야 하고, 종전의 저당권의 목적물이었던 구분건물에 대한

제3절 집합건물(구분건물)

1. 들어가면서

(1) 독립한 소유권의 객체로서 물권법상 일물일권주의의 예외

- 민법 제215조는 구분소유를 인정하고 있다. 구분소유란 1동의 건물을 '수평 또는 수직'으로 구분하여 그 부분을 각각 별개의 소유권의 객체로 하는 것을 말한다. 구분소유는 '일물일권주의의 예외'이다.

(2) 공동주택과 바닥면적 합계 1,000㎡ 이상의 판매시설과 운수시설에 적용

- 한편 토지이용의 고도화·입체화라는 사회적 요청으로 인하여 아파트, 빌라, 주상복합상가 등의 대규모의 공동주택과 구분점포가 일반화되고, 민법 제215조의 규정만으로는 공동주택과 구분점포의 복잡한 법률관계를 합리적으로 규율할 수 없게 되어, 1984년 집합건물의 소유 및 관리에 관한 법률이 제정되었다.
- 제정 당시에는 동법이 주거용을 대상으로 하였으나 2003년 동법의 개정으로 '바닥면적 합계 1,000㎡ 이상의 판매시설과 집배송시설을 제외한 운수시설'의 경우에는 상가건물에도 적용된다(집합건물법 제1조의2 참조).

2. 의의

(1) 전유부분과 공용부분

① 개념

- '전유부분'이란 구조상·이용상의 독립성을 갖춘 건물부분으로 구분소유권의 목적이 되는 부분을 말하며, 이 부분은 구분소유자의 배타적 지배의 대상이 된다.
- '공용부분'이란 다수의 구분소유자가 공동으로 이용하는 부분으로서 건물 중 전유부분을 제외한 부분을 말한다. 이에는 '성질상·구조상' 당연히 공용부분으로 되는 것과 '규약에 의하여' 공용부분으로 되는 것이 있다.

② 전유부분인지 공용부분인지 여부는 『구분소유가 성립한 시점을 기준』으로 판단한다.

- 집합건물의 어느 부분이 전유부분인지 공용부분인지 여부는 '구분소유가 성립한 시점', 즉 원칙적으로 『건축물대장에 구분건물로 등록된 시점을 기준』으로 판단하여야 하고, 그 후의 개조나 이용상황의 변화 등은 고려 대상이 아니다.

경매를 신청하거나 그 경매절차를 계속할 수는 없으며, 나아가 저당권의 목적물에 포함되지도 않았던 구분건물을 경매대상으로 삼을 수는 없다.

③ 지주·지붕·외벽·기초공작물 등은 공용부분이다

- 공용에 제공되는지의 여부는 그것이 1동의 건물 전체의 안전이나 외관을 유지하기 위하여 필요한 부분인지의 여부에 의하여 결정되어야 할 것이므로, 지주·지붕·외벽·외벽의 바깥쪽면·기초공작물 등은 전유부분이 아니고 공용부분에 불과하다. [27]

④ <u>전유부분과 공용부분의 일체성의 원칙</u>

- 전유부분과 공용부분에 대한 지분은 일체성이 인정된다(집합건물법 제13조). 즉, 집합건물의 공유자의 공용부분에 대한 지분은 그가 가지는 전유부분의 처분에 따른다. 따라서 공유자는 그가 가지는 전유부분과 분리하여 공용부분에 대한 지분을 처분할 수 없다. 이를 '전유부분과 공용부분에 대한 지분의 일체성의 원칙'이라고 한다. 이들은 분리처분이 금지된다. 공용부분의 분할청구도 허용되지 않는다(집합건물법 제8조, 집합건물 대지공유자의 공용부분 분할청구금지)[28].

(2) 대지사용권과 대지권

① 개념

- 대지사용권이란 구분소유자가 전유부분의 건물을 소유하기 위하여 대지에 대하여 가지는 권리, 즉 대지를 점유·사용할 수 있는 권리를 말한다(집합건물법 제2조 6호). 대지사용권으로는 『소유권, 지상권, 임차권, 전세권, 법정지상권, 관습법상의 법정지상권 등』이 있다.
- 이에 반하여 대지권이란 대지사용권이 등기가 된 경우를 말한다. 대지권이 되면 건물과 분리하여 처분할 수 없고 전유부분의 종된 권리가 된다.

② <u>전유부분과 대지사용권의 일체성의 원칙</u>

- 구분소유자의 대지사용권은 그가 가지는 전유부분의 처분에 따른다. 따라서 구분소유자는 규약으로 달리 정한 때를 제외하고는 전유부분과 분리하여 대지사용권을 처분할 수 없다(집합건물법 제20조). 이를 '전유부분과 대지사용권의 일체성의 원칙'이라고 한다. 이들은 원칙적으로 분리처분이 금지되어 전유부분과 대지사용권의 일체성에 반하는 대지 처분행위는 무효이다[29].
- 구분소유권이 이미 성립한 집합건물이 증축되어 새로운 전유부분이 생긴 경우, 새로운 전유부분을 위한 대지사용권이 인정되는지 여부(원칙적 소극) [30]

---

27) 대판 1993.06.8. 92다32272, 대판 2006.5.12. 2005다36779, 대판 2011.3.24. 2010다95949
28) 집합건물의 대지에 대한 분할청구를 금지하는 집합건물의 소유 및 관리에 관한 법률 제8조의 입법 취지는 1동의 건물로서 개개의 구성부분이 독립한 구분소유권의 대상이 되는 집합건물의 존립 기초를 확보하려는 데 있는바, 집합건물의 대지는 그 지상의 구분소유권과 일체성 내지 불가분성을 가지는데 일반의 공유와 같이 공유지분권에 기한 공유물 분할을 인정한다면 그 집합건물의 대지사용관계는 파탄에 이르게 되므로 집합건물의 공동생활관계의 보호를 위하여 분할청구가 금지된다. 공유토지의 지하와 일정 범위의 지상 부분에 상가건물을 소유하고 있는 사람이 공유토지의 일부를 독점적으로 사용하고 있는 경우, 특정 공유자의 독점적 사용이 허용되지 않는 공유토지의 일부에 관하여는 공유자 전원이 공동 사용할 수밖에 없으므로 위 상가건물 소유자를 상대로 다른 공유자들이 위 소유자의 사용권을 완전히 배제시키는 토지인도청구를 할 수는 없다(대판 2007.12.27. 2005다66374,66381)
29) 대판(전합) 2013.1.17. 2010다71578

③ 부동산 경매실무상 문제

- 이와 관련하여 집합건물의 건축자로부터 전유부분과 대지지분을 함께 매수하여 그 대금을 모두 지급함으로써 소유권 취득의 실질적 요건은 갖추었지만, 전유부분에 대한 소유권이전등기만 경료받고 대지지분에 대하여는 소유권이전등기를 받지 못한 경우에, 구분소유자가 가지는 대지에 대한 점유·사용권이 대지사용권에 해당되는지가 문제된다.
- 이에 관하여 종전의 판례는 전유부분의 소유자가 대지지분에 대한 대금을 모두 지급하고 그 소유권이전등기청구권을 가지고 있는 경우에도 대지사용권에 해당하지 않는다고 하였다[31].
- 그러나 "<u>전원합의체 판결</u>"로 동판결을 폐기하고 "<u>집합건물의 건축자로부터 전유부분과 대지지분을 함께 분양의 형식으로 매수하여 그 '대금을 모두 지급'함으로써 소유권 취득의 실질적 요건은 갖추었지만 '전유부분'에 대한 소유권이전등기만 경료받고 '대지지분'에 대하여는 아직 소유권이전등기를 경료받지 못한 자는 매매계약의 효력으로써 전유부분의 소유를 위하여 건물의 대지를 점유·사용할 권리가 있는 바, 매수인의 지위에서 가지는 이러한 점유·사용권은 단순한 점유권과는 차원을 달리하는 '본권'으로서 대지사용권에 해당한다</u>"고 하였다[32]. 이로써 부동산 경매실무에서 대지사용권이 없는 아파트가 상당히 줄어들게 되었다. 또한 대지권 없는 경매에서 분양에서 대지대금을 모두 지급한 경우에는 입찰하여도 문제 없다.

3. 구분소유권의 성립요건

(1) 구조상·이용상 독립성을 갖출 것

① 구조상·이용상 독립성이란

- 구분소유가 인정되기 위해서는 1동의 건물 중 구조상 구분된 수개의 부분이 독립한 건물로서 사용할 수 있어야 한다(집합건물법 제1조). 즉, 1동의 건물 중 구분된 각 부분이 '구조상의 독립성'과 '이용상의 독립성'을 갖추어야 한다[33].
- '구조상의 독립성'은 전유부분이 다른 전유부분과 구조적으로 구획되어 있어야 한다는 것이고, '이용상의 독립성'은 각각의 전유부분이 독립적으로 이용될 수 있어야 한다는 것을 말한다[34].

---

30) 대법원 2017. 5. 31. 선고 2014다236809 판결
31) 대판(폐기) 1996.12.20. 96다14661
32) 대판(전합) 2000.11.16. 98다45652, 45669
33) 대판 1993.6.8. 92다32272, 대판 1992.4.24. 92나3151, 대판 1998.5.29. 96누8789, 대판 2007.9.20. 2005다54951, 대판 1993.3.9. 92다41214, 대판 2003.3.11. 2002두68560, 대판 1995.6.9. 94다40239, 대판 1995.9.29. 94다53587, 94다53594(참가), 대판 1999.11.9. 99다46096, 대결 2008.9.11. 2008마696
34) ① 건물의 구조가 철근콘크리트 외벽에 반달형의 패널 지붕이 덮혀 있고 내부는 바닥만이 콘크리트로 포장되어 있을 뿐 각 점포의 경계나 특정을 위한 칸막이나 차단시설 등이 설치되어 있지 않고 다만 바닥에 페인트로 선을 그어 장방형으로 된 500개의 점포와 통로로 구획되어 있다면, 이 건물이 어시장으로 사용되고 있다는 이용상의 특성을 감안하여도 각 점포가 구조상의 독립성을 갖추었다고 볼 수 없고, 그 밖에 각 점포주들이 그 경계선상에 드럼통을 쌓는 등으로 경계를 확실히 하여 이를 각 배타적으로 사용하고 있다거나 각 점포가 등기부상으로도 구분된 개개의 소유권의 객체로 등재되어 있으며 시장부지의 공유지분권과는 별개로 독립하여 거래되어 왔다는 사정이 있다 하더라도 각 점포를 독립한 소유권의 객체로 인정할 수 없다(대판

② 상가건물과 구분점포의 경우 완화
- 한편 집합건물법 제1조의2, 동법 시행령 제2조, 제3조에서는 일정한 범위의 상가건물에 관하여는 『구조상 독립성 요건을 완화』하여 『경계를 명확하게 식별할 수 있는 표지를 바닥에 견고하게 설치하고 구분점포별로 부여된 건물번호의 표지를 부착』함으로써 구분소유권의 객체가 될 수 있다고 규정하고 있다.
- 특히 해당 건물부분이 집합건물의 소유 및 관리에 관한 법률 제1조의2의 적용을 받는 '구분점포'인 경우에는 이용상 독립성의 판단에서 그러한 구분점포의 특성을 고려하여야 한다.35)

③ 구분소유권의 객체로서 적합한 물리적 요건을 갖추지 못한 상태에서 공부에 등재된 경우
- 이 경우는 구분건물로서의 실체를 갖추지 못하여 그에 관한 구분소유권이 성립할 수 없다.
- 구분건물로서의 실체를 갖추지 못한 이상 건축물관리대장이나 부동산등기부에 등재되어 있다 하더라도 소유권을 취득할 수 없다는 것을 경매실무에서 유의하여야 한다. 36)

④ 이른바 구분건물의 합동의 경우
- 종전의 구분건물들이 그 사이의 격벽이 제거되는 등의 방법으로 건물로서의 독립성을 상실하여 일체화되고 일체화된 후의 구획을 전유부분으로 하는 1개의 건물이 된 경우(즉, 근저당권의 목적으로서 경매대상인 종전 구분건물들이 증·개축·합체로 새로운 구분건물들로 변경된 경우)에는 <u>구분건물만을 독립하여 양도하거나 경매의 대상으로 삼을 수는 없고, 경매대상건물에 대한 『저당권은 합동으로 인하여 생겨난 새로운 건물 중에서 경매대상건물이 차지하는 비율에 상응하는 공유지분 위에 존속』</u>하게 되어 근저당권자는 '공유지분에 관하여 경매신청'을 할 수밖에 없으므로, 근저당권자가 그 근저당권을 증·개축·합체로 생긴 부동산 중 경매대상 부동산이 차지하는 비율에 상응하는 공유지분으로 등기부의 기재를 바로 잡아 이에 관하여 경매를 신청하는 것은 별론으로 하고 종전의 건물에 대한 경매를 신청하거나 그 경매절차를 계속할 수는 없다37).

1995.6.9. 94다40239[점포명도])
② 이건 점포들에 관한 각 소유권보존등기 당시에 건물 내의 모든 점포들 사이에는 각 점포를 구분할 수 있는 벽체 등이 설치되지 아니한 채 도면상으로만 각 점포가 구분될 수 있을 뿐이었고 지하1층 내의 점포들 사이에는 각 점포 호수를 구별할 수 있도록 바닥의 타일 색깔을 달리하는 방법으로 구획선만 그어져 있었던 사실, 그 후 지하 1층 내의 점포들은 '파티션'이라는 칸막이 등으로 구분되어 있었고 일부 점포는 주방기구나 식탁 등으로 이웃 점포와 경계를 삼기도 하였으나 상가가 활성화되지 않자 상가활성화를 위하여 위 파티션 등을 철거하고 지하1층 중 일부를 대형마트로 제3자에게 임대하기도 한 사실, 그 후 이 사건 건물의 각 층을 층별로 일체로서 하나의 용도로 사용하려는 시도로 각 층을 사우나(지하1층), 식당 및 사무실(1층), 웨딩홀(2층), 뷔페식당(3층), 성인 콜라텍(4층), 찜질방(6층) 등으로 임대·사용하기도 한 사실, 이 사건 경매 신청 무렵에는 이 사건 건물의 지하1층은 사우나(휴업), 1층은 슈퍼, 식당, 부동산사무소 등, 2층은 웨딩홀(공사중), 3층은 뷔페식당(공사중), 4층은 성인 콜라텍, 6층은 공실로 사용되거나 비어 있는 상태였고, <u>각 층 모두 인접 호수와 벽체구분 없이 도면상의 각 점포의 구분과는 상관없이 일체로 구획하여 사용중이었다면, 이 사건 점포들은 구분소유권의 객체가 될 수 있는 구조상·이용상의 독립성을 갖추지 못하여 이 사건 건물의 일부에 불과할 뿐 구분소유권의 객체가 될 수 없다고 봄이 상당하다</u>(대결 2008.09.11. 2008마696[경매개시결정에대한이의])

35) 대법원 2017. 12. 22. 선고 2017다225398 판결
36) 대결 2010.1.14. 2009마1449, 대판 2011.3.24. 2010다95949 <u>건축물관리대장상 독립한 별개의 구분건물로 등재되고 등기부상에도 구분소유권의 목적으로 등기되어 있어 이러한 등기에 기초하여 경매절차가 진행되어 매각허가를 받고 매수대금을 납부하였다 하더라도 그 등기는 그 자체로 무효이므로 매수인은 소유권을 취득할 수 없다.</u>

- 하지만 인접한 구분건물 사이에 설치된 경계벽이 일정한 사유로 제거됨으로써 각 구분건물이 구분건물로서의 구조상 및 이용상의 독립성을 상실하게 되었다고 하더라도, 각 구분건물의 위치와 면적 등을 특정할 수 있고 사회통념상 그것이 구분건물로서의 복원을 전제로 한 일시적인 것일 뿐만 아니라 그 복원이 용이한 것이라면 각 구분건물은 구분건물로서의 실체를 상실한다고 쉽게 단정할 수는 없고, 아직도 그 등기는 구분건물을 표상하는 등기로서 유효하다. [38]

⑤ 임차인이 권원에 의하여 증·개축한 경우
- 임차인이 권원에 의하여 증·개축한 부분도 독립성을 갖추면 민법 제256조 단서에 의하여 구분소유의 객체가 될 수 있다는 점을 주의해야 한다[39].
- 또한 임차인이 권원에 의하여 증축한 경우에 인정되는 구분소유는 구조상·이용상의 독립성을 갖추면 구분소유의 객체가 될 수 있고 다음에서 보는 바와 같은 '소유자의 구분의사에 따른 구분행위가 필요하지 않다'는 점도 주의해야 한다. 임차인의 구분소유는 '권원에 의하여 성립'되고 임차인은 소유자가 아니기 때문이다.

(2) 구분행위와 구분등기가 있을 것

① 소유자의 구분의사에 따른 "구분행위"가 있어야 한다
- 구조상·이용상의 독립성이 인정된다고 하더라도 집합건물로서 구분소유권이 인정되기 위해서는 소유자의 구분소유를 설정하려는 의사표현인 '구분행위'가 있어야 한다. 따라서 소유자가 기존건물에 증축을 한 경우, 증축부분이 구조상·이용상의 독립성을 갖추었다고 하여 당연히 구분소유권이 성립된다고 할 수는 없고, '소유자의 구분의사에 따른 구분행위가 있어야' 비로소 구분소유권이 성립된다. [40]
- 이와 관련하여 판례도 소유자가 기존의 건물에 대한 등기를 증축한 건물의 현황에 맞추어 '<u>1동의 건물로서 증축으로 인한 건물표시변경등기를 경료한 때</u>'에는 이를 구분건물로 하지 않고 '<u>그 전체를 1동의 건물로 하려는 의사였다</u>'고 봄이 상당하다고 하였다.[41] 그러나 구분건물이 물리적으로 완성되기 전에 분양계약 등을 통하여 구분행위를 한 다음 1동의 건물과 구분건물이 객관적·물리적으로 완성되면 그 시점에 구분소유가 성립하지만, 그 이후 소유권자가 분양계약을 전부 해지하고 1동의 건물 전체를 1개의 건물로 소유권보존등기를 마친 경우, 구분폐지행위로써 구분소유권이 소멸한다고 한다. 이러한 법리는 구분폐지 전 개개의 구분건물에 유치권이 성립한 경우에도 마찬가지라고 한다.[42]

---

37) 대결 2010.3.22. 2009마1385; 대결 2011.9.5. 2011마605; 대결 2016. 3. 15. 2014마343
38) 대결 1999.6.2. 98마1438
39) 대판 1999.7.27. 99다14518, 대판 1996.8.20. 94다44705,44712,
40) 이 점은 임차인이 권원에 의하여 증축한 경우의 구분소유의 성립과 다름은 위에서 본 바와 같다.
41) 대판 1999.7.27. 98다35020, 대판 2004. 7. 22. 2004다19357
42) 대법원 2016. 1. 14. 선고 2013다219142 판결

② 구분행위란

- 구분건물이 물리적으로 완성되기 전에도 건물의 물리적 형질에 변경을 가함이 없이 법률관념상 건물의 특정 부분을 구분하여 별개의 소유권의 객체로 하려는 일종의 법률행위로서, 시기나 방식에 특별한 제한이 있는 것은 아니고 장래 신축되는 건물을 구분건물로 하겠다는 처분권자의 구분의사가 객관적으로 외부에 표시되면 인정된다.
- 따라서 집합건물이 아닌 일반건물로 등기된 기존의 건물이 구분건물로 변경등기되기 전이라도, 구분된 건물부분이 구조상·이용상 독립성을 갖추고 건물을 구분건물로 하겠다는 처분권자의 구분의사가 객관적으로 외부에 표시되는 구분행위가 있으면 구분소유권이 성립한다.[43]
- 일반건물로 등기되었던 기존의 건물에 관하여 실제로 건축물대장의 전환등록절차를 거쳐 구분건물로 변경등기까지 마쳐진 경우라면, 특별한 사정이 없는 한 '전환등록 시점'에는 구분행위가 있었던 것으로 봄이 타당하다.[44]
- 구분소유의 성립을 인정하기 위하여 '소유자의 구분의사가 객관적으로 외부에 표시되면 인정'되고, 반드시 집합건축물대장의 등록이나 등기가 있어야 하는 것은 아니다. [45]

4. 구분건물에 관한 구체적 사례

(1) 구분건물의 '전유부분'에만 설정된 '저당권'의 효력은 원칙적으로 '대지사용권'에도 미친다(전유부분과 대지사용권의 일체성의 원칙).

① 대지사용권은 원칙적으로 '전유부분과 종속적 일체불가분성'이 인정된다. [46][47]

---

43) 대법원 2018. 2. 13. 선고 2016다245289 판결
44) 대법원 2016. 6. 28. 선고 2013다70569 판결
45) 대판(전합) 2013.1.17. 2010다71578, 대판 2013.7.25. 2012다18038, 대법원 2019. 10. 17. 선고 2017다286485 판결; 甲이 아파트를 신축하면서 내부 구분건물 각각에 대하여 분양계약을 체결한 후 토지에 관하여 乙주식회사와 부동산담보신탁계약을 체결하고 신탁등기를 마쳐 준 사안에서, 신탁등기를 마친 당시 아파트 각 전유부분이 구조상·이용상 독립성을 갖추었고, 甲이 구분건물 각각에 대하여 분양계약을 체결함으로써 구분행위의 존재도 인정되므로, 아파트의 전유부분에 관하여 이미 구분소유권이 성립한 이상 '토지만'에 대한 부동산담보신탁계약은 집합건물법 제20조(전유부분과 대지사용권의 일체성의 원칙)에 위배되어 무효이므로 신탁등기는 말소되어야 한다.
46) 대판 2001.2.9. 2000다62179, 대결 2005.11.14. 2004그31, 대판 2008.3.13. 2005다15048, 대판 2013.11.28. 2012다103325
47) 구분건물의 전유부분만에 관하여 설정된 저당권의 효력은, 대지사용권의 분리처분이 가능하도록 규약으로 정하는 등의 특별한 사정이 없는 한, 그 전유부분의 소유자가 사후에라도 대지사용권을 취득함으로써 전유부분과 대지권이 동일소유자의 소유에 속하게 되었다면 그 대지사용권에까지 미친다.
그 이유는 구분소유자의 대지사용권은 원칙적으로 '전유부분과 종속적 일체불가분성'이 인정되므로(집합건물법 제20조 1항, 2항), 구분건물의 전유부분에 대한 저당권의 효력은 당연히 '종물 내지 종된 권리인 대지사용권'에까지 미치기 때문이다.
따라서 전유부분에 설정된 저당권에 터잡아 진행된 경매절차에서 전유부분을 매수한 자는 대지사용권도 함께 취득하며, 특별매각조건이 부가되지 않은 이상 설사 대지사용권 성립 전에 대지에 관하여 설정된 저당권이라고 하더라도 매각으로 인하여 소멸한다. 매각부동산 위의 모든 저당권은 매각으로 소멸하기 때문이다(법 제91조 2항). 이러한 대지지분에 대한 소유권의 취득이나 대지에 설정된 저당권의 소멸은 전유부분에 대한 경매절차에서 대지지분에 대한 평가액이 반영되지 않았다거나 대지의 저당권자가 배당받지 못하였다고 하더라도 마찬가지이다.

② '대지권 매각대금'도 '전유부분의 저당권자에게 배당'된다. 48)

③ 전유부분만을 매수하고 대지지분에 관한 등기까지 하여도 '부당이득'에 해당하지 않는다. 49)

(2) 대지권등기 전 '전유부분'에 설정된 '양도담보권'의 효력은 대지사용권에도 미친다. 50)

(3) 집합건물의 '전유부분'에 설정한 '전세권'의 효력은 대지권에도 미친다. 51)

(4) 대지권등기 전 '전유부분'에 대한 '가압류결정'의 효력은 대지사용권에도 미친다. 52)

(5) 전유부분과 대지지분을 함께 분양의 형식으로 '대물변제' 받았으나 '전유부분'에 관하여만 소유권이전등기를 마친 경우 53)

(6) 대지에 관한 소유권이전등기가 경료되지 아니한 상태에서 '전유부분'에 관한 경매절차가 진행되어 제3자가 전유부분을 매수한 경우 54) 55)

---

48) 그 이유는 설사 구분건물의 전유부분만에 관하여 저당권설정등기가 경료된 후에 대지권 등기가 경료되면서 그 저당권설정등기는 '전유부분만에 관한 것이라는 취지의 부기등기'가 경료되었다 하더라도 '부기등기'를 대지사용권을 분리처분이 가능하도록 규약이나 공정증서로써 정한 경우에 해당한다고 볼 수 없기 때문이다.
49) 구분건물의 대지지분에 대한 소유권이전등기가 경료되기 전에 전유부분만에 관하여 경매절차가 진행되어 매수인이 '전유부분만'을 매수하였음에도 '대지지분에 관한 등기까지' 이전받은 것이 부당이득에 해당하지 않는다. 법률상 원인없는 취득이 아니기 때문이다.
50) 대판 2008.11.27. 2008다60742 구분건물의 전유부분에 대한 소유권보존 또는 이전등기만 경료되고 대지지분에 대한 등기가 경료되기 전에 '전유부분'에 대하여서만 양도담보를 원인으로 한 소유권이전등기가 경료된 경우, 그 양도담보의 효력은 대지사용권의 분리처분이 가능하도록 규약으로 정하였다는 등의 특별한 사정이 없는 한 '대지사용권'에까지 미친다.
51) 대판 2009.1.30. 2008다67217 집합건물의 대지사용권인 공유지분에 관하여 대지권인 취지의 등기가 경료된 이상 그 집합건물의 '전유부분'에 설정한 전세권의 효력은 '대지권'에도 미치고, 이는 전세권설정등기가 건물부분만에 관한 것이라는 취지의 부기등기가 경료되었다고 하여 달리 볼 것이 아니다.
52) 대판 2006.10.26. 2006다29020 구분건물의 전유부분에 대한 소유권보존등기만 경료되고 대지지분에 대한 등기가 경료되기 전에 전유부분에 대해 내려진 가압류결정의 효력은, 대지사용권의 분리처분이 가능하도록 규약으로 정하였다는 등의 특별한 사정이 없는 한, 종물 내지 종된 권리인 그 대지사용권에도 미친다. 왜냐하면 민법 제100조 제2항의 주물과 종물의 관계에 관한 법리는 물건 상호간은 물론 '권리 상호간'에도 적용되고, 위 규정에서의 처분은 주물의 권리관계가 처분행위에 의한 권리변동 뿐 아니라 압류와 같은 공법상의 처분 등에 의하여 생긴 경우에도 적용되어야 하는 점, 저당권의 효력이 종물에 대하여도 미친다는 민법 제358조 본문은 같은 법 제100조 제2항과 이론적 기초를 같이하는 점, 집합건물법 제20조 1항, 2항에 의하면 구분건물의 대지사용권은 전유부분과 종속적 일체불가분성이 인정되는 점 등의 이유 때문이다.
53) 대판(전합) 2000.11.16. 98다45652,45669, 대판 2012.3.29. 2011다79210 이때에도 전유부분의 소유자는 그 전유부분을 소유하기 위하여 대지를 점유·사용할 권리가 있고, 이는 집합건물법 제2조 6호 소정의 대지사용권에 해당한다. 또한 위 전유부분의 소유자로부터 전유부분과 대지지분을 매수한 '양수인' 역시 이러한 대지사용권을 취득한다.
54) 대판 2008.9.11. 2007다45777, 대판 2009.6.23. 2009다26145, 대판 2012.1.27. 2011다73090, 대판 2010.5.27. 2006다84171
55) 집합건물의 건축자가 그 대지를 매수하였으나 지적정리 등의 지연으로 소유권이전등기를 경료받지 못하여 우선 전유부분만에 관하여 소유권보존등기를 경료하였는데, 그 후 대지에 관한 소유권이전등기가 경료되지 아니한 상태에서 전유부분에 관한 경매절차가 진행되어 제3자가 전유부분을 매수한 경우, 매수인은 전유부분과 함께 대지사용권을 취득한다.
전유부분에 대한 대지사용권을 분리처분할 수 있도록 정한 규약이 존재한다는 등의 특별한 사정이 없는 한, 집합건물을 신축하였으나 그 대지소유권을 취득하지 못한 상태에서 전유부분의 소유권을 경매로 상실한 자는 장래 취득할 대지지분을 매수인이 아닌 제3자에게 분리처분하지 못하고, 이를 위반한 대지지분의 처분행위는 무효이다. 이러한 분리처분금지는 그 취지를 등기하지

제4절 공동소유물

1. 얼개

- 공동소유의 형태는 공유, 합유, 총유가 있다. 이 세 가지는 하나의 물건에 대한 공동소유자 상호 간의 인적 결합의 정도에 따라 구별된다. 단체로서의 결합도 없고 일정한 목적 없이 결합된 것은 공유이고, 합유는 조합의 형태로서의 공동소유이고, 총유는 단체로서의 결합 정도가 강한 법인 아닌 사단으로서의 공동소유형태이다.

2. 공유물

(1) 서설

① 의의

- 공동소유의 형태 중 하나인 공유란 수인이 한 물건에 대하여 각각의 『지분으로 공동으로 소유』하는 것(민법 제262조), 즉 『1개의 소유권이 '분량적으로 분할'되어 수인에게 귀속되는 것』으로서, 공동상속인이 그 예이다(민법 제1006조). 공유자의 지분은 균등한 것으로 추정한다(민법 제262조 2항).

② 사용·수익과 관리·보존

- 공유자들은 공유물 전부를 "지분의 비율"로 『사용·수익』할 수 있고(민법 제263조), 공유물의 『관리(이용, 개량, 임대차)』는 "지분의 과반수"로 결정하고, 공유물의 『보존행위(방해배제, 반환청구)』는 "각자"가 할 수 있다(민법 제265조).

③ 공유자 중 1/2의 지분을 가진 공유자의 권한 예시

지분	본인	공유자
1/2 초과	보존권한 ○, 관리권한 ○	보존권한 ○, 관리권한 ×
1/2 미만	보존권한 ○, 관리권한 ×	보존권한 ○, 관리권한 ○
1/2 지분	보존권한 ○, 관리권한 ×	보존권한 ○, 관리권한 ×

④ 지분 처분의 자유와 공유물 자체의 처분·변경

아니하면 선의로 물권을 취득한 제3자에게 대항하지 못한다(집합건물법 제20조 3항)
또한 특별한 사정이 없는 한 대지사용권과 전유부분의 분리처분금지를 위반한 대지사용권의 처분은 법원의 공유물분할 경매절차에 의한 것이라 하더라도 무효이다. 따라서 구분소유건물의 각 층과 분리하여 그 대지만에 대하여 경매분할을 명한 확정판결에 기하여 진행되는 공유물분할 경매절차에서 그 대지만을 매수하더라도 매수인은 원칙적으로 그 대지의 소유권을 취득할 수 없다.

- 원칙적으로『지분의 처분(지분매매, 지분경매)』은 "자유"이나(민법 제263조)『<u>공유물 자체의 처분(매매, 지상권이나 저당권 설정)·변경(진입로개설, 건축물의 건축, 지목변경, 용도변경)</u>』은 공유자 "전원의 동의"가 있어야 할 수 있다(민법 제264조).
- 예컨대 다수인이 공유하는 부설주차장의 용도변경이나 아파트 단지의 리모델링, 전원주택단지 진입로 확장 등은 공유물의 변경에 해당하여 공유자 전원의 동의가 있어야 할 수 있다.
- 공유물에 대한 각자의 지분의 처분과는 달리 "공유물의 분할"은 공유물의 처분으로서 "공유자 전원의 동의"가 있어야 할 수 있다. 공유물 분할은 토지분할의 한 형태로서 공유자 각자의 지분을 분할함으로써 공유관계를 소멸시키는 것이기 때문이다. 전원의 동의가 성사되지 않으면 공유물분할청구소송을 하여야 한다.
- 토지분할과 공유물분할의 차이점은 전자는 공법적 규율을 받아서 국토계획법, 공간정보의 구축 및 관리 등에 관한 법률과 부동산등기법에 의하여 이루진다. 따라서 토지공법에서 분할금지 또는 분할 최소면적 등의 규제를 하고 있다. 그러나 후자는 사법적 규율을 받으므로 민법과 부동산등기법에 의하여 진행되고, 당사자의 계약에 의하여 5년 이내의 범위에서 분할 제한을 할 수 있을 뿐 원칙적으로 분할금지나 분할면적 제한이 없다. 다만, 아파트 등의 집합건물의 대지지분은 성질상 분할이 금지된다.

(2) 판례 – 공유물처분

- 임야를 상속하여 공동소유하고 있는 친족들 중 일부가 친척을 통하여 임야를 매도하여 매도대금을 동인들의 생활비로 소비하였고, 나머지 공유자들은 임야의 매각 소식을 전해 듣고도 15년간 아무런 이의를 제기하지 아니하였다면, 위 신분관계, 매도경위, 대금의 소비관계 등 제반사정에 비추어 '처분권을 위임하지 아니한 나머지 공유자들도 매매행위를(공유물 처분을) 묵시적으로 추인한 것'이라고 보아야 한다(대법원 1991. 1. 29. 선고 90다12717 판결 [토지소유권이전등기말소등]).

3. 합유물

(1) 서설

① 의의

- 합유란 법률의 규정 또는 계약에 의하여 "수인이 조합체로서 물건을 소유하는 것"을 말한다(민법 제271조).

② 합유물의 처분·변경과 지분의 처분

- 합유물은 보존행위만 각자가 할 수 있고, 합유물의 "처분·변경·분할·지분의 양도"도 합유자 "전원의 동의"가 있어야 할 수 있다(민법 제272조, 제273조 1항).

③ 합유물의 분할

- 합유자는 합유물의 분할을 청구하지 못한다(민법 제273조 2항).

④ 합유관계의 종료
- 합유 관계는 "조합체의 해산 또는 합유물의 양도"로 종료한다. 조합체의 해산에 따른 합유물의 분할에는 공유물의 분할에 관한 규정을 준용한다.

⑤ 조합의 당사자능력
- 조합 자체에 소송법상 당사자능력이 인정되지 않으므로, 조합재산에 관한 소송은 '선정당사자가 선임되지 않는 한' 원칙적으로 조합원 전원이 또는 전원에 대하여 하여야 한다(고유필요적 공동소송).

(2) 판례 및 예규

① 합유지분의 처분
- 합유재산을 "합유자의 1인 명의로 한 소유권보존등기"는 '원인 무효'의 등기이며, 합유자 전원의 동의 없이 한 지분매매는 그 효력이 없다.
- 따라서 다른 합유자는 등기명의인을 상대로 소유권보존등기 말소청구의 소를 제기하여 원인무효의 등기를 말소시킨 다음 '새로이 합유의 소유권보존등기를 신청'할 수 있다.[56]

② 합유지분권 이전등기를 하지 아니한 합유지분 포기자의 제3자에 대한 지위
- 합유지분 포기가 적법하다면 그 포기된 합유지분은 나머지 잔존 합유지분권자들에게 균분하여 귀속한다.[57] 그러나 그와 같은 물권변동은 합유지분권의 포기라고 하는 법률행위에 의한 것이므로 등기하여야 효력이 있고(민법 제186조), '합유지분권 이전등기가 이루어지지 아니하는 한 지분권 포기자'는 제3자에 대하여 여전히 '합유지분권자로서의 지위'를 가지고 있다.

③ 합유등기에 있어서는 등기부상 각 합유자의 지분을 표시하지 아니한다. 등기부상 합유자가 변경되는 경우 지분 표시 없이 ○○○, ○○○의 합유토지로 신청하여야 하고 등기부상 각 합유자의 지분을 표시하면 아니된다. 구체적인 등기방법은 아래의 예규와 같다.[58]

---

56) 대법원 2017.8.18. 선고 2016다6309 판결 [소유권이전등기]
57) 대법원 1996.12.10. 선고 96다23238 판결, 1994.2.25. 선고 93다39225 판결 등 참조
58) ⓐ 합유자 중 일부가 나머지 합유자들 전원의 동의를 얻어 그의 합유지분을 타에 매도 기타 처분하여 종전의 "합유자 중 일부가 교체되는 경우"에는 합유지분을 처분한 합유자와 합유지분을 취득한 합유자 및 잔존 합유자의 공동신청으로 「○년 ○월 ○일 합유자 변경」을 원인으로 한 "잔존 합유자 및 합유지분을 취득한 합유자의 합유로 하는 합유명의인 변경등기신청"을 하여야 한다. ⓑ "잔존 합유자가 수인인 경우 합유자 중 일부가 그 합유지분을 잔존 합유자에게 처분하고 합유자의 지위에서 탈퇴한 경우" 잔존 합유자가 수인인 때에는 탈퇴한 합유자와 잔존 합유자의 공동신청으로 「○년 ○월 ○일 합유자 ○○○ 탈퇴」를 원인으로 한 "잔존 합유자의 합유로 하는 합유명의인 변경등기신청"을 하여야 한다. ⓒ "잔존 합유자가 1인이 된 경우"에는 탈퇴한 합유자와 잔존 합유자의 공동신청으로 「○년 ○월 ○일 합유자 ○○○ 탈퇴」를 원인으로 한 "잔존 합유자의 단독소유로 하는 합유명의인 변경등기신청"을 하여야 한다. ⓓ 합유자 중 일부 또는 전부가 그 합유지분 중 일부를 제3자에게 처분하여 "제3자가 합유자로 추가된 경우"에는 기존의 합유자 및 새로 가입하는 합유자의 공동신청으로 「○년 ○월 ○일 합유자 ○○○ 가입」을 원인으로 한 "기존 합유자와 새로 가입하는 합유자의 합유로 하는 합유명의인 변경등기신청"을 하여야한다. 이 경우 합유지분을 처분한 합유자, 탈퇴한 합유자, 기존합유자의 인감증명을 각각 첨부하여야 한다. ⓔ 합유자 중 일부가 사망한 경우 합유자 사이에 특별한 약정이 없는 한 사망한 합유자의 상속인은 민법 제719조의 규정에 의한 지분반환청구권을 가질 뿐 합유자로서의 지위를 승계하는 것이 아니므로, 사망한 합유자의 지분에 관하여 그 상속인 앞으로 상속등기를 하거나 해당 부동산을

4. 총유물

(1) 서설

① 의의
- 총유란 종중, 교회, 사찰, 마을, 동창회 등과 같이 법인 아닌 사단(이른바 권리능력 없는 사단)이 결합체로서 물건을 소유하는 방식이다(민법 제275조).

② 권리능력 없는 사단의 유형
- 권리능력 없는 사단은 『<u>종중,</u>[59] <u>교회,</u>[60] <u>사찰,</u>[61] <u>마을, 동창회, 어촌계,</u>[62] <u>아파트입주자대표회의,</u>[63] <u>연합주택조합,</u>[64] <u>아파트부녀회,</u>[65] <u>洞·里·자연부락,</u>[66] <u>성균관과 지방향교,</u>[67] <u>법인의 산하단체(하부조직)</u>[68]』 등이다.

③ 총유물의 사용·수익
- 각 사원의 총유물의 사용·수익은 "정관 기타 규약"에 따른다(민법 제276조 2항).

④ 총유물의 관리·처분
- 총유물의 관리·처분은 『<u>사단의 정관 기타 규약(계약)</u>』에 달리 정함이 없으면(민법 제275조 2항) 『사

그 상속인 및 잔존 합유자의 합유로 하는 변경등기를 하는 것이 아니라, 잔존 합유자는 사망한 합유자의 사망사실을 증명하는 서면을 첨부하여 해당 부동산을 잔존 합유자의 합유로 하는(잔존 합유자가 1인인 경우에는 잔존 합유자의 단독소유로 하는) '합유명의인 변경등기신청'을 할 수 있다. 그 잔존 합유자도 사망한 때에는 그 잔존 합유자의 상속인은 바로 자기 앞으로 상속등기를 신청할 수 있다(합유등기의 사무처리에 관한 예규 제정 1998. 1. 14. [등기예규 제911호, 시행]).

59) 대법원 2010.4.29. 선고 2010다1166 판결 [소유권이전등기], 대법원 2005.7.21. 선고 2002다1178 전원합의체 판결 [종회회원확인]
60) 대법원 2001.6.15. 선고 99두5566 판결 [주택개량재개발조합설립및사업시행인가처분취소], 대법원 2007.11.16. 선고 2006다41297 판결 [대표자지위부존재확인], 대법원 2006.4.20. 선고 2004다37775 전원합의체 판결 [소유권말소등기], 대법원 2015.2.16. 선고 2011다101155 판결 [종회의원선거무효확인등]
61) 대법원 2015.2.16. 선고 2011다101155 판결 [종회의원선거무효확인등], 대법원 2011.2.10. 선고 2006다65774 판결 [건물명도등], 권리능력 없는 사단으로 본 판례 대법원 1997.12.9. 선고 94다41249 판결 [소유권이전등기], 권리능력 없는 재단으로 본 판례 대법원 1994.12.13. 선고 93다43545 판결 [주지직무집행정지,대행자선임가처분], 사단도 재단도 아닌 순수한 개인사찰 대법원 1997.4.25. 선고 96다46484 판결 [포교당확인등] 등이 있다.
62) 대법원 2003.6.27. 선고 2002다68034 판결 [손실보상금]
63) 대법원 1991.4.23. 선고 91다4478 판결 [업무방해배제], 대법원 2007.6.15. 선고 2007다6307 판결 [업무방해배제등], 대법원 2016.9.8. 선고 2015다39357 판결 [손해배상(기)]
64) 대법원 2002.9.10. 선고 2000다96 판결 [수분양자지위확인및소유권이전등기], 대법원 2013.4.26.선고 2010다65016 판결 [소유권이전등기], 대법원 2012.3.15.선고 2010다88781 판결 [소유권이전등기], 대법원 2007.12.13.선고 2005다52214 판결 [소유권이전등기절차이행]
65) 대법원 2006.12.21. 선고 2006다52723 판결 [관리외수입금]
66) 대법원 2007.7.26.선고 2006다64573 판결 [소유권이전등기], 대법원 2008.1.31.선고 2005다60871 판결 [소유권말소등기], 대법원 2014.9.25.선고 2014다211336 판결 [손해배상], 대법원 2011.7.28.선고 2010다97044 판결 [손해배상(기)], 대법원 2013.4.25. 선고 2012다118594 판결 [손해배상(기)]
67) 대법원 2004.11.12. 선고 2002다46423 판결 [손해배상(기)등], 대법원 2010.5.27. 선고 2006다72109 판결 [장의선출자격확인], 대법원 2006.4.20. 선고 2004다37775 전원합의체 판결 [소유권말소등기]
68) 대법원 2008.10.23. 선고 2007다7973 판결 [임금], 대법원 2012.12.13. 선고 2012다77006 판결 [퇴직금]

원총회의 결의』에 의한다.
- 따라서 사원총회의 결의가 없는 종중대표자나 교회의 관리자가 한 처분은 무효이다(276조 1항).

⑤ 총유물에 관한 사원의 권리·의무의 취득과 상실
- 총유물에 관한 사원의 권리·의무의 취득과 상실은 '사원의 지위를 취득·상실'함으로써 취득·상실된다(민법 제277조).

⑥ 권리능력 없는 사단의 당사자능력
- 권리능력 없는 사단은 대표자가 있으면 사단의 이름으로 소송당사자는 될 수 있다(민소법 제48조). 이 점은 조합과 다르다.

(2) 판례

① 종중 소유 재산의 관리·처분
- 종중 소유의 재산은 『종중원의 총유』에 속하는 것이므로 그 관리·처분에 관하여 먼저 『종중 규약』에 정하는 바가 있으면 이에 따라야 하고, 종중 규약이 없으면 『종중 총회의 결의』에 의하여야 하므로, 비록 종중 대표자에 의한 종중 재산의 처분이라고 하더라도 그러한 절차를 거치지 아니한 행위는 무효이다. 69)

② 교회 소유의 재산
- 교회가 총유 재산에 대한 보존행위로서 소송을 하는 경우, "교인 총회의 결의"를 거치거나 "정관"이 정하는 바에 따른 절차를 거쳐야 한다. 70)

③ 재건축조합의 재산관리 처분행위
- 과거에는 주택건설촉진법에 의하여 설립된 재건축조합은 민법상의 비법인사단에 해당하고, 정관이나 규약에 정함이 없는 이상, 사원 총회의 결의를 거치지 않은 총유물의 관리 및 처분행위는 무효였다. 71)
- 현재는 재건축조합은 도시 및 주거환경정비법 제38조에 의하여 법인격이 부여 되었음에 주의하여야 한다. 이제는 '주거환경정비사업조합법인'이다.

5. '아파트 분양권' 중개는 '건물'의 중개이다.

- 공인중개사법 제3조에 규정된 중개대상물 중 '건물'에는 기존 건축물 뿐만 아니라 장차 건축될 특정

---

69) 대법원 2007.4.26. 선고 2005다31033 판결 [손해배상(기)], 대법원 1992.10.13. 선고 92다27034 판결 [소유권보존등기말소등], 대법원 2000.10.27. 선고 2000다22881 판결 [소유권이전등기말소]
70) 대법원 2014.2.13. 선고 2012다112299,112305 판결 [근저당권말소·손해배상(기)]
71) 대법원 2001.5.29. 선고 2000다10246 판결 [건물소유권이전등기], 대법원 2006.1.27. 선고 2004다45349 판결 [청산금], 대법원 2005.4.21. 선고 2003다4969 전원합의체 판결 [총회결의무효확인]

한 건물도 포함되므로, 장차 건축될 아파트의 동·호수가 특정되어 거래의 목적이 되는 경우에는 그 특정 아파트가 완성되기 전이라도 이에 관한 분양, 매매 등 거래를 중개하는 것은 '건물'의 중개에 해당한다. [72]

6. 공유, 합유, 총유의 비교

구 분	공유	합유	총유
소유 형태	'인적 결합 관계가 없는' 수인이 1개의 소유권을 분량적으로 소유하는 형태	조합체(공동사업, 동업)의 소유 형태	권리능력 없는 사단(법인 아닌 사단)의 소유 형태
성립	법률행위, 법률의 규정(공동상속재산)	법률행위 또는 법률의 규정	사단의 정관 기타 규약
지분권 유무	공유지분	합유지분	지분권 없음
'지분'의 처분 등	• 지분의 처분(양도), 분할자유 • 상속 가능	• 지분의 처분(양도): 전원의 동의 • '지분권 분할'과 '상속' 불가	• 지분권 없음 • 처분 불가
'목적물'의 보전·관리·처분 등	• 보전: "각자" 단독 가능 • 관리: "과반수" 동의 • 처분·변경: "전원"의 동의 • 사용·수익: 공유물 전부를 "지분의 비율"로 사용·수익	• 보전: "각자" 단독 가능 • 관리: "과반수" 동의 • 처분·변경: "전원"의 동의 • 사용·수익: "계약 또는 법률의 규정"에 따른다.	• 보전·관리·처분·변경: 모두 사원총회 결의 필요 • 사용·수익: 정관 기타 규약에 따른다.
'목적물'의 분할	분할 가능(협의분할, 재판상분할, 특별법에 의한 분할)	목적물·지분권 "분할 불가", but 조합체의 해산 또는 합유물의 양도로 분할목적 달성 가능	"분할 불가", but 사원의 지위를 취득·상실함으로써 목적 달성 가능
소송 형태	각자 지분에 따른 당사자능력 있음(통상소송)	소송법상 당사자능력 없음 (필요적 공동소송)	소송법상 당사자능력 있음(통상소송)
공동소유의 종료	• 지분양도 • 공유물 분할(공유자간 담보책임 인정됨)	• 분할청구 불가 • 조합체 해산과 합유물 양도로 종료	• 분할청구 불가 • 사원의 지위 상실로 종료

---

[72] 대법원 2012. 2. 23. 선고 2011다77870 판결 [손해배상(기)]

제3장

계약의 당사자(당사자의 특정)

제1절 제한능력자와 계약

1. 제한능력자의 의의와 종류

(1) 제한능력자란

- "제한능력자"란 사법적으로 행위능력이 제한되는 자를 말한다.
- "미성년자"란 민법상 만 19세에 이르지 않은 자(18세 이하)이다. 19세 이상 성년이다.
- "피한정후견인"이란 질병·장애·노령, 그 밖의 사유로 인한 정신적 제약으로 사무를 처리할 능력이 부족한 사람으로서 가정법원으로부터 한정후견개시의 심판을 받은 자를 말한다.
- "피성년후견인"이란 질병·장애·노령, 그 밖의 사유로 인한 정신적 제약으로 사무를 처리할 능력이 지속적으로 결여된 사람으로서 가정법원으로부터 성년후견개시의 심판을 받은 자를 말한다.

(2) 종류

- 제한능력자에는 미성년자, 피한정후견인(구, 한정치산자), 피성년후견인(구, 금치산자)이 있다.

2. 제한능력자의 법률행위의 효력

(1) 미성년자

- 미성년자가 법률행위를 함에는 '법정대리인의 동의'를 얻어야 하며, 동의를 얻지 못한 행위는 '미성년자 자신 또는 법정대리인이 취소'할 수 있다.

(2) 피한정후견인, 피성년후견인

- 피한정후견인이나 피성년후견인의 법률행위도 '취소'할 수 있다.

제2절 대리계약과 당사자의 확정

1. 대리의 구조(대리의 3면 관계)와 당사자의 확정

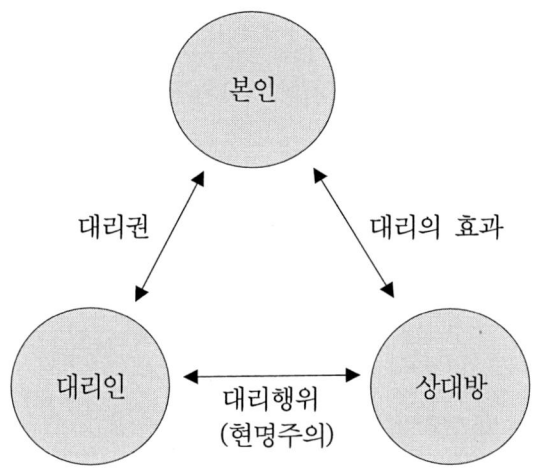

가. 대리의 3면 관계

- 본인과 대리인 사이-대리권, 대리인과 상대방 사이-대리행위(현명주의), 본인과 상대방 사이-대리의 효과

나. 대리의사(현명주의)

(1) 현명주의 원칙

- 대리의사(현명)는 명시적으로 반드시 대리인임을 표시할 필요는 없지만 '해석을 통하여 또는 여러 사정을 종합하여 대리의사를 인정할 수 있어야' 한다. 73) 대리인이 본인인양 서명을 하는 '본인서명대리'도 인정된다. 74)

---

73) 대법원 1982. 5. 25. 선고 81다1349,81다카1209 판결 [소유권이전등기], 대법원 1982. 5. 25. 선고 81다1349,81다카1209 판결 [소유권이전등기] 매매위임장을 제시하고 매매계약을 체결하는 자는 특단의 사정이 없는 한 소유자를 대리하여 매매행위를 하는 것이라고 보아야 하고 매매계약서에 대리관계의 표시없이 그 자신의 이름을 기재하였다고 해서 그것만으로 그 자신이 매도인으로서 타인의 물건을 매매한 것이라고 볼 수는 없다.
74) 대법원 1987. 6. 23. 선고 86다카1411 판결 [근저당권설정등기말소]
  甲이 부동산을 농업협동조합중앙회에 담보로 제공함에 있어 동업자인 乙에게 그에 관한 대리권을 주었다면, 乙이 동 중앙회와

(2) 대리인이 본인을 위한 것임을 표시하지 않은 경우

- 그 의사표시는 "대리인 자신를 위한 것으로 본다"(민법 제115조).
- '본인의 이름을 사용'하면서 '대리인이 본인처럼 행세하고' '상대방도 대리인을 본인으로 안 경우'에는 "대리인 자신이 당사자"가 된다. 다만 상행위의 대리에는 현명을 요구하지 않는다(상법 제48조).

(3) 『행위자가 타인의 이름으로』 계약을 체결한 경우, 계약당사자 확정방법

(가) '행위자 또는 명의인' 가운데 누구를 계약의 당사자로 볼 것인가

① 행위자와 상대방의 의사가 일치한 경우

- 그 일치한 의사대로 "행위자 또는 명의인을" 계약의 당사자로 확정된다.

② 행위자와 상대방의 의사가 일치하지 않는 경우

- 그 계약의 성질·내용·목적·체결 경위 등 그 계약 체결 전후의 구체적인 제반 사정을 토대로 상대방이 합리적인 사람이라면 행위자와 명의자 중 누구를 계약 당사자로 이해할 것인가에 의하여 당사자를 결정하여야 한다. 75)

(나) 『행위자가 타인의 이름으로』 계약을 체결한 경우의 판례

【대법원 2010.4.29. 선고 2009다29465 판결 [소유권이전등기]】
【원심이 채용한 사실관계】

① 원고는 소외 2의 주선으로 소외 1 등을 만나 이 사건 토지의 매매에 관하여 논의한 후 공유자들을 개별적으로 만나 매매계약을 체결하였으나, 매매계약서에는 '원고와의 동업자인 소외 3의 처형'인 "소외 4"를 매수인으로 기재하였다.

② 피고 3, 4와 망 소외 1(이하 <u>피고 3 등</u>'이라 한다)은 이 사건 매매계약 체결 당시 원고와 소외 3 사이의 동업관계 내지 소외 3, 4가 누구인지 등에 관하여 전혀 알지 못하였고, 그에 관하여 관심도 없었다.

③ 피고 3 등이 소외 2에게 보낸 내용증명에는 '『원고에게』 평당 65,000원에 매도하기로 하였다'는 내용이, 소외 2가 피고 3 등에게 보낸 내용증명에도 '자신도 『원고에게』 매도하려고 하였다'는 내용이 각 포함되어 있다.

④ 피고 3 등은 '『원고에게』 이 사건 토지를 평당 65,000원에 매도한다'는 내용의 공유물관리결의를 하였다.

의 사이에 그 부동산에 관하여 근저당권설정계약을 체결함에 있어 그 피담보채무를 동업관계의 채무로 특정하지 아니하고 또 대리관계를 표시함이 없이 마치 자신이 甲 본인인 양 행세하였다 하더라도 위 근저당권설정계약은 대리인인 乙이 그의 권한범위 안에서 한 것인 이상 그 효력은 본인인 甲에게 미친다.

75) 대법원 2003.12.12. 선고 2003다44059 판결 [전세보증금반환], 대법원 2011.2.10. 선고 2010다83199,83205 판결[공유물분할·소유권이전등기말소등기·독립당사자참가의소], 대법원 2013.6.27. 선고 2013다11959,11966 판결 [소유권이전등록신청절차인수등]

⑤ 피고 3 등은 부산지방법원에 '소외 2는 『원고에게』 이 사건 토지를 원고에게 매도하는 것을 승낙하라'는 취지의 조정신청서를 제출하였고, 소송으로 이행된 사건에서는 '피고 3 등은 『원고에게』, 소외 2는 소외 5에게 각 지분에 관한 소유권이전등기절차를 이행한다'는 내용의 화해권고결정이 확정되었다.

⑥ 이 사건 매매계약서에는 매수인으로 "소외 4"의 이름, 주소, 주민등록번호가 기재되어 있음에도, 피고 3 등은 소외 4가 아닌 『원고에게』 이 사건 매매계약이 파기되었다는 취지의 통고서를 발송하였고, 그 통고서에서는 『원고가』 토지 매수인으로서 잔대금지급의무를 불이행한 것을 계약파기 사유로 들고 있다.

⑦ 그 후 계약명의자인 "소외 4"가 피고 3 등을 상대로 소유권이전등기소송을 제기하자 피고 3 등은 『소외 4가 매수인이 아니라고 다투었고』, 위 사건에서 "소외 4"를 매수인으로 보기 어렵다는 이유로 청구기각 판결이 선고되었는데, 소외 4가 항소를 하지 않아 위 판결이 확정되었다.

【원심의 판단】
원심은 매수인이 "원고로 된" 매매계약서(갑 제3, 4, 21호증의 각 1)는 피고 3 등이 소외 2를 상대로 신청한 조정사건에 제출할 의도로 편의상 작성된 것에 불과하고, '피고 3 등이 원고에게 이 사건 토지에 대한 지분에 관하여 소유권이전등기절차를 이행한다'는 내용의 화해권고결정이 확정되었으나 "당사자가 아닌 원고에게" 기판력이 미친다고 할 수 없고, 그 밖에 원고를 이 사건 매매계약의 매수인으로 인정할 증거가 없다고 판단하였다.

【대법원의 판단】
위와 같은 사정을 토대로 살펴보면, 합리적인 사람이라면 피고 3 등은 "원고"를 이 사건 매매계약의 매수인으로 이해하고 이 사건 매매계약을 체결하였다고 봄이 상당하다. 그럼에도 불구하고 원심은 원고를 이 사건 매매계약의 당사자로 볼 수 없다고 판단하였으니, 원심판결에는 『당사자의 확정에 관한 법리』를 오해한 잘못이 있다.

(4) 『대리인을 통하여』 계약을 체결하는 경우, 계약당사자의 확정

- 甲은 그의 아들인 乙명의로 소유권이전등기가 되어 있는 이 사건 주택에 관하여 乙을 대리하는 것임을 표시하고 임차인인 丙과 임대차계약을 체결하였고, 丙도 이 사건 주택의 소유자인 乙과 사이에 임대차계약을 체결하려는 의사였던 것으로 인정되는 바, 그렇다면 이 사건 임대차계약 체결시 "乙을 임대인으로 하는데 대리인인 甲과 상대방인 丙의 의사가 일치된 것이므로" 乙과 丙(본인과 상대방)이 사건 임대차계약의 당사자이다. 76)

다. 대리권의 범위

(1) 상대방의 '의사표시 수령권, 중도금·잔금 수령권' 포함

---

76) 대법원 2003.12.12. 선고 2003다44059 판결 [전세보증금반환]

- 일반적으로 임의대리권은 상대방의 의사표시를 수령하는 대리권을 포함한다. 매매계약을 체결할 대리권을 수여받은 대리인은 "중도금, 잔금 등을 수령"할 권한도 있다. 77)

(2) 체결된 '계약의 해제 등 처분권' 불포함

- 그러나 그 계약을 대리하여 체결하였던 대리인이 체결된 계약의 해제 등 일체의 처분권까지 가지고 있다고 볼 수는 없다. 78)

(3) 아파트, 오피스텔 등의 '분양업무'의 대리권에는 '취소, 해제권'이 포함된다.

- 아파트 등 건물의 분양업무에 관한 대리권을 수여받은 자의 업무범위에는 『순차적·계속적 거래업무의 성질상』 "분양계약의 취소, 해제가 대리권의 범위에 속"한다. 오피스텔 분양관련 업무를 처리해 온 자의 업무범위 속에는 기존 분양계약자들과의 '분양계약을 합의해제'하거나 '해제권 유보에 관한 약정을 체결'하는 등의 행위가 포함된다. 분양업무 대행자는 상법 제15조 '부분적 포괄대리권을 가진 상업사용인'에 해당하기 때문이다. 79)

라. 비현명대리의 효력

(1) 비현명대리의 효력

① 상행위에 해당하는 경우

- 점포 분양행위가 "상행위에 해당하는 경우(상법 제48조)"에는 분양 대리인이 본인을 위한 것임을 표시하지 않고 체결한 분양계약의 효력도 본인에게 미친다. 80)

② 여러 사정을 종합적으로 판단해서 대리의사(현명)가 인정되면 된다

- 따라서 반드시 대리인임을 표시하여 대리행위를 하여야 하는 것은 아니다. 대리인이 본인의 서명을 하는 '서명대리(署名代理)'도 허용된다.

③ 대리의사가 표현되지 않은 경우

- 본인의 이름을 사용하면서 대리인이 본인처럼 행세하고 상대방도 대리인을 본인으로 안 경우에는 『대리인이 자기를 위한 것으로 본다』, 즉 대리인 자신이 당사자가 된다(민법 제115조).
- "甲"이 임대차계약을 체결함에 있어서 임차인 명의를 원고 명의로 하기는 하였으나 "甲"의 이름이 원고인 것 같이 행세하여 계약을 체결함으로써 피고는 "甲"과 원고가 동일인인 것으로 알고 계약을 맺게 되었다면, 설사 "甲"이 원고를 위하여 하는 의사로서 위 계약을 체결하였다 하더라도 위 계약의 효력은 원고에게 미치지 않는다. 81)

---

77) 대법원 1994.2.8. 선고 93다39379 판결 [소유권이전등기]
78) 대법원 2008.6.12. 선고 2008다11276 판결 [공사대금], 대법원 2015.12.23. 선고 2013다81019 판결 [계약금반환등]
79) 대법원 1994.10.28. 선고 94다22118 판결 [매매대금], 대법원 2015.12.23. 선고 2013다81019 판결 [계약금반환등]
80) 대법원 1996.10.25. 선고 94다41935, 41942 판결 [점포명도·소유권이전등기]

④ 상대방이 대리인으로서 한 것임을 알았거나 알 수 있었던 경우
- 이때는 대리행위로서 효력을 발생한다(민법 제115조 단서).

(2) 대리인이 본인과의 사이에서 대리인 이외의 지위를 동시에 가질 수 있는지(적극)

① 상가건물 분양업체의 경우
- 『매수인의 지위』와 동시에 『분양 대리인의 지위』도 갖는다. 82)

② 수급인이 도급인으로부터 '공사대금의 지급에 갈음하여 건물 소유권을 이전받기로 하는' 한편 위임 받은 분양권에 기하여 '도급인을 대리하여 건물을 타에 매도하여 그 매매대금으로 공사대금에 충당'하기로 약정한 경우
- 『수급인으로서 건물을 양수자의 지위』와 『도급인의 대리인으로서 건물 분양자의 지위』를 겸하고 있다. 83)

(3) '위임장을 제시'하였으나 '대리관계의 표시 없이' 매매계약을 체결한 경우에 『타인물의 매매』로 되는지 여부(소극)
- '위임장을 제시하고' 매매계약을 체결하는 자는 특단의 사정이 없는 한 소유자를 대리하여 매매행위하는 것이라고 보아야 하고, 매매계약서에 대리관계의 표시 없이 그 자신의 이름을 기재하였다고 해서 그것만으로 그 자신이 매도인으로서 타인물을 매매한 것이라고 볼 수는 없다. 84)

2. 위임장과 임감증명은 반드시 첨부해야 하나?

가. 대리제도는 사적 자치(私的 自治)의 확장이다.

(1) 계약은 당사자 본인과 체결함이 원칙
- 계약은 '당사자 특정'이 기본 중의 기본이다. 반드시 계약은 당사자 본인과 하여야 함이 원칙이다. 대리인이 계약을 할 경우에는 본인의 이름을 밝혀서 계약을 체결하여야 한다[현명주의(顯名主義)].

(2) 사적 자치의 확장으로서의 대리제도
- 그러나 세상일이 바쁘다 보니 모든 법률행위를 본인 스스로 처리함은 현실적으로 불가능하다. 따라서 계약은 해야겠고 본인이 시간은 나지 않을 경우 대리인을 통하여 할 수 있도록 한 것이 대리인에 의한 계약이다. 이것이 바로 대리제도의 사회적 기능으로서의 '사적 자치(私的 自治)의 확장'이다.

---
81) 대법원 1974.6.11. 선고 74다165 판결 [보증금]
82) 대법원 1996.10.25. 선고 94다41935, 41942 판결 [점포명도·소유권이전등기]
83) 대법원 1999.12.24. 선고 99다35393 판결 [소유권이전등기등]
84) 대법원 1982.5.25. 선고 81다1349,81다카1209 판결 [소유권이전등기]

나. 대리계약에서 본인의 위임장과 임감증명서를 반드시 첨부하여야 하는가?

(1) 무권대리인이 한 계약은 특별한 사정이 없는 한 본인에게 효력이 미치지 않는다(민법 제135조).

- 대리인과 계약을 체결할 때, 상대방 당사자로서는 '위임장과 인감증명제도'를 이용하여 본인의 진의를 확인해온 것이 거래계의 관행이었다. 무권대리인이 한 계약은 특별한 사정이 없는 한 본인에게 효력이 미치지 않기 때문이다.
- 그렇다고 본인이 외국에 있어서 전화통화가 어렵거나 부동산 시장이 '매도인 우위의 시장'일 때에도 위임장과 인감증명서를 요구하다가는 거래를 놓칠 수도 있다는 점이 문제이다. 또한 설사 위임장과 임감증명서를 첨부하였다 하더라도 모든 것이 위조되었고 당사자 본인의 진의가 아닌 경우에는 역시 무권대리로 돌아간다.

(2) 위임장과 인감증명서 첨부는 원칙일 뿐 반드시 위임장과 인감증명서를 첨부하여야만 되는 것은 아니다.

- 그러면 이럴 때는 어떻게 할 것인가? ① 나중에 소유자가 대리권을 부인할 경우를 대비하여 특약사항으로 계약체결 후 5일 정도 이내에 대리인이 본인의 위임장과 본인이 발행한 인감증증명서를 제출하게 하면 된다. 그것도 안될 경우에는 ② 무권대리 추인제도 활용하면 된다.

【중개실무상 위임장의 대리권 유무 판단】

대리권이 있는 경우			대리권이 의심되는 경우		
대리인 출석+본인(소유자) 발급인감 소지			대리인 출석+위임장 없거나 대리인 발급인감 소지		
인감증명서	본인	대리	인감증명서	본인	대리
	○				○

부동산 매매 위임장

1. 부동산 표시

2. 위임인 및 수임인 인적사항

	위임인(소유자)	수임인(대리인)
성 명 (상호및대표이사)		
주민등록번호 (법인등록번호)	-	-
주 소 (사업장소재지)		
연락처		

3. 위임인과 수임인의 관계 및 위임사유

(1) 관계:

(2) 위임사유:

4. 위임 업무(대리권의 범위)

위 표시 부동산에 관한 매매계약체결, 대금수령행위, 소유권이전 등 일체의 행위

위임인은 수임인에게 상기 위임업무에 대한 대리권을 위임한다.
20   년   월   일

위 위임인 :   (인감인)

※ 첨부 : 위임인(소유자) 인감증명서 1부

다. 무권대리행위의 추인제도를 이용하라

(1) 본인이 추인한 경우에는 무권대리가 처음부터 유효한 대리행위로 된다.

① 본인의 진의(眞意) 확인이 중요

- 일단 공인중개사나 당사자가 상대방 당사자에게 전화로 확인을 하고(이때 녹음을 하는 것이 좋다), 잔금일에 당사자 본인이 나올 수 있으면 계약서 여백에 "본 대리계약을 추인(追認)[85]함. 2020. . . 매도인(임대인) 홍길동"이라고 적으면 된다. 본인이 나올 수 없는 경우에는 공인중개사가 본인을 찾아가서 추인을 받는 방법도 좋다.

② 추인을 받지 못하면 반드시 위임장 수령하여 첨부하여야 한다

- 결론적으로 본인의 진의 확인 방법은 여러 가지가 있을 수 있으나, 잔금일에 본인의 추인을 받거나 그 추인을 받지 못한다면 위임장과 인감증명서를 받아서 첨부하여야 한다. 그렇지 않으면 중개거래의 경우에는 공인중개사는 중개사고에 휘말릴 수도 있다. 이 점은 중개거래가 아닌 직거래에서도 마찬가지이다. 이때 계약금은 물론 잔금까지도 본인의 계좌로 입금하여야 하고 대리인의 계좌로 입금해서는 안된다.

---

[85] 일단 행하여진 불완전한 법률행위를 뒤에 보충하여 완전하게 하는 당사자의 일방적인 의사표시를 『추인』이라고 한다. 민법에서는 무효행위의 추인, 취소할 수 있는 행위의 추인, 무권대리행위의 추인의 세 가지 경우에 추인을 인정하고 있다. 여기서의 추인은 무권대리행위의 추인에 해당한다.

(2) 무권대리 추인의 예

- 처가 타인으로부터 금원을 차용하면서 승낙 없이 남편 소유 부동산에 근저당권을 설정한 것을 알게 된 남편이, 처의 채무 변제에 갈음하여 아파트와 토지를 처가 금전을 차용한 자에게 이전하고 그 토지의 시가에 따라 사후에 정산하기로 합의한 후 그 합의가 결렬되어 이행되지 않았다고 하더라도, 일단 처가 차용한 사채를 책임지기로 한 이상 남편은 처의 근저당권 설정 및 금원 차용의 "무권대리 행위를 추인한 것"이다. [86)]

(3) 추인도 받지 못한 경우

- 무권대리인이 한 계약은 본인의 추인이 있을 때까지 상대방은 본인이나 그 대리인에 대하여 이를 철회할 수도 있고(민법 제134조), 본인의 추인을 얻지 못한 무권대리인은 상대방의 선택에 따라서 계약의 이행 또는 손해배상의 책임을 져야 한다(민법 제135조).

3. 대리계약 시에 본인의 도장을 찍으면 안 되나?

가. 행위는 '대리인'이 하고, 법적 효과는 '본인'에게 귀속됨이 원칙

- 대리계약을 하는 경우, 본인과 대리인의 인적 사항을 모두 적고 반드시 서명날인은 행위자인 '대리인'이 하여야 한다. 그러면 그 법적 효과는 본인에게 귀속되는 것이다(민법 제114조 1항, 제115조 후단).

나. 본인의 도장과 대리인의 도장을 모두 찍은 경우

- 그런데 실무에서 계약 장소에 대리인이 본인의 도장을 가지고 나오는 경우가 종종 있다. 이때 본인의 도장과 대리인의 도장을 동시에 날인하는 것은 별문제가 없다(본인의 도장까지 날인하는 것은 법적 관점에서는 아무런 의미가 없어서 좀 촌스럽기는 하지만).

다. 본인의 도장만 찍고 대리인의 도장을 안 찍은 경우

- 이때는 낭패를 볼 수도 있다. 왜 그런가? 민법 제135조는 『타인의 대리인으로 계약을 한 자가 그 대리권을 증명하지 못하거나 본인의 추인을 얻지 못한 때에는 상대방의 선택에 좇아 계약의 이행 또는 손해배상의 책임이 있다』라고 규정하여 '무권대리인의 상대방에 대하여 책임'을 지우고 있다.
- 그런데 만약에 대리인이 본인의 위임장을 위조하였거나 인감도장을 본인 몰래 가지고 온 경우와 같이, 최악의 경우 무권대리가 되어 본인의 추인을 받지 못하는 경우에는 '본인의 도장만 찍고 대리인의 도장을 안 찍었다면' 중개사고 여부는 별론으로 하고 '무권대리인에게 책임추궁을 하기 곤란'해 질 수도 있기 때문이다. 계약을 하고 계약금을 주었는데 무권대리인 경우 본인으로부터 추인을 받지 못하면

[86)] 대법원 1995.12.22. 선고 94다45098 판결 [근저당권설정등기말소]

대리인에게 그 계약금 반환과 손해배상을 청구하여야 할 것이 아닌가? 그런데 행위자인 대리인의 서명날인이 빠졌다면 낭패를 당할 수도 있다.

라. '대리인의 도장'을 찍어라

- 따라서 대리계약에서는 원칙적으로 본인이 아니라 행위자인 '대리인'의 도장을 찍어야 한다(대리의 본질에서 대리인행위설이 통설, 판례). 계약은 기본에 충실할 때 문제가 발생하지 않는다는 점을 잊지 말아야 한다.

【위임장을 지참하지 않은 무권대리인과의 계약 시 대처 방법】

- 계약 전에 본인(소유자)과 전화통화로 위임관계와 거래의 내용을 확인하고 녹음 등을 한다. 계약서가 작성되면 서명 전에 '팩스나 이메일 또는 스마트폰 사진 전송 등'으로 계약내용에 대한 확인(계약내용에 동의함)과 함께 이때 본인으로부터 위임장을 전송받는다.
- 또는 계약서에 인감증명서가 첨부된 위임장을 언제까지 제출한다. 또는 언제까지(중도금 또는 잔금시) 본인이 공인중개사사무소에 방문하여 무권대리행위를 추인하기로 한다는 특약을 명시한다. 그리고 본인이 잔금일 등 계약당사자가 다시 만나는 날 계약서를 지참하게 하여 각 계약서마다 본인이 "OOO의 대리행위를 추인함 OO년 OO월 OO일 매도인 본인 OOO 서명·날인"을 하면 무권대리행위가 추인이 되어 유효하게 법률행위의 효력이 본인에게 귀속된다.
- 만약 본인과 통화를 하지 못하거나 서명 전에 '팩스나 이메일 또는 스마트폰 사진 전송 등'으로 계약내용에 대한 확인과 함께 위임장을 받지 못한 경우에는 추인 또는 위임장을 수령할 때까지 공인중개사가 계약금 보관증을 작성해 주고 계약금을 일시적으로 보관하였다가 추인 또는 위임장 수령 후에 본인에게 계약금을 돌려주는 '일종의 에스크로우 기법'을 활용하는 것이 좋다.

현금 보관증
(무권대리행위 추인을 위한 보관)

부동산 표시 : _____
계 약 일 : 20   년   월   일 매매(임대차) 계약
계 약 금 : 금   원(₩   원)   반 환 일 : 20   년   월   일

위 부동산에 관하여 매도인(임대인)과 매수인(임차인)은 매매(임대차)계약을 체결함에 있어서 다음과 같이 대리행위의 추인 또는 위임장 제출시까지 수임공인중개사가 계약금을 일시 보관하기로 한다.

1. "을"이 무권대리행위를 추인받거나 위임장을 제출한 경우에는 "갑"은 즉시 별도의 이자 없이 보관 중인 돈을 "을"또는 매수인(임차인)에게 반환한다.
2. "을"이 본인으로부터 추인이나 위임장을 받지 못한 경우에는 "갑"은 보관 중인 돈을 매수인(임차인)에게 반환할 수 있고, 이 금액은 본인의 추인 또는 위임장을 제출하지 못

한 위약벌로 본다.
3. 매매에 관한 계약해제와 손해배상 등은 매매계약서에 의한다.
4. 본 증서의 효력은 "갑"이 "을"에게 보관금을 반환하는 즉시 상실된다.

20   년   월   일

【갑】 수임 공인중개사 :   (서명.인)
【을】 매도인(임대인)의 대리인 :＿＿＿＿＿＿＿＿＿＿＿ 귀하

4. 표현대리(表現代理)

가. 표현대리의 유형과 법률효과

(1) 대리권 수여표시에 위한 표현대리(授權代理, 민법 제125조)

- 제3자에 대하여 타인에게 대리권을 수여함을 표시한 자는 그 대리권의 범위 내에서 행한 그 타인(대리인)과 제3자(상대방)간의 법률행위에 대하여 책임이 있다. 그러나 제3자(상대방)가 대리권 없음을 알았거나 알 수 있었을 때에는 그러하지 아니하다. 즉, 상대방은 선의·무과실이어야 한다.

(2) 권한을 넘은 표현대리(越權代理, 민법 제126조)

- 대리인이 그 권한 외의 법률행위를 한 경우에 제3자(상대방) 그 권한이 있다고 믿을 만한 정당한 이유가 있는 때에는 본인은 그 행위에 대하여 책임이 있다.

(3) 대리권 소멸 후의 표현대리(滅權代理, 민법 제129조)

- 대리권의 소멸은 선의의 제3자(상대방)에게 대항하지 못한다. 그러나 제3자(상대방)가 과실로 인하여 그 사실을 알지 못한 때에는 그러하지 아니하다.

나. 【판례】 대리권 수여표시에 위한 표현대리(수권대리, 授權代理)

(1) 긍정한 판례

【원심이 인정한 사실관계】
호텔과 골프장을 운영하는 甲이 일본국 법인인 소외 주식회사 에소루골프와의 사이에, 甲이 운영하는 호텔 등의 시설이용 우대회원을 일본국 내에 주소를 둔 자를 대상으로 모집하기 위한 계약(이하 '이 사건 계약'이라고 한다)을 체결하면서, 그 계약의 효력은 甲이 대한민국의 외환관리허가를 얻는 날 발생한다는 특약을 둔 사실, 에소루는 그 후 甲이 외환관리허가를 얻지 못한 상태에서, 자신을 '판매원',

소외 주식회사 에소루골프를 甲의 '일본 연락사무소 및 총대리점'으로 기재한 회원안내 책자를 발간하고, 甲의 총대리점인 에소루골프가 甲이 운영하는 호텔 등의 시설에 대한 우대회원을 모집한다는 광고를 게재하는 한편, 원고의 사무실에서 그에 대한 설명회를 개최한 후, 회원가입을 희망하는 10여명의 시찰단으로 하여금 甲이 운영하는 호텔 등의 시설을 이용하도록 알선한 사실, 이에 원고는 에소루골프와 입회계약을 체결하고 그 보증금 및 입회금으로 합계 금 4,800,000엔의 일화를 에소루골프가 지정하는 은행구좌에 입금하였으나 에소루골프가 부도를 내고 도산하였고, 원고는 甲으로부터 외환관리허가가 이루어지지 아니하였다는 이유로 우대회원의 대우를 받지 못하였다.

【원심의 판단】
에소루골프의 알선에 의한 시찰단이 甲으로부터 단체관광 할인혜택을 받은 사실을 인정할 수 있으나, 원고의 상무이사 등의 시찰단이 甲으로부터 우대회원의 대우를 제공받거나 대리권을 확인받았다는 점에 관하여는, 이에 부합하는 제1심 증인 소외 2, 소외 3의 각 일부 증언만으로는 이를 인정하기에 부족하고, 달리 이를 인정할 증거가 없을 뿐만 아니라, 에소루골프가 원고와 체결한 입회계약의 법적 성질은 에소루골프의 명의로 甲의 계산으로 이루어지는 '준위탁매매'에 해당하여 그 법률적인 효과는 전적으로 에소루골프에만 미치는 것이어서 이 사건 계약에 의하여 에소루골프가 甲으로부터 입회계약에 관한 대리권을 수여받은 것은 아니라는 이유로 원고의 표현대리 주장을 배척하였다.

【대법원의 판단】
민법 제125조가 규정하는 대리권 수여의 표시에 의한 표현대리는 본인과 대리인 사이의 기본적인 법률관계의 성질이나 그 효력의 유무와는 직접적인 관계가 없이 어떤 자가 본인을 대리하여 제3자와 법률행위를 함에 있어 본인이 그 자에게 대리권을 수여하였다는 표시를 제3자에게 한 경우에는 성립될 수가 있고, 또 본인에 의한 대리권 수여의 표시는 반드시 대리권 또는 대리인이라는 말을 사용하여야 하는 것이 아니라 사회통념상 대리권을 추단할 수 있는 직함이나 명칭 등(판매점, 총대리점 또는 연락사무소 등의 명칭)의 사용을 승낙 또는 묵인한 경우에도 대리권 수여의 표시가 있는 것으로 볼 수 있다. 따라서 호텔 등의 시설이용 우대회원 모집계약을 체결하면서 자신의 판매점, 총대리점 또는 연락사무소 등의 명칭을 사용하여 회원모집 안내를 하거나 입회계약을 체결하는 것을 승낙 또는 묵인하였다면 (이 사건에서는 甲이 에소루골프에게 이러한 대리권수여의 표시를 추단할 수 있는 행위를 하였다) 민법 제125조의 표현대리가 성립할 여지가 있다. [87]

(2) 어떤 사람이 대리인의 외양을 가지고 행위하는 것을 본인이 알면서도 이의를 하지 아니하고 방임하는 등 사실상의 용태에 의하여 대리권의 수여가 추단될 수 있는지 여부(적극)

【원심이 인정한 사실관계】
① 서울에 거주하는 피고는 서귀포시에 소재한 이 사건 토지를 33억 원에 매도하려고 몇 년간 매수인을 찾던 중 제주에 거주하는 소외인을 알게 되었고, 피고의 부탁으로 소외인 역시 이 사건 토지의 매수인을

---

[87] 대법원 1998.6.12. 선고 97다53762 판결 [부당이득금반환]

찾다가 원고를 만나게 되었다. ② 소외인은 당시 프랑스에 체류 중이던 피고와 세 차례 통화하여 원고의 매수의사를 알렸고, 피고는 계약금 수령을 위해 자신의 계좌번호를 문자메시지로 알려주었다. 또한 피고는 소외인에게 매매대금에서 1,000만 원까지는 깎아줄 수 있다는 의사도 밝혔다. ③ 소외인은 2014.8.7. 자신을 피고의 대리인으로 하여 원고와 사이에 매매대금을 32억 9,000만 원으로 하는 이 사건 매매계약서를 작성하였고, 원고는 계약금 3억 3,000만 원을 피고가 알려준 위 계좌로 송금하였다. 한편 이 사건 매매계약서에는 특약사항 중 하나로 '중도금 및 잔금 일정은 매도인과 협의하에 차후 다시 정하기로 한다'고 기재되어 있다. ④ 소외인은 같은 날 피고에게 '계약금 3억 3,000만 원이 입금되었고, 한국에 귀국하면 계약서를 다시 작성하기로 했다'는 취지의 문자메시지를 보냈고, 이후 피고와 약 7분 26초간 통화하기도 하였다. ⑤ 피고는 귀국한 다음 날 소외인을 만나 이 사건 매매계약서를 교부받았는데, 당시 매매대금의 액수나 이 사건 매매계약서에 소외인이 대리인으로 기재되어 있는 것에 대해서 별다른 이의제기를 하지 않았고, 오히려 매매계약서에 기재된 매매목적물에 착오로 기재된 토지가 있어 이를 제외하여야 함을 지적하고, 중도금 액수 및 그 지급시기를 조율하기만 하였다. ⑥ 그런데 피고는 2014.8.12. 소외인을 통해 원고에게 계약해제 의사를 전달하였고, 원고로부터 계약금의 배액 상환을 요구받자 자신은 소외인에게 이 사건 매매계약에 관한 대리권을 수여한 사실이 없다고 주장하기 시작하였다.

【대법원의 판단】

대리권을 수여하는 수권행위는 불요식의 행위로서 명시적인 의사표시에 의함이 없이 묵시적인 의사표시에 의하여 할 수도 있으며, 어떤 사람이 대리인의 외양을 가지고 행위하는 것을 본인이 알면서도 이의를 하지 아니하고 방임하는 등 사실상의 용태에 의하여 대리권의 수여가 추단되는 경우도 있다. 그런데도 원심은 이와 달리 판단하였으니, 이러한 원심판결에는 매매계약의 성립을 위한 당사자 사이의 의사합치의 정도, 대리권의 수여 등에 관한 법리를 오해한 위법이 있다.

(3) 부정한 판례

① 인감증명서의 교부를 기본대리권의 수여로 볼 수 없어서 부정된 경우

- 甲의 의자(義子)인 A는 취직하는데 필요하다고 거짓말을 하여 『甲으로부터 '인감증명서'를 교부받은 기회를 이용하여 甲의 도장을 새기고 위임장까지 위조한 후 甲의 대리인을 가장하여 乙에게 甲의 부동산을 매도』한 경우,
- <u>인감증명서는 '인장사용에 대한 확인방법'으로 사용되며, 인장사용과 분리해서 그것만으로서는 어떤 증명방법으로 사용되는 것이 아니므로, 인감증명서만의 교부는 일반적으로 어떤 대리권을 부여하기 위한 행위라고 볼 수 없다.</u> 88)

② 상대방이 대리권 없음을 알지 못한 데에 과실이 있어서 표현대리 성립이 부정된 경우

- 민법 제125조의 표현대리에 해당하기 위하여는 상대방은 선의·무과실이어야 하므로 상대방에게 과실이 있다면 제125조의 표현대리를 주장할 수 없다.

---

88) 대법원 1978.10.10. 선고 78다75 판결 [소유권이전등기말소]

따라서 공인중개사가 본인인 분양회사에게 오피스텔의 분양 희망자를 중개하여 주고 그 대가로 분양회사로부터 수수료만을 지급받기로 하였고, 분양계약서의 작성 및 분양대금 수납은 분양회사에서 직접 관리하였으며, 중개사는 오피스텔을 분양받고자 하는 자가 있으면 그를 오피스텔 내에 있는 회사 분양사무소에 데리고 가서 분양대금을 지급하고 분양회사 명의의 계약서를 작성하여 받아오는 방식을 취하였고 매매계약서도 그러한 방식에 의하여 작성되었다면, 『상대방이 중개사에게 지급한 매매대금에 대한 영수증이 분양회사의 명의로 발행되지 아니하고 '중개사 명의'로 발행된 경우, 오피스텔을 분양받으려는 상대방으로서는 '본인에게 중개사의 대리권 유무를 확인하여 보았더라면' 그가 단순한 중개인에 불과하고 오피스텔의 매매대금을 수령할 대리권이 없다는 점을 쉽게 알 수 있었을 것임에도 이를 게을리한 과실이 있고』, 나아가 분양회사인 본인이 중개사에게 오피스텔의 분양중개를 부탁한 것을 가지고 오피스텔 분양에 관련한 어떤 대리권을 수여한 것이라고 볼 수도 없어서, 민법 제125조의 표현대리에 해당하지 않는다.[89]

다. 【판례】 권한을 넘은 표현대리(월권대리, 越權代理)

(1) 기본대리권과 정당한 이유가 존재할 것

① 기본대리권에는 법정대리권도 포함된다.

② 정당한 이유의 의미

- 정당한 이유란 일반적으로 『상대방의 선의·무과실로 파악』하고 있다. 【판례】는 일반적으로 행위 당시 무권대리인이 등기권리증, 위임장, 인감도장, 인감증명서 등 당해 거래에 필요한 서류 일체를 구비하였거나 본인과 대리인 간의 특수한 관계가 있으면 원칙적으로 상대방은 선의·무과실로서 정당한 이유를 긍정한다.[90]

③ '기본대리권과 정당한 이유의 존재'를 상대방이 조사·확인할 의무가 있는가?

- 판례는 무권대리행위가 비정상적이거나 이례적인 경우,[91] 후견인으로부터 무능력자 소유의 부동산을 매수하는 경우,[92] 대리권 수여 여부를 본인이 쉽게 확인할 수 있는 경우,[93] 상대방이 금융기관

---

[89] 대법원 1997.3.25. 선고 96다51271 판결 [소유권이전등기]
[90] 소외 박억신이 원고본인으로 부터 교부받은 원고의 주민등록증, 인감증명서, 인감도장 및 등기권리증을 사용하여 원고본인임을 사칭하고 원고본인을 가장하여 피고은행과 이 사건 근저당권설정계약을 체결한 행위에 대하여 원심은 그 판시와 같은 이유로 위와 같은 경우에는 권한을 넘은 표현대리의 법리가 유추적용되어 원고에 대하여도 그 효력이 미친다고 판시하고 있는 바, 원심의 위와 같은 조처는 정당하다(대법원 1988.2.9. 선고 87다카273 판결 [근저당권말소])
[91] 대법원 1995.9.26. 선고 95다23743 판결 [가압류이의] 공사중인 다가구주택의 일부 가구에 대한 처분을 위임받은 하도급인이 위임받지 않은 다른 가구를 하수급인에게 공사대금 담보목적으로 임대한 사안에서, 표현대리의 성립을 부정한 사례
대법원 1999.5.28. 선고 98다34515 판결 [약정금] 도로공사를 도급받은 회사에서 그 공사의 시공에 관련하는 업무를 총괄하는 현장소장의 지휘 아래 노무, 자재, 안전 및 경리업무를 담당하는 관리부서장은 그 업무에 관하여 상법 제15조 소정의 부분적 포괄대리권을 가지고 있다고 할 것이지만, 그 통상적인 업무가 공사의 시공에 관련된 노무, 자재, 안전 및 경리업무에 한정되어 있는 이상 일반적으로 회사의 부담으로 될 채무보증 또는 채무인수 등과 같은 행위를 할 권한이 있다고 볼 수는 없다.
[92] 대법원 1997.6.27. 선고 97다3828 판결 [소유권이전등기등] 매수행위 당시 친족회의 동의에 관하여 전혀 확인하지 아니하여 후견인을 상대로 거래하는 매수인으로서 주의의무를 다하지 못한 과실이 있다고 본 사례

인 경우[94] 등의 경우에 상대방의 조사·확인의무를 인정하였다.
- 그러나 당해 대리행위에 필요한 일체의 서류를 소지하고 있거나 보증보험 연대보증에서 본인 발급의 인감증명서가 구비된 경우, [95] 동종의 거래가 반복된 경우[96] 등에는 조사·확인의무를 부정하였다.

(2) 월권대리 성립을 긍정한 판례

① 본인이 장기간 입원 중인 경우(기본대리권인 일상가사대리권 존재)
- 남편이 정신병으로 장기간 병원에 입원하였고 입원당시 입원비, 생활비, 자녀교육비 등을 준비하여 두지 아니한 경우에 그 아내에게 '일상가사대리권'이 있었고, 남편소유의 대지와 주택을 매도하여 그로서 위 비용에 충당하고 나머지로서 대신 들어가 살 집을 매수하였다면, 매수인이 이러한 사유를 알았건 몰랐건 간에 객관적으로 보아서 그 처에게 남편의 대리권이 있다고 믿을 만한 정당한 사유가 된다.[97]

② 남편이 해외체류 중인 경우(기본대리권인 일상가사대리권 존재)
- 처 乙이 부 丙의 해외취업 중 丙으로부터 경영권을 위임받아 공장을 경영하면서 공장운영자금의 조달을 위하여 금원을 차용하고 이를 담보하기 위한 가등기를 경료함에 있어 채권자 甲이 乙로부터 丙명의의 가등기설정용 인감증명서를 교부받고, 乙이 丙의 인감을 소지하고 있는 것을 보았다면 甲이 乙에게 丙을 대리할 권한이 있다고 믿음에 정당한 이유가 있다.[98]
- 소외 甲이 해외체류 중인 남편 乙의 대리인으로 부동산을 매수하여 乙의 이름으로 소유권이전등기를 하였다가 乙의 인감도장과 그 부동산의 등기권리증 및 부동산명의변경용 인감증명서를 소외 丙에게 교부하여 丙이 그 명의로 소유권이전등기를 마친 것이라면 丙으로서는 甲에게 본건 부동산에 관하여 乙을 대리할 대리권이 있다고 믿을 만한 정당한 이유가 있다.[99]

---

93) 대법원 1995.2.17. 선고 94다34425 판결 [근저당권설정등기말소]
부동산의 소유자가 아닌 제3자로부터 근저당권을 취득하려는 자가 소유자에게 담보제공의 의사가 있는지 여부 및 그 제3자가 담보제공에 관한 위임을 받았는지 여부를 조사하지 아니하였다면, 그 제3자에게 대리권이 있다고 믿은 데 과실이 있다.
94) 대법원 1990.1.23. 선고 88다카3250 판결 [대여금]
원고은행의 직원이 대부담당 사무계통을 통하여 적법한 피고 회사의 차금요청이 있었는가를 확인하는 등 원고은행 소정의 대출절차를 밟았더라면 피고 회사의 경리부장에게 대리권이 있는지의 여부를 알 수 있었던 경우에는 비록 위 은행직원이 피고 회사의 경리부장에게 자금차용에 관한 대리권이 있었다고 믿었더라도 거기에는 위와 같은 주의를 다하지 아니한 과실이 있었다고 할 것이어서 결국 원고은행으로서는 피고 회사에게 표현대리 책임을 물을 수 없다.
95) 대법원 1997.7.8. 선고 97다9895 판결 [연대채무부존재확인], 대법원 2002.3.26. 선고 2002다2478 판결 [보증채무금], 대법원 2001.2.9. 선고 2000다54918 판결 [구상금] 甲이 자동차부품상을 경영하는 乙로부터 물품대금 상환채무의 담보를 위한 보증보험계약의 연대보증인이 되어 달라는 부탁을 받고 보험계약자란이 공란으로 되어 있는 보증보험약정서의 연대보증인란에 직접 서명날인하고 본인 발급의 인감증명서를 乙에게 교부하였는데, 실제 보증보험계약은 乙이 아닌 乙의 동업자 丙 명의로 체결된 사안에서, 甲의 표현대리책임이 인정된다.
96) 대법원 1989.5.23. 선고 88다카22626 판결 [약속어음금]
甲의 아들인 乙이 甲이 경영하는 사업체의 대외관계일을 甲을 대리하여 처리하여 오면서 전에도 6번에 걸쳐 甲명의로 어음에 배서를 하여 丙에게 양도하였는데 그때마다 그 어음들은 각 지급기일에 아무탈없이 결제되었다면 丙으로서는 乙에게 甲을 대리하여 甲명의로 어음행위를 할 권한이 있다고 믿을 만한 정당한 이유가 있고 甲에게 확인하지 아니하였다고 하여 과실이 있다고 할 수 없다.
97) 대법원 1970.10.30. 선고 70다1812 판결 [소유권이전등기말소]
98) 대법원 1987.11.10. 선고 87다카1325 판결 [가등기말소]

③ 무권대리인이 거래에 필요한 서류 일체를 소지하고 있는 경우(기본대리권인 일상가사대리권 존재)
- 일상가사대리권이 있는 처가 남편 몰래 남편의 인감도장, 인감증명서 등을 소지하고, 그 대리인인 양 행세하여 금원을 차용하고 그 담보로 남편 소유의 부동산에 가등기를 경료하여 준 경우, 그 상대방이 처에게 그 남편을 대리할 권한이 있다고 믿음에 정당한 사유가 있다. 100)
- 일상가사대리권 외에 별도의 기본대리권이 있는 처가 근저당권설정등기에 필요한 각종 서류를 소지하고 있는 데다가 그 인감증명서가 본인인 남편이 발급받은 것이고, 남편이 스스로 처에게 인감을 보냈음을 추단할 수 있는 문서와 남편의 무인이 찍힌 위임장 및 주민등록증 등을 제시하는 등 남편이 처에게 대리권을 수여하였다고 믿게 할 특별한 사정까지 있었다면, 그 상대방으로서는 처가 남편을 대리할 적법한 권한이 있었다고 믿은 데 정당한 이유가 있다. 101)

④ 본인과 대리인 간에 '친족관계 등 특수한 관계'가 있는 경우
- 甲이 협의이혼 후에도 함께 거주하고 있던 乙에게서 주차관리원으로 취직하는 데 필요한 신원보증을 해 달라는 부탁을 받고 자신의 인감증명서와 주민등록등본을 직접 발급받아 놓았는데, 乙이 차용증의 연대보증인란에 甲의 인적사항을 기재한 후 소지하고 있던 甲의 도장을 날인하여 丙에게 교부하면서 甲명의의 위임장을 작성하여 甲의 인감증명서, 주민등록등본 등과 함께 교부한 사안에서, 위 차용증 작성·교부 당시 乙은 甲을 대리하여 신원보증계약을 체결할 기본대리권이 있었고, 나아가 丙이 乙에게 甲을 대리하여 연대보증약정을 체결할 권한이 있다고 믿은 데에는 정당한 이유가 있다. 102)
- 부모 자식 간의 경우, 즉 친권자인 부가 미성년자의 인장과 그 소유부동산에 관한 권리증을 그 처에게 보관시켜 그 처가 그 부동산을 타에 담보로 제공한 경우에는 특별사정이 없는 한 표현대리 행위가 된다. 103) 가정부 겸 내연의 처가 본인 소유 건물의 일부에 대하여 월세를 놓아 오던 중 그 건물의 일부에 대하여 본인의 지시를 어기고 전세계약을 체결한 경우, 정당한 이유가 있다. 104)

(3) 월권대리의 성립을 부정한 판례

① 대리행위의 표시를 하지 아니하고 본인인 것처럼 기망하여 본인 명의로 직접 법률행위를 한 경우(기본대리권 부재) 105)
- 민법 제126조의 표현대리는 대리인이 본인을 위한다는 의사를 명시 혹은 묵시적으로 표시하거나 대리의사를 가지고(즉, 기본대리권을 가지고) 권한 외의 행위를 하는 경우에 성립하고, 사술을 써서

---

99) 대법원 1984.11.27. 선고 84다310,84다카1283 판결 [소유권이전등기말소]
100) 대법원 1981.6.23. 선고 80다609 판결 [가옥명도]
101) 대법원 1995.12.22. 선고 94다45098 판결 [근저당권설정등기말소]
102) 대법원 2012.7.26. 선고 2012다27001 판결 [대여금]
103) 대법원 1968.8.30. 선고 68다1051 판결 [소유권이전등기말소등]
104) 대법원 1989.4.25. 선고 87다카2672 판결 [전세금]
105) 대법원 2002.6.28. 선고 2001다49814 판결 [대여금등]

위와 같은 대리행위의 표시를 하지 아니하고 단지 본인의 성명을 모용(冒用)하여 자기가 마치 본인인 것처럼 기망하여 본인 명의로 직접 법률행위를 한 경우에는 특별한 사정이 없는 한 위 법조 소정의 표현대리는 성립될 수 없다. 따라서 처가 제3자를 남편으로 가장시켜 관련 서류를 위조하여 남편 소유의 부동산을 담보로 금원을 대출받은 경우, 남편에 대한 민법 제126조 소정의 표현대리책임이 인정되지 않는다.

② 처가 '북한으로 피랍된' 남편을 대리하여 토지를 매도한 사안(기본대리권 부재)

- 남편이 '피랍'된 후 매매계약 당시까지 연락이 두절되어 처에게 매매계약에 관한 대리권을 수여할 수 없었고, 당시 남편이 처에게 위 매매계약에 관한 대리권을 주었다고 매수인이 믿었음을 정당화할 만한 객관적 사정이 존재하였다고 볼 수 없어, 민법 제126조의 표현대리가 성립하지 않는다고 한 사례106)

③ 거래에 필요한 서류 일체를 구비하지 못한 경우(정당한 이유 부재)

- 모가 부동산의 공유자(공동상속인)로서 매매계약 당시 부동산 전부를 관리하고 있었다는 사실만으로는 부동산 매수인이 모가 자의 상속지분의 매도처분에 관한 대리권이 있다고 믿을 만한 정당한 이유가 있었다고 인정하기에 부족하고, 매매계약시 모가 자 명의의 인감도장이나 인감증명서, 위임장 등의 서류조차 전혀 구비하고 있지 아니하였다면 매수인이 모를 자의 대리인이라 믿은 데 과실이 있어 매수인의 표현대리 주장은 허용될 수 없다.107)

④ 제3자로부터 근저당권을 취득하려는 자가 그 소유자에게 담보제공의사를 확인하지 아니한 경우(정당한 이유 부재)

- 보증절차에 필요하다고 공증용인감증명서, 인감도장, 주민등록증을 교부받았음을 기화로 다른 금원을 차용하면서 근저당권을 설정하여 준 사안에서, 부동산의 소유자가 아닌 제3자로부터 근저당권을 취득하려는 자가 그 소유자에게 담보제공의사를 확인하지 아니하였다면, 그 제3자에게 대리권이 있다고 믿은 데 과실이 있다.108) 대리권 수여 여부를 본인에게 쉽게 확인할 수 있었는데도 이를 확인함이 없이 근저당권설정계약을 체결한 경우 대리인에게 본인을 대리할 권한이 있다고 믿을 만한 정당한 이유가 있다고 볼 수 없다.109)

⑤ 남편 몰래 갖고 나온 인장, 아파트 분양계약서, 유효기간이 지난 인감증명서를 처가 소지한 경우(정당한 이유 부재)

- 남편 몰래 갖고 나온 남편의 인장, 아파트 분양계약서 및 유효기간이 지난 인감증명서를 처가 소지하고 있었던 사실만으로는 남편이 처에게 돈 350만원 차용행위나 위 아파트 매도행위에 대한 대리권을

---

106) 대법원 2009.4.23. 선고 2008다95861 판결 [소유권말소등기]
107) 대법원 1992.6.9. 선고 92다11473 판결 [소유권이전등기]
108) 대법원 1994.11.8. 선고 94다29560 판결 [근저당권설정등기말소]
109) 대법원 1992.11.27. 선고 92다31842 판결 [근저당권말소]

수여하였으리라고 원고가 믿음에 정당한 객관적 사정이 있었다고 인정할 수 없다. 110)

⑥ '거래 자체가 이례적인 경우' 또는 조사·확인의무 불이행의 과실을 이유로 정당한 이유를 부정한 경우(정당한 이유 부재)

- 하수급인이 하도급 받은 공사대금 채권을 담보하기 위하여 하도급인과 사이에 장차 완공될 다가구주택의 일부에 대한 전세계약을 체결함에 있어서는, 건축주에게 직접 확인할 수 없는 부득이한 사정이 있는 경우를 제외하고는 직접 건축주에게 당해 다가구주택을 담보로 제공할 의사를 가지고 있는지를 확인하여 보는 것이 보통인바, 하수급인이 아무런 조사도 하지 아니한 채 건축주의 인감증명서 1통만으로 그 대리권이 있는 것으로 믿었다면 그에게 과실이 있다.111)

⑦ 종중규약이 있는 경우(정당한 이유 부재)

- 종중규약에 종중재산의 취득 및 처분에 관하여 일정한 절차(총회의 의결이나 긴급한 사정이 있는 경우 이사회의 의결 또는 최고위원회의 인준 등)를 거치도록 규정되어 있어 거액의 『종중재산인 토지를 매수』하는 자들이 약간의 주의를 기울여 위 규약과 처분관계서류를 대조·조사했더라면 서류 자체로서도 위 처분에 관한 소정의 절차가 없었음을 쉽게 알 수 있는 경우, 위 매수인들로서는 종중의 대표자가 위 토지를 처분할 권한이 있다고 믿은 데에 과실이 있다. 112)

⑧ 친족회의 동의가 필요한 경우

- 매수행위 당시 『친족회의 동의』에 관하여 전혀 확인하지 아니하여 후견인을 상대로 거래하는 매수인으로서 주의의무를 다하지 못한 과실이 있다고 본 사례 113)

【대법원 1997.6.27. 선고 97다3828 판결 [소유권이전등기등]】

【원심이 인정한 사실관계의 도해(圖解)】

甲정신분열증으로 甲의 동생 乙이 甲을 정신병원에 강제입원 → 丙,丁 등을 친족회원으로 선임받은 후
甲에 대한 한정치산신청을 하고 본인이 후견인이 됨   허위의 친족회 의사록을 작성첨부하여
                                                          수필지의 甲의 부동산을 매각

戊는 친족회개최에 대한 확인없이
중개사의 말만 믿고 법정대리인과 계약체결

【원심과 대법원의 판결】

- 거래상대방이 후견인으로서 상당기간 피후견인의 재산을 관리하여 왔다고 할지라도 후견인을 상대로 중요한 재산적 가치를 가지는 한정치산자의 부동산을 매수하는 자로서는 친족회의 동의가 있었는지 여부를 확인하였어야 할 것인데도, 막연히 '부동산 중개업자'를 통하여 거래상대방이 후견인으로 선임된 후 1년 이상 부동산의 관리를 전담하여 온 사실만을 확인하였을 뿐 친족회의 동의에 관하여는 전혀 확인하지 아니하였다면, 매수인은 후견인을 상대로 거래하는 자로서 마땅히 해야 할 주의를 다하지

---

110) 대법원 1981.8.25. 선고 80다3204 판결 [명의변경]
111) 대법원 1995.9.26. 선고 95다23743 판결 [가압류이의]
112) 대법원 1985.7.23. 선고 83다419 판결 [소유권이전등기말소]
113) 대법원 1997.6.27. 선고 97다3828 판결 [소유권이전등기등]

못한 과실이 있다.
- 즉, 정당한 이유를 상대방의 선의·무과실로 파악하여, 매수인 戊는 후견인이 친족회의 동의를 받았다고 믿을 만한 정당한 이유가 있다고 볼 수 없다는 것이다.

(4) 민법 제126조의 정당한 이유의 유무에 관한 판단기준시기

① 대리행위 당시 기준 [114]
- 甲이 乙로부터 '제1부동산' "매도를 위임받고 그 소유권이전등기에 필요한 서류와 인감도장을 모두 교부받아 소지한 채 이를 丙에게 제시하였다면" 일응 丙으로서는 甲에게 乙을 대리하여 이 사건 제1부동산을 대물변제나 양도담보로 제공할 권한이 있다고 믿을 만한 정당한 이유가 있다.
- 그러나 甲이 丙과 '제2부동산'에 관한 대물변제계약을 체결함에 있어서는 "그 계약을 체결한 이후에 비로소 甲으로부터 제2부동산의 소유권이전등기에 필요한 서류 및 乙의 인감도장을 교부받았"으므로, 丙이 甲에게 제2부동산을 대물변제로 제공할 대리권이 있다고 믿은 데에 정당한 이유가 있다고 할 수 없다.

② 【대법원 1997.6.27. 선고 97다3828 판결 [소유권이전등기등]】
- 권한을 넘은 표현대리에 있어서 정당한 이유의 유무는 『대리행위 당시를 기준』으로 하여 판정하여야 하고 매매계약 성립 이후의 사정은 고려할 것이 아니므로, 피후견인 乙이 『매매로 인한 소유권이전등기에 앞서』 그 거래에 관한 친족회 동의를 받았다고 할지라도, 이로써 후견인이 『매매 당시(대리행위 당시)』 친족회의 동의를 받았다고 믿을 만한 정당한 이유가 된다고 볼 수 없다.
- 【해설】 ① "매매 당시(대리행위 당시)" 친족회 동의가 없었으므로 → ② "소유권이전등기"시 친족회 동의를 받았다 하더라도 → ③ 매매 당시(대리행위 당시) 친족회의 동의를 받았다고 믿을 만한 정당한 이유가 되지 못한다.

라. 【판례】 대리권 소멸 후의 표현대리(멸권대리, 滅權代理)

【대법원 1975.1.28. 선고 74다1199 판결[토지소유권이전등기말소]】
- 원고의 선대 박장진이가 사망한 이후 원고가 성년에 달할 때까지 원고의 모친 정씨가 원고의 법정대리인으로서 원고의 상속재산을 처리하여 왔고, 원고가 '성년이 된 이후에도' 원고는 객지에서 학업에 전념하고 있었던 관계로 모친 정씨가 원고를 대리하여 원고 토지의 여러 필지를 처분하여 학비 조달 또는 채무정리 등을 하여 오다가 이 사건 토지를 피고 임갑순에게 매도한 것이라는 사실을 인정하고 있는 바, 대리권소멸 후의 표현대리에 관한 민법 제129조는 이 사건과 같은 법정대리인의 대리권 소멸에 관하여서도 그 적용이 있는 것이라고 할 것이므로, 원심이 같은 취지에서 원고의 모친 정씨에 의한 이 사건 토지의 매매를 대리권 소멸 후의 표현대리로 의율하여 그 효력이 원고에게

---
[114] 대법원 2018.7.24., 선고, 2017다2472, 판결[소유권이전등기], 대법원 2009.11.12. 선고 2009다46828 판결 [소유권말소등기]

미친다고 판시한 것은 정당하다.

5. 무권대리(無權代理)

가. 무권대리의 의의, 요건, 효과

(1) 의의

- 대리인이 대리권 없이 타인의 대리인으로서 대리행위를 한 경우 중 '표현대리가 성립되지 않는 경우'를 『(협의의) 무권대리』라고 한다.

(2) 요건

- 무권대리가 되기 위해서는 『대리의사』가 있어야 한다. 본인의 대리인이라고 볼만한 현명이 없으면(즉, 대리의사가 없으면, 민법 제114조) 대리인 자신의 행위로 되므로(민법 제115조) 무권대리행위가 되지 않는다.

(3) 효과

- 무권대리행위의 효과는 무효이다. 그러나 '본인의 추인에 의하여 유효'로 되므로, '유동적 무효'이다. 본인의 추인은 '상대방 있는 단독행위'이다.

나. 무권대리의 추인에 관한 판례

(1) 무권대리행위에 기한 '의무를 이행'하거나 '이행에 필요한 행위'를 한 경우

- 부재자의 모가 적법한 권한없이 원고와 사이에 부재자소유 부동산에 관한 매매계약을 체결하였으나, 그후 소외 甲이 부재자의 재산관리인으로 선임된 후에 위 매매계약에 기한 소유권이전등기를 위하여 자기의 인감증명서를 원고에게 교부하였다면 위 매매계약을 추인한 것으로 볼 것이다. [115]

(2) 무권대리행의에 기한 '의무의 유예'를 구한 경우

- 무권대리인이 상호신용금고로부터 금원을 대출받은 사실을 알고도 그로부터 3년이 지나도록 상호신용금고에 아무런 이의를 제기하지 아니하였으며, 그 동안 4회에 걸쳐 어음을 개서하여 지급연기를 구하고 자신의 이익을 위하여 직접 채무의 일부를 변제하기까지 하였다면, 무권대리인에 대한 상호신용금고의 대출을 그 근저당권에 대한 피담보채무로 추인한 것으로 보아야 한다. [116]
- 그러나 아들이 대리권 없이 부(父)소유의 부동산을 매도한 사실에 관하여 매수인이 아들을 고소하겠다

---

[115] 대법원 1982.12.14. 선고 80다1872,1873 판결 [소유권이전등기]
[116] 대법원 1991.1.25. 선고 90다카26812 판결 [근저당권설정등기말소등기]

고 하는 관계로 부(父)가 매매대금에 해당하는 돈을 반환해 주겠다고 하면서 그 매매계약을 "해약"해 달라고 요청하고 또 그 금원반환기일에 금원을 반환하지 못하게 되자 그 "기일의 연기"를 구하였다고 하는 사실만으로는 부가 자의 무권대리 행위를 추인한 것이라고 단정할 수 없다.

(3) 무권대리행위에 기한 의무와 관련한 '별도의 합의'를 한 경우

- 처가 타인으로부터 금원을 차용하면서 승낙 없이 남편 소유 부동산에 근저당권을 설정한 것을 알게 된 남편이, 처의 채무 변제에 갈음하여 아파트와 토지를 처가 금전을 차용한 자에게 이전하고 그 토지의 시가에 따라 사후에 정산하기로 합의하였다면, 남편은 처의 근저당권 설정 및 금원 차용의 무권대리 행위를 추인한 것이다.[117]

- 그러나 부(父)가 자(子)와 공동상속한 거주하고 있는 가옥의 부지를 자(子)의 대리권 없이 매도하고 사망한 후 자가 "매수인에게 그 매매대금상당액을 지급하기로 약정한 것(해약을 원하는 것으로 볼 수 있음)"만으로 망부의 무권대리행위를 추인한 것으로 볼 수는 없다.[118]

다. 무권대리와 무권리자의 구별

(1) 무권대리와 무권리자는 원칙적으로 구별된다.[119]

(2) 그러나 학설과 판례는 무권대리를 무권리자의 행위에 유추적용한다.

- 타인의 권리를 자기의 이름으로 또는 자기의 권리로 처분한 후에 본인이 그 처분을 인정하였다면, 특별한 사정이 없는 한 그 처분은 본인에 대하여 효력이 발생한다고 한다. 무권대리의 추인에 관한 민법 제130조, 제133조 등을 무권리자의 추인에 유추 적용한다.

(3) 무권리자의 처분행위에 대한 추인 사례

【대법원 2017.6.8. 선고 2017다3499 판결 [근저당권말소등기등]】
〈무권리자가 문서를 위조해서 근저당권설정등기와 대출을 하였는데, 권리자가 무권리자의 처분을 추인 하였는지가 문제된 사건〉

【원심이 인정한 사실관계】
① 원고는 [소외 1]의 모친으로서 평택시 소재 이 사건 토지의 소유자이다.
② [소외 1]과 [소외 2]는 피고 조합에 근무하다가 퇴사한 친구 사이로 서로 공모하여 원고 명의의 대출

---

117) 대법원 1995.12.22. 선고 94다45098 판결 [근저당권설정등기말소]
118) 대법원 1991.7.9. 선고 91다261 판결 [소유권이전등기]
119) 즉, 무권리자에 의한 처분행위는 무효이고 무권대리행위는 아니므로, 원칙적으로 권리자(소유자)가 민법 제130조에 따라서 추인을 할 수도 없고, 무권리자와 거래한 상대방에게 민법 제134조에 따른 철회권도 인정되지 않으며, 상대방은 무권리자에게 민법 제135조의 책임을 추궁할 수도 없고, 민법 제131조에 따라서 추인 여부의 확답을 최고하였으나 확답이 없다고 하여 추인거절의 효과가 발생하지도 않는다.

거래약정서, 근저당권설정계약서 등을 위조하고 이를 행사해서 이 사건 토지에 관하여 피고 앞으로 채무자 원고, 채권최고액 3억 2,200만원인 근저당권설정등기(이하 '제1근저당권설정등기'라 한다)를 하고 2억 3,000만 원을 대출받았다.

③ 피고 조합은 제1근저당권설정등기의 담보대출금 2억 3,000만원에 대한 이자 납입이 연체되자, 원고에게 대출금이자 납입을 독촉하고 이 사건 제1근저당권설정등기에 기한 임의경매 실행예정 통지를 하였다.

④ 원고는 직접 피고 조합을 방문하여 이 사건 토지에 관하여 피고 앞으로 채무자 원고, 채권최고액 1,680만 원인 근저당권설정등기(이하 '제2근저당권설정등기'라 한다)를 하고 1,400만 원을 대출받아 그 중 13,237,000원을 제1근저당권설정등기의 피담보대출금의 이자로 납부하였다.

【대법원 판단】

① 위 인정 사실에 의하면, 원고는 제1근저당권설정등기에 관한 등기완료통지를 비롯한 각종 통지를 통해서 무권리자인 [소외 2] 등이 제1근저당권설정등기를 하고 대출을 받았다는 사실을 알게 되었다. 그 후 원고가 이 사건 토지에 관하여 피고 앞으로 제2근저당권설정등기를 하고 1,400만 원을 대출받아 그 대부분을 제1근저당권의 담보대출금 이자로 납부하였으므로, 이는 제1근저당권설정등기와 담보대출의 효과가 자신에게 유효하게 귀속됨을 묵시적으로 인정한 것으로 볼 수 있다.

② 법률행위에 따라 권리가 이전되려면 권리자 또는 처분권한이 있는 자의 처분행위가 있어야 한다. 무권리자가 타인의 권리를 처분한 경우에는 특별한 사정이 없는 한 권리가 이전되지 않는다. 그러나 <u>무권리자가 타인의 권리를 자기의 이름으로 또는 자기의 권리로 처분한 경우 권리자는 후일 이를 추인함으로써 그 처분행위를 인정할 수 있고, 특별한 사정이 없는 한 이로써 권리자 본인에게 위 처분행위의 효력이 발생함은 사적 자치의 원칙에 비추어 당연하고, 이러한 추인은 무권리자의 처분이 있음을 알고 해야 하고, 추인은 명시적으로 뿐만 아니라 묵시적인 방법으로도 가능하며 그 의사표시는 무권대리인이나 그 상대방 어느 쪽에 하여도 무방하다.</u> 120) 121)

③ 권리자가 무권리자의 처분을 추인하면 무권대리에 대해 본인이 추인을 한 경우와 당사자들 사이의 이익상황이 유사하므로, 무권대리의 추인에 관한 민법 제130조, 제133조 등을 무권리자의 추인에 유추적용할 수 있다. 따라서 무권리자의 처분이 계약으로 이루어진 경우에 권리자가 이를 추인하면 원칙적으로 계약의 효과가 계약을 체결했을 때에 소급하여 권리자에게 귀속된다.

라. 무권대리인의 상대방에 대한 책임

---

120) 대법원 2001. 11. 9. 선고 2001다44291 판결 [소유권말소등기]
121) 대법원 1992. 2. 28. 선고 91다15584 판결 [소유권보존등기말소등]
무권리자인 문중 명의로 그것도 대표자로 사칭한 자에 의하여 부동산 매매계약이 체결된 후 진정한 소유자가 그 권리자임을 주장하여 매수인으로부터 중도금을 직접 수령하였다면 위 매매계약에 따른 처분행위가 소유자에 대하여 그 효력이 미치게 되고 따라서 소유자에게 매매를 원인으로 한 소유권이전등기의무가 발생한다.

(1) 민법 제135조

- 타인의 대리인으로 계약을 한 자가 그 대리권을 증명하지 못하고, 본인의 추인을 얻지 못한 때에는 상대방의 선택에 좇아 계약의 이행 또는 손해배상 책임이 있다(제1항). 그러나 상대방이 대리권이 없음을 알았거나 알 수 있었을 때에는 적용하지 않는다(제2항).

(2) 무권대리인의 처분행위에 대한 추인거절 사례

- 예컨대 母가 세금을 회피할 목적으로 딸의 명의로 아파트를 구입하였다. 모가 딸의 대리인으로 계약을 체결하였는데, 공인중개사는 계약체결 권한에 대한 조사·확인 없이 모의 말만 믿고 계약을 체결하였다. 그런데 매수 후 아파트를 잘못 구입하였다고 판단한 모는 계약을 무효화시킬 생각을 하게 된다. 따라서 딸이 상대방(매도인)에게 전화를 하여 무권대리(민법 제130조)를 주장하면서 추인을 거절하였다(민법 제132조).
- 이 사건의 결론은 매수인 본인인 딸이 어머니의 무권대리행위를 추인거절을 하였기 때문에 무권대리인인 어머니가 계약을 이행하거나 손해배상책임을 지게 된다(민법 제135조 1항). 그러나 이 사건에서 어머니가 그럴 생각이 없음은 명백하다.
- 결국 상대방(매도인)은 무권대리인에게 대리권이 없음을 알았거나 알 수 있었을 때(민법 제135조 2항)에 해당되어 계약의 이행도 손해배상도 청구할 수 없게 된다. 따라서 이 사건은 중개사의 대리권에 대한 업무처리 미비로 인한 중대사고로 이어지게 된다.

제3절 부부의 일상가사대리권

1. 얼개

- 부동산 중개를 하다 보면 바쁘다는 핑계로 부부간, 부모와 자식간, 기타 인친적간 대리하여 계약을 체결하는 경우가 자주 있다.
- 부부간에는 일상적인 가사행위에 관하여 법정대리권이 인정되는데, 부부간의 일상가사대리권이 그것이다(민법 제827조 참조).
- 이때 공인중개사는 부부간의 일상가사대리권에 관하여 모르면 중개사고에 휘말릴 소지가 있다.

2. 의의 및 범위

① 일상가사란 '부부의 공동생활에 필요한 통상의 사무'를 말한다.

② 법적 성질

- 일상가사대리권의 법적 성질은 '법정대리권'이다.

③ 내용이나 범위
- 부부 공동체의 생활 정도와 지역사회의 관습 내지 사회통념에 의하여 결정된다. 현실적으로 식료품·의류·연료 등의 구입, 거주용 가옥의 임차 등 가족의 의식주에 관한 사무, 의료비 지출이나 자녀의 양육 또는 교육 등에 관한 사무는 일상가사의 범위에 속한다. 이때는 부부 타방의 대리권 수여 없이 대리행위를 할 수 있다.
- 그러나 거액의 돈을 차용하거나 상대방 배우자 명의의 부동산을 매각하거나 담보제공 등의 행위, 타인의 채무에 대한 연대보증행위 등은 그 범위 밖이라고 할 수 있다.

3. 일상가사대리권을 부정한 판례

- 판례는 처가 자가용 차를 구입하기 위하여 타인으로부터 금전차용행위[122], 처가 별거하여 외국에 체류 중인 남편의 재산처분행위[123]는 일상가사대리권에 속하지 않는다고 한다.
- 주택 및 아파트 구입 명목으로 타인으로부터 금전을 차용한 경우, 부인이 교회에의 건축 헌금, 가게 인수자금 또는 주택 및 아파트의 매매대금이 거액으로써 대규모의 주택이나 아파트라면 그 구입이 일상의 가사에 속하는 것이라고 보기 어렵다고 하였다.[124]

4. 일상가사대리권을 긍정한 판례

- "금전차용행위"도 금액, 차용 목적, 실제의 지출용도, 기타의 사정 등을 고려하여 그것이 '부부의 공동 생활에 필요한 자금조달을 목적으로 하는 것이라면' 일상가사에 속한다고 보아야 할 것이므로, 아파트 구입비용 명목으로 차용한 경우 그와 같은 비용의 지출이 '부부공동체 유지에 필수적인 주거 공간을 마련하기 위한 것이라면' 일상가사에 속한다고 볼 수 있다.
- 부인이 남편 명의로 분양받은 45평형 아파트의 분양금을 납입하기 위한 명목으로 금전을 차용하여 분양금을 납입하였고, 그 아파트가 남편의 유일한 부동산으로서 가족들이 거주하고 있는 경우, 그 금전차용행위는 일상가사에 해당한다.

5. 민법 제126조(권한을 넘을 표현대리)의 성립 여부

(1) 문제 제기
- 그러면 위의 예에서 처에게 별도의 대리권이 없더라도 "일상가사대리권을 기본대리권으로 하여" 제

---
[122] 대법원 1985.3.26. 선고 84다카1621 판결 [대여금]
[123] 대법원 1993.9.28. 선고 93다16369 판결 [소유권이전등기말소]
[124] 대법원 1997.11.28. 선고 97다31229 판결 [대여금등]

126조를 적용할 수 있는지가 문제된다. 민법 제126조가 적용된다면 구체적 사건에서 중개업자는 책임을 면하게 된다.

(2) 판례

① 주로 정당한 이유 유무로 표현대리 성부 판단

- 판례는 표현대리의 성립여부를 궁극적으로 "정당한 이유"가 있느냐 없느냐에 따라서 판단하고 있다. 즉 남편이 장기간 외국 또는 지방에 체류하면서 처에게 살림 일체를 맡긴 경우에 남편으로부터 권한을 수여받았다고 믿을 만한 정당한 이유가 있다고 본 경우도 있지만, [125] 그러한 특수한 사정이 없는 경우에는 통상 정당한 이유를 부정하였다. [126]

② 대표적인 판례

- 대판 68다1727,1728은 처가 집에 둔 남편의 실인과 등기권리증 등을 가지고 남편의 위임을 받았다고 하면서 남편 소유의 부동산에 관하여 근저당권설정등기를 경료한 사안에서 『부부는 일상가사대리 권한을 가지는 것이라 할지라도 일반사회 통념상 남편이 아내에게 자기소유의 부동산을 타인에게 근저당권의 설정 또는 소유권 이전 등에 관한 등기절차를 이행케 하거나 그 각 등기의 원인되는 법률행위를 함에 필요한 대리권을 수여하는 것은 이례에 속하는 것이니만큼, 아내가 특별한 수권 없이 남편소유 부동산에 관하여 민법 제126조 소정의 표현대리가 되려면 그 아내에게 일상가사대리권이 있었다는 것뿐만이 아니라 '상대방이 남편이 그 아내에게 그 행위에 관한 대리의 권한을 주었다고 믿었음을 정당화 할만한 객관적인 사정이 있었어야' 할 것』이라고 하였다. [127]

6. 현실 중개에서의 주의사항

- 예를 들어 처가 남편의 명의로 된 아파트를 남편을 대리하여(그 반대도 마찬가지임) 매매하면서 현재 남편은 외국에 나가 있고(또는 교도소에 수감 중이고), 아이가 병원에 입원하여 수술비로 당장 큰 돈이 필요하여 아파트를 매매하게 되었으며, 남편과도 상의가 되었으니 걱정 말라고 하면서 자신의 가족관계증명서까지 제시하는 경우, 여러분은 어떻게 할 것인가?
- ① 부동산매매는 부부의 일상가사 대리권을 벗어나는 행위이므로 남편의 승낙을 얻기 전에는 중개를 하지 않겠다고 할 것인가? ② 아니면 아이를 살려야 되는 딱한 상황에서 정말 이런 경우는 달리 방법이 없지 않느냐고 할 것인가? ③ 이런 경우에는 부부간에는 당연히 대리할 수 있다고 생각하면서 수수료를 챙기기에 급급한 나머지 처의 말만 믿고 중개를 할 것인가?

---

[125] 대법원 1971.1.29. 선고 70다2738 판결 [근저당권설정등기말소등], 대법원 1968.11.26. 선고 68다1727,68다1728 판결 [근저당권설정등기말소(본소)·건물명도(반소)]
[126] 대법원 1990.12.26. 선고 88다카24516 판결 [대여금]
[127] 대법원 1968.11.26. 선고 68다1727,68다1728 판결[근저당권설정등기말소(본소)·건물명도(반소)], 대법원 1970.3.10. 선고 69다2218 판결[소유권이전등기말소등], 대법원 1971.1.29. 선고 70다2738 판결[근저당권설정등기말소등], 대법원 1981.8.25. 선고 80다3204 판결[명의변경], 대법원 1998.7.10. 선고 98다18988 판결[구상금], 대법원 2009.12.10. 선고 2009다66068 판결[물품대금]

(1) 부동산 처분행위, 상대방 배우자의 승낙서(처분위임장) 구징

- 부동산의 처분행위, 즉 부동산의 매매와 담보제공행위는 일상가사대리권의 범위를 벗어나는 행위이므로, 이와 관련한 중개시에는 반드시 상대방 배우자의 승낙서(처분위임장)를 받아야 한다. 만약 받지 못한다면? 그래도 중개를 할 것인지 여부는 결국 당시의 상황을 고려하여 판단해야 할 것이다.

(2) 정당한 이유에 대한 입증책임 고려

- 또한 판례가 상대방 배우자에게 대리권을 주었다고 믿을 만한 "정당한 이유"를 요구하고 있기 때문에, 설사 일상가사대리권을 기본대리권으로 하여 민법 제126조의 표현대리가 성립된다고 하더라도 구체적 사건에서 그 "정당한 이유의 존재를 중개업자가 입증해야" 한다(민사소송법상 입증책임의 원칙). 따라서 중개사가 위임하였다는 남편의 의사를 확인하거나(이때는 녹취 등의 증거를 확보해 두는 것이 좋다) 남편의 승낙서(위임장)를 받지 못하면 특별한 사정이 없는 한 함부로 처의 말만 믿고 중개를 해서는 안될 것이다.

- 남편이 외국체류 중 또는 교도소 수감 중이고 아이가 급히 수술을 받아야 된다고 하면서 급히 매도하려고 하는 등의 경우에는 처가 거짓말을 하고 있을 가능성이 높으며, 필자의 경험상 통상 부부관계가 좋지 않아서 이혼 직전에 있는 사람이 배우자의 명의로 된 부동산을 중개사를 속이고 처분하는 경우가 종종 있다. 저자는 법조계에서 손해배상 사건을 다루면서 이와 같은 중개사고를 여러 건 접한 적이 있다. 이런 경우에도 중개는 하되 반드시 어떤 형태로든 상대방 배우자의 의사를 타진하거나 상대방 배우자의 승낙서(처분위임장)를 받아야 한다. 외국체류 또는 교도소 수감은 외국주재 한국영사관이나 교도소 민원실을 통하여 얼마든지 확인이 가능하다. 이때 계약금을 중개사가 에스크로우로 보관하는 것도 좋은 처방이 될 것이다. 좀더 구체적인 사항은 아래의 주석을 참고하기 바란다.128)

---

128) 부동산 중개거래에서 부동산 명의자가 아닌 그 배우자만이 계약체결현장에 참석해서 부동산소유자의 대리인자격으로 계약을 하는 경우가 많다. 이 경우 대다수의 사람들은 소유자와 대리인으로 자칭하는 사람이 법적으로 부부관계에 있는 이상, 별다른 문제가 없겠거니 하면서, 대리권수여사실을 별도로 확인하지 않고서 무심코 계약을 체결하는 경우가 많다.
그러나 법적으로 볼 때, 이러한 거래관행은 매우 위험할 수 있다. 최근에 필자는, 이혼을 앞둔 처가 남편 명의의 부동산을 처분하면서 마치 자신이 처분을 위임받은 것처럼 매수인을 속여 매매계약을 체결한 후에 매매대금을 가지고 가출해버려, 그후 매수인이 남편을 상대로 매매를 원인으로 한 소유권이전등기청구소송을 제기하였으나 무권대리라는 이유로 패소한 후에, 결국 매매계약을 중개한 중개업자를 상대로 손해배상청구소송을 제기한 사건을 상담하였다.
부부간에는 비록 민법상의 일상가사대리권이 인정되어 부부의 공동생활에서 필요로 하는 통상적인 사무에 대해서는 배우자인 상대방에게 대리권을 허용하고 있지만, 일상가사대리권으로 허용되는 범위는 일용품의 구입 등과 같이 가정생활에 필수적이거나 거래금액이 적은 것에 국한하고 있어, 거래금액이 크면서 드물게 이루어지는 것이 일반적인 부동산거래의 경우에는 대부분 일상가사대리권의 범위를 벗어나게 된다. 결국 부부라고 하더라도 그것은 친족법상의 문제일 뿐 재산법적으로는 엄연히 별개의 인격인 이상, 원칙적으로 부동산거래에 있어서는 배우자라고 하더라도 위임권한(대리권)이 별도로 수여되어야만 계약이 유효한 것이다.
그런데 많은 사람들은 이러한 위임사실을 확인함에 있어 배우자가 부동산명의자의 인감도장과 인감증명서, 위임장을 소지하고 있다면, 실제로 부동산처분권이 배우자에게 위임되지 않았다고 하더라도(즉, 이러한 서류가 모두 배우자에 의해 위조된 경우라고 하더라도) 거래상대방은 보호받을 수 있는 것으로 오해하고 있으나 그렇지 않다는 점에 유의해야 한다. 부동산처분이 위임되지 않았다면 그 배우자의 행위는 무권대리행위가 되어 부동산 소유명의자에 대해서는 무효가 되는 것이다. 다만 민법은 "표현대리"라는 제도를 두어, 대리권이 존재하는 것으로 오인한 사람이 대리권이 있다고 믿을 수밖에 없는 정당한 사유가 있다면 예외적으로 유효한 법률행위로 인정하고 있다.

제4절 법인과의 계약

1. 법인의 표현(顯名主義)

(1) 법인의 현명방법

① 계약 당사자의 확정 내지 특정

- 계약 체결시 가장 우선적인 것은 아마도 "계약 당사자의 확정 내지 특정", 즉 거래하고자 하는 물건에 대하여 법적으로 정당한 당사자가 누구인지를 정확하게 확인하는 것이다. 실무상 우리는 거래 당사자의 주민등록증이나 등기권리증 등을 확인하고 있는데, 이와 관련하여 아주 상식적이지만 계약을 많이 체결해 보지 않은 사람이나 민상법을 잘 모르는 사람은 실수를 할 수도 있다.

② 현명주의(顯名主義)

- 민법상 사람에는 자연인과 법인이 있음은 누구나 다 아는 바이지만, 그중에서 상법상 영리법인 또는 민법상의 사단법인・재단법인과 계약을 체결할 때 법인의 표현을 어떻게 할 것인가의 문제이다.
- 만약 "000 주식회사", "합명회사 000조합" 등과 같이 표현하면 상법상 법인에 의한 행위로 보기 어렵다. 대리 또는 대표행위에 대하여 우리 법은 현명(顯名)주의를 취하고 있으므로(민법 제114조 1항) 본인을 위한 것임을 명확하게 표시해 주어야 한다. 따라서 "000주식회사 대표이사 000", "합명회사 000조합 대표사원 000"등으로 표시해야 법적 효력이 정확하게 법인에게 귀속되는 것이다. 그렇지 않으면 무권대리 또는 무권대표 시비에 휘말릴 수 있음을 주의하여야 한다.

(2) 불필요한 분쟁 사전예방

- 특히 실무상으로는 회사기업이나 공기업 직원들이 대표이사를 빼고 계약서를 작성해 줄 것을 요구하는 경우가 많다. 소잃고 외양간 고친다는 속담처럼 분쟁과 소송에 휘말린 뒤에 소송에서 이긴들 그

그런데 법원실무에서는 배우자가 부동산소유자의 부동산처분서류(인감증명서, 위임장, 인감도장, 권리증 등)를 소지하고 있다는 그 자체만으로는 거래상대방이 배우자에게 대리권이 있다고 믿을 수밖에 없는 정당한 사유가 있는 것으로 인정되지 않는다는 것이다. 부부간에는 상대방 배우자의 부동산처분과 관련한 서류를 쉽게 입수할 수 있다는 점, 부부 사이라고 하더라도 부동산을 처분할 수 있는 대리권을 수여하는 것은 이례적이라는 점을 전제로 하기 때문이다.
따라서 비록 법적으로 부부라고 하더라도 부동산 소유자가 아닌 배우자가 대리인으로 계약을 체결한다고 한다면, 부동산처분에 관한 기본서류를 소지하고 있다는 사실만으로 계약을 체결할 것이 아니라, 직접 소유자에게 유선으로 위임사실을 별도로 확인하는 등의 추가적인 확인조치가 반드시 필요하다고 할 것이다. 이러한 확인과정에서는 대리인이라고 자칭하는 배우자가 대리권수여에 관해 거짓말을 할 수 있다는 전제하에서 약간 지나치다고 할 정도로 철저하게 할 필요가 있다. 예를 들어 단순히 소유명의자인 남편에게 위임사실을 확인하는 전화를 하는 것으로 그치지 말고, 전화의 상대방이 실제 남편이 아니라 남편을 가장하는 사람일 수 있다는 것까지 염두에 두고, 다양한 방법으로 사전확인을 한 연후에 계약서를 작성하는 여유가 필요할 것이다. 만약, 남편이라고 하면서 전화통화한 사람이 애인이나 친구 등 가짜일 경우, 이러한 전화통화를 시도했다는 사정만으로는 현행 재판실무상으로 대리권이 있다고 믿을 수밖에 없는 정당한 사유가 있다고 단정적으로 해석할 수 없기 때문이다. 한편 대리권이 존재한다고 믿을만한 정당한 사유가 있는지의 여부는, 구체적인 부동산거래의 경우마다 다르지만(예를 들어, 부동산매매와 임대차, 근저당설정 등), 어떠한 거래이건 간에 부동산거래는 대체로 일상가사대리권을 넘는 상당한 자금이 소요되는 거래이므로 세심한 주의가 요망된다. 특히 요즘과 같이 이혼이 늘고 있는 상황하에서 아무리 주의해도 지나치지 않는 것이 바로 배우자간의 부동산중개거래가 아닌가 생각된다.

정신적 물질적 손실은 어디 가서 보상을 받을 수 있을까?
- 물론 상행위의 대리는 현명주의의 예외로서 본인을 위한 것임을 표시하지 않아도 본인에 대하여 효력이 미치고(상법 제 48조) 여러 사정을 종합하여 대리(대표)행위로 인정되는 한 대리(대표)관계가 긍정되는 경우도 있지만, 원칙대로 표시하여 불필요한 시비에 휘말리는 것을 사전에 막는 것이 좋다.

2. 법인의 법률행위의 제한

(1) 대표권 제한

① 일반적인 경우
- 법인의 법률행위는 대표이사 등 대표권을 가지는 자가 법인의 이름으로 하여야 한다(현명주의). 법인의 대표자는 법인의 권리능력[129]의 범위 내에서는 대표권을 가지는 것이 원칙[130]이지만 법률이나 정관에 의하여 대표권이 제한될 수도 있다.

② 『영리법인』의 경우
- 이 경우에도 대표권이 제한될 수 있으나, 그 제한으로 선의의 제3자에게 대항하지 못한다(상법 제 209조 2항, 제269조, 제389조 3항, 567조).

③ 『비영리법인』의 경우
- 이사의 대표권에 대한 제한은 '정관에 기재하지 아니하면' 효력이 없고(민법 제41조), '등기하지 아니하면' 제3자에게 대항하지 못한다(민법 제60조).

④ 표현대표이사제도
- 주식회사와 유한회사의 경우『표현대표이사의 행위와 회사의 책임』규정이 적용된다. 대표권이 없으면서도 사장, 부사장, 전무, 상무 등 기타 회사를 대표할 권한이 있는 것으로 인정될 만한 명칭을 사용한 이사의 행위에 대하여는 그 이사가 회사를 대표할 권한이 없는 경우에도 회사는 선의의 제3자에 대하여 책임을 진다(상법 제395조).

(2) 구체적인 사례

---

[129] 민법 제34조 (법인의 권리능력) 법인은 법률의 규정에 좇아 정관으로 정한 목적의 범위 내에서 권리와 의무의 주체가 된다.
[130] • 민법 제59조 (이사의 대표권) 이사는 법인의 사무에 관하여 각자 법인을 대표한다. 그러나 정관에 규정한 취지에 위반할 수 없고 특히 사단법인은 총회의 의결에 의하여야 한다.
• 상법 제209조(합명회사 대표사원의 권한) ① 회사를 대표하는 사원은 회사의 영업에 관하여 재판상 또는 재판외의 모든 행위를 할 권한이 있다.
• 상법 제269조(합자회사의 무한책임사원의 권한) 합자회사에는 본장에 다른 규정이 없는 사항은 합명회사에 관한 규정을 준용한다.
• 상법 제287조의19(유한책임회사의 업무집행자의 권한) 유한책임회사를 대표하는 업무집행자에 대하여는 제209조(합명회사의 대표사원의 권한)를 준용한다.
• 상법 제389조 3항 (주식회사의 대표이사의 권한) 제209조의 규정(합명회사의 대표사원의 권한)은 대표이사에 준용한다.
• 상법 제567조(유한회사의 이사의 권한) 제209조의 규정(합명회사의 대표사원의 권한)은 유한회사의 이사에 준용한다.

① 민법상 사단법인(비영리법인)이 중요하고 유일한 재산을 처분하는 경우에 사원총회의 결의를 요하는가 여부
- "민법상의 사단법인(비영리법인)"에 있어서는 비록 재산이 중요하고 유일한 것이라 하여도 그 처분에 있어 반드시 사원총회의 결의를 필요로 하는 것은 아니고, 사원총회의 결의 필요하다는 대표권에 대한 제한은 "정관에 기재"하여야 효력이 있다. 재산의 처분에 사원총회의 결의가 있어야 유효하다는 것을 "대외적으로 주장하려면 대표권 제한을 등기하여야" 한다. 131)

② 공동대표이사의 행위와 회사의 '표현대표이사 책임'
- 회사가 수인의 대표이사가 공동으로 회사를 대표할 것을 정하고 이를 등기한 경우에도, 공동대표이사 중의 1인이 대표이사라는 명칭을 사용하여 법률행위를 하는 것을 용인하거나 방임한 때에는, 그 공동대표이사가 단독으로 회사를 대표하여 한 법률행위에 관하여 선의의 제3자에 대하여 회사가 상법 제395조(표현대표이사의 행위와 회사의 책임)에 따른 책임을 진다. 132)

3. 법인의 대표가 아닌 자와의 계약

(1) 법인인감이 첨부된 위임장 첨부와 대리관계 표시

- 여기서 한발 나아가 법인의 대표이사나 대표사원이 계약 장소에 나오지 않고 전무이사, 상무이사 등의 명칭을 사용하는 법인의 임원이 와서 계약을 체결할 경우에는 계약서상에 법인의 표시는 "주식회사 0000 대표이사 000 대리 홍길동"으로 하고, 반드시 법인인감(대표이사의 개인인감이 아님)이 첨부된 위임장을 계약서에 첨부하여야 한다.

(2) 중개 현실

- 그러나 실무에서는 대부분의 기업 또는 단체들이 그렇게 하지 않고 법인의 대표자가 아닌 상무이사, 전무이사 등과 적당히 계약을 체결하거나 법인의 인감증명이 첨부된 위임장 없이 계약을 체결하고 있는 것이 현실이다. 공인중개사가 법인의 인감증명이 첨부된 위임장을 요구하면 "다른 데는 안 그런데 왜 이 사무실만 그러냐"고 오히려 큰소리친다. 법적으로나 거래상으로 무지로 인한 경우도 있지만, 대부분 알면서 본인들에게 불리한 것이 아닌 것은 적당히 넘어가려는 것이다. 그리고 이들이 변호사 사무실에 사건을 의뢰하면 당연히 이와 같은 서류를 제출하면서 공인중개사 사무실에 와서는 엉뚱한 소리를 한다.

(3) 현실에서 원칙 유지 필요

---

131) 대법원 1975.4.22. 선고 74다410 판결 [부동산소유권확인]
132) 대법원 1991.11.12. 선고 91다19111 판결 [대여금], 대법원 1992.10.27. 선고 92다19033 판결 [소유권이전등기], 대법원 1993.12.28. 선고 93다47653 판결 [소유권이전등기말소]

- 그러나 이것은 중개업계의 문턱이 낮기 때문이며, 다름 아닌 이것이 바로 갑질인 것이다. 문제는 현명주의는 법인제도의 기본법리이며, 이를 지키지 않았을 때 중개사고로 이어질 수도 있다는 점이다. 기본법리를 지키지 않았을 때에는 특히 국가전문자격사는 법원에서 절대로 구제받지 못한다.
- 여기서 공인중개사는 전문자격사로서 이들을 설득하여 법적으로 필요한 기본적인 요건을 구비하여야 한다. 그렇지 않고 이들의 갑질에 굴복하거나 이들의 농간에 말려들어서 적당히 넘어가서는 아니 된다. 추후 경기상황 등이 기업 자신들에게 불리하게 되면 무권대리를 이유로 계약을 취소할 수도 있기 때문에 일부 기업의 이와 같은 잔꾀에 넘어가지 않도록 주의하여야 한다.

4. 법인 제도의 현실

(1) 법인제도의 형해화(形骸化)

- 법인이 태동되는 근거법령이 사법과 공법 등 매우 복잡하고, 무늬만 법인인 형식상의 법인과 자본과 재정이 형해화(形骸化)된 법인이 많기 때문에 주의를 해야 한다. 특히 토지거래를 하는 중개사들은 창고부지, 공장부지 등의 거래에서 주의를 요한다.
- 이들 계약을 체결한 법인이 계약 후 경기가 악화되거나 사업성이 떨어질 경우 현명주의를 이유로 계약의 무효, 취소 또는 중개하자를 들고 나오는 경우가 있다. 특히 중소 규모의 무늬만 법인인 사람이 주로 이러한 법인제도의 허점을 악용하여 잔꾀를 부리는 경우가 많다. 원칙과 기본 법리를 따를 때 이와 같은 농간에 대한 방패막이가 되는 것이다.

(2) 현명주의와 법인인감 첨부가 원칙

- 법인과의 계약 시 법인의 대표자와 계약을 체결하는 것이 원칙이고 법인사용인감이 아니라 법인인감을 사용하는 것이 원칙이다. 반드시 법인인감(대표이사의 개인인감이 아님)이 첨부된 위임장을 계약서에 첨부하고 '대리관계를 표시(顯名主義 原則)'하는 것이 좋다. 비송사건절차법상 법인인감은 본점에서만 등록을 하고 하나만 존재하다 보니, 관행적으로 법인인감 대신 사용인감이라는 것을 여러 개 파서 지사나 지점에 비치하고 사용하는 것이 관례이다. 법인인감 대신 사용인감도 사실상 통용되고 있는 것은 사실이나 어디까지나 상법상으로는 사용인감이 아니라 법인인감이 원칙이다. 원래 회사법상 법인은 대표이사가 법인을 대표하기 때문에 법인과의 계약은 대표이사와 하는 것이 원칙이다.
- 비영리법인에 대한 행정적 감독은 행정부에서 하고 있는 것과는 달리 영리법인에 대한 행정적 감독은 법원에서 하고 있다. 따라서 법원의 감독이 현실적으로 제대로 미치지 못하여 영리법인제도는 사실상 형해화 또는 페이퍼 컴파니(Paper company)화한 경우가 많다. 따라서 중개사가 법인과 중개계약을 체결할 경우에는 중개사고 방지에 특히 주의를 해야 한다. 법인은 중개사를 우습게 보고 갑질을 하는 경우가 종종 있기 때문이다. 즉, 그 부동산 계약이 영리법인 자신들에게 불리할 경우에는 대표 및 대리 또는 법인제도의 원칙을 문제삼아 계약이행을 하지 않거나 계약을 취소하려 하기 때문이다. 그래서

영리법인에 관한 상법(회사법)에 어두운 중개사에게 책임을 전가하려 하는 경우가 비일비재하다.
- 만약 법인인감이나 사용인감이 첨부된 위임장을 계약서에 첨부할 수 없을 경우에는 반드시 특약으로 명시하고, 잔금 전에 본인(법인의 대표)으로부터 무권대표의 추인(追認)을 받아 두어야 한다. 상행위는 현명주의의 예외(상법 제48조)가 인정되지만 중개사로서는 불필요한 시비를 미연에 방지하는 것이 좋다. 추인은 계약서 여백에 "본 계약을 추인함. 00주식회사 대표이사 000"으로 쓰고 서명·날인하면 된다(민법 제114조, 제115조, 상법 제48조 각 참조).

5. 법인과 계약 시 첨부 서류

- 대표이사와 계약을 체결할 경우에는 ①법인인감증명서(대표이사 개인의 인감증명서가 아님), ②법인인감도장(대표이사 개인의 인감도장이 아님), ③법인등기사항증명서, ④대표이사 신분증이 필요하다.
- 대표이사가 아닌 임직원이 계약현장에 오는 경우에는 ①위임장+법인인감도장, 또는 위임장+사용인감과 사용인감계(사용인감계라는 법인이 관행적으로 사용하는 양식이 있음), ②법인인감증명서, ③대리인 신분증이 필요하다.
- 사용인감도장을 날인하는 경우에는 '사용인감계'를 제출받아서 법인인감증명서상의 인영과 사용인감계에 찍힌 인영의 동일성을 대조 확인해야 한다. 또한 계약자가 대표이사이든 임직원이든 공히 법인등기사항증명서는 첨부하여야 한다.

제4장

계약의 성립(계약서 작성, 법률행위의 확정)

제1절 청약과 승낙의 합치

1. 청약과 승낙이 합치할 것

(1) 계약의 성립을 위한 '의사표시 합치의 정도'

① 청약과 승낙이 '구체적·확정적인' 합치가 있을 것

- 계약은 "청약과 승낙의 합치"로 성립한다. 청약은 특정인은 물론 불특정다수인에게도 할 수 있다. 불특정다수인에게 하는 것은 청약의 유인인 경우가 많다. 계약체결을 원하는 의사표시가 청약이고, 이를 수용하여 계약을 성립시키겠다는 의사표시가 승낙이다. 한편 시간적으로 앞서는 것이 청약이고, 이에 응하여 이루어지는 의사표시가 승낙이다. 따라서 <u>"청약"은 그에 따른 승낙만 있으면 곧 계약이 성립할 수 있을 정도의 구체적·확정적 의사표시, 즉 『계약의 내용을 결정할 수 있을 정도의 사항을 포함』하여야 한다.</u>133) 청약이 그 정도에 이르지 않으면 '청약의 유인'이다.

② 청약의 구속력과 존속기간

- 청약은 상대방이 승낙을 하기 전에 이를 철회하지 못한다(법제527조, 청약의 철회 제한). 상대방이 계약체결 여부를 결정할 수 있는 기회를 주기 위한 것이다. 늦어도 청약의 도달과 동시에 철회의 의사표시가 상대방에게 도달하거나 청약 시 철회권을 유보한 경우에는 철회할 수 있다.
- 청약은 철회할 수 없지만 언제까지나 승낙을 기다릴 수는 없다. "승낙기간을 정한 청약"은 청약자가 그 기간 내에 통지를 받지 못하면 청약은 실효된다(법제528조 1항). 승낙이 연착된 경우 승낙의 통지가 그 기간 내에 도달할 수 있는 발송인 때에는 청약자는 지체없이 상대방에게 연착의 통지를 하여야

---

133) 대법원 2017.10.26. 선고 2017다242867 판결[손해배상(기)]

하고(제2항), 연착의 통지를 하지 않으면 승낙의 통지는 연착되지 않은 것으로 본다(제3항). 연착된 승낙은 청약자가 이를 새 청약으로 볼 수 있다(법제530조).
- "승낙기간을 정하지 않은 청약"은 청약자가 상당한 기간 내에 승낙의 의사표시를 받지 못하면 청약은 실효된다(법제529조). 승낙 방법에는 제한이 없다. 청약자가 정한 방법, 명시적·묵시적 방법도 가능하다. 승낙은 청약을 그대로 수용한 것이어야 하고 조건을 붙이거나 변경을 가한 승낙은 청약의 거절과 동시에 새로운 청약을 한 것으로 본다(법제534조).

③ 당사자의 서로 대립하는 수개의 의사표시에 대한 '객관적 합치'가 있을 것
- 계약이 성립하기 위하여는 당사자의 서로 대립하는 수개의 의사표시의 "객관적 합치"가 필요하고, 객관적 합치가 있다고 하기 위해서는 당사자의 "의사표시에 나타난 사항에 관하여는 모두 일치"하여야 한다.

④ 계약 내용의 '본질적 사항 또는 중요사항'에 관한 의사가 합치할 것
- 계약이 성립하기 위한 당사자의 의사의 합치는 당해 계약의 내용을 이루는 모든 사항에 관하여 있어야 하는 것은 아니다. 그러나 그『본질적 사항이나 중요 사항』은 구체적으로 의사의 합치가 있거나 적어도『장래 구체적으로 특정할 수 있는 기준과 방법 등에 관한 합의』가 있어야 한다.

⑤ 당사자가 특히 의사의 합치가 있어야 한다고 표시한 것도 합치할 것
- 당사자가 의사의 합치가 이루어져야 한다고 표시한 사항에 대하여 합의가 이루어지지 않은 경우에는 특별한 사정이 없는 한 계약은 성립하지 않는다.[134]

(2) 매매계약 합의해제 청약에 대하여 상대방이 조건을 붙이거나 변경을 가하여 승낙한 경우의 종전 청약의 효력

- 그 "청약의 거절과 동시에 새로 청약한 것"으로 보게 되어 "종전의 매도인의 청약은 실효"된다.[135]

(3) 계약의 성립

- 청약과 승낙이 합치하여 계약이 성립하면 채권채무관계가 발생한다. 매도인은 매수인에게 대금청구권을 취득하고, 매수인은 매도인에게 물건의 인도청구권과 소유권이전등기청구권을 취득한다(민법 제568조 1항). 계약은 당사자의 의사의 합치에 의하여 성립함이 원칙이지만, 의사의 실현(법제532조), 교차청약(법제533조)에 의하여 성립할 수도 있다.

2. 가계약이 본계약이 되기 위한 의사의 합치 정도

- 부동산 매매에 관한 가계약서 작성 당시『매매목적물과 매매대금 등이 특정되고 중도금 지급 방법에

---

134) 대법원 2003.4.11. 선고 2001다53059 판결 [손해배상(기)], 대법원 2017.5.30. 선고 2015다34437 판결 [분양대금반환등]
135) 대법원 2002.4.12. 선고 2000다17834 판결 [구상금], 대법원 2009.2.12. 선고 2008다71926 판결 [소유권이전 등기]

관한 합의가 있었다면』그 가계약서에 잔금 지급시기가 기재되지 않았고 후에 정식계약서가 작성되지 않았다 하더라도 매매계약은 성립한다.136)

3. 목적물만 특정된 아파트 분양계약의 계약 성립 여부

- 아파트 분양계약에서 목적물만 특정되어 있을 뿐, 분양대금의 액수, 목적물의 인도 시기 등 계약의 중요사항이 정해져 있지 않고 장래에 이를 특정할 수 있는 기준과 방법 등에 관한 합의도 없는 경우, "동·호수만을 확보하는 의미가 있을 뿐" 위 계약을 분양계약이 성립되었다고 할 수 없다.137)

4. '분양 광고의 내용'이 '계약 내용'이 되는지 여부

(1) 아파트 분양 광고의 법적 성질은 원칙적으로 '청약의 유인'이다.

- 상가나 아파트의 분양광고의 내용은 '청약의 유인'으로서의 성질을 갖는데 불과한 것이 일반적이다. 아파트의 외형·재질·구조 등에 관한 것으로서 사회통념상 수분양자가 분양자에게 계약의 내용으로 이행을 청구할 수 있다고 보이는 사항 이외의 아파트 분양광고의 내용은 일반적으로 '청약의 유인'으로서의 성질을 가지는 데 불과하므로 이를 이행하지 아니하였다고 하여 분양자에게 계약불이행의 책임을 물을 수는 없다.138)

(2) 분양 광고가 계약의 내용이 되지 않는 경우

- 상가를 분양하면서 그 곳에 첨단 오락타운을 조성·운영하고 전문경영인에 의한 위탁경영을 통하여 분양계약자들에게 일정액 이상의 수익을 보장한다는 광고를 하고, 분양계약 체결시 이러한 광고내용을 계약상대방에게 설명하였더라도, 체결된 분양계약서에는 이러한 내용이 기재되지 않은 위와 같은 광고 및 분양계약 체결시의 설명은 '청약의 유인'에 불과할 뿐 상가 분양계약의 내용으로 되었다고 볼 수 없고, 따라서 분양 회사는 위 상가를 첨단 오락타운으로 조성·운영하거나 일정한 수익을 보장할 의무를 부담하지 않는다.139)

(3) 분양 광고가 계약의 내용이 되는 경우 - 아파트의 외형, 재질에 관한 광고

- 아파트 분양광고의 내용 중 "구체적인 거래조건, 즉 아파트의 외형·재질·구조 등에 관한 것"으로서 "사회통념에 비추어 수분양자가 분양자에게 계약 내용으로서 이행을 청구할 수 있다고 보이는 사항에 관한 한" 수분양자들은 이를 신뢰하고 분양계약을 체결하는 것이고 분양자들도 이를 알고 있었다고

---

136) 대법원 2006.11.24. 선고 2005다39594 판결 [소유권이전등기]
137) 대법원 2017.5.30. 선고 2015다34437 판결 [분양대금반환등]
138) 대법원 2015.5.28. 선고 2014다24327, 24334, 24341, 24358, 24365, 24372 판결 [분양대금반환등·분양대금반환등·분양대금반환등·분양대금반환등·분양대금반환등·분양대금반환등]
139) 대법원 2001.5.29. 선고 99다55601, 55618 판결, 대법원2012.6.14. 선고 2012다15060,15077 판결, 대법원2014.4.10. 선고 2011다72011,72028 판결

보아야 할 것이므로, 분양계약시에 달리 이의를 유보하였다는 등의 특단의 사정이 없는 한, <u>분양자와 수분양자 사이에 이를 분양계약의 내용으로 하기로 하는 묵시적 합의가 있었다고 봄이 상당하다</u>. 이러한 사항이 아닌 아파트 분양광고의 내용은 일반적으로 '청약의 유인'으로서의 성질을 가지는 데 불과하므로 이를 이행하지 아니하였다고 하여 분양자에게 계약불이행의 책임을 물을 수는 없다. [140]

- <u>"온천 광고, 바닥재(원목마루) 광고, 유실수단지 광고 및 테마공원 광고"는 아파트의 외형·재질 등에 관한 것으로서, 콘도회원권 광고는 아파트에 관한 것은 아니지만 부대시설에 준하는 것이고 또한 이행 가능하다는 점에서, 각 분양계약의 내용이 된다.</u>

- 사회의 통념상으로는 공동묘지가 주거환경과 친한 시설이 아니어서 분양계약의 체결 여부 및 가격에 상당한 영향을 미치는 요인일 뿐만 아니라 대규모 공동묘지를 가까이에서 조망할 수 있는 곳에 아파트단지가 들어선다는 것은 통상 예상하기 어렵다는 점 등을 감안할 때 아파트 분양자는 아파트단지 인근에 공동묘지가 조성되어 있는 사실을 수분양자에게 고지할 신의칙상의 의무를 부담한다. [141]

제2절 토지의 현황이 지적 공부상의 경계와 다른 경우, 매매대상이 되는 토지 소유권의 범위(=지적 공부상의 토지)

1. 공부상 경계의 원칙

- 지적법에 의하여 어떤 토지가 지적공부에 1필지의 토지로 등록되면, 그 토지의 소재, 지번, 지목, 지적 및 경계는 다른 특별한 사정이 없는 한 이 등록으로써 특정되고, 그 소유권의 범위는 현실의 경계와 관계없이 원칙적으로 『공부상의 경계』에 의하여 확정되는 것이다. [142]

2. 예외적으로 실제의 경계에 의하는 경우

- 다만 지적도를 작성함에 있어서 기술적인 착오로 인하여 지적도상의 경계선이 진실한 경계선과 다르게 작성되었기 때문에 경계와 지적이 실제의 것과 일치하지 않게 되었고, 그 토지들이 전전매도 되면서도 당사자들이 사실상의 경계대로 토지를 매매할 의사를 가지고 거래한 경우 등과 같이 특별한 사정이 있는 경우에 한하여 그 토지의 경계는 『실제의 경계』에 의하여야 한다. [143]

---

140) 대법원 2007.6.1. 선고 2005다5812,5829,5836 판결 [손해배상(기)·소유권이전등기등], 대법원 2015.5.28. 선고2014다24327, 24334, 24341,24358,24365,24372 판결 [분양대금반환등]
141) 대법원 2007.6.1. 선고 2005다5812,5829,5836 판결 [손해배상(기)·소유권이전등기등]
142) 대법원 1991.2.22. 선고 90다12977 판결, 대법원 1993.5.11. 선고 92다48918(본소),48925(반소) 판결, 대법원 2005.3.24. 선고 2004다71522,71539 판결, 대법원 2015.5.28. 선고 2015다5514 판결, 대법원 2016.6.28. 선고2016다1793 판결
143) 대법원 1996.7.9. 선고 95다55597,55603 판결

제3절 계약서 작성과 해석

1. 낙성계약(諾成契約)이 원칙

- 낙성계약(諾成契約)이 원칙이나 '입증상의 문제' 때문에 계약서를 작성한다. 부동산등기특별조치법은 매매 등을 원인으로 소유권이전등기를 신청할 경우에는 계약서에 검인(檢印)을 받도록 하고 있다.

2. 계약서는 처분문서이다

(1) 진정성립된 처분문서는 '실질적 증거력'이 인정된다.

① 처분문서의 의미

- 계약서는 이른바 처분문서(處分文書)[144]이다. 처분문서란 법률행위(처분)가 이루어진 문서, 즉 법률행위가 화체된 문서를 말한다.

② 처분문서의 종류

- 예컨대 계약서, 약정서, 각서, 차용증서, 합의서, 유언서, 유가증권, 해약통지서, 납세고지서, 재판서, 행정처분서 등이 처분문서이다.

③ 처분문서의 중요성과 보고문서와의 차이점

- 민사소송법상 처분문서는 보고문서와 달리 형식적 증거력(진정성립)이 인정되면 실질적 증거력(증거가치)이 인정된다. 따라서 계약서가 진정하게 성립된 것이면 특별한 사정이 없는 한 그 기재내용이 사실로 인정된다. 처분문서의 민사소송법상의 실질적 증거력 때문에 처분문서에 기재된 내용은 특별한 사정이 없는 한 법원도 이에 구속되어 처분문서의 내용과 다른 판결을 할 수 없다. 이와 같이 계약서는 처분문서이므로 공인중개사가 작성하는 계약서는 그 중요성이 매우 높다는 사실을 기억하기 바란다. 이에 비하여 해당 업무에 관련한 사항을 보고하기 위해 작성하는 문서보고는 실질적 증거력이 인정되지 않는 문서이다.

(2) 처분문서에 나타난 당사자 의사의 해석방법[145]

① '객관적 의미'에 따라 해석

- 그 문언의 객관적인 의미가 명확하면, "그 문언대로의 의사표시의 존재와 내용을 인정"하여야 한다.[146] 이처럼 처분문서인 계약서의 문언은 대단히 중요하다. 따라서 객관적 의미가 다의적이 아니라

---

[144] 대법원 1997.5.30. 선고 97다2986 판결 [손해배상(기)], 대법원 1980.9.9. 선고 79다1281 전원합의체 판결 [건물철거 등], 대법원 1991.10.22. 선고 91다25468 판결 [대여금]
[145] 대법원 2016.1.14. 선고 2015다220955 판결 [보험금]

일의적으로 해석되도록 법률계약서를 작성하여야 한다.

② 문언의 객관적인 의미가 명확하게 드러나지 않는 경우

- 문언의 내용, 약정이 이루어진 동기와 경위, 약정으로 달성하려는 목적, 당사자의 진정한 의사 등을 종합적으로 고찰하여 "논리와 경험칙에 따라 합리적으로 해석"하여야 한다.147) 148)

③ 계약의 내용이 상대방에게 중대한 책임을 부과하는 경우

- 당사자 일방이 주장하는 계약의 내용이 상대방에게 '중대한 책임을 부과'하게 되는 경우에는, 그 문언의 내용을 더욱 엄격하게 해석하여야 한다.149)

(3) 처분문서의 기재내용과 다른 약정이 인정될 경우

- 처분문서라 할지라도 그 기재내용과 다른 특별한 명시적, 묵시적 약정이 인정될 경우에는 그 기재내용과 다른 사실을 인정할 수도 있고, 또 작성자의 법률행위를 해석함에 있어서도 경험칙과 논리칙에 어긋나지 않는 범위 내에서 자유로운 심증으로 판단할 수 있다.150)

3. 계약서에 기재된 내용이 당사자의 합의와 다를 경우

(1) 오표시 무해의 원칙(誤表示 無害의 原則)

- '계약서에 기재된 내용'과 당사자들이 '합의한 내용이 다를 경우'에는 당사자들이 "합의한 바에 따라" 계약이 체결된 것으로 본다(오표시 무해의 원칙). 계약을 체결하면서 타인의 이름을 사용한 경우(명의모용, 名義冒用) 누구를 계약당사자로 할 것인가의 문제와도 관계된다.151)

(2) 예외

- 그러나 어느 한 당사자는 '표시된 바 대로 의도'하였고, 다른 당사자는 표시된 바와는 '다른 생각을 가지고' 계약을 체결하였다면 '표시된 바의 객관적 의미대로 계약이 성립'되고, 그와 다른 생각을 가졌

---

146) 대법원 2014.6.26. 선고 2014다14115 판결 [점포명도 등]
147) 대법원 2018.6.15. 선고 2016다229478 판결 [공사대금]
148) ① 낙찰대금에서 배당을 받지 못한 세입자가 임대인의 아들을 찾아가 임대차보증금을 어떻게 할 것인지 따지자 자신이 책임지고 해결하겠으니 걱정하지 말고 기다리라고 한 경우, 그 말의 객관적 의미는 임대차보증금반환의무를 법적으로 부담할 수는 없지만 사정이 허락하는 한 그 이행을 사실상 하겠다는 취지라고 해석한 사례(대법원1999.11.26. 선고 99다43486 판결) ② 부동산의 명의수탁자가 신탁자와 함께 매매계약서의 매도인란에 자신의 서명 날인을 하고 매매대금 영수증에도 서명 날인을 하여 준 경우, 명의수탁자의 의사는 신탁자의 매매계약상의 매도인으로서의 의무를 자신이 공동으로 부담하겠다는 의미로 해석하여야 한다고 한 사례(대법원 2000.10.6. 선고 2000다27923 판결 [매매대금반환])
149) 대법원 1993.10.26. 선고 93다3103 판결 [물품대금]
150) 대법원 2006.9.14. 선고 2006다27055 판결 [소유권이전등기말소등]
151) 대법원 2019.9.10. 선고 2016다237691 판결 [관리비],대법원 2012.11.29. 선고 2012다44471 판결[매매대금], 대법원 2012.10.11. 선고 2011다12842 판결[증권위탁계좌확인] 계약의 당사자가 누구인지는 계약에 관여한 당사자의 의사해석 문제이다. 당사자들의 의사가 일치하는 경우에는 그 의사에 따라 계약의 당사자를 확정해야 한다. 그러나 당사자들의 의사가 합치되지 않는 경우에는 의사표시 상대방의 관점에서 합리적인 사람이라면 누구를 계약의 당사자로 이해하였을 것인지를 기준으로 판단해야 한다.

던 당사자는 '착오를 이유로 계약을 취소'할 수 있을 뿐이다.

(3) 사례

- 예컨대 부동산 매매계약에 있어서 쌍방당사자가 모두 특정의 '甲 토지'를 계약의 목적물로 삼았으나, 착오를 일으켜 계약서상에는 그 목적물을 甲 토지와는 별개인 '乙 토지'로 표시하였다면, '甲 토지'에 관하여 이를 매매의 목적물로 한다는 쌍방당사자의 의사합치가 있는 이상 매매계약은 '甲 토지'에 관하여 성립되고, 만일 '乙 토지'에 관하여 매매계약을 원인으로 하여 매수인 명의로 소유권이전등기가 경료 되었다면 이는 '원인이 없는 무효의 등기'이다. 152)

제4절 매매 목적물과 대금의 특정 시기

1. 매매 목적물과 대금의 특정 시기

- 매매계약은 매도인의 재산권 이전과 매수인의 대금지급에 관하여 합의가 이루어짐으로써 성립하나, 이 경우『매매 목적물과 대금은 반드시 그 '계약 체결 당시에 구체적으로 확정하여야 하는 것은 아니고', 이를 사후에라도 '구체적으로 확정할 수 있는 방법과 기준'이 정하여져 있으면 족하다』. 153)

2. 매매 목적물의 불특정으로 매매계약이 성립되지 않은 경우

- 매매계약의 목적물을『진해시 경화동 747의 ** 등 3필지 및 그 외에 같은 동 소재 소외 망 장*남 소유 부동산 전부』라고 표시하였다면, 매매계약의 목적물 중『특정된 3필지를 제외한 나머지 부동산이 토지인지 건물인지 알지 못한 상태에서 이루어져』계약 당시 당사자들도 어떠한 부동산이 몇 개나 존재하고 있는지조차 알지 못한 상태에서 이루어져서 계약일로부터 17년이 지난 후에야 그 소재가 파악될 정도인 경우, 그 목적물 중 특정된 3필지를 제외한 나머지 부동산에 대한 매매는 그 목적물의 표시가 너무 추상적이어서 매매계약 이후에 이를 구체적으로 특정할 수 있는 방법과 기준이 정해져 있다고 볼 수 없어 매매계약이 성립되었다고 볼 수 없다. 154)

---

152) 대법원 1993.10.26. 선고 93다2629,2636(병합) 판결 [건물퇴거], 대법원 2009.6.11. 선고 2007다88880 판결 [공사대금], 대법원 2007.12.27. 선고 2005다73914 판결 [손해배상(기)]
153) 대법원 1996.4.26. 선고 94다34432 판결
154) 대법원 1997.1.24. 선고 96다26176 판결

【계약당사자가 대금지급을 연기할 경우 실무상 대처방법】

1. 실무상 매수인(임차인의 경우에도 같다)이 은행대출이 늦어진다, 빌려준 돈을 받으면 잔금을 지급한다, 공사대금 등 사업자금이 들어오지 않아서 늦어진다는 등의 핑계로 매매대금 지급을 차일피일할 경우, 구두로 연기합의를 할 경우에는 매수인이 연기해 준 기일에 또 이행하지 않아도 계약을 해제하기 위해서는 상당한 기간을 정하여 다시 이행을 최고하여야 할 뿐만 아니라 당해 부동산을 제3자에게 매도하는 것도 영향을 받을 수 있다.
2. 따라서 매매대금지급 연기에 관하여 구두로 합의가 된 경우에는 심리적으로는 물론 계약해제를 위한 최고와의 관계에서도 이행각서를 받아 두면 더이상 최고 없이 자동으로 계약이 해제된 것으로 할 수 있어서 유리하다.
3. 이행각서 견본은 아래와 같다.
4. 이와 관련하여 부동산 매매계약에 있어, 잔대금 미지급시 자동해제된다는 특약의 효력을 보자 【판례 155)】

---

155) 부동산 매매계약에 있어서 매수인이 잔대금 지급기일까지 그 대금을 지급하지 못하면 그 계약이 자동적으로 해제된다는 취지의 약정이 있더라도 매도인이 이행의 제공을 하여 매수인을 이행지체에 빠뜨리지 않는 한 그 약정기일의 도과 사실만으로는 매매계약이 자동해제된 것으로 볼 수 없으나, 매수인이 수회에 걸친 채무불이행에 대하여 잔금 지급기일의 연기를 요청하면서 새로운 약정기일까지는 반드시 계약을 이행할 것을 확약하고 불이행시에는 매매계약이 자동적으로 해제되는 것을 감수하겠다는 내용의 약정을 한 특별한 사정이 있다면, 매수인이 잔금 지급기일까지 잔금을 지급하지 아니함으로써 그 매매계약은 자동적으로 실효된다(대법원 2014.2.13. 선고 2012다71930,71947 판결 [매매대금반환등·손해배상], 대법원 1996.3.8. 선고 95다55467 판결[소유권이전등기])

매매대금 지급연기에 따른 이행각서

부동산 표시

계약의 종류   매매( ) 임대차( )

매수인은 매도인과 위 부동산에 대한 매매계약을 체결하면서 20 . . .에 잔금을 지급하기로 하였으나, 매수인의 사정으로 지급기일에 이를 이행할 수 없어 매도인으로부터 대금 지급의 연기를 승낙받으면서 다음과 같이 각서한다.

1. 위 계약의 매매 잔금 기일은 <u>20 년   월   일</u>까지로 연기한다.
2. 매수인이 연기된 기일까지 대금 지급을 하지 않으면 이건 매매계약은 연기된 기일의 익일에 매도인의 별도의 해제 통보 없이 자동 해제되며, 또한 이 계약에 관한 매수인의 의무와 동시이행관계에 있는 매도인의 의무(소유권이전등기서류제공 등)도 전부 면제되는 것으로 한다.
3. 매수인이 연기한 기일에도 채무이행을 하지 못함으로써 계약해제의 효과가 발생한 때에는 계약해제에 따른 손해배상금으로 매도인에게 기지급한 계약금을 포기하기로 하며, 향후 계약 포기와 관련하여 일체의 이의를 제기하지 않기로 한다.

상기 사항을 준수 및 이행할 것을 자필 각서한다.

20   년   월   일

각서인【매수인】   성   명 :   (서명.인)
　　　　　　　　 주민등록번호 :

매도인 :   귀하

제5장

계약의 하자(무효와 취소)

제1절 계약의 일생

1. 계약의 일생에 대한 도식화

계약의 일생	계약의 일생에 대한 장애사유
1. 계약의 성립	(1) 계약의 효력발생에 대한 장애사유 : 권리장애사유(무효, 취소) ① 무효사유: 의사무능력, 원시적 불능, 강행법규 위반, 사회질서 위반, 비진의표시, 통정허위표시 ② 취소사유: 행위무능력, 착오, 사기·강박
2. 계약의 효력 발생	(2) 권리행사에 대한 장애사유 ① 권리저지사유 • 항변권의 존재(동시이행의 항변권, 최고·검색의 항변권) • 유치권의 존재 • 부관(附款)의 존재(정지조건의 불성취, 시기의 미도래) ② 권리멸각사유 • 계약의 효력 자체의 소멸사유(해제조건의 성취, 종기의 도래, 해제권의 행사, 합의해제) • 권리 자체의 소멸사유(변제 등의 채권소멸사유, 소멸시효의 완성[156], 제척기간의 만료, 채무자의 책임 없는 사유로 인한 이행불능) • 주체의 변경(채권양도, 면책적 채무인수)
3. 계약의 종료	채무이행, 계약인수의 양도인[157]
4. 계약의 변화	채권양도, 채무인수, 이행인수, 계약인수

---

156) 『채권』의 소멸시효는 10년이고, 『채권과 소유권 이외의 재산권』의 소멸시효기간은 20년이다.
157) 대법원 2013. 11. 14. 선고 2012다97840,97857 판결 [지체상금·지체상금]

2. 개념의 구별

(1) 무효와 취소의 구별

- "무효"는 특정인의 주장을 기다릴 것 없이 처음부터 그 효력이 없는 반면(확정적 무효, 단 토지거래허가구역에서의 매매는 '유동적 무효'), "취소"는 처음부터 유효하고 취소권자가 취소권을 행사하면 비로소 무효로 된다(유동적 유효). "무효"는 시간의 경과에 의하여 그 효력에 변동이 생기지 않는 반면, "취소"는 그 존속기간 내에 취소권을 행사하지 않으면 더 이상 취소할 수 없게 된다.

(2) 무효와 부존재 또는 불성립의 구별

- 계약의 "무효"는 계약이 성립된 것을 전제로 하며, 계약이 "부존재 또는 불성립"의 경우에는 계약 자체가 부존재 또는 성립되지 않은 경우이므로 무효가 문제될 여지가 없다. 따라서 계약의 부존재 또는 불성립의 경우에는 무효의 경우에 인정되는 법률행위의 일부무효(민법 제137조), 무효행위의 전환(민법 제138조), 무효행위의 추인(민법 제139조)의 규정이 적용되지 않는다.

(3) 취소, 철회, 해제의 구별

- "취소"는 이미 발생한 법률행위의 효력을 '소급적으로 소멸'케 하는 것이고, "철회"는 법률행위의 효력이 발생하기 전에 그 효력의 발생을 '장래를 향하여 저지'하는 것이다. "해제"는 일단 유효하게 성립된 계약의 효력을 '소급적으로 소멸'케 하는 점에서는 취소와 같으나, 해제는 약정해제권(민법 제565조) 또는 법정해제권(민법 제544조 이하)과 같은 '해제권에 의하여 소멸'되나 취소는 '법률행위의 하자 때문에 소멸'되는 점이 다르다.

3. 무효 사유와 취소 사유

(1) 무효 사유

- 계약의 무효사유에는 의사무능력, 원시적 불능, 강행규정 위반, 사회질서 위반(민법 제103조), 불공정한 행위(민법 제104조), 진의 아닌 의사표시(민법 제107조 1항 단서), 통정허위표시(민법 제108조), 무권대리행위(민법 제130조), 토지거래허가구역에서 관할관청의 허가가 없는 경우(부동산거래신고 등에 관한 법률 제11조 6항) 등이 있다.
- 사회질서 위반(민법 제103조), 불공정한 행위(민법 제104조)는 선악 불문하고 무효로 되는 '절대적 무효'이고, 진의 아닌 의사표시(민법 제107조 1항 단서), 통정허위표시(민법 제108조)는 선의의 제3자에게는 대항할 수 없는 '상대적 무효'이다.
- 토지거래허가구역에서의 매매는 '유동적 무효'이고, 나머지 무효는 '확정적 무효'이다.

(2) 취소 사유

- 행위무능력(선의의 제3자에 대항 가능), 착오에 의한 의사표시(민법 제109조), 사기·강박에 의한 의사표시(민법 제110조) 등(이상 선의의 제3자에 대항 불가)이 있다.

(3) 양자는 입법정책의 문제이다

- 무효로 할 것인가, 취소로 할 것인가는 입법정책적인 문제일 뿐 필연적인 것은 아니다.
- 착오에 의한 의사표시는 취소사유이지만 구법에서는 무효사유로 하고 있었다.

제2절 계약의 무효

1. 원시적 불능

가. 의의, 요건, 효과

- '존재하지 않는 토지'에 대한 매매계약과 같이, 원시적 불능을 내용으로 하는 계약은 무효이다. 불능을 알았거나 알 수 있었던 당사자는 상대방이 그 계약의 유효를 믿음으로 인하여 입은 손해(현장 답사비용 등)를 배상하여야 한다(신뢰이익의 배상, 민법 제535조 1항 1문). 그 배상액은 계약이 유효하였을 경우에 얻었을 이행이익을 넘지 못한다(민법 제535조 1항 2문). 상대방이 불능을 알았거나 알 수 있었다면 배상책임이 없다(민법 제535조 2항).

나. 판례

- 토지의 소유자가 토지 '전부'를 매도한 후 '목적토지도 없이 등기부상으로만 존재하고 있는 지분권'을 가지고 있는 경우, 이러한 지분은 그 대상 토지가 없는 허무의 것이므로 그 지분을 강제경매절차에서 경락받았다고 하더라도 무효이다. 158)

2. 반사회질서의 법률행위

가. 의의 등

- 반사회질서의 법률행위, 즉 선량한 풍속 기타 사회질서에 반하는 내용의 계약은 '무효'이다(민법 제103조). 최근 대법원 전원합의체 판례 다수설은 부동산실명법을 위반하여 무효인 명의신탁약정에 따라 명의수탁자 명의로 등기를 한 경우, 명의신탁자가 명의수탁자를 상대로 진정명의회복을 이유로 그 등

---

158) 대법원 1994.4.15. 선고 93다46353 판결 [소유권이전등기]

기의 말소를 구하는 것이 반사회질서의 법률행위에 해당하지 않으며, 민법 제746조의 불법원인급여에 해당하지 않는다고 하면서, 이는 농지법에 따른 제한을 회피하고자 명의신탁을 한 경우에도 마찬가지라고 한다. 159)

나. 사찰의 존립을 위태롭게 하는 사찰재산의 증여나 처분(판례)

- 사찰재산의 증여나 처분이 『사찰의 목적을 이탈하거나 사찰의 존립을 부인하고 위태롭게 하는 결과를 초래하는 정도의 것이라면』 설사 그 처분에 있어서 관계 장관의 허가가 있다 하더라도 무효라 할 것이다. 160)

다. 부동산 이중매매(이중양도)

(1) 제2매수인이 매도인의 배임행위에 적극 가담한 경우

- 판례는 제2매수인이 제1매수인에게 매도된 사실을 안 것만으로는 제2의 매매가 무효가 아니지만, 『제2매수인이 매도인의 배임행위에 적극 가담하여 이중으로 매수한 경우』에는 반사회질서의 법률행위로서 무효라고 한다.

(2) 제2매수인 등의 가담의 정도

① 적극 가담행위

- 부동산의 이중매매가 반사회적 법률행위로서 무효가 되기 위하여는 매도인의 배임행위와 매수인이 매도인의 배임행위에 '적극 가담한 행위'로 이루어진 매매이다.

② 적극 가담한 정도

- 적극 가담의 정도는 적어도 그 '매도사실을 알고도 매도를 요청하여 매매계약에 이르는 정도', 즉 적어도 "양도인의 배임행위에 '공모' 내지 '협력'하거나 양도사실을 알면서 제2양도행위를 '요청 또는 유도'하여 계약에 이르게 하는 정도"가 되어야 하고, 161) 162) 매수인이 다른 사람에게 매매목적물이

---

159) 대법원 2019.6.20., 선고, 2013다218156, 전원합의체 판결 [소유권이전등기] (양자간 명의신탁 사안에서 명의 신탁자의 상속인이 명의수탁자의 상속인을 상대로 진정명의회복을 원인으로 한 소유권이전등기절차의 이행을 구하는 사건) 우리의 최고법원인 대법원이 아직도 우리 사회 절대다수 일반인의 규범의식의 변화와 시대적 요구를 외면하는... 일제 강점기 조선고등법원 판결을 보는 듯해서 참으로 답답함을 금할 수 없다. 저자는 소수설이 지극히 타당하고 법 논리적으로도 명쾌하다고 본다. 지면 관계상 원문을 실을 수 없어서 안타까우나, 주석에 판례 번호를 올려 드리니 꼭 한번 판례원문을 읽어보시기 바란다.
160) 대법원 1969.11.25. 선고 69다1432 판결 [소유권이전등기말소등], 대법원 1964.6.2. 선고 63다879 판결 [임야소유권이전등기절차이행]
161) 대법원 1981.12.22. 선고 81다카197 판결 [소유권이전등기말소등기], 대법원 1983.4.26. 선고 83다카57 판결 [소유권이전등기말소]
162) 대법원 2009.3.26. 선고 2006다47677 판결[외화대납금반환등]
배임행위의 실행행위자와 거래하는 상대방으로서는 기본적으로 그 실행행위자와는 별개의 이해관계를 가지고 반대편에서 독자적으로 거래에 임하는 것이므로, 거래 상대방이 배임행위를 유인·교사하거나 배임행위의 전 과정에 관여하는 등 배임행위에 적극 가담하는 경우에는 그 실행행위자와 체결한 계약이 반사회적 법률행위에 해당하여 무효로 될 수 있지만, 관여의

매도된 것을 안다거나 단순한 이중양도의 권유만으로는 부족하다. 즉, 다른 사람에게 매도한 사실을 알면서도 더 높은 금액을 줄테니 자신에게 팔아라고 하는 정도의 권유는 도덕적인 비난은 별개로 하고 이중매매의 적극 가담행위는 아니라는 것이다. 과연 타당할까?

③ 적극 가담이 추정되는 경우
- 그러나 양도인과 제2양수인이 형제지간 163) 또는 부부관계 등 특수한 관계에 있으면 일응 매도인의 배임행위에 '적극 가담이 추정'된다.

④ 저당권설정의 경우
- 이미 매도된 부동산에 관하여 저당권자가 매도인의 배임행위에 적극 가담하여 저당권설정계약이 체결된 경우 반사회적 법률행위로 무효가 되기 위해서는 저당권자가 다른 사람에게 목적물이 매도된 것을 안다는 것만으로는 부족하고, 적어도 매도 사실을 알고도 저당권설정을 요청하거나 유도하여 계약에 이르는 정도가 되어야 한다. 164)

⑤ 명의신탁에서의 이중매매(적극 가담행위, 배임행위)
- 부동산실명법 제8조의 특례가 적용되는 『종중 등의 명의신탁』에 있어서, 명의수탁자는 신탁재산을 유효하게 제3자에게 처분할 수 있고 제3자가 명의신탁사실을 알았다 하여도 그의 소유권취득에 영향이 없으나, 명의수탁자로부터 신탁재산을 매수한 "제3자가 명의수탁자의 명의신탁자에 대한 배임행위에 적극 가담한 경우"에는 명의수탁자와 제3자 사이의 계약은 반사회적인 법률행위로서 무효라고 할 것이고, 이때 제3자가 명의수탁자의 배임행위에 적극 가담하는 행위란 수탁자가 단순히 등기명의만 수탁받았을 뿐 그 부동산을 처분할 권한이 없는 줄을 잘 알면서 명의수탁자에게 실질소유자 몰래 신탁재산을 불법처분하도록 적극적으로 요청하거나 유도하는 등의 행위를 의미한다. 165)

(3) 제2매수인 앞으로 소유권이전등기가 된 경우 제1매수인의 조치수단
- 위의 경우 만약 『제2매수인 앞으로 소유권이전등기가 이루어졌다면』, 제1매수인은 매도인을 대위하여 제2매수인을 상대로 『처분금지가처분』 과 함께 『소유권이전등기말소등기청구(민법 제404조 1항 1문)』를 하고, 매도인을 상대로 『매매계약에 따른 소유권이전등기청구』를 할 수 있다(민법 제568조 1항).

(4) 이중매매가 배임행위(반사회적인 것)로 평가되는 시점

정도가 거기에까지 이르지 아니하고 법질서 전체적인 관점에서 볼 때 거래 상대방이 반대편에서 독자적으로 거래에 따르는 위험을 피하고 합리적인 이익을 보호하기 위하여 필요한 조치를 요구하는 등 그 계약의 동기, 목적 및 의도, 그 계약의 내용 및 요구된 조치의 필요성 내지 관련성, 거래 상대방과 배임행위의 실행행위자와 관계 등을 종합할 때 사회적 상당성을 갖추고 있다고 평가할 수 있는 경우에는, 비록 거래 상대방이 그 계약의 체결에 임하는 실행행위자의 행위가 배임행위에 해당할 수 있음을 알거나 알 수 있었다 하더라도 그러한 사정만으로 그 계약을 반사회적 법률행위에 해당한다고 보아 무효라고 할 수는 없다.

163) 대법원 1991.11.22. 선고 91다28740 판결[토지소유권이전등기말소등]
164) 대법원 1998.2.10. 선고 97다26524 판결 [근저당권설정등기말소], 대법원 1997.7.25. 선고 97다362 판결 [근저당권설정등기말소], 대법원 2002.9.6. 선고 2000다41820 판결 [소유권이전등기].
165) 대법원 1992.3.31. 선고 92다1148 판결 [소유권이전등기말소], 대법원 1992.6.9. 선고 91다29842 판결 [손해배상(기)]

- 이중매매가 반사회적인 것으로 평가되기 위해서는 "양도인이 제1양도행위에 기한 구속으로부터 벗어날 수 없어야 한다". 즉 "제1양도행위에 해제사유가 없고, 제1양도행위가 계약금의 배액상환에 의한 해제가 불가능한 상태, 즉 중도금을 지급하는 등 물권이행의 단계까지 나아가야"한다.

(5) 이중매매계약은 '절대적 무효'이고, 다시 취득한 '제3자는 선의라도 무효'

- 부동산의 이중매매가 반사회적 법률행위에 해당하는 경우에는 이중매매계약은 절대적으로 무효이다. 따라서 당해 부동산을 제2매수인으로부터 다시 취득한 제3자는 선의라 하더라도(제2매수인이 당해 부동산의 소유권을 유효하게 취득한 것으로 믿었더라도) 제3취득자의 취득은 무효이다. [166]

(6) 매도인 배임죄, 제2매수인 배임죄 공범

- 위의 경우 만약 '중도금을 수령한 상태'에서 이중으로 매매를 하였다면 매도인은 '배임죄가 성립'되고(형법 제355조 2항), '제2매수인'이 매도인을 교사하는 등 매도인의 이중매매에 적극 가담한 경우에는 '배임죄의 공범'이 된다. [167]

3. 불공정한 법률행위(폭리행위)

가. 의의, 요건, 효과

(1) 의의

- 당사자의 궁박, 경솔, 무경험으로 인하여 현저하게 공정을 잃은 법률행위, 즉, 불공정한 법률행위(폭리행위)는 '무효'이다(민법 제104조).

(2) 요건

① 객관적으로 급부와 반대급부 사이에 현저한 불균형이 존재할 것
- 따라서 '증여'와 같이 상대방에 의한 대가적 의미의 출연 없이 당사자 일방의 급부만 있는 경우에는 급부와 반대급부 사이의 불균형 문제는 발생하지 않는다. [168]
② 주관적으로 거래가 피해당사자의 '궁박, 경솔 또는 무경험을 이용'할 것
③ 폭리자에게 피해 당사자가 궁박, 경솔 또는 무경험의 상태에 있다는 사정을 알면서 이용하려는 의사, 즉 폭리의사(폭리행위의 악의)가 있어야 한다.

---

[166] 대법원 1996.10.25. 선고 96다29151 판결 [토지소유권이전등기말소등], 대법원 2008.3.27. 선고 2007다82875 판결 [소유권이전등기등]
[167] 대법원 1983.4.26. 선고 82도49 판결 [배임], 대법원 1983.7.12. 선고 82도180 판결 [배임], 대법원 1999.7.23. 선고 99도1911 판결 [특정경제범죄가중처벌등에관한법률위반(배임·증재등)·업무상배임], 대법원 2011.10.27. 선고 2010도7624 판결[특정경제범죄가중처벌등에관한법률위반(배임)], 대법원 2016.10.13. 선고 2014도17211 판결 [업무상배임·배임수재·배임증재]
[168] 대법원 1993.7.16. 선고 92다41528,92다41535(병합) 판결 [소유권이전등기말소]

(3) 효과

- 무효이다.

나. 판례(고령이고 문맹인 자와 체결한 폭리계약의 효력)

- 한국감정원의 '감정가격의 30%에도 못미치는 가격'으로 토지를 매도한다는 것은 극히 이례에 속하는 것으로서, 농촌에 거주하는 '79세된 노인'이 무경험으로 인하여 시가를 잘 알지 못하고 '계약금으로 매매대금의 3분의 1 이상을 지급'하였으며, '매매계약 다음날 중도금을 지급하여' 계약금과 중도금을 합한 액수가 매매대금의 80%에 이르는 등 매매계약의 내용이 이례적인 점 등에 비추어 불공정한 법률행위로 보는 것이 경험법칙에 합치된다. 원고에게 망인의 경솔, 무경험을 이용하려는 악의가 있었다고 볼 여지가 있다(현실 사건에서 이와 같은 악의를 입증하기가 쉽지 않다).[169]
- 무학문맹으로 나이 어린 외손녀 하나만을 데리고 가옥일부를 임대한 수입으로 생계를 이어오며 고혈압으로 보행이 자유롭지 못하고 동맥경화성 정신증의 증세로 때로는 정신이 혼미하게도 되지만 빈한(貧寒)하여 치료조차 제대로 받지 못하고 있던 67세의 노파가 인근에 거주하여 위의 사정을 잘 알고 있는 사람에게 다른 생활대책도 강구함이 없이 유일한 생활근거인 가옥을 매도한 계약이 시가와 매매가액 사이에 현저한 차이가 있다면(시가 700만원인 가옥을 267만원에 매도), 민법 제104조 소정의 불공정한 법률행위에 해당한다고 볼 수 있다.[170]
- 우리 법원은 불공정한 법률행위에 대하여 상당히 소극적이고 인색한 판결을 해왔다. 그런데 최근 "종중재산의 분배에 관한 종중총회의 결의 내용이 현저하게 불공정하거나 선량한 풍속 기타 사회질서에 반하여 사회적 타당성을 결하여 무효"라는 눈에 띄는 판결이 있어서 소개한다.[171] [172]

---

169) 대법원 1992.2.25. 선고 91다40351 판결 [소유권이전등기]
170) 대법원 1979.4.10. 선고 79다275 판결 [소유권이전등기]
171) 대법원 2017.10.26., 선고, 2017다231249, 판결 [소유권말소등기] (종중재산의 분배에 관한 종중총회의 결의 내용이 사회적 타당성을 결여하여 무효라고 판단한 사안) 甲 종중이 乙 등에게 명의신탁되어 있던 토지의 반환을 위하여 소제기 등에 필요한 모든 권한을 회장인 丙에게 위임하였고, 이에 丙이 甲 종중을 대표하여 종토반환소송을 제기하여 승소판결이 확정되었는데, 그 후 甲 종중이 '종토 환원을 위하여 사비를 출연하고 소송실무를 대행하여 종토 전부를 종중으로 환원하여 감사의 의미로 환수 종토의 일부를 증여하기로 한다'면서 丙 등에게 종토 일부를 증여하기로 하는 결의를 한 사안에서, 丙 등이 종중재산의 회복에 기여한 부분이 있다고 하더라도 이는 선관주의의무를 부담하는 종중의 임원으로서 당연히 해야 할 업무를 수행한 것에 지나지 않으므로 이들에게 실비를 변상하거나 합리적인 범위 내에서 보수를 지급하는 외에 이를 벗어나 회복한 종중재산의 상당 부분을 丙 등에게 분배하는 위 증여결의는 내용이 현저하게 불공정하거나 사회적 타당성을 결하여 무효라고 한 사례이다. 무효의 구체적인 이유는 환수종토 85,255.8㎡에서 분배받은 토지 14,497.8㎡는 면적 기준만으로도 17% 상당에 이르는데, 이는 위 임시총회에서 결의한 승소금액의 7%를 현저히 초과한다. 증여결의를 한 이 사건 정기총회에는 불과 35명(직접 참석 22명, 위임장 제출 13명)만이 참석하였을 뿐인데, 피고 2 등이 지출한 소송비용이 얼마인지에 관한 정확한 계산과 보고도 없이 임시총회 때의 결의와 달리 피고 2 등에 대한 사례금을 대폭 증액한 것이 종중 구성원인 전체 종중원들의 진정한 의사에 부합한다고 보기도 어렵다는 것이다. 민법 제104조를 적용한 괄목할 만한 판결이다.
172) 대법원 2017.5.30., 선고, 2017다201422, 판결[부당이득금반환등] 甲 주식회사 등이 아파트 신축·분양사업을 추진하면서 사업부지 내 일부 토지에 관한 乙 소유의 지분을 매수하여 매매대금을 모두 지급하였으나 위 토지에 관한 공유물분할 과정에서 발생한 등기부상 지분 표시의 오류 때문에 지분이전등기를 하지 못하던 중, 乙로부터 위 매매대금 관련 횡령사건의 소송위임을 받은 변호사 丙의 어머니 丁이 위 지분을 乙로부터 매수하여 매매대금의 일부를 지급한 다음 소유권이전청구권 보전을 위한 가등기를 마쳤고, 그 후 戊 주식회사가 甲 회사 등으로부터 위 지분에 관한 시행사의 권리 등 사업을 양수하여 지분이전등

4. 비진의 의사표시[심리유보(心裡留保)]

가. 의의, 요건, 효과

(1) 의의

① 의미
- 농담(허언), 거짓말과 같이 표의자가 스스로 알면서 자신의 내심의 의사와 다른 의사표시를 하는 경우를 비진의 의사표시(심리유보)라고 한다(민법 제107조).

② 심리유보, 허위표시, 착오의 구별
- 상대방과 통정(通情)이 없는 점에서 '허위표시와 구별'되고, 표의자가 표시와 진의가 다름을 알고 있다는 점에서 '착오와 구별'된다.

(2) 요건

① 의사표시가 존재할 것
② 진의와 표시가 불일치할 것
③ 표의자가 진의와 표시의 불일치를 알고 있을 것

(3) 효과

① 원칙 : 유효, 예외 : 무효
- 비진의 의사표시의 법률효력은 이러한 표의자는 보호가치가 없기 때문에 '원칙적으로 표시된 대로 그대로 유효'이고(민법 제107조 1항 1문), 다만 '상대방이 진의 아님을 알았거나 알 수 있었다면' 이 역시 보호 가치가 없기 때문에 '무효'이다(1항 2문). 무효는 선의의 제3자에게 대항하지 못한다.

② 무효 주장자는 상대방의 악의 또는 과실(상대방이 알았거나 알 수 있었음)을 입증
- 표의자가 무효임을 주장하기 위해서는 상대방이 알았거나 알 수 있었음(상대방의 악의 또는 과실)을 입증하여야 한다. 대리행위에서 비진의 의사표시 여부와 상대방이 진의 아님을 알았거나 알 수 있었는지 여부는 '대리인을 표준'으로 정한다.

③ 비진의 의사표시가 적용되지 않는 경우
- 가족법상의 행위, 공법상의 행위, 거래의 안전이 중시되는 주식인수의 청약 등에는 비진의 의사표시(민법 제107조)가 적용되지 않는다.

기를 마쳤는데, 丙이 丁의 전속적 대표자임을 자처하면서 戊 회사가 위 사업을 추진하기 위해서는 가등기를 반드시 말소하여야 한다는 사정을 이용하여 가등기를 말소하는 대신 거액의 대가를 지급받기로 하는 내용의 합의 및 이에 관한 부제소합의를 戊 회사와 체결한 사안에서, 위 합의는 민법 제104조에 따라 무효이고 거기에 포함된 부제소합의도 무효라고 볼 여지가 충분한데도, 이와 달리 본 원심판결에 법리오해의 잘못이 있다고 한 사례이다.

나. 판례

(1) 강박에 의하여 의사표시를 한 것과 비진의 의사표시

- 비진의 의사표시에 있어서의 '진의란' '특정한 내용의 의사표시를 하고자 하는 표의자의 생각'을 말하는 것이지 표의자가 '진정으로 마음속에서 바라는 사항을 뜻하는 것은 아니'다.

  따라서 원고가 피고 산하 계엄사령부 소속 합동수사본부의 수사관 등에 의하여 강박을 받은 끝에 부동산을 증여한 사안에서, 비록 재산을 강제로 뺏긴다는 것이 표의자의 본심으로 잠재되어 있었다 하여도 '표의자가 강박에 의하여서나마 증여를 하기로 하고 그에 따른 증여의 의사표시를 한 이상' 증여의 내심의 효과의사가 결여된 것이라고 할 수 없다. 즉, 비진의 의사표시로서는 유효이고 다만 강박에 따른 취소사유에 해당할 뿐이다. [173]

(2) 증권회사 직원이 증권투자로 인한 고객의 손해에 대하여 책임을 지겠다는 내용의 각서를 작성해 준 사안

- 피고가 원고에게 각서 등을 작성하여 준 동기 등을 종합적으로 고찰하여 보면, 피고(증권회사 직원)는 원고(투자자)로부터 원고의 남편이 원고가 주식투자로 인하여 많은 손실을 본 것에 대하여 원고를 질책할 것을 두려워 한 나머지 원고의 남편에게 보여주고 그를 안심시키는 데에만 사용하겠다고 하면서 피고 명의의 각서[174]를 작성하여 달라는 부탁을 받고 부득이 원고와의 친분 및 거래관계상 원고의 부탁을 거절하기가 어려운 입장에서 위와 같은 각서 등을 작성하게 된 것으로 보이는바, 그렇다면 피고의 이와 같은 의사표시는 진의 아닌 의사표시이고 '상대방인 원고도 진의 아닌 의사표시라는 점을 알고 있어서 무효'라고 할 것이다. [175]

5. 통정허위표시(通情虛僞表示) [가장행위(假裝行爲)]

가. 의의, 요건, 효과

(1) 의의

---

[173] 원고가 피고 산하 계엄사령부 소속 합동수사본부 수사관 등의 계속적인 재산헌납 강요에 김계원의 재판결과에 악영향을 끼칠까 두려워한 나머지 이 사건 부동산을 증여하기에 이른 점 등으로 미루어, 강박으로 인하여 완전히 의사결정의 자유를 박탈당한 상태에 놓여 있었다고 보기는 어렵다.
한편 김계원의 무기징역형이 확정되고 그에 따라 원고의 집에 배치되어 있던 무장군인들이 철수한 1980. 5. 20.경 이후 위 김계원에 대한 사면, 복권이 이루어진 1988. 2. 27.경까지도 원고가 계속 외포상태에 있었다고 인정할 아무런 자료가 없으므로, 원고의 이 사건 소장송달로서 한 취소권의 행사는 추인할 수 있는 날로부터 3년이 훨씬 경과한 후에 이루어졌음이 역수상 명백하므로, 원고의 취소권은 이미 제척기간의 경과로 소멸하였다 【대법원 1993. 7. 16. 선고 92다41528, 92다41535(병합) 판결 [소유권이전등기말소], 대법원 2002. 12. 27. 선고 2000다47361 판결 [소유권이전등기등]】.
[174] "하기 본인은 1992년부터 당사 **증권 **지점 근무 중 고객에게 막대한 손실을 입혀 1995. 12. 31.까지 2억이 되도록 노력할 것이며 만약 2억이 안될 경우 본인이 모든 책임을 지도록 할 것임"이라는 내용의 각서(갑 제1호증)
[175] 대법원 1999. 2. 12. 선고 98다45744 판결 [손해배상(기)]

- '상대방과 짜고(通情)' 자신의 진의와 다른 의사표시를 하는 경우가 통정허위표시이다(민법 제108조). 예컨대 강제집행을 면하기 위하여 친구와 짜고 자기 소유부동산에 대한 소유권을 친구에서 이전한 경우이다. 허위표시를 이용한 법률행위를 '가장행위(假裝行爲)'라고 한다. 상대방과 짜고(通情) 한다는 점에서 비진의 의사표시(심리유보)와 다르다.

(2) 요건

① 의사표시가 있을 것
② 표시와 진의가 일치하지 않을 것
③ 진의와 다른 의사표시를 하는데 대하여 상대방과 통정(通情)이 있을 것
④ 통정의 입증
- 허위표시의 무효를 주장하는 자는 '통정을 입증'하여야 하는데, 실재로 이를 입증하기란 쉽지 않기 때문에 통상 '간접사실이나 보조사실'에 의하여 추정한다. 판례는 "특별한 사정없이 동거하는 부부간에 있어 남편이 처에게 토지를 매도하고 그 소유권이전등기까지 경료한다함은 이례에 속하는 일로서 가장매매라고 추정하는 것이 경험칙에 비추어 타당하다"고 하였다.[176)]

(3) 효과

① 무효
- 당사자간의 통정한 허위의 의사표시는 '무효'이다(민법 제108조 1항). 통정한 표의자와 상대방은 보호가치가 없기 때문이다.

② 이행전이면 이행할 필요 없으며, 권리변동도 무효
- 가장행위에 의하여 의무를 부담하는 경우에도 이를 이행할 필요가 없다. 이미 가장행위에 의하여 권리변동의 요건이 갖추어졌더라도 그 권리변동도 무효이다. [177)]

③ 부당이득반환 또는 소유권에 기한 반환청구 가능
- 가장행위에 의하여 급부한 당사자는 '부당이득 또는 소유권에 기하여 그 반환을 청구'할 수 있다. 이때 허위표시 자체는 불법이 아니기 때문에 민법 제746조(불법원인급여)는 적용되지 않는다. [178)]

④ 선의의 제3자에게 대항 불가(이른바 상대적 무효)
- 당사자간의 허위표시의 무효는 '선의의 제3자'에 대하여는 대항하지 못한다(민법 제108조 2항). 선의란 "당해 의사표시가 허위표시임을 알지 못하는 것"을 말한다. 제3자란 『당사자와 그의 포괄승계인

---

176) 대법원 1978.4.25. 선고 78다226 판결 [소유권이전등기말소등]
177) 대법원 2001.5.8. 선고 2000다9611 판결 [배당이의] 허위의 근저당권에 대하여 배당이 이루어진 경우, 통정한 허위의 의사표시는 당사자 사이에서는 물론 제3자에 대하여도 무효이고 다만 선의의 제3자에 대하여만 이를 대항하지 못한다고 할 것이므로, 배당채권자는 채권자취소의 소에 의하지 않고 배당이의 소로써 그 시정을 구할 수 있다.
178) 대법원 2004.5.28. 선고 2003다70041 판결 [제3자이의] 강제집행을 면할 목적으로 부동산에 허위의 근저당권설정등기를 경료하는 행위는 민법 제103조의 선량한 풍속 기타 사회질서에 위반한 사항을 내용으로 하는 법률행위로 볼 수 없다.

이외의 자』로서 『허위표시에 의하여 형성된 법률관계를 토대로 실질적으로 '새로운' 법률관계를 맺은 자』를 말한다.

- 제3자는 선의이면 족하고 무과실은 요건이 아니다. 제3자의 선의는 추정되므로 무효를 주장하는 자가 제3자의 악의를 입증하여야 한다. 선의인지 여부는 "새로운 이해관계가 생겼을 때"를 기준으로 결정된다. 대항하지 못한다는 것은 선의의 제3자에게는 허위표시의 무효를 주장하지 못한다는 의미이다. 즉, 허위표시는 무효이지만 선의의 제3자에 대한 관계에서는 표시된 대로 효력이 있다는 뜻이다(이른바 상대적 무효).

나. 민법 제108조 2항의 제3자에 해당하는 자

(1) 제3자의 의미

- 『일반적으로 제3자』는 '당사자와 그 포괄승계인 외의 자'를 말하는 것이지만, 『민법 제108조 2항의 제3자』는 허위표시에 의하여 외형상 형성된 법률관계를 토대로 실질적으로 "새로운" 법률상 이해관계를 맺은 자만을 말한다.179) 제3자에 해당한다는 사실은 "제3자 자신이 주장·입증"하여야 한다.

(2) 제3자에 해당하는 자

- ① 가장 양수인으로부터 목적부동산을 '양수'한 자, ② 가장양수인으로부터 '저당권을 설정'받은 자, ③ 가장전세권을 목적으로 '저당권을 설정'받은 자(이른바 전세권저당권자), ④ 가장저당권 설정행위에 기한 저당권의 실행에 의하여 부동산을 '경락'받은 자, ⑤ 가장양수인으로부터 소유권이전등기청구권 보전을 위한 '가등기'를 경료받은 자, ⑥ 가장양수인으로부터 목적부동산을 '임차하고 대항력을 갖춘 자', ⑦ 가장행위에 기한 근저당권부 채권을 '가압류'한 자가 제3자에 해당한다.

(3) 통정 허위표시의 선의의 제3자에 대한 효력(상대적 무효)

- 상대방과 통정허위표시는 무효이고 누구든지 그 무효를 주장할 수 있는 것이 원칙이나, 허위표시의 선의의 제3자는 "허위표시의 당사자 및 포괄승계인 이외의 자"로서 "허위표시에 의하여 외형상 형성된 법률관계를 토대로 실질적으로 '새로운' 법률상 이해관계를 맺은 자"를 말하고, "선의의 제3자"에 대하여는 허위표시의 당사자 뿐만 아니라 그 누구도 허위표시의 무효를 대항하지 못하고 그 표시된 대로 효력이 있다.180)

---

179) 대법원 1996.4.26. 선고 94다12074 판결 [소유권이전등기말소등], 대법원 2000.7.6. 선고 99다51258 판결 [지분부당이체금반환], 대법원 2004.5.28. 선고 2003다70041 판결 [제3자이의], 대법원 2011.4.28. 선고 2010다107408 판결 [배당이의], 대법원 2010.3.25. 선고 2009다35743 판결 [전세권설정등기말소등기절차이행등], 대법원2013.2.15. 선고 2012다49292 판결 [추심금], 대법원 2015.11.17. 선고 2014다10694 판결 [전세권설정등기말소등기절차이행등]
180) 대법원 1996.4.26. 선고 94다12074 판결 [소유권이전등기말소등], 대법원 2003.3.28. 선고 2002다72125 판결 [손해배상(기)]

다. 가장행위 관련 판례

(1) 통정허위표시가 채권자취소권의 대상이 되는지 여부(적극)

- 채권자취소권의 대상으로 된 채무자의 법률행위가 통정허위표시의 요건을 갖춘 경우에는 무효이지만 통정허위표시도 채권자취소권의 대상이 된다. [181]

(2) 임대차보증금반환채권 양도계약이 허위표시로서 무효인 경우, 채권자가 통정허위표시에 있어서 '제3자'에 해당하는지 여부(적극)

- 甲은 2018. 2. 4. 乙에게 이 사건 건물을 임대차보증금 6,500만 원 등으로 정하여 임대하였다. 한편 乙은 丙과 사이에 실제로는 양도할 의사 없이 형식적으로 丙에게 이 사건 임대차보증금반환채권을 양도하는 계약을 체결하고 甲에게 그 양도사실을 통지하였다. 그런데 丁은 丙에 대한 수임료 사건의 판결 정본에 기하여 丙이 양도받은 이 사건 임대차보증금반환채권에 관하여 채권압류 및 추심명령을 받았다.

```
(판례 도해)   甲(임대인) ─임대차계약/보증금6500만원─ 乙(임차인) ⇒ ─乙과 丙 가장행위로/임차보증금 반환채권양도─ 丙(양수인)

              ⇐ ─丙에 대한 변호사수임채권으로/채권압류 및 추심명령─ 丁(채권자)
```

- 그렇다면 丁은 통정허위표시에 의한 이 사건 임대차보증금반환채권 양도계약에 따라 외형상 형성된 법률관계를 기초로 실질적으로 새로운 법률상 이해관계를 가지게 되어, 민법 제108조 제2항의 제3자에 해당한다. [182]

(3) 가장행위로 근저당권의 피담보채권이 부존재하는 경우, 그 채권에 대한 가압류명령의 효력(무효) 및 가압류권자가 무효인 근저당권의 말소에 대하여 승낙의 의사표시를 하여야 할 의무를 부담하는지 여부(적극)

【원심이 인정한 사실관계】
다수인에게 빚을 지고 있던 甲이 강제집행을 면할 목적으로 乙과 통모하여 허위로 채권최고액 1억 원의 근저당권설정계약을 체결하고 이에 따른 근저당권설정등기를 경료하였다. 그런데 乙이 丙에게 위 근저당권설정계약서를 제시하고 丙으로부터 3,200만원을 빌려서 썼다. 그 후 乙이 차용금을 갚지 않자 丙이 甲의 부동산에 대하여 근저당권부 채권가압류결정을 받아 그 기입등기를 하였다.

---

[181] 대법원 1998. 2. 27. 선고 97다50985 판결 [과지불매매대금등]
[182] 대법원 2014. 4. 10., 선고, 2013다59753, 판결 [추심금]

(판례 도해)

$$\frac{\text{다수의 진성}}{\text{채권자들 존재}} \Rightarrow 甲 \frac{\text{甲은 강제집행 면탈목적으로 乙과의 가장행위로}}{\text{乙이 甲의 A부동산에 근저당권설정}} 乙(\text{가장근저당권자})$$

$$\frac{\text{乙이 甲에 대한 허위의 근저당권으로}}{\text{丙으로부터 돈을 빌림}} \Leftarrow \frac{\text{丙이 乙의 甲에 대한}}{\text{근저당권부 채권가압류}} 丙(\text{채권가압류자})$$

【원심판결】

丙(피고)이 통정허위표시인 근저당권설정계약이 유효하다고 믿고 그 피담보채권에 대하여 가압류결정을 받은 선의의 제3자에 해당하는 한, 甲(원고)이 丙에 대하여 근저당권설정계약의 무효를 주장하거나 피담보채권이 부존재한다거나 무효라고 볼 수도 없으므로, 丙은 근저당권의 말소에 대한 승낙의 의사표시를 할 의무가 없다고 판단하였다.

【대법원판결】

근저당권부채권을 가압류한 경우, 근저당권설정등기에 부기등기의 방법으로 가압류사실을 기입등기하는 목적은 근저당권의 '피담보채권'이 가압류되면 담보물권의 수반성에 의하여 종된 권리인 '근저당권'에도 가압류의 효력이 미치게 되어 피담보채권의 가압류를 공시하기 위한 것이므로, 만일 근저당권의 피담보채권이 존재하지 않는다면 그 가압류명령은 무효라고 할 것이고, 근저당권을 말소하는 경우에 가압류권자는 등기상 이해관계 있는 제3자로서 근저당권의 말소에 대한 승낙의 의사표시를 하여야 할 의무가 있다.[183]

6. 효력규정의 위반

가. 의의, 요건, 효과

(1) 강행규정과 임의규정

- 법령에는 『강행규정과 임의규정』이 있다. 법령 중 선량한 풍속 기타 사회질서에 관계있는 규정을 『강행규정』이라고 하고, 관계없는 규정을 『임의규정』이라고 한다. 계약 당사자들이 임의규정과 다른 의사표시를 한 경우에는 그 의사표시가 유효하다(민법 제105조).

(2) 효력규정과 단속규정

- 강행규정에는 『효력규정과 단속규정』이 있다. 위반행위에 대하여 사법상의 효력이 없는 규정은 『효력규정』이라고 하고, 사법상의 효력에는 영향이 없고 위반행위에 대하여 처벌만 받는 규정을 『단속규정』이라고 한다.

---

[183] 대법원 2004.5.28. 선고 2003다70041 판결 [제3자이의], 대법원 2009.12.24. 선고 2009다72070 판결 [말소등기에 대한 승낙의사표시], 대법원 2011.4.28. 선고 2010다107408 판결 [배당이의]

나. 판례

(1) 단속규정 위반으로 본 판례

① 주택건설촉진법상 국민주택에 대하여 '전매금지기간 내'에 이루어진 전매계약의 사법상 효력 (적극)

- 주택건설촉진법(현 주택법)에 의하여 아파트 분양 후 일정기간 동안 '임차권의 양도'가 금지되어 있다 하더라도 이는 매수인이 분양자에게 양도사실로 대항할 수 없다는 것이지 당사자 사이의 사법상의 '임차권의 양도계약'의 효력까지 무효로 한다는 것은 아니다. [184]

② 부동산등기특별조치법상 '중간생략등기'의 효력(적극)

- 부동산등기특별조치법상 조세포탈과 부동산투기 등을 방지하기 위하여 위 법률 제2조 제2항[185] 및 제8조 제1호에서 등기하지 아니하고 제3자에게 전매하는 행위를 일정 목적범위 내에서 형사처벌 하도록 되어 있으나, 이로써 순차 매도한 당사자 사이의 중간생략등기합의에 관한 사법상 효력까지 무효로 한다는 취지는 아니라고 할 것이다.[186]

③ 임대차계약 당사자 사이의 '양도 또는 담보제공 금지'의 효력

- 임대차계약의 당사자 사이에 '임차인은 임대인의 동의 없이는 임차권을 양도 또는 담보제공 하지 못한다.'는 약정을 하였다면, 그 약정의 취지는 "임차권"의 양도를 금지한 것으로 볼 것이지, 임대차계약에 기한 "임대보증금반환채권"의 양도를 금지하는 것으로 볼 수는 없다. [187]

④ 최근의 입법경향

- 위와 같이 강행규정 중 단속규정에 위반한 경우에는 형사처벌은 차치하고 그 사법적 효력은 유효한 것이 원칙이다. 그러나 최근 입법 경향은 이러한 단속규정의 경우에도 이를 위반한 경우에는 명시적으로 사법상의 효력을 무효로 하는 규정들이 출현하고 있다. 예컨대 부동산실명법 제4조가 그것이다.

(2) 효력규정 위반으로 본 판례

---

184) 대법원 1993.6.25. 선고 93다13131 판결 [아파트임대보증금반환]
185) 제2조(소유권이전등기등 신청의무)
① 부동산의 소유권이전을 내용으로 하는 계약을 체결한 자는 다음 각호의 1에 정하여진 날부터 60일 이내에 소유권이전등기를 신청하여야 한다. 다만, 그 계약이 취소·해제되거나 무효인 경우에는 그러하지 아니하다.
1. 계약의 당사자가 서로 대가적인 채무를 부담하는 경우에는 반대급부의 이행이 완료된 날
2. 계약당사자의 일방만이 채무를 부담하는 경우에는 그 계약의 효력이 발생한 날
② 제1항의 경우에 부동산의 소유권을 이전받을 것을 내용으로 하는 계약을 체결한 자가 제1항 각호에 정하여진 날 이후 그 부동산에 대하여 다시 제3자와 소유권이전을 내용으로 하는 계약이나 제3자에게 계약당사자의 지위를 이전하는 계약을 체결하고자 할 때에는 그 제3자와 계약을 체결하기 전에 먼저 체결된 계약에 따라 소유권이전등기를 신청하여야 한다.
186) 대법원 1993.1.26. 선고 92다39112 판결 [소유권이전등기], 대법원 1998.9.25. 선고 98다22543 판결 [소유권이전등기등]
187) 대법원 2013.2.28. 선고 2012다104366,104373 판결 [양수금·양수금], 대법원 1993.6.25. 선고 93다13131 판결 [아파트임대보증금반환], 대법원 2013.2.28. 선고 2012다104366,104373 판결[양수금·양수금]

- 변호사가 아니면서 법률상담 또는 법률관계 문서 작성, 그 밖의 법률사무를 취급하거나 이러한 행위를 알선하는 계약(변호사법 제109조 제1호와 법무사법 제3조 제1항 및 제74조 제1항 제1호를 위반하는 내용을 목적으로 하는 계약)의 사법적 효력은 무효이다.[188] 의사나 의사 아닌 자가 각 재산을 출자하여 함께 의료기관을 개설하여 운영하고, 의료기관의 운영 및 손익 등이 의료인 아닌 자에게 귀속되도록 하는 동업계약의 효력은 무효이다.[189] 공인중개사법에서 정한 한도를 초과하는 부동산 중개수수료 약정의 효력은 강행법규 위반으로 무효이다.[190] 공인중개사 자격을 갖추지 못한 사람이 체결한 부동산 중개계약의 효력은 무효이다.[191]

7. 일부 무효

가. 의의, 요건, 효과

(1) 의의

① 일부 무효는 원칙적으로 전부 무효
- 법률행위의 "일부가 무효"인 경우에는 "원칙적으로 전부가 무효"이다.

② 예외적으로 나머지 부분만 유효
- 당사자 쌍방이 "무효부분이 없더라도 법률행위를 하였을 것이라고 인정될 때(법률행위 당시 일부 무효임을 알았더라도 나머지 부분만으로 법률행위를 하였을 것이라고 인정될 때)"에는 "나머지 부분은 유효"이다(민법 제137조).

(2) 요건

① 일체로서의 하나의 법률행위가 있을 것
- 복수의 법률행위가 동시 또는 하나의 문서로 행하여지거나 복수의 법률행위가 상호 밀접한 관련성을 가지는 경우와 같이 하나의 법률행위(일체로서의 법률행위)가 있어야 하고,

② 그 일체로서의 법률행위가 가분적일 것

③ 무효부분이 없더라도 법률행위를 하였을 것

---

188) 대법원 2010.2.25. 선고 2009다98843 판결[위약금], 대법원 2018.8.1. 선고 2016다242716, 242723 판결[부당이득금·약정금] 〈변호사법 제109조 제1호에서 말하는 '법률상담'과 '법률사무'의 범위〉
189) 대법원 2016.12.27. 선고 2013다48241 판결[건물명도등]
190) 대법원 2007.12.20. 선고 2005다32159 전원합의체 판결 [약정금]
191) 청주지법 2009.3.19. 선고, 2008가단3749 판결[부당이득금반환등] : 확정
부동산 중개업자의 자격 요건에 관한 위와 같은 규정들은 그러한 자격이 없는 자가 한 중개계약에 대한 사법상의 효력을 제한하는 이른바 강행법규에 해당하고, 따라서 공인중개사의 업무 및 부동산 거래신고에 관한 법률 등 관련 법령에서 정한 자격 요건을 갖추지 못한 자가 한 부동산 중개계약은 무효이다.

나. 판례

(1) 유동적 무효의 법리와 손해배상책임(토지거래허가 없는 계약의 효력과 일부 무효)

- 일반적으로 토지와 그 지상의 건물은 법률적인 운명을 같이 하게 하는 것이 거래의 관행이고 당사자의 의사나 경제적 관념에도 합치되므로, 토지거래규제구역 내의 토지와 지상건물을 일괄하여 매매한 경우 매수인이 토지에 관한 당국의 거래허가가 없으면 건물만이라도 매수하였을 것이라고 볼 수 있는 특별한 사정이 인정되는 경우를 제외하고는 토지에 대한 매매거래허가를 받기 전의 상태에서는 지상건물에 대하여도 그 거래계약 내용에 따른 이행청구 내지 채무불이행으로 인한 손해배상청구를 할 수 없다.192)

(2) 이행불능과 일부무효

- 장래에 건축될 집합건물인 상가 내의 특정 점포를 분양받기로 하는 계약에 있어서는 분양자인 피고가 피분양자들에 대하여 부담하는 분양 점포에 관한 소유권이전등기 의무와 상가 총면적 중 분양 점포면적에 해당하는 비율의 대지 지분에 관한 소유권이전등기 의무는 불가분의 관계에 있어서, '분양 점포'에 관한 소유권이전등기의무의 이행이 불능에 이르렀다면 피고의 원고들에 대한 이 사건 분양계약상의 채무는 '전부 이행불능 상태'에 이르렀다고 볼 것이므로, 원고들로서는 피고에 대하여 '대지 지분'에 관한 소유권이전등기 절차의 이행만을 구할 수는 없다. 193)

(3) 권리금계약이 임대차계약 등과는 별개의 계약인지 여부(적극)

- 임차권양도계약과 권리금계약의 체결 경위와 계약 내용 등에 비추어 볼 때, 위 권리금계약은 임차권양도계약과 결합하여 전체가 경제적·사실적으로 일체로 행하여진 것으로서, 어느 하나의 존재 없이는 당사자가 다른 하나를 의욕하지 않았을 것으로 보이므로 권리금계약 부분만을 따로 떼어 취소할 수 없는데도, 임차권양도계약과 분리하여 권리금계약만이 취소되었다고 본 원심판결에 임차권양도계약 또는 계약의 취소 범위에 관한 법리오해 등 위법이 있다. 194)

(4) 매매목적 토지 중 '일부만'이 토지거래허가대상인 경우, 토지거래허가를 받지 아니한 매매계약의 효력(제137조 적용)

- 이 사건 임야에 관한 매매계약은 그 목적물의 대부분이 자연녹지지역으로서 관할관청으로부터의 토지거래허가를 받아야 하는데도 허가를 받지 못하였다면 효력이 없고, 설사 건설교통부의 토지거래규제 업무처리지침 등이 행정내규로서 법규로서의 효력이 없어서 매매계약이 그 목적물 중 자연녹지지역에 관한 부분에 관하여서만 무효라고 하더라도, 민법 제137조에 따라서 원칙적으로 위 매매계약 전부가

---

192) 대법원 1994.1.11. 선고 93다22043 판결 [부동산인도등], 대법원 1992.10.13. 선고 92다16836 판결 [소유권 이전등기]
193) 대법원 1995.7.25. 선고 95다5929 판결 [소유권이전등기]
194) 대법원 2013.5.9., 선고, 2012다115120, 판결[권리양도금]

무효가 되며, 다만 그 무효부분이 없더라도 매매계약을 체결하였을 것이라고 인정될 때에 한하여 나머지 부분은 무효가 되지 아니한다.

(5) 복수 당사자 사이의 합의 중 일부 당사자의 의사표시가 무효인 경우, 나머지 당사자 사이의 합의가 유효한지 여부의 판단 기준

- 복수의 당사자 사이에 어떠한 합의를 한 경우 그 합의는 전체로서 일체성을 가지는 것이므로, 그 중 한 당사자의 의사표시가 무효인 것으로 판명된 경우 나머지 당사자 사이의 합의가 유효한지의 여부는 『민법 제137조에 정한 바에 따라』 당사자가 그 무효 부분이 없더라도 법률행위를 하였을 것이라고 인정되는지의 여부에 의하여 판정되어야 하고,
- 그 당사자의 의사는 실재하는 의사가 아니라 법률행위의 일부분이 무효임을 법률행위 당시에 알았다면 당사자 쌍방이 이에 대비하여 의욕 하였을 '가정적 의사'를 말하는 것이지만,
- '나머지 당사자들이 처음부터 한 당사자의 의사표시가 무효가 되더라도 자신들은 약정내용대로 이행하기로 하였다면' 무효가 되는 부분을 제외한 나머지 부분만을 유효로 하겠다는 것이 당사자의 의사라고 보아야 할 것이므로, 그 당사자들 사이에서는 가정적 의사가 무엇인지 가릴 것 없이 무효 부분을 제외한 나머지 부분은 그대로 유효하다. 195)

8. 유동적 무효

가. 의의, 유형, 법적 성질

(1) 의의

① 무효의 종류

- 무효는 '확정적 무효'와 '유동적 무효'로 나누어지고, 무효의 원칙적인 모습은 확정적 무효이다. 거래계약이 확정적으로 무효가 된 경우에는 그에 관하여 귀책사유가 있는 자도 그 계약의 무효를 주장할 수 있다. 196)

② 유동적 무효란

- 법률행위가 무효이지만 추인 등에 의하여 행위시에 소급하여 유효로 될 수 있는 것을 "유동적 무효"라고 한다.

③ 유동적 무효의 유형

- 대표적인 것이 부동산거래신고 등에 관한 법률상의 '토지거래허가'를 취득하지 않은 계약이다. 그

---

195) 대법원 1996.2.27. 선고 95다38875 판결 [소유권이전등기말소등], 대법원 2010.3.25. 선고 2009다41465 판결 [소유권이전등기], 대법원 2017.11.9. 선고 2015다44274 판결 [약정금]
196) 대법원 1997.7.25. 선고 97다4357, 4364 판결 [손해배상(기)·소유권이전등기]

외에도 무권대리행위의 효력, 전통사찰보존의 규정을 위반한 양도계약 등이 유동적 무효이다.

(2) 토지거래허가의 법적 성질

① 허가설
- 부동산거래신고 등에 관한 법률 소정의 허가가 규제지역 내의 모든 국민에게 전반적으로 토지거래의 자유를 금지하고 일정한 요건을 갖춘 경우에만 금지를 해제하여 계약체결의 자유를 회복시켜 주는 성질의 것이라고 보는 설

② 인가설
- 규제지역 내에서도 토지거래의 자유가 인정되나, 위 허가를 허가 전의 유동적 무효 상태에 있는 법률행위의 효력을 완성시켜 주는 『인가적 성질』을 띤 것이라고 보는 설이다.
- 이 설이 타당하다.[197]

나. 판례

(1) 판례의 기본법리(유동적 무효)

- 부동산거래신고 등에 관한 법률상 토지거래허가구역 안의 토지에 관하여 허가받을 것을 전제로 한 거래계약일 경우, 일단 허가를 받을 때까지는 법률상 미완성의 법률행위로서 채권적 효력도 전혀 발생하지 아니하지만(무효), 일단 허가를 받으면 그 거래계약은 소급해서 유효로 되고 이와 달리 불허가가 된 때에는 무효로 확정되는 이른바 "유동적 무효의 상태"에 있다.[198]

(2) 유동적 무효가 '확정적 무효'로 되는 경우

① 토지거래허가를 배제하거나 잠탈하는 내용의 계약
② 정상적으로 토지거래허가를 받을 수 없는 계약을 허가를 받을 수 있도록 계약서를 허위로 작성하는 경우[199]
③ 관할관청의 불허가처분이 확정된 경우
④ 당사자 일방이 허가신청절차 협력의무의 이행거절의사를 명백히 표시한 경우[200]
⑤ 토지거래허가 구역 내의 토지에 대한 매매계약의 정지조건이 허가 전에 불성취로 확정된 경우[201]
⑥ 일방의 채무가 이행불능임이 명백하고 나아가 그 상대방이 거래계약의 존속을 더 이상 바라지 않고 있는 경우[202]

---

[197] 대법원 1991.12.24. 선고 90다12243 전원합의체 판결 [토지소유권이전등기]
[198] 대법원 1991.12.24. 선고 90다12243 전원합의체 판결 [토지소유권이전등기]
[199] 대법원 2010.6.10. 선고 2009다96328 판결 [토지거래허가신청절차], 대법원 2011.6.30. 선고 2011도614 판결 [배임]
[200] 대법원 2000.6.9. 선고 99다72460 판결 [부동산소유권이전등기]
[201] 대법원 1998.3.27. 선고 97다36996 판결 [매매대금반환등]
[202] 대법원 2010.8.19. 선고 2010다31860,31877 판결 [부당이득반환등(독립당사자참가의소)], 대법원 2011.6.24. 선고 2011다11009 판결 [매매대금반환]

(3) 유동적 무효인 상태의 법률관계

① 채권적 효력도 불발생, 채무불이행을 이유로한 계약해제와 손해배상 불가

- 토지거래허가구역 내의 토지에 대한 거래계약은 허가받기 전의 상태에서는 "채권적 효력"도 전혀 발생하지 아니하여 계약의 "이행청구"를 할 수 없으며203), 이행청구권이 부인되므로 채무불이행에 기한 "계약해제"204)나 채무불이행에 기한 "손해배상"도 인정되지 않는다.205)

② 소유권이전등기청구권을 피보전권리로 한 "부동산처분금지가처분신청"도 불가

- 같은 맥락에서 토지거래계약 허가구역 내의 토지에 관한 소유권이전등기청구권 또는 소유권이전등기청구권을 피보전권리로 한 "부동산처분금지가처분신청"이 허용되지 않는다. 만약 처분금지가처분 결정이 된 경우, 가처분 목적물의 양수인은 사정변경으로 인한 "가처분 취소신청"을 할 수 있다. 206)

③ 토지거래허가신청 요구권 발생, 토지거래허가신청절차 협력의무 부담

- 유동적 무효의 효과로 각 계약당사자는 상대방에 대하여 토지거래허가신청절차에 협력할 의무를 부담하는데, 이 의무의 이행은 소구(訴求)할 수 있고, 207) 청구인용판결이 확정되면 그것으로 토지거래허가신청의사표시에 갈음하므로(민법 제389조 2항, 민집법 제263조 참조) 단독으로 허가신청을 할 수 있다. 매수인이 매도인에 대한 허가신청 요구권은 "채권자대위권"208) 또는 "처분금지가처분의 피보전권리"가 된다. 209)

④ 자신의 채무이행제공 없이도 협력의무의 이행청구를 할 수 있고, 상대방도 이행제공 없음을 이유로 협력의무이행을 거절할 수 없다.

- 협력의무의 이행을 청구함에 있어서 대금채무에 관하여 이행제공을 할 필요가 없고, 따라서 매매대금의 이행제공이 없었음을 이유로 협력의무의 이행을 거절할 수 없으며, 210) 관할관청으로부터 허가를 받을 수 없을 것이라는 사유로 협력의무의 이행을 거절할 수도 없다. 211)

⑤ 협력의무 불이행을 이유로 계약해제 불가

- 거래계약의 당사자는 상대방이 그 거래계약의 협력할 의무를 이행하지 아니하였음을 이유로 일방적으로 유동적 무효의 상태에 있는 거래계약 자체를 해제할 수도 없다.212)

---

203) 대법원 1992.9.8. 선고 92다19989 판결 [소유권이전등기]
204) 대법원 2010.5.13. 선고 2009다92685 판결 [소유권이전등기등]
205) 대법원 2000.1.28. 선고 99다40524 판결 [손해배상(기)]
206) 대법원 2010.8.26. 자 2010마818 결정 [가처분취소], 대법원 2014.10.16. 자 2014마1413 결정 [가압류취소]
207) 대법원 2010.2.11. 선고 2008다88795,88801 판결 [채무부존재확인]
208) 대법원 2013.5.23. 선고 2010다50014 판결 [토지거래계약허가절차이행등], 대법원 2013.6.13. 선고 2011다83820 판결 [토지거래계약허가절차이행등]
209) 대법원 1998.12.22. 선고 98다44376 판결 [가처분결정취소]
210) 대법원 1996.10.25. 선고 96다23825 판결 [소유권이전등기]
211) 대법원 1992.10.27. 선고 92다34414 판결 [소유권이전등기]
212) 대법원 1999.6.17. 선고 98다40459 전원합의체 판결 [소유권이전등기]

(4) 허가구역 지정해제 또는 재지정을 하지 않은 경우

① 확정적으로 유효
- 토지거래허가구역으로 지정된 토지에 대한 거래계약이 유동적 무효인 상태에서 그 토지에 대한 토지거래허가구역 지정이 해제되거나 허가구역 지정기간이 만료되었음에도 허가구역 재지정을 하지 아니한 경우, 그 토지거래계약은 "확정적으로 유효"로 된다.
- 허가구역 안의 토지에 대하여 토지거래허가를 받지 아니하고 토지거래계약을 체결한 후 허가구역 지정해제 등이 된 때에는 그 토지거래계약이 허가구역 지정이 해제되기 전에 확정적으로 무효로 된 경우를 제외하고는, 더 이상 관할 행정청으로부터 토지거래허가를 받을 필요가 없이 "확정적 유효"로 된다.

② 토지거래허가신청절차의 이행소구이익 상실
- 따라서 거래 당사자는 그 계약에 기하여 바로 토지의 소유권 등 권리의 이전 또는 설정에 관한 이행청구를 할 수 있으므로, 더 이상 상대방에 대하여 소송으로써 토지거래허가신청절차의 이행을 구할 이익이 없다.213)

(5) 토지거래허가를 배제 또는 잠탈할 목적을 가진 매매계약에 있어서 양도소득세 과세문제

① 유상거래(매매)를 무상거래(증여)로 한 경우
- 토지거래허가구역 내 토지를 매도하고 토지거래허가를 배제하거나 잠탈할 목적으로 매수인 앞으로 "매매가 아닌 증여를 원인으로 한" 이전등기를 마친 경우, 예외적으로 "양도소득세 과세대상"이 된다.

② 중간생략등기를 한 경우

【중간생략등기 판례(1)】
- 甲이 토지거래허가구역 내 乙소유 토지에 관하여 매매계약을 체결한 직후 丙 등과 그 토지에 관한 전매계약을 체결한 다음 乙과 丙 등을 직접 당사자로 하는 토지거래허가를 받아 丙 등 명의로 소유권이전등기를 마친 데 대하여, 과세관청이 甲에게 양도소득세 등을 부과하는 처분을 한 사안에서, 이는 양도소득세 과세대상이 된다고 한 사례214)

```
(판례 도해)   乙 → 甲 → 丙 전전 양도
            • 甲에 대한 중간생략등기
            • 乙과 丙 간에 토지거래허가 및 소이등기 완료
            • 甲에 대하여 양도소득세 부과처분, 실질과세원칙에 부합하여 적법하다.
```

---

213) 대법원 1999.6.17. 선고 98다40459 전원합의체 판결 [소유권이전등기], 대법원 2014.7.10. 선고 2013다74769 판결 [소유권말소등기]
214) 대법원 2011.7.21. 선고 2010두23644 전원합의체 판결 [양도소득세부과처분취소]

【중간생략등기 판례(2)】

【사실관계】

- '피고인'은 '공소외 1회사'로부터 토지거래허가구역 내의 이 사건 토지를 포함한 19필지의 토지를 매수하기로 하는 매매계약을 체결하면서 토지거래허가를 받을 의사 없이 전매차익을 얻을 목적으로 '계약금만을 지급한 상태'에서 그 중 이 사건 토지를 취득할 수 있는 권리를 공소외 2, 3에게 양도하고 그 양도대금을 지급받았으며, 그 후 공소외 2, 3은 이 사건 토지를 공소외 1회사로부터 직접 매수하는 형식의 매매계약서를 작성하고 그에 대한 관할 관청의 토지거래허가를 받아 피고인을 거치지 아니하고 직접 소유권이전등기를 마쳤다.

(판례 도해) 공소외 1회사 → $\dfrac{\text{피고인}}{\text{토지거래허가 받을 의사 없음}}$ →

$\dfrac{\text{공소외 2,3은 공소외1회사로부터 바로}}{\text{매수한 것으로 계약서 작성, 토지거래허가, 소이등기}}$

【원심의 판단】

원심은, 피고인과 공소외 1 회사 사이의 매매계약 및 피고인과 공소외 2, 3 사이의 양도계약이 모두 무효인 이상 양도소득세의 과세대상인 자산의 양도나 그 양도로 인한 소득이 있었다고 볼 수 없다고 보았다.

【대법원의 판단】

피고인이 이 사건 토지에 대한 토지거래허가를 받거나 소유권이전등기를 마칠 의사 없이 공소외 1회사로부터 이 사건 토지를 매수하여 공소외 2, 3에게 그 토지를 취득할 수 있는 권리를 양도하였으므로 공소외 2, 3이 자신들과 공소외 1회사를 이 사건 토지의 매매당사자로 하여 토지거래허가를 받았다 하더라도 공소외 1회사와 피고인 사이의 매매계약 및 피고인과 공소외 2, 3 사이의 양도계약은 모두 "확정적으로 무효"라고 할 것이나, 이미 <u>그와 같이 무효인 계약에 기하여 공소외 1 회사로부터 공소외 2, 3 앞으로 소유권이전등기가 마쳐진 채 말소되지 아니하고 남아 있고, 피고인은 공소외 2, 3으로부터 받은 양도대금을 반환하지 아니한 채 그대로 보유하고 있으므로, 피고인에게는 이 사건 토지를 취득할 수 있는 권리의 양도로 인한 소득이 있고, 그것은 양도소득세의 과세대상이 된다(실질과세의 원칙).</u> 이러한 원심판단에는 위 죄의 구성요건 충족의 전제가 되는 '양도소득세 과세대상 소득의 발생에 관한 법리'를 오해하여 판결에 영향을 미친 위법이 있다.[215]

9. 무효의 효과

가. 의의, 효과

① 이행의무 없고, 이행한 경우 부당이득에 해당

---

[215] 대법원 2012.2.23. 선고 2007도9143 판결 [특정범죄가중처벌등에관한법률위반(조세)]

- 부동산 매매 등 법률행위가 무효216)인 경우에는 이행할 의무가 없다. 이행할 의무가 없음에도 불구하고 이행하였다면 '부당이득반환청구권'을 행사할 수 있다(민법 제741).217)

② 불법원인급여의 경우
- 그 이행이 불법원인급여의 경우에는 반환을 청구하지 못한다. 그러나 상대방(수익자)에게만 불법원인이 있는 경우에는 그렇지 않다(민법 제746조).

③ 불법원인급여의 반환문제
- 무효는 대부분 반사회질서, 허위표시, 강행법규 위반 등과 관계가 깊다. 결국 이러한 불법원인급여로 될 경우 그 급여를 반환받을 수 있느냐의 문제로 귀착된다.
- 다음의 판례를 보자.

나. 판례(민법 제746조의 적용에 있어서 불법성의 비교)

① 수익자의 불법성이 급여자의 불법성보다 크다【반환청구 허용】
② 매도인인 명의수탁자의 불법성이 매수인의 불법성보다 크다【매수인 매매대금반환청구 허용】218)
③ 내기바둑(도박)에서 수익자의 불법성이 급여자의 불법성보다 크다【급여자의 주택반환 허용】219)
④ 포주의 불법성이 윤락녀의 불법성보다 크다【윤락녀의 포주에 대한 화대청구 허용】220)
⑤ 대주의 불법성이 차주의 불법성에 비하여 크다【차주의 무효인 부분의 이자청구 허용】221)

제3절 계약의 취소사유

1. 무능력자의 행위

---

216) 법률행위의 무효에는 확정적 무효와 유동적 무효가 있음은 이미 위에서 보았다. 특별한 언급이 없으면 무효는 확정적 무효를 말한다.
217) 선의인 당사자는 그 '받은 이익이 현존하는 한도'에서 반환하면 되고(민법 제748조 1항), 악의인 당사자는 그 '받은 이익에 이자를 붙여 반환'하여야 하고 손해가 있으면 '손해배상'도 하여야 한다(제2항). 수익자가 후에 '법률상 원인 없음을 알게 된 때에는 그때부터' 악의의 수익자로서의 반환책임을 지며(민법 제749조 1항), 선의의 수익자라도 패소한 경우에는 '제소시부터' 악의의 수익자로서의 반환책임을 진다(제2항).
218) 대법원 1993.12.10. 선고 93다12947 판결 [손해배상(기)]
219) 대법원 1997.10.24. 선고 95다49530,49547 판결 [소유권이전등기말소·건물명도등]
220) 대법원 1999.9.17. 선고 98도2036 판결 [횡령]
221) 대법원 2007.2.15. 선고 2004다50426 전원합의체 판결 [대여금반환], 대법원 2009.6.11. 선고 2009다12399 판결 [가옥명도 등청구]

(1) 미성년자

- 미성년자가 법정대리인의 동의를 얻지 아니하고 한 법률행위는 취소할 수 있다. 그러나 권리만을 얻거나 의무만을 면하는 행위는 그러하지 아니하다.
- 미성년자가 법정대리인으로부터 허락을 얻은 '특정한 영업'에 관하여는 성년자와 동일한 행위능력이 있다. 예컨대 상가 영업의 경우 미성년자도 "업종을 특정하여 허락을 득한 경우"에는 장사를 할 수 있다.

(2) 피한정후견인

- 피한정후견인이 한정후견인의 동의가 필요한 법률행위를 한정후견인의 동의 없이 하였을 때에는 그 법률행위를 취소할 수 있다. 다만, 일용품의 구입 등 일상생활에 필요하고 그 대가가 과도하지 아니한 법률행위에 대하여는 그러하지 아니하다(법제14조 4항). 가정법원은 피한정후견인이 한정후견인의 동의를 받아야 하는 행위의 범위를 정할 수 있다(제1항).

(3) 피성년후견인

- 피성년후견인의 법률행위는 취소할 수 있다. 가정법원은 취소할 수 없는 피성년후견인의 법률행위의 범위를 정할 수 있다(법제10조 2항).

2. 착오(錯誤)

가. 착오의 의의

(1) 착오의 개념과 유형

① 착오의 개념

- 착오란 일반적으로 '의사표시의 내용과 내심의 의사'가 일치하지 않는 것을 표의자가 모르는 것을 말한다. 착오(특히 동기의 착오)는 중개실무에서 매우 자주 발생한다는 사실을 잊지 말기 바란다.
- 매매 등의 계약에 있어서 법률행위의 내용의 "중요부분"에 착오가 있는 경우에는 취소할 수 있다(제109조 1항 1문). 그러나 그 착오가 표의자의 "중대한 과실"로 인한 경우에는 취소하지 못한다(제109조 1항 1문). 착오로 인한 취소는 선의의 제3자에게는 대항하지 못한다(제109조 2항).

② 착오의 유형

- 착오의 유형에는 ⓐ 표시상의 착오[예컨대 오기(誤記), 오담(誤談)], ⓑ 내용의 착오(의미의 착오), ⓒ 동기의 착오가 있다.

③ 착오와 하자담보책임의 관계

- 착오로 인한 취소 제도와 매도인의 하자담보책임 제도는 취지가 서로 다르고, 요건과 효과도 구별된

다. 따라서 매매계약 내용의 중요 부분에 착오가 있는 경우 매수인은 매도인의 하자담보책임이 성립하는지와 상관없이 착오를 이유로 매매계약을 취소할 수 있다. 222)

(2) 동기의 착와 판례의 태도

① 중개실무에서 매우 중요

- 착오에는 동기의 착오가 특히 문제된다. 중개 계약시에 이 동기의 착오는 대단히 중요한 작용을 한다. 따라서 이 동기의 착오를 잘 처리하여야 한다.

② 동기의 착오와 이중기준

- 동기의 착오에 관하여 판례의 태도는 『의사표시』는 법률행위의 내용의 '중요 부분'에 착오가 있는 때에는 취소할 수 있다. 법률행위의 착오의 『중요 부분』이라 함은 『"표의자"가 그러한 착오가 없었더라면 그 의사표시를 하지 않으리라고 생각될 정도로 중요한 것이어야 하고, "일반인"도 표의자의 처지에 섰더라면 그러한 의사표시를 하지 않았으리라고 생각될 정도』이어야 한다(이른바 二重基準說)".
- 의사표시의 『동기에 착오』가 있는 경우에는 『당사자 사이에 그 동기를 의사표시의 내용으로 삼았을 때에 한하여』 의사표시의 내용의 착오가 되어 취소할 수 있는 것이다. 223) 따라서 중개실무에서 바로 이러한 사실을 계약서에 담을 수 있어야 진정한 전문가인 것이다. 이것이 바로 법률계약서인 것이다.

③ 착오에 의한 의사표시 취소를 합의로 배제 가능

- "당사자의 합의로 착오로 인한 의사표시 취소에 관한 민법 제109조 제1항의 적용을 배제할 수 있다". 224)

나. 착오의 요건

(1) 착오가 있을 것

① 착오 존재의 판단시점은 『의사표시 당시』이다.
② 착오의 대상은 『현재의 사실』뿐만 아니라 『장래의 불확실한 사실』도 포함된다(예컨대 장차 납부할 양도세 세액에 관한 착오). 225)
③ 대리인이 계약을 체결한 경우에는 『대리인을 기준』으로 착오 유무를 판단한다.

---

222) 대법원 2018.9.13., 선고, 2015다78703, 판결 [위약약정금]
223) 대법원 1999.4.23. 선고 98다45546 판결 [계약금반환등], 대법원 2016.4.15. 선고 2013다97694 판결 [주식양도대금반환 등]
224) 대법원 2014.11.27. 선고 2013다49794 판결 [부당이득금반환] 〈파생상품 착오주문 취소 사건〉
225) 대법원 1994.6.10. 선고 93다24810 판결 [약정금] 매도인의 대리인이, 매도인이 납부하여야 할 양도소득세 등의 세액이 매수인이 부담하기로 한 금액 뿐이므로 매도인의 부담은 없을 것이라는 착오를 일으키지 않았더라면 매수인과 매매계약을 체결하지 않았거나 아니면 적어도 동일한 내용으로 계약을 체결하지는 않았을 것임이 명백하고, 매도인의 위와 같은 착오는 매매계약의 내용의 중요부분에 관한 것에 해당한다.

(2) 『법률행위 내용의 중요부분』에 착오가 있을 것

① 법률행위 내용의 '중요부분의 이중기준'

- 표의자의 '주관적 의도'와 일반인의 '객관적 기준'에서 모두 법률행위의 '중요부분에 관한 착오'가 충족되어야 한다. 즉 『'표의자'가 주관적으로 그러한 착오가 없었더라면 그 의사표시를 하지 않으리라고 생각될 정도로 중요한 것이어야 하고, 보통 '일반인'도 객관적으로 표의자의 입장에 섰더라면 그러한 의사표시를 하지 않았으리라고 생각될 정도』로 중요한 것이어야 한다(이른바 二重基準說).

② 착오와 의사표시 사이에 인과관계와 취소권자의 입증

- 착오와 의사표시 사이에 인과관계가 존재하여야 하고, 착오를 이유로 의사표시를 취소하는 자는 "법률행위의 내용에 착오가 있었다는 사실"과 함께 착오와 의사표시 사이의 인과관계【그 착오가 의사표시에 결정적인 영향을 미쳤다는 점, 즉 만약 그 착오가 없었더라면 의사표시를 하지 않았을 것이라는 점】을 증명하여야 한다. 226)

③ 중요부분의 착오는 구체적 사정에 따라 판단

- 법률행위의 내용의 중요부분에 착오가 있는지 여부는 그 행위에 관하여 주관적, 객관적 표준에 쫓아 구체적 사정에 따라 가려져야 할 것이고 추상적, 일률적으로 이를 가릴 수는 없다. 227)

(3) 표의자에게 『중대한 과실』이 없을 것

- 착오가 표의자의 『중대한 과실』로 인한 때에는 취소하지 못한다. 표의자의 '중대한 과실이라 함'은 표의자의 직업, 행위의 종류, 목적 등에 비추어 보통 요구되는 주의를 현저히 결여하는 것을 의미한다. '중대한 과실의 유무'는 구체적 사실관계에서 '보통인'이 베풀어야 할 주의를 표준으로 '객관적'으로 판단하여야 한다(이른바 추상적 중과실). 228)

① 중과실이 인정된 사례(취소 불가)

- 원고는 부천시 소재에서 분말야금, 세라믹, 플라스틱 금형 및 각종 치공구를 제작하는 공장을 경영하고 있었는데 매출액 및 종업원의 수가 증가함에 따라 그 공장이 협소하게 되어 새로운 공장을 설립할 목적으로 이 사건 토지를 매수하게 된 것이므로, 원고로서는 먼저 위 토지상에 원고가 설립하고자 하는 공장을 건축할 수 있는지의 여부를 관할관청에 알아보아야 할 주의의무가 있고, 또 이와 같이 알아보았다면 위 토지상에 원고가 의도한 공장의 건축이 불가능함을 쉽게 알 수 있었다고 보이므로, 원고가 이러한 주의의무를 다하지 아니한 채 이 사건 매매계약을 체결한 것에는 중대한 과실이 있다고 보아야 할 것이다. 229)

---

226) 대법원 2008.1.17. 선고 2007다74188 판결 [구상금], 대법원 2015.4.23. 선고 2013다9383 판결 [공사대금], 대법원 2017.11.14. 선고 2014다21021, 21038 판결 [자재비등·부당이득금반환등]
227) 대법원 1985.4.23. 선고 84다카890 판결 [양수금]
228) 대법원 2000.5.12. 선고 2000다12259 판결 [매매대금]
229) 대법원 1993.6.29. 선고 92다38881 판결 [계약금등]

- 피고가 이 사건 임대차계약을 체결하기 약 2개월 이전부터 씨비닐(비닐에 씨가 붙어 있는 구멍 뚫린 비닐)을 생산, 판매하기 위하여 사무실을 차린 뒤 기계발주 및 제품생산계획을 세우고 씨비닐 생산공장을 물색하다가 이 사건 건물을 임차하게 된 것으로서 <u>피고가 이 사건 건물에 씨비닐 생산공장의 설치허가를 받아 공장을 경영할 동기에서 위 건물을 임차하려고 하였다면, 피고로서는 먼저 위 건물에 그가 경영하고자 하는 공장의 신설이 가능한지를 관할관청에 알아 보아야 할 주의의무가 있고 또 이와 같이 알아보았다면 쉽게 위 건물에 대한 공장신설허가가 불가능하다는 사실을 알 수 있었다고 보이므로,</u> 피고가 이러한 주의의무를 다하지 아니한 채 이 사건 임대차계약을 체결한 것에는 중대한 과실이 있다고 보아야 할 것이다. 230)

② 중과실이 부정된 사례(취소 가능)

- 부동산중개업자가 다른 점포를 매매 목적물로 잘못 소개하여 매수인이 매매 목적물에 관하여 착오를 일으킨 경우, 매수인에게 중대한 과실이 없다. 취소할 수 있다. 231)
- 건축사 자격이 없이 건축연구소를 개설한 '건축학 교수'와 재건축아파트 설계용역계약을 체결한 '재건축조합'이 상대방의 건축사 자격 유무를 조사하지 아니하여 그의 무자격을 알지 못한 것이 중대한 과실로 인한 착오에 해당하지 아니한다고 한 사례(취소가능)232)

다. 착오의 효과

(1) 취소가능

- 법률행위를 취소할 수 있다(민법 제109조 1항 1문). 취소할 수 있는 법률행위도 취소할 때까지는 일단 유효하고(유동적 유효), 취소하면 법률행위가 처음부터 소급하여 무효가 된다. 취소권은 형성권이다.

---

230) 대법원 1992.11.24. 선고 92다25830, 25847 판결 [가옥명도·손해배상(기)]
231) 대법원 1997.11.28. 선고 97다32772,32789 판결 [계약금등·매매대금] 거래 당사자 사이의 권리의 득실변경에 관한 행위의 알선을 업으로 삼고 있어 고도의 직업적인 주의의무를 부담하고 있는 부동산중개업자의 지위나 중개행위를 함에 있어 고의 또는 과실로 거래 당사자에게 재산상의 손해를 받게 할 때에는 그 손해를 배상하도록 한 부동산중개업법 제19조의 규정에 비추어 보면, 부동산중개업자에게 중개를 의뢰하여 매매 등의 계약을 체결하는 일반인으로서는 부동산중개업자가 전문적인 지식과 경험을 가진 것으로 신뢰하고 그의 개입에 의한 거래 조건의 지시, 설명에 과오가 없을 것이라고 믿고 거래하는 것이라는 점, 매수인이 중개업자의 말을 믿어 착오에 빠지게 되었지만 중개업자가 착오에 빠지게 된 과정에 명확하게 당해 점포를 지적하지 아니하였던 매도인의 잘못도 개입되어 있는 점, 중개인을 통하여 하는 부동산 매매 거래에 있어 언제나 매수인 측에서 매매 목적물을 현장에서 확인하여야 할 의무까지 있다고 할 수 없을 뿐만 아니라 매매 당사자에게 중개업자가 매매 목적물을 혼동한 상태에 있는지의 여부까지 미리 확인하거나 주의를 촉구할 의무까지는 없다고 할 것인 점 등 중개와 계약 체결의 경위 및 부동산 매매 중개업의 제반 성질에 비추어 볼 때, 매수인이 다른 점포를 매매계약의 목적물이라고 오인한 과실이 중대한 과실이라고 단정하기는 어렵고, 매수인과 매도인 쌍방을 위하여 중개행위를 한 중개업자 스스로 매매계약의 목적물을 다른 점포로 오인한 채 매수인에게 알려 준 과실을 바로 매수인 자신의 중대한 과실이라고 평가할 수도 없다고 판단한 원심판결을 수긍한 사례.
232) 대법원 2003.4.11. 선고 2002다70884 판결 [용역비]
설계용역계약 체결을 전후하여 건축사 자격이 없다는 것을 묵비한 채 자신이 미국에서 공부한 건축학교수이고 '(명칭 생략)건축연구소'라는 상호로 사업자등록까지 마치고 건축설계업을 하며 상당한 실적까지 올린 사람이라고 소개한 경우, 일반인의 입장에서는 그에게 당연히 건축사 자격이 있는 것으로 믿을 수밖에 없었을 것이므로, 재건축조합 측이 그를 무자격자로 의심하여 건축사자격증의 제시를 요구한다거나 건축사단체에 자격 유무를 조회하여 이를 확인하여야 할 주의의무가 있다고 볼 수는 없다고 보아 재건축조합의 착오가 중대한 과실로 인한 것이 아니라고 한 사례.

- 그 착오가 표의자의 '중대한 과실'로 인한 때에는 취소하지 못한다(민법 제109조 1항 2문). '중대한 과실'이라 함은 표의자의 직업, 행위의 종류, 목적 등에 비추어 보통 요구되는 주의를 현저히 결여한 것을 말한다.

(2) 일부착오(一部錯誤)의 경우

- 착오자는 법률행위를 폐기할 수 있을 뿐이고 수정하지는 못한다. 따라서 '가분적'법률행위의 일부에 관하여 착오가 있는 경우에도 그 법률행위가 수정되는 것이 아니라 착오에 기하여 취소된 부분만이 무효가 됨이 원칙이고, 다만 그 무효가 없었더라면 그 의사표시를 하지 않았을 것으로 인정되는 경우에는 나머지 부분도 무효로 된다.

(3) 취소는 선의의 제3자에게 대항하지 못한다

① 선의란

- 선의란 착오에 의한 의사표시임을 알지 못하는 것을 말한다. 즉, 착오에 기한 외관을 신뢰한 것을 말한다(민법 제109조 2항).

② 제3자란

- 제3자란 '당사자와 그의 포괄승계인 이외의 자'로서 『착오에 의한 의사표시로 인하여 생긴 법률관계를 토대로 '실질적으로 새로운' 법률상의 이해관계를 맺은 자』를 말한다.

③ 대항하지 못한다의 의미

- 대항하지 못한다는 것은 선의의 제3자에게는 '취소를 주장하지 못한다'는 뜻이다. 따라서 선의의 제3자에 대한 관계에서는 표시된 대로 효력이 있다(이른바 상대적 취소).

④ 선의필요, 무과실 불요

- 제3자는 선의이면 족하고 '무과실은 요건이 아니다'.

⑤ 선의 여부의 판단 시기

- 선의인지 여부는 '새로운 이해관계가 생겼을 때를 기준'으로 결정된다.

(4) 선의의 제3자의 확대 문제(제3자로부터 전득자에의 확대)

- 선의의 제3자에는 『"취소할 수 있는 법률행위임"을 알지 못하는 제3자』 외에도 『취소가 '있었음'을 알지 못하는 제3자』도 포함한다는 것이 다수설이다. 판례도 사기취소와 관련하여 부동산거래에서 의사표시의 취소에 의하여 말소등기가 행하여진 시점을 기준으로 하여, 그때까지 '취소의 의사표시가 있었음을 알지 못하는 제3자'도 선의의 제3자에 포함된다고 하고 있다.[233]

---

233) 대법원 1975.12.23. 선고 75다533 판결 [소유권이전등기말소] 사기에 의한 법률행위의 의사표시를 취소하면 취소의 '소급효'로 인하여 그 행위의 '시초부터' 무효인 것으로 되는 것이요 '취소한 때에 비로소' 무효로 되는 것이 아니므로, 취소를 주장하는 자와 양립되지 아니하는 법률관계를 가졌던 것이 '취소 이전에 있었던가 이후에 있었던가를 가릴 필요 없이', 사기에 의한

라. 중요부분의 착오에 관한 판례의 유형화

(1) 사람에 관한 착오

(가) 동일성에 관한 착오

- '상대방이 누구인가가 중시되는' 법률행위에서만 '중요부분의 착오'로서 취소할 수 있다. 상대방이 누구인가가 중요하지 않은 '현실매매'와 같은 법률행위에서는 '중요부분의 착오가 아니다'.
- 근저당권설정계약상 '채무자의 동일성'에 관한 착오는 법률행위 내용의 '중요부분의 착오'이다. [234]

(나) 성질에 관한 착오

① 일정한 자격 유무에 관한 착오

- 재건축조합이 재건축아파트 설계용역계약을 체결함에 있어서 '상대방의 건축사 자격 유무에 관한 착오'가 법률행위의 중요 부분의 착오에 해당한다.
- 그러나 건축사 자격이 없이 건축연구소를 개설한 건축학 교수와 재건축아파트 설계용역계약을 체결한 재건축조합이 상대방의 건축사 자격 유무를 조사하지 아니하여 그의 무자격을 알지 못한 것이 중대한 과실로 인한 착오에 해당하지 아니한다고 한다. 즉, 취소할 수 있다. [235]

② 권원 또는 권한에 관한 착오

- 타인소유의 부동산을 임대한 것이 임대차계약을 해지할 사유는 될 수 없고(중요부분의 착오에 해당하지 않고) '목적물이 반드시 임대인의 소유일 것을 특히 계약의 내용으로 삼은 경우라야' 착오를 이유로 임차인이 임대차계약을 취소할 수 있다. [236]
- 온천여관 매매에 있어서 '온천공의 단독사용권 여부에 대한 착오'가 매매계약의 중요부분의 착오로서 취소할 수 없다. [237]

③ 보증에 있어서 '주채무자의 신용상태'에 관한 착오는 중요부분의 착오가 아니다. [238]

의사표시 및 그 취소사실을 몰랐던 모든 제3자에 대하여는 그 의사표시의 취소를 대항하지 못한다고 보아야 할 것이고, 이는 거래안전의 보호를 목적으로 하는 민법 110조 3항의 취지에도 합당한 해석이 된다.
234) 대법원 1995.12.22. 선고 95다37087 판결 [근저당권설정등기말소]
235) 대법원 2003.4.11. 선고 2002다70884 판결 [용역비], 대법원 2013.7.11. 선고 2013다17049 판결 [소유권이전등기말소]
236) 대법원 1975.1.28. 선고 74다2069 판결 [전부금]
237) 대법원 1987.4.14. 선고 86다카1065 판결 [계약금반환]
일반적으로 "온천여관의 매매"의 경우에는 온천수의 수질이 온천으로서 기능을 발휘할 수 있고 온천수의 수량이 온천여관을 이용하는 고객에게 충분히 공급되어 온천여관으로서 계속적으로 영업을 할 수 있는지 여부가 중요한 문제이지, 온천수를 공급하는 온천공이 공동사용됨으로써 수질이 저하되고 수량이 부족하여 영업에 지장이 있다는 등의 특단의 사정이 없는 이상 그 사용권을 독점적으로 가지느냐 아니면 공동사용권을 가지느냐는 매매계약의 중요한 부분이라고 할수 없으므로, 매수인이 그러한 사항을 매매계약의 중요부분으로 삼기 위하여는 매매계약을 함에 있어 그러한 내용의 의사표시를 하던가 아니면 온천공이 공동사용됨으로써 매매가격이 현저히 달라져 도저히 계약의 목적을 달성할 수 없는 사정이 있는 경우에 한하여야 한다.
238) 그 이유는 보증제도는 바로 보증인이 '주채무자의 무자력 위험을 인수'하여 채권자에게 채권의 만족을 주기 위하여 인정된 것이기 때문이다(보충성).

(2) 법률행위의 객체에 관한 착오

(가) 동일성에 관한 착오

- 부동산중개업자가 다른 점포를 매매 목적물로 잘못 소개하여 매수인이 매매 목적물에 관하여 착오를 일으킨 경우, 매수인에게 중대한 과실이 없다. 즉, 매수인은 취소할 수 있다. [239]

(나) 성질에 관한 착오

① 법령상의 제한 등에 관한 착오

- 매매계약 당시 장차 도시계획이 변경되어 공동주택, 호텔 등의 신축에 대한 인·허가를 받을 수 있을 것이라고 생각하였으나 그 후 생각대로 되지 않은 경우, 매매 목적의 토지 상에 공동주택, 호텔 등을 건축할 수 없는 법률상의 장애가 있다해도 매매계약상 목적물의 하자에 해당하지 않는다.
- 이는 법률행위 당시를 기준으로 '장래의 미필적 사실의 발생에 대한 기대나 예상이 빗나간 것'에 불과할 뿐 착오라고 할 수는 없다. [240] 따라서 이러한 법령상의 제한에 대한 착오를 이유로 취소하기 위해서는 그러한 사실이 계약서 등에 명확하게 나타나야만 취소할 수 있게 된다. 이점 중개실무와 계약서 작성에서 명심해야 한다.

② 토지의 현황·경계에 관한 착오

- 토지의 현황 경계에 관한 착오는 매매계약의 '중요한 부분에 대한 착오'이다. 현황 경계는 소유권 귀속의 문제이기 때문이다. [241] [242] [243]

③ 토지의 면적의 착오

- 계약의 내용이 피고의 지분등기와 본건 건물 및 그 부지를 현상태대로 매매한 것인 경우, 위 부지(4평)에 관하여 0.211평에 해당하는 피고의 지분이 부족하다 하더라도 그러한 근소한 차이만으로써는 매매계약의 중요부분에 착오가 있었다거나 기망행위가 있었다고는 보기 어렵다. [244]

---

239) 대법원 1997.11.28. 선고 97다32772, 32789 판결 [계약금등·매매대금]
240) 대법원 2007.8.23. 선고 2006다15755 판결 [소유권이전등기]
241) 대법원 1968.3.26. 선고 67다2160 제3부 판결 [매매대금반환]
본건 토지 답 1,389평을 전부 경작할 수 있는 농지인 줄 알고 매수하여 그 소유권이전등기를 마쳤으나 타인이 경작하는 부분은 인도되지 않고 있을 뿐 아니라 측량결과 약 600평이 하천을 이루고 있어 사전에 이를 알았다면 매매의 목적을 달할 수 없음이 명백하여 매매계약을 체결하지 않았을 것이므로 위 '토지의 현황 경계에 관한 착오'는 본건 매매계약의 중요부분에 대한 착오이다.
242) 대법원 1989.7.25. 선고 88다카9364 판결 [담장철거등]
주위토지통행권자가 인접대지 위의 담장이 그 대지의 경계선과 일치하는 것으로 잘못 알고 이 담장을 기준으로 통로폭을 정하여 주위토지소유자의 담장설치에 합의하였다면 이러한 합의는 '토지의 현황경계에 관한 착오'에 기인한 것으로서 그 착오는 법률행위의 중요부분에 관한 착오라고 볼 수 있다.
243) 대법원 1993.9.28. 선고 93다31634, 93다31641(반소) 판결 [소유권이전등기·건물철거등]
외형적인 경계(담장)를 기준으로 하여 甲, 乙 사이에 인접토지에 관한 교환계약이 이루어졌으나 그 경계가 실제의 경계와 일치하지 아니함으로써, 결국 乙이 그 소유대지와 교환으로 제공받은 甲의 대지 또한 그 대부분이 乙의 소유인 것으로 판명되었다면, 이는 토지의 경계(소유권의 귀속)에 관한 착오로서 특단의 사정이 없는 한 법률행위의 중요부분에 관한 착오라 봄이 상당하다.
244) 대법원 1984.4.10. 선고 83다카1328(본소), 1329(반소) 판결 [위약금·매매잔대금]

- 다만, 면적의 부족부분이 큰 경우에는 결과가 달라질 수 있을 것이다.

(3) 상대방이 유발한 착오

(가) 표시여부 불문 취소인정(원칙)
- 상대방이 유발한 착오에 관하여는 대부분의 판례가 비록 동기의 착오라 할지라도 "표시 여부를 불문"하고 취소를 인정하고 있다.

(나) 상대방이 유발한 착오의 판례 유형

① 담당 공무원이 유발한 기부채납 또는 증여의 착오
- 시로부터 공원휴게소 설치시행허가를 받음에 있어 담당공무원이 법규오해로 인하여 잘못 회시한 공문에 따라 동기의 착오를 일으켜 '법률상 기부채납의무가 없는 휴게소부지의 16배나 되는 토지 전부와 휴게소건물을 시에 증여한 경우' 휴게소부지와 그 지상시설물에 관한 부분을 '제외'한 나머지 토지에 관해서만 법률행위의 중요부분에 관한 착오이다.245)

② 공무원이 유발한 토지의 협의매수 대상의 착오
- 시가 산업기지개발사업을 실시하기 위해 토지를 취득함에 있어 '일부가' 그 사업대상토지에 편입된 토지는 무조건 잔여지를 포함한 '전체토지'를 협의매수하기로 하여, 지주들에게는 잔여지가 발생한 사실 등을 알리지 아니한 채 '전체토지'에 대한 손실보상협의요청서를 발송하고 매수협의를 진행함에 따라 지주들이 그 소유 '토지전부'가 사업대상에 편입된 것 등으로 잘못 판단하고 시의 협의매수에 응한 것은, 그 의사표시의 동기에 착오가 있었음을 이유로 취소할 수 있다.246)

③ 대출은행의 잘못 작성된 거래상황확인서에 따른 기술신용보증기금의 신용보증
- 기술신용보증기금의 신용보증에 있어서 기업의 신용 유무는 그 절대적인 전제사유가 되며 그 보증의사표시의 중요 부분을 구성하므로, 기술신용보증기금이 대출 은행이 잘못 작성한 거래상황확인서를 믿고 대상 기업에게 연체대출금이 없는 것으로 오신하여 행한 신용보증은 법률행위의 내용의 중요 부분에 착오가 있는 경우에 해당한다.247)

④ 상대방의 경계선 침범 주장에 따라 착오로 보상금을 지급한 경우
- 경계선의 착오는 동기의 착오이나 그 착오가 '상대방으로부터 연유한 것'으로서 법률행위의 중요 부분의 착오임을 인정하여 보상금 지급 약정을 취소할 수 있다.248)

---

245) 대법원 1990.7.10. 선고 90다카7460 판결 [소유권이전등기말소등]
246) 대법원 1991.3.27. 선고 90다카27440 판결 [토지소유권이전등기], 대법원 1997.8.26. 선고 97다6063 판결 [부당이득금반환]
247) 대법원 1996.7.26. 선고 94다25964 판결 [보증채무금], 대법원 2005.5.12. 선고 2005다6228 판결 [보증채무금], 대법원 2007.8.23. 선고 2006다52815 판결 [보증채무금]
248) 대법원 1997.8.26. 선고 97다6063 판결 [부당이득금반환]
경계선을 침범하였다는 상대방의 강력한 주장에 의하여 착오로 그간의 경계 침범에 대한 보상금 내지 위로금 명목으로 금원을 지급한 경우, 진정한 경계선에 관한 착오는 위의 금원 지급 약정을 하게 된 동기의 착오이지만 그와 같은 동기의 착오는

(4) 동기의 착오

(가) 동기의 착오를 이유로 법률행위를 취소하기 위한 요건

① 동기의 착오가 법률행위의 내용의 "중요부분의 착오"에 해당할 것
② 동기를 당해 "의사표시의 내용으로" 삼을 것을 "상대방에게 표시"할 것
③ 의사표시의 해석상 동기가 "법률행위의 내용으로" 되었을 것

- 동기가 법률행위의 내용으로 되어 있다고 인정되면 충분하고, 당사자들 사이에 별도로 그 동기를 의사표시의 내용으로 삼기로 하는 합의까지 이루어질 필요는 없다.249)

(나) 동기의 착오를 이유로 취소를 인정한 사례

① 동기가 표시되어 당사자 사이에 그 동기를 의사표시의 내용으로 삼은 경우

- 매매대상 토지 중 20~30평 가량만 도로에 편입될 것이라는 중개사의 말을 믿고 주택 신축을 위하여 토지를 매수하였고 그와 같은 사정이 계약 체결 과정에서 현출되어 매도인도 이를 알고 있었는데, 실제로는 전체 면적의 약 30%에 해당하는 197평이 도로에 편입된 경우, 동기의 착오를 이유로 매매계약의 취소를 인정한 사례250)

- 건물에 대한 매매계약 체결 직후 건물이 건축선을 침범하여 건축된 사실을 알았으나 매도인이 법률전문가의 자문에 의하면 준공검사가 난 건물이므로 행정소송을 통해 구청장의 철거 지시를 취소할 수 있다고 하여 매수인이 그 말을 믿고 매매계약을 해제하지 않고 대금지급의무를 이행한 경우라면 매수인이 건물이 철거되지 않으리라고 믿은 것은 매매계약과 관련하여 동기의 착오라고 할 것이지만, 매수인과 매도인 사이에 매매계약의 내용으로 표시되었다고 볼 것이고, 나아가 매수인 뿐만 아니라 일반인이면 누구라도 건물 중 건축선을 침범한 부분이 철거되는 것을 알았더라면 그 대지 및 건물을 매수하지 아니하였으리라는 사정이 엿보이므로, 결국 매수인이 매매계약을 체결함에 있어 그 내용의 중요 부분에 착오가 있는 때에 해당하고, 매도인의 적극적인 행위에 의하여 매수인이 착오에 빠지게 된 점, 매수인이 그 건물의 일부가 철거되지 아니할 것이라고 믿게 된 경위(즉, 이른바 상대방이 유발한 착오) 등 제반 사정에 비추어 보면 착오가 매수인의 중대한 과실에 기인한 것이라고 할 수 없다. 따라서 착오를 이유로 매매계약을 취소할 수 있다.251)

- 무허가 건물과 그 대지인 시유지를 점유하고 있음을 근거로 장차 이를 불하받을 것을 기대하여 "이른바 연고권을 매수한 사안"에서, 甲이 이 사건 부동산을 매수한 것은 시유지 전부를 불하받을 목적에서였고 매매가격 역시 그 부동산을 모두 불하받을 수 있으리라는 전제하에서 결정되었는데, 무허가

"상대방의 강력한 주장에 의하여 생긴 것"으로서 표의자가 그 동기를 의사표시의 내용으로 표시하였다고 보아야 하고, 표의자로서는 그와 같은 착오가 없었더라면 그 의사표시를 하지 아니하였으리라고 생각될 정도로 중요한 것이고 보통 일반인도 표의자의 처지에 섰더라면 그러한 의사표시를 하지 아니하였으리라고 생각될 정도로 중요한 것이라고 볼 수 있으므로, 위 금원 지급 의사표시는 그 내용의 중요 부분에 착오가 있는 것이 되어 이를 취소할 수 있다.

249) 대법원 2015.5.28. 선고 2014다24327,24334,24341,24358,24365,24372 판결 [분양대금반환등]
250) 대법원 2000.5.12. 선고 2000다12259 판결 [매매대금]
251) 대법원 1997.9.30. 선고 97다26210 판결 [매매대금반환등]

건물 등의 점유를 근거로 국유재산법 등에 따라 국유지 등을 불하받기 위해서는 우선 지상건물에 대한 올바른 지번의 등기가 필요하며, 불하받을 수 있는 면적은 당해 건물바닥 면적의 2배까지를 한도로 하고 있는 등 실제로는 건물지번이 상이하여 불하받기 어렵거나 불하받더라도 그 일부분에 그친다는 것을 甲이 알았더라면 이를 매수하지 않았으리라는 것은 쉽사리 짐작할 수 있고, 이러한 甲의 의사는 매매계약 당시 표시되어 상대방도 이를 알고 있었으므로, 위와 같은 착오는 계약의 중요 부분의 착오에 해당한다.252)

- 甲주식회사가 농림지역 토지들을 관리지역 토지들로 잘못 알고 乙주식회사와 매매계약을 체결하였다는 이유로 그중 일부 토지들에 관한 매매계약을 취소한 사안에서, 매매의 목적과 계약 체결의 경위 등에 비추어 "위 토지들이 관리지역에 해당하는지는 매매계약의 중요한 사항으로서 계약의 내용이 되었으므로", 토지이용계획확인서 외에 산지이용구분도 등 다른 서류를 확인하지 않은 甲회사에 중대한 과실이 있다는 乙회사의 주장을 배척한 원심판단은 정당하다.253)

② 가격의 차이가 과도한 경우

- 설사 매매대금액 결정에 있어서 착오(시가에 관한 착오)로 인하여 다소간의 차이가 나더라도 보통은 중요 부분의 착오로 되지 않으나, 이 사건은 정당한 평가액을 기준으로 무려 '85%나 과다하게 평가'된 경우로서 그 가격 차이의 정도가 현저할 뿐만 아니라, 원고 시로서는 위와 같은 동기의 착오가 없었더라면 그처럼 과다하게 잘못 평가된 금액을 기준으로 협의매수계약을 체결하지 않았으리라는 점은 명백하다. 따라서 원고의 매수대금액 결정의 동기는 이 사건 협의매수계약 내용의 중요한 부분을 이루고 있다고 봄이 상당하다.254)

③ 설명의무 위반의 경우 착오에 기한 보험계약의 취소(적극)

- 보험회사 또는 보험모집종사자가 설명의무를 위반하는 바람에 고객이 보험계약의 중요사항을 제대로 이해하지 못한 채 착오에 빠져 보험계약을 체결하였고, 착오가 없었다면 보험계약을 체결하지 않았거나 적어도 동일한 내용으로 보험계약을 체결하지 않았을 것임이 명백한 경우, 착오를 이유로 보험계약을 취소할 수 있다.255)

(다) 동기의 착오로 취소를 부정한 사례

① 동기가 의사표시의 내용이 되지 않은 경우

- 주거용 주상복합건물을 분양받은 자가 일정한 조망(眺望)·일조(日照)가 확보되리라는 동기의 착오를 이유로 분양계약을 취소하려면, 조망·일조의 확보를 분양계약의 내용으로 삼기로 하는 합의가 있었거나 수분양자가 조망·일조의 확보를 분양계약의 내용으로 삼을 것을 분양자에게 표시하고 의사표시의 해석상 분양계약의 내용으로 되어 있다고 인정되어야 할 것인데, 의사표시의 해석상 주상

---

252) 대법원 1991.8.27. 선고 91다11308 판결 [손해배상(기)]
253) 대법원 2012.9.27. 선고 2011다106976,106983 판결 [손해배상·손해배상]
254) 대법원 1998.2.10. 선고 97다44737 판결 [부당이득금반환]
255) 대법원 2018.4.12. 선고 2017다229536 판결 [계약무효에따른원상회복등]

복합건물의 수분양자가 일정한 조망·일조의 확보를 분양계약의 내용으로 삼을 것을 분양자에게 표시하고 그러한 내용이 분양계약의 내용으로 되었다고 인정하기 어렵다. 256)

② 기부채납한 시설물 부지의 소유권 귀속에 대한 착오
- 군유지로 등기된 군립공원 내에 '건물을 지어 이를 군(郡)에 기부채납'하고 그 부지 및 기부채납한 시설물을 사용하기로 약정하였으나 후에 그 부지가 군유지가 아니라 리(里) 주민의 총유로 밝혀진 사안에서, 군수가 여전히 공원관리청이고 기부채납자의 관리권이 계속 보장되는 점에 비추어 『(군과 리의) 소유권 귀속에 대한 착오』가 기부채납의 중요 부분에 관한 착오라고 볼 수 없다. 257)

③ 착오로 인하여 표의자가 경제적 불이익을 입지 아니한 경우
- 착오로 인하여 『표의자가 무슨 경제적인 불이익을 입은 것이 아니라고 한다면』 이를 법률행위 내용의 중요 부분의 착오라고 할 수 없다. 258)

④ 토지매매의 시가의 착오
- 토지매매에 있어서 『시가에 관한 착오』는 토지매수의 의사결정에 있어서 그 동기의 착오에 불과할 뿐 법률행위의 중요부분에 관한 착오라 할 수 없다. 259)

⑤ 장래에 있을 어떤 미필적인 사항의 불발생이 착오에 해당하는가?
- 甲 주식회사가 시행자인 한국토지주택공사와 분양계약을 체결한 후 택지개발예정지구의 대상 면적을 축소하는 택지개발예정지구 지정변경이 고시된 사안에서, 갑 회사가 개발사업이 당초 계획대로 진행될 것으로 예상하였더라도 이는 장래에 대한 단순한 기대이므로 그 기대가 이루어지지 않았다고 하여 법률행위 내용의 중요 부분에 착오가 있는 것으로 볼 수 없다. 260)

⑥ 아파트 분양광고에 포함된 주변 개발사업이 의사표시의 내용이 되지 않은 경우
- 이 사건 개발사업이 이 사건 아파트에 입주할 무렵 모두 실현될 것을 의사표시의 내용으로 삼아 이것이 아파트 분양계약의 내용으로 되었다고 볼 증거가 없고, 아파트에 입주할 무렵 개발사업이 모두 실현된다는 것이 아파트 분양계약 내용의 중요부분에 해당한다고 볼 수 없으므로, 원고들의 착오를 이유로 한 이 사건 아파트 분양계약의 취소 주장을 배척하였음은 정당하다. 261)

3. 사기·강박

---

256) 대법원 2010. 4. 29. 선고 2009다97864 판결 [계약금반환]
257) 대법원 1999. 2. 23. 선고 98다47924 판결 [소유권이전등기말소], 대법원 2013. 9. 26. 선고 2013다40353, 40360 판결 [공작물철거및토지인도등·지상권설정등기]
258) 대법원 2006. 12. 7. 선고 2006다41457 판결 [청구이의등]
259) 대법원 1992. 10. 23. 선고 92다29337 판결 [소유권이전등기말소]
260) 대법원 2013. 11. 28. 선고 2013다202922 판결 [손해배상(기)]
261) 대법원 2015. 5. 28. 선고 2014다24327, 24334, 24341, 24358, 24365, 24372 판결 [분양대금반환등]

가. 의의 등

① 개념
- 사기·강박이란 남을 속이거나 위협하여 의사표시를 하게 하는 것을 말한다.

② 불법행위와의 관계
- 사기·강박에 의한 의사표시가 불법행위의 성립요건을 충족하면 표의자는 취소권과 손해배상청구권이 경합하여 발생한다. 물론 이들 권리를 중첩적으로 행사할 수는 없다.

③ 착오와의 관계
- 사기에 의한 의사표시는 타인의 기망행위에 의하여 표의자가 착오에 빠진 상태에서 의사표시를 하게 되므로 양 권리는 경합될 수 있다. 표의자는 어느 쪽이든 그 요건을 증명하여 취소할 수 있다. 양권리의 중첩적인 행사는 안된다.

④ 담보책임과의 관계
- 매매목적물에 흠이 있음에도 이를 속이고 매도한 경우에는 사기에 의한 취소와 담보책임이 경합되는데, 매수인은 양자를 자유로이 선택적으로 행사할 수 있다. 이들 권리도 역시 중첩적으로 행사할 수는 없다.

나. 효과

① 상대방이 사기·강박한 경우
- 표의자는 의사표시를 취소할 수 있다(민법 제110조 1항).

② 제3자가 사기·강박한 경우
- 상대방 있는 의사표시에 관하여 제3자가 사기·강박을 행한 경우에는 '상대방'이 그 사실을 알았거나 알 수 있었을 경우에 한하여 그 의사표시를 취소할 수 있다(민법 제110조 2항).

③ 제3자와의 관계
- 사기·강박에 의한 의사표시의 취소는 선의의 제3자에게 대항하지 못한다.

④ 선의의 제3자 범위의 확대 문제(제3자로부터 전득자에로의 확대)
- (사기에 의한 의사표시를 취소한 이후에 비로소 이해관계를 가지게 된 제3자가 민법 110조 3항의 제3자에 해당하는지 여부) 사기에 의한 법률행위의 의사표시를 취소하면 취소의 '소급효로 인하여' 그 행위의 '시초부터' 무효로 되는 것이므로, 취소를 주장하는 자와 양립되지 아니하는 법률관계를 가졌던 것이 '취소 이전에 있었던가 이후에 있었던가는 가릴 필요 없이', 사기에 의한 의사표시 및 그 취소사실을 몰랐던 모든 제3자에 대하여는 그 의사표시의 취소를 대항하지 못한다(취소의 소급효 때문).[262]

⑤ 취소권의 행사기간
- 취소권은 '추인할 수 있는 날로부터 3년 내'에 '법률행위를 한 날로부터 10년 내'에 행사하여야 한다.

다. 기망행위의 위법성에 관한 판례

(1) 위법성이 부정되는 경우

① 아파트 분양에 대한 과장 광고의 위법성
- 아파트를 분양한 시행사가 입주민 모집공고 당시 '전용면적'에 포함하였던 아파트 주민공동시설 면적을 분양계약 체결 당시 '공용면적'에 포함하였고, 분양계약 체결 후에 위 시설을 아파트 지하 2층에 설치할 것이라고 안내하였으나 실제로는 아파트 지하 3층에 설치한 사안에서, 위 행위가 아파트의 선전·광고 및 분양계약 체결과정에서 용인될 수 있는 다소의 오류나 과장의 범위를 벗어난 기망행위로 보기 어렵다. [263]
- 상품의 광고에 있어서 거래의 중요한 사항에 관하여 구체적 사실을 신의성실의 의무에 비추어 비난받을 정도의 방법으로 허위로 고지한 경우에는 기망행위에 해당한다. 그러나 그 선전 광고에 다소의 과장 허위가 수반되는 것은 그것이 일반 상거래의 관행과 신의칙에 비추어 시인될 수 있는 한 기망성이 결여된다.
- 또한 "용도가 특정된 특수시설을 분양"받을 경우 그 운영을 어떻게 하고, 그 수익은 얼마나 될 것인지와 같은 사항은 투자자들의 책임과 판단하에 결정될 성질의 것이므로, "상가"를 분양하면서 그 곳에 첨단 오락타운을 조성·운영하고 전문경영인에 의한 위탁경영을 통하여 분양계약자들에게 일정액 이상의 수익을 보장한다는 광고를 하고, 분양계약 체결시 이러한 광고내용을 계약상대방에게 설명하였더라도, 체결된 분양계약서에는 이러한 내용이 기재되지 않은 점과, 그 후의 위 상가 임대운영경위 등에 비추어 볼 때, 위와 같은 광고 및 분양계약 체결시의 설명은 '청약의 유인'에 불과할 뿐 상가 분양계약의 내용으로 되었다고 볼 수 없고, 또한 상가를 분양하면서 그 곳에 첨단 오락타운을 조성하고 전문경영인에 의한 위탁경영을 통하여 일정 수익을 보장한다는 취지의 광고를 하였다고 하여 이로써 상대방을 기망하여 분양계약을 체결하게 하였다거나 상대방이 계약의 중요부분에 관하여 착오를 일으켜 분양계약을 체결하게 된 것이라고는 볼 수 없다. [264]
- 원심은, 이 사건 아파트 분양광고에서 이 사건 아파트 입지조건의 내용으로 광고된 제3연륙교·제2공항철도·영종역, 영종브로드웨이·밀라노디자인시티를 포함한 대규모 문화·레저시설, 학교·중심상업지구·공원 등의 설치사업(이하 '이 사건 개발사업'이라 한다)은 인천시의 도시기본계획이나 지식경제부 경제자유구역기획단의 지구단위계획 등에 포함되어 인천시와 각 개발주체들에 의하여

---
262) 대법원 1975.12.23. 선고 75다533 판결 [소유권이전등기말소]
263) 대법원 2012.6.14. 선고 2012다15060,15077 판결 [손해배상·손해배상(기)등]
264) 대법원 2001.5.29. 선고 99다55601, 55618 판결 [손해배상(기)·매매대금], 대법원 2015.5.28. 선고 2014다24327, 24334, 24341, 24358, 24365, 24372 판결 [분양대금반환등]

실제로 추진되고 있던 사업들이었던 점, 피고들의 광고내용은 인천경제자유구역청의 발표내용이나 이 사건 아파트의 부지를 분양한 인천도시공사와 한국토지주택공사의 광고내용을 그대로 인용한 것인 점, 피고들이 이 사건 아파트의 분양광고를 할 무렵 이 사건 개발사업의 진행이 지연되고 있기는 하였으나 당시로는 각 사업이 무산되거나 그 실현가능성이 현저히 낮아졌다고 보기는 어려웠고 위 사업들의 경과는 언론을 통하여 여러 차례 보도되기도 한 점, 피고들은 광고를 하면서 이 사건 개발사업이 '예정' 또는 '추진 중'임을 명시하였고 아울러 국가기관, 지자체 및 각 개발주체들의 사정에 따라 사업이 취소·변경·지연될 수 있음을 고지한 점 등에 비추어 보면, 이 사건 아파트 분양광고에 기망성이 있다거나 피고들에게 기망의 고의가 인정된다고 볼 수 없다는 이유로, 사기를 이유로 한 원고들의 이 사건 아파트 분양계약의 취소 주장을 배척하였음 정당하다. 또한 원심이, 원고들 주장의 착오는 동기의 착오에 불과한데, 원고들이 이 사건 아파트 분양계약을 체결할 당시 이 사건 개발사업이 이 사건 아파트에 입주할 무렵 모두 실현될 것을 의사표시의 내용으로 삼아 이것이 이 사건 아파트 분양계약의 내용으로 되었다고 볼 증거가 없고, 이 사건 아파트에 입주할 무렵 이 사건 개발사업이 모두 실현된다는 것이 이 사건 아파트 분양계약 내용의 중요부분에 해당한다고 볼 수 없다는 등의 이유로, 원고들의 착오를 이유로 한 이 사건 아파트 분양계약의 취소 주장을 배척하였음도 정당하다.[265]

② "교환계약에서 시가에 대한 묵비"가 기망에 해당하는지 여부(소극)

- 일반적으로 교환계약을 체결하려는 당사자는 서로 자기 소유의 교환 목적물은 고가로 평가하고 상대방 소유의 목적물은 염가로 평가하여 보다 유리한 조건으로 교환계약을 체결하기를 희망하는 이해가 상반되는 지위에 있고 각자가 자신의 지식과 경험을 이용하여 최대한으로 자신의 이익을 도모할 것이 예상되기 때문에, 당사자 일방이 알고 있는 정보를 상대방에게 사실대로 고지하여야 할 신의칙상의 주의의무가 인정된다고 볼 만한 특별한 사정이 없는 한, 어느 일방이 교환 목적물의 시가나 그 가액 결정의 기초가 되는 사항에 관하여 상대방에게 설명 내지 고지를 할 주의의무를 부담한다고 할 수 없고, 일방 당사자가 자기가 소유하는 목적물의 시가를 묵비하여 상대방에게 고지하지 아니하거나 혹은 허위로 시가보다 높은 가액을 시가라고 고지하였다 하더라도 이는 상대방의 의사결정에 불법적인 간섭을 한 것이라고 볼 수 없다(기망이라고 할 수 없다).[266]

③ 부동산 분양계약에 있어서 분양자가 수분양자의 전매이익에 영향을 미칠 가능성이 있는 사항들에 관하여 분양자가 가지는 정보를 밝혀야 할 신의칙상의 의무가 있는지 여부(원칙적 소극) 및 그러한 정보를 고지하지 아니한 것이 부작위에 의한 기망에 해당하는지 여부

【사실관계】

이 사건의 상가 분양자는 시행사인 한국**이고, 피고는 이 사건 상가의 '최초 수분양자'로서 이 사건

---

[265] 대법원 2015.5.28., 선고, 2014다24327, 24334, 24341, 24358, 24365, 24372, [판결분양대금반환등·분양대금반환등·분양대금반환등·분양대금반환등·분양대금반환등·분양대금반환등]
[266] 대법원 2002.9.4. 선고 2000다54406, 54413 판결 [소유권말소등기등·손해배상(기)등]

점포를 전매하는 것임에도 불구하고 최초 수분양자로서 전매차익을 얻으려 하였던 원고에 대하여 마치 피고 자신이 이 사건 상가의 '분양자인 것처럼' 기망하여 이에 속은 원고와 이 사건 분양계약을 체결하였다.

【원심의 판단】

원심은 이 사건 분양계약이 다음과 같은 이유로 피고의 기망으로 체결된 것이어서 원고에 의하여 적법하게 취소되었다고 판단하고 원고의 청구를 인용하였다. 즉 위 인정사실에서 본 바와 같이 이 사건 점포의 최초 분양가가 121,652,000원에 불과함에도 원고는 그 2.2배가 넘는 272,690,000원에 이 사건 분양계약을 체결하여 피고의 전매차익이 151,038,000원에 이르는 점, 피고는 전매차익을 남기기 위하여 한국**과 통모하여 주택법의 관련 규정을 위반하여 '사전 분양계약을 체결'하였고, 그 이후에도 사전 분양계약 사실을 숨기고 정상적으로 이 사건 상가를 공급하는 것처럼 화성시장에게 공급신고를 하였던 점, 피고는 계약금만을 지급한 상태에서 마치 자신이 이 사건 점포의 소유자이자 분양인인 것처럼 가장하여 원고와 이 사건 분양계약을 체결하였던 점, 최초의 수분양자로서 전매차익을 예상하였던 원고에게는 매도인인 피고가 소유자로서 분양자인지, 최초의 수분양자로서 소유권을 취득하지 아니한 채 전매를 하는 것인지가 이 사건 분양계약을 체결하는 데 중요한 고려사항이 되었으리라고 보이는 점 등을 종합하여 보면, 원고로서는 피고가 한국** 소유의 이 사건 상가를 위와 같이 변칙적으로 사전 분양받아 전매하는 사실을 알았더라면 피고로부터 이 사건 점포를 매수하지 아니하였을 것임을 능히 추단할 수 있으므로 피고는 이 사건 분양계약 당시 원고에게 위와 같은 비정상적인 분양내용을 알릴 신의칙상 의무가 있다. 따라서 피고가 원고에게 위 내용을 알리지 아니한 것은 부작위에 의한 기망에 해당하고 원고는 피고의 이러한 기망에 의하여 한국** 소유의 이 사건 점포가 피고의 소유로서 최초 분양되는 것으로 잘못 알고서 이를 매수한다는 의사표시를 한 것이다.

【대법원의 판단】

상가를 포함한 부동산의 분양계약은 기본적으로 매매계약의 성질을 가진다. 분양계약에서 분양자의 주된 의무는 통상의 매도인과 마찬가지로 분양목적물에 대한 완전한 소유권 및 그 점유를 수분양자에게 이전하여 매수인으로 하여금 분양목적물로부터 나오는 모든 이익을 누릴 수 있도록 하는 데 있고, 수분양자의 주된 관심사도 일반적으로 거기에 있다고 할 것이다. 이에서 나아가 수분양자가 분양자로부터 취득한 분양목적물을 다시 제3자에게 매도하여 전매이익을 얻는 것, 나아가 그 전매이익을 극대화하기 위하여 애초의 분양자로부터 지급할 대가를 가능하면 저가로 분양을 받는 것 등은 수분양자가 제반 사정을 고려하여 스스로 판단·결정할 사항이고, 이에 영향을 미치는 사정에 관한 정보는 원칙적으로 수분양자가 스스로 수집하여 평가하여야 한다. 분양자도 일반적으로 분양목적물의 약정대가를 가능한 한 높여서 보다 많은 이익을 얻고자 한다는 점을 고려하면 더욱 그러하다. 따라서 분양자가 수분양자가 전매이익을 노리고 분양을 받으려는 것을 알면서 수분양자로 하여금 전매이익의 발생 여부나 그 액에 관하여 '거래관념상 용납될 수 없는 방법으로 잘못 판단하게 함으로써 분양계약에 이르게 하였다는 등'의 특별한 사정이 없는 한, 분양자에게 그 대립당사자로서 스스로 이익을 추구하여

행위하는 수분양자에 대하여 최초분양인지, 전매분양인지를 포함하여 수분양자의 전매이익에 영향을 미칠 가능성이 있는 사항들에 관하여 분양자가 가지는 정보를 밝혀야 할 신의칙상의 의무가 있다거나, 나아가 그러한 정보를 밝혀 고지하지 아니하면 그것이 부작위에 의한 기망에 해당하여 민법 제110조 제1항에서 정하는 사기가 된다고 쉽사리 말할 수 없다.267) 268)

(2) 위법성이 인정되는 경우

① 지자체의 추상적·일방적 개발계획에 근거한 분양광고

■ 지자체의 추상적·일방적 개발계획에 근거하여 그 시행이 확정되지 않았음에도, 건설회사가 "아파트단지 맞은편에 경의선 복선전철화와 관련하여 역사가 신설될 예정"이라는 취지로 아파트 분양광고를 한 것은 사실과 다르거나 사실을 지나치게 부풀려 소비자를 속이거나 소비자로 하여금 잘못 알게 할 우려가 있는 광고를 한 것으로서, 공정한 거래질서를 저해할 우려가 있는 광고에 해당하므로 위 건설회사는 수분양자들에 대하여 '표시·광고의 공정화에 관한 법률'이 정한 허위·과장 광고로 인한 손해배상책임을 부담한다.269)

② 아파트 분양자는 '아파트단지 인근 쓰레기 매립장 건설예정 사실'을 분양계약자에게 신의칙상

---

267) 대법원 2010.2.25. 선고 2009다86000 판결 [계약금반환등]
268) 【대법원 판결에 대한 저자의 평석】
이 사건에 대한 판결은 원심의 판단이 옳고 대법원의 판단은 문제가 있다. 일반적으로 상가를 포함한 부동산의 분양계약은 기본적으로 매매계약의 성질을 가지므로 수분양자가 분양자로부터 취득한 분양목적물을 다시 제3자에게 매도하여 전매이익을 얻는 것, 나아가 그 전매이익을 극대화하기 위하여 애초의 분양자로부터 지급할 대가를 가능하면 저가로 분양을 받는 것 등은 수분양자가 스스로 판단·결정할 사항이고, 이에 영향을 미치는 사정에 관한 정보는 원칙적으로 수분양자가 스스로 수집하여 평가하여야 하는 것은 맞다.
하지만 그것은 일반적인 분양계약에서 타당한 해석이고, 이 사건에서와 같이 분양자가 수분양자와 통모를 하는 등 수분양자가 전매이익을 노리고 분양을 받으려는 것을 알면서 수분양자로 하여금 전매이익의 발생 여부나 그 액에 관하여 거래관념상 용납될 수 없는 방법으로 잘못 판단하게 함으로써 분양계약에 이르게 하였다고 볼만한 특단의 사정이 있는 경우에는 그와 달리 보아야 할 것이다.
즉, 원심의 판단과 같이 이 사건 점포에 대한 피고의 전매차익이 151,038,000원에 이르는 점, 피고는 전매차익을 남기기 위하여 한국**과 통모(通謀)하여 주택법의 관련 규정을 위반하고 사전 분양계약 사실을 숨기고 정상적으로 이 사건 상가를 공급하는 것처럼 화성시장에게 허위의 공급신고까지 하면서까지 기망행위의 외연(外延)을 조성하고, 나아가 피고는 한국**과 통모하여 주택법을 위반하면서까지 계약금만을 지급한 상태에서 마치 자신이 이 사건 점포의 소유자이자 분양자인 것처럼 가장하여 원고와 이 사건 분양계약을 체결하였던 점, 최초의 수분양자로서 전매차익을 예상하였던 원고에게는 매도인인 피고가 소유자로서 분양자인지, 최초의 수분양자로서 소유권을 취득하지 아니한 채 전매를 하는 것인지가 이 사건 분양계약을 체결하는 데 중요한 고려사항이 되었으리라고 보이는 점 등을 종합하여 보면, 원고로서는 피고가 한국** 소유의 이 사건 상가를 위와 같이 변칙적으로 사전 분양받아 전매하는 사실을 알았더라면 피고로부터 이 사건 점포를 매수하지 아니하였을 것임을 능히 추단할 수 있으므로, 통상적인 분양계약과는 달리 주택법을 위반하고 수분양자로서의 전매가 아니라 마치 자신이 분양자인 것처럼 계약상의 지위 또는 신분을 속인 이 사건에 있어서 피고는 이 사건 분양계약 당시 원고에게 자신이 분양자가 아니라 최조의 수분양자임을 알릴 신의칙상 의무가 발생한다고 보아야 한다. 그와 같은 고지의무의 대상이 되는 것은 직접적인 법령의 규정뿐 아니라 널리 계약상, 관습상 또는 조리상의 일반원칙에 의하여도 인정될 수 있기 때문이다.
따라서 피고가 한국**과 통모를 하고, 화성시장에게 허위의 신고를 하는 등의 행위를 하면서까지 마치 자신이 이 사건 점포의 소유자이자 분양자인 것처럼 가장하여 원고에게 자신이 분양자가 아니라는 내용을 알리지 아니한 것은 '신의칙상 부작위에 의한 기망'에 해당한다고 보아야 한다. 그렇게 해석하는 것이 주택법의 취지와도 상통할 뿐만 아니라 사회 일반의 법감정은 물론 부동산거래질서에도 부합한다. 나아가 지금까지 우리 대법원이 민법 110조에 대하여 지나치게 엄격하게 해오던 해석을 현실에 맞도록 하는 해석이 될 것이다. 따라서 원심의 판단이 옳다.
269) 대법원 2010.7.22. 선고 2007다59066 판결 [손해배상(기)]

고지할 의무가 있다.

- 부동산 거래에 있어 거래 상대방이 일정한 사정에 관한 고지를 받았더라면 그 거래를 하지 않았을 것임이 경험칙상 명백한 경우에는 신의성실의 원칙상 사전에 상대방에게 그와 같은 사정을 고지할 의무가 있으며, 그와 같은 고지의무의 대상이 되는 것은 직접적인 법령의 규정뿐 아니라 널리 계약상, 관습상 또는 조리상의 일반원칙에 의하여도 인정될 수 있다. 고지의무 위반은 부작위에 의한 기망행위에 해당하므로 원고들로서는 기망을 이유로 분양계약을 취소하고 분양대금의 반환을 구할 수도 있고 분양계약의 취소를 원하지 않을 경우 그로 인한 손해배상만을 청구할 수도 있다. 나아가 손해액의 산정은 법원이 상당하다고 인정하는 방식에 의하여 산정하면 되므로, 원심이 원고들의 손해액을 쓰레기 매립장의 건설을 고려한 이 사건 아파트의 가치하락액 상당으로 보고 손해액을 산정한 조치는 수긍이 가며, 그 후에 부동산 경기의 전반적인 상승에 따라 이 사건 아파트의 시가가 상승하여 분양가격을 상회하게 되었다고 하여 원고들에게 손해가 발생하지 않았다고 할 수는 없다. [270]

③ 우리 사회의 통념상으로는 공동묘지가 주거환경과 친한 시설이 아니어서 분양계약의 체결 여부 및 가격에 상당한 영향을 미치는 요인일 뿐만 아니라 대규모 공동묘지를 가까이에서 조망할 수 있는 곳에 아파트단지가 들어선다는 것은 통상 예상하기 어렵다는 점 등을 감안할 때 아파트 분양자는 '아파트단지 인근에 공동묘지가 조성되어 있는 사실'을 수분양자에게 고지할 신의칙상의 의무를 부담한다. [271]

---

[270] 대법원 2006.10.12. 선고 2004다48515 판결 [손해배상(기)]
[271] 대법원 2007.6.1. 선고 2005다5812,5829,5836 판결 [손해배상(기)·소유권이전등기등]

제6장

부동산거래에 대한 제한

제1절 허가를 받아야 하는 경우

1. '학교법인'의 재산처분 등

- 학교법인의 "재산의 취득·처분과 관리에 관한 사항(기본재산을 매도·증여·교환·용도변경·담보제공)"은 "이사회의 심의·의결사항"이고(사립학교법 제16조 제1항), 학교법인이 "권리포기와 의무부담"을 할 때에는 "관할청의 허가"를 받아야 한다(사립학교법 제28조 제1항). 관할청은 고등학교까지는 시·도지사이고, 전문대학 이상은 교육부장관이다(법제4조).
- 학교법인이 사립학교법 제16조 제1항에 따른 이사회의 심의·의결 없이 학교법인 재산의 취득·처분 행위를 하거나 사립학교법 제28조 제1항의 규정에 따른 관할청의 허가 없이 의무부담행위를 한 경우에 그 행위는 효력이 없고, 학교법인이 나중에 의무부담행위를 추인하더라도 효력이 생기지 아니한다.[272]

2. '의료법인'의 재산처분

- 의료법인이 그 "재산을 처분"하고자 할 경우 "시·도지사의 허가"를 받도록 규정하고 있는 구 의료법 제41조 제3항(현 의료법 제48조 3항)은 효력규정이고[273] 시·도지사의 허가를 받지 않은 의료법인의 재산처분은 무효이다.

3. '재단법인'의 기본재산처분

---

272) 대법원 2000.9.5. 선고 2000다2344 판결 [공사대금], 대법원 2016.6.9. 선고 2014다64752 판결 [대여이자금]
273) 대법원 2008.9.11. 선고 2008다32501 판결 [부당이득금반환], 대법원 1993.7.16. 선고 93다2094 판결 [소유권이전등기말소등]

- 재단법인의 기본재산의 처분은 정관변경을 요하는 것이므로 "주무관청의 허가"가 없으면 그 처분행위는 물권계약으로 무효일 뿐 아니라 채권계약으로서도 무효이다.[274]

4. '전통사찰'의 부동산 양도와 담보제공

- 전통사찰의 주지는 해당 전통사찰의 전통사찰보존지에 있는 그 사찰 소유 또는 사찰이 속한 단체 소유의 부동산을 양도하려면 사찰이 속한 단체 대표자의 승인서를 첨부(사찰이 속한 단체가 없는 경우에는 제외)하여 문화체육관광부 장관의 허가를 받아야 한다(전통사찰법 제9조 1항).
- 전통사찰의 주지는 위 부동산을 대여하거나 담보로 제공하려면 사찰이 속한 단체 대표자의 승인서를 첨부(사찰이 속한 단체가 없는 경우에는 제외)하여 시·도지사의 허가를 받아야 한다. 허가받은 사항을 변경하려는 경우에도 같다(제2항).
- 허가를 받지 아니하고 부동산을 양도 또는 대여하거나 담보로 제공한 경우에는 이를 무효로 한다.

5. '향교재산'의 처분과 담보제공

- 향교 소유 부동산을 처분하거나 담보로 제공하려는 때에는 특별시장·광역시장·도지사 또는 특별자치도지사(시·도지사)의 허가를 받아야 한다(향교재산법 제8조 1항 1호)

제2절 허가 또는 신고를 하여야 하는 경우

1. 외국인 등의 토지취득 신고

- 외국인등이 대한민국 안의 부동산등을 '취득'하는 계약(제3조제1항 각 호에 따른 계약은 제외한다)을 체결하였을 때에는 계약체결일부터 60일 이내에 시군구청장에게 신고하여야 하고, '상속·경매·그 밖에 대통령령으로 정하는 계약 외의 원인'으로 대한민국 안의 부동산등을 취득한 때에는 부동산 등을 취득한 날부터 6개월 이내에 시군구청장에게 신고하여야 한다(부동산 거래신고 등에 관한 법률 제8조).

2. 외국인 등의 토지취득 허가

- 외국인 등이 취득하려는 토지가 "군사시설, 문화재, 생태·경관보전, 야생동물보호 등" 다음 각 호의

---

[274] 대법원 1974.6.11. 선고 73다1975 판결 [토지소유권이전등기], 대법원 1998.8.21. 선고 98다19202, 19219 판결 [재단법인기본재산처분허가신청절차이행], 대법원 2012.8.30. 선고 2010다52072 판결 [소유권이전등기], 대법원1997.12.26. 선고 97누14538 판결 [부동산처분허가신청거부처분취소]

어느 하나에 해당하는 구역·지역 등에 있으면 "토지취득계약을 체결하기 전"에 시군구청장으로부터 토지취득의 허가를 받아야 한다.
- 다만 토지거래허가구역에서 토지거래계약에 관한 허가를 받은 경우에는 그러하지 아니하다(부동산 거래신고 등에 관한 법률 제9조).

> 1. 「군사기지 및 군사시설 보호법」 제2조 제6호에 따른 군사기지 및 군사시설 보호구역, 그 밖에 국방목적을 위하여 외국인등의 토지취득을 특별히 제한할 필요가 있는 지역으로서 대통령령으로 정하는 지역
> 2. 「문화재보호법」 제2조 제2항에 따른 지정문화재와 이를 위한 보호물 또는 보호구역
> 3. 「자연환경보전법」 제2조 제12호에 따른 생태·경관보전지역
> 4. 「야생생물 보호 및 관리에 관한 법률」 제27조에 따른 야생생물 특별보호구역

- 신고관청은 관계 행정기관의 장과 협의를 거쳐 외국인 등이 제1항 각 호의 어느 하나에 해당하는 구역·지역 등의 토지를 취득하는 것이 해당 구역·지역 등의 지정목적 달성에 지장을 주지 아니한다고 인정하는 경우에는 허가를 하여야 한다.
- 제1항을 위반하여 체결한 토지취득계약은 그 효력이 발생하지 아니한다.

제7장

계약금, 해약금, 위약금 등의 관계(구별)

제1절 계약금과 해약금의 관계

1. 개념상의 구별

- 계약금(契約金)이란 매매계약(임대차 포함, 이하 같다) 체결시에 매수인이 매도인에게 주는 금전(금전 이외의 유가물도 가능)을 말한다. 매매대금의 10%(1할) 가량을 계약금으로 지급하는 것이 거래의 관행이다.
- 해약금(解約金)이란 '채무불이행과는 관계없이' 상대방이 '계약이행에 착수하기 전(중도금 지급 이전)'에 '교부자(매수인)는 이를 포기하고, 수령자(매도인)는 그 배액을 상환'함으로써 계약을 해약할 수 있는 금전을 말한다(민법 제565조 1항).

2. 계약금의 법적 성질

(1) 『해약금으로 추정』

① 계약금은 해약금, 증약금 등 여러 가지 성질을 가진다.
② 실무상 계약금이 어떤 성질의 것인지가 불분명한 경우에는 ⓐ '당사자의 약정(의사해석)에 따르고', ⓑ 당사자의 약정이 없으면 '해약금으로 추정'한다(민법 제565조 1항).
③ 계약금이 '해약금으로 추정'되는 경우에는 『교부자(매수인)는 이를 포기하고, 수령자(매도인)는 그 배액을 상환』함으로써 계약을 해제할 수 있다(일종의 약정해제권 발생).

(2) 『증약금』의 성격

- 계약체결의 증거로서의 의미를 가지는 증약금으로서의 성격을 가진다. 계약금계약은 증약금으로서의

성격을 가지므로 "요물계약"이다.

(3) 계약금의 배액을 상환하고 하는 계약해제시에 상대방이 이를 수령하지 아니하는 경우 이를 공탁하여야 유효한지 여부(소극)

- 매매당사자 간에 계약금을 수수하고 계약해제권을 유보한 경우에 매도인이 계약금의 배액을 상환하고 계약을 해제하려면 『'계약해제 의사표시' 이외에 계약금 배액의 '이행의 제공'이 있으면 족하고』 상대방이 이를 수령하지 아니한다 하여 이를 공탁하여야 유효한 것은 아니다.[275]

3. 매매계약과 계약금계약의 구별

구 분	매매계약	계약금계약
법적 성질	• 낙성계약(諾成契約) • 계약금의 지급이 계약의 성립요건이 아니다.	• 요물계약(要物契約) • 계약금의 지급이 계약의 성립요건이다. • 매매, 임대차 등의 '주된 계약'에 '종된 계약'이다.

4. 계약금에 의한 계약해제에 관한 판례

(1) 『계약금을 지급하기로 약정만 한 단계』에서 민법 제565조 제1항의 계약해제권이 발생하는지 여부(소극)

- 계약이 일단 성립한 후에는 당사자의 일방이 이를 마음대로 해제할 수 없는 것이 원칙이고, 다만 주된 계약과 더불어 계약금계약을 한 경우에는 민법 제565조 제1항의 규정에 따라 임의 해제를 할 수 있기는 하나, 계약금계약은 금전 기타 유가물의 교부를 요건으로 하므로 단지 계약금을 지급하기로 약정만 한 단계에서는 아직 계약금으로서의 효력, 즉 위 민법 규정에 의해 계약해제를 할 수 있는 권리는 발생하지 않는다.
- 따라서 당사자가 계약금의 일부만을 먼저 지급하고 잔액은 나중에 지급하기로 약정하거나, 계약금 전부를 나중에 지급하기로 약정하거나, 단지 계약금을 지급하기로 약정만 한 단계에서는 계약금계약은 성립하지 아니하고(계약금계약의 요물계약성), 교부자가 계약금의 잔금 또는 전부를 지급하지 아니하는 한 상대방은 '계약금' 지급의무이행을 청구하거나 채무불이행을 이유로 '계약금약정'을 해제할 수 있고, 교부자가 계약금의 잔금 또는 전부를 지급하지 아니하는 한 '계약금계약'은 성립하지 아니하므로 당사자가 임의로 주계약을 해제할 수는 없다. 다만 위 약정이 없었더라면 주계약을 체결하지 않았을 것이라는 사정이 인정된다면 주계약을 해제할 수도 있다.[276]

---

275) 대법원 1992.5.12. 선고 91다2151 판결 [소유권이전등기]
276) 대법원 2008.3.13. 선고 2007다73611 판결 [손해배상(기)]

(2) 계약금의 『일부만 지급된 경우』, '지급받은 금원의 배액'을 상환하고 매매계약을 해제할 수 있는지(소극)

① 판례

- 계약금의 일부만 지급된 경우, 수령자가 매매계약을 해제할 수 있다고 하더라도 해약금의 기준이 되는 금원은 '실제 교부받은 계약금'이 아니라 『약정 계약금』이므로, 매도인이 '계약금의 일부로서 지급받은 금원의 배액을 상환'하는 것으로는 매매계약을 해제할 수 없다.
- 왜냐하면 '실제 교부받은 계약금'의 배액만을 상환하여 매매계약을 해제할 수 있다면 이는 당사자가 '일정한 금액을 계약금으로 정한 의사에 반'할 뿐만 아니라, 교부받은 금원이 소액일 경우에는 사실상 계약을 자유로이 해제할 수 있어 '계약의 구속력을 약화시키는 결과'가 되기 때문이다.

② 사례【판례의 사실관계[277]】

- 판례의 사례에서처럼 매매대금 11억원, 계약금 1억 1,000만원으로 약정된 계약에서 계약금의 일부인 1,000만원이 지급되었다면, 『매도인』이 계약을 해제하려면 실제 교부받은 계약금 1,000만원의 배액인 2,000만원을 상환하고 계약을 해제할 수 있는 것이 아니라 "약정한 계약금 1억 1,000만원의 배액인 2억2,000만원을 주고 계약을 해제"하여야 하고, 『매수인』이 계약을 해제하려면 "기 지급한 1,000만원이 아니라 1억원(기 지급한 1,000만원+1억원)을 더 지급하고서야 계약을 해제"할 수 있다.

(3) 현금보관증을 이용한 계약금 처리와 위약금 약정

① 현금보관증의 실무상 응용

- 만약에 실무상 매매대금 11억원에 계약금 1억 1,000만원을 약정하고, 계약 당일 금1,000만원을 현실 지급하고 나머지 계약금 1억원은 그 다음날 지급하기로 약정한 경우, 계약서 특약사항에 ⓐ <u>매수인이 매도인에게 약정한 계약금을 '모두 지급'한 것으로 하되, 다만 이를 다시 매도인으로부터 돌려받아 매수인이 보관하는 형식으로 『현금보관증을 매도인에게 작성해 주는 것이 좋다』</u>(다음의 91다9251 판례 참조). ⓑ <u>이때 현금보관증을 이용한 특약이 아닌 『"익일 1억원이 입금되어야 계약의 효력이 발생한다"라는 특약을 다는 실수를 하여서는 아니 된다』</u>. 왜냐하면 판례는 현금보관증의 유효성을 인정하여 현금보관증상의 계약금을 해약금과 위약금으로 인정하였다. 따라서 "익일 1억원이 입금되어야 계약의 효력이 발생한다"는 특약은 위 판례의 취지와 배치되기 때문이다.

---

[277] 대법원 2015.4.23. 선고 2014다231378 판결 [손해배상(기)]
【사실관계】(1) 매수인(원고)은 2013.3.25. 매도인(피고)로부터 서울 서초구 (주소 생략) 다동 1401호를 매매대금 11억 원에 매수하기로 하는 매매계약을 체결하면서, 계약금 1억 1,000만 원 중 1,000만 원은 계약 당일에 지급하고, 나머지 1억원은 다음 날 피고(매도인)의 은행계좌로 송금하기로 약정함.
(2) 매도인 3.26. 공인중개사에게 계약해제 통보 후 자신의 은행계좌 해지 및 폐쇄 ⇒ 매수인 나머지 계약금 1억원 송금 실패하자 ⇒ 1억원 짜리 자기앞수표 발행소지하고 공인중개사사무실 방문하여 매도인의 계좌폐쇄 사실 확인한 후 3.27. 계약금 1억원 법원에 공탁 ⇒ 매도인 역시 자신이 계약금으로 수령한 1천만원의 배액인 2천만원을 공탁한 후 계약해제통고서 발송 ⇒ 매수인 손배소송 제기

② 【판례】 계약시 매수인이 계약금의 "일부만 지급"하면서, 형식상 "매도인이 매수인으로부터 계약금 전액을 받아서 이를 다시 매수인에게 보관한 것처럼 '현금보관증'을 작성하여 매도인에게 교부한 경우"의 '해약금'으로서의 구속력 유무

ⓐ 현금보관증상의 계약금은 "전액"이 '해약금'의 성질을 갖는다

- 매매계약을 맺을 때 매수인의 사정으로 실제로는 그 다음날 계약금을 지급하기로 하면서도 형식상 매도인이 계약금 전액을 받아서 이를 다시 매수인에게 보관한 것으로 하여 매수인이 매도인에게 현금보관증을 작성 교부하였다면, 위 계약금은 계약해제권유보를 위한 '해약금'의 성질을 갖는다 할 것이고 당사자 사이에는 적어도 그 다음 날까지는 계약금이 현실로 지급된 것과 마찬가지의 구속력을 갖게 된 것이라고 할 것이어서, 당사자는 약정된 계약금의 '배액상환(매도인) 또는 포기(매수인) 등에 의하지 아니하는 한' 계약을 해제할 수 없다.278)

ⓑ 현금보관증상의 계약금 상당액이 "위약금 약정"이 있었던 것으로 된다

- 매매계약에 있어서 매수인이 계약금을 지급하되 매도인이 계약을 위반하였을 때에는 그 배액을 배상받고 매수인이 계약을 위반하였을 때에는 계약금을 포기하여 반환을 청구하지 않기로 약정하였으나, 매수인이 당시 계약금을 미처 준비하지 못하였던 관계로 일단 계약금을 지급하였다가 되돌려 받아 보관하고 있는 것으로 처리하기로 하여 계약금 상당액의 현금보관증을 작성하여 매도인에게 교부한 경우, 매도인과 매수인 사이에는 『계약금 상당액의 위약금 약정이 있었다』고 볼 것이므로, 매수인이 계약을 위반하였다면 실제로 계약금을 지급하지 않았다 하더라도 '약정한 위약금'을 지급할 의무가 있다.279)
- 위 판례 사안에서 약정한 계약금이 1억 1,000만원인데 매수인이 계약을 위반하였다면, 매도인이 계약을 해제하면 매수인은 계약금 1억 1,000원(다만 1,000만원은 이미 지급되었으므로 실제로는 1억원)을 위약금으로 지급하여야 한다.

【판례가 인정한 현금보관증의 실무상 예시】

현금보관증 작성 없이 계약서에 계약해제에 관한 특약으로 처리하는 방법도 있다. 편의상 여기서 현금보관증을 만들어 아래에서 게시한다. 이에 관한 특약사항에 관하여는 특약사항편을 참고하기 바란다.

---

278) 법원 1991.5.28. 선고 91다9251 판결 [소유권이전등기]
279) 대법원 1999.10.26. 선고 99다48160 판결 [보관금]

```
                        현금보관증
               (계약금의 일부 지급에 대한 현금보관증)


   부동산 표시 : _____
   계 약 일 : 20   년   월   일 매매 계약
   보관금액 : 금      원(₩      원)
   반 환 일 : 20   년   월   일

위 부동산에 관하여 "갑"과 "을"은 다음과 같이 매매계약(11억원), 계약금계약(일억일천
만원), 현금보관계약(일억원)을 체결한다.

1. "갑"과 "을"은 위 부동산에 관하여 금일십일억원(1,100,000,000원)에 매매계약을 체
   결하고 "갑"과 "을"의 합의 하에 "갑"이 "을"에게 계약금 일억일천만원(110,000,000
   원) 지급하였다가 다시 "갑"이 "을"로부터 금일억원(100,000,000원)을 되돌려 받아
   보관하다가 반환일에 "을"에게 이자 없이 보관금을 반환하기로 한다.
2. 이때 "갑"과 "을"은 당사자 간에 계약금 '전액 상당액'의 위약금 약정이 있는 것으로
   본다. 따라서 보관금 반환기일 전에 "갑"이 계약을 해제할 경우에는 보관금 전액(일
   억원)을 "을"에게 반환하여야 계약을 해제할 수 있으며, "을"이 계약을 해제할 경우
   에는 계약서에 의한 계약금의 배액(이억이천만원)을 손해배상으로 지급하여야 계약
   을 해제할 수 있다.
3. 본 증서의 효력은 "갑"이 "을"에게 보관금 전액을 반환하는 즉시 상실된다.
                        20   년   월   일
   【갑】 매수인(임차인) :_____(서명.날인)
   【을】 매도인(임대인) :_____귀하
```

(4) 매도인이 계약금의 배액을 상환하고 계약을 해제하려고 할 때, '해제 통고만으로' 계약해제의 효력이 발생하는지 여부(소극)

- 매수인이 계약의 이행에 착수하기 전에는 매도인이 계약금의 배액을 상환하고 계약을 해제할 수 있으나, 이 해제는 통고로써 즉시 효력을 발생하는 것이 아니라 『매도인이 수령한 계약금의 배액을 매수인에게 상환하거나 적어도 그 이행을 제공하지 않으면 계약을 해제할 수 없다』.[280]

5. 해약금에 의한 해제권 행사의 요건

---

280) 대법원 1992.7.28. 선고 91다33612 판결 [소유권이전등기]

(1) 해제권 행사는 채무불이행과는 무관하다.

- 해약금 조항(민법 제565조 1항)에 따른 해제권 행사는 '형성권'으로서 채무불이행과는 관계없다.

(2) 해제권 행사 방법

- 계약금의 교부자(매수인)는 '의사표시만'으로 포기하고, 수령자(매도인)는 '해제의 의사표시와 함께 배액을 제공'하여야 한다.281) 따라서 수령자(매도인)는 계약금 배액을 이행제공하고 해제의 통고로써 족하며, 상대방이 이를 수령하지 아니한다하여 공탁까지 하여야 하는 것은 아니다.282)

(3) 해제권 행사기간은 『'당사자의 일방'이 '이행에 착수'할 때까지』이다.

① 해제권 행사기간을 제한한 이유

- 민법 제565조가 해제권 행사의 시기를 '당사자의 일방이 이행에 착수할 때까지로' 제한한 것은 당사자의 일방이 이행에 착수한 때에는 이미 이행에 필요한 비용을 지출하였을 것이고 또 그 당사자는 계약이 이행될 것으로 기대하고 있는데, 만일 이러한 단계에서 상대방으로부터 계약이 해제된다면 예측하지 못한 손해를 입게 될 우려가 있으므로 이를 방지하고자 함에 있다.283)

② 당사자 일방의 의미

- '당사자의 일방'이란 매매계약의 '쌍방 중 어느 일방'을 말한다. 당사자 중 누구라도 이행에 착수하면 그 상대방은 물론 '이행에 착수한 당사자도' 해제권을 행사할 수 없다. 따라서 매수인이 중도금을 지급하여 이미 이행에 착수하였다면, 매도인은 물론 '매수인 역시' 계약금을 포기하고 매매계약을 해제할 수 없게 된다.284)

③ 이행의 착수의 의미

- 『이행의 착수』란 반드시 계약 내용에 들어맞는 이행의 제공 정도에까지 이르러야 하는 것은 아니나 '단순한 이행의 준비만으로는 부족'하고 『객관적으로 외부에서 인식할 수 있는 정도로 채무의 이행행위의 일부를 행하거나 또는 이행을 하는데 필요한 전제행위를 하는 것을 말하는 것으로서 이행행위 자체에 착수하는 것』을 말한다. 따라서 '중도금 지급이나 목적물의 인도'와 같이 객관적으로 외부에서 인식할 수 있는 정도로 채무이행행위의 일부를 행하거나 잔금을 준비하고 등기절차를 밟기 위하여 등기소에 동행할 것을 촉구하는 것과 같이 이행에 필요한 전제행위를 하는 것을 말한다.285)

④ 토지거래허가를 이행의 착수로 볼 수 있는가?(소극)

- 계약이 부동산거래신고에 관한 법률상의 토지거래허가를 받지 않아 유동적 무효상태에 있는 경

---

281) 대법원 1994.8.23. 선고 93다46742 판결 [소유권이전등기]
282) 대법원 1992.5.12. 선고 91다2151 판결 [소유권이전등기]
283) 대법원 1993.1.19. 선고 92다31323 판결 [소유권이전등기]
284) 대법원 2000.2.11. 선고 99다62074 판결 [매매대금]
285) 대법원 1994.11.11. 선고 94다17659 판결 [건물명도등], 대법원 2006.11.24. 선고 2005다39594 판결 [소유권이전등기], 대법원 1994.5.13. 선고 93다56954 판결 [소유권이전등기]

우286)는 물론, 토지거래허가구역 안의 토지에 관하여 매매계약이 체결된 후 계약금만 수수한 상태에서 관할관청으로부터 당사자가 토지거래허가를 받았다 하더라도, 토지거래허가만으로는 아직 이행의 착수가 있다고 볼 수 없어 당사자는 매매계약을 해제할 수 있다. 따라서 토지거래허가는 이행의 착수로 볼 수 없다. 287) 토지거래허가는 사인의 행위에 대한 행정법상의 인가로서 토지거래허가는 계약상의 이행으로 볼 수 없기 때문이다.

⑤ 중도금 제공을 이행의 착수로 본 경우
- 매매계약의 체결 이후 시가 상승이 예상되자 매도인이 구두로 구체적인 금액의 제시 없이 매매대금의 증액요청을 하였고, 매수인은 이에 대하여 확답하지 않고 "이행기 전에 중도금을 제공(판례는 이행의 착수로 보았다)"하자, 매도인이 '계약금의 배액을 공탁'하여 해제권을 행사한 사안에서, 『시가 상승만으로 매매계약의 기초적 사실관계가 변경되었다고 볼 수 없어 매도인을 당초의 계약에 구속시키는 것이 특히 불공평하다고 할 수 없으므로 매도인은 위의 해제권을 행사할 수 없다』. 288)

⑥ '중도금 지급 후'에 계약금을 포기하고 매매계약을 해제할 수 있는지 여부(소극)
- 민법 제565조 제1항에서 말하는 '당사자의 일방'이라는 것은 '매매 쌍방 중 어느 일방'을 지칭하는 것이고 상대방이라 국한하여 해석할 것이 아니므로, 비록 상대방인 매도인이 매매계약의 이행에는 전혀 착수한 바가 없다 하더라도 매수인이 중도금을 지급하여 이미 이행에 착수한 이상 매수인 역시 계약금을 포기하고 매매계약을 해제할 수 없다. 289)

(4) 민법 제565조 소정의 『'이행에 착수할 때까지'의 구체적 사례』

① 중도금 없이 '계약금과 잔금 지급으로' 계약이행의 착수로 본경우
- 토지의 매수인이 매매계약상의 잔금지급기일에 '잔금' 2,700,000원을 지참하고 매도인을 찾아가 이를 매도인에게 지급하려고 하였으나, 매도인이 그때까지 위 토지에 경료되어 있는 근저당권설정등기의 말소 및 소유권이전등기에 필요한 서류 등을 준비하지 아니하여, <u>매도인에게 잔금 2,700,000원 중 우선 중도금조로 금 1,000,000원만을 지급하고 나머지 금 1,700,000원은 위 근저당권설정등기의 말소 및 소유권이전등기 서류가 모두 준비되면 그 서류를 교부받음과 동시에 지급하겠다고 제의하였으나 매도인이 이를 거절하여 잔금을 지급하지 아니한 채 돌아간 것이라면, 매수인은 이로써 이미 위 매매계약에 따른 매수인으로서의 "채무의 이행에 착수"</u>하였다. 290) 따라서 당사자는 계약을 해제할 수 없다.

② 매도인이 매매부동산에 설정된 근저당권 채무액이 너무 많아서 매수인 앞으로 매도인소유의

---

286) 대법원 1997.6.27. 선고 97다9369 판결 [토지거래계약허가절차이행]
287) 대법원 2009.4.23. 선고 2008다62427 판결 [소유권이전등기]
288) 대법원 2006.2.10. 2004다11599 판결 [소유권이전등기]
289) 대법원 2000.2.11. 선고 99다62074 판결 [매매대금]
290) 대법원 1993.7.27. 선고 93다11968 판결 [소유권이전등기], 대법원 1994.5.13. 선고 93다56954 판결 [소유권이전등기]

다른 부동산에 대하여 근저당권을 설정해 주고 중도금을 받기로 약정한 계약에서 매수인이 중도금을 마련하였지만 매도인이 근저당권 설정을 거절하고 중도금 지급만 요구한 경우(판례사례)

【사실관계】
- 매수인은 매도인으로부터 이 사건 부동산을 대금 140,000,000원에 매수함에 있어서 계약금 10,000,000원은 계약 당일에, 중도금 90,000,000원은 같은 해 2.26.에, 잔금 40,000,000원은 같은 해 4.30. 소유권이전등기에 필요한 서류와 상환으로 각 지급하기로 하였다.
- 한편 계약 체결시 매도인은 이 사건 부동산에 관하여 새마을금고 등에 금 80,000,000원 정도의 근저당권이 설정되어 있으나 잔금 기일까지는 이를 말소해 줄 것이니 계약금 없이 중도금 기일에 금 100,000,000원을 지급해 줄 것을 요구하였으나, 매수인은 매매대금이 140,000,000원인데 근저당 채무가 80,000,000원인 이 사건 부동산에 대하여 중도금으로 금 100,000,000원이나 지급하게 되면 위험부담이 너무 크니 매도인측 요구를 받아 들이되 위 근저당권을 말소할 때까지 매수인에게 매도인 소유의 다른 부동산에 대하여 채권최고액 금 50,000,000원의 근저당권을 설정하여 줄 것을 수정제의하여, 결국 매수인이 계약금을 금 10,000,000원으로 하여 당일 지급하기로 하되 중도금은 금 90,000,000원으로 하여 중도금 지급기일에 매도인이 매수인에게 위와 같은 내용의 근저당권을 설정하여 주면 매매계약서를 다시 작성한 다음 위 중도금을 지급하기로 하여 계약이 성립되었다.
- 그런데 매수인이 중도금 지급기일 전에 이 사건 부동산에 관한 등기부등본을 발급받아 본 결과 이 사건 부동산 위에는 매도인측의 말과는 달리 소외 신흥2·3동 새마을금고, 소외 3, 소외 4 등에 대하여 채권최고액 합계 금 142,500,000원의 근저당권이 각 설정되어 있는 것을 발견하고는 중도금 지급기일에 중도금 90,000,000원을 마련하여 가지고 매도인을 만나 근저당권의 채권최고액 합계액이 당초 매도인측이 말한 것보다 훨씬 많은 점을 지적하자, 매도인은 실제 근저당 채무액은 금 80,000,000원 밖에 되지 않는다고 해명하였고, 이에 당초 약정한 대로 매도인 소유의 다른 부동산에 매수인 명의의 채권최고액을 금 50,000,000원으로 하는 근저당권을 설정하고 이에 따른 매매계약서를 재작성하기 위하여 변호사 사무실을 찾아갔으나 서로의 의견이 엇갈려 막상 어떠한 합의나 공증도 하지 못하게 되었다.
- 그러자 매도인은 이 사건 부동산에 설정된 근저당권은 잔금지급기일까지 매도인이 말소하기만 하면 되는 것이라면서 매도인의 다른 부동산에의 근저당권 설정에 응하지 아니할 뜻을 밝히면서 중도금 지급만을 요구하자 매수인측도 중도금을 지급할 수 없다면서 그 지급을 거절하였다. 그 후 매도인은 매수인을 피공탁자로 하여 계약금의 배액인 금 20,000,000원을 공탁하고 매매계약 해제통지를 하였다.

【원심의 판단】
- 해약금의 성질을 갖는 계약금만 수수된 이 사건 매매계약에 있어서 중도금 지급기일에 중도금 지급의 전제로서 당사자 간에 일응 약정된 근저당권설정 문제가 구체적인 이행단계에서 타결되지 않아

매수인이 중도금 지급을 거절하고 결국 아무런 다른 조치 없이 이러한 상태가 매도인의 계약해제시까지 계속되었다면, 비록 매수인이 중도금을 지급하지 못하게 된 것이 대부분 매도인의 책임 있는 사유에 기인한 것이라 할지라도 당사자 간의 이 사건 매매계약은 그 '이행의 준비단계'에서 머물다 만 것일 뿐 아직 그 '이행의 착수'가 있었다고는 볼 수 없다 할 것이고, 중도금 지급기일에 매수인측이 중도금 90,000,000원을 마련하여 매도인측이 또 다른 근저당권 설정에 응하기만 하면 즉시 지급할 준비가 되어 있었다고 하여 달리 볼 바가 아니며, 위 매매계약은 매도인이 계약금의 배액을 적법히 공탁함으로써 해제되었다고 판단하였다.

【대법원의 판단】

- 민법 제565조에 의하여 매도인이 계약금의 배액을 상환하고 계약을 해제하려면 매수인이 이행에 착수할 때까지 계약금의 배액을 상환하고 하여야 할 것인 바, 여기에서 "이행에 착수한다는 것"은 단순히 이행의 준비를 하는 것만으로는 부족하나, 객관적으로 외부에서 인식할 수 있는 정도로 채무의 이행행위의 "일부"를 하거나 또는 "이행에 필요한 전제행위"를 하는 경우를 말하는 것으로서, 반드시 계약의 내용에 들어맞는 이행제공의 정도에까지 이르러야 하는 것은 아니다.

- 매도인이 위 매매계약 체결시 중도금 지급기일에 그 소유의 다른 부동산에 대하여 매수인 앞으로 채권최고액 금 50,000,000원의 근저당권을 설정하여 주고 중도금을 지급받기로 약정하였고, 매수인이 약정된 중도금 지급기일에 그 지급을 위하여 중도금 90,000,000원을 마련하여 가지고 매도인으로부터 이 사건 부동산에 대한 근저당권의 채권최고액 합계액이 당초 말한 것과 다른 연유를 해명받고는 중도금 지급에 앞서 위 약정과 같이 근저당권을 설정하여 줄 것을 요구하였으나 매도인이 우여곡절 끝에 결국 이에 응하지 아니할 뜻을 밝히면서 중도금 지급만을 요구하자 중도금을 지급하지 아니한 채 돌아온 것이라면, 매수인은 위 매매계약에 따른 중도금 지급의 이행에 착수한 것이라고 봄이 옳다. 원심이 위와 같은 사실을 인정하면서도 그것은 이행의 준비단계에 머무른 것일 뿐 이행의 착수가 있었다고 볼 수 없다고 판단한 것은 민법 제565조 제1항의 이행의 착수에 관한 법리를 오해한 위법이 있다. [291]

(5) '이행기 전'의 이행착수가 허용되는가?

- 여기에서 이행에 착수한다는 것은 위에서 본 바와 같거니와, 그와 같은 경우에 이행기의 약정이 있다 하더라도 '당사자가 이행기 전에는 착수하지 아니하기로 하는 특약을 하는 등 특별한 사정이 없는 한' "이행기 전에 이행에 착수할 수도 있다". [292] [293] 따라서 매도인이 민법 제565조에 의하여 계약을 해제하고자 하는 경우에는 계약금의 배액을 제공하고 하여야 할 것이나, 해약금의 제공이 적법하지 못하다면 '해제권 보유기간 안에 적법한 제공을 한 때'에 계약이 해제된다고 볼 것이고, 또 매도인이 계약

---

291) 대법원 1994.5.13. 선고 93다56954 판결 [소유권이전등기], 대법원 2006.11.24. 선고 2005다39594 판결 [소유권이전등기], 대법원 2002. 11. 26. 선고 2002다46492 판결 [소유권이전등기절차이행] 매수인이 매도인의 동의하에 매매계약의 계약금 및 중도금 지급을 위하여 은행도어음을 교부한 경우 매수인은 계약의 이행에 착수하였다고 본 경우
292) 대법원 2002.11.26. 선고 2002다46492 판결 [소유권이전등기절차이행]
293) 대법원 1993.1.19. 선고 92다31323 판결 [소유권이전등기]

을 해제하기 위하여 계약금의 배액을 공탁하는 경우에는 상대방에게 공탁통지가 도달한 때에 계약해제의 의사표시가 있었다고 보는 것이 옳다.

(6) 토지거래허가절차와 민법 제565조 계약해제의 관계

① 토지거래허가를 받지 않아 유동적 무효상태인 매매계약에 있어서 매도인이 계약금의 배액을 상환하고 계약을 해제할 수 있는지 여부(적극)

- 민법 제565조 계약해제의 법리상 특별한 사정이 없는 한 국토이용관리법상의 토지거래허가를 받지 않아 유동적 무효상태인 매매계약에 있어서도 당사자 사이의 매매계약은 매도인이 계약금의 배액을 상환하고 계약을 해제함으로써 적법하게 해제된다.

② 토지거래허가를 받지 않아 유동적 무효상태인 매매계약의 매도인이 계약금의 배액을 제공하고 계약을 해제하려고 하는 경우, 매수인이 대금 지급기일 전에 매도인의 의사에 반하여 대금지급의 이행을 할 수 있는지 여부(소극)

- 매도인이 민법 제565조에 의하여 계약금의 배액을 제공하고 계약을 해제하고자 하는 경우에 중도금 등 지급기일은 매도인을 위해서도 기한의 이익이 있는 것이므로 "매도인이 매수인에게 계약을 해제하겠다는 의사표시를 하고 일정한 기한까지 해약금의 수령을 최고하였다면" 매수인은 매도인의 의사에 반하여 이행할 수 없다(당사자 일방이 이행에 착수하기 전에 계약이 적법하게 해제되었기 때문이다).294) 더욱이 매수인이 이행기 전에 '매도인이 정한 해약금 수령기한 이전에' 일방적으로 이행에 착수하였다고 하여도 매도인의 계약해제권 행사에 영향을 미칠 수 없다.295)

③ 유동적 무효 상태인 매매계약에 있어서 매수인이 '토지거래허가 협력의무 이행의 소'를 제기한 것만으로 민법 제565조 제1항 소정의 이행에 착수한 것으로 볼 수 있는지 여부(소극)

- 매수인이 토지거래허가 협력의무이행을 구하는 소송을 제기하여 1심에서 승소판결을 받은 것만으로는 매수인이 그 계약의 이행에 착수하였다고 할 수 없고, 매도인이 계약금의 배액을 상환하고 매매계약을 해제하는 것이 신의칙에 반하는 것이라고도 할 수 없다.296)

6. 해약금에 의한 계약해제의 효과

(1) 원상회복의 문제는 없다.

- 당사자의 일방이 '이행에 착수하기 전에만' 해제할 수 있기 때문이다.

(2) 손해배상청구권도 생기지 않는다.

- 이 규정에 의하여 해제권을 행사하면 손해가 있어도 손해배상청구권은 발생하지 않는다(민법 제565조

---

294) 대법원 1997.6.27. 선고 97다9369 판결 [토지거래계약허가절차이행]
295) 대법원 1997.6.27. 선고 97다9369 판결 [토지거래계약허가절차이행], 대법원 1993.1.19. 선고 92다31323 판결 [소유권이전등기]
296) 대법원 1997.6.27. 선고 97다9369 판결 [토지거래계약허가절차이행]

2항). 손해배상은 당사자의 '채무불이행을 전제'로 발생하는 것인데, 해약금에 의한 계약해제는 당사자의 '채무불이행을 전제'로 한 것이 아니기 때문이다.

(3) 결론

- 이는 해약금에 의한 '약정'해제권 행사에 의한 경우이고, 계약금 수수가 '채무불이행을 이유'로 하는 해제권 행사로 인한 원상회복과 손해배상청구권과는 무관하므로 '채무불이행을 이유로 하는' 계약해제와 손해배상의 청구를 배제하는 것은 아니다. 따라서 민법 제565조 제2항은 "계약해제와 손해배상의 규정은 해약금의 경우에 적용하지 않는다"고 규정하고 있는 것이다.

제2절 계약금, 해약금, 위약금 3자의 관계

- 계약금, 해약금, 위약금은 부동산 계약 실무상 매우 중요하다. 그런데 대부분의 개업중개사들이 중개실무상 이에 대하여 제대로 정립되어 있지 않아서 적절하게 활용하지 못하고 있다. 이들을 잘 숙지하여 중개실무에서 최대한 활용하도록 하여야 한다.

1. 『계약금과 해약금』은 법적으로 밀접한 관련이 있다

(1) 특약이 없으면 "계약금은 해약금으로 추정"된다.[297]
(2) 그렇다고 해서 『계약금=해약금』는 아니다.[298]
(3) 따라서 해약금을 계약금과 달리 정할 수 있다. 아래의 예시를 보자.

① 해약을 어렵게 하는 경우
- 예컨대 계약금이 5,000만원인 계약에서, "해약을 위해서는 상대방에게 계약금 이외에 1억원을 추가로 지급해야 한다"고 약정하여 계약금을 해약금으로 정하는 통상적인 경우보다 '해약을 어렵게' 할 수 있다.

② 해약을 쉽게 하는 경우
- 통상적으로 해약금은 매수인은 포기하고 매도인은 배액을 상환하여 매매계약을 해제할 수 있다. 그런데 만약 "매수인이 해약하면 매도인은 매수인으로부터 받은 계약금 5,000만원 중 2,500만원을 반환하고, 매도인이 해약하면 매수인으로부터 받은 계약금 5,000만원을 포함해서 7,500만원을 지급해야 한다"고 약정하여 통상적인 경우보다 '해약을 쉽게' 할 수도 있다(이 경우는 해약금이 2,500만원이다).

---

297) 왜냐하면 민법 제565조에서 당사자간에 다른 약정이 없는 한 계약금을 해약금으로 추정하고 있기 때문이다.
298) 해약금 규정은 임의규정으로서 이와 다른 취지의 약정이 얼마든지 가능하기 때문이다.

2. 『계약금과 위약금』은 법적으로 아무런 연관이 없다.

(1) 위약금의 특약이 없는 한, 계약금을 위약금으로 몰수할 수 없다.

① 계약금과 위약금은 법적인 연관이 없다.
- 계약금을 해약금으로 추정하는 것과 같은 법조항이 없기 때문이다.

② 특약이 없는 한 몰수 불가
- "『계약금을 위약금으로 본다』라는 위약금의 특약이 없는 한" 상대방의 귀책사유에 기한 법정해제권 행사로 계약금이 상대방에게 귀속되는 것은 아니다. 299) 따라서 계약금 상당의 '위약금'약정을 미리 하면서 계약금과 위약금을 연관시킬 수 있다. 즉, 계약금을 위약금으로 몰수하기 위해서는 『계약금을 위약금으로 본다』라는 특약이 필요하다. 300)

③ 중개실무상 주의
- 그런데 중개실무 현장에는 계약금과 위약금의 관계를 오해하는 사람이 많다. 결국 "실무상 매수인이 중도금을 지급하지 않으면 계약금 전액을 몰수할 수 있다"는 생각은 매우 잘못된 것이다. "『계약금을 위약금으로 본다』라는 위약금의 특약이 없는 한" 매수인이 중도금을 지급하지 않더라도 계약금을 몰수할 수 없다. 이점 주의해야 한다.

(2) 위약금을 계약금에 한정할 필요는 없다.

- 계약금을 위약금과 동일시하는 사고는 약관 형식의 부동 문자화된 '계약서양식'에 의존하는 우리의 잘못된 거래 관행 때문에 비롯된 것이다. 필요에 따라서는 계약금의 2~3배의 금액을 위약금으로 정하거나 계약금과는 전혀 관계없이 위약금 액수를 정할 수도 있다. 중개실무시 계약당사자의 성향과 거래의 난이도 등을 고려하여 적절히 조정할 필요가 있다. 때로는 위약금을 통하여 계약을 쉽게 해제하는 것을 통제할 수도 있을 것이다.

3. 결론

- 계약금을 해약금이나 위약금과 동일시하는 것은 잘못된 생각이다. 이는 공인중개사 협회나 문방구 계약서와 같이 양식화된 계약서에 의존하는 단조로운 계약문화 때문이다. 계약금·해약금·위약금의 상호관계는 계약의 전문가인 공인중개사들은 반드시 알아야 한다.

---

299) 대법원 1996.6.14. 선고 95다54693 판결【매매대금반환】유상계약을 체결함에 있어서 계약금이 수수된 경우 계약금은 해약금의 성질을 가지고 있어서, 이를 위약금으로 하기로 하는 특약이 없는 이상 계약이 당사자 일방의 귀책사유로 인하여 해제되었다 하더라도 상대방은 계약불이행으로 입은 실제 손해만을 배상받을 수 있을 뿐 계약금이 위약금으로서 상대방에게 당연히 귀속되는 것은 아니라고 하였다.
300) 대법원 2010.4.29. 선고 2007다24930 판결 [전부금]

제3절 계약금, 해약금, 위약금 3자의 관계에 관한 사례

(중도금 지급지체로 계약이 해제되면 계약금을 몰수할 수 있는가?)

1. 사례

乙(매수인)은 甲(매도인)로부터 아파트를 금 3억원에 매수하였다. 乙은 계약금 3,000만원은 계약 당일에, 1차 중도금 6,000만원은 1개월 후에 각 지급하였지만, 2차 중도금 6,000만원과 잔금 1억 5,000만원은 이행기간이 지났음에도 지급하지 않고 있다.

2. 문제

(1) 乙은 계약금 3,000만원을 포기하고 계약을 해제할 수 있는가?

(2) 乙이 2차 중도금과 잔금을 지급하지 않자, 甲은 매매계약을 해제한 후 아파트를 丙에게 팔았다. 이 경우 甲은 1차 중도금으로 받은 6,000만원만 돌려주고, 계약금 3,000만원을 몰수할 수 있는가?

(3) 甲이 乙의 채무불이행을 이유로 중도금을 몰수할 수는 없는가?

3. 해답

(1) 문제(1)에 대한 해답

① 계약을 해제할 수 있는 경우
- 매매 당사자가 계약을 해제할 수 있는 경우는 크게 두 가지이다. ①상대방이 <u>이행지체 등을 이유로 계약을 해제하는 『법정해제』</u>와 ②민법 제565조(해약금)에 기하여 당사자 일방의 이행착수 전에 계약금 상당을 포기 또는 배액을 배상하고 계약을 해제하는 『<u>해약금(민법 제565조)에 의한 해제</u>』이다.

② 사례의 경우(乙은 계약금 3,000만원을 포기하고 계약을 해제할 수 있는가?)
- <u>매수인 乙은 해약금 조항에 의하여 계약금 3,000만원을 포기하고 계약을 해제할 수 없다.</u> 乙이 1차 중도금 6,000만원을 지급하여 이미 '이행에 착수'하였기 때문이다.
- <u>매도인 甲도 역시 설사 계약금을 포기한다 하더라도 계약을 해제할 수 없다.</u> 이유는 '매매 당사자 중 어느 일방이라도' 이행에 착수한 이후에는 민법 제565조에 의한 해제는 할 수 없기 때문이다.
- <u>매수인 乙은 매도인 甲의 채무불이행을 이유로 계약을 해제(법정해제)할 수도 없다.</u> 매도인 甲의 채무불이행이 없기 때문이다.

(2) 문제(2)에 대한 해답

① 매도인 甲이 취할 수 있는 방법
- 매도인 甲은 매수인 乙이 2차 중도금 및 잔금 지급을 이행지체하고 있으므로, ⓐ <u>2차 중도금 및 잔금 지급소송을 제기</u>하거나, ⓑ <u>乙의 채무불이행을 들어 이행을 최고하고 계약을 해제(이른바 법정해제)</u>할 수 있다.

② 위 방법을 취하지 않고 매도인이 아파트를 제3자에게 매각한 경우 배임죄 성립 가능
- 여기서 주의할 점은 매도인이 1차 중도금을 수령하였기 때문에 위 어느 방법을 취하지 않고 아파트를 제3자에게 매각하면 배임죄가 성립할 수 있다는 점이다.

③ 매도인 甲이 매수인 乙의 '채무불이행을 이유로' 계약을 해제할 경우, 계약금 3,000만원을 몰수할 수 있는가?
- 계약금을 위약금으로 한다는 "특약이 없으면 몰수할 수 없다". 계약금은 해약금으로 추정될 뿐이고, 계약금의 위약금 추정규정은 없기 때문이다.
- 이에 관하여 거래계에서는 계약금을 해약금은 물론 위약금으로도 추정되는 것으로 잘못 알고 있다. 통상 매도인이 계약을 위반한 경우에는 배액을 상환하고, 매수인이 계약을 위반한 경우에는 계약금이 몰수된다고 알고 있다. 그러나 이는 매우 잘못된 것임은 이미 위에서 보았다.

④ 위 사례와 같이 위약금 특약이 없는 경우
- 甲과 乙 사이에 위약금 특약을 두었다면, 매도인 甲은 실손해가 3,000만원을 넘는 경우에도 그 이상을 청구할 수는 없지만 실손해금을 입증하지 않고도 계약금 3,000만원을 몰수할 수 있다. 다만, 배상액예정이 과다한 경우 법원이 감액할 수는 있다.
- 그러나 위약금 특약이 없다면 매도인 甲은 계약금을 당연히 몰수할 수는 없고, 乙의 채무불이행으로 입은 '실손해를 입증'하여 이를 청구하여야 한다. 소송에서 실손해 입증은 결코 쉽지 않은 일이다. 사례의 경우와 같이 <u>위약금 특약이 없는 경우에는 실손해배상원칙이 적용</u>된다. 따라서 매도인 甲은 구체적인 손해액을 입증하여야 손해배상을 청구할 수 있다. 실손해가 계약금을 초과한 사실을 입증하면 그 초과 부분도 배상을 청구할 수 있다.[301]
- 손해는 <u>통상손해와 특별손해</u>로 구분되는데, 통상손해란 채무불이행에 따라 일반적으로 발생하는 손해이고, 특별손해란 특별한 사정으로 인한 손해를 말한다. 특별손해는 채무자가 그 사정을 알았거나 알 수 있었을 때에 한하여 배상책임이 있다(민법 393조 2항). 예컨대 매도인이 매수인으로부터 중도금을 지급받아 그 돈으로 다른 부동산을 매수하기로 약정하였는데, 매수인이 중도금을 지급하지 않아서 발생한 손해가 특별손해이다.
- 따라서 중개실무에서 특별손해를 배상받기 위해서는 그러한 특별사정을 매수인이 알 수 있도록 매매

---

[301] 대법원 2010.4.29. 선고 2007다24930 판결 [전부금]

계약서에 명시하는 것이 중요하다. 자세한 것은 다음의 실제 거래계약서와 이 책 특약사항을 참고하기 바란다.

⑤ 소결론

- 결국 특별손해는 채무자(사례의 경우 매수인)가 이를 알았거나 알수 있었을 경우에만 그 손해를 청구할 수 있고, 통상손해도 그 손해를 구체적으로 입증하여야만 손해를 배상받을 수 있기 때문에, 이러한 실손해의 입증곤란을 피하기 위하여 계약서에 미리 '위약금 조항(특약)'을 두는 것이 좋다.
- 계약서에 위약금 조항(특약)을 둔 경우에는, 채권자(사례의 경우 매도인)는 손해의 발생과 그 금액을 입증할 필요 없이 매도인 甲은 계약금 3,000만원을 몰수할 수 있다. 얼마나 간단하고 위력이 있는가? 실무 종사자들은 잘 작성된 계약서는 변호사보다 낫다는 것을 알아야 한다. 이 경우 채권자는 실손해가 많다고 하여 더 청구할 수는 없지만, 반대로 채무자는 손해가 없다거나 위약금 특약보다 적다는 사실을 주장할 수 없다.

⑥ 중개실무에서 주의할 사항

- 항간의 중개실무계약서에는 『매수인이 중도금(중도금이 없을 때에는 잔금)을 지급하기 전까지 매도인은 계약금의 배액을 배상하고, 매수인은 이를 포기하고 각 계약을 해제할 수 있다』고 인쇄되어 있다. 통상 이를 '위약금 조항이라고 오해'하는데, 이는 『위약금 조항이 아니라 해약금 조항(민법 제565조)』이라는 사실이다.
- 위약금 조항이 되기 위해서는 계약 위반시 손해배상액을 얼마로 할지에 관한 내용이 들어가 있어야 한다. 그렇지 않으면 단순한 해약금 조항에 불과하여 설사 상대방이 계약을 불이행한 사실이 있더라도 이 조항에 의하여 계약금을 몰수할 수는 없다.

(3) 문제(3)에 대한 해답

- 매도인 甲은 계약금 몰수는 물론 매수인 乙의 채무불이행을 이유로 중도금을 몰수할 수도 없다. 중도금은 계약금, 해약금, 위약금 중 그 어디에도 해당하지 않기 때문이다. 거래계에서는 매수인의 채무불이행을 이유로 중도금까지 몰수할 수 있다고 생각하는 경우도 있는데, 매우 잘못된 것이다.

(4) 사례와 관련한 실제 계약서

- 위 계약금·해약금·위약금·위약벌은 계약실무에서 대단히 중요하다. 이에 관한 실제 계약서를 한번 보자. 아래의 계약서는 저자가 부동산아카데미 강의를 들은 개업공인중개사인 회원에게 상담을 하고 작성에 작성을 도와 주었던 실제 거래의 토지매매계약서이다. 이 계약서를 중개업의 리딩케이스로 싣는다.
- 이 계약서의 특장점은 제2조 부동산의 표시, 제7조 계약금과 계약의 해제, 제8조 위약금과 손해배상금 부분이다. 제1조에서 업종을 명시한 것은 동기의 착오를 막기 위한 것이다. 위 사례를 공부한 후 아래의 실제 계약서가 일반적인 계약서와 무엇이 다른지를 잘 보기 바란다.

■ 그리고 적어도 부동산 중 일부분을 매매할 경우에는 아래 계약서와 같이 일부분의 부동산을 특정할 줄 알아야 하며, 또한 이와 같이 복잡하고 큰 계약은 반드시 계약금, 해약금, 위약금 및 손해배상과의 관계에 관하여 그 법적 성질과 효과를 실제 매매사례에서 명확하게 적용할 수 있어야 한다. 그렇지 않으면 큰 거래에서는 크고 작은 중개 분쟁이 발생할 가능성이 매우 높다.

(계약금, 해약금, 위약금 등을 잘 반영한 실제 매매계약서)

토지 매매 계약서

매도인 주식회사 **건축 대표이사 노**(이하 "갑"이라 한다)와 매수인 이** 외 2인(이하 "을"이라 한다)은 아래 표시 부동산에 관하여 다음의 내용으로 매매계약을 체결한다.

- 다   음 -

제1조 계약의 목적
① "을"은 아래의 부동산을 매수하여 자동차관련시설(폐차장 및 근린생활시설, 창고)의 사업부지로 사용하고자 한다.
② "을"의 사업목적인 "자동차 관련 시설"에 관한 개발행위허가가 나지 않을 경우에는 이 계약은 무효로 하고 기지급한 계약금은 즉시 "을"에게 반환한다.

제2조 부동산의 표시
① 경기도 평택시 포승읍 **리 ** 임 28,547㎡중 16,529㎡ 【별지목록 도면표시 ①②③④⑤⑥⑦⑧⑨⑩⑪⑫⑬⑭①의 각 점을 연결한 선내 (가)부분 16,529㎡】
② 위 같은 리 ** 답 70㎡, 같은 리 ** 전 57㎡, 같은 리 ** 임 578㎡, 같은리 ** 임 28,547㎡ 중 740㎡, 합계 1,445㎡ 중 837/1,445 지분 【별지목록 도면표시 ①②③④⑮⑯⑰⑱⑲⑳㉑㉒①의 각 점을 연결한 선내 (나)부분 1,445㎡ 중 837㎡ 상당의 지분】
③ 매매대상 면적 중 도로지분은 "갑" 소유의 토지(위 **리 **번지 토지) 28,547㎡ 대비 이건 매매 토지 16,529㎡를 기준으로 안분하여 계산한 것이다.
④ 위 부동산의 매매에는 토지의 면적과 "유한회사 *****"측의 사업권을 포함한다.

【별지목록 도면】

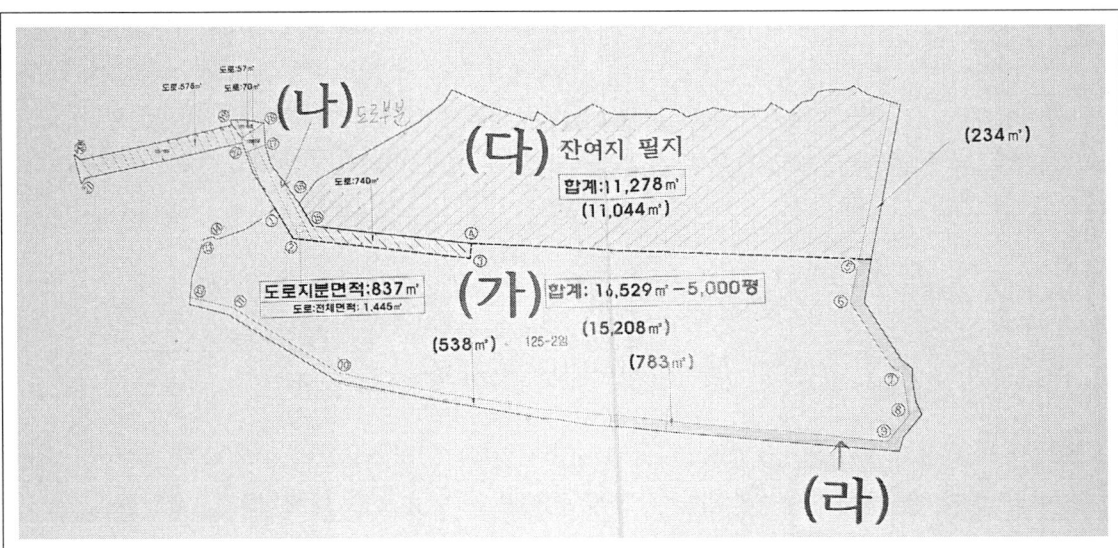

제3조 토지의 면적, 도로지분, 위치의 특정(매매대상 토지의 구체적인 특정)
① 본 계약의 토지 면적은 토지대장을 기준으로 계약을 체결하였고, "갑"이 가진 전체 토지 중 분할을 하여 일부를 매매하기로 한다.
② 분할 매매의 위치와 면적은 계약서에 별지로 첨부한 별지목록 도면의 남쪽부분이다. 도면으로 표시하면 위 제2조와 같다.
③ 매매대상의 토지는 계약일 현재 토목공사가 완료된 상태로써, 절토, 성토, 석축공사, 법면 조성 등으로 인하여 가용면적의 감소가 있을 경우 "갑"과 "을"은 상호 이의를 제기하지 않기로 한다.

제4조 계약 당사자 등의 표시
① 매도인 주식회사 **건축 대표이사 노**와 매수인 이**과 김**
② 업무관계인(협조자) : ㈜** 대표이사 두**와 매도인 홍**

제5조 매매대금 등

- 총매매대금 : 금사십칠억삼천사백만원정(금4,734,000,000원)(사업권 포함)
- 계약금 : 일십억원정(금1,000,000,000원)
- 잔　금 : 삼십칠억삼천사백만원정(금3,734,000,000원)

제6조 매매대금 지급
① 위 계약금 일십억원 중 일부인 금5억원은 계약시에 지급하고, 나머지 금5억원은 2018. 6. 19. "갑"의 인감증명서가 첨부된 대지 사용승낙서와 개발행위에 필요한 제반서류, 허가권자(유한회사 *****)의 사업권 지위승계 동의서 등의 서류 인도와 함께 지급한다.
② "을"은 개발행위허가를 득한 후 지적공부 정리일로부터 20일 이내에 잔금을 지급하기로 한다. 단, "을"은 계약일로부터 최대한 빠른 기간 내에 허가를 득하여야 한다.
③ 매매대금은 지급일자에 공인중개사의 입회하에 지급하는 것을 원칙으로 하되, 쌍방 합의

가 있을 경우에는 무통장 입금으로 할 수 있다.
④ 위의 경우 "을"은 입금 전에 반드시 개업공인중개사로부터 입금여부를 확인받은 후에 입금하여야 하며, 무통장 입금할 경우에는 반드시 계약서에 기재된 통장으로 입금하여야 한다. 【00은행, 통장번호: , 예금주:000】

제7조 계약금과 계약의 해제
① "갑"은 잔금을 지급하기 전까지 "을"에게 약정한 계약금의 배액을 상환하고, "을"은 "갑"에게 약정한 계약금을 포기하고 이 계약을 해제할 수 있다.
② 계약금은 전부가 지급되어야만 민법 제565조 계약금으로서의 효력을 가진다.

제8조 위약금과 손해배상금
① 당사자가 이 계약에서 정한 의무를 위반하여 계약이 해제된 경우에는 그 상대방 당사자는 계약해제에 따른 위약금을 청구할 수 있다.
② 위약금의 기준은 계약금의 배액으로 한다.
③ 본조의 위약금 계약은 채무의 이행을 확보하기 위한 위약벌로서의 성질을 가지며, 당사자의 채무불이행에 따른 손해배상의 청구에 영향을 미치지 아니한다.
④ 위 ③항에 따른 손해배상의 예정금액은 계약금을 기준으로 한다.

제9조 보전처분 및 제한물권의 정리
"갑"이 말소하여야 할 보전처분 및 제한물권은 다음의 ①②와 같다.
① "갑"은 위 포승읍 **리 **번지상의 등기사항증명서 갑구에 설정된 2018. . . 접수 제93825호로 경료된 가압류(채권자 안출세무과), ② 위 포승읍 **리 **, **, **, **에 2016. 3. 25. 접수번호 제20188호로 설정된 근저당권(채권최고액 52억원, 채권자 축협), 위 같은 지번상에 2016.3.25. 접수 제20189호로 설정된 근저당권(채권최고액 14억 6천만원, 채권자 유한회사 *****), 위 같은 지번상에 2017.7.14. 접수 제56460호로 설정된 근저당권부질권(채권액 8억원, 채무자 최**, 채권자 정**), 위 같은 지번상에 2017.5.10. 접수 제39091호로 설정된 근저당권(채권최고액 6억, 채권자 이**).

제10조 지장물 처리
"갑"은 위 표시 부동산 상에 "을"의 사업진행에 장애가 되는 "갑" 또는 제 3자가 소유 또는 점유하는 일체의 지장물(구조물, 분묘, 현장사무실, 경작물, 유치권 등)을 철거 등의 행위를 "을"이 착공계를 제출하기 이전까지 "갑"의 비용과 책임으로 완전 정리해 주기로 한다.

제11조 부동산에 대한 부담의 말소 등
① 매도인은 위 부동산에 설정된 저당권, 전세권, 지상권, 유치권 등 제한물권이나 가압류, 가처분 등 소유권의 행사를 제한하는 사유가 있는 경우 잔금지급일 7일 전까지 이들을 말소하여 제한이 없는 소유권을 이전하여야 한다.
② 근저당권 설정 해지에 필요한 서류, 말소비용은 "갑" 책임 하에 제한물권 등이 없는 완전한 소유권을 잔금지급일에 매수인에게 인도하여야 한다.
기존 허가관련 건축설계비, 전용부담금, 개발부담금, 토목공사관련 비용 등 잔금지급일을 기

준으로 그 이전까지 "갑"에게 부과되거나 발생된 제세공과금은 "갑"이 부담하며, 그 이후에 발생되는 공과금 등은 "을"이 부담한다.
③ 이건 부동산을 넘겨주는 날(잔금지급일) 이후에라도 그 전에 발생하여 "갑"이 부담해야 할 의무가 있는 것으로써 "갑"이 정리하지 않은 것으로 밝혀진 것은 "갑"이 부담한다.
④ "갑"은 "을"이 이건 부동산을 담보로 한 대출 또는 인허가 등에 "갑" 명의 서류가 필요할 경우 "을"에게 서류를 발급해 주는 등의 협조를 적극적으로 하기로 한다.

제12조 담보책임 등
① 위 부동산에 하자가 있는 경우 "갑"은 "을"에게 민법의 규정에 따른 담보책임을 진다.
② 위 부동산을 넘겨주는 날 이전에 위 부동산에 남아 있던 농지법, 산지법 기타 법령 위반의 사유로 인하여 "을"이 이행강제금 또는 과태료나 벌금을 내게 되거나, 그 이외에 재산의 손해(원상회복비용 등)를 입은 경우, "갑"은 "을"에게 이를 배상하여야 한다.

제13조 이해관계인들과의 채권채무 정산
① "갑"은 계약금 수령시에 계약금 금일십억원으로 일차적으로 등기사항증명서상의 각종 보전처분과 제한물권 채권자들의 채권액을 변제하여야 한다.
② "갑"은 잔금 수령시에 나머지 채무를 모두 정산하되, 정산하지 못한 채무는 채권자들과 협의하여 이건 계약시에 매도하지 않은 "갑"의 잔여지 필지에 근저당권 등을 설정해 주기로 한다.
③ 근저당 설정 해지에 필요한 서류, 말소비용은 매도인의 책임하에 정리하고, 완전한 소유권을 잔금지급일에 매수인에게 인도해 준다.

제14조 중개보수
① 개업공인중개사는 "갑"과 "을"의 본 계약의 채무불이행에 대하여 책임을 지지 않는다.
② 중개보수는 계약금 전부가 지급되는 동시에 계약 당사자 쌍방이 자신이 중개의뢰한 개업공인중개사에게 각각 중개보수를 지급한다.
③ 개업공인중개사의 고의나 과실 없이 본 계약이 해제되어도 중개보수는 지급한다.

제15조 관계인의 업무협조
본 토지의 원활한 매매를 위하여 "업무관계인"인 ㈜** 대표이사 두**는 이 업무에 관여하여 이 건 매매계약이 원만하게 성사되고 이행되도록 협조하기로 한다.

제16조 기타사항
① 공유지분(도로)의 포장공사는 공동으로 시행하고, 하수처리시설은 공동사용으로 한다.
② 함몰된 하수처리시설 등 계약일 현재까지의 시설하자에 대한 책임은 "갑"이 부담한다.
③ 위 토지의 공유지분(도로)의 포장 및 정지작업 등에 소요되는 비용은 각각 지분의 비율로 나누어 부담하기로 한다.

제17조 (보 칙)
① 이 계약에서 정하지 않은 사항은 민상법 기타 사회상규와 일반 관행에 따른다.

② 이 계약에서 약정한 경우에도 당사자는 쌍방의 합의로 달리 정할 수 있다.
③ 상기 내용을 증명하기 위해 계약서 5부를 작성하여 매도인, 매수인, 업무관계인 및 개업 공인중개사는 이에 서명 날인하고 1부씩 보관한다.
④ 개업공인중개사는 중개대상물확인설명서를 작성하고, 확인설명서 업무보증관계증서 사본을 첨부하여 계약체결과 동시에 거래당사자 쌍방에게 교부한다.
* 첨부서류 : 편입용지도(가분할 도면, 별지도면), 중개대상물확인설명서, 등기사항증명서, 토지대장, 지적도등본, 토지용계획확인원, 신분증 사본, 법인등기사항증명서   각 1통

2018년 *월 **일

"갑" (매도인) : 주식회사 **건축
          대표이사 노 * *
     주   소 : 경기도 평택시 포승읍 석정리 ***
          법인등록번호 : 111111-0111111
"을" (매수인) : (1)이 * *(지분의 표시....)   (인)
          (2)김 * *(지분의 표시....)   (인)
"개업공인중개사" : ****공인중개사무소
          대표공인중개사 ***
          경기도 평택시 **로 *** (**동)
          등록번호 :
"개업공인중개사" : ****공인중개사무소
          대표공인중개사 000
          경기도 평택시 **면 서동대로 ***
          등록번호 :
"업무관계인" : 주식회사 0000
          대표이사 대표이사 두 * *
          경기도 평택시 **면 ***로 **
          법인번호 :

제4절 위약금·손해배상예정·위약벌의 구별

1. 3자의 개념 구분

■ "<u>위약금이란</u>" '채무불이행이 있는 경우'에 지급하기로 약속한 금전이다. '계약위반에 따른' 손해배상을 미리 정해 놓은 금액이다. 따라서 '채무불이행과 관계없이' 일정 금액을 포기하고 계약의 구속에서 벗어나기 위한 "해약금"과 다르다.

- "<u>손해배상의 예정</u>"이란 당사자의 채무불이행이 있을 경우 이에 대한 손해배상금액을 미리 정한 것을 말한다.
- "<u>위약벌이란</u>" '위약금의 몰수와 관계없이' 채무불이행에 의한 손해배상을 따로 청구할 수 있는 금전이다. 채무불이행에 의한 손해배상과는 별개이다. 위약벌 약정이 있어도 별도의 손해가 있으면 위약벌과는 별도로 손해배상을 청구할 수 있다. 위약벌은 손해의 발생과는 별도로 채무불이행에 대한 '벌칙성'을 가지기 때문이다.

2. 위약금이 『손해배상액의 예정』인 경우

- 위약금(違約金)은 "손해배상의 예정"과 "위약벌"로서의 두 가지의 성격을 가지는데, 그 중 어느 것에 해당하는지는 '의사해석의 문제'이나 '어느 것인지 판단되지 않을 경우'에는 위약금은 "손해배상액의 예정으로 추정"된다(민법 제398조 4항).

(1) 계약금을 위약금으로 하는 특약이 있는 경우

- 이 경우에는 매수인이 계약불이행을 하면 '손해배상예정액'이 상대방에게 귀속된다. 따라서 계약금을 위약금으로 하기로 특약한 경우에 계약불이행이 있는 경우(예컨대 중도금 지급기일에 중도금을 지급하지 않은 때)에는 기 지급된 계약금을 위약금으로 몰수할 수 있다.
- 손해배상예정액에는 '통상손해'는 물론 '특별손해'까지도 예정액에 포함된다. 손해배상예정액은 채권자의 손해가 예정액을 초과한다 하더라도 초과부분을 따로 청구할 수 없다. 302)

(2) 계약금을 위약금으로 하는 특약이 없는 경우

- 이 경우에는 계약금을 '손해배상액의 예정'으로 볼 수 없다. 즉, 계약금을 위약금으로 하기로 하는 특약이 없는 이상 계약이 당사자 일방의 귀책사유로 인하여 해제되었다 하더라도 상대방은 계약불이행으로 입은 '실제 손해만을 배상받을 수 있을 뿐' 계약금은 위약금으로서 상대방에게 당연히 귀속되거나 몰수할 수 있는 것이 아님을 주의해야 한다. 303)
- 실무상 이 경우에 계약을 해제한 상대방은 그 상대방의 계약불이행으로 입은 '실제 손해를 입증'하기가 현식적으로 쉽지 않다. 따라서 실무에서 최소한 계약금을 위약금으로 하는 특약은 매우 중요하다. 물론 여기서 위약금은 계약금으로만 한정할 필요는 없다.

3. 위약금이 『위약벌』의 성격인 경우

(1) 위약벌은 채무불이행에 의한 손해배상과는 별개이다

---

302) 대법원 1993.4.23. 선고 92다41719 판결 [손해배상(기)], 대법원 2012.12.27. 선고 2012다60954 판결 [매매대금반환등]
303) 대법원 1996.6.14. 선고 95다11429 판결 [계약금반환], 대법원 2010.4.29. 선고 2007다24930 판결 [전부금]

- 위약벌을 약정한 경우에는 '위약금의 몰수와 관계없이' 채무불이행에 의한 손해배상을 따로 청구할 수 있다. 위약벌은 손해배상과는 관계없이 과하는 계약위반에 대한 '일종의 벌칙'이기 때문이다.

(2) 위약벌에 대한 주장·입증 필요

- 위약금이 위약벌로 해석되기 위해서는 "위약벌이라는 특별한 사정을 주장·입증하여야 한다"는 점을 주의해야 한다. 304) 위약금은 위약벌로 추정되지 않기 때문이다. 위약금이 위약벌이라는 것을 주장·입증하지 못하면 위약금은 손해배상의 예정으로 추정된다(민법 제398조 4항).
- 위약금이 위약벌로 해석되면 법원이 당사자가 정한 금액을 감액하지 못한다. 따라서 중개실무에서 특약으로 위약벌에 대한 내용임을 분명히 하여, 위약금이 손해배상의 예정인지 위약벌인지에 대한 분쟁을 사전에 차단하는 것이 좋다.

【계약금, 해약금, 위약금, 위약벌의 구별】

구분	계약금	해약금	위약금	위약벌
의의	• 계약체결시 매수인이 매도인에게 주는 금전 • 요물계약이다. • 증약금의 성격도 가진다.	채무불이행과 관계없이 상대방이 계약이행에 착수하기 전에 '교부자는 포기하고 수령자는 배액을 상환함으로써 계약을 해약'할 수 있는 금전이다.	• 채무불이행이 있는 경우 (채무불이행이 전제) 지급하기로 약속한 금전이다. • 위약벌의 성격도 가진다.	• 채무불이행시 위약금의 몰수와 관계없이 손해배상을 따로 청구하기로 약정한 금전이다.
효과	• 해약금으로 추정 (민법 제565조). • 계약금과 해약금은 밀접한 관계에 있지만, 그렇다고 계약금 = 해약금은 아니다. • 따라서 계약금과 별도의 해약금을 정할 수 있다.	• 상대방이 계약이행에 착수하기 전까지 계약을 해제하기 위한 금전이다. • 계약의 구속에서 벗어나기 위한 금전으로 채무불이행과 관계없다. • 원상회복의무 없다. • 손해배상청구권 없다. • 계약금과는 친하지만 위약금과는 무관하다.	• 손해배상액의 예정으로 추정(민법 제398조 4항) • 계약금과 위약금은 법적으로 무관하다. 따라서 계약금을 위약금으로 본다는 위약금 특약이 없는 한 실무상 중도금 미지급시 계약금을 몰수하는 것은 잘못이다. • 위약금을 계약금에 한정할 필요도 없다.	• 계약위반사실만 입증하면 손해금액을 입증할 필요 없이 몰수 가능하다. • 위약벌이라는 사실 주장·입증 필요
감액	• 법원 감액 불가	• 법원 감액 불가	• 법원 감액 가능	• 법원 감액 불가

---

304) 대법원 2001.1.19. 선고 2000다42632 판결 [채무부존재확인], 대법원 2017.11.29. 선고 2016다259769 판결 [부당이득금]

제8장

계약해제와 중개실무

제1절 계약해제의 의의와 구별개념

1. 의의

(1) 개념

- 계약의 해제란 '유효하게 성립된' 계약을 '당사자 일방의 의사표시'로 '소급적으로 소멸'케 하는 의사표시로서 형성권이다. '처음부터 계약이 성립하지 않은 것과 같은 상태'를 만드는 것이다.

(2) 해제권은 형성권(形成權)이다. 해제권행사는 단독행위이다.

- 따라서 당사자 일방의 해제의 의사표시가 있으면 그 효과로서 새로운 법률관계가 발생하고 각 당사자는 이에 구속된다. [305] 해제권행사는 단독행위이다. 해제권자가 일방적으로 단독으로 행사한다. 따라서 계약에 해당하는 해제계약(계약의 합의해제)과 구별된다.

(3) 해제권은 계약의 「종된 권리」이다.

- 따라서 '계약당사자만'이 계약을 해제할 수 있고, 계약당사자의 지위를 승계하지 않는 한 해제권만의 양도는 허용되지 않는다.

(4) 해제권의 종류

- 해제권에는 「법정해제권」과 「약정해제권」이 있다.

---

[305] 대법원 2005.7.14. 선고 2004다67011 판결 [분양금반환]

2. 구별개념

가. 해제계약(계약의 합의해제)

(1) 기존계약과 다른 '새로운' 계약이다.

- 해제계약은 기존의 계약을 '새로운' 계약에 의하여 소급적으로 소멸시키는 '계약'이다. 따라서 단독행위인 '계약의 해제'와는 다르다. 예컨대 공동상속인들은 이미 이루어진 상속재산 분할협의를 합의에 의하여 전부 또는 일부를 해제(해제계약)한 다음 다시 새로운 분할협의를 할 수 있는 것도 같은 법리이다. [306]

(2) 계약으로서의 일반적 성립요건과 유효요건을 갖추어야 한다.

① 서로 대립하는 의사표시가 합치할 것

- 계약이 합의해제 되기 위해서는 계약의 성립과 마찬가지로 계약의 청약과 승낙이라는 서로 대립하는 의사표시가 합치되어야 하고(합의), 쌍방당사자의 표시행위에 나타난 의사의 내용이 객관적으로 일치하여야 한다.

② 조건에 관한 합의까지 일치할 것

- 따라서 계약당사자의 일방이 계약해제에 따른 원상회복 및 손해배상의 범위에 관한 조건을 제시한 경우 그 조건에 관한 합의까지 이루어져야 합의해제가 성립된다. [307] [308]

③ 청약에 조건을 붙이거나 변경을 가한 승낙은 새로운 청약으로 보게 되고 종전의 청약은 실효된다.

- 매도인의 매수인에 대한 매매계약의 합의해제의 청약에 매수인이 조건을 붙이거나 변경을 가하여 승낙한 때에는 그 청약의 거절과 동시에 '새로운 청약'을 한 것으로 보게 되고, 종전의 매도인의 청약은 실효된다[민법 제534조(변경을 가한 승낙)]. [309]

(3) 명시적·묵시적으로도 가능하다.

① 계약의 묵시적 합의해제를 인정하기 위한 요건

- 계약이 합의해제 되기 위하여는 일반적으로 계약이 성립하는 경우와 마찬가지로 계약의 청약과 승낙이라는 서로 대립하는 의사표시가 합치될 것을 그 요건으로 하는 것이지만 [310], 계약의 합의해제는

---

306) 대법원 2004.7.8. 선고 2002다73203 판결 [근저당권말소]
307) 대법원 2009.2.12. 선고 2008다71926 판결 [소유권이전등기]
308) 대법원 1996.2.27. 선고 95다43044 판결 [소유권이전등기등]
309) 대법원 2009.2.12. 선고 2008다71926 판결 [소유권이전등기]
310) 대법원 1992.6.23. 선고 92다4130,92다4147 판결 [임차보증금반환등], 대법원 1994.8.26. 선고 93다28836 판결 [소유권이전등기], 대법원 2010.1.28. 선고 2009다73011 판결 [소유권이전등기], 대법원 1994.9.13. 선고 94다17093 판결 [소유권이전등기]

명시적인 경우뿐만 아니라 묵시적으로도 이루어질 수 있는 것이므로, 계약 후 당사자 쌍방의 계약 실현 의사의 결여 또는 포기가 쌍방당사자의 표시행위에 나타난 의사의 내용에 의하여 객관적으로 일치하는 경우에는, 그 계약은 계약을 실현하지 아니할 당사자 쌍방의 의사가 일치됨으로써 묵시적으로 해제되었다고 해석함이 상당하다. 311)

② 묵시적 합의해제가 인정되는 경우

- 매수인이 매도인으로부터 계약해제에 따른 기지급 매매대금의 정산금을 반환받음에 있어서 매수인이 명시적인 이의유보 없이 매도인이 제공하는 계약해제에 따른 정산금을 수령하였다면, 당시 매수인이 계약해제의 효력을 다투고 있었다고 볼 수 있는 객관적인 사정이 있었다거나 그 외에 상당한 이유가 있는 상황에서 정산금을 수령하였다는 등의 특별한 사정이 없는 한, 이는 매도인이 주장한 계약해제 사유 및 그 매매대금 정산액을 인정한 것으로 보아야 한다. 312)

③ 계약당사자 쌍방이 서로의 의무를 이행하지 않고 장기간 방치한 경우

- 계약이 "묵시적인 합의해제"를 한 것으로 인정하려면 매매계약이 체결되어 그 대금의 일부가 지급된 상태에서 당사자 쌍방이 장기간에 걸쳐 잔대금을 지급하지 아니하거나 소유권이전등기절차를 이행하지 아니함으로써 이를 방치한 것만으로는 부족하고, "당사자 쌍방에게 계약을 실현할 의사가 없거나 계약을 포기할 의사가 있다고 볼 수 있을 정도"에 이르렀다고 할 수 있어야 한다. 313) 당사자 쌍방이 계약을 실현할 의사가 없거나 포기할 의사가 있었는지 여부는 계약이 체결된 후의 여러 가지 사정을 종합적으로 고려하여 판단하여야 한다.

④ 임대차 계약의 묵시적 합의해제의 성립 범위

- 임대차계약 체결 4일 후부터 임차인이 계약해제 및 계약금 반환을 요구하였고, 임대인은 '세 나간 후에 보자'라고 하였을 뿐 별다른 의사표시나 중도금 및 잔금의 이행최고도 없
이 계약을 방치하다가 잔금기일 도과 후 제3자에게 임대한 경우, 『임대인이 임차인에게 한 '세 나간 후에 보자'는 말의 의미』는 임대인이 임대차계약의 존속을 바라지 아니하는 임차인의 요구를 받아들이되, 제3자와 새로운 임대차계약을 체결하게 되고 그로 인하여 자신에게 손해가 생길 경우 계약금에서 그 손해를 공제한 나머지를 반환하겠다는 의사를 표시한 것이라고 해석함이 상당하므로, 그 임대차계약은 그 계약 성립 후 임대인과 임차인 쌍방간에 계약금에서 새로운 임대차계약 체결로 인한 손해를 공제한 나머지를 반환한다는 한도 내에서 그 계약을 실현하지 아니하기로 하는 묵시적인 합의해제가 성립되었다고 보아야 한다. 314)

(4) 계약의 해제에 관한 민법 제548조 제2항의 적용 여부(소극)

---

311) 대법원 1998.1.20. 선고 97다43499 판결 [소유권이전등기]
312) 대법원 2002.1.25. 선고 2001다63575 판결 [손해배상(기)]
313) 대법원 2018. 12. 27., 선고, 2016다274270, 274287, 판결[손해배상청구등·부당이득금반환], 대법원 2011.2.10. 선고 2010다77385 판결 [소유권이전등기등], 대법원 1996.6.25. 선고 95다12682, 12699 판결 [부동산소유권이전등기·건물명도등]
314) 대법원 1995.4.28. 선고 95다7260 판결 [계약금]

- 합의해제 또는 해제계약의 효력은 그 "합의의 내용에 의하여 결정"되고, 계약의 해제에 관한 민법 제548조 제2항의 규정은 적용되지 아니한다. 따라서 "계약의 해제"의 경우에는 반환하는 금전에 그 받은 날로부터 이자를 가산하여야 하지만, "해제계약"의 경우에는 당사자 사이에 약정이 없는 이상 "합의해제로 인하여 반환할 금전에 그 받은 날로부터의 이자를 가하여야 할 의무"는 없다.[315]

(5) 해제계약(합의해제)이 부정된 사례

- 甲이 乙로부터 토지와 건물을 매수하고 토지에 설정된 근저당권의 피담보채무 등을 인수하기로 약정을 하였으나, 乙이 토지에 관한 丙 명의의 소유권이전등기청구권가등기 때문에 소유권이전등기를 지체하자 甲이 부동산(토지)가압류를 신청한 사안에서, 甲과 乙 사이에 계약해제에 관한 합의가 성립하였다거나 甲에게 계약을 실현할 의사가 없거나 계약을 포기할 의사가 있다고 볼 수 없고, 가압류신청 전후의 여러 사정을 감안하면 가압류신청서를 제출한 사실만으로 甲의 이행거절의사가 명백하고 종국적이라고 단정하기도 어려우므로, 위 약정이 합의해제되었다거나 甲의 이행거절로 해제되었다고 볼 수 없다.[316]
- 계약을 합의해제할 때에 원상회복에 관하여 반드시 약정을 하여야 하는 것은 아니지만, 매매계약을 합의해제하는 경우에 이미 지급된 계약금, 중도금의 반환 및 손해배상금에 관하여는 아무런 약정도 하지 아니한 채 매매계약을 해제하기만 하는 것은 우리의 경험칙에 비추어 이례에 속하는 일이다.[317] 따라서 이 사건에서 기록상 원고와 피고 사이에 계약해제시의 원상회복 및 손해배상액 등에 관하여 다툼이 계속되어 온 사정이 엿보이는 점에 비추어 합의해제(해제계약)이 성립되었다고 볼 수도 없다는 것이다.

【해제계약(합의해제)을 유도할 필요성이 있는 경우 실무상 참고사항】

해제계약(계약의 합의해제)는 실무상 필요성이 종종 있고, 지급한 계약금보다 손해배상금이 많을 경우에는 더욱 그렇다.
(원래의 계약이 원만히 이행되지 않을 경우 해제계약을 설득·유도하는 방법)
- 매수인에게는 나중에 매도인이 특약사항대로 이행할 것을 요구할 수 있다는 사실을, 매도인에게는 매수인이 나중에 포기한 계약금을 반환해 줄 것을 주장할 수 있음을 각각 강조하여 해제계약서에 서명·날인 하도록 유도한다.

나. 실권약관으로서의 '해제조건부 계약'

- 특약으로『만약 채무불이행이 있으면 당사자의 의사표시를 기다리지 않고 계약은 당연히 효력을 잃는다』고 하였다면, 이러한 특약은 이른바「실권약관」으로서의 해제조건부 계약이다. 실권약관으로서의 해제조건부 계약은 '계약'이다. 따라서 이미 유효하게 성립된 계약을 당사자 일방의 의사표시로 소급

---

[315] 대법원 1996.7.30. 선고 95다16011 판결 [계약금등]
[316] 대법원 2011.2.10. 선고 2010다77385 판결 [소유권이전등기등]
[317] 대법원 2007.11.29. 선고 2006다2490,2506 판결 [영업양도및주식인도·건물출입방해금지등], 대법원 1994.9.13. 선고 94다17093 판결 [소유권이전등기], 대법원 2010.7.29. 선고 2010다699 판결 [대여금]

적으로 소멸시키는 형성권이자 '단독행위인 해제권'과는 다르다.

다. 취소와 철회

- 『취소』는 일정한 법률행위(의사표시)에 '하자가 있을 때' 할 수 있지만, 『해제』는 '유효하게 성립한' 계약을 소멸시킨다는 점. 『취소』는 '모든' 법률행위(의사표시)에 인정되지만, 『해제』는 '계약에 대해서만' 인정되는 점. 『취소』는 '법률의 규정'이 있는 경우에만 인정되지만, 『해제』는 법률의 규정은 물론 당사자의 약정에 의해서도 발생할 수 있다. 그러나 『취소와 해제』는 당사자의 일방적 의사표시에 의하여 법률행위의 효력을 소급적으로 소멸시킨다는 점에서 같다.
- 『철회』는 법률행위의 '효력이 발생하기 전에 그 발생을 저지'하는 것으로서, 『해제』는 이미 '유효하게 성립된 것을 소급적으로 소멸'시키는 점에서 다르다.

라. 해지

- 해지는 임대차, 고용 등 '계속적 계약관계'에서 '장래를 향하여 효력을 소멸'시키는 것으로서 소급효가 없다는 점에서, 유효하게 성립된 계약을 '소급적으로 소멸'시키는 해제와 다르다.

부동산매매(임대차)계약 해제계약서

부동산 표시 _____
계약의 종류   □ 매매   □ 임대차
계약일자 20   년   월   일

"갑"과 "을"은 위 부동산에 관하여 매매(임대차) 계약을 체결하였으나, "을"의 사정으로 이행을 할 수 없는 바, "갑"과 "을"은 아래와 같이 원계약을 해제하기로 합의한다.

제1조 "갑"과 "을"은 위 부동산에 대한 원계약의 이행을 포기한다.
제2조 "갑"과 "을"은 해제 합의금으로 다른 합의사항이 없는 한 계약 시 "을"이 "갑"에게 지급한 계약금을 포기하는 것으로 갈음한다.
　　　　　　　　　　　　　　　　　[또는]
"갑"과 "을"은 金_____원을 해제계약(합의해제)에 따른 합의금으로 정한다.
제3조 이때 쌍방은 원계약서상의 특약을 배제하고 이 계약에서 합의한 금원으로써 "을"의 채무불이행에 따른 손해배상금으로 갈음하며, 추후 "갑"과 "을"은 상호 상대방에게 어떤 명분으로도 추가배상 또는 환급에 대한 요구는 물론 본 건과 관련하여 일체의 법적 이의를 제기하지 않기로 한다.
제4조 "갑"과 "을"은 본 계약과 동시에 원계약서 원본을 수임중개사에게 제출한다. 다만, 원계약서 원본을 제출하지 않는 경우에는 양당사자는 그 계약서상의 법적 효력을 주장하지 않기로 한다.

제5조 본 해제계약(계약의 합의해제)은 수임공인중개사의 과실없이 이루어지는 것이기에 중개보수는 각자가 부담한다.

제6조 이를 증명하기 위해 해제계약서 2부를 작성하여 "갑"과 "을"은 자필로 서명·무인한다.

20 년 월 일

【갑】매도(임대)인　　　　　　　　　　　　【을】매수(임차)인
성　　명:　　　　　　　(인)　　　　　　성　　명:　　　　　　　(인)
생년월일:　　　　　　　　　　　　　　　생년월일:
주　　소:　　　　　　　　　　　　　　　주　　소:

【대표공인중개사】
상　　호:　　　　　　　　　　　　　　　등록번호:
주　　소:　　　　　　　　　　　　　　　전화번호:

제2절 법정해제권의 발생

1. 이행지체와 계약해제

가. 이행지체를 이유로 한 매매계약해제

(1) <u>채무자의 이행지체가 있을 것</u>

- 채무자의 이행지체는 '귀책사유가 있고 위법하여야' 한다. 채무자가 동시이행의 항변권을 가지는 경우에는 '이행의 제공을 하여 그 항변권을 소멸시켜야' 한다.

(2) <u>채권자가 상당한 기간을 정하여 이행을 최고할 것</u>

(가) <u>상당한 기간을 정하지 않은 이행최고의 효력</u>

① 최고한 때부터 "상당한 기간이 경과하여야" 해제권이 발생

ⓐ 이행지체를 이유로 계약을 해제할 경우

- 그 전제요건으로 '이행의 최고가 필요'하다. 『이행의 최고』는 반드시 미리 일정기간을 명시하여야 하는 것은 아니며, 『최고한 때부터 상당한 기간이 경과하면』 해제권이 발생한다. [318]

ⓑ 매도인이 매수인에게 지체의 책임을 지워 『매매계약을 해제』하려면

---

[318] 따라서 매도인이 매수인의 중도금 미지급을 이유로 매매계약을 '해제하겠다는 통고'를 한 때에는 그로써 '이행의 최고'로 볼 수 있으며, '그로부터 상당한 기간이 경과하도록 이행되지 아니하였다면' 채권자는 계약을 해제할 수 있다. 대법원 1994.11.25. 선고 94다35930 판결 [소유권확인], 대법원 2017.9.21. 선고 2013다58668 판결 [계약보증금등]

- 매수인이 이행기일에 잔대금을 지급하지 아니한 사실만으로는 부족하다. 매도인이 소유권이전등기신청에 필요한 일체의 서류를 "수리할 수 있을 정도로 준비"하여 『'상당한 기간을 정하여' 수령최고와 채무이행최고 및 이행제공』을 하여야 한다. 그리고 매수인이 이에 응하지 아니하여야 한다. [319]

ⓒ 매매당사자가 소장에서 이행최고를 한 경우
- 소장 부본의 송달로써 매매대금 지급의 최고가 있었던 것으로 본다. 그로부터 상당한 기간이 경과하도록 매수인이 매매대금을 지급하지 아니하면 매도인은 매매계약을 해제할 수 있다. [320]

② 상당한 기간을 정하는 방법
ⓐ 일정한 『기일』을 지정하여 그 기일에 이행할 것을 최고하는 경우
- '그 기일에' 반대채무를 제공하였으나 채무자가 채무를 이행하지 않으면 해제권이 발생한다. [321]

ⓑ 상당한 『기간』을 정하여 그 기간 내에 이행할 것을 최고하는 경우
- '그 기간 내에' 반대채무의 제공이 계속되었으나 채무자가 채무를 이행하지 않으면 해제권이 발생한다. [322]

(나) 소유권의 제한과 해제권의 발생

① 소유권 제한이 있어도 상당한 기간을 정하여 이행을 최고한 후에 해제권 발생(원칙)
- 매매목적물에 대한 근저당권설정등기나 가압류등기가 있다고 하여 바로 매도인의 소유권이전등기의무가 이행불능으로 되었다고 할 수 없고, 매수인이 매도인에게 『상당한 기간을 정하여 그 이행을 최고하고 그 기간 내에 이행하지 아니하면』 계약을 해제할 수 있다. [323]

② 매도인이 무자력의 상태에 있는 경우는 바로 해제 가능
- 그러나 매도인이 소유권제한을 해제할 수 없는 무자력의 상태에 있다고 인정되는 경우는 매수인이 매도인의 소유권이전등기 의무가 이행불능임을 이유로 매매계약을 해제할 수 있다. [324]

(다) '최고 없이' 바로 계약을 해제할 수 있는 경우

① 당사자 일방이 미리 그 채무이행을 거절한 경우
- 상대방은 이행의 최고없이 바로 계약을 해제할 수 있다.

---

319) 대법원 1980.7.8. 선고 80다725 판결 [소유권이전등기말소], 대법원 1992.7.14. 선고 92다5713 판결 [소유권이전등기]
320) 대법원 2017.9.21. 선고 2013다58668 판결 [계약보증금등], 대법원 2002.8.27. 선고 2002다24942 판결 [광업권이전등록말소등록]
321) 대법원 1992.12.22. 선고 92다28549 판결 [소유권이전등기] 참조
322) 대법원 2001.5.8. 선고 2001다6053, 6060, 6077 판결 [부당이득금·매매대금], 대법원 2013.7.11. 선고 2012다83827 판결 [청산금]
323) 대법원 2003.5.13. 선고 2000다50688 판결 [분양대금등반환], 대법원 1999.6.11. 선고 99다11045 판결 [구상금]
324) 대법원 2003.5.13. 선고 2000다50688 판결 [분양대금등반환]

② 신의칙상 이행의 의사가 없다고 판단되는 경우

ⓐ 매수인이 자기의 귀책사유로 인한 채무불이행의 경우, 상대방의 계약해제권의 행사를 회피할 목적으로 매매계약 체결시 자신의 주소를 허위로 기재하거나 실지 주소를 알리지 아니하여 매도인이 과실 없이 매수인의 소재를 알지 못함으로써 자기의 채무의 이행을 제공하여 상대방의 이행을 최고할 수 없게 된 채 이행기가 지나버린 경우325)

ⓑ 매도인이 매수인을 상대로 '매매잔대금청구의 소'를 제기하자, 매수인이 매도인의 소유권이전등기의 무의 이행지체로 매매계약이 해제되었다고 주장하면서 오히려 '반소로서 이미 지급한 계약금과 중도금의 반환과 위약금의 지급청구'를 한 경우326)

ⓒ 매수인이 매도인에게 중도금을 그 지급기일에 지급하려 하였으나 매도인이나 그 대리인인 처가 그 수령을 회피하였고, 그 후 불과 이틀만에 부동산가격이 올랐다는 이유로 매수인에게 매매계약을 해제할 것을 요구하여 매수인이 이를 거절하자, 오히려 매수인이 중도금지급기일에 중도금지급이 없었다는 이유로 매도인이 계약해제의 통지를 함으로써 매매계약을 이행하지 아니할 뜻을 분명히 한 경우

- 위와 같은 경우에는 신의칙상 특별한 사정이 없는 한 매수인에게 있어서는 이행의 의사가 없다고 봄이 상당하므로 매도인은 이행의 최고 없이 바로 계약을 해제할 수 있다. 또한 비록 중도금 지급이 선이행관계에 있다 하더라도 매수인은 다시 중도금의 이행이나 제공은 물론 매도인에 대한 이행의 최고 없이도 매매계약을 해제할 수 있다.327)

③ 이행거절, 정기행위, 최고를 하지 않고도 해제할 수 있다는 특약이 있는 경우도 최고 없이 계약을 해제할 수 있다.

(라) 과다한 이행최고에 터잡은 계약해제의 효력 등

- 채권자의 이행최고가 본래의 채무액을 초과하는 금액의 이행을 요구하는 내용일 때에는, 그 과다한 정도가 현저하고 채권자가 청구한 금액을 제공하지 않으면 그것을 수령하지 않을 것이라는 의사가 분명한 경우에는, 그 최고는 부적법하고 이에 터잡은 계약해제는 효력이 없다.328)
- 사업자에게 법률에서 규정하지 아니하는 해제권 또는 해지권을 부여하거나 법률에 따른 사업자의 해제권 또는 해지권의 행사요건을 완화하여 고객에게 부당하게 불이익을 줄 우려가 있는 약관조항, 신의성실의 원칙을 위반하여 공정성을 잃은 약관조항은 무효이다.329)

---

325) 대법원 2005.10.13. 선고2005다37949 판결 [계약금반환], 대법원 1991.11.26. 선고 91다23103 판결 [소유권이전등기], 대법원 1990.11.23. 선고 90다카4611 판결 [소유권이전등기]
326) 대법원 2014.10.6., 선고, 2014다210531, 판결 [가등기에기한본등기절차이행], 대법원 1984.12.26. 선고 84다카1763 판결 [소유권이전등기]
327) 대법원 2017.9.26., 선고, 2015다11984, 판결 [건물명도등], 대법원 1990.3.9. 선고 89다카29 판결 [매매대금반환]
328) 대법원 1994.11.25. 선고 94다35930 판결 [소유권확인], 대법원 1995.9.15. 선고 94다54894 판결 [소유권이전등기], 대법원 1995.9.5. 선고 95다19898 판결 [회원권 확인등]
329) 대법원 2017.9.21. 선고 2013다58668 판결 [계약보증금등]

(마) 계약당사자가 수인인 경우의 계약해제방법

① 해지, 해제권의 불가분성

- 당사자의 일방 또는 쌍방이 수인인 경우에는 계약의 해지나 해제는 그 전원으로부터 또는 전원에 대하여 하여야 한다(민법 제547조 제1항).

② 상속인이 여러 명인 경우

- 그 상속인들이 그 계약을 해제하려면, 상속인들 전원이 해제의 의사표시를 하여야 한다. [330]

(3) 채무자가 최고기간이 지나도록 이행하지 않을 것

① 최고기간이 지나도록 채무자가 이행을 하지 않으면 해제권이 '발생'한다

- 해제권이 '발생'하여도 '행사'하여야 비로소 계약이 해제되는 것이고, 당연히 그리고 자동으로 계약이 해소되는 것은 아니다. 따라서 해제권을 행사하기 전에 채무자가 이행 또는 이해제공을 하면 해제권은 소멸한다.

② 최고기간 내에 이행이 없으면 당연히 계약이 해제된다는 의사표시를 한 경우

- 최고기간의 경과로 계약은 곧 해제된다.

③ 최고를 요하지 않는 경우와 이행거절의 경우

- 『최고를 요하지 않는 경우』에는 이행지체가 있으면 곧바로 해제권이 발생한다. 『이행거절의 경우』에도 거절의사가 표시된 때에 바로 해제권이 발생한다.

나. 채무불이행을 이유로 한 매매계약을 해제하기 위한 '채무의 요건'

(1) 주된 채무일 것

- 채무불이행을 이유로 매매계약을 해제하려면 『주된 채무』이어야 하고, 부수적 채무를 불이행한 데에 지나지 아니한 경우에는 매매계약 전부를 해제할 수 없다. 주된 채무란 당해 채무가 매매계약의 목적 달성에 있어 필요불가결하고 이를 이행하지 아니하면 매매계약의 목적이 달성되지 아니하여 매도인이 매매계약을 체결하지 아니하였을 것이라고 여겨질 정도의 것이어야 한다.

(2) 원칙적으로 부수적 채무불이행을 이유로 계약을 해제할 수 없다.

① 전대차계약을 체결한 후 '중도금 수수시에 비로소' 전차보증금의 반환을 담보하기 위하여 전대인이 그 소유 부동산에 근저당권을 설정하여 주기로 약정한 경우 [331]

---

330) 대법원 2013.11.28. 선고 2013다22812 판결 [계약금및중도금반환]
331) 근저당권설정약정이 이미 전대차계약이 체결된 후에 이루어진 점에서 전대인의 근저당권설정약정이 없었더라면 전차인이 전대인과 사이에 전대차계약을 체결하지 않았으리라고 보기 어려울 뿐 아니라, 전대인의 근저당권설정등기의무가 전대차계약의 목적달성에 필요불가결하다거나 그 의무의 이행이 없으면 전대차계약이 목적을 달성할 수 없다고 볼 만한 사정을 찾아볼

② 매매계약시 검인계약서상의 매매대금을 실제 대금과는 달리 매매대상 부동산의 과세표준액으로 작성하기로 약정하였으나 매수인이 이를 이행하지 않은 경우 [332]

③ 부동산매매계약의 부수적 의무에 불과한 『일부 특약조항의 이행의무』를 불이행한 경우
- 이 사건의 특약사항 ②항, ③항의 이행의무【특약사항 ② – 반야암 앞으로 흐르고 있는 기존의 유수권을 존중하여 계속 유수케 한다. 특약사항 ③ – 반야암 경내지의 인접지에 잔디광장 조성공사를 완료하는 동시에 반야암 경내지 조림에 필요한 석궤반출, 부토반입 등 토목공사를 동시에 시행하여 피고가 시공할 유원지와 위 반야암 경내지가 전체적으로 조화되도록 시공하기로 한다】는 이 사건 매매계약의 목적달성에 있어 필요불가결하고 이를 이행하지 아니하면 이 사건 매매계약의 목적이 달성되지 아니하여 원고가 이 사건 매매계약을 체결하지 아니하였을 것이라고 여겨질 정도의 '주된 채무'라고 보기 어렵고, 단지 이 사건 매매계약의 '부수적 채무'라고 봄이 상당하여 이의 불이행을 이유로는 이 사건 매매계약을 해제할 수 없다. [333]

(3) 부수적 채무의 불이행을 이유로 계약을 해제할 수 있는 경우
- 그 불이행으로 인하여 '채권자가 계약의 목적을 달성할 수 없는 경우' 또는 '특별한 약정이 있는 경우'에 한정된다. [334]

(4) 상가분양에서 경업금지의무(업종지정)는 '주된 채무'이다
- 상가의 일부 층을 먼저 분양하면서 그 수분양자에게 장차 나머지 상가의 분양에 있어 상가 내 기존 업종과 중복되지 않는 업종을 지정하여 기존 수분양자의 영업권을 보호하겠다고 약정한 경우, 그 약정에 기한 영업권 보호 채무는 분양계약의 주된 채무이다. [335]

수 없으므로 전대인의 근저당권설정등기의무가 전대차계약에서의 주된 의무라고 보기 어렵고, 따라서 전차인은 전대인이 약정대로 근저당권을 설정하여 주지 않았음을 이유로 전대차계약을 해지할 수 없다. 대법원 2001.11.13. 선고 2001다20394, 20400 판결 [매매대금반환·임대차보증금]

332) 검인계약서상의 매매대금에 관한 약정은 조세회피 등의 의도에서 매도인의 편의를 봐주기 위한 것일 뿐 "매매계약의 주된 목적을 달성하는 데 필수불가결한 것은 아니라 매매계약에 부수되는 의무를 규정한 것에 불과한 것"이어서, 그 불이행에 의하여 매매계약의 목적을 달성할 수 없게 되는 등의 특별한 사정이 없는 한 그 불이행만을 들어 매도인이 위 매매계약을 해제할 수는 없다. 대법원 1992.6.23. 선고 92다7795 판결 [소유권이전등기등]

333) 대법원 1994.12.22. 선고 93다2766 판결 [손해배상(기)]

334) 대법원 2012.3.29. 선고 2011다102301 판결 [소유권이전등기], 대법원 2005.7.14. 선고 2004다67011 판결 [분양금반환] '주된 채무와 부수적 채무를 구별'함에 있어서는 급부의 독립된 가치와는 관계없이 계약을 체결할 때 표명되었거나 그 당시 상황으로 보아 분명하게 객관적으로 나타난 당사자의 합리적 의사에 의하여 결정하되, 계약의 내용·목적·불이행의 결과 등의 여러 사정을 고려하여야 한다.

335) 대법원 1997.4.7. 자 97마575 결정 [부동산처분금지가처분], 대법원 1995.9.5. 선고 94다30867 판결 [소유권이전등기말소등], 대법원 2008.5.29. 선고 2005다25151 판결 [보증금반환], 대법원 2005.7.14. 선고 2004다67011 판결 [분양금반환] 분양회사(주택조합)가 상가분양 당시 층별 지정업종 및 품목을 중복되지 않게 정해 놓고 수분양자들에게 분양을 원하는 층의 층별 지정업종의 범위 내에서 세부적인 취급품목을 지정하여 분양계약을 체결하고, 그 "분양계약서"에 '협의한 업종과 취급품목으로만 영업하여야 하며, 다른 업종이나 품목으로 변경하고자 할 경우에는 분양회사의 사전 서면승인을 받아야 하고, 수분양자가 위 계약을 위반할 경우에 분양회사는 계약을 해제할 수 있다'고 규정한 취지는, 경업금지를 분양계약의 내용으로 하여 만약 분양계약 체결 이후라도 수분양자가 경업금지의 약정을 위배하는 경우에는 그 분양계약을 해제하는 등의 조치를 취함으로써 기존 점포를 분양받은 상인들의 영업권이 실질적으로 보호되도록 최선을 다하여야 할 의무를 부담하겠다는 것이므로,

다. 매매계약해제를 위한 매도인의 이행제공의 정도

(1) 이행거절이라는 채무불이행이 인정되기 위해서는 채무자의 '의사표시가 위법한 것으로 평가'되어야 한다.

① "동시이행 관계에 있는 쌍무계약"에서의 해제권 발생
- '이행의 제공을 하여 그 항변권을 소멸시켜야' 한다. [336]

② 매도인이 중도금 수령거절 등 계약을 이행하지 아니할 의사를 명백히 표시한 경우
- 매수인은 신의칙상 소유권이전등기의무 이행기일까지 기다릴 필요 없이 매매계약을 해제하거나 손해배상을 청구할 수 있다. [337] 이때 채무자가 계약을 이행하지 않을 의사를 명백히 표시하였는지 여부는 계약 이행에 관한 당사자의 행동과 계약 전·후의 구체적인 사정 등을 종합적으로 살펴서 판단하여야 한다. [338]

(2) 매수인이 잔금 지급준비가 되어 있지 아니한 경우, 매도인이 하여야 할 이행제공의 정도

- 부동산 매매계약에서 매수인이 잔금지급기일의 연장을 요청하자, 매도인이 이를 받아들여 '연장된 기일까지 잔금과 지연이자를 지급하지 않으면 매매계약이 해제된다'는 취지로 통지한 다음, 매수인이 연장된 기일에도 잔금을 지급하지 못하자 그 다음날 부동산 소유권을 제3자에게 매도한 사안에서, 연장된 기일까지도 잔금 지급을 준비하지 못한 매수인의 약정의무 불이행 정도에 비추어 매도인이 비록 연장된 기일까지 등기권리증 등 소유권이전에 필요한 모든 서류를 준비하여 둔 상태에서 부동산 매도용 인감증명서를 발급받지 않고 있었다고 하더라도 이는 언제라도 발급받아 교부할 수 있는 것이므로 매수인에게 소유권이전등기의무에 관한 이행제공을 마쳤다고 보아야 하고, 따라서 매매계약은 매도인이 통지한 조건부 해제의사표시에 따라 매수인이 연장된 기일까지 잔금지급의무를 이행하지 않음으로써 적법하게 해제되었다. [339] [340]

분양회사의 이러한 경업금지의무는 상가 분양계약의 목적달성에 있어 필요불가결하고 이를 이행하지 아니하면 분양계약의 목적이 달성되지 아니하여 수분양자들이 분양계약을 체결하지 아니하였을 것이라고 여겨질 정도의 "주된 채무"라고 봄이 상당하다.

[336] 즉, 계약을 해제하려고 하는 당사자는 쌍방채무의 이행기일에 자기채무의 이행제공을 하여 상대방을 이행지체에 빠지게 하여야 하고, 당사자의 일방이 미리 그 채무를 이행하지 아니할 의사를 표시한 때에는 상대방은 이행의 최고를 하지 아니하고 바로 그 계약을 해제할 수 있다. 대법원 1984.7.24. 선고 82다340,82다카796 판결 [소유권이전등기]), 대법원 2015.2.12. 선고 2014다227225 판결 [손해배상(기)]

[337] 대법원 1993.6.25. 선고 93다11821 판결 [위약금]

[338] 대법원 2005.8.19. 선고 2004다53173 판결 [손해배상(기)등], 대법원 2017.9.26. 선고 2015다11984 판결 [건물명도등]

[339] 쌍무계약에서 일방 당사자의 자기 채무에 관한 이행의 제공을 엄격하게 요구하면 오히려 불성실한 상대방에게 구실을 주는 것이 될 수도 있으므로 일방 당사자가 하여야 할 제공의 정도는 그 시기와 구체적인 상황에 따라 신의칙에 어긋나지 않게 합리적으로 정하여야 하기 때문이다. 대법원 2012.11.29. 선고 2012다65867 판결 [손해배상(기)], 대법원 2015.12.10. 선고 2015다229006 판결 [손해배상(기)], 대법원 2017.9.26. 선고 2015다11984 판결 [건물명도등]

(3) 기타 이행제공의 정도에 관한 판례

① 매수인이 계약의 이행에 비협조적인 태도를 취하면서 잔대금의 지급을 미루는 등 소유권이전등기서류를 수령할 준비를 아니한 경우

- 매도인은『부동산매도용 인감증명서를 발급받아 놓고 인감도장과 등기권리증 등을 준비하여 잔대금 수령과 동시에 법무사 등에게 위임하여 소유권이전등기신청행위에 필요한 서류를 작성할 수 있도록 준비하였다면』이행의 제공은 이로써 충분하다.[341] 이와 같은 경우 위의 서류 등은 자신의 집에 소지하고 있음으로써 족하다.[342]

② 매도인이 하여야 할 이행제공의 정도

- 매도인이 매수인을 이행지체에 빠뜨리기 위하여 소유권이전등기에 필요한 서류 등을 현실적으로 제공할 필요까지는 없으나,『최소한 위 서류 등을 준비하여 두고 그 뜻을 매수인에게 통지하여 잔금지급과 아울러 이를 수령하여 갈 것을 최고함을 요한다』.[343] 법무사 사무실에 그 서류 등을 계속 보관시키면서 언제든지 잔대금과 상환으로 그 서류들을 수령할 수 있음을 통지하고, 신의칙상 요구되는 상당한 시간 간격을 두고 거듭 수령을 최고하면 이행의 제공을 다한 것이 되고, 그러한 상태가 계속된 기간 동안은 매수인이 이행지체로 된다.[344]

라. 신의칙, 사정변경 등을 이유로 한 계약해제

(1) 채무불이행시 "자동해제된다는 특약"이 있는 경우

(가) "쌍무계약"의 동시이행으로 이행제공에 의한 이행지체가 필요한 경우

- 특단의 사정이 없는 한 매수인의 잔대금지급의무와 매도인의 소유권이전등기의무는 '동시이행의 관계'에 있으므로, 부동산매매계약에 있어서 매수인이 "잔대금" 지급기일까지 그 대금을 지급하지 못하면 그 계약이 자동적으로 해제된다는 약정이 있더라도, 매수인이 그 약정기한을 초과하였더라도 이행지체에 빠진 것이 아니라면 대금 미지급으로 계약이 자동 해제되지 않는다.[345] 즉, 매도인이 잔대금지급기일에 소유권이전등기에 필요한 서류를 준비하여 매수인에게 알리는 등 이행제공을 하여 "매수인으로 하여금 이행지체에 빠지게 하였을 때"에 비로소 자동적으로 매매계약이 해제된다.

(나) "중도금" 지급의무 불이행의 실권약관으로 매매계약이 자동해제되는 경우

---

340) 대법원 2017. 9. 26. 선고 2015다11984 판결 [건물명도등], 대법원 2012. 11. 29. 선고 2012다65867 판결 [손해배상(기)]
341) 대법원 2007. 6. 15. 선고 2007다4196 판결 [해약금], 대법원 1992. 11. 10. 선고 92다36373 판결 [소유권이전등기]
342) 대법원 1992. 7. 14. 선고 92다5713 판결 [소유권이전등기]
343) 대법원 1987. 9. 8. 선고 86다카1379 판결 [건물철거], 대법원 1996. 7. 30. 선고 96다17738 판결 [가처분이의], 대법원 2013. 7. 11. 선고 2012다83827 판결 [청산금]
344) 대법원 2001. 5. 8. 선고 2001다6053, 6060, 6077 판결 [부당이득금・매매대금]
345) 대법원 1989. 7. 25. 선고 88다카28891 판결 [약정금]

- 매매계약 당시 매수인이 중도금을 그 약정한 일자에 지급하지 아니할 때에는 매매계약이 취소되는 것으로 하되 이미 지급한 대금은 반환하지 않기로 약정한 경우, 그 후 매수인이 중도금을 그 약정한 일자에 지급하지 아니하였다면 그 불이행 자체로써 매매계약은 그 일자에 자동적으로 해제된 것으로 보아야 한다. 346)

(다) 특별한 사정이 있는 경우

① 수회에 걸친 채무불이행과 잔금지급기일을 연기한 매수인이 자동해제를 약속한 경우

- 『매수인이 '수회에 걸친 채무불이행'에 대하여 책임을 느끼고 '잔금 지급기일의 연기를 요청'하면서 새로운 약정기일까지는 반드시 계약을 이행할 것을 확약하고 불이행시에는 매매계약이 자동적으로 해제되는 것을 감수하겠다』는 내용의 약정을 한 특별한 사정이 있다면, 매수인이 잔금 지급기일까지 잔금을 지급하지 아니함으로써 그 매매계약은 자동적으로 실효된다. 347)

② 해제된 매매계약을 부활시키는 약정의 유효성과 변경된 계약조건의 자동실효 여부(적극)

- 매매계약을 합의해제한 후 다시 해제된 매매계약을 부활시키는 약정을 한 경우, 348) 이때 "종전의 매매계약에 포함된 자동해제약정도 함께 부활시킨 것으로 볼 수 있다면" 그 후 매수인이 변경된 계약조건에 따른 잔금지급의무 등을 이행하지 아니할 경우 특별한 사정이 없는 이상 "부활한 매매계약은 다시 자동적으로 실효"되고, 반대채무의 이행제공이나 새로운 이행의 최고가 필요하다고 볼 것은 아니다. 349)

③ 종전 계약의 해제 여부에 이해관계 있는 제3자가 있는 경우

- 이 경우에는 종전 계약의 부활을 주장할 수는 없다. 350)

(2) 과장광고(기망)를 이유로 한 분양계약의 해제 가능성(소극)

【상가 분양계약 체결과정에서 해외 유명브랜드 매장 입점에 관한 과장 광고, 임대수익보장 확약, 임대보증금으로 중도금을 대체해 주기로 한 약정, 첨단 오락타운을 조성·운영하고 전문경영인에 의한 위탁경영을 통하여 분양계약자들에게 일정액 이상의 수익을 보장한다는 광고 등을 이유로 한 분양계약의 해제 또는 취소를 인정할 수 없다고 한 사례】

(가) 해외 유명브랜드 매장 입점에 관한 과장 광고

- 피고(분양회사)가 엠비엠커머스와 가맹점계약 및 상품공급계약을 체결하여 "이 사건 상가건물에 해외 유명브랜드 매장을 입점시킬 계획만 있는 상태"에서 "이 사건 상가건물의 1, 2층에 해외 유명브랜

---

346) 대법원 1991. 8. 13. 선고 91다13717 판결 [소유권이전등기]
347) 대법원 2010. 7. 22. 선고 2010다1456 판결 [토지거래계약허가신청절차이행], 대법원 1994. 9. 9. 선고 94다8600 판결 [소유권이전등기]
348) 대법원 2006. 4. 13. 선고 2003다45700 판결 [소유권이전등기]
349) 대법원 2014. 2. 13. 선고 2012다71930, 71947 판결 [매매대금반환등·손해배상]
350) 대법원 2007. 12. 27. 선고 2007도5030 판결 [업무방해·사기미수]

드 80개가 입점확정된 것처럼 과장하여 선전·광고"한 점은 인정된다.

그러나 피고의 위와 같은 『분양광고는 특별한 사정이 없는 한 청약의 유인에 불과할 뿐 이 사건 각 분양계약의 내용이 된다고 할 수 없고』, 원고들도 위와 같이 해외 유명브랜드 80개가 모두 입점될 것으로 믿고 계약을 체결하였다고 볼 수는 없다. 위와 같이 해외 유명브랜드가 입점할 것이라고 광고하였지만, 해외 유명브랜드가 실제로 입점하지 않았다고 하더라도 이 점만으로 이 사건 각 분양계약을 해제할 사유가 된다고 보기는 어렵다.

(나) 임대수익보장 확약, 임대보증금으로 중도금을 대체해 주기로 한 분양약정

- 피고가 이 사건 상가를 분양받아 임대할 경우 일정률의 "임대수익이 보장된다"는 선전·광고를 하고, 피고 또는 그 분양대행사의 직원들이 이 사건 각 분양계약 당시 일부 원고들에게 "임차인으로부터 받는 보증금으로 원고들이 납입하여야 할 중도금 1회분 내지 2차 중도금을 대체하겠다"고 약정을 한 점은 인정된다.

  그러나 이 사건 상가의 수익률이나 임대 여부는 이 사건 상가가 모두 정상적으로 분양되고 상권 형성이 제대로 이루어질 경우를 전제로 예상되는 것이므로, 이를 분양받은 원고들을 포함한 수분양자들로서도 피고 측이 광고한 것처럼 수익금이 보장되지 않거나 임대가 되지 않을 수도 있다는 것을 어느 정도 예상할 수 있었다. 상가를 분양받는 경우에는 항상 투자위험이 따르기 마련이므로, 투자자는 자신의 책임과 판단 아래 주변 상가의 현황, 수익률, 권리금, 부동산 경기동향, 분양회사의 자력 등 제반 사정을 사려 깊게 참작하여 분양받은 상가의 수익률과 권리금이 어느 정도에 이를 것인지를 예측하여 스스로 투자 여부를 결정하여야 한다. 이와 같은 점에 비추어 볼 때, 피고 측의 수익률이나 임대확약 등에 관한 투자설명은 "『전망을 제시한 것』으로서 『청약의 유인에 불과』할 뿐", 이로써 이 사건 계약의 내용(주된 채무)이 되었다거나 피고에게 수익률 보장의무 등이 있다고 볼 수 없다.351) 따라서 이 사건에서 임대수익보장 확약 및 임대보증금으로 중도금을 대체해 주기로 한 약정 미이행을 이유로 이 사건 각 분양계약의 해제를 주장하는 원고들의 주장은 이유 없다.352)

(다) 첨단 오락타운을 조성·운영하고 전문경영인에 의한 위탁경영을 통하여 분양계약자들에게 일정액 이상의 수익을 보장한다는 광고

- 상품의 선전 광고에 있어서 '거래의 중요한 사항에 관하여 구체적 사실을 신의성실의 의무에 비추어 비난받을 정도의 방법으로 허위로 고지한 경우'에는 기망행위에 해당한다고 할 것이나, 그 선전 광고에 다소의 과장 허위가 수반되는 것은 그것이 일반 상거래의 관행과 신의칙에 비추어 시인될 수 있는 한 기망성이 결여된다고 할 것이고, 또한 용도가 특정된 특수시설을 분양받을 경우 그 운영을 어떻게 하고, 그 수익은 얼마나 될 것인지와 같은 사항은 투자자들의 책임과 판단하에 결정될 성질의 것이다. 상가를 분양하면서 그 곳에 첨단 오락타운을 조성·운영하고 전문경영인에 의한 위탁경영을 통

---

351) 대법원 2009.8.20. 선고 2008다94769 판결 [개발비등]
352) 청주지법 2010.5.26. 선고 2009가합1075,1280,2375 판결 [계약금등반환]

하여 분양계약자들에게 일정액 이상의 수익을 보장한다는 광고를 하고, 분양계약 체결시 이러한 광고내용을 계약상대방에게 설명하였더라도, 체결된 분양계약서에는 이러한 내용이 기재되지 않은 점과, 그 후의 위 상가 임대운영경위 등에 비추어 볼 때, <u>위와 같은 광고 및 분양계약 체결시의 설명은 『청약의 유인』에 불과할 뿐 상가 분양계약의 내용(주된 채무)으로 되었다고 볼 수 없고, 따라서 분양회사는 위 상가를 첨단 오락타운으로 조성·운영하거나 일정한 수익을 보장할 의무를 부담하지 않는다.</u>
- <u>상가를 분양하면서 그 곳에 첨단 오락타운을 조성하고 전문경영인에 의한 위탁경영을 통하여 일정 수익을 보장한다는 취지의 광고를 하였다고 하여 이로써 『상대방을 기망하여 분양계약을 체결』하게 하였다거나 상대방이 『계약의 중요부분에 관하여 착오를 일으켜』 분양계약을 체결하게 된 것이라 볼 수 없다.</u> 353)

(3) 사정변경(事情變更)으로 인한 계약해제

(가) 성립요건

① 계약준수 원칙의 "예외"로서 인정된다
- 계약 성립의 기초가 된 사정이 현저히 변경되고, 당사자가 계약의 성립 당시 이를 예견할 수 없었으며, 그로 인하여 계약을 그대로 유지하는 것이 당사자의 이해에 중대한 불균형을 초래하거나 계약을 체결한 목적을 달성할 수 없는 경우에 인정된다.

② 『계약 성립의 기초가 된 객관적 사정』에 변경이 있을 것
- 여기에서 말하는 사정이란 당사자들에게 『계약 성립의 기초가 된 객관적 사정』을 가리키고, 일방당사자의 『주관적 또는 개인적인 사정을 의미하는 것은 아니다』. 계약의 성립에 기초가 되지 아니한 사정이 그 후 변경되어 일방당사자가 계약 당시 의도한 계약목적을 달성할 수 없게 됨으로써 손해를 입게 되었다 하더라도 특별한 사정이 없는 한 그 계약 내용의 효력을 그대로 유지하는 것이 신의칙에 반한다고 볼 수도 없다. 354)

③ 합리적인 사람의 입장에서 사정변경을 예견할 수 없을 것
- 경제 상황 등의 변동으로 당사자에게 손해가 생기더라도 "합리적인 사람의 입장에서 사정변경을 예견할 수 있었다면" 사정변경을 이유로 계약을 해제할 수 없다.

④ 경제적 상황의 변화로 당사자에게 불이익이 발생했다는 것만으로는 부족하다.
- 특히 계속적 계약에서는 계약의 체결시와 이행시 사이에 간극이 크기 때문에 당사자들이 예상할 수 없었던 사정변경이 발생할 가능성이 높지만, 이러한 경우에도 위 계약을 해지하려면 "경제적 상황의 변화로 당사자에게 불이익이 발생했다는 것만으로는 부족"하다. 355)

---

353) 대법원 2001.5.29. 선고 99다55601, 55618 판결 [손해배상(기)·매매대금]
354) 대법원 2013.9.26. 선고 2013다26746 전원합의체 판결 [부당이득반환등], 대법원 2017.6.8. 선고2016다249557 판결 [손해배상(기)]

(나) 사정변경에 관한 판례

① 매매계약체결 후 9년이 지났고 시가가 올랐다는 사정(소극)

- 매매계약체결 후 9년이 지났고 시가가 올랐다는 사정만으로 계약을 해제할 만한 사정변경이 있다고 볼 수 없고, 매수인의 소유권이전등기절차이행청구가 신의칙에 위배된다고도 할 수 없다. [356]

② 주유소용지 매수에서 예정된 도로의 개설이 보류되고 대체도로의 개설이 사정변경인지 여부(소극)

- 甲주식회사가 택지개발 사업시행자인 乙공사로부터 주유소용지를 매수하였으나 예정된 도로의 개설이 보류되고 대체도로의 개설이 추진되자, 乙공사를 상대로 부작위에 의한 기망 또는 착오에 의한 의사표시의 취소와 고지의무 위반에 따른 손해배상책임을 주장한 사안에서, 위 주장을 모두 배척한 원심판단은 정당하다. [357]

③ 지자체로부터 매수한 토지가 공공공지에 편입되어 매수인이 의도한 음식점 등의 건축이 불가능하게 된 경우 사정변경 해당 여부(소극)

- 지자체로부터 매수한 토지가 공공공지에 편입되어 매수인이 의도한 음식점 등의 건축이 불가능하게 되었더라도 이는 매매계약을 해제할 만한 사정변경에 해당하지 않고, 매수인이 의도한 주관적인 매수목적을 달성할 수 없게 되어 손해를 입었다 하더라도 매매계약을 그대로 유지하는 것이 신의칙에 반한다고 볼 수도 없다. [358] 이에 관한 판례를 자세히 한번 보자. [359]

---

355) 대법원 2017.6.8. 선고 2016다249557 판결 [손해배상(기)]
356) 대법원 1991.2.26. 선고 90다19664 판결 [토지소유권이전등기]
357) 대법원 2014.5.16. 선고 2011다5578 판결 [손해배상(기)]
358) 대법원 2007.3.29. 선고 2004다31302 판결 [매매대금]
359) 【사실관계】 이 사건 토지에 대한 '개발제한구역 지정이 해제'됨에 따라 원고가 건축 등이 가능한 토지로 알고 당시의 객관적인 시가보다 훨씬 비싼 가격에 이 사건 토지를 피고로부터 매수하였는데, 그 후 피고에 의하여 이 사건 토지가 '공공공지로 지정'되어 건축개발이 불가능해지고, 공공공지 개발계획에 따라 이 사건 토지가 수용될 상황이 되는 등 이 사건 매매계약 당시에 원고가 예상하지도 않았고 예상할 수도 없었던 현저한 사정변경이 생겼다.
【원심의 판단】 이러한 사정변경은 원고에게 책임을 돌릴 수 없는 것으로서 이로 인해 원고에게 이 사건 매매계약 당시에는 예상하지 못한 엄청난 손해가 발생하게 되어 이 사건 매매계약을 그대로 유지하는 것은 신의칙에 반한다. 따라서 원고는 사정변경 또는 신의칙을 사유로 하여 이 사건 매매계약을 해제할 수 있다.
【대법원의 판단】 이 사건 매매계약은 일반 매수예상자들을 대상으로 한 '피고(제주특별자치도)의 공개매각절차를 거쳐 이루어진 것'으로서, 공개매각조건에는 이 사건 토지가 '개발제한구역'에 속해 있고, '이 사건 토지의 매각 후 행정상의 제한 등이 있을 경우 피고가 이에 대하여 책임을 지지 아니한다'는 내용이 명시되어 있으며, 이 사건 매매계약에서도 '피고는 이 사건 토지의 인도 후에 발생한 일체의 위험부담에 대하여 책임지지 않는다'는 내용이 명시되어 있을 뿐, 당시 이 사건 토지상의 건축 가능 여부에 관하여 논의가 이루어졌다고 볼 만한 자료를 찾아볼 수 없다.
그렇다면 이 사건 토지상의 『건축 가능 여부』는 원고가 이 사건 토지를 매수하게 된 『주관적인 목적』에 불과할 뿐 이 사건 『매매계약의 성립에 있어 기초』가 되었다고 보기 어렵다 할 것이므로, 이 사건 매매계약 후 이 사건 토지가 공공공지에 편입됨으로써 원고가 의도한 음식점 등의 건축이 불가능하게 되었다 하더라도 이러한 사정변경은 이 사건 매매계약을 해제할 만한 사정변경에 해당한다고 할 수 없다 할 것이고, 이러한 사정변경으로 인하여 원고가 의도한 주관적인 매수목적을 달성할 수 없게 되어 손해를 입었다 하더라도 특별한 사정이 없는 한 이 사건 매매계약의 효력을 그대로 유지하는 것이 신의칙에 반한다고 볼 수도 없다.
그럼에도, 원심은 위와 같이 변경된 사정이 계약해제권을 발생시키는 사정변경에 해당한다거나, 이 사건 매매계약의 효력을 그대로 유지하는 것이 신의칙에 위배된다고 보아 원고에게 이 사건 매매계약에 대한 해제권이 발생한다고 판단하였으니,

(4) 공유물 매매의 해제

- 공유자 전원이 공유물에 대한 그 소유지분 전부를 하나의 매매계약에 의하여 동일한 매수인에게 매도하는 경우, 특별한 사정이 없는 한 '각 공유지분 별로 별개의 매매계약이 성립'되었다고 할 것이어서 일부 공유자가 매수인의 매매대금 지급의무 불이행을 원인으로 한 『자신의 공유지분에 대한 매매계약을 해제하는 것은 가능』함이 원칙이다.
- 그러나 예외에 관한 판례를 보자.
- [사실관계] 이 사건 매매계약은 공유자인 원고 및 소외 2와 피고와 사이에 '이 사건 부동산 전체에 대하여 하나의 매매계약으로 체결된 것'이고 '매매대금도 매도인별로 특정되지 아니한 채 공유물 전체에 관하여 하나의 금액으로 결정'되었으며, 매매대금의 지급도 대부분 매수인으로부터 각 매도인에게 개별적으로 지급한 것이 아니라 매수인인 피고 1이 소외 2에게 지급하고 소외 2가 매도인 각자에게 매매대금을 전달하는 방법으로 지급되었으며, 또한 매수인이 이 사건 부동산 위에 엘피지 가스충전소를 신축하여 운영하려고 이 사건 부동산을 매수하는 것으로서 그 매수 목적상 이 사건 부동산에 대한 각 공유지분이 "불가분의 관계"에 있다는 사정을 알고 이 사건 매매계약이 체결되었다.
- [결론] 그렇다면 『당사자들의 의사표시에 의하여 각 지분에 관한 소유권이전의무, 대금지급의무를 불가분으로 하는 실질상으로 '하나의 매매계약'이라고 보일 경우』에는 매도인 중 『공유자 1인이 그의 지분비율에 상응하는 매매대금 중 일부를 지급받지 못하였다 할지라도 자신의 지분에 관한 매매계약 부분만을 해제할 수는 없다.』 360)

(5) 토지거래허가를 받기 전 계약해제

① 유동적 무효의 기본 법리

- 국토이용관리법상(현 부동산신고등에 관한 법률상)의 토지 등의 거래계약의 허가에 관한 관계규정의 내용과 그 입법취지에 비추어 볼 때 '토지의 소유권 등 권리를 이전 또는 설정하는 내용의 거래계약'은 관할 관청의 허가를 받아야만 그 효력이 발생하고 허가를 받기 전에는 물권적 효력은 물론 채권적 효력도 발생하지 아니하는 "유동적 무효"이다. 361) 362)

원심판결에는 사정변경이나 신의칙에 의한 계약해제에 관한 법리를 오해한 나머지 판결에 영향을 미친 위법이 있다.
【대법원의 판단에 대한 평석】 이 사건의 경우 제주특별자치도의 '개발제한구역 지정해제'로 공개매각절차에 의하여 매각이 이루어지고, 이어서 또 동일한 행위자인 제주특별자치도에 의한 '공공공지 지정처분'으로 개발행위가 불가능해졌다. 그렇다면 제주특별자치도의 행위는 동일한 기관의 서로 다른 행위로서 금반언의 원칙에 어긋난다. 금반언의 원칙에 어긋나는 행위는 곧 신의칙에 반하는 행위라 하지 않을 수 없다. 따라서 금반언의 원칙과 신의칙에 어긋하는 행위는 사정변경으로 인한 계약해제를 인정함이 옳다. 왜냐하면 금반언과 신의칙은 사정변경의 상위원칙이기 때문이다. 이와 같이 금반언과 신의칙에 어긋나는 행위에까지 사정변경을 인정하지 않는 것은 상위원칙과 하위원칙이 뒤바뀐 주객이 전도된 판결이다.

360) 대법원 1995. 3. 28. 선고 94다59745 판결 [소유권이전등기]
361) 다만 허가를 받기 전의 거래계약이 '처음부터' 허가를 배제하거나 잠탈하는 내용의 계약일 경우에는 확정적으로 무효로서 유효화 될 여지가 없으나, 이와 달리 '허가받을 것을 전제로 한' 거래계약일 경우에는 허가를 받을 때까지는 『미완성의 법률행위』로서 소유권 등 권리의 이전 또는 설정에 관한 거래의 효력이 전혀 발생하지 않음은 위의 확정적 무효의 경우와 다를 바 없지만, 일단 허가를 받으면 그 계약은 소급하여 유효한 계약이 되고 불허가가 된 때에는 무효로 확정되므로 허가를 받기까지는 『유동적 무효의 상태』에 있다고 보는 것이 타당하므로 허가받을 것을 전제로 한 거래계약은 허가받기 전의 상태에서는 거래계약의 '채권적 효력'도 전혀 발생하지 않으므로 권리의 이전 또는 설정에 관한 어떠한 내용의 이행청구도 할 수 없으나

② 소유권이전등기절차 등 이행청구, 계약해제, 손해배상청구 불가

- 규제지역 내의 토지에 대하여 거래계약이 체결된 경우에 계약의 쌍방당사자는 공동으로 『관할 관청의 허가를 신청할 의무가 있고』, 이러한 의무에 위배하여 『허가신청절차에 협력하지 않는 당사자에 대하여 상대방은 협력의무의 이행을 소구할 이익이 있지만』, "허가받기 전의 상태에서는 아무런 효력이 없어 권리의 이전 또는 설정에 관한 어떠한 이행청구도 할 수 없는 것"이므로 『허가가 있을 것을 조건으로 하여 소유권이전등기절차의 이행을 구하는 것은 허용될 수 없다』.
- 나아가 관할 관청으로부터 토지거래허가를 받기까지는 매매계약의 효력이 없는 것이어서(유동적 무효상태) 『매수인으로서도 그 계약 내용에 따른 대금지급의무가 없으며』, 설사 『매수인의 대금지급의무가 매도인의 소유권이전등기의무에 선행하여 이행하기로 약정되어 있었다고 하더라도 매도인으로서는 그 대금지급이 없었음을 이유로 계약을 해제할 수 없고』, 손해배상청구도 할 수 없다.[363]

2. 이행불능과 계약해제

(1) 이행불능의 의미

- 『채무의 이행불능』이란 단순히 '절대적·물리적 불능'이 아니라, 『경험법칙 또는 거래상의 관념』에서 채권자가 채무자의 이행의 실현을 기대할 수 없는 경우도 포함한다.[364] 이는 채무를 이행하는 행위가 법률로 금지되어 그 행위의 실현이 법률상 불가능한 경우에도 마찬가지이다.[365]

(2) 이행불능에 관한 판례

① 사실상 불가능하거나 현저히 곤란한 상태를 이행불능으로 본 경우

- 상가 분양자가 분양계약상 입점예정일로부터 상당한 시간이 경과 하도록 상가개점과 소유권이전등기 의무 등을 이행하지 않자, 일부 수분양자가 분양자의 분양계약상의 의무이행불능을 이유로 분양계약을 해제하고 분양대금의 반환을 구한 사안에서, 이 사건 상가를 개점하기로 한 때로부터 이미 상당한 시간이 경과되었고, 분양회사가 채권자인 신세계건설과 분양대금반환청구소송에서 승소한 수분양자들에 대한 채무를 변제하여야만 신탁등기와 압류를 모두 말소하여 원고들(일부의 수분양자들)에 대한 소유권이전등기 의무를 이행하는 것이 가능하다면, 분양회사의 분양계약상의 의무는 단

일단 허가를 받으면 그 계약은 소급해서 유효화 되므로 허가 후에 새로이 거래계약을 체결할 필요는 없다.
362) 대법원 1991.12.24. 선고 90다12243 전원합의체 판결 [토지소유권이전등기] 허가가 규제지역 내의 모든 국민에게 전반적으로 토지거래의 자유를 금지하고 일정한 요건을 갖춘 경우에만 금지를 해제하여 계약체결의 자유를 회복시켜 주는 성질의 것(강학상 허가)이라고 볼 수 없고, 규제지역 내에서도 토지거래의 자유가 인정되나 다만 위 허가를 '허가 전의 유동적 무효상태에 있는 법률행위의 효력을 완성시켜 주는' 『인가적 성질』을 띤 것이라고 본다.
363) 대법원 1991.12.24. 선고 90다12243 전원합의체 판결 [토지소유권이전등기]
364) 대법원 2010.12.9. 선고 2009다75321 판결 [분양대금]
365) 대법원 2017.8.29., 선고, 2016다212524, 판결 [소유권이전등기] 1필지의 토지 중 일부를 특정하여 매매계약이 체결되었으나 그 부분의 면적이 건축법 제57조 제1항, 건축법 시행령 제80조에 따라 분할이 제한되는 경우에 해당한다면, 매도인의 소유권이전등기절차 이행의무는 이행이 불가능하다.

순한 이행지체의 단계를 넘어서서 사회통념상 '이행불능'이라고 보았다. [366]

② 매도인의 소유권이전의무가 '매수인의 귀책사유로' 이행불능이 된 경우, 매수인이 그 이행불능을 이유로 계약을 해제할 수 있는가? (소극)

- 수분양자들이 대출금 이자를 지급하지 않아 乙은행의 요구로 甲분양회사가 소유권 미이전세대 분양목적물에 관하여 설정한 '근저당권'에 기하여 신청된 '임의경매절차'에서 '제3자가 수분양자들의 아파트를 매수'한 사안에서, 甲분양회사가 수분양자들에 대한 소유권이전의무를 이행할 수 없게 된 원인은 수분양자들이 자신의 분양잔금 지급의무 및 대출금이자 지급의무를 이행하지 아니한 데 있으므로 『계약의 이행불능에 관하여 귀책사유가 있는 수분양자들은 그 이행불능을 이유로 분양계약을 해제할 수 없다』. [367]

제3절 해제권의 행사

1. 행사의 방법

(1) 해제권의 '발생'과 '행사'는 다르다

- 해제권이 발생하였더라도 그 '행사 여부는 해제권자의 자유'이므로 해제권을 행사하지 않는 한 해제의 효과가 발생하지 않는다. 따라서 '해제권을 행사하기 전에 채무자가 채무의 내용에 좇은 이행을 하면' 해제권은 소멸한다. 즉, 채권자가 더 이상 해제권을 행사하지 못하고 이를 수령하여야 한다.

(2) '의사표시 또는 재판상 행위'로 행사한다

- 해제권 행사는 상대방 또는 그 계약상의 지위를 승계한 자에 대한 『의사표시』로 하여야 하며(민법 제543조 1항), 『재판상의 행위』로도 할 수 있다.

(3) 철회, 부관 부여 불가

- 해제의 의사표시는 '철회'하지 못하고(제2항), '조건이나 기한' 등 부관(附款)을 붙이지 못한다. 형성권으로서 법률관계의 불안정을 방지하기 위함이다.

2. 해제의 불가분성

(1) 해제권 '행사'의 불가분성

---

[366] 대법원 2014.6.12. 선고 2013다75892 판결[손해배상(기)등], 대법원 2010.12.9. 선고 2009다75321 판결 [분양대금]
[367] 대법원 2011.1.27. 선고 2010다41010,41027 판결 [분양계약무효·계약해제로인한잔금무효]

- 계약의 일방 또는 쌍방당사자가 수인인 경우, 계약의 해제는 그 '전원으로부터 또는 전원에 대하여' 하여야 한다(민법 제547조 1항).

(2) 해제권 '소멸'의 불가분성

- 당사자의 한 사람에 대하여 해제권이 소멸하면 다른 당사자에 대해서도 해제권이 소멸된다(제2항).

제4절 계약해제의 효과

1. 계약의 구속으로부터의 해방

(1) 계약의 소급적 실효

- 계약을 해제하면 계약상의 채권·채무가 소급적으로 소멸되므로 쌍방당사자는 계약상의 의무를 면한다.

(2) 『계약을 '위반한' 당사자』도 이행거절 가능

- 계약해제권은 '형성권'으로서, 해제권의 '불가분성'으로 인하여, 『일방 당사자의 계약위반을 이유로 계약이 해제된 경우』『계약을 '위반한' 당사자』도 당해 계약이 상대방의 해제로 소멸되었음을 들어 그 이행을 거절할 수 있다. 368)

(3) '주된 계약'이 해제로 실효되면 '종된 계약'도 실효됨이 원칙이다.

① '대지매매계약'을 체결하면서 매수인들에게 '대지사용승낙'을 한 경우
- 주된 계약인 매매계약이 적법하게 해제된 이상 대지사용승낙의 약정도 그와 함께 실효된다. 369)

② 신의칙상 해제가 인정되지 않는 경우
- 甲이 그 소유의 토지에 관하여 乙에게 건물신축을 위한 토지사용승낙을 하였고, 乙이 이에 따라 건물을 신축하여 丙 등에게 분양하였다면, 甲은 이를 신뢰하고 136세대에 이르는 규모로 견고하게 신축한 건물의 각 부분을 분양받은 丙 등에게 위 토지에 대한 乙과의 매매계약이 해제되었음을 이유로 그 철거를 요구하는 것은 비록 그것이 위 토지에 대한 소유권에 기한 것이라 하더라도 신의성실의 원칙에 비추어 용인될 수 없다. 370)
- 대지 매수인의 대금지급채무의 이행지체를 이유로 매매계약해제를 주장하면서 건물철거를 청구하는

---
368) 대법원 2001.6.29. 선고 2001다21441, 21458 판결 [매매대금], 대법원 2008.10.23. 선고 2007다54979 판결 [소유권말소등기]
369) 대법원 1991.9.24. 선고 91다9756,9763(반소) 판결 [토지인도등]
370) 대법원 1993.7.27. 선고 93다20986,20993(병합) 판결 [건물명도등]

것은 신의칙에 위배된다. 371)

(4) 해제된 계약이 부활되는 경우도 있다

- 매매계약이 『해제된 후』에도 매도인이 별다른 이의 없이 일부 『변제를 수령』한 경우, 특별한 사정이 없는 한 당사자 사이에 해제된 계약을 부활시키는 약정이 있었다고 해석함이 상당하고, 해제된 계약이 부활되면 매도인으로서는 "새로운 이행의 최고 없이" 바로 해제권을 행사할 수 없다. 372)

(5) 해제의 소급효와 압류·가압류의 효력

① 【판례】 채권가압류가 '채무자의 처분'을 구속하는지 여부(소극)

- 채권가압류는 제3채무자에 대하여 채무자에게의 지급금지를 명하는 것이므로 채권을 소멸 또는 감소시키는 등의 행위는 할 수 없고 그와 같은 행위로 채권자에게 대항할 수는 없는 것이지만, 채권의 발생원인인 법률관계에 대한 채무자의 처분까지도 구속하는 효력은 없다. 따라서 채무자와 제3채무자가 '합리적 이유 없이 채권의 소멸만을 목적'으로 계약관계를 합의해제 한다는 등의 특별한 경우를 제외하고는, "제3채무자"는 채권에 대한 가압류가 있은 후라고 하더라도 채권의 발생원인인 법률관계를 합의해제하고 이로 인하여 가압류채권이 소멸되었다는 사유를 들어 가압류채권자에 대항할 수 있다. 373) 이는 해제의 소급효와 가압류의 상대적 처분금지효 때문에 오는 현상이다.

```
(判例 圖解)
                (1) 乙의 丙에 대한 채권가압류              (2) 乙丙 채권관계 합의해제
채권자 甲 ─────────────────── 채무자 乙 ─────────────────── 제3채무자 丙
                                                          (3) 丙은 甲의 가압류에 대항가능
```

② 【판례】 소이등기청구권의 압류 후 계약해제의 소급효와 불법행위의 성립 여부(소극)

- 제3채무자가 소유권이전등기청구권에 대한 압류명령에 위반하여 채무자에게 소유권이전등기를 경료한 후 '채무자의 대금지급의무의 불이행을 이유로' 매매계약을 해제한 경우, 해제의 소급효로 인하여 채무자의 제3채무자에 대한 소유권이전등기청구권이 소급적으로 소멸함에 따라 이에 터잡은 압류명령의 효력도 실효되는 이상 압류채권자는 처음부터 아무런 권리를 갖지 아니한 것과 마찬가지 상태가 되므로 제3채무자가 압류명령에 위반되는 행위를 한 후에 매매계약이 해제되었다 하여도 불법행위는 성립하지 아니한다. 374) 이 사례도 역시 해제의 소급효와 가압류의 상대적 처분금지효 때문에 오는 현상이다.

---

371) 대법원 1993.8.24. 선고 93다9729 판결 [대지인도], 대법원 1994.4.29. 선고 93다46889 판결 [건물철거등], 대법원 1999.1.15. 선고 98다43953 판결 [건물명도]
372) 대법원 1992.10.27. 선고 91다483 판결 [소유권이전등기], 대법원 2006.4.13. 선고 2003다45700 판결 [소유권이전등기], 대법원 2007.12.27. 선고 2007도5030 판결 [업무방해·사기미수]
373) 대법원 2001.6.1. 선고 98다17930 판결 [전부금]
374) 대법원 2000.4.11. 선고 99다51685 판결 [손해배상(기)]

(判例 圖解)	채권자 甲	(1) 乙의 丙에 대한 소이등기청구권 압류	채무자 乙
	(2) 丙 소이등기 후 대금지급의무불이행을 이유로 계약해제, (3) 甲의 압류실효	제3채무자 丙
	(4) 丙 불법행위 불성립	

2. 원상회복의무

가. 의의, 효과

(1) <u>효력의 소급적 소멸</u>

- 계약이 해제되면 그 『효력이 소급적으로 소멸』함에 따라 각 당사자는 민법 제548조에 따라 상대방에 대하여 『원상회복의 의무』를 진다.

(2) <u>해제의 상대방은 물론 해제권자도 귀책사유 불문하고 원상회복의무 부담</u>

- 원상회복의무는 『해제의 상대방은 물론이고 해제한 자도 당연히 부담』하게 되는 것이므로, 그 해제가 『누구의 귀책사유로 인한 것인지의 여부에 관계없이』, 이미 지급받은 약정금을 상대방에게 반환할 의무를 진다.[375]

나. 원상회복의무의 범위

(1) <u>받은 이익(원물 또는 가액)의 전부+받은 날부터 이자 가산</u>

- 계약이 해제되면 각 당사자는 '이익의 현존 여부나 선·악 불문'하고 특단의 사유가 없는 한 『원물을 반환』하여야 하고, 매수인이 매도인의 계약해제 이전에 제3자에게 목적물을 처분하여 계약해제에 따른 원물반환이 불가능하게 된 경우에 매수인은 원상회복의무로서 『가액을 반환』하여야 한다. 이때 반환할 금액은 특별한 사정이 없는 한 그 "처분 당시의 목적물의 대가 또는 그 시가 상당액과 처분으로 얻은 이익"에 대하여 그 『이득일로부터의 법정이자를 가산한 금액』이다.[376]

(2) <u>이자지급의무의 의미</u>

① <u>부당이득반환의 성질</u>

- 여기서의 이자가산의무는 『이행지체에 따른 지연배상의무가 아니라』 원물반환시까지의 『부당이득반환의 성질』을 가지는 것이다. 즉, 계약의 해제에 따른 원상회복이지 이행지체에 따른 지연배상이

---

[375] 대법원 1995. 3. 24. 선고 94다10061 판결 [양수금], 대법원 2013. 12. 12. 선고 2013다14675 판결 [매매대금]
[376] 대법원 2014. 3. 13. 선고 2013다34143 판결 [매매대금반환], 대법원 1998. 12. 23. 선고 98다43175 판결 [공사계약보증금등반환], 대법원 2013. 12. 12. 선고 2013다14675 판결 [매매대금], 대법원 2013. 12. 12. 선고 2012다58029 판결 [소유권이전등기]

아니기 때문이다.

② 이행지체 유무, 이자수취 여부를 불문하고 "법정이자 지급"
- 따라서 이행지체에 빠지지 않았더라도 당연히 이자를 지급하여야 하고, 수령한 금전으로부터 실제로 이자를 수취하였는지 여부는 불문하며,377) 연체이율에 대한 약정이 있더라도 '법정이자'에 의하여 산정하여야 하며,378) 소송촉진 등에 관한 특례법 소정의 이율(현재 15%)을 적용할 수 없다.379) 법정이자는 민법상 년 5푼(0.5%), 상법상 6푼(0.6%)이다.

(3) 부당이득반환에서 이른바 사용이익과 운용이익의 반환범위

① 사용이익의 범위에서만 반환
- 수익자가 반환해야 할 부당이득의 범위는 '손실자가 입은 손해에 한정' 되고, 여기서 손해는 이른바 사용이익, 즉 사회통념상 손실자가 당해 재산으로부터 통상 수익할 수 있을 것으로 예상되는 이익이다.380)

② 운용이익의 경우에도 사용이익의 범위에서만 반환
- 따라서 이른바 운용이익(수익자의 영업수완 등의 노력이 개입되어 얻어진 이익)의 경우에도, 사용이익의 범위 내에서만'(즉, 통상 취득하였으리라고 생각되는 범위 내에서만) 반환범위에 포함된다.381)

(4) 원상회복의무가 '이행지체에 빠진 이후'의 반환채무

① 지연손해금(손해배상금)이 적용
- 원상회복의무가 『'이행지체'에 빠진 이후』에는 부당이득반환의무로서의 이자(법정이자)382)가 아니라 지연손해금(손해배상금)이 적용된다.383) 따라서 이때는 민법 제390조(채무불이행과 손해배상)

---

377) 대법원 2003.10.23. 선고 2001다75295 판결 [매매대금], 대법원 2007.1.25. 선고 2004다51825 판결 [손해배상(기)]
378) 시중은행의 대출연체금리가 아닌 민법 소정의 '법정이율'인 연 5푼의 이율, 입주계약의 해제로 인한 원상회복으로서 반환할 분양대금에 대하여 분양대금 납부의무의 지체에 관하여 약정한 시중은행의 일반대출 연체금리에 의한 지연손해금이 아닌 '법정이자'를 가산하여야 한다(대법원 2003.10.23. 선고 2001다75295 판결 [매매대금])
379) 대법원 2016.8.24., 선고, 2016다17668, 판결 [소유권말소등기절차이행], 대법원 2003.7.22. 선고 2001다76298 판결 [보증금등]
380) 대법원 2011.6.30. 선고 2009다30724 판결 [철골구조물인도등]
매수인의 『사용이익 반환의무』는 매매계약의 해제에 따른 '원상회복 의무의 일환'으로서 인정되는 것이므로, 매도인이 매매계약의 이행으로서 목적물을 매수인에게 인도하여 매수인이 그 목적물을 사용한 경우에 비로소 인정된다. 따라서 임대인 甲이 임차인 乙에게 A부동산을 매도하기로 하였는데, 乙이 중도금 지급을 하지 않아 매매계약이 해제된 사안에서, 乙이 A부동산을 점유한 것은 『임대차계약에 기한 것이고, 매매계약의 이행으로서 인도받아 점유한 것으로는 볼 수 없으므로』, 乙이 임대차계약에 기하여 『부당이득반환의무』를 지는 것은 별론으로 하고 매매계약의 해제에 따른 『원상회복으로서 임료 상당의 사용이익의 반환의무』를 진다고는 볼 수 없다. 乙이 A 부동산을 점유한 것은 매매가 아닌 임대차에 기한 것이기 때문이다.
381) 대법원 2006.9.8. 선고 2006다26328·26335[매매대금반환등·사용이익반환], 대법원 2008.1.18. 선고 2005다34711 판결 [손해배상(기)]
382) 이자란 '금전 기타 대체물'의 사용대가로, 원본액과 사용기간의 일정한 비율에 따라 지급되는 금전 기타 대체물을 말한다. 지료나 임대료는 금전 기타 대체물의 사용대가가 아니라 부대물인 토지 또는 가옥의 사용대가이므로 이자가 아니다. 한편 금전채무 불이행에 대한 손해배상금을 '지연이자'라고도 하는데, 그 성질은 이자가 아니라 손해배상금이다.

제393조(손해배상의 범위)가 적용된다.

② 감가비는 반환 불요
- 『사용으로 인하여 발생하는 '감가비'』는 그것을 훼손으로 볼 수 없는 한 그 원상회복의무로서 반환할 성질의 것은 아니다. 384)

(5) 과실상계 적용 불가
- 계약의 해제로 인한 원상회복청구권에 대하여 해제권자가 해제의 원인이 된 채무불이행에 관하여 '원인'의 일부를 제공하였다는 등의 사유를 내세워 공평의 원칙에 기한 손해배상에 있어서의 과실상계를 적용할 수 없다. 385) 원상회복은 손해배상이 아니기 때문이다.

(6) 이행지체와 동시이행관계
- 원상회복의무는 '이행기한이 없는 채무'이므로 원상회복청구권자의 반환청구가 있어야 비로소 이행지체에 빠지는 것(민법 제387조 2항)이 원칙이다. 그러나 양 당사자의 원상회복의무는 '동시이행관계'에 있으므로, 원상회복청구권자가 자기채무의 이행 또는 이행제공을 하였음에도 상대방이 원상회복의무를 이행하지 않았어야 비로소 이행지체에 빠진다(민법 제536조). 원상회복의무가 '이행지체'에 빠지면 '법정이자'에 대한 '지연이자(지연배상, 손해배상)'도 지급하여야 한다(민법 제397조, 제379조).

다. 제3자 보호

(1) 제3자의 범위

① 민법 제548조 제1항 단서의 제3자란
- '해제된 계약으로부터' 생긴 법률효과를 기초로 해제 전에 '새로운' 권리를 취득한 자를 말한다. 새로운 권리는 '물권(등기·인도 등의 공시방법을 갖춘 권리) 또는 대항요건을 갖춘' '완전한 권리'를 말한다. 386)

② 제3자가 소유권을 취득하였다면
- 채무자는 원물반환을 할 수 없으므로 채권자는 채무자에 대하여 '가액배상'을 받을 수밖에 없고,

③ 제3자가 제한물권을 취득하였다면
- 채권자는 '제한물권의 부담이 있는' 소유권을 회복하고, 그로 인한 '손해'에 관하여는 채무자로부터 '가액배상'을 받을 수밖에 없다.

---

383) 대법원 2013.4.26. 선고 2011다50509 판결 [분양대금반환등] 그 지연손해금률에 관하여도『당사자 사이에 별도의 약정이 있으면 설사 그것이 법정이율보다 낮다 하더라도 그에 따라야 할 것』이고, 그 약정이율이 법정이율보다 낮은 경우에는 『법정이율에 의한 지연손해금』을 청구할 수 있다.
384) 대법원 2000.2.25. 선고 97다30066 판결 [손해배상(기)]
385) 대법원 2014.3.13. 선고 2013다34143 판결 [매매대금반환]
386) 대법원 2014.12.11. 선고 2013다14569 판결 [소유권이전등기말소등기절차이행등]

(2) 제3자의 악의에 대한 입증책임의 소재

- 계약해제 사실을 몰랐던 제3자에 대하여는 계약해제를 주장할 수 없다. 따라서 '계약해제를 주장하는 자'가 "제3자의 악의를 주장·입증"해야 한다. 387)

(3) 제3자에 해당되는 경우

① 가등기권자

- 매도인과 매수인이 매매예약을 체결한 후, 그에 기한 소유권이전청구권 보전을 위한 『가등기권자』도 위 조항 단서에서 말하는 제3자에 포함된다. 388)

(判例 圖解)

甲(매도인) $\xrightarrow{(1)매매계약}{소이등기}$ 乙(매수인,매도인) $\xrightarrow{(2)매매예약}{소이청구가등기}$ 丙(매수인,가등기권자)

$\xrightarrow{(3)甲이 乙과의 매매계약}{해제}$ 甲

② 가압류권자

- 해제된 매매계약에 의하여 채무자의 책임재산이 된 부동산을 가압류한 『가압류채권자』도 위 조항 단서에서 말하는 제3자에 포함된다. 389)

(判例 圖解)

甲(매도인) $\xrightarrow{(1)매매계약}{(2)소이등기}$ 乙(매수인) $\xrightarrow{(3)부동산가압류}$ 丙(가압류권자) $\xrightarrow{(4)乙과의 매매계약해제}$ 甲

③ 교환계약에 의하여 취득한 토지를 전득한 자

- 乙이 甲과의 교환계약에 의하여 취득한 토지를 丙이 乙으로부터 전득하고 소유권이전등기를 마쳤다면, 丙은 甲이 해제되었다고 주장하는 '교환계약으로부터 생긴 법률적 효과를 기초로 하여 새로운 이해관계를 가졌을 뿐 아니라 등기를 마침으로써 완전한 권리를 취득한 자'이므로 민법 제548조 제1항 단서 소정의 제3자에 해당한다. 390)

(判例 圖解)

甲 $\xrightarrow{(1)甲토지,乙건물}{교환계약}$ 乙 $\xrightarrow{(2)토지매매계약}{소이등기}$ 丙(매수인) $\xrightarrow{(3)甲이 乙과의}{교환계약해제}$ 甲

④ 임대 권한을 부여받은 매수인으로부터 주택(상가건물)을 임차한 자

- 매매계약의 이행으로 주택(상가건물)을 인도받아 그 임대 권한을 명시적 또는 묵시적으로 부여받은

---

387) 대법원 2005.6.9. 선고 2005다6341 판결 [소유권이전등기말소등기], 대법원 2005.6.9. 선고 2005다6341 판결 [소유권이전등기말소등기]
388) 대법원 2014.12.11. 선고 2013다14569 판결 [소유권이전등기말소등기절차이행등]
389) 대법원 2005.1.14. 선고 2003다33004 판결 [근저당권설정등기말소등]
390) 대법원 1997.12.26. 선고 96다44860 판결 [소유권이전등기말소등]

매수인으로부터 매매계약의 해제 전에 그 주택(상가건물)을 임차하여 주임법(상임법)상의 대항요건을 갖춘 임차인은, 매매계약의 해제에도 불구하고 자신의 임차권으로 매도인의 명도청구에 대항할 수 있다(주임법 제3조 4항, 상임법 제3조 2항). 임차인은 대항요건을 갖추었고 주임법 제3조 4항(상임법 제3조 2항)이 "양수인은 양도인의 지위를 승계한다"고 하고 있기 때문이다.

```
(判例 圖解)    甲(매도인)  (1)매매(잔금전,등기전)  乙(매수인 겸 임대인)
                          (3)甲 계약해제
            ⇒  (2)乙이 丙에게 임대, 丙 대항요건 + 확정일자 구비   丙(임차인)
               (4)丙은 甲에게 대항가능, 甲 임대인 지위승계
```

⑤ 임대권한을 부여받은 수분양자로부터 아파트(상가건물)를 임차한 자

- 아파트(상가건물) 수분양자가 분양잔금을 지급할 무렵 분양계약에 따라 분양자로부터 아파트(상가건물)를 인도받고 그 임대권한을 묵시적으로 부여받았다고 보아, 수분양자로부터 아파트(상가건물)를 임차하여 주임법(상임법)이 정한 대항요건을 갖춘 임차인이 분양계약의 해제에도 불구하고 자신의 임차권으로 분양자의 명도청구에 대항할 수 있다(주임법 제3조 4항, 상임법 제3조 2항).[391] 이 경우에도 임차인은 대항요건을 갖추었고 주임법 제3조 4항(상임법 제3조 2항)이 "양수인은 양도인의 지위를 승계한다"고 하고 있기 때문이다.

```
(判例 圖解)    甲(분양자)  (1)분양(잔금전,등기전)  乙(수분양자 겸 임대인)
                          (3)甲 계약해제
            ⇒  (2)乙이 丙에게 임대, 丙 대항요건 + 확정일자 구비   丙(임차인)
               (4)丙은 甲에게 대항가능, 甲 임대인 지위승계
```

(4) 제3자에 해당되지 않는 경우

① 처분금지가처분 후의 부동산가압류권자

- 부동산에 대하여 가압류등기가 된 경우에, 그 가압류채무자(현 소유자)의 '전 소유자'가 위의 가압류 집행에 앞서 같은 부동산에 대하여 소유권이전등기의 말소청구권을 보전하기 위한 '처분금지가처분등기'를 경료한 다음, 채무자를 상대로 매매계약의 해제를 주장하면서 소유권이전등기 말소소송을 제기한 결과 승소판결을 받아 확정되기에 이르렀다면, 위와 같은 가압류는 결국 말소될 수밖에 없고, 따라서 이러한 경우 가압류채권자는 민법 제548조 제1항 단서에서 말하는 제3자로 볼 수 없다.[392]

---

391) 대법원 2003.8.22. 선고 2003다12717 판결 [임대차보증금], 대법원 2009.1.30. 선고 2008다65617 판결 [건물명도], 대법원 2008.4.10. 선고 2007다38908,38915 판결 [건물명도·소유권이전등기]
392) 대법원 2005.1.14. 선고 2003다33004 판결 [근저당권설정등기말소등]

(事例 圖解)
① 甲전소유자, 소유권이전등기말소청구권을 피담보채권으로 하는 처분금지가처분
② 乙현소유자(가압류 채무자)
③ 丙부동산가압류(가압류 채권자)
④ 甲매매계약해제 및 소유권이전등기말소청구소송 승소확정
⑤ 乙의 가압류는 甲의 가처분 때문에 말소될 처지여서 민법 제548조 1항 단서상의 제3자가 아니다.

(判例 圖解)
　[A 부동산]

甲 $\xleftrightarrow{\substack{\text{전소유자, 乙에게 매도} \\ \text{소유권이전등기 말소청구권을} \\ \text{피보전권리로 하는} \\ \text{처분금지가처분}}}$ 乙 $\xleftarrow{\substack{\text{현소유자} \\ \text{가압류채무자}}}$ 丙 $\xleftarrow{\substack{\text{부동산가압류} \\ \text{가압류 채권자}}}$ 甲 $\overline{\substack{\text{매매계약해제} \\ \text{소유권이전등기말소청구소송} \\ \text{승소 확정}}}$

☞ 가압류채권자 丙은 민법 제548조 1항 단서의 제3자에 해당하지 않는다.

② 계약해제 이전에 해제로 인하여 소멸되는 채권양수인

- 계약이 해제된 경우 계약해제 이전에 해제로 인하여 소멸되는 『채권양수인』은 여기서 말하는 제3자에 해당하지 않는다.[393] 계약이 해제된 경우 계약해제 이전에 해제로 인하여 소멸되는 채권을 양수한 자는 계약해제의 효과에 반하여 자신의 권리를 주장할 수 없음은 물론, 특단의 사정이 없는 한 채무자로부터 이행받은 급부를 원상회복하여야 한다.

(判例 圖解)
甲(채무자) $\overline{\substack{(1) \\ \text{채권채무관계}}}$ 乙(채권자) $\overline{\substack{(2) \text{채권양도}}}$ 丙(채권양수인) $\overline{\substack{(3) \text{채권자 乙이} \\ \text{채권양도계약 해제}}}$ 乙

☞ 채권양수인 丙은 민법 제548조 1항 단서의 제3자에 해당하지 않는다.

③ 소유권이전청구권을 피보전권리로 하여 처분금지가처분결정을 받은 자

- 계약이 해제되기 이전에 계약상의 채권(소유권이전청구권)을 양수하여 이를 피보전권리로 하여 처분금지가처분결정을 받은 경우, 그 권리는 채권에 불과하고 대세적 효력을 갖는 완전한 권리가 아니므로 그 채권자는 민법 제548조 제1항 단서 소정의 해제의 소급효가 미치지 아니하는 '제3자'에 해당하지 아니한다.[394]

(判例 圖解)
甲(매도인) $\overline{\substack{(1) \text{부동산매매}}}$ 乙(매수인) $\overline{\substack{(2) \text{소유권이전청구권 양도양수} \\ \text{소유권이전등기청구권(채권)} \\ \text{처분금지가처분}}}$ 丙(채권양수인) $\overline{\substack{(3) \text{매도인 甲} \\ \text{매매계약 해제}}}$

☞ 채권양수인 丙은 민법 제548조 1항 단서의 제3자에 해당하지 않는다.

④ 토지매매계약이 해제된 경우, 그 토지 위에 신축된 건물의 매수인

- 계약당사자의 일방이 계약을 해제하여도 제3자의 권리를 침해할 수 없지만, 여기에서 그 제3자는 계약의 목적물에 관하여 권리를 취득하고 또 이를 가지고 계약당사자에게 대항할 수 있는 자를 말하

---

[393] 대법원 2003.1.24. 선고 2000다22850 판결 [손해배상(기)]
[394] 대법원 2000.8.22. 선고 2000다23433 판결 [분양계약자명의변경]

므로, 토지를 매도하였다가 대금지급을 받지 못하여 그 매매계약을 해제한 경우, 그 토지 위에 신축된 건물의 매수인은 위 계약해제로 권리를 침해당하지 않을 제3자에 해당하지 아니한다. 계약의 목적물은 토지이고 제3자가 취득한 것은 건물이기 때문이다. [395]

(判例 圖解)

甲(매도인) —(1)토지매매— 乙(매수인) $\frac{(2) 乙건물신축}{(3) 丙건물매수}$ 丙(건물매수인) —$\frac{(4)토지매도인 甲}{매매계약 해제}$—

☞ 건물매수인 丙은 민법 제548조 1항 단서의 제3자에 해당하지 않는다.

⑤ 무허가건물의 매수인

- 미등기 무허가건물에 관한 매매계약이 해제되기 전에 매수인으로부터 해당 무허가건물을 다시 매수하고 무허가건물관리대장에 소유자로 등재되었다고 하더라도 건물에 관하여 완전한 권리를 취득한 것으로 볼 수 없으므로 민법 제548조 제1항 단서에서 규정하는 제3자에 해당한다고 할 수 없다. [396]

(判例 圖解)

甲(매도인) —$\frac{(1) 미등기무허가}{건물매매}$— 乙(매수인) —$\frac{(2)무허가건물매매}{무허가건물대장 등재}$— 丙(매수인) —$\frac{(3) 매도인 甲}{매매계약 해제}$—

☞ 미등기무허가건물 매수인 丙은 민법 제548조 1항 단서의 제3자에 해당하지 않는다.

⑥ 건물매수인이 소유권을 취득하지 못한 채 매도인의 동의를 얻어 제3자에게 임대한 경우의 임차인

- 건물매수인이 아직 건물의 소유권을 취득하지 못한 채 매도인의 동의를 얻어 건물을 제3자에게 임대하였으나 매수인(임대인)의 채무불이행으로 매도인이 건물매매계약을 해제하고 임차인에게 건물의 명도를 구하는 경우, 『건물매수인은 아직 건물의 소유권을 취득하지 못하고 임차인이 "대항력을 갖추지 아니한" 상태』에서는 그 매매계약이 해제되어 소급적으로 실효되면 그 권리를 보호받을 수가 없으므로, 임차인의 건물명도의무와 매수인(임대인)의 보증금반환의무를 동시이행관계에 두는 것은 공평의 원칙에 반한다. [397]

---

395) 대법원 1991.5.28. 선고 90다카16761 판결 [건물철거등]
396) 대법원 2014.2.13. 선고 2011다64782 판결 [무허가건물소유명의인변경등록]
민법 제548조 제1항 단서에서 규정하는 제3자라 함은 해제된 계약으로부터 생긴 법률적 효과를 기초로 하여 새로운 이해관계를 가졌을 뿐 아니라 등기·인도 등으로 완전한 권리를 취득한 사람을 지칭하는 것이다. 그런데 미등기 무허가건물의 매수인은 소유권이전등기를 마치지 않는 한 건물의 소유권을 취득할 수 없고, 소유권에 준하는 관습상의 물권이 있다고도 할 수 없으며, 현행법상 사실상의 소유권이라고 하는 포괄적인 권리 또는 법률상의 지위를 인정하기도 어렵다. 또한 무허가건물관리대장은 무허가건물에 관한 관리의 편의를 위하여 작성된 것일 뿐 그에 관한 권리관계를 공시할 목적으로 작성된 것이 아니므로 무허가건물관리대장에 소유자로 등재되었다는 사실만으로는 무허가건물에 관한 소유권 기타의 권리를 취득하는 효력이 없다.
397) 대법원 1990.12.7. 선고 90다카24939 판결 [건물명도]
환언하면, 민법 제548조 제1항 단서는 『계약상의 채무가 완전히 이행된 상태』에서 그 계약이 해제되어 원상회복을 할 경우에 관한 규정이므로, 『해제된 계약에 의한 채무가 완전히 이행되기 전』에 그 계약당사자로부터 권리를 취득한 자는 위 규정에 의한 보호를 받지 못한다. 또한 동 규정의 제3자란 해제된 계약으로부터 생긴 법률효과를 기초로 해제 전에 새로운 권리로서 완전한 권리(등기, 인도, 대항력 구비 등)를 취득한 자를 의미하는 것이므로, 동 규정에 의한 '임차인의 보호'는 『매수인이 완전한 소유권을 취득'하고, 임차인이 "대항력을 갖춘" 경우에 한하여 인정』되고, 매수인 명의로 등기가 되지 않고 임차인이

(判例 圖解)　　甲(매도인) $\dfrac{(1)매매(잔금전, 등기전)}{(3)甲 계약해제}$ 乙(매수인 겸 임대인)

⇒ $\dfrac{(2)乙이 丙에게 임대, 丙 대항요건 확정일자 불구비}{(4)丙은 甲에게 대항불가능, 甲 임대인 지위 불승계}$ 丙(임차인)

⑦ 아파트 분양신청권이 전전매매된 후 최초의 매매 당사자가 계약을 합의해제한 경우, 그 분양신청권을 전전매수한 자

- 민법 제548조 제1항 단서에서 규정하는 제3자라 함은 그 해제된 계약으로부터 생긴 법률효과를 기초로 하여 새로운 이해관계를 가졌을 뿐 아니라 등기·인도 등으로 완전한 권리를 취득한 자를 지칭하는 것이고, 계약상의 '채권'을 양도받은 양수인은 특별한 사정이 없는 이상 이에 포함되지 않는다.
- 따라서 아파트 분양신청권이 전전매매된 후 최초의 매매 당사자가 계약을 합의해제한 경우, 그 『분양신청권을 전전매수한 자』는 설사 그가 백지 매도증서, 위임장 등 제반 서류를 소지하고 있다 하더라도 완전한 권리를 취득한 것이라고 할 수 없고, 또한 해제당사자가 매매계약을 합의해제한 다음 이를(제반 서류를) 회수하지 아니하였다고 하여 분양신청권을 전전매수한 자에 대하여 매매계약의 해제를 주장할 수 없는 것이 아니다. 398)

⑧ 채권을 양수한 자나 전부(轉付)채권자, 물권변동의 성립요건을 갖추지 못한 전득자, 제3자를 위한 계약의 수익자

- 민법 제548조 제1항 단서에서 말하는 제3자란 일반적으로 그 해제된 계약으로부터 생긴 법률효과를 기초로 하여 해제 전에 새로운 이해관계를 가졌을 뿐 아니라 등기, 인도 등으로 완전한 권리를 취득한 자를 말하므로, 계약상의 채권을 양수한 자나 그 채권 자체를 압류 또는 전부한 채권자, 물권변동의 성립요건을 갖추지 못한 전득자, 제3자를 위한 계약의 수익자는 여기서 말하는 제3자에 해당하지 아니한다. 399)

⑨ 최고가매수신고인으로부터 주택을 임차한 자

- 예컨대 甲이 임의경매절차에서 『최고가매수신고인의 지위』에 있던 乙과 주택임대차계약을 체결한 후 주택을 인도받아 전입신고를 마치고 임대차계약서에 확정일자를 받았는데, 다음날 乙이 매각대금을 완납하고 丙 주식회사에 근저당권설정등기를 마쳐준 사안에서, 乙이 최고가매수신고인이라는 것 외에는 임대차계약 당시 적법한 임대권한이 없는데도, 甲이 아직 매각대금을 납부하지도 아니한 최고가매수신고인에 불과한 乙로부터 주택을 인도받아 전입신고 및 확정일자를 갖추었다는 것만으로 주임법 제3조의2 제2항에서 정한 우선변제권을 취득하였다고 볼 수 없다. 400) 따라서 甲은 민법 제548조 제1항 단서의 제3자에 해당하지 않는다. 401)

대항력을 갖추지 못한 상태에서는 동 규정에 의하여 보호받지 못한다.
398) 대법원 1996. 4. 12. 선고 95다49882 판결 [입주권확인]
399) 대법원 1991. 4. 12. 선고 91다2601 판결 [부동산명의변경절차이행], 대법원 2000. 4. 11. 선고 99다51685 판결 [손해배상(기)]
400) 대법원 2014. 2. 27. 선고 2012다93794 판결 [배당이의]

- 다만 甲이 소액임차인으로서 일정 금액을 최우선으로 배당받을 수 있는지 여부는 별개의 문제이다.

3. 손해배상

(1) '이행이익배상'이 원칙, 예외적으로 '신뢰이익배상'

- 채무불이행을 이유로 계약을 해제하고 손해배상을 청구함에 있어서는 『채무자의 채무이행으로 인하여 채권자가 받을 이익(이행이익)을 산출하여 손해로서 청구』하여야 하고, 그 계약이 유효하다고 믿음으로써 받은 손해(신뢰이익)의 배상은 청구할 수 없다. 신뢰이익의 배상은 원칙적으로 채무자가 계약을 이행하였더라도 지출하였을 것이고 채무자의 채무불이행으로 인하여 발생한 손해라 할 수 없으므로, 채무자에게 그 배상을 청구할 수는 없는 것이 원칙이다.

(2) 이행이익과 신뢰이익의 구별과 예시

① 양 개념의 구분

- 이행이익이란 "채무자가 채무를 이행하였더라면 채권자가 얻었을 이익"을 말하고, 이행이익의 배상이란 "채무자가 채무를 이행하지 않았기 때문에 채권자가 입은 손해에 대한 배상"을 말한다. 가령 甲이 乙로부터 매수한 부동산을 2억원의 전매이익을 얻고 팔 수 있었다면 2억원이 이행이익이고, 乙이 계약을 이행하지 않았기 때문에 甲이 2억원의 전매이익을 얻지 못하였다면 2억원은 이행이익의 손해가 되고, 甲은 乙에게 2억원의 이행이익의 배상을 청구할 수 있다.
- 신뢰이익이란 "채권자가 계약이 유효하다고 믿음으로써 얻는 이익"을 말하고, 신뢰이익의 배상이란 "채권자가 계약이 유효하다고 믿었기 때문에 입은 손해에 대한 배상"을 말한다. 가령 감정·견적·매매대금의 차용·운송수단의 준비 등 계약의 준비를 위한 비용, 계약비용 등이 이에 속한다. 또한 임대분양계약이 해제된 경우, 임차인이 지출한 개발비와 소개비는 임차인이 그 계약이 유효하다고 믿음으로써 헛되이 지출하게 된 비용 즉 신뢰이익에 대한 손해이다. [402]

② 배상 범위의 결정

- 이행이익의 손해와 신뢰이익의 손해 중 어느 것을 배상되어야 하는지는 법 제393조의 통상손해인지 특별손해인지 여부에 따라서 결정된다. 일반적으로 전매이익은 특별손해라고 보여지므로 손해배상을 청구하는 자가 상대방이 전매사실을 알았거나 알 수 있었음을 입증하여야 손해배상을 받을 수 있다. 중개실무에서 이점은 대단히 중요하고 계약서 작성에 있어서 현실적이고 구체적인 문제이다. 따라서 중개시에 특별손해를 상대방에게 고지하고 계약서에 명시함으로써 상대방이 계약을 이행하지 않을 시에 특별손해에 관하여 상대방이 알았거나 알 수 있었음에 대한 입증의 어려움 없이 상대방

---

[401] 임대차는 임대인과 임차인 사이에 임대차계약이 체결된 경우로 한정되는 것은 아니나, 적어도 그 주택에 관하여 '적법하게 임대차계약을 체결할 수 있는 권한을 가진 자'가 임대차계약을 체결할 것이 요구된다. 따라서 乙은 법적으로 임대를 할 수는 있다.

[402] 대법원 1983.5.24. 선고 82다카1667 판결 [손해배상], 서울고법 1998.7.15. 선고 97나36226 판결 : 확정 [계약해제로인한 원상회복]

(3) 판례의 태도와 계약 실무상의 응용

① 이행이익배상과 신뢰이익배상의 선택적 청구 허용
- 채무불이행을 이유로 계약해제와 아울러 손해배상을 청구하는 경우, 이행이익(그 계약이행으로 인하여 채권자가 얻을 이익)의 배상을 구하는 것이 원칙이지만, 신뢰이익(그에 갈음하여 그 계약이 이행되리라고 믿고 채권자가 지출한 비용)의 배상을 구할 수도 있다.

② 통상손해와 특별손해의 계약실무에서의 응용
- 통상손해는 특별한 사정이 없는 한 사회일반의 거래관념 또는 경험칙에 비추어 그 종류의 채무불이행이 있으면 통상적으로 발생하는 것으로 생각되는 범위의 손해를 말하고, 특별한 사정으로 인한 손해는 당사자들의 개별적, 구체적 사정에 따른 손해를 말한다(민법 제393조).
- 특별손해는 특별한 사정의 존재에 대한 채무자의 주관적 예견 또는 예견가능성을 요한다.[403] 예견가능성 유무는 당사자의 직업(부동산거래를 전문으로 하는가), 목적물의 종류(전매성이 높은 물건인가), 계약의 목적(전매가 목적인가 자가소비가 목적인가), 계약의 당사자가 속하는 거래계의 관행 등을 고려하여 구체적으로 결정된다.
- 예견가능성의 기준은 계약체결시가 아니라 "채무불이행시"이다. 한편 특별사정에 해당하는지 여부의 판단은 '법률문제'로서 법원이 이에 대한 판단을 잘못한 경우에는 '상고이유'가 된다(민소법 제423조 참조).
- 신뢰이익 중 "계약의 체결과 이행을 위하여 통상적으로 지출되는 비용"은 『통상의 손해』로서 상대방이 알았거나 알 수 있었는지의 여부와 관계없이 배상을 청구할 수 있으며, "이를 초과하여 지출되는 비용"은 『특별한 사정으로 인한 손해』로서 "상대방이 이를 알았거나 알 수 있었던 경우에 한하여" 그 배상을 청구할 수 있다.[404] 중개실무에서 계약서에 특별사정을 잘 표현하여 추후 손해배상의 입증을 쉽도록 하는 것은 의사표시에서 동기의 착오를 현출하여 유리한 상황을 이끌어내는 것과 마찬가지로 고도의 전문가만이 할 수 있는 계약의 테크닉에 해당한다.

③ 신뢰이익은 이행이익을 초과 불가
- 과잉배상금지의 원칙에 따라 신뢰이익은 이행이익의 범위를 초과할 수 없다.

④ 구체적인 판례

【상가건물과 지하철역 사이의 연결통로 개설의무가 이행불능된 경우】
- 수분양자에게는 그 교환가치의 하락 등의 재산상 손해가 발생하였으며, 주위 부동산의 거래상황 등에 비추어 볼 때 상가건물과 지하철역 사이의 연결통로가 개설되지 않음으로써 교환가치의 하락 등

---
403) 대법원 2019. 4. 3. 선고 2018다286550 판결 [손해배상(기)], 대법원 2014. 2. 27. 선고 2013다66904 판결 [손해배상(기)]
404) 대법원 2017. 2. 15. 선고 2015다235766 판결 [손해배상청구의소], 대법원 2016. 4. 15. 선고 2015다59115 판결 [손해배상(기)]

의 손해를 입었을 개연성이 인정된다면, 연결통로 개설의무 이행불능으로 인한 통상손해가 발생한 것이고, 이 손해가 특별한 사정으로 인한 손해라고 하더라도 예견가능성이 있다. 즉, 연결통로 개설의무 이행불능으로 인한 손해를 상대방이 알 수 있다는 것이다. [405]

【영업용 물건이 멸실된 경우, 교환가치 이외에 사용가치(휴업손해, 차임 상당액)의 상실도 통상손해에 해당하느냐?(적극)】

- 불법행위로 영업용 물건이 '멸실'된 경우, 이를 대체할 다른 물건을 마련하기 위하여 필요한 통상적이고 합리적인 기간 동안 그 물건을 이용하여 영업을 계속하였더라면 얻을 수 있었던 이익(즉, 휴업손해)은 그에 대한 증명이 가능한 한 통상의 손해로서 그 교환가치(시가상당액)와는 별도로 배상하여야 한다. 이는 영업용 물건이 일부 손괴된 경우, 수리를 위하여 필요한 합리적인 기간 동안의 휴업손해와 마찬가지라고 보아야 한다. [406]
- 종래의 판례는 사용이익은 교환가치, 즉 시가 상당액의 배상에 포함되어 있어서 별도로 배상을 청구할 수 없다고 하였다. 그러나 전합 판결로 영업용 건물이 멸실된 경우 대체구매를 위하여 필요한 상당한 기간 동안의 휴업손해는 통상손해에 해당하여 배상을 청구할 수 있다는 쪽으로 입장을 변경하였다.
- 생각건대 영업용 건물을 양도할 경우에는 양도인이 누리던 사용이익은 그 교환가치에 포함된다고 볼 수 있으나, 영업용 건물이 멸실된 경우에는 교환가치에 해당하는 전보(塡補)배상 외에 휴업손해의 배상을 인정하는 것은 과잉배상이 아니라 지극히 정당하다. 영업용 건물은 이익창출이 목적이고 상업은 시간이 곧 돈이기 때문이다. 손해배상에 대한 우리의 판례와 실무가 아직도 현실 경제와 동떨어진 진부하고 인색한 판결이 상당히 많다. 다행히 위 판례의 변경은 손해배상 실무에서 진일보한 것이라고 생각된다.
- 한편 불법행위로 인하여 영업용 건물이 철거해야 할 정도로 파손된 경우, 철거 및 신축에 소요되는 기간 뿐만 아니라 철거 여부에 대한 판단을 위하여 필요한 합리적인 기간 역시 사회통념상 곧바로 철거에 착수할 수 없는 특별한 사정이 인정되는 기간으로서 '통상의 손해'로서의 휴업손해의 배상이 요구되는 기간에 해당한다. [407]

【매수인이 잔금지급을 지체하는 동안 개별공시지가가 상승함으로써 증가된 매도인의 '양도소득세 부담분'이 통상손해인지 여부(소극)】

- 매수인의 잔금지급 지체로 인하여 그 사이에 매매대상 토지의 개별공시지가가 급등하여 매도인의 양도소득세 부담이 늘었다고 하더라도 그 손해는 사회일반의 관념상 매매계약에서의 잔금지급의 이행지체의 경우 통상적으로 발생하는 것으로 생각되는 범위의 통상손해라고 할 수는 없고, 이는 특별한 사정에 의하여 발생한 손해에 해당한다. [408] 따라서 매매대상 토지의 개별공시지가가 급등하여

---

405) 대법원 2009.7.9. 선고 2009다24842 판결 [손해배상(기)]
406) 대법원 2004.3.18. 선고 2001다82507 전원합의체 판결 [손해배상(기)]
407) 대법원 2004.3.25. 선고 2003다20909, 20916 판결 [양수금]
408) 대법원 2006.4.13. 선고 2005다75897 판결 [손해배상(기)]

매도인의 양도소득세 부담이 늘어날 것이라는 것을 매수인이 알았거나 알 수 있었을 때에만 매도인은 매수인에게 잔금지급의 이행지체로 인한 양도소득세 인상분에 대한 손해를 배상받을 수 있다.

【아파트단지를 건설할 계획이 특별사정으로 인정된 경우】

- 매도인이 그의 명의로 등기된 목장용지와 임야 등을 매수인에게 매도하였으나 그 중 '일부 토지'의 진정한 소유자가 매도인을 상대로 소유권이전등기말소소송을 제기하여 확정 승소판결을 받음으로써 매수인에게 손해배상책임을 부담하게 된 사안[409]에서, 매수인이 위 토지를 비롯한 그 일대의 토지에 대단위 아파트단지를 건설할 계획을 확정하였고 이를 추진하기 위하여 매도인과 매매계약을 체결하게 되었고 실제로도 그러한 사업을 추진하였다는 점 등과 그 매매대금은 매도인이 원래 매수한 대금의 수십 배에 달하는 액수라는 사정 등을 고려하여 보면, 매도인은 매매계약 체결 당시에 위 토지를 비롯한 그 일대의 토지에 대단위 아파트단지가 건설될 것이라는 사정을 잘 알면서 이로 인한 지가상승을 반영하여 매매대금을 정하였다고 보아야 할 것이고, 따라서 매도인이 매수인에게 배상할 손해액은 위 매매계약 당시 그 토지의 장래 예정되어진 형상이며 이행불능 당시의 형상인 "아파트 부지로 조성중인 상태를 기준으로 산정"하여야 한다고 보았다. [410]

(4) 원상회복의무와 손해배상의무의 동시이행관계

- 계약이 해제되면 계약당사자는 상대방에 대하여 원상회복의무와 손해배상의무를 부담하는데, 이 때 계약당사자가 부담하는 원상회복의무 뿐만 아니라 손해배상의무도 함께 동시이행의 관계에 있다. [411]

(5) 중개행위시 손해배상의 범위와 특약

- 손해배상의 범위는 민법 제393에 의하여 산정한다. 따라서 손해배상은 통상의 손해를 한도로 하고, 특별한 사정으로 인한 손해는 채무자가 그 사정을 알았거나 알 수 있었을 때에 한하여 배상한다.
- 손해배상의 범위에 관하여는 특약이 있으면 특약에 의한다. 따라서 특별손해의 입증책임을 완화하고 확실하게 배상을 받기 위해서는 계약시 또는 중개시에 손해배상의 범위, 특히 특별한 사정에 관하여 특약으로 명시하는 것은 대단히 중요하다.

【중개행위시 손해배상의 범위와 특약에 관한 사례】

【예제】

- 예컨대 甲중개사가 乙을 대리하여 乙의 A부동산을 丙에게(丙은 丁중개사가 대리) 금10억원에 매매를 중개하였다. 그런데 乙은 A부동산을 매도하고 그 매도한 금액으로 바로 B부동산을 금10억원에 매수하기로 계약서를 작성하고 계약금까지 지급하였다. 그런데 丙의 채무불이행으로 乙은 B부동산에 대한

---

[409] 이 사건은 경기 김포읍의 아파트부지 매수건에 대한 손해배상 사건이다. 매수인은 매도인으로부터 이 사건 전체의 토지를 매수하였는데, 진정한 소유자가 매도인을 상대로 소유권이전등기말소소송을 제기하여 확정 승소판결을 받음으로써 매수인이 진정한 소유자로부터 4,938,666,000원에 매수하는 손해를 입었다. 이에 따라서 매수인이 매도인에게 손해배상을 청구한 사건이다.
[410] 대법원 2004.12.9. 선고 2002다33557 판결 [매매대금반환등]
[411] 대법원 1996.7.26. 선고 95다25138, 25145 판결 [인쇄비·계약금반환], 대법원 2003.1.24. 선고 2000다22850 판결 [손해배상(기)]

중도금과 잔금을 지급하지 못했다. 그런데 B부동산이 주변의 개발호재로 인하여 가격이 20억으로 상승하였다. 乙이 B부동산에 대한 잔금까지 치루었더라면 얻을 수 있었던 10억원을 丙의 채무불이행으로 인하여 B부동산을 매수하지 못함으로써 상실하였다. 乙은 丙에게 10억원의 손해배상을 청구할 수 있는가?

【풀이】
- 乙이 A부동산을 매도하고 그 대금으로 B부동산을 매수하기로 계약이 되어 있었고, B부동산이 개발호재로 가치가 10억 이상 상승하였는데 丙의 채무불이행으로 인하여 10억원의 이익을 상실한 사실은 통상손해가 아닌 특별손해(특별한 사정으로 인한 손해)에 해당한다. 특별손해에 대한 배상은 채무자가 그 사정을 알았거나 알 수 있었을 때에 한하여 배상이 인정된다(민법 제393조 2항).
- 만약에 위 사례에서 甲중개사가 중개실무와 민법 공부를 많이 하여 이 사실을 잘 알고 있었다면, 乙과 丙 간의 A부동산에 대한 계약서를 작성할 때 乙이 A부동산을 매도하고 B부동산을 매수하기로 계약이 된 사실을 丙에게 고지하고, 乙이 B부동산을 매수한 계약서 사본 첨부와 함께 乙이 丙으로부터 중도금과 잔금을 수령하여 B부동산에 대한 중도금과 잔금을 지급하려는 사실을 특약사항으로 자세히 언급해 두었더라면, 丙이 특별손해에 대한 사정을 알았거나 알 수 있었을 때에 해당하여, 乙은 丙이 A부동산의 매수에 따른 대금지급의무 불이행으로 인하여 乙에게 발생한 특별손해 10억원을 입증상의 어려움 없이 丙에게 청구할 수 있게 된다. 아는 만큼 보인다는 격언처럼, 계약서는 언제나 구체적 이익과 분쟁을 예상하고 입증까지 고려하여 작성할 수 있어야 한다. 이것이 바로 진정한 고수가 작성하는 법률계약서이다.

(6) 손해배상의 지연이자와 시효기간
- 손해배상은 그 지급을 청구한 때부터 '지연이자'가 발생하며, 시효기간은 해제된 채권을 행사할 수 있는 때로부터 10년이다.

(7) 약정해제와 손해배상
- 약정해제는 채무불이행에 의한 것이 아니므로 손해배상의 문제는 생기지 않고 원상회복의무만 생긴다. 따라서 민법 제551조(계약의 해제는 손해배상의 청구에 영향을 미치지 아니한다)는 약정해제에는 적용되지 않는다.

제9장

매도인의 담보책임

제1절 의의 및 법적 성질

1. 의의

(1) 개념 및 인정이유

① 개념

- 타인의 권리도 매매의 목적이 될 수 있다(민법 제569조). 매매의 목적인 『권리 또는 물건』에 하자(제한, 부담)가 있는 경우에 매도인이 매수인에 대하여 부담하는 책임을 『매도인의 담보책임』이라고 한다.

② 인정이유

- 이와 같이 매도인에게 담보책임을 인정하는 이유는 『유상계약에서 출연의 등가성(出捐의 等價性)』 때문이다. 매도인의 담보책임에 관한 규정은 매매 이외의 '다른 유상계약에 준용'된다(제567조).

(2) 종류

- 하자의 종류에는 "권리에 하자가 있는 경우"에 인정되는 『추탈담보책임(追奪擔保責任)』과 "물건에 하자가 있는 경우"에 인정되는 『하자담보책임(瑕疵擔保責任)』이 있다.

(3) 추탈담보책임과 하자담보책임의 구별실익

- 양자의 구별은 "경매의 경우에 적용되는지 여부"에 있다. 경매의 경우에는 권리의 하자에 인정되는 추탈담보책임(追奪擔保責任)만 인정되고, 물건의 하자에 인정되는 하자담보책임(瑕疵擔保責任-특정물매매, 종류매매의 하자)은 인정되지 않는다(민법 제580조 2항).

2. 법적 성질

(1) 법정책임설과 채무불이행책임설

- 현재의 다수설과 판례는 담보책임을 하자가 없는 완전한 재산권을 이전하여야 할 의무를 위반한데 대한 『채무불이행책임』으로 본다. [412] 특정물매매에서 '종래'의 통설은 『법정책임설』이었다. [413] 양설은 『매도인의 하자담보책임과 채무불이행책임의 관계 [414] 와 손해배상의 범위 [415]』에서 차이가 있다.

【 매매에서 채무불이행책임과 담보책임의 일반적 차이 】

---

[412] 대법원 1967.5.18. 선고 66다2618 전원합의체 판결 [손해배상]
타인의 권리를 매매한 자가 권리이전을 할수 없게 된 때에는 매도인은 선의의 매수인에 대하여 불능 당시의 시가를 표준으로 그 계약이 완전히 이행된 것과 동일한 경제적 이익을 배상할 의무가 있다.

[413] 『채무불이행책임설』은 특정물매매에서도 매도인은 완전물인도의무를 지기 때문에 하자 있는 물건을 인도한 것은 채무불이행에 해당하지만 '급부와 반대급부 사이의 균형을 고려하여 무과실책임으로 구성되었을 뿐'이며, 따라서 담보책임에 관한 민법 제580조는 채무불이행책임에 관한 민법 제390조에 대한 특별규정이라고 한다.
『법정책임설』은 유상계약에서 대가관계를 유지하기 위하여 매도인에게 부과하는 '법정의 무과실책임'이며, '채무불이행과는 무관'하다고 한다(이른바 특정물 도그마). 이 설에 의하면 특정물의 하자는 원시적 일부불능을 의미하므로 매도인의 손해배상은 '신뢰이익의 배상'에 한정된다고 한다.
『담보책임과 채무불이행책임의 관계』에 관하여 『법정책임설』은 담보책임을 채무불이행책임과 무관한 법정의 무과실책임으로 파악하고 양책임의 경합을 인정하지 않음에 반하여, 『채무불이행책임설』은 양책임의 경합을 인정한다. 판례도 양책임의 경합을 인정한다.

[414] 매도인의 하자담보책임과 채무불이행책임의 관계에 관한 판례 【대법원 2004.7.22. 선고 2002다51586 판결 [손해배상(기)]
토지 매도인이 성토작업을 기화로 다량의 폐기물을 은밀히 매립하고 그 위에 토사를 덮은 다음 도시계획사업을 시행하는 공공사업시행자와 사이에서 정상적인 토지임을 전제로 협의취득절차를 진행하여 이를 매도함으로써 매수자로 하여금 그 토지의 폐기물처리비용 상당의 손해를 입게 하였다면 매도인은 이른바 불완전이행으로서 채무불이행으로 인한 손해배상책임을 부담하고, 이는 하자 있는 토지의 매매로 인한 민법 제580조 소정의 하자담보책임과 경합적으로 인정된다. 구 공공용지의취득및손실보상에관한특례법(2002.2.4. 법률 제6656호 공익사업을 위한 토지등의 취득 및 보상에관한법률 부칙 제2조로 폐지)에 의하여 공공사업의 시행자가 토지를 협의취득 하는 행위는 사경제주체로서 행하는 사법상의 법률행위이므로 그 일방 당사자의 채무불이행에 대하여 민법에 따른 손해배상 또는 하자담보책임을 물을 수 있다.

[415] 손해배상의 범위에서는 『채무불이행책임설』에 의하면 특별손해도 배상범위에 포함되지만, 『담보책임설』에 의하면 통상의 손해를 한도로 하여 이행이익의 배상을 청구할 수 있고, 그것을 초과하는 손해는 채무자의 귀책사유가 있어야 배상범위에 속한다.
판례는 "매매목적물의 하자로 인한 확대손해에 대하여 매도인에게 배상책임을 지우기 위해서는 하자 없는 목적물을 인도하지 못한 의무위반 사실 외에 그러한 의무위반에 대하여 매도인에게 귀책사유가 있어야 한다"고 하여 채무불이행책임설을 취하고 있다 【대법원 2003.7.22. 선고 2002다35676 판결 [손해배상(기)]】.

구분	채무불이행책임	담보책임
과실 여부	매도인 과실책임(법 제390조 단서)	무과실책임
선악 여부	매수인(채권자)의 선악은 문제 안됨	선악은 책임의 발생과 내용에 영향을 미친다
책임 내용	강제이행, 계약해제, 손해배상	계약해제, 손해배상, 대금감액청구, 완전물급부청구
최고 여부	해제를 위하여 최고 요	최고 불요
소멸시효	일반의 소멸시효 적용(법 제162조)	해제와 손배청구 1년 또는 6월 내 제척기간 적용

(2) 면책특약의 효력

① 담보책임은 임의규정이다
- 매도인의 담보책임에 관한 규정은 '강행규정이 아니다'. 따라서 당사자는 특약으로 책임을 가중·감경하거나 면제할 수도 있다. 따라서 중개실무에서 특히 낡은 건물을 매매할 경우에는 이 면책특약을 활용하여 중개사가 불측의 분쟁에 휘말리는 일을 사전에 방지하는 것이 좋다.

② 면책특약의 제한
- 담보책임의 요건사실【즉, 매매목적인 권리의 전부 또는 일부가 타인에게 속한다는 사실, 일부멸실 또는 수량부족 사실, 권리에 제한이 있다는 사실 등】을 매도인이 알고 있으면서 고지하지 아니한 경우, 매도인이 알면서도 제3자에게 담보책임 발생의 전제가 되는 권리를 설정하거나 양도한 경우에는 "면책특약은 무효"이다(민법 제584조).

(3) 동시이행관계
- 매수인이 매도인에게 담보책임을 묻는 경우와 매수인도 목적물을 반환하는 등의 의무를 지는 경우, 양 권리는 동시이행의 관계에 있다(민법 제583조).

제2절 '권리 전부'가 타인에게 속하는 경우

1. 요건

① 매매의 목적인 권리의 전부가 타인에게 속하고, 매도인이 이를 취득하여 매수인에게 이전할 수 없어야 한다(주관적 불능).
② 소유권의 이전불능은 채무불이행에 있어서와 같은 정도로 반드시 객관적 불능으로 엄격하게 해석할 필요는 없고, 사회 통념상 매수인에게 해제권이나 손해배상을 인정하는 것이 형평에 타당하다고 인정되는 정도의 이행장애가 있으면 족하다. [416]

2. 책임의 내용

(1) 매수인은 '귀책사유, 선악 불문' 계약해제

- 계약 내용의 "목적달성이 불능시" 매수인은 계약을 해제할 수 있다(법제570조). 계약해제는 목적달성이 불능이면 할 수 있고, 매도인의 귀책사유, 선악 불문하고, 최고도 필요 없다. 계약이 해제되면, 매수인은 소유권이전등기의 말소 및 점유이전의 의무와 사용이익의 반환의무를 지고, 매도인은 매매대금의 반환 및 손해배상의무를 지며, 양자는 동시이행의 관계에 있다.[417]

(2) '선의의' 매수인의 손해배상청구

- 선의의 매수인은 손해배상청구를 할 수 있다(민법 제571조). 손해배상의 범위는 '이행이익의 배상'이고, 매도인이 '매수인의 악의'에 대한 입증책임을 진다.

(3) '선의의' 매도인의 계약해제

- 매도인도 선의라면 '손해를 배상하고 매매계약을 해제'할 수 있다. 매수인이 악의라면 선의의 매도인은 손해배상 없이 매수인에게 그 권리를 이전할 수 없음을 통지하고 계약을 해제할 수 있다(제571조).

(4) 권리행사기간

- 위 권리들의 권리행사기간은 없지만, 10년의 소멸시효에 걸린다.

제3절 '권리 일부'가 타인에게 속하는 경우

1. 요건

- 매매의 목적인 권리의 일부가 타인에게 속하고, 매도인이 이를 취득하여 매수인에게 이전할 수 없어야 한다. 이전불능은 권리 전부가 타인에게 속하는 경우와 같다.

2. 책임의 내용

(1) 매수인은 '선악 불문' 대금감액청구

- 매수인은 '선악 불문'하고 그 부족 부분에 상당하는 대금의 감액을 청구할 수 있다.

---

416) 대법원 1982.12.28. 선고 80다2750 판결 [손해배상]
417) 대법원 1993.4.9. 선고 92다25946 판결 [손해배상(기)]

- 대지와 건물 매매계약에서 건물의 일부가 경계를 침범하여 이웃 토지 위에 건립되어 있는 경우, 매도인이 그 경계 침범의 건물부분에 관한 대지부분을 취득하여 매수인에게 이전하지 못하는 때에는, 매수인은 매도인에 대하여 민법 제572조를 유추적용하여 담보책임을 물을 수 있다.[418] 이 청구권은 형성권이다(제572조 1항).

(2) '선의' 매수인의 계약해제권, 손해배상청구권

- 선의의 매수인은 잔존 부분만이라면 매수하지 않았을 때에는 계약 전부를 해제할 수 있다(제572조 2항) 선의의 매수인은 감액청구, 계약해제 외에 손해배상도 청구할 수 있다(제572조 3항). 손해배상의 범위는 '이행이익 상당액'(이행불능시의 이행불능으로 된 권리의 시가)이다. [419]

(3) 권리행사 기간

- 선의의 매수인은 '일부의 이전불능 사실을 안날'로부터, 악의의 매수인은 '계약을 한날'로부터 각 1년 내에 행사하여야 한다(제573조).

제4절 '수량 부족 또는 일부 멸실'의 경우

1. 요건

(1) 당사자가 '수량을 지정하여 매매'하였는데, 목적물의 수량이 부족한 경우

- 『수량을 지정한 매매』란 당사자가 일정한 면적·수량·용량·중량·척도 등을 지정하고 그 수량을 기초로 하여 대금을 정한 매매를 말한다.

① <u>특정물이 일정한 수량을 가지고 있다는 데에 주안을 두고, 대금도 그 수량을 기준으로 하여 정한 경우</u>

- '수량을 지정한 매매'라 함은 당사자가 매매의 목적물이 일정한 수량을 가지고 있다는 데 주안점을 두고 대금도 그 수량을 기준으로 하여 정한 경우를 말한다. <u>'토지 매매'에서 목적물을 공부상의 평수에 따라 단위면적당 가액에 공부상의 면적을 곱하는 방법으로 매매대금을 결정하였다는 사정만으로 곧바로 그 토지의 매매를 '수량을 지정한 매매'라고 할 수는 없다(즉, 필지매매에 해당). 그러나 매수인이 일정한 면적이 있는 것으로 믿고 매도인도 그 면적이 있는 것을 명시적 또는 묵시적으로 표시하고, 나아가 당사자들이 면적을 가격 결정 요소 중 가장 중요한 요소로 파악하고 그 객관적인 수치를 기준으로 가격을 정하였다면 그 매매는 『수량을 지정한 매매』라고 할 것이다.</u> [420]

---

418) (연접 대지의 경계를 침범하여 건축된 건물 매수인의 보호) 대법원 2009.7.23. 선고 2009다33570 판결 [부당이득금]
419) 대법원 1993.1.19. 선고 92다37727 판결 [소유권이전등기]
420) 대법원 1998.6.26. 선고 98다13914 판결 [매매대금반환]

- 목적물이 일정한 면적(수량)을 가지고 있다는 데 주안점을 두고 대금도 면적을 기준으로 하여 정하여지는 『아파트분양계약』은 『수량을 지정한 매매』이다. 421) 수량을 지정한 매매에서 이축권(이른바 용마루 딱지)을 양도하기로 하는 약정이 포함되어 있었다 하더라도 민법 제574조에서 정한 『수량을 지정한 매매』에 해당한다. 422)

② 일정한 수량이 목적물을 특정하기 위하거나 대금을 산정하기 위한 방편에 불과한 경우
- 토지매매에서 목적물을 '등기부상의 면적에 따라 특정한 경우라도' "당사자가 그 지정된 구획을 전체로서 평가하였고 면적에 의한 계산이 하나의 표준에 지나지 아니하여 그것이 당사자들 사이에 대상 토지를 특정하고 그 대금을 결정하기 위한 방편이었다고 보일 때"에는 수량을 지정한 매매라 할 수 없다.
- 임의경매에서 경매법원이 토지의 등기부상 면적을 표시하는 것이나 최저경매가격을 결정함에 있어 감정인이 단위면적당 가액에 공부상의 면적을 곱하여 산정한 가격을 기준으로 삼은 경우, '당해 토지 전체의 가격을 결정하기 위한 방편에 불과하여' 이를 '수량을 지정한 매매'라고 할 수 없다. 판례도 이와 같다. 423)

(2) 목적물의 『일부』가 계약 당시 이미 소멸한 경우(원시적 일부 불능의 경우)
- 매매 등 유상계약에서 원시적 일부 불능이 있으면 특별규정인 제574조(수량 부족 또는 일부 멸실의 경우의 담보책임)가 적용되고, 제535조(계약체결상의 과실책임)가 적용되지 않는다. 424)
- 부동산매매계약에 있어서 실제 면적이 계약 면적에 미달하는 경우, 그 매매가 수량지정매매에 해당할 때에 한하여 민법 제574조, 제572조에 의한 대금감액청구권을 행사할 수 있고, 그 매매계약이 그 미달 부분만큼 일부 무효임을 들어 일반 부당이득반환청구를 하거나 그 부분의 원시적 불능을 이유로 민법 제535조가 규정하는 계약체결상의 과실에 따른 책임의 이행을 구할 수 없다.

2. 책임의 내용

(1) 민법의 규정

---

421) 대법원 2002.11.8. 선고 99다58136 판결 [손해배상(기)] : 아파트 분양계약상 평형별 세대당 건물면적이나 공유대지면적의 기재가 단순히 계약목적물을 특정하기 위한 방편에 불과하다고는 할 수 없고 이 사건 아파트 분양계약은 그 목적물이 일정한 면적(수량)을 가지고 있다는 데 주안을 두고 그 대금도 그 면적을 기준으로 하여 정한 경우로서 이른바 수량을 지정한 매매라고 아니할 수 없고,
한편 위에서 본 부족 원인 중 과다공고 및 계획변경에 의한 부족분은 이 사건 분양계약이 체결되기 전에 이미 확정되어 '원시적 이행불능'으로 보이므로, 원고들은 그 부분에 관한 한 피고에 대하여 채무불이행책임을 물을 수는 없고, 다만 민법 제574조의 규정에 따라서 그 부족분의 비율로 대금의 감액을 구할 수 있고, 지적정리에 의한 부족분에 대해서도 피고가 배상의무가 있음이 원칙이다. (다만, 이 사건에서는 분양계약서 제3조 제2항에서 이와 같은 부족분에 대하여는 피고가 면책되도록 규정하고 있어서 피고가 손해배상에서 면책되었다)
422) 대법원 2001.4.10. 선고 2001다12256 판결 [소유권이전등기등]
423) 대법원 2003.1.24. 선고 2002다65189 판결 [손해배상(기)]
424) 대법원 2002.4.9. 선고 99다47396 판결 [손해배상(기)]

- '수량부족·일부멸실'은 '권리의 일부'가 타인에게 속한 경우와 유사하므로, 이 경우에 민법은 제572조와 573조를 준용하고 있다(제574조).
① 매수인은 '선악 불문'하고 대금감액청구권이 인정된다(제574조, 제572조).
- 매매계약에서 토지면적을 기초로 평수에 따라 대금을 산정하였는데, 토지의 일부가 매매계약 당시에 이미 도로의 부지로 편입되어 있었고, 매수인은 민법 제574조에 따라 매도인에 대하여 토지 중 도로의 부지로 편입된 부분의 비율로 '대금의 감액을 청구'할 수 있다. [425] [426]
② 선의의 매수인은 '대금감액청구' 외에 '계약 전부를 해제하거나 손해배상을 청구'할 수 있다.

(2) 중개실무에서 주의할 점

- 중개실무상 비도시지역 또는 구도심에서 부동산 거래시 토지의 현황이 지적공부상의 경계 또는 면적과 서로 다를 경우에는 이에 관한 특약이 없으면 분쟁이 발생할 수 있다. 수량을 지정한 매매가 아닌 경우, 즉 "필지 매매"인 경우에는 수량(면적) 부족에 대한 대금감액청구가 인정되지 않음에 주의를 해야 한다. 구체적인 것은 제8편 특약사항 중 토지특약사항을 참고하기 바란다.

(3) 제척기간 존재

- 매수인이 선의인 경우에는 수량 부족 또는 일부 멸실을 '안 날로부터', 악의인 경우에는 '계약한 날로부터' 1년의 제척기간에 걸린다(제574조, 제573조).

제5절 '제한 물권'이 있는 경우

1. 요건

① 매매의 목적인 권리가 지상권·지역권·전세권·질권·유치권·등기된 임차권·주임법이나 상임법상의 임차권 등 타인의 제한물권에 의하여 용익권능이 제한될 것
② 매수인은 선의일 것

2. 책임의 내용

(1) '선의'의 매수인은 '매매목적 달성 불능시' 계약해제

- 용익권의 제한으로 인하여 "매매의 목적을 달성할 수 없는 경우"에 한하여 '선의'의 매수인은 계약을 해제할 수 있다(제575조 1항 전문).

---

[425] 대법원 1992.12.22. 선고 92다30580 판결 [소유권이전등기]
[426] 대법원 1995.7.14. 선고 94다38342 판결 [손해배상(기)] (건물 일부의 임대차계약이 수량을 지정한 임대차로 되는 경우)

(2) '선의'의 매수인의 손해배상청구권

- '선의'의 매수인은 손해배상을 청구할 수 있다(제575조 1항 후문). 계약해제를 하지 않고 손해배상을 청구하는 경우의 범위는 매매의 목적을 달성할 수 없는 경우, 즉 매수인이 매매목적물을 점유하지 못함으로 인한 손해에 그친다.

(3) 제척기간

- 매수인이 용익권능이 제한되는 사실을 안 때부터 1년 내에 행사하여야 한다(제575조 3항).

제6절 '저당권 또는 전세권'의 행사와 담보책임

1. 요건

(1) 매매목적인 부동산에 설정된 저당권 또는 전세권의 행사로 매수인이 그 부동산의 소유권을 취득할 수 없거나, 취득한 소유권을 잃게 되거나, 매수인의 출재로 그 소유권을 보전할 것

(2) 동 규정이 준용되는 경우

① 가등기가 된 부동산을 매수한 경우

- 가등기가 된 부동산을 매수한 사람이 그 뒤 가등기에 기한 본등기가 경료됨으로써 그 부동산의 소유권을 상실하게 된 때에는, 매매의 목적부동산에 설정된 저당권 또는 전세권의 행사로 인하여 매수인이 취득한 소유권을 상실한 경우와 유사하므로, 민법 제576조의 규정이 준용된다.

② 지상권저당권, 전세권저당권이 매매의 목적인 경우

- 매수인이 그 저당권의 실행으로 지상권이나 전세권을 취득할 수 없게 되거나 매수인이 자신의 출재로 지상권이나 전세권을 보전한 경우에는 민법 제576조가 준용된다. 매매의 목적이 다를 뿐 이익상황은 동일하기 때문이다(민법 제577조).

2. 책임의 내용

(1) 계약해제권

- 소유권을 취득할 수 없거나 취득한 소유권을 잃게 된 경우에는 매수인은 '선악 불문'하고 계약을 해제할 수 있다.

(2) 상환청구권, 손해배상청구권

- 매수인이 출재(出財)로 소유권을 보전한 경우에는 매도인에게 상환을 청구할 수 있고, 손해가 있으면 손해배상도 청구할 수 있다.

(3) 제척기간

- 이 담보책임에는 제척기간이 없다.

3. 동조의 담보책임이 부정되는 경우에 대한 판례

① 【부정 사례1】 매수인이 매매목적물에 관한 근저당권의 피담보채무를 인수하는 것으로 매매대금의 지급에 갈음하기로 약정한 경우

- 매매목적부동산에 설정된 저당권의 행사로 인하여 매수인이 취득한 소유권을 잃은 때에는 매수인은 민법 제576조 제1항의 규정에 의하여 매매계약을 해제할 수 있지만, "매수인이 매매목적물에 관한 근저당권의 피담보채무를 인수하는 것으로 매매대금의 지급에 갈음하기로 약정한 경우"에는 매수인으로서는 매도인에 대하여 민법 제576조 제1항의 담보책임을 면제하여 주었거나 이를 포기한 것으로 봄이 상당하다. 427) 따라서 매수인이 매매목적물에 관한 근저당권의 피담보채무 중 '일부만'을 인수한 경우, '매도인'으로서는 '자신이 부담하는 피담보채무를 모두 이행한 이상' 매수인이 인수한 부분을 이행하지 않음으로써 근저당권이 실행되어 매수인이 취득한 소유권을 잃게 되더라도 매도인은 민법 제576조 소정의 담보책임을 부담하지 않는다.

② 【부정 사례2】 전세기간이 만료되었으나 아직 전세금이 반환되지 않아서 전 세권자가 그 부동산에 살고 있거나 아직 전세기간이 만료되지 않은 전세부동산을 매수인이 취득 한 경우

- 전세금 관계는 "매수인에게 이전"되기 때문에 매도인에게 동조의 담보책임이 인정되지 않는다. 등기된 임차권, 주임법·상임법상의 확정일자부임차권을 매수인이 취득한 경우에도 마찬가지이다 (주임법 제3조 4항, 상임법 제3조 2항 참조). 428)

③ 【부정 사례3】 근저당권이 설정된 부동산을 임차한 임차권자의 임차권을 매매한 경우

- 『(임대차보증금반환청구권을 포함한) 임차권 매매계약』에서, '임차권 매도인(丙)이 임대인의 임대차계약상의 의무이행을 담보한다는 특별한 약정을 하지 아니한 이상' "임차권매매계약 당시 임대차목적물에 이미 설정되어 있던 근저당권(乙)"이 임차권 매매계약 이후에 실행되어 매수인(戊)이 임대차목적물의 소유권을 취득함으로써 임대인의 목적물 사용·수익의무가 이행불능으로 되거나 임대인(甲)의 무자력으로 인하여 임대차보증금반환의무가 이행되지 않더라도, 임차권 매도인(丙)에게 민법 제576조에 따른 담보책임이 없다. 429)

---

427) 대법원 2002.9.4. 선고 2002다11151 판결 [매매대금반환]
428) 대법원 2018.6.19. 선고 2018다201610 판결 [추심금], 대법원 2013.1.17. 선고 2011다49523. 전원합의체 판결[추심금]
429) 대법원 2007.4.26. 선고 2005다34018,34025 판결[건물명도·소유권이전등기말소]

(사례 도해) $\frac{甲소유 A부동산에}{(1) 乙 저당권설정}$ ⇒ $\frac{(2)임대인 甲}{丙에게 임차권 설정}$ ⇔ $\frac{(3)丙이 丁에게 임차권매매}{}$ ⇒

$\frac{(4)저당권실행으로 戊가 낙찰}{임대인 甲 사용수익의무와 보증금반환의무 이행불능}$ ⇒ $\frac{임차권매도인 丙이}{담보책임을 지지 않음}$

제7절 '특정물매매'에서 목적물에 하자가 있는 경우

1. 요건

(1) 하자가 존재할 것

① 하자란

- 매매목적물에 존재하는 품질, 성능, 안전성 등 물건의 교환가치나 사용가치를 하락시키는 일체의 불완전한 결점을 말한다. 즉, 매매목적물에 존재하는 물질적인 결함을 말한다. 다른 말로 하면 실제 있는 상태와 있어야 하는 상태의 불일치가 하자이다.
- 하자에 관하여는 객관설과 주관설이 대립하고 있다.[430] 부동산거래에서 가장 자주 발생되는 하자담보책임이다. 이른바 하자담보책임이라고 하면 바로 특정물매매에서의 하자담보책임을 말한다(민법 제580조). 앞에서 본 추탈담보책임이 주로 토지거래에서 발생되는 것과 달리 하자담보책임은 빌라, 아파트 등의 낡은 건물의 매매에서 주로 문제가 된다.

② 하자의 존재시기

- 『법정책임설』은 "계약성립시"라고 하고, 『채무불이행책임설』은 "위험의 이전시기"를 기준으로 하자의 존재시기를 판단한다. 하자의 존재시기에 관한 문제는 무한정으로 매도인에게 하자담보책임을 지울 수는 없기 때문에, 『"계약 성립 후 인도시까지 사이"에 발생한 매도인에게 책임 없는 사유로 인한 하자를 누구의 불이익으로 돌릴 것인가』이다.[431] 우리 민법의 위험부담에 관한 '채무자위험부담주의'(민법 제537조 참조)의 취지에 따라서 '채무자인 매도인에게 불이익'을 부담시켜야 한다는 관점에서 '위험의 이전시기를 기준'으로 판단하는 '채무불이행책임설'이 타당하다. 따라서 하자의 존재는 "위험의 이전시기, 즉 '잔금시'를 기준"으로 하자의 유무와 책임을 결정한다.
- 예컨대 부동산을 매매한 경우, 계약시에는 없었던 하자가 '잔금시'에 하자가 발견된 경우에 그 하자를 누구의 불이익으로 돌릴 것인가가 문제이다. 따라서 "잔금 이후"에 발생한 하자는 매수인이 '악의

---

[430] 『객관설』은 결점이 있는지 여부는 거래관념에 비추어 일반적으로 그 종류의 물건으로서 통상 지니고 있어야 할 품질·성능·안전성 등을 갖추지 못하여 그 가치가 일정 기준에 미달하는지 여부를 표준으로 판단하여야 한다고 하고, 『주관설』은 매매당사자의 목적을 기준으로 하자를 판단하여야 한다고 한다.
[431] 다만, 매도인에게 선관주의의무를 다하지 않은 귀책사유가 있다면 민법 제374조의 특정물 인도 채무자로서의 선관주의의무를 져야 한다.

또는 과실로' 알지 못한 경우를 제외하고는 매도인에게 하자담보책임을 물을 수 없다.
- 낡은 건물은 통상 하자가 있기 마련인데, 중개사가 "중개대상물의 상태에 관한 자료 요구서"를 작성하는 등 중개를 철저히 하지 않으면 매수인은 중개사에게 화살을 돌리고 졸지에 중개사가 덤탱이를 쓰게 된다. 특히 누수는 원인을 찾기 어렵다. 이럴 때를 대비하여 공인중개사는 계약서를 잘 작성하여야 한다. 낡은 집은 임장(臨場)도 중요하지만 "매수인은 잔금 이후에는 하자담보책임을 묻지 못한다"는 하자담보책임의 포기 특약이 필수이다.

③ '법률상의 장애'가 물건의 하자인가? 권리의 하자인가?
- 이에 관하여 <u>판례</u>는 "<u>물건의 하자</u>"로 본다. 예컨대 건축을 목적으로 매수한 토지에 대하여 법률적 장애로 건축허가를 받을 수 없는 경우, 위와 같은 법률적 제한 내지 장애 역시 "매매목적물의 하자"에 해당한다. [432]

(2) 매수인은 선의·무과실일 것
- 매수인이 '악의 또는 과실로' 알지 못한 때에는 매도인은 책임을 지지 않는다. 따라서 '<u>매도인</u>'이 매수인의 악의 또는 과실 있음을 입증하여야 한다.

2. 책임의 내용

(1) 해제권
- 목적물의 하자로 인하여 "<u>계약의 목적을 달성할 수 없다면</u>" 매수인은 계약을 해제할 수 있다. 그 외에는 손해배상만 청구할 수 있다.

(2) 손해배상청구권
- 매수인은 손해배상을 청구할 수 있다. 손해배상의 범위는 '<u>신뢰이익의 손해</u>'(하자가 없는 것으로 믿음으로써 입게 된 손해로써, 하자보수비용이나 하자로 인한 가치하락분 등)에 한한다.

(3) 권리행사기간
- 매수인이 '<u>하자를 안 날로부터 6월 이내</u>'에 행사하여야 한다(민법 제582조). 판례는 이 기간이 출소기간이 아니라고 한다. [433] 따라서 매수인은 소정의 기간 내에 재판상 또는 재판외에서 권리행사를 할 수 있다.

---

432) 대법원 2000.1.18. 선고 98다18506 판결 [계약금반환등]
433) 대법원 2003.6.27. 선고 2003다20190 판결 [손해배상(기)]
민법 제582조 소정의 매수인의 권리행사 기간은 재판상 또는 재판 외에서의 권리행사에 관한 기간이므로 매수인은 소정 기간 내에 재판 외에서 권리행사를 함으로써 그 권리를 보존할 수 있고, 재판 외에서의 권리행사는 특별한 형식을 요구하는 것이 아니므로 매수인이 매도인에 대하여 적당한 방법으로 물건에 하자가 있음을 통지하고, 계약의 해제나 하자의 보수 또는 손해배상을 구하는 뜻을 표시함으로써 충분하다.

(4) 종류물 매매의 경우

- 종류물 매매의 경우에도 "특정된 후에 특정된 목적물에 하자가 있는 경우"에는 위 특정물매매와 같다. 그러나 종류물의 경우에는 매수인은 계약의 해제나 손해배상을 청구하지 않고 특정된 후에도 "변경권, 즉 완전물급부청구권"이 인정된다. 완전물급부청구권도 6월 내에 행사하여야 한다. 그러나 상인 간의 매매에는 상법 제69조에 특칙이 있다(즉시 통지 발송).

(5) 채권매매와 경매에서의 담보책임

- 채권매매에서도 담보책임이 인정되나 부동산과 무관하므로, 여기서는 생략한다. 그러나 부동산의 경매에서의 담보책임은 매수인이 경매에서 부동산을 매수하였는데 '권리에 하자'가 있으면 담보책임을 물을 수 있다. 그러나 경매에서는 '물건의 하자'에 관하여는 담보책임을 묻지 못한다(민법 제578조).
- 부동산경매 제도의 신용을 유지하고 매수인을 보호하기 위하여 채무자나 채권자에게 인정되는 담보책임이다. 부동산경매에서의 담보책임에 관하여는 졸저 "부동산경매실무"를 참조하기 바란다.

제4편
법조 실무를 활용한 중개 실무 확장

제1장 중개사의 귀책 사유 없이 중개가 중단된 경우의
       중개보수청구권
제2장 중개 실무에 내용증명우편 제도의 활용
제3장 중개보수청구에 지급명령과 소액심판제도의 활용
제4장 임대차중개에서 제소전화해제도의 응용
제5장 중개사고와 민사조정제도의 활용방법

제4편

실전
부동산중개실무

제1장

중개사의 귀책사유 없이 중개가 중단된 경우의 중개보수청구권

1. 중개보수청구권 발생요건

(1) 중개의뢰계약과 위임의 법리

- 위임은 당사자 일방이 상대방에게 사무처리를 위탁하고 상대방이 이를 승낙함으로써 그 효력이 생기는 계약이다. 중개의뢰는 바로 위임계약 유사의 무명계약(비전형계약, 이하 일종의 위임계약이란 한다)이다. 의뢰인이 공인중개사를 찾아와서 자기 물건의 매매를 의뢰하거나 자신에게 필요한 물건의 매수를 의뢰하는 경우에 그에 대한 중개의뢰계약(일종의 위임계약)이 성립한다.
- 수임인인 중개사는 보수를 청구할 수 있지만(상법 제46조, 제4조, 제61조, 민법 제686조 2항 참조), 위임의 법리상 특별한 사정이 없는 한 위임사무를 완료한 후가 아니면 이를 청구하지 못한다. 즉, 공인중개사가 중개를 의뢰받은 경우에는 중개계약(의뢰인이 위임한 사무)을 완료하여야 보수를 청구할 수 있음이 원칙이다(민법 제686조 2항 참조).
- 여기서 주의할 점은 '중개의뢰계약(위임계약)'과 '중개계약(본계약, 위임사무의 완료)'은 구별하여야 한다. 즉, 중개를 의뢰받은(이때 중개의뢰계약, 즉 위임계약 성립한다) 중개사가 중개계약(매매, 교환, 임대차)을 성사시킨 경우(위임사무를 완성한 경우)에 있어서 '위임계약인 중개의뢰계약'과 그 '중개의뢰계약의 완성에 해당하는 중개계약(본계약)'은 구별하여야 한다.

(2) 『위임사무의 완료』로서의 『중개의 완성』

- 중개의 완성이 없으면 중개보수를 청구할 수 없는 것이 원칙이다(대법원 1991. 4. 9. 선고 90다18968 판결 참조). 판례는 공인중개사가 아무리 많은 노력을 들였어도 거래가 성사되지 않는 한 중개보수를 청구할 수 없다고 본다.

- 즉, 부동산중개업은 원칙적으로 당사자 사이의 거래를 중개·알선하여 중개대상물에 대한 계약서의 작성업무 등 계약체결까지 완료한 경우에 한하여 중개의뢰인에게 중개보수를 청구할 수 있고, 중개사가 중개의 노력을 하였더라도 중개행위로 인하여 계약이 성립되지 아니한 이상 그 노력의 비율에 상당한 중개보수를 청구할 수는 없(울산지방법원 2013. 11. 27. 선고 2013나2146 판결)는 것이 원칙이다.
- 결국 위임계약인 중개의뢰계약만으로는 보수를 청구할 수 없고 그 위임계약을 완료한 후에야 보수를 청구할 수 있는 것으로서 위 (1)에서 본 바와 같다.

(3) 공인중개사의 귀책사유 없이 공인중개사가 계약에서 배제된 경우

- 그런데 문제는 개업공인중개사의 귀책사유 없이 당사자들이 중개사를 매매, 교환, 임대차 등의 중개계약에서 배제하고 직거래를 하거나 다른 중개사를 통하여 거래를 한 경우, 즉 중개사가 위임사무에 착수하여 위임사무의 중요사항 또는 결정적인 것을 처리하는 등 위임사무를 처리하는 도중에 당사자에 의하여 중개사가 중개계약에서 배제되거나 위임사무처리가 중단된 경우이다. [1]

2. 중개계약에서 중개사가 배제된 경우 중개보수청구권 발생요건

가. 판례의 검토

- 중개사의 부동산중개활동이 쌍방의 제시가격 차이로 일시 중단된 상태에서 중개의뢰자들이 직접 만나 절충 끝에 매매계약을 체결하였더라도 중개사는 민법 제686조, 제673조의 취지 및 거래상의 신의칙에 비추어 그 중개활동에 상응한 보수를 청구할 수 있고, 나아가 그 보수액은 당초 약정액(그 정함이 없는 경우에는 조례상의 중개료 한도액)과 중개인이 중개에 소요한 시간 및 그 노력의 정도, 계약의 성립으로 중개의뢰자가 얻게 된 이익 등의 제반 사정을 참작하여 정할 것이다(부산지법 1987.9.24. 선고 87나516 판결 : 확정, 서울지법 동부지원 1987.2.20. 선고 86가단2801 판결 : 항소【중개수수료청구사건】).
- 중개업자가 계약의 성립에 결정적인 역할을 하여 계약이 거의 성사되기에 이르렀음에도 중개행위가 그의 책임 없는 사유로 중단되어 중개업자가 최종적인 계약서 작성 등에 관여하지 못하였다는 등의 특별한 사정이 있는 경우에는 민법 제686조 제3항, 상법 제61조 규정의 취지나 신의성실의 원칙 등에 비추어 그 중개업자는 중개의뢰인에 대하여 이미 이루어진 중개행위의 정도에 상응하는 중개수수료(현재는 중개보수)를 청구할 권한이 있다고 할 것이다(울산지방법원 2013. 11. 27. 선고 2013나2146 판결)
- 부동산중개업자의 중개행위로 인하여 계약이 거의 성사단계에 이르렀으나 중개의뢰인과 상대방이 중개보수를 면할 목적으로 부동산중개업자를 배제한 채 직접 계약을 체결하거나, 부동산중개업자가 계

---

[1] 중개사가 중개계약에서 배제되거나 위임사무처리가 중단된 경우의 예로는 당사자 간의 직접계약, 전속계약 해지 또는 해지 후 물건을 회수하고 당사자 간의 직접계약, 다른 공인중개사를 통한 계약, 소개를 받고 그 정(情)을 이용하여 가족·지인 등 다른 사람의 명의로 계약을 체결하는 경우 등이다.

약성립에 결정적인 역할을 하였음에도 그의 책임 없는 사유로 중개행위가 중단되어 부동산중개업자가 최종적인 계약서 작성에 관여하지 못하였다는 등의 특별한 사정이 있는 경우에는 민법 제686조 제3항, 상법 제61조의 각 취지와 신의성실의 원칙에 등에 비추어 부동산중개업자는 중개의뢰인에 대하여 이미 이루어진 중개행위의 정도에 상응하는 중개수수료를 청구할 수 있다(수원지방법원 성남지원 2014. 3. 28. 선고 2013가합3763 판결).

나. 중개사 대비책

- 판례에서 본 바와 같이 중개사가 보수를 받으려면 자신이 '위임사무의 처리에 착수하여 결정적인 기여를 하였다는 사실과 자신의 귀책사유 없이 배제된 사실'을 입증하여야 한다. 재판으로 가면 입증이 가장 중요하다. 특히 중개보수가 거액일 경우에는 더욱 그러하다. 가령 100억원짜리 부동산 매매거래를 하면 중개보수가 9,000만원, 단독중개를 하면 무려 1억 8천만원이다. 이러한 중개·알선을 할 경우에는 모든 것을 녹음과 기록 등을 하여 증거를 남겨야 한다.

- 민사소송법상 입증방법에는 인증, 물증, 서증 등 여러 가지가 있다. 구체적으로는 녹음, 메모 등 각종 기록, 증언 등이다. 그중 간단하면서도 증명력이 높은 것으로서 추천할 만한 것으로는 첫 번째로 이메일 기록이다. 즉, 중개업무의 내용과 그 업무 처리 과정을 의뢰인에게 이메일로 보내는 것이다. 의뢰인에게 일일이 이메일로 중개과정을 보고하면 신뢰가 쌓일 뿐만 아니라 【원래 위임에서 위임인의 청구가 있는 경우에는 수임인은 위임사무의 처리상황을 위임인에게 보고할 의무가 있다(민법 제683조 참조)】 중개보수를 받을 때에도 매우 유리해진다. 일거양득인 셈이다. 즉, 각종 정보 및 자료제공, 권리분석, 시장조사, 거래상대방 소개, 거래조건의 흥정·교섭·조정 등을 한 내용을 철저히 기록하고 이메일로 보내는 것이다.

- 두 번째로 자신의 대화를 녹음하는 것은 적법한 행위이므로, 녹음기록을 남겨두는 것도 입증방법으로서 좋은 방법이다. 이에 관하여는 이 책 제1편-제5장-제6절 "중개업에서 입증방법상 녹취의 활용"편을 참조하기 바란다.

- 그리고 세 번째로 휴대폰 메세지를 활용하는 것도 좋다. 그렇지 않고 음성통화나 말로 한 약속은 유사시에는 인증, 즉 증인을 통하여 입증을 하여야 하는데 변호사를 선임하지 않고서는 변론주의 원칙상 입증이 쉽지 않다.

다. 아쉬운 점

- 위 판결의 내용과 같이 민법 제686조 제3항, 상법 제61조의 각 취지와 신의성실의 원칙에 등에 비추어 공인중개사는 중개의뢰인에 대하여 이미 이루어진 중개행위의 정도에 상응하는 중개보수를 청구할 수 있는 것은 지극히 상식적이고 당연한 법리이다. 상법상 상인(상법 제4조, 5조, 46조 참조)으로서 중개사의 업무는 유료가 원칙이며(상법 제61조), 그것이 곧 위임의 법리이다(민법 제680조, 제686조

3항 참조).
- 그럼에도 불구하고, 우리 법원은 위와 같은 중개의뢰계약 처리 도중 중개사의 귀책사유 없이 의뢰인 또는 그 상대방의 고의에 의하여 중개사의 중개업무가 배제되거나 탈취되는 경우(甲공인중개사가 중개·알선 중임을 알면서 乙중개사가 의뢰인과 물건을 탈취하는 경우)에 손해배상 또는 중개보수청구에 매우 인색하다. 이것은 재판 운영에 있어서 변론주의와 증거재판주의를 지나치게 보수적으로 적용하거나 자의적으로 해석하는 경향이 있기 때문이며, 여기에는 제1심의 젊은 판사들이 사회경험과 각종 직업에 대한 필드상의 사회성 부족으로 인하여 중개에 있어서 3면, 4면 관계(다면적인 공동중개의 경우)와 같은 복잡한 거래현상을 제대로 이해하지 못하고 있는 점도 한몫을 하고 있다.
- 위와 같은 중개배제 또는 중개탈취 사안은 실제 필드에서 상당히 많이 일어나고 있고 또한 소제기도 꾸준히 늘고 있다. 최근 이와 같은 중개보수청구소송이 법원에 폭주하고 있다고 한다. 그러나 변론주의에 따른 법원의 소극적이고 안일한 태도와 보수적이고 자의적인 재판운영으로 위와 같은 사안에서 서울동부지방법원, 울산지방법원, 부산지방법원, 수원지법 성남지원과 같은 제대로 된 판결을 하는 경우는 일부일 뿐이고 상당수의 중개사가 동일한 사안에서 패소를 하고 있는 것도 또한 현실이다. 심지어는 위와 같이 메세지로 주고 받은 것조차도 증거로 인정하지 않는 경우도 있다. 참으로 독선적이고 자의적이라고 하지 않을 수 없다.
- 법원의 이러한 자의적인 재판운영에 관하여는 스스로의 자성과 대외적인 개혁이 있어야 할 것이고, 중개사 또한 이 책에서 안내하는 바와 같이 법적·사회적 정의와 신뢰를 위하여 중개사 협회를 중심으로 이와 같은 불공정한 거래를 하는 의뢰인을 상대로 내용증명우편, 보전처분, 지급명령, 소액심판과 소송 등의 법적 조치를 취하는 것이 바람직하며 또한 거래의 정의에 부합한다. 설사 최종적으로 중개보수를 받지 못한다 하더라도 말이다. 결국에는 그것이 경제질서 또는 부동산 거래질서를 바로 잡고 나아가 부동산중개업을 보전하는 최후의 보루가 되기 때문이다.

3. 결론

- 결론적으로 말하면, 현재의 중개실무를 개선해야 한다. 실무적으로 중개사는 타인 간의 계약서(즉, 중개계약서) 작성만 하고 있을 뿐, 정작 자신에 관한 계약서 즉, 중개사와 의뢰인 간의 중개의뢰계약서와 같은 각종 약정서, 각서, 확약서, 인정서 확인서 등…은 전혀 작성하지 않는 것이 중개업계의 원초적인 문제점이요 폐단이다.
- 이러한 중개사와 의뢰인 간의 각종 계약서, 약정서, 확약서, 확인서, 각서 등이 작성되지 않는 이유는 첫째는 중개사의 의식 부족과 전문성 부족 때문이요. 둘째는 열악한 중개시스템 때문이다.
- 결국 전문성 부족과 열악한 중개시스템은 의뢰인으로 하여금 갑질을 하게 만드는 것이다. 동일인이 변호사 사무실에 가면 사건의뢰계약서 작성 등 변호사 시스템에 말없이 따르면서 중개사 사무실에 오면 작성하지 않으려고 한다. 같은 나라에서 사람도 동일인이요 법도 동일한 법이 적용되는데도 불구하고 무엇이 문제일까? 여기에는 우리 중개사들 자신들에게 문제가 있다는 점을 깨달아야 한다. 바

로 위에서 지적한 바와 같이 전문성 부족과 시스템 부족 때문이다. 차제에 중개사 협회는 중개를 하고도 중개보수를 받지 못하는 회원을 위하여 이와 같은 상담은 물론 변호사법 위반이 되지 않는 범위 내에서 법조인이 아니더라도 법조계 출신 중개사 등을 활용하여 악성 의뢰인으로부터 중개보수를 받을 수 있는 방안을 시스템적으로 강구하여야 할 것이다.

제2장

중개실무에 내용증명우편제도의 활용

- 우리는 항간에서 계약관계나 분쟁 시에 내용증명우편을 보내곤 한다. 도대체 내용증명우편은 어떤 때에 보내며, 어떠한 법적 효력이 있는 것인가? 항간에서는 내용증명우편을 선전포고로 간주하거나 내용증명우편을 남용하여 상대방에게 불쾌감을 주거나 감정대립으로 이르는 경우가 많다. 다시 말해서 내용증명우편이 무엇이며, 어떤 역할을 하며, 언제 어떤 때에 보내야 하는지를 저잣거리에는 개념이 없는 듯하다. 법적인 의미 없이 함부로 보내거나 정당한 내용증명우편도 받으면 선전포고로 간주하고 극한적인 감정대립으로 치닫는 경향이 있다. 무릇 우리 사회가 합리성이 결여 되고, 학연·지연 등의 정리주의(情理主義)가 뿌리 깊다 보니 합리주의와 법치주의가 정착되지 못했기 때문이다.
- 저자는 위에서 때로는 중개보수청구를 위해서도 내용증명우편을 활용할 것을 권하였다. 그러면 공인중개사는 중개업을 하면서 내용증명우편을 어떤 때에 사용하는 것이 도움이 될까? 임대인과 임차인은 일상생활에서 약이 될 수도 독이 될 수도 있는 내용증명우편을 언제 어느 때에 활용하는 것이 도움이 될까? 내용증명우편을 보내는 것이 치명적인 해가 될 수도 있다. 이에 관하여 알아두면 결정적인 순간에 도움을 받을 수도 있다. 그러기 위해서는 내용증명우편의 법적 성질과 효력을 잘 알아야 적시 적소에 활용할 수 있다. 내용증명우편에 관한 정확한 개념과 득과 실에 관하여 자세히 다루고자 한다.

1. 증거확보방법

- 내용증명우편은 우편 또는 편지로써 하나의 통신수단으로 이용되고 있는 것이지만, 보통의 편지 등에 비하여 그 법률적인 의미와 효력에 특별한 점이 있는 것으로서 그 이용목적은 주로 상대방에게 일정한 통지(通知) 또는 최고(催告)를 하였다는 사실을 나중에 증거로 남겨두기 위해서이다. 이와 같이 내용증명우편은 나중의 분쟁을 방지하기 위하여 일정한 통지나 기타 의사표시의 내용을 우체국에서 확인하고 『언제 누가 누구에게 어떤 내용의 편지를 발송한 사실이 있다』는 증명을 부여해 주는 것이다.

2. 내용증명우편을 이용할 필요가 있는 경우

가. 임대차 계약의 해지

- 주택 또는 상가(점포)의 임대차 계약에서 계약이 묵시적으로 갱신된 경우 임차인은 언제든지 계약해지를 통지할 수 있고, 임대인이 통지를 받은 날로부터 3개월이 지나면 효력이 발생한다(주임법 제6조의2 제1항, 상임법 제10조 4항, 5항). 한편 기간의 약정이 없는 토지나 건물 기타 공작물 임대차의 경우, 임대인이 해지를 하면 상대방이 통지를 받은 때부터 6월이 경과하면 계약이 종료되고, 임차인이 해지 통지를 한 후 1월이 지나면 효력이 생긴다(민법 제635조).
- 이처럼 해지의 효력이 생기면 쌍방은 임대보증금의 반환 및 주택 또는 상가(점포), 건물과 토지 인도 등의 의무가 생기는데, 만약 해지의 통지를 받지 않았다고 상대방이 부인하는 수가 있으므로 통지사실을 확실하게 하기 위하여 내용증명우편 발송이 필요하다.

나. 채무이행의 최고와 계약의 해제

- 예컨대 부동산의 매매계약을 체결하고 계약금과 중도금까지 주었는데 잔금일에 잔금을 지급하지 아니하고 계속 미루는 경우, 이를 마냥 방치하고만 있을 수는 없으므로 계약을 해제하던지 아니면 잔금을 받고 매매계약을 종결지어야 한다. 그러기 위해서는 먼저 채무를 이행하지 않고 있는 상대방에게 언제까지 잔금을 지급하라는 최고를 하여야 하고 채무이행이 지체되고 있는 경우에도 이러한 최고절차를 밟지 않고는 함부로 계약의 해제를 하지 못한다(민법 제544조 이하).
- 이처럼 먼저 최고를 하였는지에 대한 근거와 최종적으로 상대방에게 계약을 해제한다는 통지를 보내어 상대방이 그 통지를 받았다는 증거를 만들어 두어야 한다. 이때 역시 내용증명우편으로 "최고장과 해제통지서"를 보내면 효과적이다.

다. 채권양도통지

- 예컨대 임차인이 은행으로부터 임대차(전세)보증금 대출을 받기 위하여 계약기간 만료 후 집주인으로부터 반환받을 임대차(전세)보증금 반환채권을 은행에 양도하는 경우 또는 임차인이 임대차보증금반환채권을 타인에게 양도한 경우가 "지명채권의 양도"이다(민법 제450조 이하 참조).
- 이와 같은 지명채권의 양도는 채권양도인(임차인)이 채무자(임대인)에게 "귀하에 대한 임차보증금 반환채권은 은행 또는 타인에게 양도되었으므로 계약만료 후 은행 또는 타인에게 지급하여 달라"는 식으로 통지를 해야 한다. 이와 같은 통지를 하여야 효력이 발생하는 이유는 채무자(임대인)에게 채권을 양도하였다는 통지를 하지 않는다면 채무자(임대인)는 그 사실을 모를 것이고 종전 채권자(임차인)가

그대로 채권을 가지고 있다고 믿고 임차보증금을 반환하는 일이 생기기 때문이다.

- 이 채권양도 통지는 '양도인이 채무자에게' 하여야 하는데 '확정일자 있는 증서'로 하여야 하는 바(민법 제450조 2항), 확정일자라 함은 공증인이 채권양도 계약서에 날짜를 찍는 것이나 우체국에서 내용증명우편을 보낼 때 채권양도 통지서에 날짜를 찍은 것을 말한다. 이와 같은 일부인(日附印)으로서의 확정일자는 변경이 불가능한 일자로서 채권양도통지는 확정일자 있는 증서로 하여야 제3자에게 대항력이 발생하는 것이다. 이와 같이 채권양도의 통지는 굳이 공증을 받을 필요 없이 내용증명우편으로 할 수 있다.

라. 상임법상 '계약갱신의 거절'

- 상임법 제10조 4항, 민법 제312조 4항에서는 임대인이 임대 기간이나 전세 기간이 만료한 때에 기간의 갱신을 거절하고자 하면 기간만료 전 6월부터 1월까지 사이에 갱신 거절의 통지를 하여야 하는데, 이 통지도 계약갱신 거절을 확실히 하기 위하여 내용증명우편으로 하는 것이 좋다.

마. 어음법에서 지급 거절의 통지

- 약속어음을 소지한 자가 어음을 지급제시 하였다가 지급 거절을 당한 때에는 앞의 배서인과 발행인에 대하여 '지급 거절'이 된 사실(환어음에서는 '인수거절')을 통지해야 하는데, 이때의 통지도 입증을 위하여 반드시 내용증명으로 하는 것이 좋다.

바. 기타 법적인 의미를 지닌 의사 통지

- 단순한 인사장이나 안부 편지 등이 아니고 "일정한 의사표시나 통지가 법률적인 효력 발생 요건이 되거나 책임의 근거가 되는 사항일 경우"에는 항상 후일의 증거를 남겨둔다는 의미에서 내용증명우편을 이용하는 것이 좋다. 나아가 이와 같은 증거보존의 수단으로 행하여지는 내용증명우편은 상대방에게 도달하여야 효력이 생기므로 "도달을 증명하기 위하여 『배달증명』의 방법으로 발송"하는 것이 더욱 좋다.

3. 내용증명우편의 효력

가. 기재 내용과 발송 일자 증명

- 내용증명우편은 우체국에서 <u>우편물 발송 당시 '기재한 내용 자체와 발송일자 그 자체만을 증명해 줄 뿐' 우편물의 내용과 그 도달에 따른 '법률효과에 영향을 미치는 것은 아니다'. 즉, 내용증명우편 발송만으로 법적 효력이 인정되거나 우편물에 기재된 대로의 법률관계가 존재하는 것으로 확정되는 것이 아니다. 법적 효력은 법원의 판단사항이기 때문이다.</u> 항간에서는 내용증명 자체에 어떤 확정적인 법

적 효력이 존재 또는 발생하는 것으로 생각한다. 잘못된 생각이다. 이점 오해가 없기를 바란다.

나. 의무 이행에 대한 "최고의 효력"과 "증거력 확보"의 효력

- 내용증명은 본안소송의 제기에 앞서 '<u>의무의 이행을 촉구(최고로서의 효력)</u>'하거나 '<u>증거력을 확보</u>'<u>하기 위한 효력이 있을 뿐이다</u>. 따라서 증거력 확보와 법적으로 최고가 필요한 경우에 의사표시 또는 의사의 통지의 효력(최고의 효력)을 위하여 바로 내용증명우편을 이용하는 것이다. 이점이 바로 내용증명우편의 백미이고 이 제도를 이용하는 이유이다. 그 이외에 함부로 내용증명우편을 보내는 것은 감정대립으로 이어져 역효과가 날 수도 있으니 주의해야 한다.

4. 내용증명우편에 대하여 회답할 필요가 있는지 여부

가. 소송 준비단계로서의 내용증명우편

- 내용증명우편은 여러 가지 원인과 목적으로 행하여지지만, 보통 소송의 준비단계로 행하여지는 경우가 많다. 내용증명우편의 바로 이러한 성격 때문에 항간에서는 내용증명우편을 받으면 선전포고로 간주하는 경우가 종종 있는 것으로 보인다. 그러나 내용증명우편이 반드시 법적인 분쟁이나 소송을 전제하거나 법적·확정적 효력을 반드시 가지는 것은 아니므로, 서로 간의 책임을 분명히 해두고 사후의 분쟁을 방지하기 위한 신사적인 의사 통지의 수단으로서 활용할 필요가 있다.

나. 반드시 회답을 할 필요는 없다.

- 통상적으로 내용증명우편을 받으면 반드시 답변을 보내야 하고 보내지 않으면 법적으로 자신에게 불리해진다고 믿는 사람들이 많다. 내용증명우편에 반드시 답변을 보내야 하는 것은 아니고, 오히려 보냄으로써 자신에게 불리해 질 수도 있다. 내용이 어떤 것이냐에 따라서 다르지만 대체로 3가지로 구분해서 대응할 필요가 있다.

(1) 회답을 하지 않아도 무방한 경우

- 예컨대 채권 최고를 받았을 경우에는 그 기간 안에 이행할 수 있는 것이면 이행하면 되고, 이행할 성질의 것이 아니라든가 이행 의사가 없으면 그대로 방치해도 특별히 불리해질 것은 없다. 회답을 보내지 않으면 불리해진다든가 법적으로 답변할 의무가 주어진 특별한 경우에만 회답을 보내도 된다. 침묵을 하였다고 하여 상대방의 주장을 시인한 것으로 되지는 않는다.
- 그럼에도 불구하고 많은 사람들이 상대방이 보내온 내용증명에 대해 답변을 하는 이유는 그 내용증명우편을 주고받을 당시의 문제의 법적 분쟁에 대하여 자신의 입장을 미리 밝혀 둠으로써 나중에 그 당시 상대방의 주장에 대하여 동의하지 아니하고 다투었음을 법정에서 주장하고 자신의 논리를 밝히는

데 유리하다고 잘못 생각하기 때문이다.

(2) 회답을 보내면 불리해지는 경우

- 예컨대 상인 간의 거래에서 100만 원의 빚을 갚지 못하고 있는 사이에 소멸시효기간이 5년이 거의 다 되어 채권자가 빚을 갚으라는 최고장을 보내왔을 때, 채무자가 "지금은 곤란하니 2024.1.30.에는 틀림없이 갚겠다. 그때까지만 참아 달라."는 회답을 보냈다고 가정하자. 이 회답은 민법상 '채무의 승인'이 되며 '소멸시효의 중단 사유'가 되므로 내용증명우편에 답장을 보낸 채무자에게 불리하게 되는 것이다. 이 경우가 바로 내용증명에 답장을 보내면 독이 되는 대표적이 케이스이다. 그 밖에도 회답을 보내지 않는 것보다 오히려 불필요한 회답을 보냄으로써 자신에게 불리한 증거를 만들어주는 경우가 있으므로 주의를 요한다.

(3) 회답을 해야 하는 경우

- 회답을 해야하는 경우는 특별히 법률에서 개별적으로 규정하고 있는 때에 한하므로 극히 드문 경우이다. 예컨대 상인이 평소 거래관계에 있는 상대방으로부터 그 영업부류에 속한 계약에 관한 청약의 통지를 받았을 때에는 지체 없이 그것을 '승낙하느냐 혹은 거절하느냐'의 통지를 청약자에게 '발송'해야 한다(상법 제53조). 이 경우에 아무런 회답을 하지 않고 방치하면 상대방의 청약에 대하여 '승낙한 것'으로 되기 때문에 자칫하면 본의 아니게 계약성립의 구속을 받게 된다. 법적으로 회답을 해야 하는 경우는 이와 같이 특수한 경우에 한정된다. 그리고 어떤 경우에는 회답 여부를 판단하는 데에 법적인 고려가 필요한 경우가 있다. 이런 경우에는 답장을 해야 하느냐에 관하여도 실체법적으로 신중한 고려와 검토가 필요하다.

5. 내용증명문서의 작성 방법 및 발송 절차

- 용지는 A4크기 용지의 한쪽 면을 사용하며, 문서의 제목이 있으면 간단히 "최고장" 또는 "해약통지서"와 같이 붙이면 좋고, 제목을 붙이지 않아도 무방하다. 본문 앞에 수신인의 주소, 성명을 정확하게 적는다. 다음에 간단한 인사말을 시작으로, 하고 싶은 본문 내용을 육하원칙에 따라 간단하게 적는다. 이때 작성하는 내용을 내용문서라고 하고, 내용문서는 한글 또는 한자로 자획을 명료하게 기재한 문서인 경우에 한하여 취급이 가능하며, 이 내용문서는 상대방에게 일정한 의사를 통지하였다는 증거를 남기는데 목적이 있으므로 장황한 논리나 설변을 동원할 필요는 없다. 글씨는 한자나 한글 어떤 것이든지 무방하고, 1줄당 글자의 수, 전체의 장수, 문장의 길이 등에도 제한이 없다. 맨 끝에 작성한 날짜와 발신인의 주소 성명을 정확히 적는다.
- 내용문서의 작성이 완료되면 원본과 원본을 복사한 등본(내용문서의 매수가 2매 이상일 경우에는 간인을 함) 2부를 함께 우체국 접수창구에 제출한다. 만약 내용문서의 성질상 원본을 보내기 어려운 경우에는 복사한 등본 3부만을 제출하여도 무방하다. 그리고 3장을 봉투에 봉하지 말고 겉봉주소만 적

어 그대로 우체국에 제출하면 우체국에서는 '날짜인(일부인)과 내용증명인'을 찍은 후 1장은 우체국에 보관하고, 1장은 등기로 상대방에게 보내며, 나머지 1장은 발신인에게 돌려준다. 발신인은 이것을 등기영수증과 함께 잘 보관하여 나중에 증거로 삼으면 된다.

- 또한 이때의 발송은 도달주의의 원칙상 도달을 입증하기 위하여 『배달증명』으로 하는 것이 좋다(보통 「배달증명부 내용증명 등기우편」이라고 한다).

6. 이용범위 및 재증명 청구

- 내용증명우편은 국내우편의 특수취급이기 때문에 외국으로 발송하는 우편물에는 이용할 수 없고, 다만 국내에 거주하는 외국인에게 국내우편물로서는 발송이 가능하다. 또한 내용증명우편물 발송 후 발송인이나 수취인이 내용문서의 등본이나 원본을 분실하였거나 새로운 등본이 필요할 때에는 당해 내용증명우편물을 발송한 다음 날로부터 3년까지는 발송우체국에서 내용증명의 열람이나 재증명을 청구할 수 있다.

제3장

중개보수청구에 지급명령과 소액심판제도의 활용

제1절 지급명령신청

1. 지급명령의 의의

- 중개를 하고도 중개보수를 받지 못하여 가슴앓이를 한 적이 있는가? 그렇다면 고민만 하지 말고 위에서 본 내용증명우편을 통하여 지급할 것을 독촉하라. 그리고도 지급하지 않으면 간이한 방법으로 법원에 지급명령신청을 하면 십중팔구 해결될 것이다.
- 민사재판의 소송절차에는 '통상의 소송절차'와 '간이한 소송절차'가 있다. 간이한 소송절차에는 우리가 지금부터 중개보수를 받기 위하여 보고자 하는 독촉절차에 해당하는 '지급명령신청'과 '소액심판청구'가 있다. 통상의 소송절차는 변론주의에 따라서 법정에서 쌍방의 심문과 구두변론에 따라서 심리를 하여 판결로 재판을 하는 절차이다. 따라서 시간과 비용이 많이 들어간다. 이에 비하여 간이한 소송절차인 지급명령신청과 소액심판청구는 판결절차에 선행하여 일방심문 등의 간이한 방법으로 재판을 진행한다. 따라서 통상의 소송절차에 비하여 시간과 비용이 적게 들어간다.
- 지급명령은 "금전 기타 대체물(유가증권 포함)의 지급을 목적"으로 하는 채권에 관하여 채무자가 다투지 않을 것으로 예상되는 경우, 채권자가 통상의 소송절차보다 간이·신속·저렴하게 집행권원을 얻기 위하여 실시하는 제도이다.
- 중개의 완성은 계약서를 작성하면 완료됨이 원칙이다. 따라서 중개를 완료하고 중개보수를 받지 못한 경우에는 중개보수는 금전채권이므로 중개보수 지급을 요구하는 지급명령신청서를 작성하여 법원에 제출하면 법원은 신속하게 서면심리(서류심사)를 한 후 보완 등의 특별한 사정이 없으면 바로 채무자에게 지급명령을 한다.

2. 지급명령 신청의 특장점

(1) 신청요건

- 일반소송요건 이외에 지급명령신청에는, 첫째로 금전 기타 대체물 또는 유가증권의 일정 수량의 지급을 목적으로 하는 청구이어야 하고, 둘째로 지급명령을 국내에서 공시송달에 의하지 않고 송달할 수 있어야 한다. 채무자가 외국에 거주하거나 국내에 거주하여도 주소가 불분명하여 공시송달에 의하여야 하는 경우에는 소송지연으로 간이한 소송절차인 지급명령신청제도의 취지에 반하므로 허용되지 않는다(민사소송법 제466조 참조). 이때는 법원은 직권에 의한 결정으로 지급명령사건을 일반소송절차에 회부하는 결정을 할 수 있다. 이 결정에는 불복을 할 수 없다.

(2) 관할법원

- 토지관할은 "채무자"의 보통재판적 소재지(주소지를 말한다) 지방법원, 근무지·사무소·영업소 소재지와 거소지·의무이행지·불법행위지이다(민사소송법 제463조). 민사소송법이 '의무이행지'도 특별재판적으로 하고 있기 때문에 "채권자"의 주소지 지방법원에 신청서를 제출할 수도 있다.
- 직분관할은 청구의 가액에 불구하고 지방법원 단독판사, 시·군법원판사 또는 사법보좌관의 전속관할이다. 직분관할이란 지급명령에 대하여는 금액이 아무리 많아도 지방법원 단독판사, 시·군법원판사 또는 사법보좌관이 재판을 한다는 것이다.

(3) 신청절차

- 지급명령신청은 서면에 의하여야 하고, 청구취지와 청구원인을 적어야 한다. 청구취지는 채권자가 채무자에게 돈을 달라고 하는 결과적 요지를 기재하면 된다. "채무자는 채권자에게 청구금액 금000원 및 독촉절차 비용 금000원을 지급하라"라고 기재하면 된다. 청구원인은 돈을 받을 권리에 대한 원인을 적는다. 중개보수청구이면 중개를 의뢰받은 사실, 중개계약을 완성한 사실, 중개보수를 받지 못한 사실을 적으면 된다. 물론 법원에 대한 소명을 위하여 계약서 등의 증거서면을 첨부하여야 한다.
- 지급명령신청은 일반소송의 1/10 정도의 비용이 소요되고, 기간은 소송의 1/6 정도 소요되는(제출에서 확정까지 약 3주이면 됨) 간이·신속·저렴한 절차이며, 상대방이 불복하지 않고 14일을 경과하여 확정되면 집행권원이 된다. 따라서 민사집행법상 강제집행을 할 수 있다. 또한 지급명령도 시효중단의 효력이 있다.
- 결국 지급명령의 가치는 당사자 불소환, 소명방법의 불필요, 저렴한 인지액 등 간이·신속·저렴하다는 점이다. 그러나 지급명령은 상대방이 지급명령이 송달된 날로부터 2주 이내에 이의를 하지 않는 경우에만 주효(奏效)하므로, '상대방이 다툴 가능성이 있으면' 애초부터 다음에서 보는 소액심판청구나 통상의 소송을 제기하는 것이 좋다. 지급명령을 하였는데, 상대방이 이의를 제기하면 지급명령은 무용지물이 되어 한달 정도의 시간만 낭비하는 결과가 되기 때문이다.

【소가의 산정 방법】

(1) 소가란

- "소가(訴價, 소송목적의 값 또는 소송물 가액)"란 원고가 소로써 달성하려는 목적이 갖는 경제적 이익을 화폐단위로 평가한 금액을 말한다(민사소송 등 인지규칙 제2조 제3항). 소가는 인지액을 결정하기 위하여 필요하며, 소제기 시를 기준으로 산정한다(규칙 제7조).

(2) 물건 등 가액의 산정 방법(규칙 제9조)

물건의 종류	소 가
토지	개별공시지가에 100분의 50을 곱한 금액
건물	시가표준액에 100분의 50을 곱한 금액 (개별주택, 공동주택, 일반주택 구분 확인)

※ 개별주택의 시가표준액은 〈민원24 홈페이지-민원안내-분야별민원-개별주택가격확인〉에서 확인 가능, 공동주택의 시가표준액은 〈민원24 홈페이지-민원안내-분야별민원-공동주택가격확인〉에서 확인 가능, 건물의 시가표준액은 〈국세청·위택스 홈페이지-지방세정보-시가표준액조회〉에서 확인 가능, 부동산의 개별공시지가 조회는 〈부동산공시가격 알리미(www.realtyprice.kr)〉 또는 해당 부동산이 소재한 시·군·구에서 확인할 수 있다.

(3) 권리의 가액 산정 방법(규칙 제10조)

권리의 종류	소 가
소유권	물건의 가액
점유권	물건가액의 3분의 1
지상권 또는 임차권	물건가액의 2분의 1
지역권	승역지(편익을 제공하는 토지) 가액의 3분의 1
담보물권	피담보채권의 원본액(물건가액이 한도) ※ 근저당권의 경우 : 채권최고액
전세권(채권적 전세권 포함)	전세금액(물건가액의 한도 내)

- 위에 규정되지 않은 물건 또는 권리의 가액은 소송을 제기할 당시의 시가(시가를 알기 어려운 경우 그 물건 또는 권리의 취득가격 또는 유사한 물건 또는 권리의 시가)로 한다(규칙 제11조).
- 중개보수는 채권(청구권)이므로 중개보수가 소가이다.

(4) 소송의 종류에 따른 소가 산정방법

소송의 종류	소가
확인의 소	권리의 종류에 따라 결정(위 '권리의 산정방법' 참조)
물건의 인도·명도 또는 방해배제를 구하는 소	소유권 : 목적물건 가액의 2분의 1
	지상권·전세권·임차권·담보물권 : 목적물건 가액의 2분의 1
	계약의 해지·해제·계약기간의 만료를 원인으로 하는 경우 : 목적물건 가액의 2분의 1
	점유권 : 목적물건 가액의 3분의 1
	소유권의 이전을 목적으로 하는 계약에 기한 동산인도청구 : 목적물건의 가액
상린관계상의 청구	부담을 받는 이웃 토지 부분의 가액의 3분의 1
공유물분할 청구의 소	목적물건 가액에 원고의 공유 지분 비율을 곱해 산출한 가액의 3분의 1
경계확정의 소	다툼이 있는 범위의 토지부분의 가액
사해행위취소의 소	취소되는 법률행위 목적의 가액을 한도로 한 원고의 채권액
금전지급청구의 소	청구금액(이자는 불산입)
소가를 산출할 수 없는 재산권상의 소 및 비재산권상의 소	5천만원 다만, 회사관계소송, 단체소송, 특허소송 등은 1억원
시효중단을 위한 재판상 청구 확인의 소	그 대상인 전소 판결에서 인정된 권리의 가액(이행소송으로 제기할 경우에 해당하는 소가)의 10분의 1 다만, 그 권리의 가액이 3억원을 초과하는 경우에는 3억원

【소송인지액의 산정 방법】

소가(소송물 가액)	인지액
소가 1,000만원 미만	소가×50/10,000
소가 1,000만원 이상 1억 미만	소가×45/10,000+5,000
소가 1억 이상 10억 미만	소가×40/10,000+55,000
소가 10억원 이상	소가×35/10,000+555,000

※ <u>지급명령신청서에는 위 인지액의 1/10에 해당하는 인지를 붙인다</u>(민사소송 등 인지법 제7조 제2항).
  항소 시 인지액 : 1심 소가에 따른 인지액 × 1.5
  상고 시 인지액 : 1심 소가에 따른 인지액 × 2
  항고 및 재항고 시 인지액 : 해당 신청서에 붙이는 인지액 × 2

※ 인지액이 1천원 미만이면 그 인지액은 1천원으로 하고, 1천원 이상이면 100원 미만은 계산하지 않는다(민사소송 등 인지법 제2조 제2항). 그 외 인지액에 대한 자세한 사항은 「민사접수서류에 붙일 인지액 및 그 편철방법 등에 관한 예규」(대법원재판예규 제1692호, 2018.6.7. 발령, 2018.7.1. 시행) 참조.

【지급명령(독촉절차)의 인지액 계산법】
- 만약 소가(중개보수)가 1억원이라면 인지액은 금45,500원[=(1억원×40/10,000+55,000)×1/10]이다.

【인지액 납부 방법】
(1) 현금납부
- 소장·상소장 기타의 신청서(이하 "소장등"이라 한다)에 첨부(貼付)하거나 보정해야 할 인지액(이미 납부한 인지액이 있는 경우에는 그 합산액)이 1만원 이상인 경우에는 그 인지의 첨부 또는 보정에

갈음해 인지액 상당의 금액 전액을 현금으로 납부해야 한다(규칙 제27조 제1항). 인지액의 현금납부는 법원 내에 있는 송달료 수납은행에 내면 된다(규칙 제28조).

(2) 신용카드 납부

- 신청인은 인지액 상당의 금액을 수납은행 또는 인지납부 대행기관의 인터넷 홈페이지에서 인지납부 대행기관을 통해 신용카드·직불카드 등으로도 납부할 수 있다(규칙 제28조의2 제1항).
- 원고·상소인 기타의 신청인 등은 수납은행이나 인지납부 대행기관으로부터 교부받거나 출력한 '영수필확인서'를 소장에 첨부(添附)하여 법원에 제출한다(규칙 제29조 제2항).

【송달료 계산 방법】

- 송달료는 우편료를 말한다. 법원 송달은 특별송달이므로 우표값이 좀 비싸다. 사건별로 다음의 구분에 따라 계산한다(송달료규칙의 시행에 따른 업무처리요령(대법원 재판예규 제1799호, 2022. 2. 21. 발령, 2022. 3. 1. 시행) [별표 1].
- 2022.3.1. 현재의 송달료 1회분은 5,200원이며, 이 금액은 수시로 변동한다.
- 독촉사건인 지급명령에 대한 송달료를 계산하면 62,400원[= 2(당사자 수)×5,200(1회분 송달료)×6회분(보정 등을 위함)]이다. 당사자 수가 늘어나면 그만큼 송달료도 늘어난다.

사건(사건 기호)	송 달 료
민사 소액사건(가소)	당사자수 × 5,200원(1회분 송달료) × 10회분
민사 제1심 단독사건(가단)	당사자수 × 5,200원 × 15회분
민사 제1심 합의사건(가합)	당사자수 × 5,200원 × 15회분
민사 항소사건(나)	당사자수 × 5,200원 × 12회분
민사 상고사건(다)	당사자수 × 5,200원 × 8회분
민사 항고사건(라), 재항고사건(마)	[(재)항고인 + 상대방 수] × 송달료 3~5회분
민사조정사건(머)	당사자수 × 5,200원 × 5회분
부동산 등 경매사건(타경)	(신청서상의 이해관계인 수 + 3) × 5,200원 × 10회분
부동산인도명령사건(타인)	당사자수 × 5,200원 × 3회분
화해사건(자)	당사자수 × 5,200원 × 4회분
독촉사건(차)	당사자수 × 5,200원 × 6회분
가압류, 가처분사건(카합, 카단)	당사자수 × 5,200원 × 3회분

【송달료 납부 방법】

(1) 현금납부 원칙

- 송달료는 우표가 아닌 현금으로 납부해야 한다(송달료규칙의 시행에 따른 업무처리요령」제8조 제1항 본문). 다만 법원장은 사건 수, 법원과 송달료 수납 은행과의 거리 등을 감안해 당사자 1인당 송달료납부기준이 2회 이하인 사건의 전부 또는 일부에 대해 법원 내규로써 송달료를 우표로 납부할 수 있도록 정할 수 있다(위 업무처리요령 제8조 제1항 단서).

송달료는 대법원장이 지정하는 '각 법원별 해당 송달료 수납 은행'에 이를 납부해야 한다(위 업무처리요령 제8조 제2항). 송달료는 반드시 송달료납부서에 따라 납부하고, 송달료 영수증을 교부받아야 한다(위 업무처리요령 제8조 제3항 본문). 각 법원에서 지정한 송달료 수납은행은 송달료규칙의 시행에 따른 업무처리요령 [별표 2]에서 확인할 수 있다. 각 법원에서 지정한 송달료 수납 은행(구내 은행)에 송달료납부서가 비치되어 있으니 그 은행에서 비치되어 있는 송달료납부서에 기재하면 된다. 다만, 현금입출금기(ATM)를 이용해 송달료를 납부하는 경우에는 이용명세표로 송달료납부서에 갈음할 수 있다(위 업무처리요령」 제8조 제3항 단서).

(2) 추가납부의 경우

- 송달료를 납부한 사실이 있는 납부인이 송달료를 추가로 납부할 경우, 송달료 추가납부통지서(법원에서 별도의 통지서를 발송함)의 내용에 따라 납부해야 한다(위 업무처리요령 제8조 제4항). 추가 납부인 경우에는 송달료 납부서에 반드시 법원의 사건번호를 기재해야 한다(위 업무처리요령 제8조 제5항).

(3) 송달료 납부서의 제출

- 소장 등을 제출하는 경우에는 해당 수납 은행으로부터 교부받은(팩스·전산망으로 수령한 경우 포함) '송달료납부서'를 첨부해 관할법원에 제출해야 한다(위 업무처리요령 제13조 본문). 다만 항소장, 상고장, 항고장(준항고 포함), 재항고장(특별항고 포함)을 제출하는 경우에는 송달료납부서를 첨부해서 '원심법원'에 제출해야 한다(위 업무처리요령 제13조 단서).

3. 지급명령의 효과

(1) 확정판결과 동일한 효력

- 지급명령이 확정되면 확정판결과 동일한 효력이 있다. 그러나 지급명령은 "집행력은 인정"되지만 "기판력은 인정되지 않는다". 따라서 성립에 관한 하자는 재심(再審)이 아니라 '청구이의의 소'로서 다툴 수 있으며, 기판력의 시간적 한계에 따른 제한을 받지 아니하여 지급명령 '이전의' 발생 사유로도 이의 사유로 할 수 있다(민사집행법 제58조 3항 참조).

(2) 소멸시효 중단과 연장

- 지급명령은 기판력은 없지만 "소멸시효 중단효"가 있고(민법 제168조), 지급명령이 확정되면 단기소멸시효에 걸리는 권리도 "소멸시효가 10년으로 연장"된다. 이런 관점에서 통상 지급명령은 확정판결과 동일한 효력이 있다고들 하고 있다. 중개보수는 3년의 소멸시효에 걸리므로(상법상의 상사채권으로 보면 소멸시효는 5년이 된다) 지급명령으로 소멸시효를 중단시킬 필요가 있다.

(3) 소송으로의 이행

- 채무자가 지급명령을 송달받은 날로부터 2주 이내에 이의신청을 하거나 소제기신청을 한 경우에는 지급명령은 효력을 잃고 소가 제기된 것으로 본다. 또한 채무자가 외국에 거주하거나 국내에 거주하여도 주소가 불분명하여 공시송달에 의하여야 하는 경우로서 법원이 직권에 의한 결정으로 지급명령사건을 소송절차에 부친 경우에도 지급명령은 효력을 잃고 소가 제기된 것으로 본다.
- 이때 소송으로 이행된 경우에는 지급명령신청서는 소장으로 취급되며, 지급명령신청 시에 납부한 인지대를 공제한 통상소송에 필요한 인지대를 추가 납부하여야 한다. 송달료도 마찬가지로 통상소송에 필요한 만큼 추납하여야 한다.

4. 구체적인 지급명령 신청사례

지 급 명 령 신 청 서

채 권 자　　(이름) 김갑동 (주민등록번호 123456-1234567)

　　　　　　(주소) 경기 평택시 평택5로 114번길 123-45

　　　　　　(연락처) 010-1234-1234, 이메일...., 팩스....등 명시

채 무 자　　(이름) 김을동 (주민등록번호 123456-2234567)

　　　　　　(주소) 서울특별시 서초구 서초로 114번길 567-89

부동산 표시　평택시 00면 00리 00번지 자연녹지 지역 내 임야 0000㎡

청 구 취 지

채무자는 채권자에게 아래 청구금액 및 독촉절차 비용을 지급하라는 명령을 구합니다.

1. 금100,000,000원

2. 위 1항 금액에 대하여 이 사건 지급명령정본이 송달된 다음날부터 다 갚는 날까지 연 12%의 비율에 의한 지연손해금

3. 독촉절차 비용 : 금107,900원 (내역 : 송달료 62,400원, 인지대 금45,500원)

청 구 원 인

1. 채권자는 평택시 00로 1234번길 12에서 00라는 상호로 부동산중개업을 하고 있는 개업공인중개사이고, 채무자는 2022. . . 채권자에게 평택시 00면 00리 00번지 자

연녹지 지역 내 임야 0000㎡(이하 이 사건 부동산이라고 합니다)에 관한 매매에 관한 중개의뢰를 한 자입니다.

2. 채권자는 2022. . . 이 사건 부동산을 신청외 000에게 중개·알선하여 채무자와 신청외 000간의 중계계약서를 작성하는 등 양 당사자 간의 중개계약을 완성하였습니다.

3. 나아가 채무자는 채권자에게 중개의뢰계약서와 확인설명서를 통하여 위 부동산에 대한 중개를 완성하면 중개보수로 금000원을 지급하기로 약속하였습니다.

4. 그러나 채무자는 중개계약이 성립된 이후 이런저런 핑계로 현재까지 채권자의 중개행위 완성에 따른 중개보수를 지급하지 않고 있습니다.

5. 따라서 채권자는 청구취지와 같은 금액과 소송촉진 등에 관한 특례법에 따른 지연이자와 독촉절차 비용을 지급받고자 이 건 청구에 이른 것입니다.

첨 부 서 류

1. 중개의뢰계약서	1통
2. 토지대장등본	1통
3. 건축물관리대장등본	1통
4. 등기사항전부증명서	1통
5. 중개계약서 사본	1통
6. 확인설명서 사본	1통
7. 중개사등록증 사본	1통

2023. 1. 30.

채권자   (날인 또는 서명)

수원지방법원 평택지원 귀중

제2절 소액심판청구

1. 소액사건의 대상과 관할

(1) 소액사건의 의의와 대상

- 소액사건이란 "소가(소송물 가액) '3,000만원 이하'의 금전 그 밖의 대체물과 유가증권의 일정수량의 지급"을 구하는 제1심의 민사사건을 말한다. 다만 소의 변경으로 본문의 경우에 해당하지 아니하게 된 사건, 당사자참가, 중간확인의 소 또는 반소의 제기 및 변론의 병합으로 인하여 본문의 경우에 해당하지 않는 사건과 병합심리하게 된 사건은 이를 제외한다. 지방법원 및 지방법원지원에서 소액의 민사사건을 간이한 절차에 따라 신속히 처리하기 위하여 민사소송법에 대한 특례를 규정함을 목적으로 한다(소액사건심판법 제1, 2조). 소액사건심판을 받을 목적으로 청구금액(소송물)을 분할하여 소를 제기하는 것은 허용되지 않는다.

> 【소액사건과 중개실무에서의 주의사항】
> - 소액사건이란 "소가 3,000만원 이하의 금전 그 밖의 대체물과 유가증권의 일정수량의 지급"을 구하는 제1심의 민사사건임을 위에서 보았다.
> - 여기서 중개실무에서 주의해야 할 점이 있다. 주택과 상가 임대차에서 임대차보증금 또는 (채권적)전세보증금의 반환청구에 관하여는 아무리 금액이 많아도(즉, 3,000만원을 초과하여도) 소액사건심판법의 '일부 조문을 준용'하여(마치 소액사건처럼 취급하여, 그렇다고 사건 자체가 소액사건으로 되는 것은 아니다) 재판의 신속을 도모하고 있다는 사실이다(주임법 제13조, 상임법 제18조 참조). 이점 소제기 시에 고려할 일이다.

(2) 관할

- 소액사건은 지방법원과 지원의 '단독판사'가 심판한다. 시군법원 관할구역 내의 소액사건은 '시군법원 판사'의 전속적 관할이다(법원조직법 제7조, 제33조, 제34조 1항 1호 참조).

2. 이행권고제도

- 법원은 소액사건이 제기되면 특별한 사정이 없으면 원고가 낸 소장부본을 첨부하여 피고에게 원고의 청구취지대로 이행할 것을 권하는 이행권고 결정 및 송달을 할 수 있다. 이에 대하여 피고는 그 송달받은 날로부터 2주 이내에 이의신청을 할 수 있고, 피고가 이의신청을 하면 이행권고결정은 실효되며, 법원은 변론기일을 지정하게 된다(소액사건심판법 제5조의3 이하 참조).

3. 소액사건의 절차상의 특례

(1) 구술과 임의출석에 의한 소제기

- 통상의 소송은 소장제출이 원칙이다(민소법 제248조). 그러나 소액사건에서는 구술에 의한 소 제기와 임의출석에 의한 소 제기가 인정된다. 구술에 의한 소 제기는 법원에 가서 법원사무관 등의 면전에서 진술하여야 한다(법 제4조). 임의출석에 의한 소 제기는 당사자 쌍방이 임의로 법원에 출석하여 구술에 의한 진술로써 소송에 관하여 변론을 하는 것이다(법 제5조). 그러나 전자와는 달리 후자는 당사자 쌍방의 출석 때문에 실무상 거의 이용되지 않고 있다. 소 제기 방식은 통상소송과 같다.

(2) 소송대리의 특례

- 소액사건에서는 "변호사가 아니어도" 당사자의 "배우자·직계혈족 또는 형제자매"는 법원의 허가 없이 "당사자와의 신분관계 및 수권관계를 서면으로 증명하고(변론기일날 이와 같은 서면을 제출하면 된다)" 소송대리인이 될 수 있다. 그러나 수권관계에 대하여는 당사자가 판사의 면전에서 구술로 소송대리인을 선임하고 법원사무관 등이 조서에 이를 기재한 때에는 '서면에 의한 증명이 필요없이도' 소송대리인이 된다(법 제8조).

(3) 1회 심리의 원칙

- 소액사건은 원칙적으로 1회의 변론기일로 심리를 종결하여야 한다. 1회의 심리를 관철하기 위하여 판사는 지체 없는 소장부본의 송달, 신속한 변론기일 지정, 기일 전의 증명촉구 등 필요한 조치를 취하고 있다(법 제6조, 제7조 참조).

(4) 심리절차상의 특칙

① 공휴일·야간 개정
- 판사는 필요한 경우 근무시간 외 또는 공휴일에도 개정을 할 수 있다(법 제7조의2).

② 원격영상재판
- 교통의 불편 등 법정출석이 어려운 지역 주민이 동영상 및 음성을 동시에 송수신하는 장치를 갖춘 다른 법원에 출석하여 하는 '원격영상재판'도 할 수 있다(원격영상재판에 관한 특례법 제2조). 현재 경주와 울릉도 등에서 시행하고 있다.

③ 무변론 청구기각과 변론 갱신 생략
- 법원은 소장·준비서면 기타 소송기록에 의하여 청구가 이유 없음이 명백한 때에는 변론 없이 청구를 기각할 수 있고, 판사의 경질이 있는 경우라도 변론의 갱신 없이 판결할 수 있다(법 제9조).

④ 조서의 기재 생략
- 조서는 당사자의 이의가 있는 경우를 제외하고 판사의 허가가 있는 때에는 조서에 기재할 사항을 생략할 수 있다(법 제11조).

(5) 증거조사의 특칙

① 직권증거조사 원칙
- 소액사건에서는 직권에 의한 증거조사를 할 수 있고, 증인은 판사가 신문한다. 그러나 당사자는 판사에게 고하고 신문할 수 있다. 즉 판사가 주심문을 하고 당사자는 보충심문을 한다(법 제10조).

② 증인·감정인에 대한 서면 심문
- 판사는 상당하다고 인정한 때에는 증인 또는 감정인의 신문에 갈음하여 서면을 제출하게 할 수 있다(법 제10조).

(6) 판결에 대한 특례

① 변론종결 후 즉시 판결선고
- 통상의 소송은 변론종결일로부터 2주일 내에 하여야 하는 것(민소법 제207조)과 달리 소액사건은 변론종결 후 즉시 판결선고를 할 수 있다(법 제11조의2).

② 판결이유의 기재 생략
- 변론종결 후 즉시 판결선고를 할 수 있도록 하기 위하여 판결선고에(판결문에) 판결이유의 요지를 말로 설명하고 판결이유의 기재를 생략할 수 있게 하였다(법 제11조의2).

(7) 상고·재항고의 제한

① 원칙
- 소액사건은 '사실상 2심제'이다. 소액사건에 대한 지방법원 본원 합의부의 제2심판결이나 결정·명령에 대하여는 "법률·명령·규칙 또는 처분의 헌법위반여부"와 "명령·규칙 또는 처분의 법률위반여부에 대한 판단이 부당한 때와 대법원의 판례에 상반되는 판단을 한 때" 이외에는 대법원에 상고 또는 재항고를 할 수 없다(법 제3조). 즉, 통상의 사건처럼 일반적인 법령의 위반은 소액사건에서는 상고이유가 되지 않는다.
- 상고 또는 재항고 이유서에는 소액사건심판법 제3조 각호에 해당되는 사유만을 구체적으로 명시하여야 하며, 그 밖의 사유를 기재한 때에는 기재하지 아니한 것으로 본다(소액사건심판법 규칙 제2조).

② 소액사건에 관하여 상고이유로 할 수 있는 '대법원 판례에 상반되는 판단을 한 때의 요건이 갖추어지지 않은 경우에도 대법원이 실체법 해석 적용의 잘못에 관하여 직권으로 판단할 수 있는 경우'
- "소액사건에 있어서 구체적 사건에 적용할 법령의 해석에 관한 '대법원판례가 아직 없는 상황'에서 같은 법령의 해석이 쟁점으로 되어 있는 다수의 소액사건들이 하급심에 계속되어 있을 뿐 아니라 재판부에 따라 엇갈리는 판단을 하는 사례가 나타나고 있는 경우, 소액사건이라는 이유로 대법원이

그 법령의 해석에 관하여 판단을 하지 아니한 채 사건을 종결하고 만다면 국민 생활의 법적 안전성을 해칠 것이 우려된다. 따라서 이와 같은 특별한 사정이 있는 경우에는 소액사건에 관하여 상고이유로 할 수 있는 '대법원의 판례에 상반되는 판단을 한 때의 요건을 갖추지 아니하였다고 하더라도' 법령해석의 통일이라는 대법원의 본질적 기능을 수행하는 차원에서 실체법 해석적용에 있어서의 잘못에 관하여 직권으로 판단할 수 있다고 보아야 한다"고 한다.[2]

---

2) • 대법원 2004.8.20. 선고 2003다1878 판결 [구상금], 대법원 2015.3.26. 선고 2012다48824 판결 [손해배상(기)] 이 사건에 있어서 쟁점이 되고 있는 대통령의 긴급조치권 행사가 국가배상법 제2조 제1항에서 말하는 공무원의 고의 또는 과실에 의한 불법행위에 해당하여 국가배상책임이 인정되는지 여부 및 소멸시효 완성 여부에 관하여 대법원판례가 없고 하급심의 판단이 엇갈리고 있는 상황이므로, 이 사건 원심의 위 조항의 해석 및 적용의 당부에 관하여 판단한다.
• 대법원 2017.3.16. 선고 2015다3570 판결 [관리비] 〈집합건물의 입주자대표회의가 공용부분의 변경업무 처리에 따른 비용을 청구할 당사자적격이 있는지가 문제된 사건〉 이 사건에서는 집합건물의 소유 및 관리에 관한 법률 제15조 제1항 또는 제41조 제1항에 따른 구분소유자들의 특별결의가 있는 경우에 집합건물의 일종인 일정 규모 이상 공동주택의 입주자대표회의가 공용부분 변경에 관한 업무를 처리할 권한 및 구분소유자들에게 그 업무처리로 인한 비용을 청구할 권한을 가지는지 여부가 쟁점이다. 그런데 이에 관하여 대법원판례가 없고, 하급심의 판단이 엇갈리고 있는 상황이므로, 법령해석의 통일을 위하여 위 법률 조항의 해석 및 적용에 관하여 판단한다.
• 대법원 2018.12.27. 선고 2015다50286 판결 [추심금] 이 사건의 쟁점인 민사집행법 제246조 제1항 제7호에서 압류금지채권으로 규정하는 '보장성보험'의 해석에 관하여 대법원판례가 없고 하급심의 판단이 엇갈리고 있으므로, 원심의 이에 대한 해석 및 적용의 당부에 관하여 판단할 필요성이 인정된다.
• 대법원 2019.5.16. 선고 2017다226629 판결 [보증금반환청구의소] 이 사건의 쟁점인 임차권등기명령에 따른 임차권등기에 시효중단의 효력이 인정되는지에 관하여 대법원 판례가 없고 하급심의 판단이 엇갈리고 있으므로, 원심의 이에 대한 해석과 적용의 당부에 관하여 판단한다.

제4장

임대차 중개에서 제소전화해제도의 응용

1. 의의 및 구별개념

- 제소전화해(提訴前和解)는 임대인과 임차인은 물론 기타 건설업 등 다양한 분야에서 계약서보다도 더 중요한 작용을 한다. 특히 중개업에 잘 활용하면 매우 간편하고 위력 있는 요긴한 제도이다. 또한 매도 예정인 건물의 임대인이 매매 전에 임대차계약을 체결하는 경우에 많이 활용한다. 임대인과 임차인 나아가 개업공인중개사를 위하여 이 절에서는 제소전화해에 관하여 쓰고자 한다. 잘 활용하면 임대인(특히 전문 부동산 임대업자)과 개업공인중개사에게는 매우 유익한 제도가 될 수도 있다.
- '제소전화해'란 일반 민사분쟁이 소송으로 발전하는 것을 방지하기 위하여 소제기 전에 제소전화해신청을 하여 '지방법원 단독판사(시군법원의 경우는 시군법원 판사)' 앞에서 화해로써 장래의 분쟁을 사전에 해결하는 제도이다. 제소전화해와 구별되는 제도로써 '소송상화해'라는 것이 있는데, 이것은 소송을 제기하여 소송이 계속된 후에 화해를 하는 것이라는 점에서, 소제기 전에 화해를 신청하는 제소전화해와 다르다.

2. 실무상의 문제점

- 원래 제소전화해는 『민사상의 다툼이 있을 때』에 신청하는 제도이다(민사소송법 제385조 1항 참조). 그런데 실무상에서는 거의 대부분이 당사자 간에 『다툼이 없는』 계약 내용을 장래에 분쟁이 있을 것을 예상하여 신청하고 있고, 법원은 이에 관하여 거의 대부분 화해의 성립을 인정하고 있는 것이 현실이다(다만 최근 그 인정범위를 제한하려는 경향에 있다). 즉, 제소전화해는 실무상 '공증역할'을 하는 것으로 전락되었다.
- 원래 공증은 '금전채권'에 국한하여 '집행권원화(執行權原化)'하기 위한 제도이다. 그런데 공증으로는 집행권원을 만들 수 없는 "건물명도청구" 등에 있어서 공정증서의 대용물로서 제소전화해가 많이 이용

되고 있는 것이 법조계의 현실이다. 결국 건물 임대인의 경우에는 이 제도를 이용하는 것이 매우 주효(奏效)하다. 나아가 제소전화해제도는 '금전소비대차'의 채권자가 우월한 경제적 지위를 이용하여 자신이 한 폭리행위를 이 제도를 이용하여 집행권원화하기 위하여 악용하고 있으며, 여기에 우리 판례가 제소전화해조서에 '무제한기판력설'을 따름으로써 결과적으로 강행법규의 탈법을 합법화시키고 경제적 약자가 훗날 재판상으로 다투는 것을 봉쇄하는 꼴이 되고 있다.

3. 신청요건

가. 민사상의 다툼이 있을 것(현실분쟁설, 다수설)

- 제소전화해를 신청하기 위해서는 원칙적으로 신청 당시 현실적으로 민사상의 분쟁이 있어야 한다. 그러나 위에서 본 바와 같이 우리 법원 실무는 '장래분쟁설의 입장'에서 제소전화해를 상당히 널리 인정하고 있다.[3] 최근 인정 범위를 제한하는 경향에 있음은 이미 본 바와 같다. 하급심 판례 중에는 현실분쟁설에 따라서 신청 전에 현실의 다툼이 있어야 한다는 전제하에, 토지거래허가제의 적용을 면탈하기 위한 제소전화해신청을 부적법하다고 한 것이 있다(광주지법 판결 1990.4.10. 90자129 참조).

나. 당사자가 임의로 처분할 수 있는 권리관계일 것

4. 신청법원

- 신청법원은 '상대방' 소재지의 지방법원이다(민소법 제385조 1항). 청구금액이 많고 적음에 관계없이 단독판사가 관할한다. 다만 시군법원의 경우에는 시군법원의 판사가 관할한다.

5. 신청절차

- 신청은 서면 또는 말로(민소법 제161조, 실무상으로는 서면으로만 하고 있다) 청구취지 및 원인과 다툼에 관한 사정을 표시하여 신청한다. 화해신청에는 소에 관한 규정이 준용되므로(민소법 제385조 4항), 신청서 제출 시에 분쟁의 목적인 권리관계에 관하여 시효중단의 효력이 생긴다.

---

[3] 심지어는 전두환 정권 탄생기 '이른바 5.17 신군부'가 부정축재자의 재산을 국가로 환수함에 있어서 훗날 강박을 원인으로 한 반환소송을 봉쇄하기 위한 방편으로 이 제도를 활용한 경우까지도 "소유권이전등기가 제소전화해조서에 의하여 이루어진 경우 제소전화해가 준재심에 의하여 취소되지 않는 한 그 기판력에 모순, 저촉되는 주장을 할 수 없다"고 하여 제소전화해를 인정한 예도 있다(대판 92다8521). 이러한 경우에까지 화해 신청을 허용하면 '분쟁 없는 곳에 통정(通情)한 화해'가 있게 되며, "제소전화해의 공정증서 대체화, 강행법규 잠탈, 정당한 권리자의 재판을 받을 권리의 봉쇄 등의 폐단"을 불러올 것이다.

6. 제소전화해조서의 효력

- 화해가 성립되면 화해조서가 작성되는데, 화해조서는 '확정판결과 같은 효력'을 가지며(민소법 제220조), '집행력도 인정'된다. 실체법상의 '시효중단의 효력'도 생긴다.

7. 제소전화해의 실무상 응용

가. 제소전화해는 '명도소송의 대체물'이다.

- 주임법이나 상임법은 모두 약자를 위한 편면적 강행규정으로 임대인에게는 불리하게 되어 있다. 임차인이 월세를 내지 않는다고 문을 열고 들어가서 임차인의 물건을 밖으로 옮긴다거나 열쇠를 교체하는 행위는 형사처벌의 대상이 될 수 있다. 따라서 제소전화해는 시간이 오래 걸리는 명도소송을 하지 않고도 동일한 효과를 얻을 수 있는 대체물이다. 이와 같이 제소전화해제도는 건물임대 시에 장래 건물이 매매될 경우를 예정한 '건물명도청구' 등에 상당히 많이 활용되고 있다.
- 원래 '화해'란 당사자가 '서로 양보'하여 그들 사이의 분쟁을 해결할 것을 약정함으로써 성립하는 민법상의 계약이다. 다만 당사자가 처분할 수 없는 권리관계에 대하여는 화해가 성립하지 않는다. 화해는 착오를 이유로 취소하지 못하나 '화해 당사자의 자격 및 화해의 목적인 분쟁 이외의 사항'에 착오가 있을 때에는 취소할 수 있다.
- '재판상화해'는 제소 전에 지방법원 단독판사 앞에서 하는 '제소전화해'와 소가 제기된 뒤에 수소법원 앞에서 하는 '소송상화해'가 있는데, 재판상화해(제소전화해, 소송상화해)는 화해조서에 기재됨으로써 확정판결과 동일한 효력을 가지고, 소송상화해는 민사분쟁이 일어나서 소송이 제기된 것을 전제로 한다는 것이 특징이다. 제소전화해는 소송이 제기되지 않았지만 지방법원 단독판사의 확인을 받는다는 의미에서 민법상의 화해와 구별하여 재판상화해로 분류된 것이다.

나. 미리 명도 판결을 받아놓는 것과 같다.

- 제소전화해는 민사분쟁이 발생하였을 때 당사자가 소송까지 가지 않고 화해를 하기로 한 경우 또는 판사 앞에 가면 화해를 할 수 있을 것 같은 경우에 신속하게 분쟁을 종식시키고 당사자 사이에 이루어진 화해에 대하여 나중에 다른 의사표시를 하지 않게 하기 위한 취지로 인정된 제도로써 판결과 동일한 효력을 가지고 있다.
- 임대료를 상습적으로 연체하는 임차인이 재계약을 요구할 때 이용하면 상당한 위력이 있는 제도이지만, 새로 계약하는 임차인에게 제소전화해를 요구하면 대부분의 임차인은 임대차 계약을 포기하고 말 것이다. 그러나 기존의 임대차 계약이 기간이 만료되고 갱신이 될 경우에 임대인은 미리 갱신을 거절할 수도 있지만 제소전화해 신청을 조건으로 계약을 갱신할 수도 있을 것이다.
- 예컨대 임차인이 임대료를 몇 개월 이상 연체하면 부동산을 임대인에게 명도한다는 제소전화해조서를

받아 놓으면 임대인은 명도소송 없이 곧바로 집행법원에 강제집행을 신청하여 임차인을 내보낼 수 있다. 보통 명도소송은 4개월에서 길면 1년 이상 걸리는 것이 보통이므로 임차인이 계약종료 후 상가를 명도하지 않으면 임대인은 적지 않은 고통과 손해를 보는 것이 대부분이다. 그러나 임차인과 관계가 좋을 때 미리 제소전화해조서를 받아 놓는다면 이러한 고통과 손해를 예방할 수 있을 것이다.

다. 점유이전금지가처분 신청을 함께 하는 것이 좋다.

- 동시에 점유이전금지가처분을 해두면 기존 임차인이 임의로 임차인을 바꾸어도 새로운 임차인을 상대로 한 별도의 재판 없이 기존 임차인에게 받은 제소전화해조서에 승계집행문을 부여받아 새로운 임차인을 상대로 강제집행을 할 수 있다. 그리고 임대인의 동의 없이 임차인이 임의로 양도나 전전세 행위를 할 경우, 위약금을 지급하거나 또는 계약을 즉시 해제한다는 내용을 임대차계약서나 '제소전화해신청서'에 명시하여 사전에 점유변경에 대해 대처해 둘 필요가 있다.

라. 상가(점포)에 대한 실무상 제소전화해제도의 적용례

(1) 실무상 활용의 예시

- 점포를 계약할 때 장래의 분쟁을 예견하여 미리 제소전화해신청을 한다는 것은 임대인에게는 유리하고 임차인에게는 불리하다. 화해신청서의 기재내용을 임차인에게 유리하게 작성하면 어느 정도 임차인의 불리함을 완화시킬 수는 있지만 그래도 점포 임대차에 있어서 권리금 회수 문제 등 여러모로 건물주는 강자이고 임차인은 약자이기 때문이다.
- 실무상은 대부분의 건물주가 임차인을 마음대로 요리하기 위하여 신청하는 경우가 많다. 임차인에게는 불리하지만 상권이 좋은 곳이고 제소전화해를 인정하지 않으면 건물주가 임대를 하지 않을 것이기 때문에 임차인은 제소전화해를 받아들이지 않을 수 없는 경우가 많다. 화해조서를 작성하고 계약기간이 끝나면 건물주가 바로 임차인을 나가라고 하는 경우도 종종 있다. 또한 건물주가 과거에 말썽을 부리는 임차인 때문에 혼이 나서 골치가 아픈 나머지 사전에 신청하는 경우도 있다.

(2) 화해조항의 예시

- '화해조항'으로는 대체로 다음과 같은 조항을 삽입한다.

- 임대기간 만료 시 임대인이 점포 명도를 원할 경우 임차인은 즉시 응한다.
- 3기 이상 임대료를 연체할 경우에는 임대인이 요구할 시 점포를 즉시 명도한다.
- 임대인이 건물을 매매할 시에는 임차인은 계약기간 종료 즉시 비워준다.
- 타인에게 양도, 담보제공 등을 하지 않는다.
- 임차인은 임대인의 사정에 의한 매매, 대수선 및 재건축 공사를 위한 명도 요구 시에는 2개월 이내에 명도하기로 하며, 임대인에게 권리금, 유익비 등은 일체 청구하지 않기로 한다.
- 임차인은 화재보험에 가입한다.
- 건물에 간판, 시설 등을 설치할 시에는 임대인에게 동의를 받아야 한다.

(3) 제소전화해의 백미

- 제소전화해는 매매 시를 대비하여 작성하는 경우도 있는데, 이 경우가 바로 제소전화해의 백미이다. 따라서 임대인 또는 개업공인중개사는 건물임대 시 조만간에 건물을 매매하고자 할 경우를 대비하여 제소전화해를 활용하면 매매 시 명도에 있어서 매우 실용적이다.

【제소전화해신청서 작성 예시】

제소전 화해신청서

사 건 명   부동산 등 명도청구의 화해

신 청 인   (이름)   (주민등록번호   -   )
            (주소)   (연락처)

피신청인   (이름)   (주민등록번호   -   )
            (주소)   (연락처)

소송목적의 값		원	인 지	원

※ 제소전 화해비용은 소장에 첨부하는 인지액의 1/5 입니다.
(인지첩부란)

송달료 계산 방법 : 당사자 수(신청인 + 피신청인) × 5 × 1회분(5,200원)
※ 1회 송달료는 추후 변동될 수 있습니다.

휴대전화를 통한 정보수신 신청

위 사건에 관한 재판기일의 지정·변경·취소 및 문건접수 사실을 예납의무자가 납부한 송달료 잔액 범위 내에서 아래 휴대전화를 통하여 알려주실 것을 신청합니다.
▣ 휴대전화 번호 :

20 . . .
신청인 원고   (날인 또는 서명)

※ 문자메시지는 재판기일의 지정·변경·취소 및 문건접수 사실이 법원재판사무시스템에 입력되는 당일 이용 신청한 휴대전화로 발송됩니다.
※ 문자메시지 서비스 이용금액은 메시지 1건당 17원씩 납부된 송달료에서 지급됩니다(송달료가 부족하면 문자메시지가 발송되지 않습니다).
※ 추후 서비스 대상 정보, 이용금액 등이 변동될 수 있습니다.

○○ 지방법원 귀중

신 청 취 지

다음 화해조항과 같은 취지의 제소전화해를 구합니다.

신 청 원 인

1. 피신청인은 2023년 1월 27일 신청인 소유의 건물을 임대하여 사용하기로 하고, 임대보증금 5억원(500,000,000)에 임대기간은 2023년 1월 28일부터 2025년 1월 27일까지로 하며, 월 임대료는 매월 25일에 금일천이백만(12,000,000)원씩을 지급하기로 하여 임대계약을 체결하였습니다.
2. 위 계약에 관한 후일의 분쟁을 방지하기 위하여, 당사자 쌍방 간에 아래와 같은 화해가 성립되어 이 건 청구에 이른 것입니다.

화 해 조 항

1. 피신청인은 신청인에게 첨부된 임대차 계약서에 기재된 임대계약 만료일인 2025년 1월 27일 원상복구하여 명도하기로 하며, 이와 동시에 신청인은 임대차 기간이 경과하여 계약을 연장하지 않을 때에는 임대보증금을 피신청인에게 지급하기로 한다.
2. 피신청인은 신청인에게 2023년 1월 28일부터 2025년 1월 27일까지 임대료로 금일천이백만원을 매월 25일 지급하기로 하며, 3기 이상 연체할 경우 즉시 명도하기로 한다.
3. 피신청인은 임차권 및 임차보증금을 타인에게 양도, 전대, 담보할 수 없다.
4. 피신청인은 신청인의 사정에 의한 매매, 대수선 및 재건축 공사를 위한 명도 요구시에는 2개월 이내에 명도하기로 하며, 임대인에게 권리금, 유익비 등은 일체 청구하지 않기로 한다.
5. 임대기간 종료 후 명도지연으로 인한 각종 비용과 강제집행비용은 피신청인의 부담으로 한다.
6. 신청인은 위 비용을 임대보증금에서 공제할 수 있다.
7. 피신청인은 임대차 기간 중 피신청인의 고의 또는 과실로 발생하는 화재·도난·안전사고 등에 의한 일체의 민·형사상의 책임을 진다.

별지(부동산) 목 록

1. 경기도 평택시 평택동 1234 지상 제1종 근린생활시설 철근콘크리트조 1,800㎡

입 증 방 법

1. 임대차계약서 사본   1통
2. 등기사항증명서   1통
3. 토지대장   1통
4. 건축물대장   1통

첨 부 서 류

1. 위 입증방법   각 1통
1. 신청서부본   1통
1. 송달료납부서   1통
1. 신청원인, 화해조항, 별지(부동산) 목록(신청서 부본과 별도)   각 1통

20 . . .

위 신청인   (서명 또는 날인)

제5장

중개사고와 민사조정제도의 활용 방법

1. 의의와 실효성

- 금전 관계나 부동산 거래로 다툼이 생겼지만, 시간과 비용 문제로 정식으로 소송을 제기하는 것이 선뜻 내키지 않는 상황이라면, 법원에 직접 조정신청을 하여 원로 법조인으로부터 법적 조언과 더불어 원만한 해결방안을 제시받는 것이 쉽고 빠른 해결책이 될 수도 있다.
- 개업공인중개사도 중간자적인 입장에서 수많은 거래를 성사시키다 보면 본의 아니게 분쟁이 발생할 수도 있다. 1차적으로 당사자가 원만히 해결하면 좋지만, 그렇지 못할 경우에는 복잡한 소송보다는 아래와 같은 조정절차를 이용하는 것도 시간과 비용 면에서 도움이 된다.
- 민사조정절차는 조정담당판사 또는 조정위원이 분쟁당사자로부터 주장을 듣고 여러 사정을 참작하여 조정안을 제시하고 서로 양보와 타협을 통하여 분쟁을 평화적이고, 간이·신속하게 해결하는 제도이다.

2. 소송절차와 조정절차 비교

- 민사분쟁 해결 방법에는 소송절차와 조정절차가 있는데, 전자는 분쟁당사자 쌍방이 권리를 주장하고 다툼이 있는 사실관계에 대한 증거를 제출하여 법원이 어느 당사자의 주장이 옳은지를 판단하여 판결로서 분쟁을 강제적으로 해결하는 제도이고, 후자는 분쟁당사자로부터 주장을 듣고 여러 사정을 참작하여 상호 타협과 양보에 의하여 평화적으로 해결하는 제도이다. 전자는 많은 비용과 시간이 소모되는 것에 비하여, 후자는 짧은 시간과 적은 비용을 들여 평화적으로 해결할 수 있어서 좋다.

3. 민사조정절차의 장점

- 소송과 같은 엄격한 절차를 거치지 아니하고 자유로운 분위기에서 자신의 의견을 충분히 말할 수 있다. 소송에 비하여 신속한 해결이 가능하다. 민사조정을 신청하면 빠른 시일 내에 조정기일이 정해지고, 대부분 한 번의 기일(출석)로 종료된다. 비용이 저렴하다. 소송에 비하여 인지대가 1/10로 매우 저렴하다.
- 당사자 사이의 상호 타협과 양보에 의하여 분쟁을 해결하므로 감정대립이 적다. 일반적으로 민사조정 절차는 조정담당판사 또는 조정위원이 딱딱한 법정이 아닌 자유로운 분위기의 조정실에서 당사자의 말을 충분히 듣고 실정에 맞게 분쟁을 해결하고, 비공개로 진행되기 때문에 비밀이 철저히 보장된다.

4. 상임조정위원 제도

- 지난 2009.2.6. 민사조정법이 개정되어, 상임조정위원 제도가 도입되었다. 상임조정위원이 위촉된 법원의 조정담당판사는 상임조정위원으로 하여금 조정에 관한 사무를 처리하게 할 수 있다. 상임조정위원은 매월 일정한 보수를 받고 법원에 상근하면서 조정담당판사로부터 넘겨받은 사건의 조정업무를 담당한다. 상임조정위원은 조정사무에 있어서 판사와 동일한 권한을 갖는다.

5. 민사조정의 종류와 효과

가. 민사조정의 종류

- 민사조정은 크게 '민사조정신청에 의한 조정'과 '소가 제기된 이후 수소법원에서 하는 조정'으로 나누어 볼 수 있다. 수소법원은 항소심 판결선고 전까지 소송이 계속 중인 사건을 결정으로 조정에 회부할 수 있다. 조정사건은 조정담당판사가 처리하도록 되어 있고, 조정담당판사는 스스로 조정을 하거나 조정위원회로 하여금 이를 하게 할 수 있다.
- 조정절차를 진행한 결과 사건의 성질상 조정에 적당하지 아니하다고 인정하거나 당사자가 부당한 목적으로 조정신청을 한 것으로 인정되는 때에는 조정을 하지 아니 하는 결정으로 사건을 종결시킬 수 있고, 이 결정에는 불복할 수 없다.

나. 합의 성립 여부에 따른 효과

- '합의가 성립되지 않은 경우'에는 조정 불성립으로 조서에 기재하고 사건을 종결하게 되는데, 이때에는 상당한 이유가 없는 한 직권으로 "조정에 갈음하는 결정"을 하여야 한다. 조정에 갈음하는 결정에 대해서는 그 조서정본을 송달받은 날부터 2주일 이내에 이의신청을 할 수 있고, 적법한 이의신청이 있으면 소송으로 이행된다.
- '합의가 성립된 경우'에는 합의된 사항을 조서에 기재하게 되면 '확정판결과 동일한 효력'을 가진다.

6. 민사조정절차의 흐름

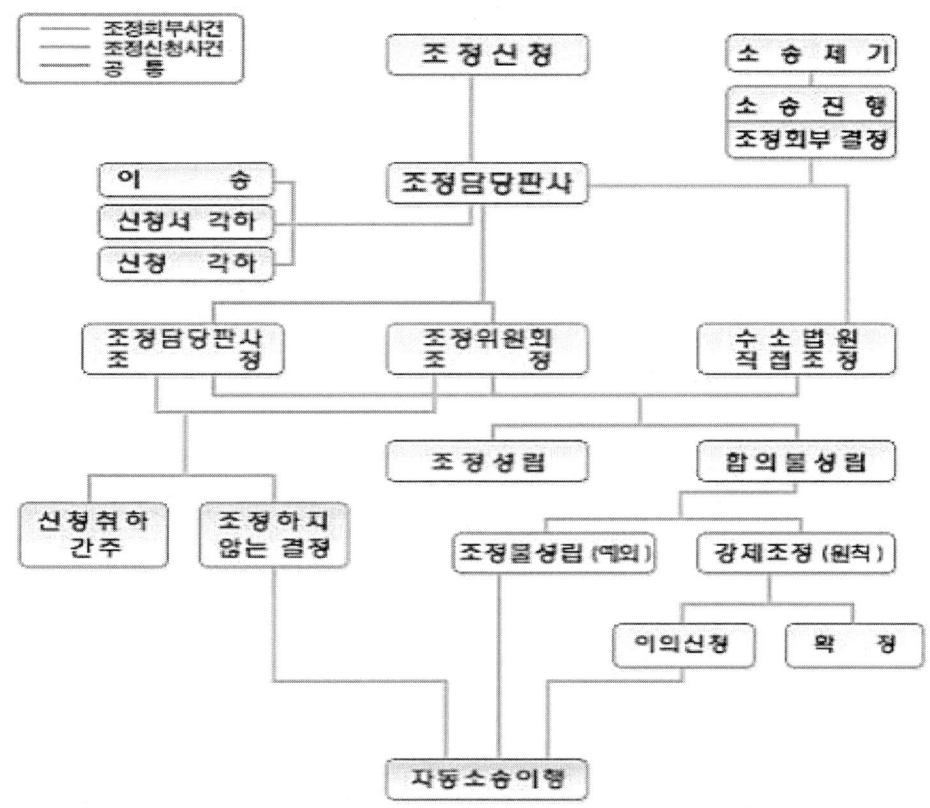

7. 신청방식

- 민사조정신청을 하기 위해서는 먼저 민사조정신청서를 작성하여야 한다. 조정신청서는 변호사나 법무사에게 의뢰하여 작성할 수도 있고, 본인이 스스로 작성할 수도 있다. 법원에는 민사조정신청서 양식을 비치하고 있다. 그리고 손을 다치는 등으로 스스로 조정신청서를 작성할 수 없을 때는 법원 직원에게 말로 신청할 수도 있다.
- 신청서 양식은 각급 법원에 비치된 양식을 이용할 수 있으며, 꼭 비치된 양식을 사용하지 않아도 된다. 법원의 용지 규격이 A4 규격이므로 A4 용지에 작성하여 제출하여도 무방하다.

8. 민사조정신청서의 작성

가. 당사자 표시

- 신청인과 피신청인의 성명을 정확하게 기재하고, 정확한 주소를 기재한다. 주소의 기재에 있어서는 조정절차의 진행을 위하여 당사자(신청인, 피신청인)에게 기일통지서를 송달하거나 연락을 할 때 반

드시 필요하므로 정확한 주소(우편번호)와 연락 가능한 전화(이동전화, 팩스)번호를 기재하여야 한다.

나. 신청취지

- 현재 신청인과 피신청인 사이에 분쟁 중인 법률관계에 대하여 신청인이 어떠한 해결을 구하는지를 결론만 간단하게 기재한다. 기재할 때 주의할 점은 만일 신청인 측이 너무 자신에게 유리한 내용만을 강조하여 기재하는 것은 바람직하지 않다. 그 이유는 상대방이 그 내용을 보게 되면 감정이 상하여 이후 조정절차의 진행에 악영향을 줄 우려가 있기 때문이다.

다. 분쟁의 내용

- 현재 피신청인과 사이에 다툼이 있는 사실관계를 간략하게 기재한다. 왜냐하면 자세한 사정은 조정기일에 말로 설명할 수 있기 때문이다. 여기서도 위 신청취지 기재 시와 마찬가지로 피신청인 측을 자극하여 조정성립에 악영향을 줄 수 있는 기재는 삼가는 것이 바람직하다.

라. 증거서류

- 증거서류를 첨부한다.

마. 조정 수수료(인지액)

- 민사조정신청서를 작성하였다면 이를 법원에 제출하기 위하여 조정 수수료를 내야 한다. 조정 수수료는 소제기 시의 인지액에 해당하는 것이며, 그 액수는 인지액의 1/10이다(민사조정규칙 제3조 참조). 또한 조정신청서 및 조정기일통지서 등의 송달을 위한 일정액의 송달료를 미리 납부하여야 한다.

조정신청금액	조정수수료
1,000만원 미만	(조정신청금액 × 50 / 10,000) × 1/10
1,000만원 이상~1억원 미만	(조정신청금액 × 45 / 10,000 + 5,000원) × 1/10
1억원 이상~10억원 미만	(조정신청금액 × 40 / 10,000 + 55,000원) × 1/10
10억원 이상	(조정신청금액 × 35 / 10,000 + 555,000원) × 1/10

바. 송달료

- 민사조정 신청서를 제출할 때에는 지방법원 및 지원, 시군법원에 1회분 5,200원 × 당사자수(2인) × 5회분 = 52,000원의 송달료를 현금으로 납부하여야 한다. 다만 송달료는 우편료로서 수시로 변동된다. 2022. 3. 현재 1회분이 5,200원이다.

【조정신청서 작성 예시】

조 정 신 청 서

사 건 명   중개보수지급에 관한 조정신청

신 청 인   (이름)   (주민등록번호   -   )
           (주소)   (연락처)

피신청인   (이름)   (주민등록번호   -   )
           (주소)   (연락처)

| 소송목적의 값 | 원 | 인 지 | 원 |

※조정비용은 소장에 첨부하는 인지액의 1/10 입니다.
(인지첩부란)
송달료 계산 방법 : 당사자 수(신청인 + 피신청인) × 5 × 5,200원(1회 송달료)
※1회 송달료는 추후 변동될 수 있습니다.

휴대전화를 통한 정보수신 신청

위 사건에 관한 재판기일의 지정·변경·취소 및 문건접수 사실을 예납의무자가 납부한 송달료 잔액 범위 내에서 아래 휴대전화를 통하여 알려주실 것을 신청합니다.
■ 휴대전화 번호 :
                        20 . . .
              신청인 원고   (날인 또는 서명)
※ 문자메시지는 재판기일의 지정·변경·취소 및 문건접수 사실이 법원재판사무시스템에 입력되는 당일 이용 신청한 휴대전화로 발송됩니다.
※ 문자메시지 서비스 이용금액은 메시지 1건당 17원씩 납부된 송달료에서 지급됩니다(송달료가 부족하면 문자메시지가 발송되지 않습니다).
※ 추후 서비스 대상 정보, 이용금액 등이 변동될 수 있습니다.

○○ 지방법원 귀중

◇유의사항◇

1. 연락처란에는 언제든지 연락 가능한 전화번호나 휴대전화번호, 그 밖에 팩스번호·이메일 주소 등이 있으면 함께 기재하여 주시기 바랍니다. 피신청인의 연락처는 확인이 가능한 경우에 기재하면 됩니다.
2. 첨부할 인지가 많은 경우에는 뒷면을 활용하시기 바랍니다.

신 청 취 지

1. 피신청인은 신청인에게 금000원을 지급한다.

2. 비용은 각자 부담한다.
라는 조정을 구합니다.

신 청 원 인

1. 신청인은 피신청인이 2019. . . 신청인에게 평택시 00면 00리 00번지 자연녹지 지역 내 임야 0000㎡를 중개한 사실이 있다.

2. 피신청인은 중개의뢰 당시 신청인이 중개계약을 완성할 경우 매매가의 0.9%에 해당하는 중개보수를 지급하기로 약속하고도, 경기도 중개수수료지급에 관한 조례에 0.9% 이하에서 협의에 의하여 정하도록 되어 있다는 점을 들어 중개보수를 지급하지 않고 있다.

3. 따라서 신청인은 피신청인에게 0.7%에 해당하는 금000원에 조정을 해주실 것을 신청합니다.

입 증 방 법

1. 토지대장등본   1통
2. 등기사항전부증명서   1통
3. 중개계약서 사본   1통
4. 확인설명서 사본   1통
5. 개사중등록증 사본   1통

첨 부 서 류

1. 위 입증방법   각 1통
1. 신청서부본   1통
1. 송달료납부서   1통

20 . . .

위 신청인   (서명 또는 날인)

수원지방법원 평택지원 민사합의 제0부 귀중

저자 소개

김태건 (金兌建)

대학과 대학원에서 법학과 부동산학을 전공하였다(법학석사, 부동산학박사). 법무부와 검찰 공무원, 로펌의 법무국장·사무국장 등 법조계에서 오랜 성상을 보냈다. 검찰·법무법인·변호사 등의 민사·형사·가사·행정소송 등의 업무를 모두 경험하였고, 고시학원의 법원·검찰직 공채반, 경찰관 승진시험반에서 형법·형사소송법·행정법 강의를 하였다. 현재는 고려사이버대학교 부동산학과 외래교수로 부동산경매실무 강의를 하고 있으며, 평택박사공인중개사사무소·부동산경매투자 및 컨설팅사무소·중개와 경매학원(김태건의 부동산경매학원-부동산중개실무, 부동산경매실무, 상가중개실무 전문학원)을 운영하면서, 유튜버 활동도 하고 있다.

➢ 저서(단행본) : 부동산 블랙박스 시리즈
- 시리즈 ① 상가주택임대차실무(권리금 포함)
- 시리즈 ② 상가창업과 상가중개실무 (총론)
- 시리즈 ③ 상가창업과 상가중개실무 (각론)
- 시리즈 ④ 부동산경매실무
- 시리즈 ⑤ 임차권·유치권의 대항력과 민사집행(근간)
- 시리즈 ⑥ 부동산사법 강의 (근간)
- 시리즈 ⑦ 실전 부동산중개실무(Ⅰ) - 중개실무일반, 민법과 계약실무, 법조실무 -
- 시리즈 ⑧ 실전 부동산중개실무(Ⅱ) - 상가중개실무, 부동산세법실무, 특약실무 -
- 시리즈 ⑨ 실전 부동산중개실무(Ⅲ) - 부동산공법실무 -
- 시리즈 ⑩ 실전 부동산중개실무(Ⅳ) - 토지보상실무 -
- 기 타 ⑪ 민사집행에 미치는 대항력의 범위와 한계에 관한 연구(부동산학박사 논문)
- 기 타 ⑫ 자동차사고와 의료과오의 경합에 따른 민사책임(법학석사 논문) 등이 있다.

➢ 학술논문
- ① 임차보증금반환채권의 가압류와 임대인의 지위승계에 관한 연구
  -대법원 2013. 1. 17.선고 2011다49523[추심금] 전원합의체 판결을 중심으로-
     (건국대학교 법학연구소 일감 부동산법학 제22호, 2021. 2. 등재)
- ② 부동산 유치권의 대항력 제한에 관한 법리 연구-대법원 판결과 관련하여-

(건국대학교 법학연구소 일감 부동산법학 제23호, 2021. 8. 등재)
- ③ 권리금 회수기회보호 규정의 개선방안
  (한국부동산원 제7권 제3호, 2021. 11. 등재)
- ④ 권리금 보상 법제의 문제점과 입법과제
  (건국대학교 법학연구소 일감 부동산법학 제25호, 2022. 11. 등재)

➤ 운영 중인 SNS
- YouTube(유튜브) : 김태건의부동산중개경매TV
- 네이버 카페 : 김태건의 부투클럽/아카데미 운영
  http://cafe.naver.com/pyeongtaekbaksa
- 네이버 블로그 : 평택박사공인중개사 운영 : http://blog.naver.com/009ktg
- 이메일 : 009ktg@naver.com

◎ **김태건의 부동산경매학원**
- 홈페이지 :
- 학원 주소 : 경기도 평택시 평남로 1069 정성빌딩 5층
- 학원 전화번호 : 031-655-1555

☞ (잠깐)

실전 부동산중개실무(Ⅰ)~(Ⅳ) 시리즈, 주택상가임대차실무, 부동산경매실무를 구입하신 분으로서,

1. 네이버 카페 "김태건의 부투클럽/아카데미"에 가입하시고
2. 이메일로 "성명, 직업, 사는 곳, 휴대전화 번호, 책 표지 사진"를 보내주시면, 이 책에서 인용한 '부동산 서식과 특약사항'을 디지털로 활용할 수 있도록 이메일로 보내드리고, 카페회원 등급을 모범회원으로 바로 승격해 드립니다.

> 저자와
> 협의하여
> 인지생략

실전 부동산중개실무(Ⅰ)
-중개실무일반, 민법과 계약실무, 법조실무-

초 판 발 행	2020년 1월 10일
제2판 발행	2023년 7월 24일
저　　　자	김 태 건
발 행 인	김 미 혜
발 행 처	도서출판 애플북
E - mail	appled@daum.net
인스타 아이디	applebook33
ISBN	979-11-982621-1-0 (13320)
가　　　격	40,000원

* 이 책의 무단전재 및 복제를 금합니다.